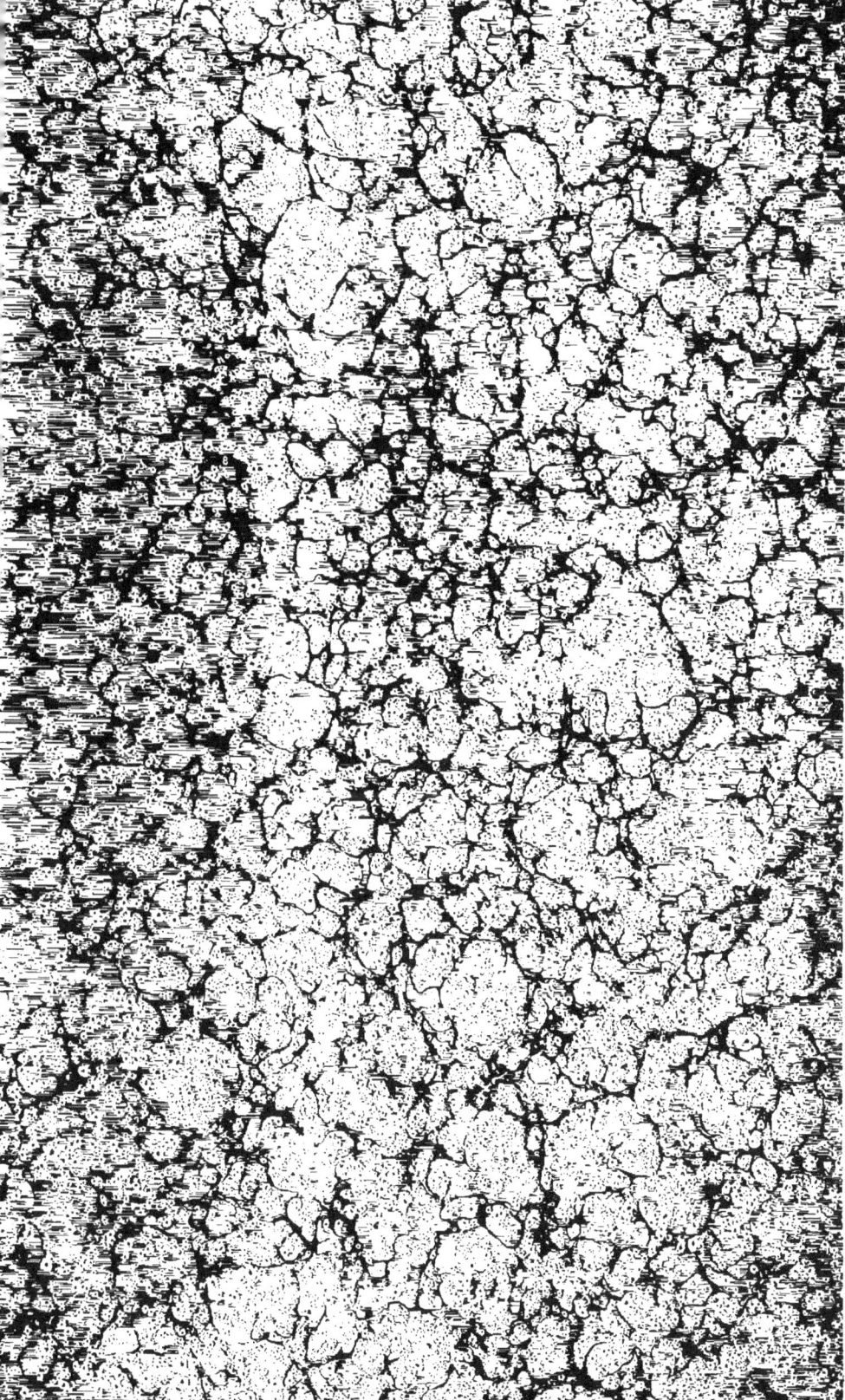

MONT-DE-PIÉTÉ DE PARIS

MONT DE PIETÉ

MANUEL
DE LÉGISLATION
D'ADMINISTRATION
ET DE COMPTABILITÉ

CONTENANT

le texte des lois, décrets, règlements, arrêtés, ordres
de service, circulaires, jugements et arrêts concernant

LE

MONT-DE-PIÉTÉ DE PARIS

PAR

EDMOND DUVAL

DIRECTEUR DE L'ADMINISTRATION
CHEVALIER DE LA LÉGION D'HONNEUR

COULOMMIERS
IMPRIMERIE P. BRODARD ET GALLOIS

—

1886

TABLEAU CHRONOLOGIQUE

Tableau chronologique comprenant : les noms des chefs de l'administration du Mont-de-Piété de Paris, des membres des Conseils d'administration ou de surveillance et des Directeurs, avec indication des faits principaux, depuis la fondation de l'Établissement en 1777.

ANNÉES	NOMS ET QUALITÉS DES CHEFS DE L'ADMINISTRATION	NOMS DES MEMBRES DES CONSEILS	NOMS ET QUALITÉS DES DIRECTEURS	PRINCIPAUX FAITS
1777	Lenoir, Lieutenant général de police.	Conseil d'administration. Josson, Basly, Vieillard, Henry.	Framboisier de Beaunay, Directeur général.	Fondation du Mont-de-Piété. Lettres patentes octroyées par Louis XVI, le 9 décembre 1777.
1778				Acquisition de deux maisons sises rue des Blancs-Manteaux.
1779				Arrêt du Parlement défendant à toutes personnes, de quelque état et condition qu'elles puissent être, de faire la commission ou le courtage au Mont-de-Piété, sans y être autorisées par le Bureau d'administration.
1780				Arrêt du Parlement homologuant un règlement pour les commissionnaires au Mont-de-Piété.
1783				Acquisition d'une maison sise rue de Paradis.

TABLEAU CHRONOLOGIQUE

1785	Thirion de Crosne, Lieutenant général de police.	De Saint-Amand, Boscheron, de Malézieu.	
1789	Bailly, Maire de Paris.	Brousse-Desfaucherets, Lieutenant du Maire, d'Hervilly.	Beaufils, Directeur général.
1791	Pétion de Villeneuve, Maire de Paris.	Thiout-Delachaume, Administrateur du Directoire du Département. Cabanis, Cousin, Aubry-Dumesnil, Thouret, Moullinot.	
1792	Chambon, Maire de Paris.		
1793	Pache, Maire de Paris.	Commission provisoire. Regnault, Santerre, Guiard, Bourgain, Concédieu, Gomé, Lohier, Margotin, Lemit.	Regnault, Président de la Commission administrative.
1794	Fleuriot-Lescot, Maire de Paris.		Lemit, et Concédieu, Administrateurs délégués du Département. Lemit et Reverdy, Administrateurs délégués du Département.	Suppression de la Commission provisoire instituée en 1793.
1795	Nicoleau, Administrateur du Département.		Garnier et Leblanc, Administrateurs. Cousin, Courtois et Gaillard, Administrateurs. Beaufils, Directeur général.	Liberté du prêt sur gages. Fermeture du Mont-de-Piété en fructidor an IV.

VIII TABLEAU CHRONOLOGIQUE

ANNÉES	NOMS ET QUALITÉS DES CHEFS DE L'ADMINISTRATION	NOMS DES MEMBRES DES CONSEILS	NOMS ET QUALITÉS DES DIRECTEURS	PRINCIPAUX FAITS
		Conseil d'administration.		
1797	Demeniée, Administrateur du Département.	Béranier, Doyen, Liottier, Charpentier et Micoud. Anson, Thouret, Levasseur, Sorenu et Lecamus. Fulchiron. Jouenne, Avril, Peyre.	Beautils, Directeur général.	Réouverture du Mont-de-Piété le 19 juillet 1797. — L'Administration se compose de cinq administrateurs des hospices et de cinq autres faisant fonds. Commencement de la période dite des actionnaires. Les intérêts perçus par le Mont-de-Piété s'élèvent à 30 p. 100 par an.
1798		Botot. Lemoine, Porcher, Houillard.		Le Mont-de-Piété et les commissionnaires sont affranchis du droit de patente.
1799	Joubert, Administrateur du Département.	Gérard de Melcy, Gertoux, Lemaignan et Bosc. Marquet, Panis, Beaudin, Prieur de la Marne. Du Chanoy. Duvidal, Desmousseaux, Olivier.		
1800	Lecoulteux, Administrateur du Département. Frochot, Préfet de la Seine. Dubois, Préfet de police.	Fréron, Alhoy. Fesquet. Desportes.		Ouverture d'une succursale, rue Vivienne.

TABLEAU CHRONOLOGIQUE

1804	Fieffé, Pastoret, Richard d'Aubigny, Mourgues, Doyen, Fulchiron, Micoud, Bigot de Préameneu, Thouret.	16 Pluviôse an XII. — Loi relative aux maisons de prêt sur nantissements. — Suppression de la liberté du prêt sur gages, par application de cette loi. 24 messidor an XII. — Décret relatif au Mont-de-Piété de Paris. — Réorganisation dudit Mont-de-Piété (en vigueur).
1805		Fin de la période des actionnaires. Décret du 8 thermidor an XIII, concernant le Mont-de-Piété de Paris, et règlement y annexé (en vigueur).
1807	Camet de la Bonnardière.	
1810	Pasquier, Conseiller d'État, Préfet de police.	
1811	Mourgues.	
1812	Chabrol de Volvic, Conseiller d'État, Préfet de la Seine.	Décret du 22 septembre 1812, portant création d'une Caisse de retraite pour les Employés du Mont-de-Piété.
1813		Transfert de la succursale rue des Petits-Augustins.
1814	Beugnot, Directeur général, faisant fonctions de Préfet de police. D'André, Préfet de police.	

TABLEAU CHRONOLOGIQUE

ANNÉES	NOMS ET QUALITÉS DES CHEFS DE L'ADMINISTRATION	NOMS DES MEMBRES DES CONSEILS	NOMS ET QUALITÉS DES DIRECTEURS	PRINCIPAUX FAITS
1815	Bourrienne. Conseiller d'État, Préfet de police. Réal, Conseiller d'État, Préfet de police. Courtin. Préfet de police. Decazes. Préfet de police. Anglès. Préfet de police. Trulipied de Bondy, Préfet de la Seine. Chabrol de Volvic. Préfet de la Seine.			
1817				10 septembre 1817. — Décision ministérielle consacrant l'entière indépendance du Conseil d'administration du Mont-de-Piété.
1818		Péan de Saint-Gilles.		
1819		Delessert.		
1821	Delavau. Préfet de police.			
1824		Bigot de Préameneu.		16 mars 1824. — Approbation par le Ministre de l'Intérieur d'un règlement concernant les commissionnaires (en vigueur).
1826		Rendu.		
1828	Debelleyme. Préfet de police.			
1829	Mangin. Préfet de police.			

1830	Delaborde, Député. Préfet de la Seine. Bavoux, Député. Préfet de police. Girod de l'Ain, Préfet de police. Odilon Barrot, Conseiller d'État. Préfet de la Seine. Treilhard, Préfet de police. Baude, Préfet de police.	Péligot, Directeur général provisoire.	
1831	Taillepied de Bondy, Pair de France, Préfet de la Seine. Vivien, Préfet de police. Saulnier, Préfet de police. Gisquet, Préfet de police.	Martin-Laffitte, Directeur général.	Carnet de la Bonnardière, Cochin, B⁰ⁿ Delessert, Rendu, Aubé, J. Perier, Dubois-Daveluy, Duvilier.	Les intérêts à percevoir par le Mont-de-Piété sont fixés à 9 p. 100 l'an, à partir du 1ᵉʳ janvier. Ordonnance royale du 12 janvier 1831, qui prescrit une nouvelle organisation du Mont-de-Piété de Paris et soumet les comptes de cet Établissement à la Cour des Comptes. 3 novembre 1831. — Ordonnance royale. Nouvelle organisation du personnel du Mont-de-Piété. 21 décembre 1832. — Ordonnance royale relative aux pensions de retraite des Employés du Mont-de-Piété de Paris.
1832			Lafaulotte.	
1833	Barthelot de Rambuteau, Pair de France, Préfet de la Seine.		Debelleyme, de la Rochefoucauld.	Création de la Caisse d'épargne des Employés du Mont-de-Piété.
1834			Fournier, Dupin, Ferron.	
1835			Hervé de Kergorlay.	
1836	Gabriel Delessert, Préfet de police.		Cottier, Mallet.	
1837		J. Delauche, Directeur.	Bouvattier, De Jouvencel.	

TABLEAU CHRONOLOGIQUE

ANNÉES	NOMS ET QUALITÉS DES CHEFS DE L'ADMINISTRATION	NOMS DES MEMBRES DES CONSEILS	NOMS ET QUALITÉS DES DIRECTEURS	PRINCIPAUX FAITS
1838				19 mai 1838. — Ordonnance du roi modifiant quelques dispositions de celle du 3 novembre 1831 relative au personnel du Mont-de-Piété. Établissement d'une Caisse d'a-comptes.
1839		Périer, de Liancourt.		Création d'un bureau auxiliaire de prêt direct (A).
1840		Lafon, Michel.		Création d'un 2ᵉ bureau auxiliaire (B).
1842		De Kergorlay, Halphen.		
1843		Lahure, de Mortemart.		20 mai 1844. — Ordonnance du roi portant règlement sur les pensions de retraite des Employés du Mont-de-Piété.
1844				
1845		D'Eichthal, Dupérier, Dubois.		
1846		De Liancourt, de Tascher, Heuson.		
1848	Garnier Pagès, Maire de Paris. Armand Marrast, Maire de Paris. Caussidière, Préfet de police. Trouvé-Chauvel, Préfet de police. Ducoux, Préfet de police.	Périer, Jouvencel, Porret, Ferron, Bayvet, Alexis Beau, Gallis, Lanquetin, Dorgal, Marchand.	Périer, Commissaire du Gouvernement, Président du Conseil d'administration. Blaize, Directeur.	31 mars 1848. — Arrêté ministériel portant dissolution et réorganisation du Conseil d'administration du Mont-de-Piété de Paris.

TABLEAU CHRONOLOGIQUE

		Conseil de surveillance.		
1849	Gervais (de Caen), Préfet de police. Colonel Rébillot, Préfet de police. Trouvé-Chauvel, Préfet de la Seine. Recurt, Préfet de la Seine. Berger, Préfet de la Seine.			
	Carlier, Préfet de la Seine.	Lafond, Dupérier, Leclagre, Penpin. De Breteuil, Beau. de Luynes Duvergier.	Delmas, Directeur.	24 juin 1851. — Loi sur les Monts-de-Piété.
1851	De Maupas, Préfet de police.			
1852	Blot Sylvain, Secrétaire général, Préfet de police par intérim. Piétri, Préfet de police.	De Pastoret, de Breteuil, Duvergier, Dubois-de-l'Estang, Montaud, Léopold Javal, Picourt, Legendre, Frémyn.	Ledieu, Directeur.	24 mars 1852. — Décret sur l'administration du Mont-de-Piété de Paris, instituant un Conseil de surveillance en remplacement du Conseil d'administration et nommant un Directeur responsable (en vigueur).
1853	Haussmann, Sénateur, Préfet de la Seine.			
1855		D'Audiffret.		
1856				Création de trois bureaux auxiliaires (C, D, E).
1857				Création de dix bureaux auxiliaires (F, G, H, J, K, L, M, N, O, P).
1858	Boittelle, Préfet de police.	Le Pelletier d'Aunay, Devinck.		Création de deux bureaux auxiliaires (R, S).

XIV TABLEAU CHRONOLOGIQUE

ANNÉES	NOMS ET QUALITÉS DES CHEFS DE L'ADMINISTRATION	NOMS DES MEMBRES DES CONSEILS	NOMS ET QUALITÉS DES DIRECTEURS	PRINCIPAUX FAITS
1859				Création de trois bureaux auxiliaires (T. U. V).
1860		Frottin.		
1861		Cuvier.		Construction d'une 2ᵉ succursale, rue Servan.
1862				Ouverture de la 2ᵉ succursale, le 1ᵉʳ janvier 1862.
1865		Picard aîné. Poisson.		
1866	Piétri. Préfet de police.			
1868				Création de quatre bureaux auxiliaires (1. X. Y. Z).
1870	Henri Chevreau. Préfet de la Seine. Étienne Arago. Maire de Paris. Jules Ferry. Maire de Paris. de Kératry. Préfet de police. Edmond Adam. Préfet de police. Cresson. Préfet de police.	Laugier, Parent, Ch. Thomas, O'Reilly, Richard, Tenaille-Saligny, Didierle, Fabien, Gurbon.	André Cochut, Directeur.	
1871	Valentin. Préfet de police. Léon Say. Préfet de la Seine. Léon Renault. Préfet de police.	Richard, Léveillé, Rinn, Nast, Didierle, O'Reilly, Fabien, de Cambray, Blanquet du Chayla.		
1872	Calmon. Préfet de la Seine.			Loi du 29 juin 1872 frappant d'une taxe de 3 p. 100 l'intérêt des emprunts du Mont-de-Piété (en vigueur).

TABLEAU CHRONOLOGIQUE

1873	Ferd. Duval, Préfet de la Seine.	Riant, Nast, Fabien. Petit.	
1874			
1875		Thorel. Polier. Poissonnier.	
1876	Gigot, Préfet de police.		
1877		Potier, de Cambray, Blanquet du Chayla.	Acquisition d'une maison sise rue des Blancs-Manteaux, 18.
1878		Fernand Petit, Thorel, Thivier, Clamageran.	Acquisition d'une maison sise rue des Francs-Bourgeois, 57.
1879	Hérold, Sénateur, Préfet de la Seine. Andrieux, Député, Préfet de police.	De Hérédia. Nast, Forest, Fabien.	Acquisition d'une maison sise rue des Blancs-Manteaux, 20.
1880		Lesage.	
1881	Camescasse, Député, Préfet de police.	Dubost.	Acquisition d'une maison sise rue des Blancs-Manteaux, 14.
1882	Floquet, Préfet de la Seine. Oustry, Préfet de la Seine.	Germer-Baillière, Goupy.	Acquisition d'une maison sise rue des Blancs-Manteaux, 22. Décret du 25 juillet 1882 portant règlement sur les pensions de retraite des Employés du Mont-de-Piété (en vigueur).
1883	Poubelle, Préfet de la Seine.	Muzet, Strauss.	Acquisition d'un immeuble rue du Regard et rue de Rennes, pour la réédification de la 1re succursale.
1884			
1885	Gragnon, Préfet de police.	Gaufrès, Robinet, Gérard.	Edmond Duval, Directeur.
1886			Les intérêts et droits à percevoir par le Mont-de-Piété sont fixés à 8 p. 100 à partir du 1er janvier.

NOTICE HISTORIQUE

NOTICE HISTORIQUE

Lorsqu'on songe aux bienfaisants services que les Monts-de-Piété ont rendus et rendent chaque jour aux populations, on est surpris de voir au prix de quels efforts et avec quelle difficulté ces établissements parvinrent à être institués.

Le Mont-de-Piété de Paris notamment, cette institution dont l'utilité est surabondamment attestée par les 130 millions d'opérations faites jusqu'à ce jour, représentant une somme prêtée d'environ 3 milliards [1], rencontra, lorsqu'il fut question de le créer, des adversaires passionnés dans la personne de certains fonctionnaires que leur position appelait cependant à veiller sur les besoins du peuple.

L'existence d'autres établissements du même genre, qui donnaient de bons résultats à l'étranger, et la persistance avec laquelle cette Institution était demandée par la population, auraient dû cependant rendre moins violente l'opposition qui lui fut faite.

De nombreuses tentatives avaient d'ailleurs précédé la création du Mont-de-Piété de Paris, tant en France qu'à l'étranger.

On en trouve la trace dans les archives du Mont-de-Piété de Paris.

La première est celle dont parle Reiffenstuel, écrivain cité par M. Arnould, ancien directeur du Mont-de-Piété de Liège; il assure qu'un établissement de prêt sur nantissement, se rapprochant beaucoup de la forme actuelle des Monts-de-Piété, avait été créé à Freisingen, en Bavière, vers 1198 [2].

---

[1]. Au 31 décembre 1885, la somme prêtée par le Mont-de-Piété de Paris est exactement de 2.744.987.222 francs.

Cette somme a donné lieu, en réalité, à un roulement de capitaux d'environ 12 milliards de francs, puisque le Mont-de-Piété emprunte les fonds qu'il prête et que ces deux opérations entraînent un double mouvement d'entrée et de sortie.

En outre, il convient d'ajouter à ce chiffre les intérêts servis aux prêteurs et ceux acquittés par les emprunteurs, soit approximativement 400 millions de francs.

En résumé, l'Établissement a occasionné, dans son ensemble, une circulation d'espèces de 12 milliards et demi.

[2]. *Avantages et inconvénients des Monts-de-Piété.*

Depping, historien français, raconte qu'en 1350 les bourgeois de la ville de Salins, en Franche-Comté, s'associèrent dans le but de se soustraire à l'usure [1]. Ils réunirent un capital de 20,600 florins pour fonder une banque où chacun pût emprunter à un taux modéré. Jean de Châlons se chargea de ce capital moyennant 1500 florins d'intérêts, soit à raison de 7 et un tiers p. 100 environ. Ces 1500 florins constituèrent les revenus de l'Établissement et furent garantis par hypothèque sur les seigneuries de Jean de Châlons et sur sa part dans la saunerie de la ville.

La troisième tentative est relatée par James Paul Cobbet, économiste anglais, dans un ouvrage sur la loi du prêt sur gages et les droits des prêteurs en Angleterre; il y est fait mention d'un legs effectué en 1361 par Michel de Northbury, évêque de Londres, pour être employé à la création d'une banque de prêt sur nantissement.

Les fonds — 1000 marcs d'argent — étaient déposés dans le trésor de l'église de Saint-Paul et devaient être prêtés sans intérêt; si, à l'expiration de l'année, les fonds avancés n'avaient pas été remboursés, le prédicateur de Saint-Paul annonçait en chaire que les gages non retirés dans les quatorze jours suivants seraient vendus.

Ces essais échouèrent, et ce ne fut que cent ans plus tard, en 1462, que l'on vit s'élever à Pérouse, en Italie, un établissement de ce genre.

Il fut fondé par un moine récollet, nommé Barnabé de Terni, qui vint prêcher dans la ville à cette époque.

Pour empêcher les exactions des juifs et surtout pour soulager les nécessiteux, il proposa de faire une quête dont le produit devait être employé à la formation d'une banque charitable.

Sa proposition fut accueillie, et l'on établit un bureau où l'on prêta de petites sommes sans intérêt.

Cette banque fut appelée « monte di pieta », c'est-à-dire banque de la piété, pour exprimer à la fois l'objet de son institution et le sentiment charitable qui avait poussé à sa création.

Le nom en est resté aux établissements de prêts sur nantissements.

Successivement, d'autres villes suivirent l'exemple de Pérouse, et, à l'exception de Rome, toutes les villes importantes d'Italie virent se fonder dans leur sein de ces banques charitables, de 1462 aux premières années du XVIe siècle.

Mais ces créations ne se firent pas toujours sans difficultés. Les juifs, mécontents du dommage que cette institution leur causait, se déchaînèrent contre elle et cherchèrent à persuader que les Monts-de-Piété étaient des établissements où se pratiquait l'usure sous le manteau de la bienfaisance. Certains théologiens se firent en cela

---

1. *Les Juifs au moyen-âge*, par Capefigue.

leurs auxiliaires. Protégée par des religieux, l'édification de ces établissements fut combattue par d'autres religieux, et une discussion s'éleva à ce sujet au sein même de l'Église.

En voulant combattre l'usure, la doctrine de ces derniers condamnait également tout prêt fait à intérêt, et il ne fallut rien moins que la réunion du concile de Latran (1512 à 1517) pour que les Monts-de-Piété fussent autorisés.

Cette autorisation leur fut accordée par un décret du pape Léon X [1], mais avec cette réserve qu'ils ne pourraient exiger d'intérêt que pour couvrir les frais d'administration.

Rome vit alors à son tour se fonder dans ses murs un Mont-de-Piété dont les bases servirent plus tard de modèle à beaucoup d'autres et qui atteignit un degré de prospérité inconnu aux autres Monts-de-Piété d'Italie (1539).

Des villes d'autres pays imitèrent celles d'Italie ; Lille, Ypres, Bruges et enfin toutes les villes principales des Pays-Bas virent s'élever des Monts-de-Piété qui remplacèrent les Lombards [2].

Ces établissements étaient placés sous la direction supérieure de Wenceslaus Cobergher, premier architecte de l'archiduc Albert et d'Isabelle-Claire-Eugénie, gouverneurs des Pays-Bas, qui lui avaient octroyé, le 9 janvier 1618, des lettres patentes « portant érection nouvelle des Monts-de-Piété et commission de superintendant général d'iceux » [3].

Ces fondations, comme celles d'Italie, donnèrent lieu à des discussions dans certaines facultés de théologie, en raison de l'élévation du taux de l'intérêt perçu (15 p. 100). On peut voir, en effet, par la délibération prise à ce sujet le 2 novembre 1624 par les docteurs en théologie de l'université de Paris, que la faculté de cette ville réprouvait absolument l'érection de ces Monts-de-Piété comme « mauvaise et pernicieuse » [4].

Des lettres patentes de Philippe IV, roi d'Espagne, en date du 13 juillet 1627, confirmèrent les privilèges donnés par l'archiduc Albert aux Monts-de-Piété des Pays-Bas.

C'est à la suite de cette autorisation nouvelle que parut à Tournay, en 1628, un ouvrage ayant pour titre : « *l'Usure ensevelie ou défence des Monts-de-Piété de nouveau érigez aux Pays-Bas pour exterminer*

---

1. Bulle donnée à Rome en 1515, le 9 mai, 3ᵉ année du pontificat du pape Léon X (*Histoire des Monts-de-Piété*, par Cerreti, 1752, p. 29).
2. Les Lombards étaient des établissements de prêt sur gage où l'on percevait des intérêts usuraires. L'origine de ce nom vient de ce qu'au moyen âge des habitants de la Lombardie se répandirent dans le reste de l'Europe et pratiquèrent la banque et le prêt sur gage, concurremment avec les juifs. Leur nom servit par la suite à désigner leurs établissements.
3. *Archives du Mont-de-Piété*, 1ʳᵉ série, n° 725.
4. *Archives du Mont-de-Piété*, 1ʳᵉ série, n° 725.

l'usure, divisée en trois livres, par Jean Boucher, docteur en S. Théol. de la Sorbonne de Paris, chanoine et archidiacre de Tournay. »

Cet ouvrage est précédé d'une « épistre », en style prétentieux, à « la Sérénissime princesse Isabelle-Claire-Eugénie, infante d'Espagne ».

Elle débute ainsi, donnant au titre de l'Institution un sens différent de celui que nous avons indiqué plus haut :

« Madame, comme l'érection des Monts-de-Piété ne pouvait mieux escheoir qu'à l'authorité de celle qui serait elle-mesme Mont-de-Piété, à ce que le fruit responde à l'arbre et la cause à son effet : ce dernier ne se pouvant mieux dire, que de celle en qui la grandeur et la piété, marchant de pas égal pour faire qu'estant Mont de Grandeur, elle le soit aussi de Piété..... »

Le livre premier a pour titre :
« Usure combien damnable. »
Le livre deuxième : « Que les Lombards sont vrays usuriers. — Et les Monts-de-Piété remède propre contre iceux. » Le livre troisième : « Response aux libelles fameux, escris et publiez contre lesdits Monts-de-Piété. »

L'auteur s'occupe principalement, dans ce troisième livre, de répondre à un sieur Jean de Lillers qui s'était fait l'avocat des Lombards et qui s'efforçait de faire prévaloir cette idée, que certains de nos contemporains, dans un même intérêt personnel, défendent encore aujourd'hui : Que le Mont-de-Piété ne doit faire que de petits prêts aux pauvres.

Les Lombards recherchaient surtout, en effet, les prêts importants, qui sont les seuls rémunérateurs, et auraient volontiers abandonné au Mont-de-Piété les opérations inférieures, qui sont généralement onéreuses.

Jean de Lillers répliqua dans une brochure latine ayant un titre de quinze lignes qui fit dire à Jean Boucher qu' « un tel et si long tiltre et frontispice ressembloit à la ville de Minde de laquelle, pour estre les portes plus grandes que la ville, Diogène disait aux bourgeois qu'ils se gardassent que leur ville ne s'enfuist par la porte ».

Cette brochure, que de Lillers avait seulement signée des initiales J. D. L. M., docteur en Théologie, valut à son auteur une répartie sur laquelle figurait en épigraphe :

« Responde stulto justa stultitiam suam, ne sibi sapiens esse videatur. »

On voit quel était le ton de la polémique.

Boucher reprochait à de Lillers de prendre un titre auquel il n'avait pas droit : « Style coustumier de Lillers de prendre de faulses qualitez. » On lisait plus loin : « Lillers, hardy menteur ».

Trois pages étaient consacrées à l'explication du « mystère de la lettre M, placée la dernière » et que Boucher, pour prouver son érudition profonde, appliquait à des mots de dix langues différentes, traitant son adversaire de « Mendax, métempsychosé, fol, marmot », etc.

Enfin, il concluait :

« A ce que se voyant descouvert, si une scintille de pudeur luy demeure en l'âme, il désiste de se couvrir du nom et qualité de celle (qui est la Sorbonne de Paris), du support de laquelle en ses fins, il n'est non plus capable, ni qu'un singe de la pourpre, ni que l'asne de Cumes fut jadis de la peau du Lyon, où par faulte de cacher ses oreilles, recongnu pour ce qu'il estoit, n'en gaignat que des bastonnades. »

Est-ce à raison de ces polémiques que la France n'imita pas l'Italie et les Pays-Bas dans leur empressement à créer des Monts-de-Piété ? Plusieurs de nos villes actuelles en virent s'ériger vers la fin du xvi° siècle et dans le courant du xvii°, mais elles étaient alors sous la domination des rois d'Espagne ou des papes [1] ; néanmoins des tentatives furent faites à cet effet en 1611 [2], en 1614 [3], en 1626 [4], en 1643 [5] et en 1664 [6].

Ces trois dernières tentatives donnèrent lieu à la publication d'un édit par Louis XIII, en 1626, et à l'octroi de lettres patentes par Louis XIV, en septembre 1643 [7] et en mai 1664 [8].

---

1. Il y en avait à Avignon (1577), Carpentras (1612), Sedan (1615), Nancy (1630), Apt (1674), Beaucaire (1583), Aix (1635), Tarascon (1676), Angers (1684), Montpellier (1684), Marseille (1696).
2. Projet de Hug. Delestre, lieutenant de roi à Langres, auteur du « premier plant de Mont-de-Piété franchois, » embrassant presque toutes les branches de l'économie sociale.
3. Projet présenté aux États et rejeté par le Tiers « comme un moyen d'introduire de nouveaux usuriers en France où il y en avait déjà trop ».
4. Ordonnance relative à la création des Monts-de-Piété conjointement avec celle des receveurs des deniers des saisies réelles.
5. Lettres patentes établissant des Monts à Paris et dans 58 villes, sous la protection du duc d'Orléans et du prince de Condé et la surintendance de Balth. Gerbier.
6. Une partie importante des renseignements qui vont suivre ont été puisés dans des notes communiquées avec une grande obligeance par M. de Boislisle, membre de l'Institut.
7. Archives du Mont-de-Piété, 2ᵉ série, n° 3055.
8. Dans les *Documents pour servir à l'histoire des Hôpitaux de Paris*, p. 615. on lit :

« M. de Guitry aiant obtenu des lettres patentes du Roi pour l'establissement des Monts-de-Piété en France souz le nom de maizons de secours, ofre de se contenter du tiers du profit, si l'Hostel-Dieu en veut entreprendre l'establissement à ses frais et risques ou en donner la moitié de profit à l'Hostel-Dieu, s'il veut souffrir que l'establissement se fasse souz son nom. Sur cette offre, monseigneur le Premier Président aiant dit que cet establissement *estant odieux et domaycable*

L'édit de 1626 fut rapporté l'année suivante et les lettres patentes de 1643 ne purent être mises à exécution à cause de l'état des finances à cette époque et des difficultés que rencontrèrent les promoteurs de l'entreprise.

Celles de 1664 eurent le même sort, malgré l'offre faite au bureau de l'Hôtel-Dieu de partager les profits, s'il voulait souffrir que l'établissement se fît sous son nom.

Les règnes de Louis XIV et de Louis XV passèrent donc sans qu'on parvînt à établir des Monts-de-Piété. Toutefois le prêt sur gage fut réglementé par l'ordonnance du commerce, registrée au parlement le 23 mai 1673, et c'est cette ordonnance qui régit la matière jusqu'à la promulgation du code civil.

Il serait fâcheux de passer sous silence la tentative faite par le gazetier-médecin Renaudot dans sa maison de la rue de la Calandre, à l'enseigne du Grand-Coq, où fonctionnaient en même temps un bureau d'adresses, un bureau de rédaction de journal et un cabinet de consultations charitables. Renaudot, en combattant les doctrines de la faculté, s'attira la haine des docteurs et notamment de Gui-Patin. Celui-ci, après la mort de Richelieu, réussit à abattre son adversaire dans la lutte de l'antimoine contre les partisans de Gallien et d'Hippocrate et à faire fermer le Mont-de-Piété avec le bureau d'adresses et les consultations charitables, confondus dans la condamnation des formules chimiques.

C'était la première application sérieuse et bienfaisante du prêt sur gages à Paris; voici comment le médecin-gazetier la définissait au grand cardinal qui l'honora d'une visite :

« Monseigneur, l'expérience a appris que dans les affaires de la vie, un secours venu à propos avait toute l'importance d'un trésor. L'ouvrier, faute d'une avance, ne peut prendre maîtrise et, poussé par le découragement, s'abandonne à l'ivrognerie, mère de la misère et des maladies; le marchand, l'entrepreneur, faute d'un petit pécule, succombent à la première gêne qu'ils éprouvent, ou ne peuvent réaliser soit un bon coup de commerce, soit une commande; je n'en finirais pas, monseigneur, si je voulais énumérer toutes les circonstances où un secours venu à propos vaut mieux, je le répète, qu'un véritable trésor. — Eh bien! monseigneur, j'ai donné au peuple cette ancre de salut; je lui ai fourni les avances dont il pouvait avoir besoin; mais comme une fortune royale n'y suffirait pas, je n'ai fait qu'un prêt de ces avances et, me conformant aux règles de ces sortes de transactions, je n'ai fait que prendre les mesures nécessaires pour garantir et accroître les capitaux que j'affectais à ces prêts; je prélève 3 p. 100 d'intérêt, un faible droit d'enregistre-

---

au public par un commerce d'usure publique, il ne sera jamais vérifié à la Cour, la Compagnie a aresté de ne point accepter ces propositions. »

ment, et j'exige, comme sécurité de mon prêt, un gage dont je ne puis disposer qu'après l'expiration des échéances convenues entre l'emprunteur et moi. — Je ne suis point, monseigneur, l'inventeur de ce système; depuis longtemps les Lombards le pratiquent en Italie, où le peuple reconnaissant l'appelle Mont-de-Piété, le mettant ainsi au rang des œuvres de la charité chrétienne.

« — Je n'ignore pas, dit Richelieu, que N. S. P. le Pape Léon X a permis, en 1521, de retirer un intérêt des fonds qui sont consacrés en Italie à cet emploi charitable. — Mon père, continua-t-il en se tournant vers le P. Joseph qui l'accompagnait, prenez note de l'établissement de M. Renaudot, et m'en faites souvenir au besoin [1]. »

C'est à la suite de cette visite que Théophraste Renaudot fut créé, par brevets en titre d'office, « commissaire général des pauvres valides et invalides du royaume, intendant et maître général des bureaux d'adresses ou rencontre de France ».

La popularité de Renaudot exaspérait la faculté, qui le poursuivait jusque dans ses enfants, Isaac et Eusèbe, qu'on excluait, pour cause d'immoralité, des examens du baccalauréat en médecine.

« Les sieurs Renaudot, disait Gui-Patin, sont affiliés à un trafic et négociation tendant à vendre des gazettes, à enregistrer des valets, des terres, des maisons, des gardes de malades, à exercer une friperie, prêter argent sur gages, et autres choses indignes de la dignité et de l'emploi d'un médecin. »

Le bureau d'adresses, le Mont-de-Piété et toutes les entreprises du médecin se soutenaient dans un état florissant; le succès de ses consultations charitables était considérable, lorsqu'intervint l'arrêt du parlement du 1er mars 1644 qui lui faisait « très expresses inhibitions et deffences de plus vendre ny prêter à l'avenir sur gages ».

Mazarin maintint à Renaudot ses brevets pour les gazettes et celui de commissaire général des pauvres valides et invalides du royaume, mais il l'invita à renoncer au Mont-de-Piété et aux consultations charitables, dont il n'aurait pu lui rendre l'exercice sans soulever les colères du parlement.

Caillet [2], très partisan des Monts-de-Piété et qui déplore que les tentatives de 1626 et les suivantes n'aient pas abouti, fait connaître les conditions et la forme de l'opération de prêt dans le bureau d'adresses de Renaudot; il cite certains passages de la Gazette (année 1637, page 77). Après avoir parlé du bureau de vente, également ouvert par Renaudot dans sa maison, il ajoute :

« Ceux qui ne veulent pas se défaire de leurs meubles, et toutefois ont affaire d'argent, en trouvent dessus, s'adressant au commis

---

1. *Études historiques sur le XVIIe siècle. — Théophraste Renaudot*, par le Dr Félix Roubaud. Paris, 1856.
2. *Administration de la France sous le ministère de Richelieu*, p. 240.

qui fait les achats à faculté de rachat, et ont, en payant 6 deniers par livre de la somme qu'ils toucheront jusques à deux mois pour faire leur rachat... S'ils le désirent, on leur continue ladite faculté de rachat pour autres deux mois, en payant pareil droit de 6 deniers par livre, ainsi tant que la chose vendue ne sera point dépérie... Si celui qui a fait ladite vente à grâce n'en désire pas la continuation, ce qu'il témoigne en ne payant plus le droit de 6 deniers par livre, la chose est vendue à la barre de la grande salle dudit bureau. »

On vendait le jeudi les objets dont la grâce était expirée le samedi précédent. Le boni était conservé à la disposition du déposant pendant un an et demi.

En résumé, cet homme de bien fut l'initiateur à Paris du Mont-de-Piété — cet établissement réclamé aux États de Tours, en 1614, par la noblesse besogneuse — et du bureau central de l'assistance publique.

Toutes ses créations ont d'ailleurs survécu : la Gazette, les consultations charitables, le Mont-de-Piété et la plus grande partie des nombreux services du bureau d'adresses : réclamations d'objets perdus ; vente de tableaux, pierreries, etc. ; conférences sur les questions de sciences et d'arts ; expériences sur les minéraux et les plantes, etc. ; bureaux de placement, que le gouvernement tenta plusieurs fois d'utiliser pour diminuer à Paris le vagabondage et la mendicité ; n'est-il pas question aujourd'hui de rétablir, dans les mairies, les bureaux d'adresses à l'usage des ouvriers et des patrons ?

Ce n'est pas là le seul exemple d'établissements de prêts sur gages ayant recours à des combinaisons ingénieuses pour se procurer les fonds qu'ils devaient prêter, à leur tour, moyennant un intérêt raisonnable.

En Italie, la capitalisation de fonds placés, dans la forme aujourd'hui usitée pour les assurances sur la vie, était employée. Il est certain que ces placements à capital aliéné devaient après un certain nombre d'années, par le décès des assurés, créer un fonds à l'établissement. C'était quelque chose comme le Mont-de-Piété de Paris fonctionnant avec les fonds de la caisse des retraites pour la vieillesse.

Ainsi on lit dans Bodin [1] :

« Les Monts-de-Piété institués ès-villes d'Italie sont utiles, honnêtes et charitables et soulagent grandement les pauvres, et ceux de Laski [2] les ruinent. Il y a des Monts-de-Piété à Florence, Lucques, Sienne et autres villes où celui qui a une fille, au jour de sa naissance, met cent écus au Mont-de-Piété, à la charge d'en recevoir mille pour la marier quand elle aura dix-huit ans. Si elle meurt auparavant, les

---

1. *Les six livres de la République*, édition de 1578, p. 641.
2. Le Polonais Jérôme Laski.

cent écus sont acquis au Mont, si le père n'avait d'autres filles auxquelles successivement sera gardé le mariage. S'il met au Mont-de-Piété 200 écus, la fille aura 2000 écus, qui n'est à peu près que 5 p. 100 que paie la République, si la fille ne meurt. L'autre Mont-de-Piété est pour prêter argent aux pauvres gens à 5 p. 100, en baillant gage suffisant et jusqu'à dix écus pour le plus. Si le débiteur ne rend les dix écus au temps préfix, le gage est vendu au plus offrant, et la plus-value est rendue au débiteur. Cela se fait pour obvier aux plus grandes usures desquelles les pauvres gens sont ruinés en ce pays-là et pour empêcher la saisie et distraction des meubles à vil prix.

« Toutefois, je trouve que l'empereur Antonin, surnommé Pius, trouva un autre Mont-de-Piété, et depuis fut suivi par Alexandre Sévère, qui était de bailler l'argent qui revenait bon aux finances, les charges payées, à 5 p. 100 en baillant caution suffisante et solvable. En quoi faisant, les marchands et pauvres qui y gagnaient beaucoup à trafiquer et le public en grande somme y gagnait aussi beaucoup : car si on prêtait un million, au bout de l'an, on y gagnait 50,000 écus par le public; et les particuliers y gaguaient bien deux fois autant à trafiquer. Mais outre cela, le plus grand bien qui en revenait, c'était que l'argent du public était par ce moyen assuré de la griffe des larrons et rats de la cour, qui était la seule occasion pourquoi l'empereur Auguste, longtemps auparavant, avait accoutumé de prêter l'argent qui revenait bon aux finances sans aucun intérêt en baillant caution solvable et à la peine du double si on faillait à payer au jour préfix; qui est une condition réprouvée par la loy comme faite en fraude des usures légitimes, si la condition est apposée par un particulier; mais la peine du double est recevable et pratiquée pour le public, attendu que c'est plutôt la peine du péculat que l'usure de l'argent, si celui qui doit l'argent au public en abuse. »

Aucune sérieuse tentative nouvelle ne fut faite dès lors jusqu'à la fin du XVIIe siècle. L'opinion était très divisée sur l'utilité des Monts-de-Piété. L'hostilité manifeste de M. de La Reynie, qui soutenait que le crédit était une chose désavantageuse à la prospérité commerciale, retarda la création d'établissements de ce genre. Les pièces suivantes donneront une idée des divergences profondes qui s'étaient produites sur la question.

On trouve d'abord, en 1678, un projet du prince de Marcillac sur la « création de négociants de prêt et de vente » qui fut, par un arrêt du conseil d'État, renvoyé pour avis au sieur de La Reynie et au prévôt des marchands et échevins de Lyon, sur le rapport du sieur Colbert, contrôleur général des finances, favorable au projet :

« Veu au conseil du Roy le placet présenté à Sa Majesté par le sieur Prince de Marcillac, tendant à ce qu'il lui soit permis d'établir des négociants de prêt et de vente dans les villes de Paris, Rouen, Bordeaux, Toulouse, Lyon et autres si besoin est, et en chacune le nombre convenable pour la commodité publique, que cet établissement ne peut être qu'avantageux tant aux sujets de Sa Majesté qu'aux étrangers qui ont commerce avec eux par la commodité et sûreté qu'ils trouveront tous dans la nécessité où ils pourraient estre d'emprunter ou de vendre, que l'office desdits négocians se bornant à faciliter les moyens de faire prester, louer et vendre à ceux qui voudront se servir de leur ministère; que cet établissement préviendra quantité de procès et de pertes qui arrivent journellement aux sujets de Sa Majesté et aux étrangers ne pouvant quelquefois trouver ni les choses que l'on a confiées ni ceux auxquels on a esté nécessité de les confier, estant des gens sans nom et sans aveu qui n'ont pas le moyen d'en répondre, le commerce en retirera de très grands avantages dans le Royaume, en ce que les marchands tant originaires qu'étrangers qui sont quelquefois rebutés par les hasards où ils s'exposent en se servant de ces secours vagues et peu assurés en trouveront dans cet établissement de commodes, certains et fidèles, et il sera libre à chacun de chercher son mieux, les négocians qui seront préposés seront gens connus de probité et obligés de tenir bon et fidèle registre de toutes les affaires concernant leur emploi, et ils ne prendront de ceux qui s'adresseront à eux que ce qui sera convenu de gré à gré; ils fourniront un récépissé de tout ce qui sera remis entre leurs mains pour la sûreté de ceux qui se confieront à eux; au bas duquel placet est le renvoi fait par Sa Majesté au sieur Colbert, conseiller ordinaire au conseil royal, contrôleur général des finances, pour donner son avis sur le contenu en icelui, lequel veu et rapporté au conseil estre ordonné ce qu'il appartiendra.

« Ouy le rapport dudit sieur Colbert, conseiller ordinaire au conseil royal, le Roy en son conseil a ordonné et ordonne que par le sieur de La Reynie, maître des requêtes ordinaires de son hôtel, lieutenant de police de la ville de Paris, et le prévost des marchands et échevins de Lyon, il sera donné avis à Sa Majesté sur le contenu dudit placet, après avoir entendu par ledit sieur de La Reynie les six corps des marchands de la ville de Paris et par les dits prévost des marchands et échevins de la ville de Lyon, les principaux marchands et négocians de ladite ville, pour le tout veu et rapporté au conseil estre pourvu audit sieur prince de Marcillac ainsi qu'il appartiendra. »

Cette création portait un coup mortel à la corporation des « agents courtiers de change et de marchandises » de Lyon, qui y firent une opposition violente, ainsi qu'on le verra dans le document suivant.

Les maîtres et gardes des six corps des marchands de Paris répondirent vers la fin de l'année, dès que la proposition leur eut été renvoyée, que le placet était conçu en termes trop généraux et trop vagues pour qu'on pût rien comprendre des voies et moyens que prétendaient prendre les auteurs du projet, ni même des choses sur lesquelles porterait cette nouveauté; que d'ailleurs elle leur paraissait « de soi très dangereuse et préjudiciable » et qu'ils attendraient plus amples explications des gens qui se servaient du nom du prince de Marcillac.

A Lyon, les principaux marchands et négocians, réunis le 23 septembre 1678, déclarèrent solennellement que « rien ne pouvait être plus contraire aux privilèges de la place et au bien du commerce de la ville, même avec les étrangers »; que le prince semblait ignorer la valeur et les garanties offertes par les gens que l'on recevait aux charges d'agents courtiers de change et de marchandises; que ces garanties étaient sanctionnées par une foule d'ordonnances et de règlements; que si de pareils offices étaient à la disposition des donataires, on n'y verrait que des étrangers, banqueroutiers, gens inconnus et incapables; qu'ils espéraient pour le bien de tous que le Roy ne donnerait aucune suite à une proposition aussi fausse et insoutenable et qu'au besoin, si le prince insistait, ils étaient prêts à représenter leurs titres.

Mais le prince avait dressé un mémoire explicatif qui réduisait à peu près sa proposition à la création d'un bureau d'adresses où, de plus, il eût été possible d'emprunter sur gages aux taux et dans les conditions que fixerait le roi; « s'engageant lui-même à tenir soigneusement la main à ce que tout se fît dans le bon ordre et dans la justice pour attirer tout le monde à se servir de cet établissement ».

Le prince demandait que M. de La Reynie fût nommé commissaire pour dresser les règlements et il lui envoya deux mémoires à l'appui. Ces documents, dont le prince n'est sans doute pas l'auteur, sont, comme le précédent, plus explicites sur la partie du projet qui avait trait à la fondation d'un hôtel des ventes publiques et d'un bureau d'adresses que sur le prêt et l'engagement. Cependant il y eut des mémoires intéressants pour et contre. Colbert et quelques-uns de ses conseillers furent favorables [1].

Ce sont là les seules tentatives faites à Paris jusqu'à la création du Mont-de-Piété; la question n'en fut pas moins soulevée bien souvent, mais l'hostilité de M. de La Reynie fit échouer tous les projets.

En 1684 parut un traité intitulé :

L'intérêt de la France ou le grand proffit du commerce par le moyen des bureaux de commerce establis dans la ville de Paris et autres villes du Royaume.

L'auteur demandait un privilège pour établir ces bureaux, soit pour y recevoir en gage toutes sortes d'effets, marchandises et deniers ou même les hypothèques foncières, sur le pied de 2/3 ou 3/4 de la valeur et moyennant un intérêt de 5 p. 100, plus les frais de loyer pour l'installation et la conservation des objets engagés, soit pour recevoir les avis des objets perdus, moyennant un droit de 6 sols par avis et d'un sol par pistole, au cas où les objets se retrouveraient.

---

[1]. *Pap. de la Reynie*, 32, f. 270-285 (Bibliothèque nationale).

Comme toujours, les voies et moyens étaient à peine indiqués. Les objections furent nombreuses :

La première était l'impossibilité d'approprier les institutions de crédit des républiques italiennes aux besoins et aux goûts d'une monarchie; puis « l'*infamie* de faire porter des intérêts de gages à de simples reconnaissances en papier contre toutes les lois divines et humaines; un coup mortel porté au commerce des corps de marchands; offrir un facile recel aux faillis et banqueroutiers. Et enfin, on ne devait trouver personne qui fût assez insensé pour donner des gages et 5 p. 100 contre un morceau de papier. Où trouver d'ailleurs des magasins assez vastes pour conserver toutes les marchandises de tout genre? »

Ne peut-on penser, en lisant ces objections contradictoires, à un parti pris de faire échouer le projet : on redoute d'un côté de ne pas trouver de locaux assez vastes pour contenir des gages qu'on prétend d'ailleurs que personne ne sera assez insensé pour déposer!

Cette critique, qu'on peut lire dans le 32e volume des papiers de La Reynie, est peut-être du lieutenant général lui-même, tant on y retrouve l'horreur ordinaire que lui inspirent toutes les innovations, sa défiance de tout ce qui se basait sur le crédit ou la bonne foi, défiance formulée dans cette phrase de conclusion : « Bien loin que le crédit soit avantageux au commerce, l'on soutient que s'il étoit possible d'abolir le crédit, le commerce en iroit mieux, parce qu'il n'y auroit que des marchands et négociants riches et accommodés qui le feroient. »

En un mot, l'auteur de la critique trouvait tant « d'impertinence dans les visions et billevesées du donneur d'avis, qu'il ne voyait d'autre réponse à faire que le silence [1] ».

Les propositions se multiplièrent à partir de l'arrivée de M. le Peletier, Intendant aux finances, toujours basées sur l'utilité publique, toujours repoussées, pour Paris du moins, à l'instigation du lieutenant général de Police.

Cependant l'excès de l'usure était devenu intolérable. Le plus petit intérêt était de 20 p. 100 par an; chaque mois était exigé en entier, et l'emprunteur avait encore à payer un droit à l'entremetteur.

Parmi les projets qui prétendaient remédier à cet état de choses, il faut en signaler deux qui durent être présentés vers 1685 (*Pap. de La Reynie*, vol. 32, f. 298 à 307) et où l'on trouvera presque tous les principes qui ont prévalu pour la régie de ces établissements charitables.

A l'époque où Paris repoussait des propositions de ce genre, plusieurs États européens possédaient déjà des Monts-de-Piété où le

---

1. *Pap. de La Reynie*, vol. 32, f. 287 à 295 (Bibliothèque nationale).

peuple pouvait tous les jours emprunter à l'intérêt le plus modique. L'Italie avait des Monts-de-Piété; la Hollande, des Lombards établis dans toutes les villes, grandes ou petites. Le mieux établi était celui d'Amsterdam, créé en 1614; il avait le grave tort de percevoir, sur les sommes inférieures à 100 fr., 16 1/3 d'intérêt par an, mais les autres villes prenaient presque le double.

Le Lombard d'Amsterdam avait tant de vogue et de crédit qu'une grande partie des habitants de la ville allaient y engager leurs meilleures hardes le lundi et ne les retiraient que le samedi suivant pour s'habiller le dimanche.

La ville était caution, fournissait l'argent et profitait des « revenants bons ».

On a déjà vu qu'il y avait des établissements analogues dans presque toutes les grandes villes des Flandres : Arras, Lille, Ypres, Berghes, Tournay, Douai, Valenciennes et Cambrai. Les prêts s'y faisaient à raison de 15 p. 100 par an et toute la régie était parfaitement ordonnée par des bulles papales ou des lettres patentes des rois d'Espagne. A Lille même, le Mont-de-Piété prêtait gratuitement aux pauvres jusqu'à 50 francs. Ce règlement était plus bienfaisant que celui d'Amsterdam, où l'intérêt était double sur les petites sommes et se percevait en entier pour la semaine, le mois ou les six semaines dans lesquels on retirait le gage; là encore, l'excédent du prix du gage vendu au bout d'un an et six semaines appartenait à la ville au bout d'une autre année, tandis qu'en Flandre l'*engageur* pouvait réclamer à perpétuité cet excédent.

La proposition de faire des établissements analogues à celui d'Amsterdam au profit et sous la direction des villes ne sembla pas acceptable, soit parce que les villes ne pourraient trouver le crédit nécessaire, soit parce qu'on ne pouvait compter sur la bonne foi et l'intégrité des magistrats municipaux chargés du maniement des fonds. On rejeta surtout, comme inconvenante, la proposition de prendre une partie des bénéfices pour le Roi.

Sous une forme plus générale, La Reynie repoussait en principe tous les projets, parce qu'ils finissaient toujours par tourner au profit des personnes de considération sans que le public y gagnât autre chose qu'une surcharge de droits nouveaux.

Une de ses notes est ainsi conçue :

« Ce ne sont pas nos mœurs. — Il n'y doit avoir aucune convenance, puisque l'exemple des voisins n'a pas été suivi en cela et qu'on a rejeté la proposition de tels établissements de Monts-de-Piété, sous quelque nom qu'ils aient été proposés. On ne sauroit croire que l'intérêt à 15 p. 100 soit d'un grand soulagement au public et aux pauvres, et cependant c'est le plus bas prix qu'on propose. Il y a si grande différence de la conduite réglée et uniforme des villes des Pays-Bas à celle des magistrats, échevins, consuls et autres qui ont la conduite politique ou partie de cette conduite dans les villes de France que tels établissements, bien loin de réussir, n'y sauroient pas même être régis et administrés, et ce seroit même un moyen infaillible de ruiner les communautés, sans compter qu'aucune n'auroit le crédit de trouver les fonds nécessaires pour les avances. — Il faudroit, pour cela, supprimer une communauté des plus nombreuses de Paris (celle des fripiers) et une infinité d'autres gens, revendeurs et revendeuses.

« Ce ne seroit pas un grand mal à l'égard de ces derniers; il peut y avoir beaucoup de choses à considérer à l'égard des autres [1]. »

Par les documents qu'avait recueillis La Reynie, nous voyons qu'il eut deux fois l'occasion de traiter ce sujet avec l'intendant Le Peletier de Souzy — qui, certainement, avait rapporté des Flandres une meilleure opinion des Monts-de-Piété, — une fois en mars 1685, une autre fois en février 1688, sur l'envoi d'un mémoire du comte d'Avaux, ministre du Roi en Hollande.

Voici le mémoire adressé par M. de La Reynie au Contrôleur général, à cette dernière occasion :

« Ce 6 avril 1688.

« Les Monts-de-Piété, qui sont establis en Italie, en Flandre et en Hollande, ont donné lieu à diverses personnes de faire de temps en temps des propositions pour les establir en France à Paris et dans les autres villes principales du royaume, mais parce qu'on a bien jugé que l'exemple seul des autres nations ne suffirait pas pour faire recevoir et établir l'usage des Monts-de-Piété en France, on les a proposés plusieurs fois sous d'autres noms, et on a essayé, sous différents titres, d'y introduire les pratiques ordinaires des Monts-de-Piété. On a commencé dès l'année 1612 par la proposition des bureaux d'adresses qui a esté néanmoins poursuivie inutilement jusqu'en 1662, qu'il fut expédié un nouveau brevet et des lettres patentes. Ces lettres patentes étant encore restées sans effet, on se mit en devoir d'establir à Paris des bureaux des ventes et achats en 1669 et 1670, mais cette nouvelle tentative n'eut pas plus de suite que les précédentes.

« En l'année 1679, la mesme proposition parut encore sous le titre des bureaux des négocians pour les prêts et ventes volontaires des meubles, hardes, etc., par le moyen desquels on prétendait donner au public la facilité et le moyen d'engager ou de vendre les hardes et meubles à des conditions incomparablement plus avantageuses que celles qui sont contenues dans les derniers mémoires présentés au Roy pour l'établissement des Monts-de-Piété.

« La faculté d'établir les bureaux de ces négocians de prêts ou ventes volontaires fut accordée à M. le duc de La Rochefoucauld, lors prince de Marcillac, mais il y trouva à Paris, à Lyon et dans les

---

1. *Pap. de La Reynie*, vol. 32. f. 311 (Bibliothèque nationale).

autres bonnes villes de telles oppositions et de si grandes difficultés qu'il crut juste de l'abandonner.

« On a encore depuis proposé au Roy et demandé le droit et la permission d'établir à Paris des bureaux de commerce et de crédit, où l'on pourrait trouver de l'argent à emprunter sur toute sorte de meubles, hardes, pierreries, etc., pour la commodité du public, et la proposition en a esté encore rejetée depuis deux ou trois ans seulement, et elle n'est pas plus favorable sous le nom de Mont-de-Piété ou sous celuy de maison de secours pour la nécessité du peuple.

« Ce qui se pratique dans les pays étrangers à cet égard ne doit pas estre tiré à conséquence pour la France, et l'ordre public qui est établi en plusieurs villes d'Italie, de Flandre et de Hollande est si différent et si éloigné de celuy qui est observé à Paris et dans les autres bonnes villes du royaume qu'on ne peut croire raisonnablement que tout ce qui se pratique utilement chez les étrangers et que ce qui se fait à Rome, à Amsterdam, Anvers, Lille, etc., doive également bien réussir à Paris, à Lyon, à Toulouse et à Bordeaux. La proposition de l'établissement des Monts-de-Piété à Paris, sous quelque nom qu'elle eût été faite, a esté rejetée dans tous les temps et on a toujours cru, ainsi qu'on le croit encore, qu'elle est mauvaise et qu'elle ne peut réussir. »

La *Correspondance des contrôleurs généraux avec les intendants* donne également des indications sur l'état de la question en France. Dans une lettre adressée par M. Bouchu, intendant en Dauphiné, au Contrôleur général le 24 mars 1692, on lit [1] :

« Quelques personnes charitables de Grenoble ayant cru, à l'exemple de ce qui se pratique à Lyon, que ce seroit une chose soulageante pour les pauvres et pour des familles obérées d'empêcher les abus qui se commettent par des prêts sur gages, avec des intérêts de 2, 3 et 4 sols par écu par mois qui consomment dans peu de temps une partie de la valeur des gages, lesquels sont, après, vendus à vil prix, se sont proposé de faire un petit fonds de questes qu'ils pourront assembler entre eux, pour prester aux pauvres familles, sur gages, sans aucun intérêt, pendant six mois ou une année ; et n'ayant pas voulu rendre leur projet public sans m'en informer, j'ay cru, quoyque je ne voye rien que de très bon dans ce dessein, tan pour son objet que par les personnes qui en doivent avoir la direction, entre lesquelles il y a plusieurs officiers du parlement et de la Chambre des Comptes des plus estimables et des plus gens de bien, que je devais de ma part vous en rendre compte...... »

Cette *Compagnie du prêt charitable* adopta les mêmes statuts que celle de Lyon. M. Bouchu se contenta de prescrire des mesures de surveillance pour qu'il n'y eût aucun prélèvement opéré, à quelque titre que ce fût.

---

1. *Correspondance des contrôleurs généraux avec les Intendants des provinces*, publiée par M. de Boislisle, t. I, n° 1065, note.

On trouve dans l'intendance de Hainaut un mémoire d'un sieur Boron sur l'administration du Mont-de-Piété de Dinant, dès 1625. Il demande qu'on taxe la charge de l'administrateur en raison de ses profits et privilèges.

En 1698, M. Lebret, intendant en Provence, demande au Contrôleur général à établir à Arles un Mont-de-Piété tel que les villes de Marseille et de Grenoble en possédaient déjà un. A ses lettres sont joints les statuts des deux établissements et ceux qu'il proposait pour Arles, qui furent approuvés par lettres patentes du 24 juin [1].

Il faut encore citer ce curieux projet fait et dressé par Lemoine, écrivain, demeurant à Paris sur le quai Peletier, à la Pomme d'Or, le 6 janvier 1702 :

« Les Monts-de-Piété ont été établis dans Rome et dans l'État ecclésiastique par Sixte-Quint, le plus grand génie qu'il y ait jamais eu au grand contentement du public.

« Le conseil des finances cherche des moyens faciles et nullement à charge au public pour produire les fonds dont l'État a besoin pour soutenir la conjonction présente.

« On peut dire qu'il y va de la gloire de Dieu, du service de l'État et de l'intérêt du public, d'établir présentement des Monts-de-Piété dans Paris et dans toutes les grandes villes du royaume pour les raisons suivantes; de plus, cet établissement empêchera la damnation d'un grand nombre de personnes; il produira plusieurs millions au Roi et le public en recevra de grands secours :

« 1° Tout le monde sait qu'il y a en France, et particulièrement à Paris, beaucoup de gens qu'on appelle revendeurs et revendeuses à la toilette, auxquels on s'adresse pour emprunter et pour prêter de l'argent sur gages.

« Ce prêt se fait à 40 p. 100 d'intérêt, à raison de 2 sols par écu pour chaque mois, sans compter un présent que l'emprunteur fait au facteur des revendeurs ou revendeuses, entre les mains desquels facteurs se perdent très souvent des gages, pour quoi les prisons sont remplies de ces sortes de gens. Un artisan, un bourgeois ou un marchand et autres ayant besoin de 100 francs, plus ou moins, va prier ses amis de lui prêter de l'argent : s'ils lui refusent, ce qui contraint ledit artisan ou autre de prendre dans ses hardes du linge, des habits et du meuble pour 100 écus et de les porter à un fripier ou à un bourgeois, car la moitié de la France fait le fripier. Dans ce cas, le pauvre artisan ou autre, pressé d'argent, vend pour 300 francs de hardes pour avoir 100 francs, c'est-à-dire que ce qui vaut 300 francs, il ne le vend que 100, car les fripiers et autres gens du caractère ci-dessus ne veulent jamais acheter des hardes des particuliers pressés d'argent, qu'ils ne gagnent, ou plutôt volent les deux tiers.

---

1. *Correspondance des contrôleurs généraux avec les Intendants des provinces*, publiée par M. de Boislisle, t. II, n° 1729, note.

« 2º Ledit établissement produira plusieurs millions à l'État, parce qu'on trouvera à placer en toute sûreté et à emprunter de l'argent à un intérêt raisonnable dans lesdits Monts-de-Piété.

« Noter qu'ils seront aussi des caisses des emprunts, parce que lesdits Monts-de-Piété emprunteront de l'argent à 6 ou 7 p. 100 d'intérêt et qu'on prêtera au public ledit argent au denier desdits Monts-de-Piété, qui serait plus fort, ce qui apportera un très grand profit. Combien y a-t-il de personnes aisées et riches qui cachent leur argent de peur de le perdre en le mettant à intérêt? S'ils en chargent des notaires, ils feront des friponneries, disent-ils; s'ils le mettent ès mains des banquiers, ou marchands, ou de personnes dans les affaires, ils feront banqueroute. Pour être donc assuré de son argent, sans le mettre en rente sur l'Hôtel-de-Ville de Paris, où quantité de personnes riches qui sont timides ou méfiantes n'y veulent point absolument mettre leur argent, parce qu'elles ne peuvent point le retirer quand elles le veulent, et sans perte, au contraire ces mêmes personnes seront toujours libres et pourront disposer de leur argent à leur volonté en le plaçant dans les Monts-de-Piété, où elles ne sont point connues.

« Il est à remarquer que toutes sortes de trésoriers, receveurs ou autres gens qui ont du maniement se mêlent de prendre ou de prêter de l'argent à intérêt et très souvent à intérêt usuraire : ce qu'on empêchera aussitôt que les Monts-de-Piété seront établis. Enfin tout le monde ouvrira sa bourse et prêtera volontiers et sans crainte et en empruntera desdits Monts-de-Piété : ce qui rendra insensiblement le Roi maître de toutes les bourses du royaume.

« 3º Il est constant que tout le peuple malaisé recevra de grands secours dudit établissement, parce qu'il ne sera plus obligé de vendre et donner presque pour rien des hardes et meubles. A-t-il besoin de quelque argent, il le trouvera aussitôt dans lesdits Monts-de-Piété, sur ses hardes et meubles et sans les vendre. Les personnes de qualité même y trouveront aussi leur avantage en empruntant dans ces Monts-de-Piété les sommes d'argent dont ils ont quelquefois besoin, sans passer à l'avenir par les mains avares et usuraires de leurs intendants, qui font tous de grosses fortunes aux dépens de leur maître qu'ils pillent impunément.

« Or, pour régir chaque Mont-de-Piété, il faudra plusieurs commis, dont les emplois pourront être érigés en titre d'office, lesquels seuls produiront au moins une finance de 4,000,000 de francs.

« L'on doit savoir que les Monts-de-Piété sont établis dans Rome et dans tout l'État ecclésiastique depuis plusieurs siècles, au grand contentement et soulagement des peuples; par conséquent on ne doit pas hésiter de les établir en France incessamment.

« Fait et dressé par Lemoine, écrivain, demeurant à Paris sur le quai Peletier, à la Pomme d'Or, le 6 janvier 1702. »

Enfin en 1703 fut proposé sous le titre :

« *Moyens pour parvenir à faire les fonds nécessaires pour l'établissement des Monts-de-Piété,* » un plan qui ne parut sans doute pas présenter de garanties de succès et dont voici la teneur :

« L'utilité de l'objet qu'on se propose pour réprimer l'usure, par l'établissement des Monts-de-Piété, est trop évidente pour être contestée.

« Il est évident que si l'usure était rabaissée, le roi acquitterait ses dettes et soutiendrait les dépenses de la guerre par des emprunts plus aisés et plus volontaires et dont il payerait la moitié moins d'intérêts.

« La question est d'en faire les fonds, par une finance qui soit libre, c'est-à-dire dont les Monts-de-Piété ne payent aucun intérêt, afin que les intérêts que ces Monts gagneront puissent être employés à payer les gages des officiers à qui on en confiera l'administration et soutenir la dépense des bâtiments; que d'ailleurs les revenans bons excédants puissent être employés à d'autres œuvres pies, comme de prêter sans intérêt à de pauvres gens, doter des filles, rétablir des familles désolées par des malheurs imprévus et soulager des pauvres honteux, etc., selon les besoins les plus pressants de chaque diocèse.

« L'on a cru que le clergé pourrait entrer et concourir à une œuvre si digne de son attention, de sa piété et de son exemple; par la réflexion que le clergé luy-même pourrait dans peu (si l'usure était rabaissée) s'acquitter des dettes qu'il a cy-devant contractées à gros intérêts par la nécessité d'emprunter pour subvenir aux besoins de l'État; et encore par la considération qu'en pourvoyant aux besoins pressants de ceux qui ne sont pas encore tombés tout à fait dans une pauvreté complète, il aura dans la suite moins à soulager les besoins des pauvres effectifs qui seront moins nombreux.

« On propose, dans le plan qu'on s'est formé de cet établissement, d'inviter les principaux bénéficiers du clergé, c'est-à-dire ceux qui ont plus de 800 livres de revenus effectifs, d'accorder pendant quatre années la trentième partie de leur revenu pour appliquer à la fondation perpétuelle d'un établissement si juste et si nécessaire, à l'exemple de ceux déjà établis en Italie et dans la domination d'Espagne et qui a même été surpassé en Hollande par les hérétiques, à la honte et à la confusion des catholiques de France.

« Si l'on estime que cette demande ne fut pas, quant à présent, agréable à Nosseigneurs du clergé de France et qu'il fut possible de changer la destination des fonds du don gratuit qu'il accorde à Sa Majesté pour l'employer pendant quatre années à cet établissement, le Roy, dès la deuxième année, ferait infailliblement rabaisser l'usure à un point qu'il retrouverait le remplacement de ces mêmes fonds par la modicité des intérêts qu'il aurait à payer.

« Si ces deux premiers moyens ne sont pas agréables, l'on proposera quelque affaire nouvelle capable de produire, en quatre ou cinq années, le fonds nécessaire à cet établissement sans être à charge au public, pour préparer pendant la guerre des fruits pour la paix.

« Suit un tableau à 8 p. 100 d'un placement de 100,000 livres pendant dix années, par lequel on peut juger jusqu'à quel excès l'usure est portée.

« Au total 215,892 livres 9 sols 7 deniers.

« Cette démonstration si sensible du doublement du capital en dix années sur le pied de 8 p. 100 seulement, comme le Roy le pratique à la caisse des emprunts, fait voir jusqu'à quel point l'usure est préjudiciable au Roy, qui, pour la soutenir, est obligé de surcharger ses peuples, et de quelle conséquence il serait à Sa Majesté et à l'État de la réprimer par l'établissement des Monts-de-Piété. »

Il est fort probable que certains projets furent élaborés dans les années qui suivirent; toutefois ils ne durent donner lieu à aucune étude sérieuse, car on n'en trouve pas de trace dans les archives du Mont-de-Piété de Paris.

Aucune de ces propositions plus ou moins raisonnables n'avait paru devoir être mise en pratique, et c'est seulement dans la seconde moitié du siècle que, la nécessité d'établir un Mont de-Piété à Paris étant reconnue, on élabora le projet qui aboutit aux lettres patentes du 9 décembre 1777.

Bien des gens, par la suite, s'attribuèrent la paternité du plan conçu. Ainsi on retrouve dans les archives du Mont-de-Piété un mémoire du sieur Langlade de Villiers par lequel il expose :

« Qu'en 1762, M. de Sartine lui a proposé de s'occuper du projet d'une caisse de secours par forme de Lombard, qu'il s'est livré à ce travail qui lui a coûté 46,500 francs de déboursés depuis 1762 jusqu'en 1777, qu'il est âgé de soixante-dix ans, père de 14 enfants et petits-enfants, qu'il a mangé 134,000 francs à suivre les opérations dont il a été chargé par le gouvernement, sans même avoir été remboursé d'aucune de ses avances, pourquoi il espère que l'administration du Mont-de-Piété aura égard à ses représentations et lui fera obtenir un secours dicté par la religion et la piété et proportionné à l'utilité de l'établissement ainsi qu'aux dépenses que son travail lui a occasionnées. »

Enfin voici comment Necker, dans le tome III de l'administration des finances de la France, résume les motifs de cette création et en fait ressortir les avantages et le mécanisme, au chapitre XXII, consacré au Mont-de-Piété.

« L'usure n'a aucune ressemblance avec ces transactions ordinaires de la société où les prêteurs et les emprunteurs, égaux par leurs rapports et par leur nombre, traitent ensemble du prix de l'argent et sont indistinctement soumis à l'effet des considérations universelles qui déterminent la mesure de l'intérêt.

« L'usure ne s'applique jamais qu'à des situations particulières; c'est un abus de la force envers la faiblesse; c'est un empire exercé par l'avarice et la cupidité sur une classe d'hommes.....

« Mais les lois contre l'usure, les punitions infligées à ceux qui s'en rendaient coupables, n'avaient point arrêté ses progrès dans la capitale et l'on ne pouvait plus se dissimuler les difficultés insurmontables d'une pareille réforme : car, à mesure que la surveillance de l'administration se réveillait, les usuriers redoublaient de précautions pour cacher leur trafic criminel, sous des formes légales en apparence. Il était donc devenu nécessaire d'opposer à cette dépravation un obstacle d'un nouveau genre, et l'institution du Mont-de-Piété, déterminée au mois de décembre 1777, parut véritablement indiquée par les circonstances. »

Observons, en passant, que les termes mêmes de cet exposé des motifs de la création du Mont-de-Piété à Paris indiquent suffisamment que l'établissement n'était pas destiné à créer des ressources à l'hôpital général.

Les véritables rapports de ces deux administrations sont d'ailleurs bien précisés plus loin en ces termes :

« ..... Le bénéfice au delà de l'intérêt du fonds capital ne s'élève pas à 50,000 écus (sur 15,000,000 de prêt). Ce bénéfice est dévolu à l'hôpital général; disposition qui diminue encore les inconvénients attachés à la fondation d'un Mont-de-Piété. »

C'est sous Louis XVI que fut institué le Mont-de-Piété de Paris, en vertu des lettres patentes données à Versailles, à la date du 9 décembre 1777, et registrées en parlement le 12 du même mois [1].

Ces lettres patentes furent rédigées par Framboisier de Beaunay, ancien conseiller procureur du roi honoraire au bailliage et vicomté de Lyon, alors directeur du bureau des nourrices et qui fut nommé, le 22 décembre 1777, directeur général du Mont-de-Piété.

Les divers articles de l'ordonnance tracèrent les lignes principales du fonctionnement de l'établissement. Le Mont-de-Piété devait être tenu sous l'inspection et administration du lieutenant général de police et de quatre administrateurs de l'hôpital général, nommés, le 20 décembre 1777, par le bureau d'administration dudit hôpital et dont les fonctions étaient entièrement gratuites.

Le surlendemain de leur nomination, les membres du bureau se réunirent sous la présidence de M. Lenoir, lieutenant général de police, et, après avoir procédé, en vertu de l'article 11 des lettres patentes, à la nomination du directeur général et des principaux employés, deux d'entre eux, MM. Henry et Vieillard, eurent pour mission « de se transporter en diverses maisons, à l'effet de faire choix de celles qui leur paraîtront les plus propres à l'établissement et d'en régler avec les propriétaires les conditions, dont ils feront rapport au prochain bureau ».

Les délégués firent choix de deux maisons contiguës, sises rue

---

1. *Archives du Mont-de-Piété*, 1re série, n° 1.

des Blancs-Manteaux et appartenant au marquis de La Grange et a M. Joly de Fleury, son beau-frère, alors procureur général.

Quelques jours après, le 5 janvier 1778, bail fut passé pour la location des deux maisons, à raison de 6,400 livres par an, à charge par l'administration « d'indemniser les différents locataires qui y sont, dans le cas où elle voudrait réunir la jouissance des lieux occupés par lesdits locataires à ceux destinés au Mont-de-Piété [1] ».

Le local trouvé, le bureau s'inquiéta de la rédaction d'un règlement propre à assurer la marche des opérations et prescrivant les formalités à employer dans la régie et l'administration de l'établissement; le jour même de la prise à bail du local, il arrêta les termes de ce règlement.

Par ce règlement, basé sur les lettres patentes du 9 décembre 1777, l'administration fut partagée en quatre parties principales, comprenant :

1° Le bureau d'administration ;
2° Le bureau de la direction ;
3° Le bureau du magasin;
4° Le bureau de la caisse.

Le besoin d'un établissement tel que le Mont-de-Piété se faisait si vivement sentir que, même avant son ouverture officielle, qui eut lieu le 9 février 1778, un assez grand nombre de personnes s'étaient présentées à l'administration pour y emprunter des sommes dont la moyenne par article fut d'environ 200 livres.

On constate en effet que, du 24 décembre 1777 au 31 janvier 1778, la somme prêtée s'éleva à 101,154 livres, et que, d'après le récolement des gages qui fut fait le 7 février suivant, il existait en magasin 501 articles sur 542, déposés jusqu'alors [2].

A la fin du mois de janvier 1778, les fonds empruntés par l'établissement étaient de 558,200 livres, et c'est avec cette somme diminuée des prêts faits dans le courant du mois, que l'administration dut commencer à faire face aux demandes du public.

L'intérêt de 2 deniers pour livre par mois (10 p. 100 par an) auquel s'ajoutait un denier pour livre de droit de prisée (0,416 p. 100) était relativement modéré et détermina le succès rapide de l'institution.

Mais cette réussite présentait un danger administratif en raison de la pénurie des fonds; aussi dut-on, pour se procurer de l'argent, essayer de plusieurs systèmes : on eut recours aux agents de change, auxquels on payait 1/8 p. 100 de commission [3], et on s'efforça d'augmenter par des primes la durée des placements.

---

1. *Archives du Mont-de-Piété*, 1re série, n° 21.
2. *Archives du Mont-de-Piété*, 1re série, n° 6.
3. *Archives du Mont-de-Piété*, 1re série, n° 311 bis.

Le prévôt des marchands, prévoyant ce succès, avait déjà proposé aux administrateurs de leur venir en aide en leur fournissant des fonds pris sur les recettes de la ville, à condition de partager avec le Mont-de-Piété les bénéfices qui pourraient résulter de son exploitation ; mais ce moyen, contraire à la teneur des lettres patentes, ne fut pas adopté [1].

Enfin on essaya d'emprunter sur constitution de rentes. Des lettres patentes furent rédigées à cet effet et soumises à l'examen de M. Necker, qui les repoussa par une lettre adressée le 23 juin 1778 à M. de Miromesnil, garde des sceaux, dans laquelle il prétendit que « le Mont-de-Piété trouvait sur de simples billets de son caissier plus de fonds qu'il n'en voulait [2] ».

Les administrateurs ne se découragèrent pas et, dans une nouvelle lettre datée du 16 juillet, ils firent connaître au ministre la situation de l'établissement, en insistant particulièrement sur l'impression favorable que produirait sur l'esprit des capitalistes la délivrance de lettres patentes autorisant le Mont-de-Piété à emprunter [3].

L'importance des prêts effectués, qui prouvait mieux qu'aucun raisonnement l'utilité de l'institution, et l'urgence qu'il y avait d'agrandir les locaux par des constructions nouvelles, déterminèrent le ministre à soumettre au Roi les lettres patentes présentées, qui furent enfin signées à Versailles le 7 août 1778 et registrées en parlement le 21 du même mois [4].

Malgré l'exonération d'impôts édictée en faveur de cet emprunt, auquel les étrangers étaient autorisés à prendre part (lettres patentes du 25 mars 1779), les pourparlers n'aboutirent pas et le Mont-de-Piété dut se contenter des ressources qu'il trouva sur la place de Paris.

Pendant l'année 1778, les sommes empruntées suffirent aux opérations de prêt, qui avaient progressé de plus en plus et qui, au 31 décembre, présentaient les résultats suivants :

```
Entrée : 128,508 articles pour............... 8.309,384 livres.
Sortie :  60,551 articles pour...............  3.179,523   —
Solde en magasin : 67,957 articles pour......  5.129,861   —
```

La valeur moyenne des prêts était de 64 livres 13 sols 2 deniers, par article engagé.

L'année suivante, la délivrance des lettres patentes citées plus haut et autorisant d'emprunter dans des conditions assez avantageuses pour les prêteurs donna une impulsion telle à l'émission des

---

1. *Archives du Mont-de-Piété*, 1re série, n° 4.
2. *Archives du Mont-de-Piété*, 1re série, n° 16.
3. *Archives du Mont-de-Piété*, 1re série, n° 19.
4. *Archives du Mont-de-Piété*, 1re série, n° 32.

titres du Mont-de-Piété que, malgré l'insuccès de l'emprunt du 25 mars 1779, l'établissement vit l'argent arriver dans ses caisses avec abondance.

Cette affluence des capitaux ne cessa d'ailleurs qu'à partir de 1789, époque à laquelle les opérations de prêt commencèrent également à décroître jusqu'au jour où la dépréciation des assignats, empêchant la tenue d'une comptabilité exacte, et le bouleversement causé par la crise révolutionnaire, forcèrent l'administration à arrêter ses opérations.

Jusqu'en 1789, les fonds empruntés et les prêts faits par le Mont-de-Piété suivirent une progression constante. Le taux des emprunts varia peu jusqu'à cette époque : les placements à constitution de rentes reçurent un intérêt de 5 p. 100 et les dépôts temporaires furent acceptés à raison de 4 1/2, 4 et 3 1/2 p. 100 jusqu'en 1788, où le taux remonta à 4 1/2 p. 100.

En 1791, par suite de la décroissance des opérations d'engagements, on fut obligé de réduire les fonds en caisse, ce qui fit abaisser l'intérêt à 4 0/0, chiffre auquel il resta jusqu'au 5 frimaire an III, date de la dernière suspension de l'emprunt.

On a vu plus haut le chiffre des prêts consentis en 1778 ; dans cette même année, les fonds empruntés s'élevèrent à la somme de 8,513,956 livres, supérieure de 200,000 livres à la somme prêtée.

En 1788, année de cette période où les opérations s'élevèrent à leur point culminant, les sommes versées par les capitalistes atteignirent 15,144,337 livres et les engagements 19,750,607 livres, prêtées sur 533,067 dépôts.

La moyenne de ces opérations pour les dix premières années (1778-1787) donne les chiffres suivants :

Emprunt.............................. 11,700.113 £. 10 s.
Engagements { Articles................. 310,340 —
{ Sommes .... 14.616.926 —

En 1789, l'emprunt fut plus faible, à 14,955,779 livres ; quoique le nombre des dépôts eût encore augmenté par rapport à l'année 1788 et se fût élevé à 534,451 articles, les sommes prêtées n'atteignirent qu'un total de 18,477,355 livres. La valeur moyenne des prêts diminuait et par suite le bénéfice de l'exploitation : cette diminution fut sans doute la conséquence de l'émigration qui commença vers la fin de cette année et qui entraîna avec elle la plupart des gens riches.

Dès lors, la baisse continua de plus en plus : en 1793 les engagements ne furent plus qu'au nombre de 277,557 articles pour 7,882,717 livres. L'emprunt avait dû être suspendu par suite de la diminution des engagements et de l'augmentation des dégagements. La combinaison de ces deux causes réduisit le solde des articles en magasin, au 31 décembre 1793, à 113,023 gages pour une somme prêtée de 3,046,909 livres.

Enfin, en l'an IV, l'entrée s'abaissa au chiffre de 64,585 articles pour 1,606,435 livres. Les opérations cessèrent complètement vers la fin de cette année; le solde en magasin se trouva réduit alors à 1,015 articles pour une somme de 21,165,345 livres (en assignats).

Ces nantissements furent rendus gratuitement au moment de la fermeture.

La valeur moyenne des prêts, qui était de 64 livres 13 sols 2 deniers pour la première année, diminuait à mesure que le nombre des opérations augmentait; l'année 1788 ne présenta plus qu'un chiffre moyen de 37 livres 1 sol par engagement; et enfin, dans les trois derniers mois de cette première période, on vit la moyenne s'abaisser encore jusqu'à 24 livres 17 sols 5 deniers.

Pour se rendre un compte exact des opérations du Mont-de-Piété à cette époque, il est nécessaire d'indiquer leur chiffre moyen dans les années les moins agitées de cette première partie de son existence.

Ces années, qui furent celles de 1785 à 1789, donnèrent les résultats suivants :

   Fonds empruntés........................ 15,320,766 £.
   Engagements : 488 288 [1] articles pour....... 14,250,139 — 8 s.
   Dégagements : 364 196 articles pour........ 12,616,543 —

Le solde en magasin fut de 258,903 articles pour 10,809,363 livres 16 sols; la durée des opérations de six mois et vingt-neuf jours, et le prêt moyen de 35 livres 8 sols 1 denier.

L'accroissement des opérations avait nécessité l'augmentation du personnel, qui, de 52 employés ou gagistes dont il se composait à la fin de 1778, atteignit, en 1785, le chiffre de 121 personnes, dont 59 commis aux écritures et 62 gagistes.

En 1790, le personnel était composé de 194 chefs et employés de toutes classes, savoir :
 1 Directeur général ;
 1 Sous-directeur ;
 1 Caissier ;

---

1. Ce chiffre comprend celui des renouvellements : le renouvellement consistait alors en un dégagement effectif, suivi d'un nouvel engagement avec examen réel du gage; l'opération ne devenait définitive qu'après cet examen. Ces dispositions furent appliquées jusqu'en 1833, époque à laquelle l'administration, d'accord avec les commissaires-priseurs, supprima la nouvelle prisée.

NOTICE HISTORIQUE XLIII

2 Gardes-magasins;
1 Chef de la vérification;
1 Chef du bureau des déclarations;
1 Premier commis de la comptabilité;
1 Inspecteur des commissionnaires;
88 Commis;
7 Magasiniers et sous-magasiniers;
82 Gagistes.

Il y avait en outre :

4 Commis surnuméraires;
4 Gagistes surnuméraires.

L'appréciation et la vente des nantissements engagés au Mont-de-Piété étaient faites par des huissiers-priseurs.

Le droit de prisée était perçu à l'instant même du prêt; quant aux frais de vente, à la charge des adjudicataires, ils étaient ainsi réglés :

Ventes du prix de 20 livres et au-dessous............				5 sols.
—	20 —	à 50 livres............		10 —
—	50 —	à 100 —	....	20 —
—	100 —	à 200 —	....	25 —

et ainsi de suite en augmentant de 5 sols par chaque 100 livres.

L'année suivante ils furent fixés aux taux de :

Ventes du prix de 10 livres et au-dessous............				5 sols.
—	10 —	jusqu'à 20 livres.........		10 —
—	20 —	— 30	....	15 —
—	30 —	— 50	....	20 —
—	50 —	— 100	....	30 —
—	100 —	— 150	....	40 —
—	150 —	— 200	....	45 —

et ainsi de suite en augmentant de 5 sols pour chaque 50 livres.

En outre, la communauté des huissiers-priseurs était garante de l'évaluation des gages vis-à-vis l'administration du Mont-de-Piété.

Le bureau d'administration, par une délibération du 24 décembre 1779, supprima le service *tournaire* [1] et fixa à douze le nombre des commissaires-priseurs nécessaires au Mont-de-Piété. Le 5 mars suivant, la communauté des huissiers-priseurs désigna ceux de ses membres qu'elle déléguait pour faire ce service fixe et permanent. Enfin, le 15 avril, le choix de la communauté fut ratifié par l'ad-

---

1. L'appréciation et la vente avaient été faites jusque-là par tous les huissiers-priseurs du département de la Seine à tour de rôle.

ministration, qui néanmoins ne renonça pas à la garantie dont toute la communauté était tenue aux termes de l'article II des lettres patentes.

Ainsi réglé, le service d'appréciation commença dans le courant du mois de mai 1780. En cas de vacance, le remplaçant était nommé par toute la communauté, sauf ratification par le bureau du Mont-de-Piété.

C'est à cette époque également que l'administration prit à sa charge le traitement du commis d'appréciation.

Les dispositions qui précèdent régirent les commissaires-priseurs du Mont-de-Piété jusqu'au 17 thermidor an III, époque à laquelle la Convention nationale décréta la suppression du droit de prisée qu'elle remplaça par la perception, au profit du Mont-de-Piété et comme droit d'enregistrement, d'un sol pour livre du montant des prêts. Ce droit n'était perçu que lors du dégagement ou de la vente du nantissement. De plus, les emprunteurs eurent la faculté de faire vendre leurs nantissements avant l'expiration de l'année d'engagement, ce qui jusqu'alors leur avait été refusé.

Par le même décret, le directoire du département qui administrait le Mont-de-Piété était autorisé à faire les règlements nécessaires au bon fonctionnement de l'établissement. C'est en vertu de ce pouvoir que le 22 thermidor suivant le directoire réduisit à 8 le nombre des huissiers-priseurs, et fixa leur traitement à 2 deniers par livre (0,833 p. 100 francs) du montant du prêt; ce traitement leur était payé de trois mois en trois mois par le Mont-de-Piété.

La portion du droit de vente prélevée sur le boni par les huissiers-priseurs depuis le 7 janvier 1781 profita au Mont-de-Piété à charge par lui de payer le traitement des commis du dépôt des ventes.

Quelle qu'eût été dès l'origine l'affluence du public dans les bureaux du Mont-de-Piété, un grand nombre de personnes, par trop éloignées de la rue des Blancs-Manteaux ou pour toute autre cause, hésitaient à se rendre elles-mêmes à l'administration et confiaient leurs nantissements à d'anciens prêteurs sur gages qui étaient chargés de les apporter au Mont-de-Piété; mais certains d'entre eux, au lieu de s'acquitter de leurs commissions, retenaient tout ou partie des effets qui leur étaient confiés et s'appropriaient même, par des ventes simulées, les plus précieux de ces nantissements.

Pour éviter ces abus et dans l'impossibilité où l'on était alors de créer des bureaux auxiliaires, l'administration résolut d'accepter provisoirement le concours de ces courtiers; mais pour être à même d'exercer son action sur eux, elle sollicita du parlement un arrêt

« faisant défense à toutes personnes, de quelque état et condition qu'elles puissent être, de faire la commission ou le courtage au Mont-de-Piété, sans y être autorisées par le bureau d'administration du

Mont-de-Piété à peine de 3000 livres d'amende, applicable aux pauvres de l'hôpital général, même d'être poursuivies extraordinairement suivant l'exigence des cas [1] ».

La Cour rendit un arrêt dans ce sens le 10 août 1779; cet arrêt autorisait en outre l'administration à faire les règlements nécessaires « à la police et à la discipline de ceux qui seraient admis à faire la commission ou le courtage, tant dans Paris que dans les villes voisines de Paris et du ressort de la Cour, pour, lesdits règlements faits, être ensuite présentés à la Cour afin d'y être homologués. »

Un premier règlement [2], présenté le 26 août et homologué le 6 septembre, autorisa les commissionnaires à percevoir, pour leurs peines et salaires, six deniers pour livre pour les engagements au-dessous de 100 livres, trois deniers pour livre pour ceux depuis 100 livres jusqu'à 300 livres et un denier pour livre depuis 300 livres et au-dessus.

Pour les dégagements et recouvrements de bonis, on leur attribuait la moitié du salaire autorisé pour les engagements.

Ils ne pouvaient en outre entrer en exercice qu'après avoir prêté serment au bureau de bien et fidèlement s'acquitter de leurs fonctions et après avoir déposé dans la caisse du Mont-de-Piété le quart d'un cautionnement de douze mille livres qu'ils devaient ensuite rapidement compléter.

Une délibération du 29 janvier 1780 créa un emploi d'inspecteur chargé d'examiner spécialement les opérations des commissionnaires et dont les fonctions furent réglées par les articles 40 à 50 du règlement du 22 février suivant, homologué le 7 mars 1780.

Des abus s'étant produits dans l'application du tarif des droits accordés aux commissionnaires, le bureau adopta dans sa séance du 22 février un tarif uniforme des droits.

Par l'article 8, leurs droits de commission furent réduits pour les engagements à quatre deniers pour livre (1,66 p. 100) de la somme prêtée au Mont-de Piété et pour les dégagements ou recouvrements de bonis à la moitié du droit fixé pour les engagements, c'est-à-dire deux deniers pour livre ou 0,83 p. 100.

L'article XIV rappelle aux commissionnaires « qu'ils ne sont point prêteurs sur gages, qu'ils n'ont d'autres fonctions que celles de recevoir, des particuliers qui ne veulent ou ne peuvent point aller au Mont-de-Piété, les effets qu'ils désirent mettre en nantissement, de les apporter au Mont-de-Piété, de recevoir le montant du prêt fait dans les bureaux, enfin de faire pour ces particuliers ce que ceux-ci feraient eux-mêmes s'ils venaient en personne au Mont-de-Piété ».

---

1. *Archives du Mont-de-Piété*, 1re série, n° 168.
2. *Archives du Mont-de-Piété*, 1re série, n° 599.

Il leur fut donc interdit de faire aucune avance sur les nantissements, « à moins de circonstances particulières et forcées, telles que les veilles de jours de fête pendant lesquels les bureaux du Mont-de-Piété étaient fermés, le besoin pressant des emprunteurs ou autres causes. Dans ce cas, leurs avances devaient toujours être inférieures aux sommes qui pouvaient être prêtées par l'administration et ils devaient en faire mention tant sur leurs registres que sur les récépissés délivrés aux emprunteurs. »

Le nombre des commissionnaires, fixé à vingt pour Paris dès l'origine, fut réduit à douze à partir du 25 décembre 1783. L'administration dut prendre cette mesure en raison de la petite quantité d'opérations effectuées par certains d'entre eux et du peu de ressources qu'ils retiraient de la gestion de leur bureau de commission. Les emplois des commissionnaires devenus vacants par suite de démission ou de révocation avaient été supprimés au fur et à mesure de leur vacance, et, tout en maintenant leur nombre à douze, l'administration se réservait le droit de le modifier encore en proportion des besoins de la population. Vers la fin de cette période primitive, en l'an III, les besoins de certains quartiers firent porter le nombre de ces offices à quinze, et ce nombre resta ainsi fixé jusqu'à la cessation des opérations, en l'an IV.

Les engagements faits à cette époque par l'entremise des commissionnaires étaient beaucoup moins considérables que ceux faits directement, et la proportion de ces opérations dans le total général ne donne, malgré leurs 12 bureaux, que 42,64 p. 100 en articles et 41,54 p. 100 en sommes.

Le public accordait à l'établissement central une préférence justifiée non seulement par l'absence de droit de commission, mais encore par les garanties que présentaient les employés de l'administration, à l'encontre des intermédiaires, qui, n'agissant qu'en vue de leurs intérêts, se laissaient gagner trop souvent par l'appât de profits illicites. L'observation de leurs règlements était d'ailleurs formellement exigée et le moindre manquement les exposait à des punitions graves, à en juger par le nombre considérable de démissions, révocations et même de condamnations prononcées contre certains d'entre eux pendant cette période.

On a constaté plus haut l'accroissement des opérations dès les premiers mois. Cette extension, que l'on ne prévoyait pas aussi rapide, nécessita l'éviction de tous les locataires qui occupaient encore l'immeuble. L'achat de l'immeuble, décidé le 13 avril 1778, eut lieu le 6 septembre 1779, moyennant le prix principal de 137,662 livres, qui fut payé le 5 octobre 1782.

Les opérations continuant de s'accroître, on fut obligé d'emprunter les greniers du monastère des religieux des Blancs-Manteaux pour y resserrer la portion des gages qui ne trouvait pas de place au Mont-de-Piété. Cependant les religieux, qui n'avaient accédé à laisser libre cette partie de leur maison que sur un ordre du roi [1], se plaignirent de l'embarras que leur causaient les allées et venues occasionnées par le placement et le retrait des gages; ils consentirent toutefois à supporter cet état de choses sur l'assurance qui leur fut donnée qu'à la première occasion on tâcherait de s'agrandir et de les débarrasser entièrement.

Cette occasion se présenta bientôt.

Le Mont-de-Piété était adossé à une maison avec jardin, d'environ 1630 mètres de superficie, donnant rue de Paradis (aujourd'hui rue des Francs-Bourgeois) et appartenant à M. Deschamps de Courgy, ancien payeur des rentes. Cet immeuble fut acheté au prix total de 196,512 livres.

Le versement de cette somme eut lieu le 6 mars 1784, en exécution de l'ordonnance des Commissaires du Parlement, rendue lors de l'arrêté des comptes du Mont-de-Piété pour l'année 1782 et en vertu de la délibération de l'administration du Mont-de-Piété en date du 25 février 1784.

L'administration fit immédiatement établir les plans et devis des travaux nécessaires pour disposer et agencer les bâtiments. Ces constructions occasionnèrent une dépense de plus d'un million qui fut payée sur les bénéfices de l'Établissement.

Telle était la situation générale du Mont-de-Piété de Paris au moment où il dut renoncer à prêter sur gages et où il dut clore la première période de son existence.

Le Mont-de-Piété ayant suspendu ses opérations, les prêteurs sur gages se multiplièrent considérablement.

« Des maisons de prêt furent ouvertes sous les diverses dénominations de *Caisse auxiliaire, Lombard-Lussan, Lombard-Serilly, Lombard-Augustin*, etc., etc., et toutes ces maisons en enfantèrent bientôt un nombre si effrayant que, dans certains quartiers, les lanternes qui les annonçaient auraient pu suffire pour éclairer la voie publique et par ce moyen épargner au département la moitié des frais d'illumination [2]. »

Le taux des prêts était cependant fort élevé. Les pontes (nom donné aux emprunteurs par les prêteurs patentés) n'obtenaient leurs avances qu'à raison de 12, 16 et 20 p. 100 par mois.

Cette situation devint intolérable, et l'administration centrale du

---

1. *Archives du Mont-de-Piété*, 1re série, n° 311 bis.
2. *Archives du Mont-de-Piété*, 2e série, n° 404. Considérations sur le Mont-de-Piété, p. 8.

département décida, le 21 pluviôse an V, la restauration du Mont-de-Piété.

La direction de l'établissement fut confiée à cinq administrateurs des hospices, auxquels on adjoignit cinq administrateurs faisant fonds, nommés au scrutin et choisis parmi les porteurs des actions qui seraient émises.

On créa 1000 actions de 10,000 livres chacune; chaque administrateur en devait posséder dix et fournir en plus un cautionnement de 50,000 livres en immeubles.

Ces actions, qui n'étaient émises qu'au fur et à mesure des besoins, produisaient 5 p. 100 d'intérêt à compter du jour de l'émission; outre cet intérêt, les actionnaires profitaient de la moitié des bénéfices nets, déduction faite des frais de régie. La moitié des cinquante actions appartenant aux cinq administrateurs faisant fonds restait déposée dans la caisse du Mont-de-Piété et servait, avec le cautionnement en immeubles, de garantie pour les actionnaires.

Les fonds étaient employés à procurer sur nantissements des secours aux citoyens; mais les prêts n'étaient faits provisoirement que pour trois mois au plus, avec faculté pour les emprunteurs de renouveler leurs engagements. Les droits furent les mêmes que ceux fixés par les lettres patentes du 9 décembre 1777 et le décret de la Convention du 17 thermidor an III, savoir : deux deniers pour livre par mois et un sol pour livre pour l'enregistrement. Les droits de vente étaient aussi perçus d'après les bases établies par les lettres patentes du 7 janvier 1781.

Le compte des opérations tant en recette qu'en dépense était rendu, tous les six mois, par le Directeur.

Tout étant ainsi réglé, les administrateurs faisant fonds sont désignés; ils se réunissent aux administrateurs des hospices et procèdent à la nomination du Directeur.

Leur choix se porte tout naturellement sur le citoyen Beaufils, qui en remplissait les fonctions lors de la fermeture, en l'an IV, et qui présentait toutes les garanties désirables.

Le 3 prairial, le Directoire ratifie par différents arrêtés l'organisation proposée et prescrit, en outre, l'observation des lois, arrêtés et règlements antérieurement rendus pour l'Établissement.

Le 4 prairial, l'administration nomme comme Secrétaire du bureau le citoyen Henry, un des administrateurs de l'ancien Mont-de-Piété.

Dans le mois de messidor, l'organisation des bureaux et des magasins est définitivement arrêtée et l'administration décide qu'il sera désigné un certain nombre de personnes, connues sous la dénomination de commissionnaires au Mont-de-Piété et qui, en cette qualité, seront admises à représenter les emprunteurs dans les bureaux du Mont-de-Piété.

Le 17, elle arrête les termes d'un règlement concernant les appréciateurs, dont le nombre est fixé provisoirement à huit. La communauté des huissiers-priseurs ayant été supprimée, les appréciateurs, garants solidairement entre eux de leurs appréciations, sont tenus de déposer collectivement dans la caisse du Mont-de-Piété, à titre de cautionnement, une somme de 80,000 fr. Ce règlement est d'ailleurs basé sur ceux qui régissaient les appréciations et les ventes sous l'ancienne administration; toutefois le droit de prisée est réduit à deux tiers de denier pour livre (0,28 p. 100) de la somme prêtée et le renouvellement est simplement constaté par le visa des appréciateurs, sur la nouvelle reconnaissance [1].

Le même jour, l'administration, en attendant la réalisation des fonds par l'émission des actions, arrête qu'elle recevra les sommes qui lui seront proposées à titre de placement sur le Mont-de-Piété, par billets au porteur, pour trois mois, six mois ou un an, au choix des prêteurs; que l'intérêt desdites sommes sera payé, savoir :

Pour les prêts à 3 mois, à raison de.......	1 1/2 p. 100 par mois.
— 6 — —	1 1/4 p. 100 par mois.
— 1 an —	10 p. 100 par an.

Cet intérêt devait être payé d'avance; néanmoins, pour les prêts à un an, le prêteur avait l'alternative d'un intérêt à 12 p. 100, lequel était alors compris dans le billet [2].

Ces placements offraient cette singularité que l'intérêt le plus fort était servi à ceux de la durée la plus courte; mais il est à remarquer que, l'intérêt étant payé d'avance, plus il y avait de placements à trois mois, plus il restait d'argent en caisse, puisqu'en définitive, pour un dépôt de 500 livres, minimum de ces placements, l'administration ne recevait que 450 livres pour un an, tandis que pour six mois elle recevait 462 livres 10 sols, et pour trois mois 477 livres 10 sols.

Enfin, après avoir nommé les appréciateurs et désigné provisoirement, le 29 messidor, douze commissionnaires, qu'elle autorisait, à certaines conditions, à représenter les emprunteurs dans les bureaux du Mont-de-Piété, l'administration ouvrit les portes le 1er thermidor an V (19 juillet 1797), après en avoir avisé le public par une affiche [3].

Le service de l'appréciation des nantissements, qui avait été assuré par la nomination des anciens huissiers-priseurs, faillit être remis en question par un incident qui survint dès les premiers jours. Pen-

---

1. *Archives du Mont-de-Piété*, 2e série, n° 68.
2. *Archives du Mont-de-Piété*, 2e série, n° 69.
3. *Archives du Mont-de-Piété*, 2e série, n° 70.

dant la fermeture du Mont-de-Piété, les huissiers-priseurs avaient établi une maison de prêt sur gages dite Lombard-Serilly. Lorsqu'ils furent remis en possession de leurs fonctions, ils présentèrent à l'administration un mémoire par lequel ils offraient de faire transporter au Mont-de-Piété les nantissements déposés dans le Lombard exploité par eux, au fur et à mesure des renouvellements opérés.

Ils déclaraient renoncer à tenir cette maison de prêt, à certaines conditions qu'ils voulaient imposer à l'administration, mais le Conseil n'ayant pas admis leurs prétentions, six d'entre eux donnèrent leur démission en faisant connaître qu'ils continueraient à tenir le Lombard-Serilly. Leur démission fut acceptée le 11 thermidor, et pour assurer provisoirement le service journalier, deux nouveaux appréciateurs furent nommés dès le lendemain.

La fermeté de l'administration déconcerta les appréciateurs démissionnaires qui demandèrent à reprendre leurs fonctions aux conditions qui leur seraient fixées. Le Conseil tint compte de leur soumission et nomma quatre d'entre eux, pour compléter le nombre nécessaire au service. Enfin les opérations s'étant accrues rapidement, l'administration désigne le 22 thermidor un neuvième appréciateur, comme adjoint aux titulaires.

Dès l'ouverture des bureaux, les emprunteurs se présentent en foule et c'est avec peine que l'administration arrive à suffire aux demandes que n'écarte pas le taux élevé de l'intérêt, car, quelque favorables que fussent les conditions faites aux capitalistes, les fonds étaient peu abondants, en raison des avantages encore plus grands offerts aux placements chez les prêteurs particuliers.

Ces prêteurs s'étaient vus dans l'obligation d'abaisser l'intérêt dès les premiers jours de thermidor, et, de son côté, l'administration avait pris une mesure destinée à favoriser encore les opérations d'engagement.

Le 6 fructidor, le Conseil réduit l'intérêt des prêts à un taux uniforme de 30 p. 100 par an.

Antérieurement, le mode de perception du droit d'enregistrement faisait varier le taux de 40 à 70 p. 100, selon la durée du séjour des gages en magasin.

Dans ces conditons, les opérations augmentent tellement que la pénurie d'argent fait craindre à l'administration de ne pouvoir subvenir aux besoins des emprunteurs, et le Conseil se voit forcé de réduire le maximum des prêts à 30 livres. Les commissionnaires sont suspendus à partir du 26 fructidor et on réduit considérablement les frais de régie.

Le personnel, qui avait été fixé le 15 messidor à 138 employés recevant ensemble 191,220 livres, est également suspendu; l'administration ne conserve plus que 76 employés, qui reçoivent 70,900 livres de traitement [1].

Le Conseil prend en même temps certaines mesures destinées à attirer les placements de fonds, et dans la séance qui a lieu le 4ᵉ jour complémentaire de l'an V il arrête ce qui suit :

« 1º Le caissier du Mont-de-Piété recevra toutes les sommes qui lui seront présentées, à titre de placement momentané, pourvu qu'elles ne soient pas au-dessous de 250 livres ; il en réglera les époques de remboursement ainsi que les intérêts, qu'il pourra payer même d'avance, le tout au gré des propriétaires desdites sommes et conformément aux dispositions de la délibération du 17 messidor an V.

« 2º Pour procurer également des facilités aux citoyens qui ne sont point en état de prendre, dans un court délai, une coupure d'action de 2000 livres et qui désirent néanmoins devenir actionnaires du Mont-de-Piété et participer aux avantages qui doivent en résulter, il sera délivré 4000 reconnaissances de 250 livres chacune, formant le capital d'un million.

« 3º Ces reconnaissances seront signées par le caissier du Mont-de-Piété, enregistrées par le Directeur et visées par deux administrateurs.

« 4º Outre l'intérêt à 5 p. 100, à compter de la date de chaque reconnaissance, il sera accordé des primes, lesquelles seront fixées et distribuées par une délibération subséquente.

« 5º Le sort décidera les reconnaissances qui auront droit à ces primes ; il y sera procédé, quatre mois après la date de la présente délibération, dans une séance publique ; les primes seront payées comptant et sans délai.

« 6º Les porteurs des reconnaissances, soit qu'elles aient obtenu des primes ou non, ne perdront rien de leurs capitaux ; ils auront au contraire la faculté de devenir définitivement actionnaires du Mont-de-Piété ; ils continueront de jouir de l'intérêt à raison de 5 p. 100 du montant du capital de leurs reconnaissances. Mais pour devenir actionnaires et participer aux dividendes, ils seront tenus, dans l'espace d'un an à compter de la date de la reconnaissance, de convertir leurs reconnaissances en coupures d'actions de 2000 livres, et, du moment de cette conversion, ils participeront aux dividendes et à tous les avantages des actionnaires.

« 7º Ceux qui, passé le délai ci-dessus déterminé, n'auraient pas pu compléter la somme de 2000 livres, soit en fournissant huit reconnaissances ou l'équivalent, tant en reconnaissances qu'en numéraire, seront remboursés comptant, tant du capital que des intérêts échus, à moins qu'ils ne préfèrent laisser leurs fonds à titre de placement. Dans ce dernier cas, il leur sera délivré, en échange de leurs reconnaissances de 250 livres, des billets conformément à l'article Iᵉʳ ; c'est-à-dire que le taux de l'intérêt et l'époque du remboursement seront réglés de gré à gré. »

---

1. *Archives du Mont-de-Piété*, 2ᵉ série, nº 33.

Cette délibération est approuvée le 3 vendémiaire an VI par le bureau central du canton de Paris et le lendemain par le département [1].

Pour assurer le succès de cet emprunt, l'administration décide qu'il sera accordé une remise de 1 p. 100 aux notaires, agents et courtiers de change pour les sommes versées par eux dans la caisse du Mont-de-Piété.

Ces mesures ont un effet assez prompt, car le 18 brumaire le maximum des prêts est élevé à 60 francs. Le 27 du même mois, le Directeur obtient l'autorisation de prêter sur nantissements « toutes les sommes qui lui seraient demandées », et, le 7 frimaire, les commissionnaires sont autorisés à reprendre leurs fonctions.

Peu après, en raison de l'augmentation des opérations, le nombre des Commissaires-priseurs, dont quelques-uns, ne trouvant pas une rémunération suffisante dans l'exercice de leurs fonctions, avaient donné leur démission, est rétabli au chiffre de huit. En même temps a lieu la réintégration des employés qui avaient été suspendus le 29 fructidor précédent.

On s'occupe alors de garantir les emprunteurs des dangers auxquels ils s'exposaient journellement, par l'aveugle confiance avec laquelle ils déposaient leurs nantissements chez des gens qui ne leur en donnaient aucune reconnaissance, et d'empêcher en même temps que les maisons de prêt ne devinssent le dépôt de tous les objets volés.

A cet effet, le bureau central prend un arrêté, en date du 21 nivôse an VI, par lequel les opérations des prêteurs particuliers sont soumises à un règlement uniforme et à une surveillance qui doit être exercée par les commissaires et officiers de police.

Le chiffre des engagements effectués dans les deux premiers mois s'élève à 41,325 articles pour 1,267,748 livres, et celui des dégagements à 6,587 articles pour 152,549 livres. En l'an VI, les opérations présentent les résultats suivants :

Engagements : 214,507 articles pour 5,467,938 livres.
Dégagements : 149,221 articles pour 3,809,763 livres.

Le 12 ventôse an VI on augmente provisoirement de deux le nombre des Commissaires-priseurs et on porte à cinq le nombre des commissionnaires.

L'administration croit alors pouvoir réduire à 2 p. 100 par mois, à partir du 1er vendémiaire an 7, l'intérêt perçu sur les emprunteurs et, par la même délibération, elle porte la durée de l'engagement à quatre mois.

---

1. *Archives du Mont-de-Piété*, 2e série, n° 77.

En l'an VI, le 7 prairial, le Mont-de-Piété et les commissionnaires avaient été exemptés du droit de patente par une décision du ministre des finances.

On voit par là que le gouvernement, reconnaissant l'action exercée par le Mont-de-Piété sur l'abaissement du taux de l'intérêt, cherchait à favoriser de plus en plus ses opérations. C'est du reste pour ces raisons que cette faveur s'étendit aux commissionnaires du Mont-de-Piété, que le ministre considérait « comme les agents de cette administration, *révocables à sa volonté* [1] ».

De même que vers la fin de la première période, on constate, à cette époque, de nombreuses révocations parmi ces intermédiaires. Beaucoup d'entre eux prêtaient directement et conservaient la plupart des nantissements de valeur qui leur étaient présentés, n'apportant au Mont-de-Piété que ceux dont la vente n'aurait pu leur offrir que de faibles bénéfices. D'ailleurs leur rôle, pendant toute la durée de cette deuxième période, fut très restreint, par suite de la concurrence des maisons de prêt. Le peu de profit qu'ils retiraient de la gestion de leur bureau de commission et les suspensions en masse dont ils furent l'objet, à deux reprises différentes, contribuaient à rendre leur situation peu enviable.

L'an VII est marqué par des fluctuations assez nombreuses. Le 3 nivôse, le maximum des prêts est fixé à 500 livres. Cet arrêté est rapporté le 22 pluviôse. Vers la fin de l'année, le 12 thermidor, l'insuffisance des capitaux et la concurrence des prêteurs ayant diminué les ressources de l'administration et réduit ses opérations, le conseil fixe le maximum des prêts à 12 livres et suspend les commissionnaires; le 14 fructidor, l'intérêt des prêts est remis à 2 1/2 p. 100 par mois (30 p. 100 par an) et en même temps l'intérêt des placements porté à 1 1/2 p. 100 par mois (18 p. 100 par an). Ces intérêts restent fixés ainsi jusqu'au 2 germinal an IX.

Le 7 brumaire an VIII, les bureaux de commission reprennent leur activité et les prêts sont autorisés sans condition de maximum. Dans le cours de cette année, l'administration prend une mesure destinée à développer considérablement les opérations du Mont-de-Piété. Le 15 prairial, elle adresse une pétition au Préfet de la Seine lui demandant l'autorisation d'ouvrir une succursale dans la rue Vivienne.

Le lendemain 16, le Préfet autorise la création de cette succursale par une lettre dans laquelle il constate que « ce projet réunissant dans son exécution le double avantage d'augmenter les revenus des indigents et de provoquer la baisse de l'intérêt de l'argent », il ne peut qu'approuver cet établissement [2].

---

1. *Archives du Mont-de-Piété*, 2ᵉ série, n° 167.
2. *Archives du Mont-de-Piété*, 2ᵉ série, n° 318.

Ouvert le 1er fructidor an VIII, au centre des affaires et de la population active et aisée, cet établissement auxiliaire inquiétait d'autant plus les prêteurs sur gages qu'on n'y recevait que des nantissements précieux, tels que des diamants, des tableaux, des objets de curiosité, etc., débris du luxe des anciennes familles qui s'étaient trouvés disséminés et lancés dans la circulation. Les prêts de 2 et 300,000 francs n'étaient pas rares, et comme l'intérêt était encore très-élevé, on discutait des réductions de gré à gré, quand il s'agissait de fortes sommes [1].

Les résultats de cette innovation furent ceux qu'on en attendait; les opérations, qui avaient diminué en l'an VIII, reprirent un certain essor en l'an IX et atteignirent les chiffres suivants :

Engagements : 228,529 articles pour 6,490,898 livres.
Dégagements : 242,003 articles pour 6,029,716 livres.

Les actions du Mont-de-Piété, négligées jusqu'alors, commencèrent à être recherchées. Le 2 floréal an IX, le taux de l'emprunt est réduit à 8 p. 100 par an. Déjà l'intérêt des prêts était à 2 p. 100 par mois, depuis le 11 germinal.

Le mouvement est imprimé dès lors et le loyer de l'argent descend rapidement à son taux normal.

A partir du 1er germinal an X, l'intérêt des prêts est réduit à 1 1/2 p. 100 par mois. Le 15 vendémiaire an XI, le taux de l'emprunt est à 7 p. 100 et le droit de prisée, fixé en l'an VIII (22 vendémiaire) à 0,40 p. 100, est porté le 4 frimaire an XI à 0,50 p. 100, sans pouvoir jamais être dépassé.

Les opérations avaient progressé de plus en plus, et en l'an XI l'entrée se compose de 260,495 articles pour 8,352,404 francs, et la sortie de 259,777 articles pour 7,460.273 francs. La moyenne des prêts, qui était de 25 livres 9 sols 9 deniers en l'an VI, s'élève en l'an XI à 32 livres 6 sols, différence relativement grande et qui est due, comme on l'a vu plus haut, aux opérations de la succursale.

Malgré le succès du Mont-de-Piété et quelle que fût son influence sur l'abaissement du taux de l'intérêt de l'argent, les maisons de prêt n'en avaient pas moins continué à exister avec leurs abus, corrigés en partie, il est vrai, par la surveillance exercée sur elles. Aussi voit-on, en raison même de ces abus, l'idée du monopole du prêt sur gages faire de rapides progrès.

L'administration du Mont-de-Piété avait, au commencement de l'an VIII, demandé la suppression des maisons de prêt; le 13 thermidor de la même année, le bureau des améliorations présente au

---

[1]. *Archives du Mont-de-Piété*, n° 7851. *Notes et renseignements concernant les rapports et la situation réciproque du Mont-de-Piété et de l'Assistance publique*, par M. André Cochut (avril 1878).

Conseil général de la Seine un rapport « sur la nécessité morale et politique de fermer lesdites maisons » [1].

Le Conseil général, s'appuyant sur la morale publique, sur l'intérêt des pauvres et du commerce, adopte les conclusions de ce rapport et vote la clôture des maisons de prêt dans le département de la Seine. Il arrête en outre qu'un extrait du procès-verbal de la séance, contenant copie dudit rapport, sera adressé au ministre de l'Intérieur [2].

Le public voit avec plaisir l'accueil fait par le département à la proposition de son troisième bureau, et voici en quels termes un écrivain de l'époque apprécie le rapport en question :

« Ce rapport, qui se vend dans le moment actuel, fait honneur à la logique et à l'humanité des citoyens qui l'ont fait, et démontre jusqu'à l'évidence que ces maisons sont le fléau du commerce et de l'industrie; que les fermer pour ne laisser subsister que le Mont-de-Piété, ce serait rendre un service important au peuple qui trouvera un grand avantage dans l'offre qu'a faite cette administration de baisser l'intérêt de ses prêts de 6 p. 100 par an, le jour même où la suppression des maisons de prêt sera arrêtée. Le tonnerre de l'opinion publique gronde depuis longtemps sur ces maisons, ainsi que sur les tripots; il finira par les écraser aux applaudissements des Français [3]. »

Le même écrivain fait un tableau de la misère publique, qu'il attribue précisément aux usuriers et aux maisons de prêt.

« Le ministre anglais Pitt se flatte d'obtenir de la misère ce qu'il n'a pu obtenir de la famine et des armées de la coalition. Quelle satisfaction pour lui de savoir que les ressources d'un grand nombre de malheureux sont épuisées par les usuriers ou par les maisons de prêt qui ont dévoré jusqu'à leur dernière chemise, qu'ils ont perdue, s'étant trouvés hors d'état de payer les intérêts ruineux qu'ils exigent; que ceux-ci, réduits au désespoir, se brûlent la cervelle, ceux-là se pendent dans leur chambre, les uns se jettent à l'eau, les autres par leur fenêtre; que la vie leur paraît un fardeau insupportable, n'est pour eux qu'une longue agonie, et la mort un présent, un bienfait; que les dix-neuf vingtièmes de la société sont sacrifiés à l'autre vingtième, à la cupidité des sangsues, des vampires qui boivent dans des coupes d'or la sueur et le sang de leurs malheureux concitoyens. »

Ce tableau n'était pas exagéré, car des prêteurs eux-mêmes mêlaient leurs voix à ce concert de malédictions. Dans un mémoire, écrit d'ailleurs dans leur intérêt « contre la compagnie financière

---

1. *Archives du Mont-de-Piété*, 2ᵉ série, n° 337.
2. *Archives du Mont-de-Piété*, 2ᵉ série, n° 337.
3. *Archives du Mont-de-Piété*, 2ᵉ série, n° 336.

établie dans les bâtiments du Mont-de-Piété », ils dépeignent ainsi la situation qui résulte de la liberté du prêt sur gage :

« On ne rencontra donc plus sur ses pas que des maisons de prêt; et comme la masse des emprunteurs était énorme, la foule était dans toutes. Bientôt l'intérêt ne connut plus de bornes, et on l'a vu monter dans plusieurs endroits jusqu'à 6 francs par louis, c'est-à-dire un quart par mois (300 p. 100 par an). Il était modéré quand il n'était que d'un seizième ou 6 1/4 p. 100, c'est-à-dire de 75 p. 100 par an [1]. »

On pourrait multiplier ces citations, mais celles-ci suffisent à démontrer la nécessité de donner au prêt sur gage des règles spéciales.

Les projets abondèrent. Les uns proposaient d'accorder sans discussion le monopole au Mont-de-Piété; les autres, et parmi eux les administrateurs des Lombards Lussan et Serilly, le réclamaient pour eux-mêmes ou prétendaient qu'en confiant au Mont-de-Piété le prêt exclusif sur gages, on ne ferait que favoriser la spéculation des banquiers capitalistes qui composaient en partie le Conseil d'administration.

En l'an X, le général Desperrières proposa d'établir le Mont-de-Piété en tontine [2], et, comme inventeur du projet, il demandait à être choisi comme directeur général et irrévocable.

La même année, on soumit au gouvernement le « plan d'une organisation légale du prêt public sur nantissement de mobilier dans Paris [3] ».

La réalisation de ce plan reposait sur la conservation de la maison « dite le Mont-de-Piété » et de « quelques établissements du même genre qui, depuis nombre d'années, ont mérité, dans cette partie, la confiance générale ».

Mais le gouvernement ne pouvait prendre en considération des projets mis en avant par l'intérêt privé.

Ému des désordres signalés depuis longtemps par l'administration et l'opinion publique, il avait saisi, en l'an VIII, le Corps législatif de la question du prêt sur gage. Son organisation fut étudiée, et le Conseil d'État prépara un projet d'arrêté sur les Monts-de-Piété. Le rapport sur ce projet fut fait par le citoyen Regnaud (de Saint-Jean-d'Angély) et présenté le 2 fructidor an IX [4].

Ce rapport concluait au rétablissement du Mont-de-Piété sur les bases des lettres patentes de 1777. Le projet ayant pour but la sup-

---

1. *Archives du Mont-de-Piété*, 2ᵉ série, n° 338.
2. *Archives du Mont-de-Piété*, 2ᵉ série, n° 413.
3. *Archives du Mont-de-Piété*, 2ᵉ série, n° 405.
4. *Archives du Mont-de-Piété*, 2ᵉ série, n° 418.

pression des maisons de prêt, le Mont-de-Piété était maintenu seul dans le droit de prêter sur nantissement. Le nombre des administrateurs faisant fonds était porté à sept ; mais leur cautionnement, fixé également à 100,000 francs, devait leur être remboursé aussitôt que les fonds nécessaires à ce remboursement pourraient être réunis.

Indépendamment des administrateurs fournissant un cautionnement, il y aurait un bureau gratuit d'administration et de surveillance composé de la manière suivante :

Le Préfet de la Seine ;
Le Préfet de police ;
Le Président du tribunal d'appel ;
Le Commissaire du gouvernement près le même tribunal ;
Le Commissaire du gouvernement près le tribunal criminel ;
Deux membres du Conseil général du département de la Seine.

Après le remboursement des cautionnements, la gestion devait être remise à ce bureau.

Ce projet n'eut pas de suite et la question fut remise à l'étude. Cette étude dura longtemps et Regnaud le constate ainsi dans l'exposé des motifs de la loi relative au prêt sur nantissement qu'il présenta au Corps législatif le 6 pluviôse an XII :

« La longueur et la solennité de la discussion attestent le scrupule avec lequel on a examiné les principes généraux de législation, considéré l'intérêt d'une bonne police et pesé les droits de tous les citoyens[1]. »

Cet exposé mérite d'ailleurs d'être cité plus longuement, car il résume les faits qui démontrent la nécessité du Mont-de-Piété.

« Il est, dit-il, chez tous les peuples et dans les grandes cités une classe de citoyens également éloignés de la richesse et de la pauvreté, qui ne demande à la Providence que de la santé et des forces, à la société, que de la protection et du travail : je veux parler des artisans et des ouvriers.

« Mais si la santé les abandonne, si le travail leur manque, si la prévoyance leur a inefficacement commandé des économies, si l'étendue de la famille a rendu ces économies trop peu abondantes ou si la dureté des temps, des malheurs particuliers les ont épuisées, alors l'embarras commence pour l'intéressante famille : elle est déjà nécessiteuse sans être pauvre encore ; elle a besoin d'être aidée momentanément par la bienfaisance sans avoir besoin pourtant d'être assistée par la charité publique ; sa détresse implore et bénirait un secours ; son honorable fierté rejetterait une aumône.

« C'est dans cette situation que le sacrifice d'une partie de meu-

---

1. *Archives du Mont-de-Piété*, 2ᵉ série, n° 177.

bles, de vêtements, ou superflus ou moins utiles, quelquefois même nécessaires, est conseillé par les circonstances et effectué par la résignation.

« Mais ce meuble, ce vêtement, mis en vente à la hâte, dont le produit est demandé sans délai, attendu avec impatience, sera livré à vil prix aujourd'hui pour être ensuite chèrement acheté.

« Combien alors il serait heureux pour son propriétaire de pouvoir en faire le gage d'un emprunt modéré dont un avenir prochain lui permettrait de faire le remboursement. Alors il ne serait condamné en échange d'un secours indispensable qu'à une privation momentanée; alors il serait soulagé dans sa nécessité sans être blessé dans son amour-propre; alors il serait secouru et resterait indépendant; alors encore quand des jours moins durs ou plus prospères viendraient luire pour la famille consolée, le désir de retirer le dépôt en restituant le prêt lui commanderait l'économie; quelques privations passagères, faciles à oublier, lui permettraient d'accumuler la somme modique qui l'aida au temps de la maladie ou la fit vivre quand elle manqua d'ouvrage; et bientôt la trace de la souffrance, de la gêne et de l'affliction se trouverait effacée. »

Après avoir fait l'historique de la création des Monts-de-Piété en Italie et expliqué le motif de la fondation de celui de Paris, il en décrit l'organisation première et celle alors actuelle, en insistant sur son effet au regard de l'abaissement de l'intérêt de l'argent.

Examinant ensuite la législation du prêt sur gage, il la compare à la législation ancienne.

« Notre législation actuelle, dit-il, diffère essentiellement de ce qu'elle fut autrefois.

« On peut stipuler légalement dans tous les contrats l'intérêt d'une somme prêtée.

« La loi même n'en règle plus le taux comme elle le fit jadis; et le Code civil va poser sur ce point des principes invariables qui serviront de règle aux transactions des citoyens comme aux décisions des magistrats.

« Si du contrat de simple prêt on passe au contrat de prêt sur nantissement, on trouve qu'il n'est pas moins licite, et l'ordonnance du commerce, l'un de ces codes dont la réforme occupe aujourd'hui le gouvernement et dont la pensée, la rédaction, sont destinées à signaler à l'histoire les grands siècles et les grands hommes, l'ordonnance du commerce, titre VI, articles VIII et IX, l'autorise formellement.

« Mais en recherchant toutes les conséquences des principes, il est facile de reconnaître quelle différence il y a entre autoriser deux particuliers à passer un contrat solennel et public de prêt sur gages et permettre l'ouverture publique d'une maison de dépôt où, sur la foi d'un simple individu sans garantie, sans autre surveillance que celle qui résulte de l'action ordinaire de la police, une foule de citoyens poussés par le besoin, appelés par une indication expresse, vont déposer, sur un récépissé non authentique, une portion souvent considérable de leur propriété. »

Puis il fait éloquemment ressortir que :

« S'il est facile de sentir que si, en général, toutes transactions sociales doivent être libres, il en est auxquelles l'intérêt commun proscrit de donner des règles spéciales plus sévères, dans lesquelles l'autorité protectrice doit en quelque sorte intervenir pour garantir la faiblesse de l'oppression, l'ignorance de l'erreur, pour soustraire le besoin à la cupidité, la misère à la spoliation. »

Après avoir dépeint la nature du contrat qui intervient entre un prêteur sur gages et les emprunteurs, il se demande si, dans les conditions où se font ces contrats, les emprunteurs ne peuvent pas être opprimés. Puis il ajoute :

« S'ils peuvent l'être, la loi ne doit-elle pas l'empêcher? Pour l'empêcher, ne doit-elle pas retrancher le titre de prêteur sur gages du nombre des professions que chacun peut embrasser à son gré ?

« Ce principe de droit civil survit aux principes du droit canonique qui regardaient comme usuraire tout intérêt retiré d'un prêt.

« C'est d'après ce principe que la loi doit remettre au gouvernement, à l'administration publique, le droit d'examiner, de juger du lieu, du temps, des conditions de l'établissement des maisons de prêt public, de fixer les garanties qu'il est convenable d'exiger.

« C'est d'après ce principe, c'est d'après un sentiment non moins puissant, celui de l'honnêteté publique, d'une sorte de pudeur sociale qui heureusement est encore dans nos mœurs et que nous devons désirer de voir consacrer dans nos lois, que celui-là même qui réclamerait pour la liberté prétendue des transactions ou de l'exercice des professions, repousserait le nom de prêteur sur gages comme une injure, et qu'on verrait l'amour-propre de tel homme dont la cupidité sourit au lucre honteux qu'il retire de son métier, s'offenser si on lui donnait le titre qu'il lui imprime, le nom qu'il lui décerne.

« Sans doute cependant les maisons de prêt sur gages sont nécessaires...

« Sans doute encore les frais de ces établissements doivent être acquittés par ceux qui y ont recours...

« Toutefois cette espèce de bénéfice, réduit le plus possible, doit être purifié par sa destination. Il fut pris sur le pauvre, c'est au pauvre qu'il doit retourner. C'est aux hospices qu'il doit être affecté en entier, si l'établissement est fondé par l'administration publique; en partie, s'il est une propriété particulière ».

Dans la deuxième partie du rapport, la question est envisagée au point de vue des mesures de police à prendre pour régenter le prêt sur gage; dans la troisième, le rapporteur conclut au monopole en faveur des Monts-de-Piété et termine ainsi :

« Jamais, législateurs, vous n'aurez voté une loi plus utile que celle qui fera disparaître un fléau également nuisible et honteux ; en la prononçant, vous assurerez une baisse nouvelle de l'intérêt de l'argent; vous détruirez un trafic infâme qui n'est qu'une usure criminelle; vous aurez bien mérité tout à la fois du commerce, de la morale et de l'infortune. »

Après examen par le Tribunat et sur le rapport fait au Corps législatif par le citoyen Jard-Panvilliers, la loi proposée est adoptée le 16 pluviôse et promulguée par Bonaparte le 26 du même mois.

Cette loi, conforme aux idées émises par Regnaud (de Saint-Jean-d'Angély), confiait pour ainsi dire au gouvernement la surveillance du prêt sur gage.

Quelques mois plus tard, le 24 messidor an XII, un décret impérial relatif au Mont-de-Piété de Paris et aux maisons de prêt existant dans cette ville et dans les départements constitue l'espèce de monopole dont profite encore le Mont-de-Piété de Paris.

Ce décret n'est d'ailleurs que l'application des principes généraux posés par la loi de pluviôse.

Le 14 thermidor, c'est-à-dire trois semaines après la publication de ce décret, le ministre de l'intérieur procède officiellement à l'installation de la nouvelle administration. Les membres du Conseil avaient été nommés par arrêté ministériel du 30 messidor [1]. Le 8 thermidor, un décret impérial, daté de Boulogne, en attribue la présidence au Préfet de la Seine [2].

En exécution des articles 12 et 13 du décret du 24 messidor, le Conseil se met en devoir de préparer un règlement approprié au nouvel état des choses, c'est-à-dire à la gestion d'un établissement privilégié et purement administratif, ainsi qu'un projet de décret fixant le mode et l'époque de la clôture des maisons de prêt existant à Paris.

Les opérations avaient continué leur marche ascendante. En l'an XII, l'entrée se composa de 275,020 articles pour 8,880,846 francs et la sortie de 264,466 articles pour 7,460,273 francs. C'était donc, comparativement au mouvement de l'année précédente, un excédent de 19,214 articles pour 1,265,330 francs.

Le crédit du Mont-de-Piété s'était définitivement relevé. Le solde en caisse montait à 21,218,769 fr. 55, chiffre qu'il n'avait pas encore atteint. L'intérêt des emprunts avait été réduit, le 1er nivôse, à 6 1/2 p. 100 par an et celui des prêts à 15 p. 100. Le 1er germinal, ce dernier taux est de nouveau abaissé et fixé à 12 p. 100 par an. Enfin le solde en magasin était à la fin de l'an XII de 128,234 articles pour 5,194,692 francs.

Cette situation ne devait que s'améliorer par la fermeture des autres maisons de prêt; aussi l'Administration s'empresse-t-elle de rédiger les projets prescrits par le décret de messidor. Après une longue étude, le Conseil les adopte dans sa séance du 29 pluviôse

---

1. *Archives du Mont-de-Piété*, 2e série, n° 479.
2. *Archives du Mont-de-Piété*, 2e série, n° 481.

an XIII et arrête que la copie en sera adressée au ministre par l'intermédiaire du Préfet de la Seine.

Le projet de décret relatif à la fermeture des maisons de prêt est adopté sans changement par le conseil d'État. Il n'en est pas de même du projet de règlement intérieur : on conserve sa forme, mais le fond subit quelques modifications, dont la plus importante avait pour effet de ne pas reconnaître, par un acte législatif, l'existence des Commissionnaires.

Les projets proposés par le conseil d'État sont approuvés par deux décrets en date du 8 thermidor an XIII.

Le premier interdit aux prêteurs, à compter de la promulgation dudit décret, de recevoir aucun dépôt et de faire aucun prêt sur nantissement, sous les peines portées par les articles 3 et 4 de la loi du 16 pluviôse an XII ; il leur ordonne, en outre, d'opérer leur liquidation dans l'année de la clôture de leurs maisons [1].

Le second concerne uniquement le Mont-de-Piété de Paris. Il prescrit de rembourser sans délai les actions émises et place le Mont-de-Piété sous l'autorité du ministre de l'intérieur et celle interpolée du préfet de la Seine. L'Établissement doit être régi par le Conseil créé en vertu du décret du 24 messidor an XII d'après le règlement annexé audit décret.

Au dernier jour complémentaire de l'an XIII (21 septembre 1805), date de la cessation de l'association des Hospices et des actionnaires, la valeur des actions émises s'élevait au chiffre de 2,292,000 francs. Pour rembourser cette somme on eut recours à la Caisse d'amortissement, qui, le 29 fructidor, versa entre les mains du Directeur général la somme de 2.000,000 de francs en espèces. Cette somme fut prêtée à raison de 1/2 p. 100 pour trente jours [2].

La situation de la caisse du Mont-de-Piété, quoique dans un état florissant, avait nécessité cet emprunt. Les espèces étaient rares encore à cette époque et, pour effectuer le remboursement prescrit par le décret, il aurait fallu escompter des valeurs de portefeuille. Il y avait avantage à emprunter à 6 p. 100 par an et l'Administration se proposait, d'ailleurs, de s'acquitter au plus vite de sa dette.

Ce compte est en effet réglé définitivement le 18 avril de l'année suivante (1806), y compris les intérêts, qui s'élevèrent à 46,066 fr. 65 [3].

Ainsi se termine la période dite des actionnaires : elle avait duré huit ans et deux mois. Les bénéfices faits dans cette période s'étaient élevés à 2,109,810 francs. Sur cette somme on préleva 46,212 francs

---

1. *Archives du Mont-de-Piété*, 2ᵉ série, n° 549.
2. *Archives du Mont-de-Piété*, 2ᵉ série, n° 550.
3. *Archives du Mont-de-Piété*, 2ᵉ série, n° 578. — Compte du Mont-de-Piété à la Caisse d'amortissement.

en exécution de l'article 27 de l'acte d'association, qui prescrivait la mise en réserve d'un quarantième des bénéfices nets au profit des employés. Ces 46,212 francs servirent à créer le fonds pour la caisse des retraites que l'on se proposait d'établir alors. Le reste fut réparti par moitié entre les actionnaires et les Hospices, qui reçurent de ce fait une somme de 1,031,799 francs. Les opérations en l'an XIII s'étaient accrues considérablement et dans une proportion sans précédent, surtout à la fin de l'année. Cette augmentation fut le résultat de la clôture des maisons de prêt, qui, aux termes de l'article 6 du décret prescrivant leur fermeture, pouvaient effectuer le dépôt de leurs nantissements au Mont-de-Piété à titre d'engagements.

L'entrée se composa de 382,144 articles pour 11,346,418 francs et la sortie de 322,006 articles pour 10,111,242 francs.

Le solde en magasin était, au dernier jour de l'année, de 188,369 articles pour 6,429,968 francs ; la valeur moyenne par article était donc de 34 fr. 13, presque égale à la valeur moyenne des meilleures années de la première période.

Enfin le solde en caisse était à la même date de 21,631,485 fr. 27.

Jamais la situation du Mont-de-Piété n'avait été meilleure.

Ces résultats étaient dus en grande partie aux administrateurs-actionnaires qui avaient fortifié l'Établissement de leur crédit personnel et qui, par leur bonne gestion, lui avaient concilié la confiance publique, au point que le Mont-de-Piété était devenu la première et la plus solide institution de crédit de l'époque.

Cette opinion était celle du public. Framboisier de Beaunay, ancien Directeur, la résume ainsi dans une lettre adressée au Conseil, le 12 fructidor an X :

« La renommée m'apprend que les administrateurs probes qui le dirigent (le Mont-de-Piété) depuis plusieurs années l'ont rétabli dans sa splendeur et en ont fait le baromètre de la situation pécuniaire de la République [1]. »

Le nouveau régime modifiait particulièrement la situation des Commissaires-priseurs, la réglementation des cautionnements et la destination des bonis produits par la vente.

La compagnie des Commissaires-priseurs avait été rétablie par la loi du 27 ventôse an IX et le nombre de ces agents fixé à 80 par cette même loi. Lorsqu'il s'agit d'élaborer les règlements prescrits par le décret du 24 messidor an XII, la compagnie, à laquelle la loi précitée et l'arrêté du gouvernement du 29 germinal an IX avaient réservé la prisée et les ventes au Mont-de-Piété, adressa au Conseil d'administration un projet concernant ses rapports avec l'Établissement.

---

1. *Archives du Mont-de-Piété*, 2ᵉ série, n° 414.

Par ce projet, la compagnie entière se portait garante du résultat de l'estimation des gages et, en raison de cette garantie, elle demandait à percevoir 3/5 de franc p. 100 pour droit de prisée; quant aux droits de vente, ils étaient fixés comme précédemment, c'est-à-dire qu'ils variaient suivant l'importance des objets vendus [1].

Le Conseil n'admit pas les prétentions des Commissaires-priseurs, et les propositions qu'il fit à ce sujet au Conseil d'État furent sanctionnées par le décret du 8 thermidor, qui réserve à l'Administration le droit de régler la rémunération de la prisée et des ventes chaque année et établit pour la prisée un maximum de 1/2 centime par franc prêté.

En vertu de ces dispositions, le Conseil fixe, le 15 fructidor an XIII, le droit de vente à 3 1/2 p. 100 du montant du produit des ventes, et le droit de prisée est maintenu, le 13 brumaire suivant, à 1/2 centime pour franc de la somme prêtée [2].

Ces deux droits sont depuis restés au même taux, excepté pendant les années 1879 et 1880, où le droit de prisée fut réduit à 0 fr. 45 p. 100 francs.

Comme précédemment, tous les chefs et les employés chargés du maniement des deniers étaient astreints au versement d'un cautionnement, payable en numéraire et portant intérêt au taux des emprunts de l'Établissement.

Pour satisfaire à ces prescriptions, le Conseil fixe, le 29 fructidor an XIII, le taux des cautionnements ainsi qu'il suit :

Directeur	50,000 fr.
Sous-directeur	20,000
Gardes-magasins du Chef-lieu, chacun	30,000
Gardes-magasins des succursales, chacun	20,000
Caissier	20,000
Garde du dépôt des ventes au Chef-lieu	6,000
Gardes du dépôt des ventes des succursales, chacun	4,000
Tous les payeurs et receveurs, chacun	2,000 [3].

Une dernière différence ressort de la comparaison de la législation nouvelle avec l'ancienne.

Jusqu'alors les bonis avaient été déposés dans une caisse spéciale dite « des bonis » et tenus à la disposition des ayants droit jusqu'à réclamation. Ce procédé avait l'inconvénient de ne donner aucun moyen de vérification et d'apurement des comptes.

---

1. *Archives du Mont-de-Piété*, 2ᵉ série, n° 485.
2. En ce qui concerne le droit de vente, le tarif progressif des droits établi en 1781 a servi de base, par le calcul des produits, à la fixation à 3 1/2 p. 100, maintenue jusqu'à ce jour.
3. L'ordonnance du 12 janvier 1831 modifia ces dispositions en n'obligeant au dépôt d'un cautionnement que les Agents-comptables et les Gardes-magasins.

Éclairés par l'expérience, les administrateurs proposèrent par l'article 110 du projet de frapper de prescription « les excédents ou bonis non retirés dans les dix ans de la date des reconnaissances ». À l'expiration de ce délai, les bonis non réclamés devaient être versés dans la caisse des hospices.

Ce laps de temps était plus que suffisant pour permettre aux emprunteurs de réclamer leurs bonis et, en outre, il donnait la faculté de liquider complètement les opérations d'une année. Le Conseil d'État, trouvant cette prescription trop tardive, la réduisit à trois ans en donnant aux produits la même destination que le projet.

Quoique contraire à l'esprit de nos lois, cette expropriation, si rapide qu'elle semble être une confiscation, s'est maintenue jusqu'à ce jour et fait partie essentielle des conditions du prêt [1].

Dans ses autres articles le nouveau règlement est conforme à la tradition de l'Établissement et les opérations s'effectuent de la même manière que par le passé.

Ce règlement est celui qui régit actuellement le Mont-de-Piété, quant aux opérations. On n'insistera donc pas désormais sur les quelques changements survenus depuis son application première, qu'on trouvera à leur place dans la deuxième partie de cet ouvrage, où l'on s'occupe de la mise en pratique du règlement organique de l'an XIII.

Pour faciliter l'application des nouvelles prescriptions, le Conseil d'administration du Mont-de-Piété désigne, le 17 thermidor, deux de ses membres pour se concerter avec le Directeur sur les mesures à prendre.

Huit jours après, le 24 thermidor, les membres délégués déposent un rapport où ils s'attachent à démontrer l'inconvénient qu'il y aurait à fermer les maisons de commission avant l'ouverture des succursales; ils pensent qu'il serait convenable que, jusqu'à cette époque, les Commissionnaires fussent provisoirement maintenus.

Le Conseil, adoptant ces conclusions, prend la délibération suivante :

« Le nombre des succursales à établir, d'après le décret impérial du 8 thermidor présent mois, sera dès à présent porté au maximum permis par ce même décret.

« En conséquence, il sera pris les mesures nécessaires pour ajouter cinq succursales à celle actuellement existante rue Vivienne.

« Il est provisoirement sursis de procéder à la clôture des bureaux de commission et ils continueront leurs opérations jusqu'à l'époque de la mise en activité desdites succursales. »

---

1. *Notes et renseignements concernant les rapports et la situation réciproque du Mont-de-Piété de Paris et de l'Assistance publique*, par M. André Cochut (avril 1878).

Par une autre délibération du même jour, le Conseil porte à douze le nombre des Commissaires-priseurs ; enfin il augmente de deux le nombre des divisions d'engagement existantes.

La première de ces délibérations, soumise au ministre de l'intérieur, provoque l'arrêté approbatif en date du 11 brumaire an XIV :

Pour parvenir à la prompte réalisation de l'article 1er de l'arrêté ci-dessus, le Conseil décide, le 18 frimaire an XIV (9 décembre 1805), qu'une deuxième succursale sera établie sur la rive gauche de la Seine. On fait choix pour ce nouvel établissement de deux maisons contiguës, sises rue Bonaparte, et appartenant à l'administration des hospices civils. Cette administration consultée consent deux jours après (11 décembre 1805) à mettre à la disposition du Mont-de-Piété les maisons qui lui étaient demandées [1].

Le ministre de l'intérieur approuve ces mesures par un arrêté en date du 18 janvier 1806, à charge par le Mont-de-Piété de payer aux Hospices pour les deux maisons mises à sa disposition un loyer égal à celui des derniers baux [2].

L'autorisation nécessaire pour exécuter les travaux destinés à l'appropriation de ces maisons aux besoins du Mont-de-Piété est donnée par décret impérial daté de Varsovie le 6 janvier 1807 [3].

Les plans et devis sont approuvés par le Ministre de l'intérieur ; la dépense s'élève à la somme de 38,893 francs ; mais des vices constatés dans les premières constructions et l'adjonction d'une salle de vente obligent le Conseil à demander, en 1809, l'ouverture de nouveaux crédits.

Le ministre hésite à soumettre à l'empereur la demande du Conseil, qui s'élevait à 110,000 francs, et, par suite du retard qu'il apporte dans la présentation de cette affaire, l'autorisation nécessaire pour exécuter les nouveaux travaux n'est accordée que le 10 février 1811 [4].

Dès ce moment les travaux reprennent activement, et l'ouverture

---

1. *Archives du Mont de Piété*, 2e série, n° 576.
2. *Archives du Mont-de-Piété*, 2e série, n° 559. — On peut lire dans la brochure publiée en 1878 par M. Cochut les curieux détails suivants : « Une ordonnance royale du 27 juin 1814 retira au Domaine et attribua aux Hospices, pour le service spécial du Mont-de-Piété, un vieux bâtiment et un terrain découpé dans le terrain du Musée des monuments français ; la donation était faite à charge de construire un mur de séparation, un logement pour le conservateur du Musée et surtout de transporter et de rééditier au cimetière du Père-Lachaise le tombeau historique d'Héloïse et d'Abélard, qui se trouvait dans la portion concédée du jardin. Le Mont-de-Piété accepta et fit bien les choses. La démolition, le transport et le rétablissement, pièce à pièce, du monument, furent confiés à deux architectes renommés, Viel et Vaudoyer, sous la surveillance d'Alexandre Lenoir. La dépense s'éleva de ce chef à 18,170 francs.
3. *Archives du Mont-de-Piété*, 2e série, n° 630.
4. *Archives du Mont-de-Piété*, 2e série, n° 770.

de la nouvelle succursale a lieu le 1ᵉʳ juillet 1813. La conservation de celle de la rue Vivienne ayant été jugée inutile, les gages de cet établissement sont transportés rue Bonaparte quelque temps après.

La fermeture des maisons de prêt avait amené une telle recrudescence dans les opérations du Mont-de-Piété que, dès 1806, elles s'élevèrent à près du double de ce qu'elles étaient en l'an XIII. L'entrée se chiffre en effet par 764,188 articles pour 15,919,027 francs et la sortie par 686,429 articles pour 15,250,529 francs.

Le nombre des Commissaires-priseurs avait été porté à quatorze le 7 octobre 1805, par suite de l'augmentation des opérations. Le crédit du Mont-de-Piété s'affirmant davantage, le taux de l'emprunt est réduit, le 21 avril 1806, à 6 p. 100 par an et, le 17 novembre de la même année, à 5 p. 100.

Dès lors les opérations s'accroissent sensiblement et presque d'année en année, sauf aux époques de crise intérieure ou extérieure amenant une stagnation dans les affaires. C'est ainsi qu'après avoir atteint en 1812 le chiffre de 943,970 articles pour 17,475,382 francs, l'entrée se réduit en 1814 à 780,173 articles pour 13,768,364 francs.

De même le taux de l'emprunt, ramené à un chiffre normal, en 1806, diminue à mesure que les capitaux abondent; les oscillations qu'il subit ne sont plus que la conséquence naturelle des mouvements du marché financier.

On a vu qu'une somme de 46,212 francs avait été mise en réserve sur les bénéfices du Mont-de-Piété pendant la période des actionnaires pour constituer un premier fonds de pensions. Cette somme est successivement augmentée par le Conseil, au moyen de prélèvements faits sur les bénéfices de l'Établissement et, en 1812, elle atteignait le chiffre de 162,846 francs.

Les pensions au Mont-de-Piété n'étaient alors régies par aucune loi. Pour faire cesser cet état de choses, qui laissait place à l'arbitraire, le Conseil prépare un projet de règlement conforme à ceux qui existaient déjà dans les autres administrations municipales, et le soumet au ministre de l'intérieur.

Ce projet, très libéral, est accepté sans aucune modification par le Conseil d'État et sanctionné par décret, daté de Moscou, le 22 septembre 1812. Ce décret comble une lacune regrettable en permettant de venir légalement en aide à ceux qui, ayant consacré leur existence à l'Établissement, se trouvent obligés de cesser leurs fonctions soit par l'âge ou les infirmités, soit par accident; il attache ainsi plus fortement à l'Institution un personnel dont les services sont depuis longtemps appréciés.

De 1806 à 1814, les rapports du Mont-de-Piété avec le gouvernement sont quelquefois assez difficiles. Le Trésor a souvent besoin d'argent et le gouvernement ne se fait aucun scrupule de prélever une part sur les bénéfices de l'Établissement ou bien de faire faire, par ordre, des avances à la Caisse de service. C'est ainsi qu'à la chute de l'Empire le Mont-de-Piété se trouve à découvert de 4,400,000 francs dans la liquidation de cette caisse.

A partir de 1807 le taux de l'emprunt est fixé à 4 p. 100 et c'est seulement en 1813 qu'il remonte à 5 p. 100; mais la confiance dans l'Établissement est si grande que ce taux est promptement ramené au chiffre précédent.

Vers la fin de l'Empire et au commencement de la Restauration reparaissent quelques prêteurs sur gages; mais, poursuivis à outrance par les tribunaux, ils n'exercent aucune influence sur les opérations du Mont-de-Piété. Après 1814, ces opérations reprennent un nouvel essor et, en 1817, l'entrée atteint le chiffre de 1,092,594 articles pour 18,642,281 francs.

C'est en 1819 que le Conseil élabore le règlement concernant les Commissionnaires.

Ce règlement, qui régit encore les intermédiaires, n'est que la reproduction et la classification, par articles, des anciens arrêts du Parlement auxquels on a ajouté les dispositions dont l'expérience avait démontré l'utilité; il ne fut approuvé que le 16 mars 1824.

Plusieurs Commissionnaires crurent alors pouvoir agir avec plus de liberté et ne craignirent pas de céder secrètement leurs bureaux, de telle sorte qu'en 1826 la moitié des titulaires, alors au nombre de 25, n'étaient plus que des prête-noms.

Le Conseil ne toléra pas cet état de choses et, usant de son droit, il révoqua onze Commissionnaires. Cet acte de vigueur eut une grande influence sur la conduite de ces agents, qui depuis lors ne furent plus frappés disciplinairement qu'à de longs intervalles et dans des cas isolés.

De 1806 à 1817, les opérations d'engagements augmentent très sensiblement; mais, à partir de cette dernière époque jusqu'en 1830, le chiffre de l'entrée s'accroît lentement. En 1826, la meilleure année de cette période pour le commerce et l'industrie, ce chiffre est de 1,200,104 articles pour 24,521,137 francs; la sortie s'élève à 1,124,221 articles pour 21,569,437 francs. En 1830, l'entrée n'était plus que de 1,146,751 articles pour 21,255,677 francs, et la sortie de 1,116,061 articles pour 20,025,535 francs. De 17 francs en 1817, la valeur moyenne du prêt s'élève en 1830 à 18 fr. 53. A partir du 1er janvier 1831, l'intérêt du prêt est fixé à 9 p. 100 l'an et la durée du prêt à six mois.

Le 21 décembre de cette même année la durée est portée à un an.

Une ordonnance du roi en date du 12 janvier 1831 réorganise l'administration du Mont-de-Piété sur de nouvelles bases.

L'établissement est régi par un Conseil composé du Préfet de la Seine, président, du Préfet de police, de quatre membres du Conseil des hospices de Paris, de deux membres du Conseil général de la Seine, d'un membre de la Chambre de commerce de Paris et d'un régent de la Banque de France. L'administration est confiée, sous l'autorité du Conseil, à un Directeur général chargé de la surveillance de tous les services, mais non comptable.

Des agents-comptables sont chargés des recettes et dépenses et remplissent les fonctions attribuées au Caissier général par le règlement du 8 thermidor. Des Gardes-magasins responsables sont préposés à la conservation des dépôts d'effets mobiliers.

Les agents-comptables et les Gardes-magasins fournissent un cautionnement déterminé par le ministre de l'intérieur.

Cette ordonnance prescrit en outre que la Cour des comptes examinera à l'avenir les comptes du Mont-de-Piété.

Un arrêté préfectoral ordonne l'achat d'une caisse à trois serrures dans laquelle sont renfermés tous les fonds de l'Administration. Cette mesure amène la suppression des caisses du produit, du boni et des dépôts qui avaient subsisté jusqu'alors.

L'ordonnance du 12 janvier n'avait eu en vue que l'administration du Mont-de-Piété ; une nouvelle ordonnance en date du 3 novembre 1831, modifiée le 19 mai 1838, règle la constitution du personnel et le mode de nomination.

Tous les chefs étaient nommés, sur la présentation du Préfet, par le ministre du commerce et des travaux publics, sous l'autorité duquel le Mont-de-Piété était alors placé ; les autres agents et employés étaient nommés par le Préfet, sur deux listes de candidats pour chaque place, présentées l'une par le Conseil et l'autre par le Directeur.

En 1832, les engagements, en raison de la situation politique, s'élèvent seulement à 1,117,095 articles pour 19,281,972 francs ; l'année suivante, ils se ralentissent encore et ne donnent qu'un chiffre de 1,064,478 articles pour 19,092,787 francs.

Cet état de choses dura jusqu'à l'année 1836, où, la tranquillité paraissant assurée, les prêts remontèrent à 1,210,702 articles pour 20,720,257 francs ; cette augmentation continue jusqu'en 1847, où les dépôts s'élèvent à 1,578,348 articles pour 28,108,810 francs, soit une moyenne de 17 fr. 80 par article.

Une ordonnance du roi avait supprimé le droit d'enregistrement de 1/2 p. 100, perçu depuis 1805, et modifié l'article 57 du règlement du 8 thermidor en ce sens que le décompte des droits devait se faire par mois au lieu d'être établi par quinzaine [1].

Le 16 décembre 1831, un arrêté ministériel met le droit de prisée

---

1. *Archives du Mont-de-Piété*, 2ᵉ série, n° 1676.

à la charge des emprunteurs; toutefois il n'est perçu qu'au moment du dégagement ou du renouvellement. En cas de vente, ce droit est prélevé sur le boni et, à défaut de boni, payé par l'Administration sur le compte des bonis prescrits [1].

En 1842, la progression des opérations s'étant maintenue, le Conseil juge qu'il peut sans danger remettre le droit de prisée à la charge de l'Administration et, en outre, il décide que le décompte des intérêts se fera suivant les prescriptions de l'article 57 du règlement du 8 thermidor, c'est-à-dire par quinzaine, mais avec cette différence que le premier mois serait payé en entier. Le ministre approuve ces dispositions le 22 décembre [2]. Depuis cette époque le mode de décompte est toujours resté le même; mais le droit de prisée est, en 1847, de nouveau remis à la charge des emprunteurs qui le supportent encore aujourd'hui.

A cette dernière époque, l'excédent des engagements sur les dégagements et les nombreux retraits effectués par les prêteurs diminuèrent considérablement la réserve du Mont-de-Piété. Pour conserver les anciens placements et en attirer de nouveau, le taux de l'emprunt, descendu à 3 p. 100 en 1836 et à 2,75 p. 100 en 1845 pour remonter à 3 p. 100 en 1846, est porté en 1847 à 4 p. 100 par an.

La période de 1830 à 1840 est féconde en innovations dont les emprunteurs devaient bénéficier. On ne parlera ici que pour mémoire de la création d'une caisse d'acomptes qui eut lieu en 1838. Quoiqu'elle fonctionne encore, les résultats n'ont pas été ceux qu'on attendait.

Une autre innovation, beaucoup plus importante que la précédente, est celle de l'établissement de bureaux auxiliaires de prêt direct.

Prévue par l'article 3 des lettres patentes du 9 décembre 1777, la création de ces bureaux fut longtemps retardée, parce que l'Administration, pendant bien des années, se préoccupa plutôt de procurer des bénéfices aux hospices que de rechercher les moyens d'améliorer les conditions du prêt.

M. Delaroche, frère du célèbre peintre Paul Delaroche, qui fut directeur du Mont-de-Piété du 27 novembre 1837 au 24 novembre 1845, pénétré de l'importance qu'aurait pour le public la création des bureaux auxiliaires de prêt direct, proposa au Conseil, dans sa séance du 26 juin 1839, l'établissement d'un premier bureau (A) dans le premier arrondissement (actuellement le huitième).

Le Conseil renvoie cette proposition à l'examen d'une commission qui conclut à l'adoption du projet du Directeur. Le rapport sur cette

---

1. *Archives du Mont-de-Piété*, 2ᵉ série, nº 2000.
2. *Archives du Mont-de-Piété*, 2ᵉ série, nº 3162.

question, fait par M. Périer [1], démontre péremptoirement la légalité, l'utilité et la nécessité de cette fondation.

Le Conseil, par une délibération en date du 10 juillet 1839, approuve les conclusions de ce rapport. Cette délibération, après avoir été accueillie favorablement par le Préfet et le Conseil municipal, est soumise au ministre de l'intérieur. Celui-ci l'approuve à son tour, par un arrêté en date du 9 septembre de la même année, et le bureau A est ouvert le 14 octobre 1839, dans la rue de la Pépinière.

Le succès dépasse les espérances, et les résultats obtenus par ce bureau déterminent la création d'un deuxième bureau dans le douzième arrondissement (actuellement cinquième).

Après avoir été agréée successivement par le Conseil d'administration, le Préfet et le Conseil municipal, cette proposition est sanctionnée par le ministre de l'intérieur, qui accorde son autorisation le 28 mars 1840. L'ouverture du bureau B eut lieu le 2 mai suivant.

Les bureaux A et B étaient en plein exercice lorsque la révocation d'un Commissionnaire dont le bureau était situé dans le faubourg Montmartre donna l'idée au Directeur de créer un troisième bureau auxiliaire à la place du bureau de commission.

La proposition en est faite au Conseil le 7 avril 1841; mais les Commissaires-priseurs et les Commissionnaires, qui croient leur existence menacée, font de nombreuses réclamations à ce sujet et le Conseil est de nouveau appelé à délibérer.

Ce n'est que le 10 mai 1843 que le Conseil, sollicité par des influences extérieures, approuve cette création.

Au Conseil municipal la question prend une tournure plus grave et, après bien des mémoires publiés pour et contre, la proposition du Mont-de-Piété est rejetée en 1845.

Ce n'est que dix ans après que la question aboutissait et que la création de vingt autres bureaux auxiliaires donnait raison à l'Administration.

L'année 1848 fut marquée par des innovations qui ne pouvaient que nuire au fonctionnement régulier de l'Etablissement.

Après le 24 février, le Conseil avait été reconstitué et la Direction confiée à son président, qui, au mépris des traditions de l'Administration, se montra disposé à lier plus étroitement les Commissionnaires à l'Institution en leur donnant la qualification d'agents auxiliaires et en déclarant définitives les opérations faites dans leurs bureaux [2].

Ces innovations purent à peine être mises en pratique, car un

---

1. M. Périer devint en 1848 président du Conseil d'administration.
2. *Archives du Mont-de Piété*, 2ᵉ série, n° 4163.

arrêté du Chef du pouvoir exécutif, en date du 25 novembre 1848, annula les arrêtés et décisions prises par le ministre au sujet de la réorganisation du Mont-de-Piété comme « contraires aux principes qui déterminent les attributions des pouvoirs publics et aux règles de la compétence ».

Les opérations du Mont-de-Piété, pendant l'année 1848, se ressentirent considérablement de la situation politique.

De 28 millions prêtés en 1847, l'entrée descendit à 1,213,116 articles pour 19,731,872 francs. Plus de 8 millions de différence entre les résultats des deux années! L'état de la caisse avait, il est vrai, fait limiter le maximum des prêts à 100 francs, et c'est seulement l'année suivante qu'il devint possible — la situation s'étant un peu améliorée — de porter le maximum à 200 francs, puis à 400 et enfin, le 7 avril 1849, de supprimer la limitation.

L'année 1849 donne à peu près les mêmes résultats que 1848, et ce n'est qu'à partir de 1850 que les engagements s'élèvent. Depuis, l'augmentation est constante, en raison surtout de l'accroissement de la population.

Jusqu'alors, la loi du 16 pluviôse an XII, le décret du 24 messidor de la même année et celui du 8 thermidor an XIII étaient restés les seuls textes législatifs spéciaux au Mont-de-Piété. Cependant l'opinion réclamait de toutes parts des dispositions plus en rapport avec les besoins de l'époque.

En 1847, un projet de réforme est rédigé par le ministre de l'intérieur, mais les événements politiques qui surviennent ne permettent pas d'en saisir les Chambres. En 1848, le Gouvernement présente à l'Assemblée constituante une loi sur les Monts-de-Piété qui, après plusieurs ajournements, est reprise par l'Assemblée législative et est enfin votée, après bien des modifications, le 24 juin 1851.

Cette loi, en ce qui concerne le Mont-de-Piété de Paris, n'a pas encore reçu toute son application. Elle a motivé un avis interprétatif du Conseil d'État, en date du 29 décembre 1852, qui déclare que les Monts-de-Piété précédemment autorisés à conserver leurs excédents de recette sont seuls appelés à profiter des dispositions des articles 3 et 5 de la loi nouvelle.

Il déclare en outre que toutes les autres dispositions de la loi sont applicables à tous les Monts-de-Piété.

Le 24 mars 1852, est promulgué un décret, spécial au Mont-de-Piété de Paris, qui en modifie l'administration en créant un Directeur responsable, agissant sous le contrôle d'un Conseil de surveillance.

La composition du Conseil de surveillance est celle indiquée par la loi de 1851, mais elle comprend en outre le Préfet de police comme membre de droit.

En conférant au Directeur une responsabilité plus grande, le décret du 24 mars 1852 lui donna en même temps un droit d'initiative beaucoup plus étendu que celui qu'il avait eu jusqu'alors, et dont l'exercice devait profiter aux emprunteurs et à l'Établissement.

L'ouverture de bureaux auxiliaires, qui eut lieu en 1856 et 1858, en est du reste une preuve, car c'est grâce aux efforts soutenus de M. Ledieu, Directeur du Mont-de-Piété à cette époque, que le prêt direct fut mis à la portée de toute la population parisienne.

Quoique interrompue, cette question des bureaux auxiliaires n'était pas close et elle se rouvrit à la faveur d'un incident sur lequel on n'avait pas compté.

En 1854, la situation de la caisse avait obligé l'Administration à établir un droit temporaire de 1/2 p. 100 sur le montant des prêts. En 1856, la situation s'étant améliorée, le Directeur propose que la somme perçue de ce chef pendant l'année 1855 soit mise en réserve pour l'amélioration du prêt direct, c'est-à-dire pour la création de nouveaux bureaux auxiliaires.

Le Conseil de surveillance, après avoir examiné cette proposition, décide, dans sa séance du 26 juin, qu'au lieu d'être mise en réserve pour servir ultérieurement, la somme disponible sera employée à la création immédiate de trois bureaux auxiliaires.

Ainsi modifiée, la proposition du Directeur est soumise au Préfet et la Commission municipale l'approuve le 13 août suivant.

Le 21 août, le Conseil de surveillance adopte les plans et devis présentés par le Directeur et invite le Préfet de la Seine à solliciter d'urgence du ministre de l'intérieur l'autorisation de dépense nécessaire pour que les bureaux puissent fonctionner le 1er janvier suivant.

Cette autorisation est accordée par décision ministérielle du 23 octobre 1856 [1] et les trois bureaux (C, D, E) sont ouverts le 1er janvier 1857.

L'empressement du public à se servir de ces bureaux administratifs justifie complètement l'utilité de la mesure. S'appuyant sur ces résultats, le Directeur s'occupe d'ouvrir dix autres bureaux et, dans le compte rendu des opérations de 1856, il fait déjà pressentir au Conseil de nouvelles propositions à ce sujet.

Ces propositions ne se font pas attendre : approuvées par le Conseil le 3 décembre 1857, elles sont sanctionnées par une décision du ministre en date du 25 du même mois [2] et les bureaux fonctionnent à partir du 1er janvier 1858 (F, G, H, J, K, L, M, N, O, P).

Le prêt direct n'étant plus discuté, on s'empresse de le mettre à

---

1. *Archives du Mont-de-Piété*, 2e série, n° 5536.
2. *Archives du Mont-de-Piété*, 2e série, n° 5658.

la portée des habitants de certains quartiers qui en avaient été privés jusqu'alors, et le nombre des bureaux auxiliaires est successivement augmenté de deux le 1er janvier 1859 (R, S), de trois le 1er janvier 1860 (T, U, V); enfin quatre derniers bureaux sont ouverts le 1er janvier 1869 (I, X, Y, Z).

Ces adjonctions portent à vingt-quatre le nombre total des bureaux auxiliaires de prêt direct. Le succès de cette création alla en grandissant, et la proportion actuelle des opérations de ces bureaux, qui est de près de 80 p. 100 des opérations totales, prouve surabondamment leur utilité.

Quoique ces bureaux eussent été acceptés par tous, les Commissaires-priseurs, se voyant menacés, essayèrent d'en amoindrir les bons effets. Posant en principe que le prêt direct ne devait profiter qu'aux petits emprunteurs, et arguant de faits isolés pour exagérer des pertes dont ils étaient responsables, ils demandèrent, dès 1859, que les prêts fussent limités.

Leurs prétentions furent longtemps repoussées, mais ils obtinrent une satisfaction partielle par le décret du 12 août 1863, qui limita à 500 francs le maximum des prêts dans les bureaux auxiliaires.

Toutefois, ils furent mis en demeure de décharger les agents de l'administration de la prisée des gages, dans les bureaux auxiliaires.

Pour éviter l'augmentation de leur cadre, M. Hausmann, Préfet de la Seine, les autorisa à présenter à l'agrément de l'Administration des représentants, assesseurs ou commis, dont le traitement serait à leur charge.

C'est en vertu de cette simple autorisation que la prisée n'est pas faite dans tous les bureaux du Mont-de-Piété par les commissaires-priseurs. Ces agents n'apprécient pas, personnellement, plus de 12 pour 100 des gages présentés dans les bureaux de prêt direct.

L'établissement des bureaux auxiliaires amena une telle recrudescence dans les opérations d'entrée, qu'elles atteignirent, pour l'exercice 1858, le chiffre de 1,868,055 articles pour 39,169,456 francs. Le solde était de 1,175,087 articles pour 25,674,152 francs.

Cette énorme quantité de nantissements encombrait les magasins. Une commission nommée pour étudier les moyens de parer à cet inconvénient approuve, après plus d'une année de discussion, la construction d'une deuxième succursale. On fait choix, à cet effet, d'un terrain appartenant à l'Assistance publique, situé rue Servan, près de la prison de la Roquette.

Les plans et devis sont approuvés le 11 mai 1859 et les travaux commencent aussitôt. Pendant leur exécution, on s'aperçoit que les constructions prévues primitivement sont insuffisantes et, le 14 novembre 1860, le Directeur du Mont-de-Piété adresse au Préfet de la Seine un rapport où il expose la nécessité de compléter l'installation.

La proposition du Directeur soulève quelques difficultés qui retardent son approbation, mais elle est enfin acceptée en mai 1861, et la succursale, qui jusqu'alors n'avait été utilisée que comme lieu de dépôt, fonctionne régulièrement à partir du 1er janvier 1862.

L'annexion de la banlieue de Paris à la date du 1er janvier 1860 et l'extension continuelle des affaires devaient contribuer à accroître le nombre des engagements. Depuis cette époque, en effet, on constate une augmentation croissante des opérations, atténuée dans certaines années par les événements politiques, mais qui reprend son cours dès que le calme renaît.

Les exercices 1870 et 1871 sont particulièrement marqués par une décroissance que la situation explique amplement.

En 1869, l'entrée se compose de 2,206,956 articles pour 48,923,547 francs; le solde en magasin au 31 décembre est de 1,422,676 articles pour 33,612,001 francs.

En 1870, l'entrée n'est que de 1,949,761 articles pour 40,054,329 francs, et, en 1871, elle descend à 1,621,009 articles pour 29,901,472 francs. Il faut remonter à quinze ans en arrière pour trouver un chiffre aussi faible. Le solde en magasin est à la fin de 1871 de 1,418,394 articles pour 31,199,541 francs. Ce chiffre, peu différent de celui de 1869, se maintient, parce que les ventes, suspendues en 1870 et 1871, ont laissé en magasin une certaine quantité d'articles qui auraient dû disparaître.

En 1872, les opérations reprennent un cours normal, et depuis elles augmentent dans une proportion telle que l'exercice 1883 donne, en argent prêté, le résultat le plus considérable qui ait été atteint jusqu'à ce jour.

L'entrée atteint 2,461,560 articles pour 57,981,284 francs, ce qui donne une moyenne de prêt de 22 fr. 64, chiffre qui n'avait pas été atteint depuis 1805.

Cette augmentation incessante a obligé l'Administration à agrandir encore ses magasins du Chef-lieu. En 1875, la maison du n° 18 de la rue des Blancs-Manteaux, que l'on avait à bail depuis trente-neuf ans, est acquise à des conditions avantageuses. Les maisons des n° 20, 14 et 22 de la rue des Blancs-Manteaux et 57 de la rue des Francs-Bourgeois sont successivement achetées; enfin l'achat d'un immeuble (1884) sis rue du Regard, n° 15, et destiné au transfèrement de la première succursale, complète heureusement la série des mesures prescrites, en 1874, par une commission chargée d'étudier les moyens d'assurer la conservation des nantissements et de parer aux dangers d'incendie.

Par ces acquisitions successives, l'Administration a préparé le terrain pour l'édification de constructions nécessaires au logement de cette quantité immense d'objets de toute nature, de toute valeur, de toute forme, qu'elle a charge de conserver et de rendre intacts à leurs propriétaires.

Les changements introduits depuis dix années dans l'aspect général de l'Établissement sont déjà sensibles, mais ils ne tarderont pas à se compléter.

Le développement des affaires provoquait le développement des bâtiments et l'amélioration des salles d'attente et des bureaux. L'ancien Mont-de-Piété avait un aspect sordide, qui impressionnait défavorablement les emprunteurs.

On ne peut, dans cet exposé, faire ressortir, comme cela est facile au moyen des chiffres pour l'accroissement des opérations, les différences que l'état actuel des locaux présente avec l'état ancien ; mais la moitié des habitants de la capitale qui fréquente les bureaux du Mont-de-Piété n'est pas sans avoir été frappée des changements survenus.

Les résultats annuels du Mont-de-Piété démontrent à quel point cet Établissement est devenu indispensable à la population parisienne, trop intelligente pour tenir compte des reproches d'usure adressés au Mont-de-Piété.

Aujourd'hui, ce n'est plus seulement un prêt que fait l'Établissement à sa clientèle; le gage est en outre transporté, à l'aller et au retour, sur les points les plus excentriques de Paris, et cette charge s'ajoute à celles du logement, de l'assurance, etc.

Malgré ces charges, l'Administration a abaissé, à partir du 1er janvier 1886, à 8 p. 100 le taux des intérêts et droits à payer par les emprunteurs. Ce taux n'avait pas été modifié depuis 1831.

Et plus de 700,000 des opérations sont effectuées pour une perception inférieure à 0 fr. 25.

Il n'est pas douteux que des modifications importantes ne soient encore nécessaires dans le fonctionnement de cette utile institution, mais on ne peut nier les services qu'elle a rendus et qu'elle est appelée à rendre encore.

Edmond DUVAL.

Il a été dit, au début de cette notice, que l'Institution avait été dénommée « Monte-di-Pietà », c'est-à-dire « banque de la piété », pour exprimer à la fois l'objet de sa fondation et le sentiment désintéressé qui avait poussé à sa création.

M. Blaize, ancien Directeur du Mont-de-Piété de Paris, dans son ouvrage sur *les Monts-de-Piété et les banques de prêt sur gage* (Pagnerre, 1856, tome Ier, chap. II, page 65), a fixé l'étymologie de cette dénomination avec assez de précision et d'autorité pour qu'il n'ait pas paru utile de s'étendre sur ce sujet.

Tous les auteurs sont en effet d'accord avec Blaize, à l'exception cependant de Dujat-Libersalle, qui, à la page 2 d'une *Notice sur l'origine du Mont-de-Piété* (Arras, 1867), s'exprime ainsi : « De sa situation sur une montagne lui vint *sans doute* le nom de Mont-de-Piété. » Mais cette interprétation, d'ailleurs dubitative, — exacte peut-être pour les banques originaires, le Monte-Vecchio, à Venise, par exemple, en 1170 — ne peut tenir, en ce qui concerne le Mont-de-Piété, contre les textes nombreux que nous allons citer et qui affirment l'étymologie que nous adoptons :

1º Extrait du *Vocabolario degli Accademici della Crusca*. Ed. Napoletana, 1749, tome III, art. MONTE, § VII. « Monte, diciamo a quel luogo pubblico, dove si pigliano o si pougono denari a interesse. Lat. : Mons. M.V.9-3 : Provvidono per gli opportuni consigli che si facesse il quarto monte, cio fu una prestanza generale di fior. 70000. — *Onde luogo di monte.* »

2º On lit dans le *Dictionnaire universel de commerce*, nouvelle édition. Copenhague, 1761 : « *Mont* signifie en termes de commerce une compagnie autorisée par des lettres patentes du souverain pour prêter de l'argent sur des gages et des nantissements que ceux qui empruntent sont obligés de donner pour sûreté du prêt qu'on leur a fait. On les appelle en Italie « Monts-de-Piété », nom honorable, mais qui ne convient pas à cet établissement, puisque le prêt n'est pas gratuit. »

La gratuité du prêt n'a pas motivé la dénomination complémentaire « de Piété »; nous disons, avec l'auteur espagnol que nous citerons plus loin, que c'est le caractère désintéressé de l'Institution qui l'explique. La citation anglaise qui suit lui donne d'autres motifs qui méritent considération.

3º Cette citation anglaise est extraite de : *An address to the inhabitants of Limerick on the opening of the Mont-de-Piété*, etc., by M. Barrington, esq. (Dublin, 1836, page 5).

« The name Mons-Pietatis came with the invention from Italy. In the first century of the christian era free gifts were collected and preserved in churches, to defray the expenses of divine service and for the relief of the poor. The collections thus made were called *montes*, or mounts, a name originally applied to *all money procured* or *heaped together*, and it has appeared that inventor added the word *Pietas* to give to his institution a sacred or religious character, *and to procure for it universal approbation and support.* »

4º Nous extrayons le passage suivant d'un ouvrage espagnol publié à Madrid en 1876 et ayant pour titre : *Montes de piedad y Cajas de Ahorros, ressèna historica y critica*, por Ilmo. Sr. D. Braulio Anton. Ramirez (première partie, chap. I, page 7).

« A aquella suma total de las acciones, á aquel conjunto ó monton de acciones representadas por cédulas que se registraban en cartularios, es á lo que los florentinos, los romanos y los venecianos dieron en llamar *Monte*, y por extension lo aplicaron á todos los establécimientos de naturaleza parecida que se sucedieron, hasta el punto, no sólo de hacerlo sinónimo de Banco, sino tambien de Tesoro público, de Erario, etc. — En cuanto al aditamento *de Piedad*, claro es que obedece á la indole esencialmente caritativa ó desinteresada de las instituciones. »

5º Enfin, l'opinion de *Giuseppe Pagni*, qui fait autorité en Italie, se trouve ainsi formulée dans son ouvrage : *Dei monti-di-pietà e della loro riforma* : « Perchè il nuovo instituto non si confondesse cogli altri monti, cosi denominati allora communemente in Italia quei luoghi ove si ponevano o si levavano denari a frutto, fu chiamato *monte-di-Pietà*. »

Faut-il encore citer, uniquement à titre d'indication curieuse, le sens des mots *Mont* et *monte* en vieux français ?

Bouteiller, *Som. rur.*, page 370, « Monts et gains ».

Lacurne de Sainte-Palaye, dans son *Dictionnaire historique du langage françois*, donne avec des exemples ces deux significations au mot *monte* :

1º Valeur. 2º Intérêt — Usure. « A mont et à usure si vont prestant. » (Aiol, v. 2667.) « Avec ce principal, luy estoient dues les montes. » (*Hist. de la Tois. d'or*, II, 207. Doubles montes, intérêts des intérêts. Montes montes, même sens. (Édit. de 1389, chap. VI, cité par Du Cange sous Montare.)

E. D.

ERRATUM : Page xx, lire *Michael de Northburgh*, au lieu de *Michel de Northbury*.

MANUEL

DE LÉGISLATION, D'ADMINISTRATION
ET DE COMPTABILITÉ

MONT-DE-PIÉTÉ DE PARIS

MANUEL
DE LÉGISLATION
D'ADMINISTRATION
ET DE COMPTABILITÉ

TITRE PREMIER

ADMINISTRATION GÉNÉRALE

CHAPITRE PREMIER
ORGANISATION

I. — **But du Mont-de-Piété.** — **Assimilation aux établissements de bienfaisance.**

1. — Le Mont-de-Piété de Paris est un établissement d'utilité publique créé dans le but d'effectuer des prêts sur nantissement d'effets mobiliers [1].

2. — Le Mont-de-Piété, régi au profit des pauvres, est, quant aux règles de comptabilité, assimilé aux établissements de bienfaisance [2].

---

[1]. Lettres patentes du 9 décembre 1777. — Arrêté du Comité des Finances de la Convention nationale en date du 5 pluviôse an III. — Règlement annexé au décret du 8 thermidor an XIII, art. 42. (Aux termes de la loi du 24 juin 1851, les Monts-de-Piété sont institués avec l'assentiment des Conseils municipaux, par décrets du chef de l'État.)

[2]. Loi du 16 pluviôse an XII. — Décret du 24 messidor an XII, art. 1er. — Loi du 24 juin 1851, art. 2.

3. — Il est pourvu aux opérations du Mont-de-Piété au moyen : 1° des fonds qu'il se procure par voie d'emprunt[1] ; 2° des fonds qui sont versés dans sa Caisse, avec ou sans intérêt, à titre de dépôts ou de cautionnements.

Sont également employés dans le mouvement général : les fonds qui rentrent à la Caisse à titre d'intérêts et droits perçus pour les prêts, les fonds libres provenant de la vente des gages (bonis à distribuer), les excédents de recette qui n'ont pas encore reçu d'affectation, etc.

4. — L'Administration du Mont-de-Piété de Paris est placée sous l'autorité du Préfet de la Seine et du Ministre de l'Intérieur[2].

Elle est confiée à un Directeur responsable, sous la surveillance d'un Conseil dont les attributions sont ci-après déterminées[3].

5. — Le Mont-de-Piété est soumis dans toutes les parties du service, sans exception, aux vérifications des Inspecteurs généraux des établissements de bienfaisance, et, en ce qui concerne la comptabilité, à celles des Inspecteurs des finances[4].

Les Caisses sont en outre soumises aux vérifications des Inspecteurs des caisses municipales[5].

II. — **Privilèges.** — **Monopole du prêt sur nantissements.** — **Exemption des droits de timbre et d'enregistrement.**

6. — Aux termes de la loi du 16 pluviôse an XII, et de l'article 411 du Code pénal, aucune autre maison de prêt sur nantissement ne peut être établie à Paris, sans l'autorisation du Gouvernement.

Est également interdit le prêt sur reconnaissance du

---

1. Règlement général annexé au décret du 8 thermidor an XIII, art. 102. — Loi du 24 juin 1851, art. 4.
2. Voir annexes X et XVII, chapitre I, titre X.
3. Décret du 24 mars 1852, art. 1er.
4. Règlement du 30 juin 1865, art. 179.
5. Arrêté préfectoral du 18 octobre 1833.

Mont-de-Piété, comme constituant un prêt sur le gage lui-même [1].

7. — Les infractions aux dispositions de ces lois peuvent donner lieu, contre leurs auteurs, à des poursuites devant les tribunaux correctionnels et entraîner condamnations, au profit des pauvres, à des amendes payables par corps, qui ne peuvent être au-dessous de cinq cents francs, ni au-dessus de trois mille francs.

La peine peut être double en cas de récidive et le tribunal doit en outre, dans tous les cas, prononcer la confiscation des effets donnés en nantissement [2].

8. — Tous les registres et papiers destinés à constater les opérations de prêt et les différents actes de régie du Mont-de-Piété, tant au Chef-Lieu que dans les Succursales, les Bureaux auxiliaires et les Bureaux de commission, sont exempts des droits de timbre et d'enregistrement [3].

9. — Les immeubles affectés à l'exploitation du Mont-de-Piété sont exempts des contributions foncières et des portes et fenêtres. Toutefois les employés logés gratuitement dans ces bâtiments doivent supporter la contribution personnelle et mobilière et celle des portes et fenêtres auxquelles est cotisé leur logement [4].

III. — Établissements du Mont-de-Piété. — Chef-lieu. — Succursales. — Bureaux auxiliaires.

10. — L'Établissement du Mont-de-Piété de Paris se compose du Chef-Lieu, des Succursales et des Bureaux auxiliaires.

---

1. Voir annexe II, chap. II, titre X.
2. Loi du 16 pluviôse an XII, art. 1, 3 et 4. (Voir annexes III et VII, chap. I, titre X).
3. Décret du 8 thermidor an XIII, art. 43 et 89. — Loi du 24 juin 1851, art. 8.
4. Règlement du 30 juin 1865, observations générales. — Ordonnance du 19 janvier 1844 rendue en faveur du Mont-de-Piété de Rouen et de laquelle il résulte que les Monts-de-Piété sont exempts des contributions foncières et des portes et fenêtres, à l'exception des parties réservées au logement des employés qui en doivent eux-mêmes le payement. — Art. 105 de la loi du 3 frimaire an VII et 5 de la loi du 4 frimaire an VII.

11. — Le Chef-Lieu, établi entre les rues des Blancs-Manteaux et des Francs-Bourgeois, dans des bâtiments construits pour les besoins de l'Administration au moyen de prélèvements faits sur les excédents annuels, est le siège de l'Administration où se concentrent toutes les opérations de comptabilité.

12. — Les Succursales sont des établissements pourvus de bureaux et de magasins particuliers, situés hors de l'enceinte de l'établissement central dont ils dépendent. Construites ou aménagées dans les mêmes conditions que le Chef-Lieu, les Succursales sont distribuées sur les divers points de Paris où elles sont jugées nécessaires.

Le Conseil de Surveillance statue, sauf la confirmation de l'autorité supérieure, sur le nombre et le placement de ces Succursales; il ne peut néanmoins en porter le nombre au-delà de six sans une autorisation spéciale du Gouvernement[1].

13. — Les Bureaux auxiliaires sont des établissements également situés hors de l'enceinte de l'établissement central dont ils dépendent, mais fonctionnant dans des locaux pris à bail et non pourvus de magasins; ils sont répartis sur les divers points de Paris, selon les besoins de la population.

Le nombre et le placement de ces Bureaux est également déterminé par le conseil de Surveillance, sous les mêmes conditions d'approbation par l'autorité supérieure, que pour les Succursales.

CHAPITRE II

CONSEIL DE SURVEILLANCE

I. — **Composition.** — **Nomination.** — **Renouvellement.**

14. — Le Conseil de Surveillance, institué par le décret du 24 mars 1852, est composé ainsi qu'il suit :

---

[1]. Règlement général annexé au décret du 8 thermidor an XIII. — Loi du 24 juillet 1867, art. 1, 2, 3 et 4. — Décret du 25 mars 1852.

Le Préfet de la Seine, président;
Le Préfet de Police;
Trois membres du Conseil municipal;
Trois membres pris soit dans le Conseil de Surveillance de l'Assistance publique, soit parmi les Administrateurs des bureaux de bienfaisance;
Trois citoyens domiciliés dans Paris [1].
Les fonctions des membres du Conseil de Surveillance sont gratuites, comme l'étaient celles du Conseil d'Administration institué par la loi du 24 juin 1851.

15. — Les membres du Conseil de Surveillance, autres que les Préfets de la Seine et de Police, sont choisis par le Ministre de l'Intérieur, sur des listes triples présentées par le Préfet de la Seine [2].

Les membres du Conseil, à l'exception des deux Préfets, sont renouvelés par tiers tous les deux ans.

Le renouvellement des deux premiers tiers a lieu par la voie du sort.

Le membre qui est nommé par suite de vacance provenant de décès ou de toute autre cause, sort du Conseil au moment où serait sorti le membre qu'il a remplacé.

Les membres sortants sont rééligibles [3].

II. — Attributions. — Président. — Secrétaire. — Réunions.

16. — Le Conseil est présidé par le Préfet de la Seine et, à son défaut, par un Vice-Président choisi par le Conseil dans son sein et élu tous les ans.

Les décisions du Conseil sont prises à la majorité absolue des voix.

En cas de partage des voix, celle du Président est prépondérante [4].

---

1. Décret du 24 mars 1852, art. 4.
2. Décret du 24 mars 1852, art. 5.
3. Décret du 24 mars 1852, art. 5.
4. Décret du 24 mars 1852, art. 7.

17. — Le Directeur de l'Administration assiste aux séances du Conseil; il a voix consultative [1].

Aux termes de l'article 7 du décret du 24 mars 1852, l'un des Inspecteurs doit remplir les fonctions de Secrétaire du Conseil de Surveillance [2].

18. — Les procès-verbaux des séances du Conseil, rédigés par le Secrétaire, sont transcrits sur des registres cotés et paraphés par le Préfet de la Seine.

Le procès-verbal de la dernière séance est soumis à l'approbation du Conseil au commencement de chaque réunion.

Il est ensuite revêtu de la signature de ceux des membres qui assistaient à la séance; les renvois ou ratures sont approuvés par un paraphe.

Les copies des avis émis par le Conseil sont revêtues de la signature du Président et de celle du Secrétaire.

19. — Le Directeur convoque le Conseil, au nom du Préfet de la Seine, au moins une fois par mois et plus souvent s'il y a lieu [3].

Cette convocation se fait par lettres indiquant la date, l'heure et le lieu de la réunion, adressées à chacun des membres du Conseil, au moins six jours avant la séance, par les soins du Secrétariat général.

Un ordre du jour indiquant les matières qui seront traitées dans la séance, est joint à chaque convocation.

Les originaux des avis émis par le Conseil et les mémoires du Directeur sont conservés au Secrétariat général dans des dossiers spéciaux.

20. — Le Conseil de Surveillance est appelé à donner son avis sur les objets ci-après énoncés :

1° Les budgets et les comptes;

2° Les projets de travaux neufs, de grosses réparations ou de démolition;

---

1. Décret du 24 mars 1852, art. 9.
2. Depuis cette époque, le premier Inspecteur auquel était dévolue la fonction de Secrétaire du Conseil, a été successivement investi du titre de Secrétaire, de Secrétaire général, d'Inspecteur général chargé du Secrétariat, et enfin de Secrétaire général.
3. Décret du 24 mars 1852, art. 7.

3° L'acceptation ou la répudiation des dons et legs faits au Mont-de-Piété ;

4° Les actions judiciaires et les transactions ;

5° La fixation du taux de l'intérêt des prêts et des emprunts [1] ;

6° Les règlements du service ;

7° Les cahiers des charges des adjudications de travaux et de fournitures.

Et en général tous les actes de propriété et de gestion qui intéressent l'Etablissement [2].

CHAPITRE III

PERSONNEL DE L'ADMINISTRATION

I. — **Composition du cadre.** — **Hiérarchie des emplois. Traitements.**

21. — Le traitement du Directeur est fixé à 15 000 francs [3].

La hiérarchie des emplois, ainsi que les traitements des Employés, sont fixés par grades et par classes de la manière suivante [4] :

	1re classe	....	11,000	francs.
	2e —	....	10,000	—
Chefs de service	3e —	....	9,000	—
	4e —	....	8,000	—
	5e —	....	7,000	—
	6e —	....	6,000	—
	1re —	....	5,500	—
Sous-Chefs	2e —	....	5,000	—
	3e —	....	4,500	—
Commis-principaux	1re —	....	4,400	—
et	2e —	....	4,000	—
Commis-Comptables	3e —	....	3,600	—

---

1. Règlement général annexé au décret de thermidor, an XIII, art. 52, 53, 55, 80 et 81. — Décret du 25 mars 1852. — Loi du 24 juillet 1867, art. 17.
2. Décret du 24 mars 1852, art. 8.
3. Arrêté ministériel du 11 février 1859.
4. Arrêtés préfectoraux des 21 mai 1879, 15 janvier 1883, 18 janvier 1884 et 30 décembre 1885.

Commis	1re —	....	3,500 —
	2e —	....	3,100 —
	3e —	....	2,700 —
Expéditionnaires	1re —	....	2,700 —
	2e —	....	2,400 —
	3e —	....	2,100 —
Magasiniers-principaux	1re —	....	3,300 —
	2e —	....	3,000 —
	3e —	....	2,700 —
Magasiniers	1re —	....	2,600 —
	2e —	....	2,450 —
	3e —	....	2,300 —
Aides-Magasiniers	1re —	....	2,200 —
	2e —	....	2,050 —
	3e —	....	1,900 —
Gagistes et hommes de service	1re —	....	1,800 —
	2e —	....	1,700 —
	3e —	....	1,600 —
Commis auxiliaires	Classe unique....		1,500 —
Gagistes auxiliaires	Classe unique....		1,200 —

22. — Les trois premières classes du grade de Chef de service sont exclusivement réservées pour les fonctions du Secrétaire général, du Caissier, de l'Inspecteur, du Chef des magasins et du Chef de la comptabilité.

Les changements de classes des Chefs de service ne sont accordés que sur une proposition spéciale du Directeur.

A partir du grade de Sous-Chef inclusivement et pour tous les grades inférieurs, le nombre des employés de première classe ne peut dépasser le quart des titulaires de chaque grade.

Pour être promu au grade supérieur, les employés doivent compter au moins deux années d'exercice dans le grade inférieur; quelle que soit la classe à laquelle ils appartiennent, ils sont toujours rangés dans la dernière classe du nouveau grade.

. Nul ne peut être élevé à une classe supérieure avant deux années d'exercice dans la classe immédiatement inférieure.

Nul ne peut être nommé auxiliaire permanent s'il n'est âgé de plus de trente-cinq ans [1].

23. — Le personnel des chefs et sous-chefs de service comprend :

---

[1]. Arrêté préfectoral du 30 décembre 1885.

CHAPITRE III — PERSONNEL DE L'ADMINISTRATION

1 Secrétaire général,
1 Caissier-Comptable,
1 Chef des magasins,
1 Inspecteur,
1 Chef de la comptabilité, chargé du contrôle,
1 Chef des engagements,
1 Chef du matériel,
1 Chef du dépôt des ventes,
1 Chef du secrétariat,
2 Contrôleurs de succursales,
2 Agents-Comptables de succursales,
1 Sous-chef du secrétariat,
2 Sous-Inspecteurs,
1 Sous-Chef de la caisse,
1 Sous-Chef de la comptabilité,
1 Liquidateur du boni,
1 Sous-Chef de la vérification,
1 Sous-Chef des magasins,
21 Chefs de bureaux auxiliaires [1].

24. — Le Caissier, le Chef des magasins, les Agents comptables des succursales, le Chef du matériel, le Liquidateur du boni et les Chefs des bureaux auxiliaires sont des comptables et sont, en cette qualité, assujétis à un cautionnement.

II. — Conditions d'admission. — Nominations. — Employés auxiliaires.

Le Directeur est nommé par le Ministre de l'Intérieur sur une liste de trois candidats présentés par le Préfet de la Seine [2].

Les Employés de tout grade sont nommés par le Préfet sur une liste de trois candidats présentés par le Directeur.

Le Directeur nomme les gens de service.

Les révocations sont prononcées par l'autorité à laquelle est attribuée la nomination [3].

---

1. Arrêtés préfectoraux des 31 juillet 1856, 21 mai 1879, 24 janvier 1880, 31 juillet 1885, 30 décembre 1885 et 8 mars 1886.
2. Décret du 24 mars 1852, art. 2.
3. Décret du 24 mars 1852, art. 11.

25. — Nul ne peut être nommé à l'emploi d'expéditionnaire s'il a moins de vingt ans ou plus de trente-cinq ans d'âge, et à celui de gagiste s'il a moins de dix-huit ans ou plus de trente-cinq ans d'âge.

Tout candidat, pour être présenté à la nomination du Préfet, doit produire :

1° Son acte de naissance ;

2° Un certificat du médecin attaché au Mont-de-Piété, constatant qu'il est d'une bonne constitution et propre au service soit d'expéditionnaire, soit de gagiste ;

3° Un extrait du casier judiciaire constatant qu'il n'a pas encouru de condamnation pour faits graves ;

4° Une pièce établissant qu'il a satisfait à la loi sur le recrutement.

26. — L'admission d'un candidat ne peut avoir lieu que lorsqu'il a satisfait à l'examen exigé pour les fonctions qu'il sollicite et dont les conditions sont les suivantes :

Pour l'emploi d'expéditionnaire, la connaissance de l'orthographe, de la langue française et de l'arithmétique. Les épreuves consistent à écrire sous la dictée, à faire séance tenante une rédaction sur un sujet donné, à faire les quatre règles et à établir un compte d'intérêt.

Pour l'emploi de gagiste, le candidat doit savoir lire et écrire couramment et faire les quatre règles [1].

Les gagistes sont admis à concourir pour les emplois d'expéditionnaire, en subissant l'examen dont il est question ci-dessus [2].

27. — Avant d'être l'objet d'une proposition d'admission, les candidats aux emplois d'expéditionnaire ou de gagiste doivent faire un stage à l'Administration en qualité d'auxiliaires.

Les candidats qui ont dépassé l'âge de trente-cinq ans, fixé par les règlements pour l'admission aux emplois du Mont-de-Piété, peuvent être reçus en qualité d'auxiliaires permanents.

---

1. Délibération du Conseil d'Administration du 31 mars 1849, approuvée le 4 mai suivant.
2. Délibération du Conseil d'Administration du 2 juin 1848.

CHAPITRE III — PERSONNEL DE L'ADMINISTRATION 11

28. — L'Administration procède tous les trois mois à une revision du cadre des auxiliaires, employés soit aux écritures, soit à la manutention.

Ceux dont l'instruction paraît insuffisante ou qui, par leur peu d'aptitude ou les plaintes auxquelles ils ont donné lieu soit au point de vue du travail, soit à celui de la discipline, ne présentent pas à l'Administration toutes les garanties d'un bon service, sont invités à se pourvoir d'un autre emploi.

Ces revisions trimestrielles ont lieu dans la première quinzaine des mois de mars, juin, septembre et décembre de chaque année [1].

III. — Indemnités diverses. — Rétribution des travaux extraordinaires. — Habillement.

29. — Les indemnités allouées au Directeur et à divers Chefs de service et Employés sont les suivantes :

1° Au Directeur : Indemnité de logement [2]......	3,000 fr.
2° Au Caissier : Indemnité de caisse [3]..........	1,200
3° Aux Sous-Inspecteurs : Indemnité de déplacement...................................	600
4° Au Chef du matériel : Indemnité de logement.	1,200
— — Indemnité de caisse....	200
5° Aux Chefs des bureaux auxiliaires : Indemnité de caisse....................... 200 à	400
6° Aux Employés des bureaux auxiliaires : Indemnité pour le travail du soir [4] :	
Commis principaux........................	1,020
Commis et Expéditionnaires (selon la classe du bureau)...................... 720, 840 ou	960
Aides-Magasiniers et Gagistes......... 300 à	600
7° Aux Commis comptables des Divisions d'engagement ou de recette : Indemnité de Caisse variant selon l'importance du mouvement des fonds................................	»
8° Aux Aides-Magasiniers chargés d'accompagner les voitures : Indemnité...................	100

---

1. Note de service du 18 novembre 1876.
2. Arrêté ministériel du 11 février 1859.
3. Décision ministérielle du 16 octobre 1834.
4. Délibération du Conseil d'Administration du 9 octobre 1839. — Arrêté du Directeur du 4 mai 1853. — Budget de 1873 approuvé par décret. — Arrêté préfectoral du 20 juillet 1883.

TITRE I — ADMINISTRATION GÉNÉRALE

9° Aux Employés chargés du transport des portefeuilles des Succcursales et des Bureaux auxiliaires : Indemnité pour chaque portefeuille de Succursale...................... 30
— Bureau auxiliaire................ 20
10° Aux Gardes de nuit des Caisses du Chef-Lieu et des Succursales : Indemnité.............. 480

Les indemnités allouées pour le travail du soir, dans les Bureaux auxiliaires, ne sont payées que par journée de travail effectif.

La retenue à opérer par journée d'absence est égale au vingt-cinquième de l'indemnité allouée à l'employé absent, en raison de son grade ou de la classe du bureau dont il fait partie.

L'indemnité allouée aux auxiliaires appelés à remplacer les titulaires absents est fixée uniformément à 2 fr. 40, soit un vingt-cinquième de l'indemnité de 3ᵉ classe ; le payement en est imputé sur le crédit ouvert au budget. En cas d'absence par congé des Chefs des bureaux auxiliaires, l'indemnité à payer aux employés adjoints auxdits bureaux est la même que celle fixée ci-dessus, elle est également imputée sur le crédit ouvert au budget [1].

30. — Les travaux effectués en dehors des heures réglementaires sont rétribués à la fin de chaque année.

A cet effet, les Chefs de Service adressent au Secrétaire général, du 1ᵉʳ au 5 de chaque mois, l'état des employés sous leurs ordres ayant exécuté, pendant le mois précédent, des travaux en dehors des heures réglementaires du service, avec indication de la nature du travail accompli et du nombre d'heures qui y ont été consacrées [2].

31. — L'uniforme est obligatoire pour les employés à la manutention et pour les hommes de service du Mont-de-Piété [3].

Les conditions et les époques auxquelles se font les distributions d'uniformes aux ayants droit sont spécifiées au paragraphe V du chapitre IV, titre VI.

---

1. Ordre de service du 26 juillet 1883.
2. Ordre de service du 4 février 1879.
3. Ordre de service du 5 août 1852.

32. — Les vestes et les pantalons alloués par l'Administration sont échangés le matin et le soir, à l'arrivée et au départ, contre les effets d'habillement appartenant aux employés, dans les vestiaires établis pour cet usage.

33. — Les employés sont responsables des détériorations provenant de négligence ou d'un défaut d'entretien [1].

IV. — Heures d'arrivée et de départ. — Absences.

34. — Les employés doivent être rendus à leur poste aux heures ci-après indiquées, savoir :

Services du Secrétariat général, du Matériel, de la Caisse, de l'Inspection, de la Comptabilité, de la Vérification, des Engagements et des Bureaux auxiliaires à 9 heures moins 5 minutes.

Services des Dégagements, des Renouvellements et de la Liquidation du boni à 8 h. 1/2.

Services des Magasins à 8 heures.

Services de la Vente : Gagistes à 7 h. 3/4. Commis à 8 h. 3/4 [2].

35. — Le public cesse d'être admis dans les divers services aux heures ci-après indiquées, mais les employés ne doivent quitter leurs bureaux qu'après avoir donné satisfaction à toutes les personnes présentes et après avoir arrêté leurs comptes :

Services du Secrétariat général, du Matériel, de la Caisse, de l'Inspection, de la Comptabilité, de la Vérification et des Engagements à 4 heures.

Services des Dégagements, des Renouvellements, de la Liquidation du boni et des Magasins à 3 heures.

Service des Bureaux auxiliaires à 8 heures.

Les dimanches et jours de fête, le public n'est plus admis à partir de midi.

Le 14 juillet, jour de la fête nationale, les bureaux ne sont pas ouverts.

---

1. Ordre de service du 2 janvier 1880.
2. Circulaire du 8 février 1861 rappelant les ordres de service des 2 août 1849 et 2 août 1859.

36. — Tous les employés doivent signer une feuille de présence à l'arrivée et au départ [1].

Une feuille de présence est également signée par les employés les dimanches et les jours de fête [2].

Ces feuilles sont apportées à 9 heures au Secrétariat général [3].

37. — L'employé qui, pour cause de maladie, n'a pu se rendre à son poste, doit en informer son chef le même jour au plus tard à midi [4].

Les employés domiciliés hors de l'enceinte des fortifications doivent, dans le cas d'absence pour cause de maladie, se présenter le jour même à la visite du médecin de l'Administration.

Si l'état de santé du malade ne permet pas ce déplacement, justification en est donnée, dans les vingt-quatre heures, par un certificat de médecin dont la signature doit être légalisée, soit par le maire, soit par le commissaire de police de la localité [5].

38. — Aucun employé ne peut quitter son poste pendant le cours du service sans y être autorisé par son chef immédiat [6].

Les Chefs de service ne peuvent accorder que des permissions de trois jours au plus. Ils sont tenus d'en donner connaissance au Directeur.

Les absences qui dépasseraient ce terme ne peuvent être autorisées que par le Directeur sur l'avis du Chef de service et la proposition du Secrétaire général.

En cas de besoin, il est pourvu par la Direction au remplacement des employés absents par suite de congé [7].

39. — Les Chefs de service font parvenir chaque jour à midi au plus tard, au Secrétaire général, un rapport énon-

---

1. Ordres de service des 2 août 1849, 31 octobre 1850 et 31 juillet 1852.
2. Ordre de service du 31 octobre 1850.
3. Ordre de service du 29 août 1849.
4. Ordre de service du 31 juillet 1852.
5. Ordre de service du 30 avril 1881.
6. Ordre de service du 2 août 1849.
7. Ordre de service du 13 octobre 1846.

CHAPITRE III — PERSONNEL DE L'ADMINISTRATION

çant l'absence des différents employés placés sous leurs ordres avec indication des motifs [1].

A défaut des Chefs de service, ces rapports sont signés par les Sous-Chefs ou par les employés désignés à cet effet [2].

V. — Mesures disciplinaires.

40. — Les peines disciplinaires qui peuvent être prononcées contre les employés du Mont-de-Piété, sont :

1° Par le Chef de service :
Un ou plusieurs services de dimanche, hors tour ;

2° Par le Directeur :
Un ou plusieurs services de dimanche, hors tour ;
Le blâme ou l'avertissement ;
L'amende ;
La retenue d'un ou de plusieurs jours de traitement ;
La suspension, avec privation de traitement de quinze jours à trois mois, sauf approbation du Préfet ;
L'obligation de supporter tout ou partie des indemnités payées pour erreurs commises.

3° Par le Préfet :
La descente de classe ou de grade ;
La révocation [3].

Les amendes sont perçues et les retenues sont exercées au profit de la Caisse des pensions de retraite des Employés.

41. — Tout employé qui n'est pas rendu à son poste à l'heure indiquée par le règlement, peut subir la retenue d'une journée de ses appointements.

Tout employé qui manque un jour de se rendre à son poste peut subir une retenue de trois jours de ses appointements pour chaque jour d'absence [4].

42. — La même peine peut être appliquée aux employés domiciliés hors de l'enceinte des fortifications qui néglige-

---

1. Ordres de service des 9 mars 1848 et 7 mai 1861.
2. Ordre de service du 7 mai 1861.
3. Décret du 14 mars 1852, art. 11. — Arrêté préfectoral du 15 juillet 1879.
4. Ordres de service des 31 août 1832 et 2 août 1849.

raient de se conformer aux dispositions de l'ordre de service du 30 avril 1881.

43. — L'employé qui quitte son poste sans autorisation de son Chef peut encourir la retenue d'une journée d'appointements. Cette retenue peut être portée à trois jours en cas de récidive [1].

44. — Tout employé qui néglige de faire connaître son domicile au chef de service sous les ordres duquel il est placé est passible d'une retenue d'un jour de ses appointements [2].

45. — Les infractions aux ordres de service des 22 septembre 1849 et 23 février 1881 qui interdisent aux employés, le premier de faire le trafic de reconnaissances ou de nantissements, le second d'opérer des engagements sans l'autorisation de leurs chefs, peuvent donner lieu contre leurs auteurs soit à une suspension, soit à la révocation.

Ces mêmes mesures disciplinaires peuvent être appliquées aux employés qui divulgueraient le secret des engagements.

VI. — Cautionnements.

46. — Le Caissier-comptable, le Chef des magasins, les Agents-comptables des Succursales, le Liquidateur du boni, le Chef du matériel, le Chef du dépôt des ventes, les Chefs des Bureaux auxiliaires, les Commis-comptables Payeurs et Receveurs, et même les autres préposés et employés, tant du Chef-Lieu que des Succursales et Bureaux auxiliaires que l'Administration juge convenable d'y assujettir, sont tenus de fournir un cautionnement à titre de garantie de leur gestion ou de l'exercice de leur emploi [3].

47. — Si, pendant la gestion d'un agent ou employé attaché à l'Administration, il y a lieu d'attaquer son cautionnement pour cause de responsabilité, qui, d'ailleurs,

---

1. Ordre de service du 10 septembre 1862.
2. Délibération du Conseil d'administration du 11 décembre 1864.
3. Règlement général annexé au décret du 8 thermidor an XIII, art. 36, modifié par l'art. 4 de l'ordonnance du 3 novembre 1831. — Voir annexes IV et XV, chapitre I (titre X).

prononcée, l'Administration peut en outre autoriser le recours contre l'employé auteur de l'erreur, s'il est démontré qu'il y a faute lourde ou négligence habituelle.

Selon la gravité des circonstances ou l'importance de l'exonération, la décision peut être prise après avis du Conseil et autorisation préfectorale.

VIII. — Caisse d'épargne et de prévoyance des Employés.

57. — Il est établi à l'Administration une Caisse d'épargne et de prévoyance à l'usage des Employés.

Cette Caisse est autorisée à faire des placements au Mont-de-Piété sans échéances déterminées.

Le compte ouvert à ce sujet au sommier général de la Caisse est réglé chaque année le 31 décembre.

Chaque déposant ne peut effectuer de placements mensuels supérieurs à 50 fr. Le maximum des placements est fixé à 3000 fr. Il est délivré à chaque déposant un livret sur lequel sont inscrits les versements et les retraits opérés par lui, et, à chaque semestre, le décompte des intérêts et bonifications [1].

CHAPITRE IV

ATTRIBUTIONS DU PERSONNEL DE L'ADMINISTRATION

I. — Directeur.

58. — Le Directeur, nommé par le Ministre de l'Intérieur, est placé, hiérarchiquement, sous l'autorité du Préfet de la Seine.

Ses attributions sont purement administratives [2].

59. — Le Directeur est chargé, en cette qualité, et sous

---

1. Délibération du Conseil d'Administration du 5 juin 1833.
2. Voir annexes XIII et XVI, chapitre I, titre X.

CHAPITRE III — PERSONNEL DE L'ADMINISTRATION

n'entraine pas destitution, cet agent ou employé est tenu de rétablir ou de compléter ledit cautionnement, au plus tard, dans le délai de trois mois.

A défaut de l'exécution, dans le délai indiqué, des dispositions ci-dessus rappelées, l'employé est suspendu provisoirement de ses fonctions, et, s'il ne remplit pas ses obligations dans le mois de cette suspension, il est remplacé.

48. — En cas d'oppositions formées, entre les mains du Directeur, à des remboursements de cautionnements, les droits à exercer sur le montant de ces cautionnements, soit par l'Administration, soit par les prêteurs de fonds, soit enfin par les créanciers particuliers des titulaires, se règlent conformément aux dispositions de la loi du 6 ventôse an XIII [1].

49. — Les cautionnements auxquels sont assujettis le Caissier principal, les Gardes-magasins et autres agents comptables du Mont-de-Piété, sont fournis en rentes nominatives sur l'État, calculées conformément au décret du 31 janvier 1872 [2].

Toutefois le Ministre de l'Intérieur peut, s'il y a lieu, autoriser ces comptables à fournir leurs cautionnements en deniers [3].

50. — Le cautionnement du Caissier et celui du Chef des magasins sont fixés par le Préfet, d'après les proportions et conformément aux règles déterminées par l'article 25 de la loi du 8 juin 1864 [4].

Les cautionnements des autres agents sont fixés par le Préfet de la Seine sur la proposition du Directeur [5].

---

1. Règlement général annexé au décret du 8 thermidor an XIII, art. 39, 40 et 41. (Voir annexe IV, chapitre I, titre X.)
2. Voir annexe XVIII, chapitre I, titre X.
3. Décret du 7 février 1874.
4. Voir annexe XV, chapitre I, titre X.
5. Les cautionnements des divers comptables du Mont-de-Piété sont actuellement fixés aux chiffres ci-après :

Caissier-comptable...............................	60000 fr.
Chef des magasins..............................	40000
Agents-comptables des succursales................	25000
Liquidateur du boni.............................	5000
Chef du matériel................................	5000
Chef du dépôt des ventes........................	6000
Chefs des bureaux auxiliaires....................	6000
Commis-comptables..............................	2000

TITRE I — ADMINISTRATION GÉNÉRALE

51. — Il peut être procédé à la revision des cautionnements du Caissier ou du Chef des magasins lorsque, pendant trois années consécutives, ces cautionnements ont été reconnus supérieurs ou inférieurs d'un cinquième au moins au chiffre résultant des proportions déterminées par la loi précitée du 8 juin 1864 [1].

Les demandes en revision peuvent être formées par les Inspecteurs du Ministère de l'Intérieur, par les Inspecteurs des Finances, par l'Administration du Mont-de-Piété ou par le Comptable lui-même [2]. Elles sont adressées au Préfet, qui prononce la revision et fixe la somme à laquelle le cautionnement doit être élevé ou réduit, d'après les bases et le tarif fixés par la loi précitée.

Le Comptable est tenu de justifier à l'autorité chargée du jugement de son compte de gestion de la réalisation de l'augmentation de son cautionnement.

En cas de diminution du cautionnement, le Comptable se pourvoit auprès de l'Administration pour faire ordonnancer à son profit le montant de la diminution, et il appuie ce remboursement, indépendamment de toutes autres pièces justificatives, de l'ampliation de l'arrêté qui a réduit le cautionnement [3].

52. — Le taux de l'intérêt des cautionnements versés dans la caisse du Mont-de-Piété suit la fixation adoptée pour les cautionnements versés dans la Caisse des dépôts et consignations (anciennement Caisse d'amortissement) [4].

Le versement des cautionnements des Caissiers et Gardes-magasins doit précéder l'installation de ces agents [5]; celui des cautionnements des autres comptables doit avoir lieu à l'époque de l'entrée en fonction.

53. — Le remboursement des cautionnements a lieu :
Pour le Caissier-comptable, après l'arrêt de la Cour des

---

1. Règlement du 30 juin 1865, art. 18.
2. Voir annexe XV, chapitre 1, titre X.
3. Règlement du 30 juin 1865, art. 18.
4. Décret du 3 mai 1810, art. 1er. — Cette disposition n'est plus appliquée, en ce qui concerne les Comptables du Mont-de-Piété, qu'aux cautionnements en espèces qui n'ont pas été convertis en valeurs mobilières, conformément au décret du 31 janvier 1872. (Voir annexe XVIII, chapitre 1, titre X.)
5. Art. 5 et 13 du règlement du 30 juin 1865.

comptes approuvant le compte de gestion pour l'exercice dans le cours duquel le titulaire a cessé ses fonctions;

Pour les Gardes-magasins et les Chefs de bureaux auxiliaires, après l'approbation de la liquidation des magasins de l'année dans laquelle ces comptables ont cessé leurs fonctions;

Pour le Liquidateur du boni, après l'approbation de la liquidation du boni pour l'année dans laquelle ce comptable a cessé ses fonctions;

Pour les autres Comptables, dont la gestion s'apure chaque jour, dès qu'ils ont cessé leurs fonctions.

VII. — Responsabilité des Employés en général et particulièrement des comptables.

54. — Les Comptables dont la gestion ne s'apure qu'à l'expiration de chaque exercice, c'est-à-dire le Caissier, le Chef des magasins, le Chef du matériel, les Agents-Comptables des succursales et le Liquidateur du boni, sont responsables des débets qui peuvent être constatés lors de la reddition de leurs comptes.

Ils sont également responsables des déficits qui pourraient être constatés lors de la vérification de leur caisse ou de leur magasin.

Le recouvrement de ces débets ou déficits est effectué à la diligence du Caissier-comptable dans la forme rappelée au paragraphe IV du chapitre I, titre III [1].

Les comptables dont il s'agit ne peuvent être relevés de la responsabilité qui leur incombe pour faits relatifs à leur gestion que par un arrêté du Préfet de la Seine, ou, pour le Caissier, par un arrêt de la Cour des comptes.

55. — Les comptables dont la gestion s'apure journellement sont responsables des déficits constatés dans leur caisse [2].

56. — Chaque Chef est responsable envers l'Administration des erreurs qui se produisent dans son service.

Néanmoins, l'Administration peut l'exonérer de cette responsabilité. Dans le cas où l'exonération ne serait pas

---

1. Règlement du 30 juin 1865, art. 15.
2. Ordre de service du 31 octobre 1843.

CHAP. IV — ATTRIBUTIONS DU PERSONNEL 21

sa responsabilité personnelle, de la surveillance et de la police des services intérieurs et extérieurs de l'Établissement, de la surveillance particulière des bureaux et de leur organisation, enfin de l'exécution et du maintien des lois, des règlements généraux ou décisions particulières émanées du Ministre de l'Intérieur ou du Préfet, concernant la régie du Mont-de-Piété [1].

60. — Il a sous ses ordres tout le personnel de l'Administration [2]. Il nomme les hommes de service et dresse des états de proposition pour les autres employés.

Aucun fait, en dehors de la marche régulière des affaires, ne devant rester ignoré de l'Administration centrale, le Directeur doit être informé, dès le début, de toutes les erreurs ou infractions commises, et il a seul qualité pour autoriser, auprès des emprunteurs, les démarches qu'il peut juger utiles [3].

Il prononce les mesures disciplinaires qu'il juge nécessaires contre les employés qui ne se conforment pas aux instructions de l'Administration relativement au travail, à l'ordre et à la discipline. Il règle, par des arrêtés ou par des ordres de service, les fonctions et devoirs des comptables, commis et autres préposés de l'Administration.

61. — Au Directeur appartient le droit d'accorder des sursis à la vente [4]; à défaut de sursis, il fait procéder à la vente des articles qui n'ont pas été dégagés ou renouvelés dans les délais fixés par le règlement, sauf autorisation du Président du Tribunal civil.

Aucun article ne peut sortir du magasin, soit pour une vérification, soit pour être déposé au greffe, sans un bon délivré par lui [5].

62. — Il statue sur les indemnités auxquelles peuvent donner lieu les erreurs commises par les employés de l'Administration.

---

1. Règlement général annexé au décret du 8 thermidor an XIII, art. 7.
2. Décret du 24 mars 1852, art. 10.
3. Ordres de service des 11 avril et 1er mai 1877.
4. Règlement du 30 juin 1865, art. 3.
5. Règlement du 30 juin 1865, art. 103.

Le Directeur représente le Mont-de-Piété en justice, soit en demandant, soit en défendant [1].

63. — Il présente chaque année le budget qui doit être soumis au Conseil de surveillance aussitôt après la clôture de l'exercice précédent.

Chaque année également, il présente au Conseil le compte administratif dans les formes prescrites par les règlements.

Ce compte est précédé d'un rapport sur la situation morale et administrative de l'Établissement [2].

Les budgets et les comptes sont transmis au Préfet de la Seine, qui, de son côté, les adresse, appuyés de l'avis du Conseil municipal, au Ministre de l'Intérieur, afin d'obtenir les décrets approbatifs.

Comme ordonnateur, le Directeur autorise les recettes et les dépenses dans les limites des crédits fixés par l'autorité supérieure.

Il vise toutes les pièces justificatives présentées à l'appui du compte de gestion par le Caissier-comptable, justiciable de la Cour des comptes.

Il est dépositaire de l'une des clés de la Caisse à trois serrures.

Le 31 décembre de chaque année, le Directeur, assisté d'un membre du Conseil de surveillance délégué par ledit Conseil, dresse le procès-verbal de clôture des livres et de vérification des valeurs matérielles à la charge du Caissier-comptable [3].

64. — Il tient un registre des engagements secrets, sur lequel sont inscrits les dépôts effectués par des personnes qui, en raison de leur notoriété, désirent ne pas faire connaître leurs noms dans les bureaux d'engagement [4].

II. — Secrétaire général.

65. — Le Secrétaire général remplace le Directeur en cas d'absence.

---

1. Décret du 24 mars 1852, art. 3. (Voir annexe I, chapitre II, titre X.)
2. Règlement du 30 juin 1865, art. 2.
3. Règlement du 30 juin 1865, art. 116. — Instructions des ministres de l'Intérieur et des Finances des 30 mai 1827 et 20 juin 1859.
4. Règlement du 30 juin 1865, art. 3.

CHAP. IV — ATTRIBUTIONS DU PERSONNEL

Il est spécialement chargé de tout ce qui concerne le personnel, sur lequel il exerce son autorité, conjointement avec le Directeur.

Il est dépositaire des dossiers des employés, des archives de l'Administration, des registres de délibération des Conseils, des pièces relatives aux affaires contentieuses et de la correspondance échangée avec la Préfecture de la Seine et les autres administrations.

Il soumet au Directeur ses propositions relativement à l'avancement à donner aux employés, aux congés à leur accorder ou aux mesures disciplinaires à prendre à leur égard.

Il propose également les mutations nécessaires au bon fonctionnement du service, les modifications aux règlements d'ordre intérieur et de travail.

Il assure l'uniformité du travail entre les divers services et les divers Établissements du Mont-de-Piété.

Les réclamations auxquelles les Chefs des services intéressés n'auraient pu donner suite lui sont soumises, et il s'occupe de donner satisfaction aux réclamants.

66. — Le Secrétaire général fait effectuer par correspondance toutes les opérations demandées et répond à toutes les demandes de renseignements adressées à l'Administration. Il reçoit les rapports du Chef du matériel sur l'état et l'entretien des bâtiments et du mobilier; il fait exécuter les aménagements, changements et améliorations autorisés dans les divers services.

Il fait établir les documents, relevés, états de statistique et autres qui lui sont demandés par le Directeur.

Il remplit les fonctions de Secrétaire du Conseil de surveillance [1].

III. — **Caissier-comptable.**

67. — Le Caissier est chargé de faire toutes les recettes et d'acquitter toutes les dépenses de l'Établissement, en se

---

1. Décret du 24 mars 1852, art. 7.

conformant, soit pour les recettes, soit pour les dépenses, soit enfin, quant à la tenue des registres, aux ordres du Directeur et aux lois ou règlements relatifs à la régie du Mont-de-Piété.

Il est dépositaire de l'une des clés de la caisse à trois serrures.

Il rend compte de ses opérations au Directeur à toute réquisition [1].

68. — Le Caissier du Mont-de-Piété est soumis aux lois et règlements qui régissent les Comptables publics. Il ne peut être installé dans ses fonctions qu'après avoir justifié de l'arrêté de sa nomination, du versement de son cautionnement et de sa prestation de serment devant la Cour des Comptes.

Les prescriptions des articles 17 et suivants du décret du 31 mai 1862, relatives aux incompatibilités, lui sont applicables [2].

Les fonctions de Caissier sont incompatibles avec celles de Garde-magasin [3].

69. — Le Caissier a sous ses ordres directs les Commis-comptables du Chef-Lieu chargés d'opérer les payements aux divisions d'engagement ou du boni, ainsi que ceux des divisions de recettes. Il désigne les employés nécessaires au service des recettes les dimanches et jours fériés.

Sa responsabilité s'étend à tous les actes des agents chargés d'un maniement de deniers, dans la mesure déterminée par l'article 322 du décret du 31 mai 1862 précité.

Il ne peut, à cet égard, dégager sa responsabilité qu'en justifiant à l'Administration du Mont-de-Piété et à la Cour des Comptes qu'il a fait toutes les diligences et pris toutes les précautions utiles [4].

70. — Le Caissier peut vérifier les caisses et registres des agents sous ses ordres; il peut leur prescrire de lui verser les excédents de recettes qu'il détermine, en leur laissant les encaisses nécessaires aux besoins du service.

---

1. Règlement général annexé au décret du 8 thermidor an XIII, art. 22 et 23.
2. Voir annexes XIII et XVI, chapitre I, titre X.
3. Règlement du 30 juin 1865, art. 5 et 6.
4. Règlement du 30 juin 1865, art. 9. (Voir annexe I, chapitre I, titre X.)

En cas d'absence, le Caissier est remplacé par un fondé de pouvoir, mais il demeure toujours responsable de la gestion de son remplaçant [1].

IV. — Inspecteur des Bureaux auxiliaires et de commission.

71. — L'Inspecteur est spécialement chargé de la surveillance des Bureaux auxiliaires et des Bureaux de commission.

En cette qualité, il visite fréquemment les Bureaux dont il s'agit, s'assure que les règlements et les ordres de service sont ponctuellement exécutés, vise les registres et répertoires et au besoin donne des instructions aux Chefs de bureaux pour les cas non prévus par les règlements.

Il veille notamment à ce que les justifications à fournir par les déposants soient exigées et à ce que les papiers produits soient inscrits d'une manière correcte.

Il s'assure que le livre de caisse est tenu à jour; que les émargements sont régulièrement donnés sur les registres de boni; que les fiches dont l'envoi est prescrit par l'ordre de service du 10 janvier 1872, ainsi que les relevés de prêts de 500 francs sont régulièrement transmis au service de l'Inspection.

Il examine le carnet des prêts suspendus, vise ceux des bulletins à souche qui sont rentrés après régularisation, et se fait représenter les reconnaissances et les sommes relatives aux prêts non encore régularisés.

Il s'assure que les prêts suspendus mentionnés comme versés au compte des Dépôts divers ont été portés en recette au journal de caisse.

Il consigne, sur un carnet tenu pour chaque Bureau et conservé à l'Administration centrale, le résultat de ses observations, son appréciation sur le travail du Chef du bureau et des employés, et enfin toutes les indications qui peuvent éclairer l'Administration, tant au point de vue de la tenue des registres que de l'estimation des gages et de l'accueil fait au public. Il peut procéder à la vérification

---

1. Règlement du 30 juin 1865, art. 10 et 12.

des caisses et en général à toutes les vérifications qui lui semblent utiles.

A cet effet, il est investi des mêmes pouvoirs que ceux attribués au contrôleur central par le règlement du 30 juin 1865 (paragraphe VIII du chapitre VI, titre IV).

72. — L'Inspecteur est en outre chargé :

1° De surveiller le service des oppositions formées par les emprunteurs à la délivrance des gages, notamment pour cause de reconnaissances adirées, conformément aux dispositions de l'article 68 du règlement annexé au décret du 8 thermidor an XIII ;

2° De faire délivrer aux intéressés des duplicatas de reconnaissances, dans les conditions déterminées par les règlements ;

3° De faire procéder, sur la réquisition des emprunteurs, à la vente des objets désignés sur les reconnaissances qui lui sont soumises ;

4° De faire procéder aux recherches relatives aux objets qui lui sont signalés comme perdus ou volés ;

5° De donner au Préfet de police, au Procureur de la République, aux Juges d'Instruction, aux Commissaires de police et en général à tous les magistrats de l'ordre judiciaire ou administratif, les renseignements qui lui sont demandés dans un intérêt d'ordre public ;

6° De faire tenir un enregistrement des articles saisis et déposés aux greffes des tribunaux ;

7° De faire procéder aux liquidations qui lui sont demandées par l'Administration du Domaine, par les Commissaires-priseurs chargés d'effectuer des ventes judiciaires ou par les Séquestres-liquidateurs nommés par les Tribunaux ;

8° De procéder à la clôture des registres des Commissionnaires décédés ou révoqués, à l'inventaire des nantissements, reconnaissances et valeurs trouvés dans ces bureaux, à la liquidation des opérations, à l'apurement de la gestion desdits agents et au versement des sommes disponibles entre les mains des ayants droit ;

9° De faire procéder au redressement des erreurs matérielles commises dans certains services de l'Administration ;

10° D'examiner les engagements signalés en exécution

de la circulaire du 10 janvier 1872, et, à cet effet, de prendre toutes mesures utiles pour assurer la moralité des opérations et l'application des règlements;

11° De faire établir les répertoires des noms des emprunteurs pour les engagements et renouvellements effectués au Chef-Lieu;

12° De faire enregistrer les prêts suspendus dont le versement est inscrit au compte des Dépôts divers conformément aux règlements, de procéder à une enquête à l'effet de constater l'exactitude des déclarations faites par les déposants, et d'adresser, lorsqu'il y a lieu, au Préfet de police, le rapport prescrit par l'article 49 du règlement du 8 thermidor an XIII;

13° De faire tenir un registre d'entrée et de sortie des titres qui, pour une cause quelconque, sont déposés au bureau de l'Inspection;

14° De faire procéder au versement à la Caisse, au compte des Dépôts divers, des sommes provenant d'opérations annulées pour cause de double emploi, de celles provenant d'erreurs de perception ou d'excédents de caisse constatés dans les Bureaux auxiliaires, de celles provenant de bonis rapportés par les Commissionnaires, enfin de celles provenant des bonis afférents aux titres en dépôt;

15° De faire adresser aux ayants droit des lettres d'avis de vente pour les opérations effectuées au Chef-Lieu;

16° De faire établir les récapitulations des opérations accomplies par l'entremise des Commissionnaires.

V. — Chef de la comptabilité, chargé du Contrôle.

73. — Le Chef de la comptabilité, chargé du Contrôle, a sous ses ordres :

1° Le personnel chargé de la tenue des écritures, des registres de comptabilité et de la confection des mandats;

2° Le personnel du bureau de la vérification;

3° Le personnel du bureau de la liquidation du boni;

4° Les Contrôleurs placés auprès des Commis-comptables des divisions de recettes pour constater l'exactitude des opérations;

5° Le Contrôleur de la Caisse ;
6° Les Contrôleurs de la vente.

74. — Le Chef de la comptabilité prépare les budgets ordinaires et supplémentaires, les comptes administratifs et les divers comptes de liquidation.

Il examine les pièces à l'appui des ordonnancements et, notamment, les demandes de remboursement de cautionnements ; il correspond avec les Receveurs généraux, avec la Caisse des dépôts et consignations et avec le Trésor.

Il fait établir chaque jour une récapitulation des bulletins qui lui sont transmis par les agents sous ses ordres et qui indiquent, en articles et en sommes, les opérations effectuées.

Il est tenu, sous sa responsabilité, d'instruire le Directeur des malversations, déficits ou irrégularités graves que l'exercice journalier de son contrôle lui donnerait lieu de constater[1].

75. — Le Chef de la comptabilité est placé, comme contrôleur, sous les ordres immédiats du Directeur.

Il est responsable des visas apposés par lui sur les pièces et documents dont il a fait la vérification. Il serait, par conséquent, l'objet de mesures disciplinaires dans le cas où des irrégularités se produiraient ou se perpétueraient par suite de sa négligence[2].

Toute vérification et tout rapprochement doivent être constatés par le visa du Contrôleur central.

Le Contrôleur central suit et constate toutes les opérations effectuées par la Caisse.

Il est dépositaire de l'une des clés de la caisse à trois serrures.

Il s'assure de l'exactitude des quittances à souche délivrées par le Caissier.

Les mandats de payement ne sont exécutoires qu'après avoir été revêtus du visa du contrôle.

Le Contrôleur central doit vérifier, au moins une fois par

---

1. Règlement du 30 juin 1865, art. 160.
2. Règlement du 30 juin 1865, art. 158 et 159.

mois, les caisses des Succursales et des Bureaux auxiliaires; cette vérification est constatée par un procès-verbal [1].

76. — Le Contrôleur central est spécialement chargé de la liquidation annuelle des magasins.

Il doit en conséquence dresser et certifier l'état des justifications non produites et le transmettre au Directeur.

Il tient un registre indiquant l'entrée et la sortie des gages ou parties de gages dits inconnus.

Il est dépositaire de l'une des clés du magasin des nantissements sur lesquels il a été prêté 1000 francs et au-dessus.

Il est tenu de faire à des époques variées, mais au moins une fois par trimestre, la vérification partielle des nantissements contenus dans les magasins; les résultats de ces vérifications sont constatés dans des procès-verbaux transmis au Directeur [2].

VI. — Chef des engagements.

77. — Le chef des engagements est chargé de surveiller les opérations d'engagement effectuées au Chef-Lieu de l'Administration, soit par le public, soit par l'entremise des Commissionnaires.

78. — Il veille à l'exécution des règlements relatifs à la production, par les emprunteurs, des pièces justificatives d'identité et de domicile.

Il peut, sous sa responsabilité personnelle et exceptionnellement, délivrer des bons à payer aux emprunteurs dont les papiers ont été jugés insuffisants, mais il ne doit user de cette faculté qu'en faveur des personnes que la loi reconnaît aptes à contracter et qui paraissent présenter des garanties de moralité.

Dans ce cas, il délivre un bon qui constate que l'autorisation de payer émane de lui.

79. — Il tient compte sur un registre spécial du nombre des reconnaissances et des bulletins employés dans les

---

1. Règlement du 30 juin 1865, art. 158.
2. Règlement du 30 juin 1865, art. 167, 168 et 169.

divisions d'engagement et de renouvellement : ce relevé a pour but d'empêcher l'emploi inutile, l'anéantissement ou le détournement des reconnaissances au détriment de l'Administration. Il sert en outre à établir la situation mensuelle à remettre au Service du Matériel.

80. — Il veille à ce que le public soit accueilli par les employés avec égards.

Il surveille d'une manière particulière la tenue des registres et la confection des bulletins de prisée et des reconnaissances. Il s'assure que celles-ci sont écrites très lisiblement et sans aucune abréviation.

Il signale à l'Inspecteur les particularités qu'il relève dans les engagements des Commissionnaires.

Enfin, le Chef des engagements doit entendre toutes les réclamations relatives à son service, vérifier ce qu'elles peuvent avoir de fondé et, au besoin, les porter à la connaissance du Secrétaire général, ainsi que les faits qui, à un degré quelconque, intéressent les emprunteurs et l'Administration.

VII. — Chef des magasins.

81. — Le Chef des magasins surveille et dirige l'ensemble du service de la manutention au Chef-Lieu, reçoit à cet effet les ordres du Directeur et du Secrétaire général, qu'il transmet avec ses instructions au Sous-chef et au Commis-principal des magasins, en fait suivre par eux l'exécution et les détails dans les différents magasins, répond aux réclamations du public et donne tels ordres que le service peut nécessiter [1].

Le Chef des magasins a sous ses ordres, outre un Sous-chef et un Commis-principal chargés de le seconder dans la surveillance générale des magasins, les commis aux écritures auxquels sont confiés la tenue des registres de la comptabilité des magasins, ainsi que les Magasiniers-principaux, Magasiniers, Aides-magasiniers et Gagistes employés à la manutention.

---

1. Arrêté préfectoral du 29 juin 1832.

82. — Il fait tenir des registres d'entrée et de sortie des nantissements, fait établir une situation journalière des magasins et présente, en fin d'exercice, la liquidation de sa gestion.

83. — Les dispositions qui concernent le Caissier du Mont-de-Piété relativement au versement d'un cautionnement, à la prestation de serment, aux incompatibilités et interdictions, ainsi qu'aux congés, sont applicables au Chef des magasins [1].

84. — Le Chef des magasins est pécuniairement responsable de la valeur de tous les nantissements entrés dans les magasins; il doit justifier de leur présence ou de leur sortie régulière [2].

Il est particulièrement responsable de tous les objets d'une valeur de mille francs et au-dessus, lesquels doivent être renfermés dans des armoires à deux serrures dont une des clés est en sa possession et l'autre entre les mains du Chef de la comptabilité, chargé du Contrôle [3].

Il est également responsable des indemnités que le Mont-de-Piété doit payer aux ayants droit, d'après les règlements, en cas de perte des nantissements.

Le Chef des magasins est responsable des actes de tous les agents placés sous ses ordres et sous sa surveillance.

Pour sauvegarder sa responsabilité, il possède un droit de surveillance et de vérification sur tous les agents ayant l'accès des magasins ou la manipulation des nantissements.

En cas de suspicion légitime, le Chef des magasins peut, par un rapport motivé au Directeur, demander l'éloignement de certains aides ou agents.

Il ne peut à cet égard dégager sa responsabilité qu'en justifiant à l'Administration et à la Cour des Comptes, chargée du jugement des comptes de gestion, qu'il a fait toutes les diligences et pris toutes les précautions utiles [4].

---

1. Voir annexes XIII et XVI, chapitre 1, titre X.
2. Règlement du 30 juin 1865, art. 13 et 14.
3. Règlement du 30 juin 1865, art. 98.
4. Règlement du 30 juin 1865, art. 14.

85. — Le Chef des magasins fait remettre en temps utile, au Dépôt des ventes, les nantissements inscrits sur les rôles dressés à cet effet par le Service de la Vérification.

En cas de perte ou d'avarie d'un nantissement, il en fait rapport au Directeur, pour le mettre en mesure de statuer sur l'indemnité à payer à l'emprunteur.

VIII. — Contrôleurs des Succursales.

86. — Les Contrôleurs des Succursales sont les délégués du Directeur.

Ils surveillent la double action des Agents-comptables, Sous-caissiers et Gardes-magasins tout à la fois.

Ils ont sous leurs ordres les différents Contrôleurs placés soit à l'entrée, soit à la sortie, les Hommes de peine et les Concierges.

Ils commandent ceux de ces agents qui sont nécessaires pour le service des dimanches et jours fériés.

Ils ne donnent pas d'ordres aux agents relevant des Comptables; mais, si ces agents apportent des empêchements au service, ils doivent en prévenir d'abord les Comptables et en référer au Secrétaire général, qui en donne avis au Directeur.

87. — Ils sont chargés de veiller à l'exécution des règlements en ce qui touche l'accomplissement des formalités à remplir pour l'engagement. Ils peuvent, dans les cas exceptionnels et sous leur responsabilité, délivrer des bons d'engagement.

Toutefois ils ne doivent user de ce droit qu'en faveur des personnes que la loi reconnaît aptes à contracter et qui semblent leur présenter des garanties de moralité.

Ils s'occupent de donner satisfaction aux emprunteurs qui désirent effectuer une opération ou demandent des renseignements par correspondance.

Ils font surseoir à la vente des nantissements sur la demande des emprunteurs ou de la Direction.

88. — Ils reçoivent les oppositions formées notamment en exécution de l'article 68 du règlement annexé au décret du 8 thermidor an XIII, à l'exception des oppositions judiciaires qui doivent toutes leur être transmises par les bureaux de l'Inspection où se donnent les visas; les bulletins d'opposition sont par eux transmis aux Agents-comptables, pour être apposés sur les articles non dégagés.

Ils délivrent à qui de droit des duplicatas des reconnaissances adirées et reçoivent les décharges exigées par les articles 68 et 69 du règlement précité.

89. — Ils font établir sur les registres d'engagement les mentions de sortie et veillent à ce que ce travail soit constamment à jour.

Ils font relever les erreurs commises par les employés et font établir les bons de rectification.

Ils font faire, ainsi que cela se pratique au Chef-Lieu, le récolement des reconnaissances et, au moyen de ce récolement, ils opèrent, exercice par exercice, l'apurement des magasins en demandant aux Comptables la production de tous les nantissements dont la sortie ne peut pas se justifier par la représentation des reconnaissances.

Ils font dresser les rôles de vente et les rôles exécutoires.

Ils donnent la suite convenable aux réquisitions de vente faites par les emprunteurs.

Les relevés d'erreurs, les bons de rectification, les rôles exécutoires et les résultats de chaque liquidation des magasins sont transmis par eux au Chef de la comptabilité, chargé du Contrôle central.

Ils adressent chaque jour au Caissier-comptable et au Chef de la comptabilité les bulletins des opérations de la Caisse et des Magasins.

Ils sont dépositaires de l'une des clés du magasin des nantissements sur lesquels il a été prêté 1000 fr. et au-dessus.

Ils peuvent être délégués par le Chef de la comptabilité, chargé du Contrôle central, pour faire, aux termes des art. 158 et 169 du règlement du 30 juin 1865, la vérification mensuelle des caisses de la Succursale et des Bureaux auxiliaires qui en dépendent. Ils font également, par délégation du Chef de la comptabilité, au moins une fois par trimestre, la vérification partielle des magasins de la Succursale à laquelle ils sont attachés. Les résultats de ces diverses vérifications sont constatés dans des procès-verbaux transmis au Chef de la comptabilité, chargé du Contrôle central.

Les Contrôleurs veillent à l'exécution rigoureuse des ordres de service transmis par le Directeur auquel ils donnent avis de toutes les infractions commises par les agents qui relèvent d'eux.

Ils veillent au bon état d'entretien des bâtiments et des bureaux.

Pour tous les cas non prévus, les Contrôleurs en réfèrent au Directeur, au Secrétaire général, ou à l'Inspecteur de l'Administration ; s'il y a urgence, ils avisent, mais à charge de rendre compte immédiatement [1].

Ils visitent fréquemment les Bureaux auxiliaires qui dépendent de la Succursale et, à cet égard, ils sont investis des mêmes pouvoirs et attributions que l'Inspecteur auquel ils rendent compte des résultats de leurs visites.

IX. — **Agents comptables des Succursales.**

90. — Les Agents-comptables des Succursales sont à la fois Sous-caissiers et Gardes-magasins.

En cette double qualité ils ont sous leurs ordres les Commis-comptables et les différents employés du service des magasins.

Comme Sous-caissiers, les Agents-comptables assurent le service financier de l'établissement auquel ils appartiennent :

1° En faisant remettre chaque matin aux Comptables des divisions d'engagement et de payement de boni les fonds jugés nécessaires ;

2° En faisant réintégrer chaque soir dans la caisse les sommes provenant de dégagements et de renouvellements, ainsi que les soldes en caisse des divisions d'engagement et de boni ;

3° En demandant à la Caisse centrale les sommes néces-

---

1. Ordre de service du 2 juin 1879.

saires pour assurer le service ou en faisant verser à cette caisse les sommes qui excèdent les besoins présumés de l'Établissement.

Ils font tenir les divers registres et établir les situations de caisse prescrites par les règlements.

Comme Gardes-magasins, les Agents-comptables sont soumis aux mêmes lois et règlements et au même serment professionnel que le Chef des magasins du Chef-Lieu; ils sont assujétis à la même responsabilité, notamment en ce qui concerne le magasin des prêts de 1000 francs et au-dessus dont une des clés est en leur possession. Ils surveillent l'entrée et la sortie des nantissements, le classement et la conservation des gages en magasin.

Ils font tenir les divers registres et établir les situations de magasin prescrites par les règlements.

Ils transmettent chaque jour au Caissier central une feuille de caisse indiquant toutes les opérations accomplies dans la Succursale.

Ils adressent en même temps au Directeur et au Chef de la comptabilité une situation des Magasins.

Ils commandent les agents de la Caisse et des Magasins qui sont nécessaires pour assurer le service les dimanches et jours fériés.

X. — Chef du matériel.

91. — Le Chef du matériel est placé sous les ordres directs du Secrétaire général.

Ses attributions comprennent notamment les matières ci-après :

1° Mesures relatives à l'entretien des bâtiments et du mobilier;

2° Surveillance des travaux exécutés par les entrepreneurs de l'Administration;

3° Réunion des éléments nécessaires à la confection des cahiers des charges des adjudications et marchés;

4° Projets pour l'établissement des baux;

5° Service des impressions et fournitures de bureau;

6° Comptabilité-matière;

7° Récolement du mobilier.

Il a sous ses ordres les commis chargés de la tenue des registres du matériel, le Magasinier préposé à la délivrance des imprimés et fournitures de toute nature, les Concierges et Hommes de service, enfin les Hommes de peine chargés de nettoyer les cours, escaliers et salles de délivrance.

Il délivre des bons de commande aux fournisseurs de l'Administration avec lesquels il correspond directement ; il surveille les livraisons de tous genres qui sont faites par eux et en prend charge.

Il leur communique, ainsi qu'aux entrepreneurs de travaux, les cahiers des charges des adjudications nouvelles.

XI. — Chef du dépôt des ventes.

92. — Le Chef du dépôt des ventes est chargé de recevoir du service des magasins et de livrer aux Commissaires-priseurs les nantissements qui, n'ayant pas été l'objet d'un dégagement ou d'un renouvellement dans les délais réglementaires, doivent être mis en adjudication.

La livraison des nantissements étant faite par séries comprenant les articles engagés ou renouvelés pour chaque division ou bureau auxiliaire dans la même dizaine, le Chef du dépôt des ventes est responsable tant qu'il n'a pas été procédé soit à la vente, soit au retrait de ces gages.

Le Chef du dépôt des ventes a sous ses ordres :

1° Les Commis-principaux chargés dans chaque établissement de suivre les opérations de la vente ;

2° Les Commis chargés de la comptabilité-matière du dépôt.

3° Les Employés préposés à la manutention [1].

XII. — Chef du Secrétariat.

93. — Le Chef du Secrétariat est chargé de l'établissement des pièces concernant le personnel de l'Administration et notamment de la composition des dossiers

---

1. Arrêté du Directeur en date du 31 décembre 1885.

des employés nouvellement admis, de la composition des dossiers des employés proposés pour la retraite, etc.

Il fait tenir un registre des demandes d'emplois, un registre des adresses des employés et un registre destiné à constater leurs absences.

Il tient un registre matricule du personnel. Il fait tenir un répertoire des pièces et documents déposés aux Archives.

Il fait enregistrer les lettres adressées à l'Administration soit par des particuliers, soit par d'autres Administrations et indiquer sur le registre d'entrée les sommes et valeurs transmises pour opérations.

Il fait ensuite remettre aux divers services les lettres qui les concernent.

Il surveille la confection des bons de sortie établis pour extraire des magasins les nantissements, soit pour nouvelle appréciation, soit pour vérification, soit pour dégagements après la fermeture des bureaux de recettes; il surveille également la confection des bons représentatifs des nantissements déposés aux greffes des tribunaux.

A cet effet il se fait représenter les bulletins à souche relatifs aux gages qui ont été réintégrés en magasin et s'assure que les bulletins manquants représentent des nantissements sortis pour une opération réglementaire.

Il surveille l'accomplissement des opérations demandées par correspondance.

Il fait établir toutes copies, ampliations et extraits des pièces administratives dont les divers services de l'Administration peuvent avoir besoin.

XIII. — Sous-chefs.

94. — Le Sous-chef du Secrétariat est chargé de donner suite aux demandes d'opérations faites par les emprunteurs éloignés de Paris.

A cet effet, il fait effectuer les dégagements, renouvellements, etc., dans les divers services de l'Administration. Il surveille l'envoi des nantissements dégagés, des reconnaissances d'articles renouvelés et rend compte aux intéressés des sommes par eux transmises.

95. — Le Sous-chef de la Caisse, fondé de pouvoir du Caissier, remplace ce comptable, lorsque celui-ci s'absente.

Il est spécialement chargé :

De l'émission des bons de caisse et de la confection des bulletins de placement ;

De la tenue du journal général des emprunts ;

De l'émargement des bons rentrés ;

De la tenue du carnet des formules de bons établissant, jour par jour, le nombre des bons émis et celui restant entre les mains du Caissier ;

De la tenue du carnet de caisse ;

Enfin de l'établissement de la situation journalière de la Caisse et du dépouillement des feuilles de caisse des Succursales et des Bureaux auxiliaires.

Il exerce sa surveillance, sous l'autorité du Caissier, sur les Commis-comptables des divisions d'engagement et de recettes.

96. — Les Sous-Inspecteurs exercent leur autorité, non seulement sur l'ensemble du travail des Bureaux auxiliaires et de l'Inspection, mais encore sur tout le personnel des Bureaux auxiliaires, y compris les Chefs desdits Bureaux [1].

La surveillance des opérations des deux succursales et des bureaux qui y ressortissent est concurremment confiée aux Contrôleurs et aux Sous-Inspecteurs qui alternent à cet effet [2].

Les Sous-Inspecteurs remplacent l'Inspecteur en cas d'absence. Ils règlent, de concert avec lui, les mesures d'ordre intérieur et la répartition du travail et, à cet effet, ils sont investis des mêmes pouvoirs que ce Chef de service.

Ils sont en outre chargés respectivement des liquidations de bonis réclamés par le domaine ou les liquidateurs judiciaires et du redressement des erreurs matérielles commises dans les divers services de l'Administration.

97. — Le Sous-chef de la comptabilité, de même que le Chef de ce service, a sous ses ordres les Contrôleurs des

---

1. Ordre de service du 7 mai 1861.
2. Ordre de service du 29 janvier 1880.

divisions de dégagement et de renouvellement et le personnel du bureau de la comptabilité.

Il a dans ses attributions :

1° La surveillance des employés du Contrôle, au remplacement desquels il pourvoit en cas d'absence;

2° La désignation des employés chargés de faire le contrôle les dimanches et jours de fête;

3° La vérification des caisses des Bureaux auxiliaires, en qualité de délégué du Chef du contrôle;

4° La liquidation des dépenses faites pour frais de régie, la préparation des ordonnancements relatifs à ces dépenses et aux recettes qui s'effectuent par mandats.

Enfin, il est chargé, concurremment avec le Chef de la comptabilité, de veiller à la tenue des écritures et à la conservation des Archives du service.

98. — Le Liquidateur du boni a pour mission :

1° De faire établir, au moyen des procès-verbaux de vente qui lui sont transmis, le registre matricule du boni qui indique la répartition entre les ayants droit du produit des adjudications;

2° De faire procéder au payement aux emprunteurs qui présentent leurs reconnaissances, des sommes qui leur reviennent après prélèvement des intérêts et frais dus à l'Administration;

3° De recevoir les titres déposés sur bordereaux par les marchands de reconnaissances et de fixer le jour du payement des bonis y afférents;

4° De recevoir en dépôt, sous sa garantie personnelle, les reconnaissances provenant des casiers des commissionnaires et d'établir la liquidation de ce qui est dû à ces agents;

5° De verser entre les mains des commissionnaires les sommes qui leur reviennent par suite de cette liquidation, ainsi que celles qui peuvent leur être attribuées, pour compensations, après la prescription;

6° De faire parvenir aux Bureaux auxiliaires des extraits du registre matricule, sur le vu desquels les employés de ces bureaux peuvent procéder au payement des sommes dues aux emprunteurs;

7° D'établir le compte des bonis prescrits, conformément à l'article 98 du règlement général annexé au décret du 8 thermidor an XIII ;

8° Enfin de faire tenir les registres et établir tous relevés et pièces comptables prescrits par les règlements.

99. — Le Sous-chef de la vérification est placé sous les ordres du Chef de la comptabilité.

Il est chargé de faire le récolement des reconnaissances rentrées et au moyen de ce récolement il opère, exercice par exercice, l'apurement des magasins dans la forme prescrite par les règlements.

Il a sous ses ordres les employés chargés de mentionner sur les registres les numéros et dates des opérations de dégagement, de renouvellement ou de vente.

Il veille à ce que ces mentions soient portées d'une manière correcte sur les registres, à ce qu'elles soient faites autant que possible chaque jour et à ce que les droits perçus par les préposés aux recettes soient vérifiés.

Il est chargé de procéder au redressement des erreurs d'écritures commises dans les divisions de recettes.

A cet effet, il établit des bons de rectification dans la forme prescrite par les règlements; il enregistre ces bons et en surveille l'exécution.

Il fait établir les rôles de vente et les rôles exécutoires; il soumet ces derniers à la signature du Directeur.

100. — Le Sous-chef des magasins a sous ses ordres, de même que le Chef du service, le personnel employé à la manutention et les employés préposés à la comptabilité des magasins.

Il commande les agents nécessaires pour le service des magasins les dimanches et jours fériés.

Il est chargé de la délivrance des nantissements sur lesquels il a été prêté 500 francs et au-dessus.

Il remplace au besoin le Chef des magasins et l'aide à assurer le fonctionnement et la surveillance des services placés sous ses ordres [1].

---

1. Ordre de service du 10 mai 1882.

CHAP. IV — ATTRIBUTIONS DU PERSONNEL 41

101. — Les Chefs de bureaux auxiliaires ont sous leurs ordres :

1° Les Employés aux écritures dont le nombre varie en raison de l'importance des opérations du bureau ;

2° Un ou plusieurs agents préposés à la manutention des gages.

Les Chefs de bureaux auxiliaires surveillent les opérations d'engagement, de renouvellement et de payement de bonis qui sont effectuées dans leur bureau.

Ils s'assurent notamment que les justifications d'identité et de domicile sont fournies par les emprunteurs.

Ils peuvent, en cas d'insuffisance des pièces justificatives réglementaires, autoriser un payement, mais ils ne doivent user de ce droit que dans des cas exceptionnels et en faveur de personnes capables de contracter et dont ils connaissent la moralité.

Ils doivent, dans ce cas, constater par leur signature que l'autorisation de payement a été donnée par eux.

Les Chefs de bureaux auxiliaires tiennent un registre de caisse qui doit être constamment à jour et qui comprend les recettes et dépenses auxquelles donnent lieu les opérations effectuées pendant chaque séance.

Ils établissent ou font établir sous leur surveillance les relevés, situations, extraits, états de statistique ou autres qui sont demandés par l'Administration centrale ou dont la production est prescrite par les règlements.

XIV. — Dispositions communes aux Chefs de service et aux Employés.

102. — En cas d'absence ou d'empêchement momentané, et à moins de désignation spéciale, les Chefs de service sont remplacés par l'employé du service le plus élevé en grade, à grade égal, par le plus ancien, et à égalité d'ancienneté de grade, par le plus ancien en service.

Dans ce cas le Chef de service reste néanmoins responsable des actes de son remplaçant, s'il ne l'a pas récusé.

103. — Les Employés des divers services de l'Administration doivent accomplir leur travail avec rapidité, tout en assurant la bonne exécution et l'exactitude des opérations.

Dans les services où le public est admis, il est recommandé aux Employés de donner suite aux demandes des personnes présentes avant d'expédier les travaux qui peuvent s'effectuer hors de la présence des emprunteurs [1].

La lecture des journaux ou écrits quelconques est absolument interdite pendant les heures où le public est admis dans les bureaux [2].

104. — Les Employés ne doivent jamais s'écarter des égards dus au public; lors même qu'ils seraient provoqués par des paroles inconvenantes ou grossières, ils doivent toujours se comporter avec modération et dignité.

En aucun cas et sous aucun prétexte, il ne leur est permis de se livrer à des menaces et encore moins à des voies de fait dans l'exercice de leurs fonctions; lorsque l'ordre est troublé, ils doivent en référer à leurs chefs qui ont à prendre les mesures jugées nécessaires pour le rétablir et faire respecter les Employés [3].

105. — Il est interdit aux Employés du Mont-de-Piété, sous les peines les plus sévères, de divulguer le secret des engagements.

Les Employés ne doivent pas perdre de vue que l'inobservation du devoir professionnel peut avoir des conséquences très graves pour l'Administration dont ils sont les préposés et que les mesures disciplinaires dont ils pourraient être l'objet, pour cause d'indiscrétion, ne sauraient les mettre à l'abri en cas de poursuites exercées par des tiers.

A cet égard, il est expressément recommandé aux Employés, lorsque leurs fonctions les obligent à procéder à un appel de noms et d'adresses d'emprunteurs, de prononcer ces noms et ces adresses de telle sorte que le public présent dans les bureaux ne puisse les entendre.

---

1. Arrêté de directeur du 26 décembre 1861.
2. Ordre de service du 2 août 1849.
3. Ordre de service du 19 novembre 1850.

CHAP. IV — ATTRIBUTIONS DU PERSONNEL 43

106. — Il est interdit aux Employés du Mont-de-Piété :

1° D'acheter des reconnaissances émises par l'Administration ou des récipissés délivrés par les Commissionnaires ;

2° D'acheter des nantissements aux enchères publiques dans les salles de vente dépendant de l'Administration [1] ou d'effectuer des engagements sans une autorisation de leur chef immédiat [2].

Il est formellement interdit aux Employés et notamment aux Concierges et à leurs familles, de faire aucune opération pour le public [3].

Les Employés ne peuvent pas être admis en qualité de répondants, soit en faveur d'engagistes, soit en faveur d'opposants.

Sauf les cas prévus par les règlements et rappelés aux titres ci-après, il est interdit aux Employés de l'Administration de recevoir en dépôt des reconnaissances, récipissés, bons de caisse ou espèces.

Tout Employé, détenteur habituel ou provisoire de registres ou de reconnaissances rentrées, ne doit sous aucun prétexte s'en dessaisir sans un bon motivé et signé [4].

107. — Il est expressément interdit aux Employés d'introduire des étrangers dans la partie des bureaux où le public n'a pas accès.

Lorsqu'il y a lieu d'exécuter des travaux dans l'intérieur des bureaux ou après leur fermeture, les ouvriers doivent être accompagnés et surveillés par un agent de l'Administration désigné par le Chef du matériel.

108. — Les Employés de l'Administration ne peuvent accepter aucune fonction dans les bureaux des Commissionnaires [5].

Ils ne peuvent, à un titre quelconque, faire figurer leur qualité à la suite de leur nom, s'ils croient devoir accepter

---

1. Ordre de direction, approuvé par délibération du Conseil d'Administration du 22 septembre 1849.
2. Ordre de service du 23 février 1881.
3. Délibération du Conseil d'Administration du 22 juillet 1789.
4. Ordre de service du 30 janvier 1839.
5. Ordre de service du 8 janvier 1847.

un emploi dans une Société commerciale, financière ou industrielle.

109. — Les Employés du Chef-Lieu et des Succursales ne sont pas autorisés à prendre leur repas au dehors.

Ils doivent déjeuner dans leurs bureaux respectifs, sans interrompre leur service [1].

110. — Les Employés sont appelés indistinctement et à tour de rôle au service des dimanches et jours de fête [2].

111. — Les fonctions et devoirs des Commis-principaux, Commis-comptables, Commis, Expéditionnaires, Magasiniers-principaux, Magasiniers, Aides-magasiniers, Gagistes, Hommes de service et Employés auxiliaires, déterminés par les règlements spéciaux d'ordre intérieur, de discipline et de travail, conformément à l'article 29 du règlement du 8 thermidor an XIII, sont rappelés dans les titres II, III, IV, V, VI, VII, VIII et IX ci-après.

CHAPITRE V

COMITÉ CONSULTATIF ET AGENTS AUXILIAIRES

I. — **Composition et attributions du Comité consultatif.**

112. — Un Comité de jurisconsultes est attaché au Mont-de-Piété pour éclairer l'Administration sur les questions de droit qui peuvent être soulevées.

En cas de procès intentés à l'Administration, les défenseurs du Mont-de-Piété sont choisis dans ce Comité qui est composé :

1° D'Avocats au Conseil d'État et à la Cour de cassation ;
2° D'Avocats à la Cour d'appel ;

---

1. Ordre de service du 31 octobre 1862.
2. Délibération du Conseil d'Administration du 9 décembre 1846.

CHAP. V — COMITÉ CONSULTATIF ET AGENTS AUXILIAIRES 45

3° D'Avoués près la Cour d'appel et près le Tribunal civil ;

4° Et enfin d'Agréés près le Tribunal de commerce.

113. — Il est attribué aux membres du Comité consultatif, à titre d'indemnité de déplacement, des jetons de présence d'une valeur équivalente à celle des jetons distribués aux membres du Comité de la Ville de Paris [1].

Il est alloué à l'Avoué de 1re Instance une somme annuelle de 600 francs pour honoraires à raison des démarches périodiques que nécessitent les rôles exécutoires et des consultations fréquentes qui lui sont demandées.

Les honoraires à allouer à ceux des membres du Comité consultatif qui ont été chargés de défendre le Mont-de-Piété devant les Tribunaux ou de donner leurs soins aux affaires litigieuses de l'Administration, sont fixés, après avis préalable du Conseil de surveillance, par le Préfet ou par le Directeur, suivant l'importance de la somme.

II. — Notaire.

114. — Le Notaire du Mont-de-Piété est chargé de la rédaction de tous les actes concernant la propriété immobilière de l'Administration et des baux contractés par le Mont-de-Piété pour l'installation des Bureaux auxiliaires.

Il est chargé d'établir, conformément à l'article 69 du règlement du 8 thermidor an XIII, les actes comportant décharges spéciales pour la délivrance des duplicatas relatifs à des nantissements sur lesquels il a été prêté des sommes supérieures à 100 francs.

115. — Les honoraires du Notaire du Mont-de-Piété sont taxés conformément aux lois en vigueur.

Le Notaire perçoit directement des opposants pour lesquels il a rédigé des actes de décharge, des honoraires dont le taux est uniformément fixé à 10 francs.

---

1. Arrêté préfectoral du 5 janvier 1881, art. 1 et 2.

III. — Médecin.

116. — Un Médecin est attaché à l'Administration à l'effet de visiter les candidats aux emplois d'Expéditionnaire ou de Gagiste.

Il s'assure que les postulants ne sont atteints d'aucune maladie ou infirmité qui puisse les empêcher de faire leur service d'une manière suivie et leur délivre, dans ce cas, un certificat constatant qu'ils ont une bonne constitution.

117. — Il constate à domicile l'état des Employés absents pour cause de maladie [1].

Il reçoit, pour chaque Employé qui doit être visité, une lettre d'avis indiquant le domicile du malade.

Le médecin adresse, le lendemain de chaque visite, au Secrétaire général, un rapport sommaire indiquant l'état de l'employé et faisant connaître l'époque approximative de la rentrée dudit Employé.

118. — Le médecin de l'Administration constate également, sur la demande de celle-ci ou des intéressés, l'état des employés qui seraient dans le cas d'obtenir leur retraite par suite d'infirmités [2].

Dans ce cas, il adresse au Directeur du Mont-de-Piété un rapport faisant connaître, s'il y a lieu, la nature des infirmités dont se trouve atteint l'Employé proposé pour la retraite.

119. — Les honoraires du Médecin attaché à l'Administration sont fixés chaque année par le budget.

IV. — Architecte. — Vérificateurs. — Reviseurs.

120. — L'Architecte du Mont-de-Piété est chargé de veiller à l'état des bâtiments, d'en assurer la conservation et de proposer toutes mesures qu'il juge utiles à cet effet.

Il est chargé de la direction des travaux neufs, des chan-

---

1. Délibération du Conseil d'Administration du 28 décembre 1831.
2. Délibération du Conseil d'Administration du 28 décembre 1831.

gements à opérer dans l'installation des divers services et de la surveillance des réparations exécutées par les entrepreneurs adjudicataires de l'entretien.

121. — Lorsqu'il s'agit de travaux de construction ou de réparation d'une certaine importance, l'Architecte doit rédiger :

1° Un devis explicatif indiquant la position et les dimensions des constructions à faire ; les dispositions et dimensions particulières ; les espèces, les qualités et les quantités des matériaux à employer ; enfin les procédés de main-d'œuvre les plus essentiels ;

2° Le détail estimatif présentant les prix-courants des différentes espèces de matériaux, d'ouvrages et de main-d'œuvre, et le montant approximatif de la dépense ;

3° Les plans et dessins figuratifs des constructions, selon les règles de l'art ;

4° Enfin le cahier des charges générales et particulières et les modèles de soumission.

Toutes ces pièces, rédigées et signées par l'Architecte, sont en outre visées par le Directeur et transmises au Préfet à l'appui des demandes en autorisation.

122. — L'Architecte adresse au Directeur les rapports qui peuvent lui être demandés sur les questions contentieuses relatives aux propriétés de l'Administration.

En cas d'adjudication publique de travaux de construction, il examine les titres des soumissionnaires en ce qui concerne leurs droits et leur capacité.

Il dresse les cahiers des charges imposées aux adjudicataires des travaux de construction ou de réparation.

123. — Les honoraires de l'Architecte sont fixés, chaque année, par le budget pour ce qui concerne les travaux d'entretien.

Il lui est alloué en outre 3 0/0 sur les travaux neufs qui sont exécutés sous sa direction [1].

124. — Des vérificateurs sont attachés à l'Administration à l'effet de constater les travaux effectués par les entre-

---

1. Arrêté du Conseil des bâtiments civils du 12 pluviôse an VIII.

preneurs du bâtiment, de vérifier les fournitures livrées, de contrôler les mémoires présentés et de régler ces mémoires, d'après les clauses des cahiers des charges, aux prix indiqués dans les séries qui y sont visées, en appliquant les rabais souscrits.

125. — Les honoraires des vérificateurs sont fixés à 12 fr. 50 p. 1000 par une convention en date du 31 août 1833 [1].

Il leur est en outre alloué 2 p. 100 sur le montant des mémoires de travaux neufs [2].

126. — Des agents spéciaux, nommés par le Préfet de la Seine et qui prennent le titre de reviseurs, sont chargés de la revision des devis et mémoires des travaux effectués pour l'Administration.

127. — Ils reçoivent, pour la revision des devis, une rémunération calculée ainsi qu'il suit :

1re centaine de mille francs			2 fr. 50 p. 100
2e	—	—	2	25 —
3e	—	—	2	» —
4e	—	—	1	75 —
5e	—	—	1	50 —
6e	—	—	1	25 —
7e	—	—	1	» —
8e	—	—	0	75 —
9e	—	—	0	50 —
10e	—	—	0	25 [3].

En ce qui concerne la revision des mémoires, leur rémunération est calculée au taux uniforme de 6 fr. 25 p. 100 [4].

128. — L'Architecte, le vérificateur et le reviseur assistent le représentant de l'Administration lors de l'établissement du procès-verbal de réception des travaux neufs.

---

1. Ces honoraires étaient précédemment fixés à 20 fr. p. 1000 par un arrêté ministériel du 30 mars 1809.
2. Arrêté du Conseil des bâtiments civils du 12 pluviôse an VIII.
3. Arrêté préfectoral du 18 décembre 1879.
4. Arrêté préfectoral du 22 avril 1882.

V. — Inspecteur de police.

129. — Un Brigadier du service de sûreté est détaché au Mont-de-Piété à l'effet de prendre tous les renseignements qui peuvent être utiles à l'Administration, notamment pour la régularisation des prêts suspendus, etc.

Il a sous ses ordres des agents du service de sûreté.

Il est en outre chargé de maintenir l'ordre dans les journées où il y a affluence de public, soit aux dégagements, soit aux engagements.

Les rapports de cet agent avec l'Administration s'établissent par l'intermédiaire de l'Inspecteur du Mont-de-Piété.

L'indemnité qui lui est allouée est fixée par le budget annuel.

CHAPITRE VI

COMMISSAIRES-PRISEURS-APPRÉCIATEURS

I. — Composition du personnel pour l'appréciation.

130. — Des Commissaires-priseurs du département de la Seine sont attachés spécialement, sous le titre d'appréciateurs, à l'établissement du Mont-de-Piété.

Le nombre de ces appréciateurs est proposé par le Directeur; il est fixé par le Préfet de la Seine, après avis du Conseil de surveillance [1].

131. — Les Commissaires-priseurs, étant en nombre insuffisant pour assurer le service de l'appréciation dans les bureaux auxiliaires, ont été autorisés à s'y faire rem-

---

1. Règlement général annexé au décret du 8 thermidor an XIII, art. 3) et 31. — Décret du 25 mars 1852. — Loi du 24 juillet 1867. — Le nombre des Commissaires-priseurs est actuellement de quatorze. Il a été fixé à ce chiffre par une délibération du Conseil d'administration du 27 vendémiaire an XIV.

placer par des assesseurs, choisis par eux et agréés par l'Administration.

Le traitement de ces agents est à la charge des Commissaires-priseurs, qui sont responsables de l'appréciation [1].

II. — Nominations.

132. — Les Commissaires-priseurs-appréciateurs sont nommés par le Préfet de la Seine, sur la présentation en nombre triple, faite conjointement par la Chambre des Commissaires-priseurs du département et par les appréciateurs du Mont-de-Piété [2].

133. — A cet effet, les assemblées pour la nomination des candidats aux places d'appréciateurs au Mont-de-Piété qui deviennent vacantes, se tiennent dans une des salles du Chef-Lieu. Elles sont présidées par le Directeur, assisté du Secrétaire général, qui en dresse procès-verbal.

Le Directeur du Mont-de-Piété, président de l'assemblée, convoque les membres de la Chambre des Commissaires-priseurs et les Commissaires-appréciateurs qui doivent concourir aux désignations. La convocation indique le jour et l'heure de l'assemblée.

L'assemblée procède aux nominations, quel que soit le nombre de ses membres. Les candidats sont élus par tour de scrutin et à la majorité absolue des suffrages.

En cas d'égalité de suffrages, le Président donne sa voix en faveur de l'un des deux candidats, et son suffrage détermine la majorité.

Le procès-verbal est signé par le Président et le Secrétaire, et il en est adressé une expédition au Préfet de la Seine [3].

III. — Attributions.

134. — Les appréciateurs sont chargés, en cette qualité, de faire l'estimation des objets offerts en nantissement, tant au Chef-Lieu que dans les succursales.

---

[1]. Note de service de la Préfecture de la Seine du 1er septembre 1863.
[2]. Règlement général annexé au décret du 8 thermidor an XIII, art. 31.
[3]. Arrêté ministériel du 24 avril 1813.

CHAP. VI — COMMISSAIRES-PRISEURS-APPRÉCIATEURS

135. — Ils sont aussi chargés, en qualité de Commissaires-priseurs, de procéder, lorsqu'il y a lieu, aux ventes mobilières dans les formes indiquées par les règlements.

Ils se font assister à cet effet par des crieurs choisis et payés par eux [1].

136. — Les Commissaires-priseurs sont tenus de vérifier chaque jour quelques-uns des nantissements provenant des bureaux auxiliaires. Ils sont seuls juges du nombre et du choix des articles qui doivent être soumis à cette vérification [2].

137. — Les Commissaires-priseurs ne procèdent pas à une nouvelle appréciation des objets engagés par renouvellement [3].

Néanmoins, les nantissements composés d'objets dont le prêt s'élève à 1000 francs et au-dessus, les châles de cachemire et les objets en laine qui ont donné lieu à un prêt de cinquante francs et au-dessus, ne peuvent pas être renouvelés sans être soumis à une nouvelle appréciation [4].

Lorsque des circonstances particulières amènent une baisse notable dans la valeur de gages d'une nature déterminée, l'Administration autorise, s'il y a lieu, les Commissaires-priseurs à procéder à une nouvelle appréciation qui peut entraîner une diminution du prêt effectué sur lesdits gages [5].

IV. — Rétribution.

138. — Il est alloué aux Commissaires-priseurs, pour vacations de prisée, un droit déterminé par quotité sur le montant en principal du prêt fait en conséquence de leur estimation [6].

---

1. Règlement général annexé au décret du 8 thermidor an XIII, art. 32, 33 et 79.
2. Délibération du Conseil d'Administration du 12 janvier 1850, approuvée le 11 mars suivant.
3. Voir annexe VIII, chapitre I (titre X).
4. Délibération du Conseil d'Administration du 9 octobre 1833.
5. Délibération du Conseil de surveillance du 5 mai 1876.
6. Règlement général annexé au décret du 8 thermidor an XIII, art. 25.

Ce droit est réglé au commencement de l'année, pour toute l'année, par le Préfet de la Seine, sur la proposition du Directeur, appuyée de l'avis du Conseil de surveillance.

Il ne peut être porté au delà d'*un demi-centime pour franc* du principal du prêt [1].

Ce droit doit être employé dans la dépense, comme frais de régie; néanmoins depuis le 1er mai 1847, en vertu d'une autorisation ministérielle en date du 29 avril précédent, ce droit, mis à la charge des emprunteurs, est perçu en sus des intérêts et frais de régie lors du dégagement, du renouvellement ou de la liquidation du boni. L'Administration en fait l'avance aux Commissaires-priseurs [2].

139. — Il est alloué aux Commissaires-priseurs, pour vacations et frais de vente, un droit réglé par quotité sur le montant du produit des ventes [3].

Ce droit est fixé au commencement de chaque année, pour toute l'année, par le Préfet de la Seine, sur la proposition du Directeur, appuyée de l'avis du Conseil de surveillance [4].

Il est à la charge des adjudicataires et perçu en sus du montant des adjudications [5].

V. — Responsabilité.

140. — La Compagnie des Commissaires-priseurs est garante, envers l'Administration, des suites des estimations faites par les appréciateurs ou leurs agents.

En conséquence, lorsqu'à défaut de dégagement ou de renouvellement il est procédé à la vente d'un nantissement, si le produit de cette vente ne suffit pas pour rembourser au Mont-de-Piété le principal, les intérêts et droits à lui dus et par lui avancés sur la foi de l'estimation faite

---

1. Décrets du 24 mars 1852 et du 25 mars 1852. — Depuis le 1er janvier 1881, le droit de prisée a été maintenu à un demi-centime pour franc du principal des prêts.
2. Décision ministérielle du 29 avril 1847.
3. Règlement général annexé au décret du 8 thermidor an XIII, art. 80.
4. Décrets du 24 mars 1852 et du 25 mars 1852.
5. Depuis la réorganisation du Mont-de-Piété, en 1805, ce droit est fixé à 3 1/2 p. 100.

CHAP. VI — COMMISSAIRES-PRISEURS-APPRÉCIATEURS

par les Commissaires-priseurs, ladite Compagnie est tenue d'y pourvoir et de compléter la différence [1].

141. — En raison de l'attribution aux Commissaires-priseurs du droit d'appréciation sur tous les engagements par renouvellement, la garantie qu'ils ont contractée envers l'Administration n'est point interrompue par le fait du renouvellement, et cette garantie continue à avoir son plein et entier effet sans qu'il soit besoin que leur signature soit apposée sur le bulletin du rengagement [2].

Toutefois, l'Administration peut exonérer, en tout ou en partie, les Commissaires-priseurs de la responsabilité qui leur incombe dans des cas spéciaux, après avis du Conseil de surveillance et l'autorisation du Préfet [3].

Les renouvellements des engagements primitivement contractés en présence des Commissaires-priseurs sont faits par les employés de l'Administration.

Les Commissaires-priseurs demeurent responsables par le seul fait de l'appréciation primitive [4].

142. — En principe, les Commissaires-priseurs sont responsables de la perte des objets placés sous le scellé de leur cachet spécial [5].

143. — Les Commissaires-priseurs sont responsables envers le Mont-de-Piété de toutes les sommes constatées aux procès-verbaux de vente, représentant le produit des adjudications [6].

---

1. Règlement général annexé au décret du 8 thermidor an XIII, art. 34 et 35.
2. Voir annexe VIII, chapitre I (titre X).
3. Délibération du Conseil d'Administration du 10 novembre 1849, approuvée par le Préfet le 6 décembre suivant.
4. Délibération du Conseil d'Administration du 9 octobre 1833.
5. Délibération du Conseil de surveillance du 11 octobre 1878.
6. Règlement du 30 juin 1865, art. 90.

CHAPITRE VII

PENSIONS DE RETRAITE ET SECOURS

I. — Composition du fonds des pensions.

144. — Le fonds de pension des employés du Mont-de-Piété se compose :

1° De l'ancien fonds de retraite ;
2° Des acquisitions de rentes faites au moyen des fonds restant libres ;
3° Des retenues exercées sur les traitements ;
4° Du prélèvement éventuel à faire sur les produits du Mont-de-Piété, en cas d'insuffisance des ressources propres de la caisse des pensions.

145. — L'ancien fonds de retraite comprend les arrérages de l'inscription de quarante-cinq mille francs de rentes 3 p. 100 sur lesquelles étaient servies les pensions, antérieurement au 31 décembre 1832, savoir : vingt-deux mille cinq cents francs restant, après conversion, des vingt-cinq mille francs de rentes 5 p. 100 achetées en exécution du décret du 22 septembre 1812 et vingt-deux mille cinq cents francs restant, après conversion, des vingt-cinq mille francs de rentes 5 p. 100 acquises en vertu des délibérations prises par le Conseil d'administration et confirmées de nouveau dans une délibération du 27 avril 1831.

146. — Les retenues exercées sur les traitements, en faveur du fonds de retraite, comprennent :

1° Le produit d'une retenue annuelle de cinq centimes par franc sur tous les traitements ;
2° La retenue du premier mois d'appointements des employés admis, prélevée par quarts sur les quatre premiers mois de payement ;
3° La retenue du premier mois de toutes les augmentations des traitements obtenus, soit dans les mêmes fonctions, soit par suite d'avancement ;

4° Les portions de traitements disponibles par vacances d'emplois ;

5° Les retenues de portions d'appointements faites à raison de congés accordés ou de punitions infligées aux employés de tout grade [1].

II. — Liquidation des pensions.

147. — Les pensions qui sont liquidées ne sont admises au payement que lorsque la Caisse a des fonds libres.

Les pensions sont payées tous les trois mois, par l'entremise de la Caisse des Dépôts et Consignations, dépositaire des fonds de retraites, conformément à l'ordonnance du 3 juillet 1816.

En cas d'insuffisance des fonds libres, les pensions ne sont admises au payement que dans l'ordre de la date de leur liquidation :

Quant aux pensions qui auraient été liquidées à la même date, les fonds libres sont répartis dans la proportion du montant de ces pensions, entre leurs titulaires.

148. — Les projets de liquidation de pensions sont établis dans la forme indiquée au paragraphe IV du chapitre I (titre VI).

Ces projets, présentés par l'Administration du Mont-de-Piété, sont approuvés par un arrêté préfectoral, conformément aux articles 1 et 11 du décret du 24 mars 1852, et du décret du 25 mars 1852, sur la décentralisation administrative, après avis du Conseil de surveillance et du Conseil municipal [2].

III. — Droits à la retraite. — Déchéance.

149. — Les employés ont droit à une pension de retraite, lorsqu'ils justifient de trente ans de service effectif, dont quinze au moins dans l'Administration du Mont-de-

---

1. Décret du 25 juillet 1882.
2. Lois du 24 juillet 1867. — Décret du 25 juillet 1882 (voir annexe XVII, chapitre I, titre X).

Piété, et le surplus dans les administrations municipales de la ville de Paris, dans les administrations ressortissant au Gouvernement ou dans l'armée française.

150. — Dans le cas où l'employé compte des services militaires, il est fait une liquidation séparée pour ces services, d'après la législation sur les pensions militaires en vigueur au moment de la cessation des services civils [1].

151. — Peuvent obtenir une pension, quelle que soit la durée de leurs services, les employés qu'un accident grave, résultant notoirement de l'exercice de leurs fonctions, a mis dans l'impossibilité de les continuer.

152. — Peuvent obtenir une pension, mais seulement après dix ans de services valables dans l'Administration du Mont-de-Piété, les employés atteints d'infirmités qui les mettent dans l'impossibilité de continuer leurs fonctions et les employés dont l'emploi est supprimé.

Le temps passé sous les drapeaux n'est compté que pour sa durée effective, sans doublement pour les années de campagne.

153. — L'employé démissionnaire n'a aucun droit de prétendre au remboursement des retenues exercées sur son traitement ni à aucune indemnité.

L'employé révoqué avant d'avoir trente ans de service perd tout droit à pension et ne peut réclamer le remboursement des retenues exercées sur son traitement.

Celui qui est constitué en déficit pour détournement de deniers ou de matières ou convaincu de malversations est déchu de ses droits à toute pension, même liquidée ou inscrite.

154. — Si un employé démissionnaire ou révoqué est réadmis ultérieurement dans l'Administration, le temps de son premier service lui est compté et ses droits à pension sont rétablis [2].

---

1. Décret du 11 juin 1881 et loi du 23 juillet 1881 (Voir annexes XXII et XXIII), chapitre I, titre X).
2. Décret du 25 juillet 1882.

CHAP. VII — PENSIONS DE RETRAITE ET SECOURS 57

IV. — Pensions des veuves et orphelins.

155. — La veuve d'un pensionnaire ou d'un employé décédé en activité de service, après dix ans de services valables dans l'administration du Mont-de-Piété, a droit à une pension égale au tiers de celle dont son mari jouissait ou à laquelle ses services lui auraient donné droit, s'il eût été admis à la retraite au moment de son décès.

Dans le cas où le décédé a laissé à la charge de sa veuve un ou plusieurs enfants au-dessous de quinze ans, la pension est augmentée pour chacun de ces enfants de 5 p. 100 du montant de celle du décédé, sans toutefois que la somme totale attribuée à la veuve, tant pour elle que pour ses enfants, puisse jamais excéder la moitié de la pension de retraite à laquelle aurait eu droit ou dont jouissait le décédé.

Dans aucun cas, la pension d'une veuve ne peut être inférieure à cent francs.

156. — Si l'employé ne laisse pas de veuve, mais seulement des orphelins, ou si la veuve ne satisfait pas aux conditions indiquées au paragraphe V ci-après, ou si elle meurt avant que les enfants provenant de son mariage avec l'employé aient atteint l'âge de quinze ans, la pension dont elle jouissait ou celle qui aurait été liquidée en sa faveur est partagée entre les enfants, qui en jouissent par portions égales jusqu'à ce qu'ils aient accompli leur quinzième année, mais sans réversibilité des uns sur les autres.

La même disposition s'applique au cas où il existe une veuve et un ou plusieurs orphelins au-dessous de quinze ans, issus d'un mariage antérieur de l'employé, mais sans que le maximum prévu par l'article 10 du décret précité puisse être dépassé [1].

V. — Décompte des pensions.

157. — Pour déterminer le montant de la pension, il est fait une année moyenne du traitement fixe dont les

---

1. Décret du 25 juillet 1882.

réclamants ont joui pendant les trois dernières années de leur service.

158. — La pension accordée après trente ans de service est de la moitié du traitement moyen.

Elle s'accroît du vingtième de cette moitié pour chaque année de service au-dessus de trente ans.

Le maximum de la retraite ne peut excéder les deux tiers dudit traitement, ni dépasser la somme de six mille francs.

159. — Dans le cas d'accident grave résultant notoirement de l'exercice des fonctions, la pension est réglée à raison d'un quarantième du traitement moyen, par année de service, sans pouvoir jamais être inférieure au sixième ni supérieure aux deux tiers.

160. — Après dix années de service et en cas d'infirmités graves ou de suppression d'emploi, la pension est du sixième du traitement moyen pour dix ans de service ; pour chaque année de service au-dessus de dix ans, elle s'accroît d'un soixantième dudit traitement sans pouvoir en dépasser la moitié.

161. — Pour être admise à obtenir une pension, la veuve doit justifier :

1° Qu'elle était mariée avec l'employé cinq ans avant la cessation de ses fonctions ;

2° Qu'elle n'était pas séparée de corps, ou, si elle était séparée, que la séparation n'avait pas été prononcée au profit de son mari.

La condition de cinq ans de mariage n'est pas exigible dans le cas d'accident grave résultant notoirement de l'exercice des fonctions de l'employé, ni dans le cas d'infirmités graves ou de suppresssion d'emploi après dix années de service [1].

VI. — Secours aux employés, aux veuves et orphelins d'employés. — Legs Deluard.

162. — Il est ouvert chaque année, au budget du Mont-de-Piété, deux crédits destinés à secourir :

---

1. Décret du 25 juillet 1882.

CHAP. VII — PENSIONS DE RETRAITE ET SECOURS 59

1° Les employés admis à faire valoir leurs droits à la retraite, et dont la pension est en instance de liquidation ;
2° Les veuves et orphelins d'employés décédés.

163. — L'ordonnancement des secours accordés par le Directeur a lieu ainsi qu'il est indiqué au paragraphe X du chapitre II (titre IV).

164. — Il peut être payé aux employés admis à la retraite après trente années de service une provision s'élevant aux quatre cinquièmes des arrérages échus de la pension dont la liquidation a été approuvée par le Conseil de surveillance [1].

165. — Le Directeur est autorisé à pourvoir aux frais d'inhumation des employés, en cas d'insuffisance des ressources de la famille [2].

166. — Les secours accordés aux veuves et orphelins d'employés décédés sans laisser de droits à pension sont fixés chaque année par un arrêté du Directeur qui est soumis à l'approbation du Préfet de la Seine.

L'Administration tient compte, pour la fixation de ces secours, de la durée et de la valeur des services de l'employé décédé.

167. — Les demandes de secours doivent être renouvelées chaque année pour les veuves ou orphelins intéressés.

168. — Il est distribué annuellement mille francs, à titre de secours, aux veuves d'employés décédés sans laisser de droit à pension.

Cette répartition est faite au moyen des arrérages d'une rente de mille soixante francs 4 1/2 p. 100 sur l'État, provenant d'un legs fait à l'Établissement par le sieur Alexandre-Philippe Deluard, ancien employé du Mont-de-Piété, suivant son testament olographe en date du 11 février 1854.

Le Directeur a été autorisé à accepter ce legs, aux clauses

---

1. Délibération du Conseil d'Administration du 2 juillet 1845.
2. Délibération du Conseil d'Administration du 17 décembre 1845.

et conditions imposées, qui comprennent, outre la répartition de la somme de mille francs, ainsi qu'il est indiqué ci-dessus, l'affectation d'une somme de soixante francs à l'entretien du tombeau du testateur et à la célébration annuelle d'une messe [1].

Le titre de cette rente est déposé entre les mains du Caissier-comptable du Mont-de-Piété, qui demeure chargé d'assurer l'encaissement des arrérages.

Un compte spécial est ouvert au grand-livre du Mont-de-Piété.

169. — La répartition est faite chaque année entre un certain nombre de veuves que le Directeur désigne par un arrêté soumis à l'approbation du Préfet.

Ces secours sont payables par semestre [2].

---

1. Décret du 13 octobre 1856.
2. Sur les soixante francs de rente restants, quarante sont affectés à la célébration d'une messe à l'église Saint-Sulpice et les vingt autres à l'entretien du tombeau du testateur.

TITRE II

OPÉRATIONS CONCERNANT LE PRÊT DIRECT.

CHAPITRE PREMIER

CONDITIONS DU PRÊT

I. — **Fixation des prêts.** — **Maximum et minimum**.

170. — Les objets présentés en nantissement au Mont-de-Piété sont préalablement estimés par les Commissaires-priseurs-appréciateurs attachés à l'Etablissement [1].

171. — Le montant des sommes à prêter est réglé, quant aux nantissements composés soit d'argenterie, soit de bijoux en or ou en argent, aux quatre cinquièmes de leur valeur au poids, et, quant à tous autres effets, aux deux tiers du prix de leur estimation [2].

172. — Aucune opération de prêt consentie au Chef-Lieu ou dans les succursales ne peut être supérieure à dix mille francs.

Les bureaux auxiliaires ne peuvent effectuer aucune opération de prêt supérieure à cinq cents francs [3].

Le minimum des prêts est fixé, pour tous les établissements, à la somme de trois francs [4].

---

1. Règlement général annexé au décret du 8 thermidor an XIII, art. 46.
2. Règlement général annexé au décret du 8 thermidor an XIII, art. 58.
3. Décret du 12 août 1863.
4. Lettres patentes du 9-12 décembre 1777, art. 3.

II. — Durée de l'engagement. — Droit au boni.

173. — Les prêts du Mont-de-Piété sont accordés pour un an, avec faculté pour les emprunteurs de dégager leurs effets avant le terme, ou d'en renouveler l'engagement à l'échéance dudit terme [1].

Les emprunteurs ont en outre la faculté de requérir la vente de leurs nantissements trois mois après la date de l'engagement; toutefois les gages composés de marchandises neuves ne peuvent être vendus qu'à l'expiration de l'année de dépôt [2].

174. — Les nantissements qui n'ont pas été dégagés ou qui n'ont pas été l'objet d'un renouvellement avant l'expiration du délai stipulé dans l'engagement, sont susceptibles d'être vendus pour le compte de l'Administration, jusqu'à concurrence de la somme qui lui est due, sauf, en cas d'excédent, à en faire état à l'emprunteur [3].

Tant que la vente n'est pas effectuée, les emprunteurs conservent la faculté de dégager leurs nantissements ou de renouveler l'engagement, lors même que ces nantissements seraient déjà portés sur le rôle de vente [4].

175. — Les excédents ou bonis qui n'ont pas été retirés dans les trois ans de la date des reconnaissances ne peuvent être réclamés; le montant en est constaté sur un état dressé par le Directeur et approuvé par le Conseil de surveillance [5].

L'attribution desdits bonis est réglée par l'arrêté du Directeur, intervenant à l'occasion de la liquidation du boni, lequel arrêté est soumis à l'approbation du Préfet de la Seine.

III. — Garantie des nantissements. — Indemnités pour gages perdus ou avariés.

176. — Le Mont-de-Piété est responsable, sauf son recours contre qui de droit, de la perte, soustraction, dété-

---

1. Règlement général annexé au décret du 8 thermidor an XIII, art. 54.
2. Loi du 24 juin 1851, art. 7.
3. Règlement général annexé au décret du 8 thermidor an XIII, art. 71. — Règlement du 30 juin 1865, art. 84.
4. Règlement du 30 juin 1865, art. 85.
5. Règlement général annexé au décret du 8 thermidor an XIII, art. 98.

rioration ou incendie des nantissements. Sont toutefois exceptés de cette garantie les vols et pillages à force ouverte et les accidents extraordinaires en dehors de toute prévoyance humaine..

L'Administration doit prendre toutes les précautions nécessaires pour sauvegarder sa responsabilité, et notamment faire assurer contre l'incendie les nantissements qu'elle a en dépôt [1].

En raison des précautions qu'elle prend pour isoler les gages, l'Administration n'accepte pas la responsabilité des détériorations produites par les piqûres de vers.

177. — Les bâtiments du Mont-de-Piété et les capitaux de roulement appartenant à un titre quelconque à l'Administration servent d'hypothèque spéciale et de garantie pour les propriétaires des nantissements [2].

178. — Les risques d'incendie sont couverts par un groupe de compagnies d'assurances.

L'assurance porte sur l'ensemble et la généralité des nantissements de toute nature déposés dans les bâtiments et dépendances du Mont-de-Piété, dans les proportions fixées par les polices pour le Chef-lieu et chacune des succursales.

L'assurance est faite sous la condition du payement intégral de la valeur des objets détruits, jusqu'à concurrence du montant de l'assurance, sans qu'il soit établi de proportion entre la valeur assurée et la valeur existant en magasin.

En outre, les nantissements provisoirement déposés dans les bureaux auxiliaires sont assurés, par polices spéciales, dans chacun des établissements, qui sont également garantis contre les risques locatifs et de voisinage.

179. — S'il arrive qu'un objet donné en nantissement soit perdu et ne puisse être rendu à son propriétaire, la valeur lui en est payée au prix d'estimation fixé lors du dépôt et avec l'augmentation d'un quart en sus, à titre d'indemnité [3].

---

1. Règlement du 30 juin 1865, art. 97.
2. Règlement général annexé au décret du 8 thermidor an XIII, art. 45.
3. Règlement général annexé au décret du 8 thermidor an XIII, art. 66.

64   TITRE II — OPÉRATIONS CONCERNANT LE PRÊT DIRECT

180. — Si l'objet donné en nantissement se trouve avoir été avarié, le propriétaire a le droit de l'abandonner à l'Établissement, moyennant le prix d'estimation fixé lors du dépôt, si mieux il n'aime le reprendre en l'état où il se trouve, et recevoir en indemnité, d'après estimation par deux des appréciateurs de l'Établissement, le montant de la différence reconnue entre la valeur dudit objet et celle qui lui avait été assignée lors du dépôt [1].

IV. — Reconnaissances d'engagement.

181. — Lorsque la somme prêtée est comptée à l'emprunteur, il lui est délivré en même temps, sur papier non timbré, une reconnaissance du dépôt de l'objet engagé.

La reconnaissance est au porteur ; elle contient la désignation du nantissement, la date, le montant du prêt et l'estimation [2].

Les conditions du prêt sont rappelées, en forme d'avis, dans la formule de chaque titre [3].

V. — Intérêts et droits des prêts.

182. — Le taux des droits à payer par les emprunteurs se compose, d'une part, de l'intérêt des sommes prêtées ; d'autre part, des frais de manutention, d'assurance des nantissements, et autres frais généraux de régie. Il est fixé tous les six mois par arrêté préfectoral, sur la proposition du Directeur, après avis du Conseil de surveillance, sans que le taux de 12 p. 100 puisse être dépassé [4].

183. — Dans les décomptes qui se font pour chaque emprunteur, les droits se calculent par demi-mois ; la quinzaine commencée est due en entier [5].

---

1. Règlement général annexé au décret du 8 thermidor an XIII, art. 67.
2. Règlement général annexé au décret du 8 thermidor an XIII, art. 59 et 60. — Règlement du 30 juin 1865, art. 62.
3. Règlement général annexé au décret du 8 thermidor an XIII, art. 99.
4. Règlement général annexé au décret du 8 thermidor an XIII, art. 55. — Décret du 24 mars 1852.
5. Règlement général annexé au décret du 8 thermidor an XIII, art. 56 et 57. — Depuis le 1er janvier 1886, l'intérêt des prêts à payer par les emprunteurs es

Le premier mois est dû également en entier. Les emprunteurs ont à payer, en sus des intérêts et droits alloués au Mont-de-Piété, le droit d'appréciation dû aux Commissaires-priseurs [1].

Les sursis accordés à la requête de l'emprunteur ne peuvent suspendre le cours des intérêts dus au Mont-de-Piété [2].

CHAPITRE II

ENGAGEMENTS

1. — Dispositions générales. — Ordre des opérations.

184. — Les bureaux d'engagement au Chef-lieu sont ouverts au public de neuf heures à quatre heures.

Aucun engagement ne peut être fait les dimanches et les jours fériés, dans quelque bureau que ce soit [3].

185. — Les opérations d'engagement, en ce qui concerne l'appréciation et les écritures, s'effectuent dans l'ordre suivant, que l'usage a fait adopter comme le meilleur et le seul praticable, savoir :

1° Estimation des gages ;
2° Offre et acceptation des prêts ;
3° Établissement des bulletins de prisée ;
4° Expédition des reconnaissances ;
5° Inscriptions diverses au registre des actes de dépôt ;
6° Production des justifications réglementaires ;

---

fixé à quatre pour cent l'an, et les droits pour frais de régie, de manutention et d'assurance à quatre pour cent l'an (Délibération du 20 décembre 1878).
1. Décision ministérielle du 29 avril 1847, ayant effet du 1er mai suivant. — Ce droit est actuellement fixé à 1/2 p. 100.
2. Règlement du 30 juin 1865, art. 84.
3. Circulaire du 9 février 1847.

66 TITRE II — OPÉRATIONS CONCERNANT LE PRÊT DIRECT

7° { Payement des prêts et délivrance des reconnaissances;
ou
Suspension des payements et délivrance des bulletins de prêts suspendus;
ou
Annulation des engagements et restitution des gages [1].

186. — Afin de distinguer facilement à quel exercice appartient chaque opération, les reconnaissances et les bulletins de prisée sont imprimés sur des papiers de couleurs tranchées, de manière qu'une couleur employée pour toutes les pièces d'une même année ne soit reproduite qu'après un intervalle de trois ans [2].

A cet effet, les reconnaissances et bulletins de prisée sont successivement imprimés sur papier de couleur verte, blanche, rose et jaune.

187. — Les engagements effectifs reçoivent, dans chaque bureau, une série de numéros d'ordre qui commence le 1er janvier de chaque année et se termine le 31 décembre.

La série appliquée à ces opérations est celle des numéros pairs, sans lacunes ni numéros bis.

Le numéro d'ordre assigné à chaque engagement ne peut jamais être modifié; il doit être reproduit sur toutes les pièces qui constatent cet engagement et à toutes les inscriptions qui le concernent sur les différents registres [3].

II. — **Appréciation des nantissements.** — **Fixation des prêts.** — **Etablissement des bulletins de prisée.** — **Fonctions des bulletinistes et des garçons de prisée.**

188. — Lorsqu'un objet est présenté à l'engagement, le garçon de prisée le reçoit des mains du déposant et remet à celui-ci un numéro d'ordre reproduisant la finale du numéro qui doit être apposé sur le gage. Ce numéro correspond également à celui de l'acte de dépôt.

---

1. Arrêté du Directeur du 1er mai 1882.
2. Règlement du 30 juin 1865, art. 61.
3. Règlement du 30 juin 1865, art. 61.

Le nantissement est aussitôt soumis à l'appréciateur, en présence duquel il est procédé au pesage, au métrage ou au comptage.

Le métrage et le comptage sont confiés à un gagiste de la division spécialement désigné à cet effet. Un bulletin de mesurage est établi, indiquant les quantités de mètres et le nombre de coupes ou d'objets.

189. — L'appréciateur examine le gage, procède aux vérifications qu'il juge utiles sans toutefois le détériorer, et établit, d'après les bases fixées par le règlement, un prêt que le préposé de l'Administration fait connaître à haute voix au déposant.

En cas de refus de la part de ce dernier, le gage lui est immédiatement rendu et le numéro d'ordre est repris.

190. — Lorsque l'emprunteur accepte le prêt offert, l'appréciateur dicte aussitôt, dans l'ordre prescrit, à l'employé chargé de la confection du bulletin de prisée (bulletiniste), la désignation détaillée des objets, leur poids ou métrage, leurs défectuosités, les marques et numéros portés sur ces objets, et enfin le prêt à remettre au déposant. D'une manière générale, la désignation des gages bijoux doit commencer par la partie la plus importante du nantissement; toutefois la partie pesée doit précéder les objets qui ne sont pas compris dans le poids, quelle qu'en soit la valeur.

Pour les objets divers, il y a lieu de commencer par les parties de gages susceptibles de détérioration ou par les objets qui ne sont pas admis au renouvellement sans réappréciation.

Les cartons, caisses, écrins, etc., conservés pour garantir les gages, sont consignés avec soin à la suite de la désignation [1]. Il en est de même des enveloppes accompagnant les gages que leur nature permettrait de recevoir à découvert.

Le bulletiniste inscrit en outre le chiffre de l'estimation d'où résulte le prêt énoncé, en établissant ses calculs d'après les bases fixées par les règlements. A cet effet, lorsqu'un nantissement comprend des parties différentes dont le prêt

---

1. Circulaire du 6 septembre 1878.

n'est pas déterminé d'après les mêmes bases d'estimation, cet employé doit se faire indiquer, par le Commissaire-priseur, pour quelle somme chaque genre d'objets est compris dans le prêt.

191. — Lorsque l'emprunteur désire ne recevoir qu'une partie de la somme qui lui est offerte, le prêt est dit « *requis* ».

Dans ce cas, l'estimation totale est portée sur le bulletin de prisée, comme si le prêt devait être compté en entier à l'intéressé [1].

Dans tous les cas, le prêt requis ne peut être inférieur au tiers de celui qui pourrait être accordé d'après l'estimation.

L'indication du prêt requis est faite sur le bulletin de prisée par les lettres *Req.* ajoutées à la suite de la somme prêtée.

192. — Le bulletin, après avoir été soumis à la signature de l'appréciateur qui y indique en toutes lettres le prêt offert, est transmis, avec la reconnaissance à établir, au reconnaissancier. L'appréciateur tient un carnet sur lequel il inscrit, en regard du numéro de chaque engagement, le montant des prêts acceptés par les déposants.

193. — Les employés préposés à la réception des nantissements doivent visiter avec le plus grand soin l'intérieur de tous les paquets présentés à l'engagement, notamment les poches de toute espèce de vêtement [2].

Ils s'assurent que les nantissements présentés ne contiennent aucune matière inflammable [3].

S'ils trouvent des objets ou valeurs quelconques, ils en font immédiatement la remise aux intéressés et en rendent compte à leur chef.

194. — Les nantissements autres que les bijoux doivent être renfermés dans des enveloppes, à l'exception de ceux qui ne peuvent se plier sans dommage ; toutefois les nan-

---

1. Délibération du Conseil d'Administration du 16 mars 1785. — Voir annexe V, chapitre II, titre X (Jugement déterminant les droits de l'emprunteur dans le cas d'omission du chiffre de l'estimation).
2. Ordre de service du 10 août 1842.
3. Circulaire du 4 août 1854.

tissements ne sont pas admis dans des cartons ou boîtes dépassant les dimensions nécessaires [1].

195. — Ne sont pas admis en nantissement au Mont-de-Piété :

Les effets militaires ou d'uniforme ;

Les décorations de l'ordre de la Légion d'honneur (à moins qu'elles ne soient enrichies de pierres précieuses ou d'un module différent de celui des décorations données par l'État) ;

Les effets portant la marque d'un établissement public ;

Les effets coupés, non encore confectionnés [2] ;

Les armes à feu [3] ;

Le linge mouillé ou malpropre ;

Les objets présentant un caractère obscène ou renfermant soit une photographie, soit une gravure indécente [4] ;

Les vêtements en fourrure ou garnis de fourrure ;

La ganterie et les objets de peausserie.

196. — Les nantissements composés de hardes et de bijoux pouvant produire séparément un prêt de trois francs ne sont pas reçus dans la même enveloppe [5].

Ils donnent lieu alors à un engagement distinct pour chaque genre d'objet susceptible d'un prêt minimum de trois francs.

197. — Les nantissements composés d'objets de différente nature qui ne pourraient pas être emballés ensemble sans inconvénient et qui ne seraient pas d'ailleurs susceptibles, séparément, d'un prêt minimum de trois francs, sont l'objet d'un seul engagement comprenant plusieurs parties.

Les flambeaux, garnitures de cheminées, coupes, etc., enfin tous objets qui ne peuvent être séparés sans inconvénient forment les parties d'un même engagement, à moins que le prêt total ne soit supérieur au maximum fixé par le règlement.

---

1. Circulaire du 9 février 1847.
2. Ordre de service du 9 septembre 1825.
3. Délibération du Conseil d'Administration du 7 juillet 1848.
4. Circulaire du 14 décembre 1863.
5. Circulaire du 4 mai 1855.

70 TITRE II — OPÉRATIONS CONCERNANT LE PRÊT DIRECT

Le nombre des parties est indiqué sur le bulletin, et il est établi, par le bulletiniste, autant de fiches que le nantissement comporte de parties. Ces fiches rappellent le numéro de la division, celui de l'engagement, le prêt, la date et le nombre de parties.

198. — Les bulletins de prisée ne doivent être dressés qu'après acceptation des prêts, de manière à éviter la mise au rebut d'imprimés numérotés à l'avance [1].

Ils sont établis sur papier de la couleur de l'exercice et comportent :

Le numéro de la division ou la lettre du bureau auxiliaire — le numéro de l'engagement (imprimé) — la date de l'engagement apposée au moyen d'un timbre humide — la somme prêtée (en chiffres) — l'estimation du gage (en chiffres) — le nombre de parties composant le gage, s'il y a lieu — la formule : Bon pour un prêt de..., suivie du prêt écrit en toutes lettres par l'appréciateur au-dessus de sa signature — la désignation des objets déposés.

Des cases sont en outre réservées pour les diverses indications nécessitées, lorsqu'il y a lieu, par l'intervention d'un commissionnaire ou par les formalités de la vente.

La désignation du gage peut comporter les quantités en chiffres et contenir des abréviations, mais à la condition que lesdites abréviations soient claires et compréhensibles et qu'elles ne puissent donner lieu à des contestations [2].

Les bulletins de prisée doivent contenir en outre toutes les indications propres à édifier sur la nature et l'importance des nantissements [3] et celles qui pourraient faciliter les recherches, les vérifications ainsi que la délivrance rapide et sûre des gages [4].

Les numéros des montres à indiquer sur les bulletins de prisée sont ceux qui se trouvent près de la charnière, dans le boîtier.

---

1. Circulaire du 30 novembre 1879.
2. Circulaire du 23 février 1878.
3. Circulaire du 27 septembre 1849.
4. Circulaire du 13 juin 1873.

III. — Expédition de reconnaissances. — Fonctions des reconnaissanciers.

199. — En recevant le bulletin de prisée accompagné de la reconnaissance à établir, le reconnaissancier s'assure immédiatement que les numéros qui figurent sur ces deux pièces sont semblables [1].

Il procède ensuite à la confection de la reconnaissance, qu'il remet au contrôleur des engagements, après l'avoir revêtue de sa signature et en y joignant le bulletin de prisée.

200. — Les reconnaissances sont établies sur papier de la couleur de l'exercice.

Ces titres comportent :

Le numéro de la division ou la lettre du bureau auxiliaire — le numéro de l'engagement (imprimé) — le prêt (en chiffres) — la date apposée au moyen d'un timbre humide — la somme prêtée (en toutes lettres) — la désignation du nantissement comprenant les quantités énoncées en toutes lettres, sauf les poids qui sont indiqués par des chiffres — les marques et numéros inscrits sur les objets déposés — le nombre de parties composant le gage, s'il y a lieu — l'estimation du nantissement (en chiffres) — la signature du reconnaissancier et celle du payeur.

Les reconnaissances comportent également des parties imprimées ayant pour objet de rappeler aux déposants la durée de l'engagement, l'adresse du bureau qui a délivré la reconnaissance, les heures d'ouverture, les adresses des établissements où peuvent être effectuées les différentes opérations ultérieures et enfin les conditions du prêt.

Des cases sont en outre réservées pour l'inscription des opérations de dégagement, de renouvellement ou de payement de boni, pour l'indication des parties du magasin dans lesquelles sont placés les gages et l'inscription des numéros d'appel à délivrer en cas de dégagement.

---

1. Ordre de service du 30 novembre 1879.

201. — Les reconnaissances ne doivent contenir aucune abréviation et être écrites de façon que chaque emprunteur puisse, en recevant son titre, se rendre compte de l'exactitude des inscriptions qui y sont portées [1].

Lorsqu'il s'agit d'un prêt requis, l'indication est faite à la suite du prêt en chiffres, par les lettres *Req.* et à la suite de l'énonciation du prêt en toutes lettres par le mot : *Requis.*

Toute surcharge dans la mention du prêt sur une reconnaissance est absolument interdite [2].

Les erreurs de peu d'importance peuvent être redressées par une rectification visée par le chef de bureau ou son suppléant.

202. — Le Bulletiniste ou le Reconnaissancier, au choix du Chef des engagements, vérifie chaque jour l'exactitude du numérotage des titres qui lui sont remis et remplace, s'il est besoin, par des exemplaires numérotés à la main, ceux de ces imprimés qui manquent ou qui portent un faux numéro.

Pour les imprimés manquant dans la livraison, revêtus d'un faux numéro ou fautés dans le travail, le remplacement a lieu par l'emploi de titres en blanc donnés en compte, et chaque numéro manuscrit doit être accompagné d'un visa apposé par le Chef de bureau ou son suppléant.

Pour les dernières journées de l'année, il peut être fait usage d'imprimés numérotés à la main et visés, qui sont donnés en compte [3].

IV. — Rédaction des actes de dépôt. — Fonctions des Contrôleurs.

203. — Aussitôt que le Contrôleur a reçu des mains du Reconnaissancier le bulletin de prisée et la reconnaissance, il s'assure que ces deux pièces sont en parfaite concordance, puis il établit sur le registre des engagements l'acte de dépôt.

---

1. Circulaire du 23 février 1878.
2. Circulaire du 23 août 1865.
3. Ordre de service du 30 novembre 1879.

CHAP. II — ENGAGEMENTS 73

L'inscription est faite sur ce registre au moyen du bulletin de prisée et au-dessous de l'acte de dépôt, ainsi conçu :

« *Le Mont-de-Piété de Paris a prêté pour un an, sur dépôt*
« *de nantissements, les sommes dont le détail est ci-dessous,*
« *aux personnes ci-après dénommées, qui le reconnaissent*
« *par leur signature ou par celle de leur répondant, confor-*
« *mément à l'article 48 du règlement général annexé au*
« *décret du 8 thermidor an XIII.* »

204. — Le registre des engagements comporte par colonnes :

Les numéros des engagements et reconnaissances du Mont-de-Piété — les prêts — la désignation détaillée des nantissements et leur estimation — les noms des emprunteurs-déposants — leurs professions et demeures — les pièces justificatives produites, s'il y a lieu — les signatures des déposants et celles des répondants, s'il y a lieu.

Le registre des engagements est divisé par cases; il doit être tenu sans ratures et sans intervalles, en employant une case pour chaque article.

205. — Lorsque le Contrôleur a rempli les trois premières colonnes du registre, il appelle l'emprunteur par la finale du numéro de l'engagement, reçoit de lui le numéro d'ordre délivré au moment du dépôt du gage, s'assure qu'il concorde avec celui porté sur le registre et sur la reconnaissance, et enfin demande à l'emprunteur la nature du nantissement qu'il a déposé.

Il inscrit ensuite, d'après la déclaration de l'emprunteur, les nom, profession et adresse, puis les justifications produites, s'il y a lieu, en requérant, dans ce cas, la signature du déposant.

Il remet ensuite le bulletin de prisée et la reconnaissance au payeur.

206. — Le Contrôleur se conforme, pour l'acceptation des justifications d'identité et de domicile, aux règlements en vigueur rappelés au paragraphe V ci-après.

En ce qui concerne les articles ayant donné lieu à des prêts de 15 francs et au-dessous, le Contrôleur enregistre les nom, profession et domicile, d'après la déclaration du déposant, sans exiger aucune pièce à l'appui de cette déclaration et sans requérir la signature, ainsi que cela se pratique depuis la création du Mont-de-Piété, en conséquence de l'article 48 du Règlement général annexé au décret du 8 thermidor an XIII.

Néanmoins, il ne doit pas hésiter à exiger des justifications toutes les fois qu'il le juge utile et notamment lorsqu'il s'agit d'objets neufs, facilement divisibles ou fréquemment présentés par un même emprunteur [1].

207. — Si, pour une cause quelconque, le Contrôleur conçoit des doutes contre le déposant, sur la légitime possession ou sur son droit de disposition des effets présentés en nantissement, il suspend le payement du prêt [2].

Le Contrôleur et le Payeur se conforment, dans ce cas, aux prescriptions des règlements en vigueur rappelées au paragraphe VII ci-après.

Le Contrôleur indique la suspension du prêt dans la dernière colonne du registre des engagements par les initiales P. S., suivies du numéro d'ordre d'inscription au carnet des prêts suspendus.

208. — Les gages dont les prêts ne peuvent être payés pour défaut de justifications d'identité, alors qu'aucun doute n'existe sur la légitime possession, de même que les gages présentés par des mineurs ou par des femmes mariées ou par tout autre incapable, sont restitués à ceux qui ont tenté d'en effectuer le dépôt [3].

A cet effet, le Contrôleur se conforme aux prescriptions de l'arrêté du 1er mai 1882 rappelées au paragraphe VIII ci-après.

Toutefois les nantissements présentés par des personnes capables de contracter, qui n'auraient pas en leur possession les pièces nécessaires pour justifier de leur identité et de leur domicile, ne doivent être rendus que sur la réquisition expresse des déposants.

En cas de non-réclamation, les prêts sont suspendus pro-

---

1. Arrêté du Directeur du 1er mai 1882.
2. Règlement général annexé au décret du 8 thermidor an XIII, art. 49.
3. Arrêté du Directeur du 1er mai 1882.

CHAP. II — ENGAGEMENTS

visoirement jusqu'à la production des justifications réglementaires.

209. — Lorsqu'un engagement secret est reçu par le Directeur, le registre des engagements ne contient, au lieu des nom, qualité et des justifications de l'emprunteur, que le numéro du registre particulier de la direction [1].

210. — Les numéros des montres, les chiffres, noms, armoiries, et en général tout signe de propriété gravé, brodé ou imprimé sur bijoux, linge de prix, livres, etc., doivent être soigneusement et visiblement consignés dans la marge extérieure du registre des engagements [2].

211. — Le Commis-enregistreur des engagements doit inscrire chaque jour, en regard de la récapitulation, les noms des employés de service avec l'indication de leurs fonctions [3].

212. — Il établit chaque jour et transmet au Chef des engagements, qui les fait parvenir au service de l'Inspection, des relevés des prêts de 500 francs et au-dessus indiquant les numéros des engagements, les prêts, les désignations des nantissements, les noms, professions et domiciles des emprunteurs et les papiers fournis à l'appui des engagements. Un relevé distinct est fourni pour chaque emprunteur [4].

Il est également dressé un relevé lorsqu'un emprunteur engage dans une même journée plusieurs articles dont les prêts réunis atteignent ou dépassent la somme de 500 francs.

V. — **Justifications à fournir par les emprunteurs.** — **Preuves d'identité et de domicile.** — **Mesures relatives aux marchandises neuves.**

213. — Nul n'est admis à déposer des nantissements pour lui valoir prêt au Mont-de-Piété, s'il n'est connu et domicilié ou assisté d'un répondant connu et domicilié [5].

---

1. Règlement du 30 juin 1865, art. 62.
2. Circulaire du 8 janvier 1872.
3. Ordre de service du 23 octobre 1854.
4. Délibération du Conseil d'Administration du 11 décembre 1844.
5. Règlement général annexé au décret du 8 thermidor an XIII, art. 47.

TITRE II — OPÉRATIONS CONCERNANT LE PRÊT DIRECT

214. — L'identité s'établit suffisamment par la présentation d'une pièce authentique sur laquelle se trouve apposée la signature de l'emprunteur, visée ou légalisée par un officier ou fonctionnaire public.

Si la pièce présentée n'indique pas le domicile du déposant, la preuve peut en être faite au moyen d'une quittance de loyer, d'une enveloppe de lettre portant le timbre de la poste, ou de toute autre pièce ayant un caractère d'authenticité et dont la date ne remonte pas à plus de trois mois avant le dépôt du gage. Les payements faits aux emprunteurs, en dehors de ces prescriptions formelles, doivent être autorisés par le Chef du service.

215. — Si les objets présentés pour nantissements sont des effets à usage, l'engagement peut être fait au moyen de l'une des pièces énoncées au tableau ci-après ou de toute autre pièce ayant un caractère d'authenticité et revêtue de la signature du déposant [1].

L'inscription de chaque pièce au registre des engagements doit comporter toutes les indications contenues dans ledit tableau.

216. — Pièces pouvant servir à la constatation de l'identité des emprunteurs :

Désignation des pièces.	Renseignements a prendre sur chacune d'elles.
Acte sous seing privé ou notarié (enregistré).	Nom et adresse de la partie adverse. Détail de l'enregistrement. Lieu et date.
Acte d'emprunt sur valeurs mobilières.	Établissement ou Banque. Numéro s'il y a lieu. Date. Lieu.
Acte de vente ou promesse de vente (enregistré).	Nom et adresse de la partie adverse. Détail de l'enregistrement. Lieu et date.
Autorisation pour recevoir ou retirer des lettres chargées ou recommandées.	Nom et adresse de l'auteur de l'autorisation. Lieu. Date.
Bail ou promesse de bail (enregistré).	Nom et adresse de la partie adverse. Détail de l'enregistrement. Lieu et date.

---

1. Ordre de service du 30 octobre 1847.

CHAP. II — ENGAGEMENTS 77

Désignation des pièces.	Renseignements a prendre sur chacune d'elles.
Billet à ordre................	A quel ordre. Echéance. Montant. Endos et n° de la Banque de France ou de tout autre établissement de crédit suffisamment connu.
Carte d'électeur..............	Numéro. Section. Quartier. Arrondissement. Date.
Carte de membre d'un cercle, d'une société ou d'une chambre syndicale.	Nom de la société. Numéro. Lieu et date.
Carte d'abonnement au chemin de fer.	Compagnie. Numéro. Lieu et date.
Carte d'entrée dans un musée...	Musée. Numéro. Lieu et date.
Carte d'exposant..............	Exposition. Numéro. Lieu et date. Classe s'il y a lieu
Carte d'étudiant [1]...........	Faculté ou école. Numéro. Date.
Carte d'élève d'une école spéciale [1].	Ecole. Numéro. Lieu et date.
Certificat d'identité délivré par un maire, un commissaire de police ou un consul.	Mairie. Commissariat ou consulat. Lieu et date.
Certificat pour l'obtention d'un livret d'ouvrier.	Lieu, date et numéro.
Commission de fonctionnaire public ou d'employé d'une administration.	Nature de la commission. Lieu et date. Numéro s'il y a lieu.
Diplôme......................	Nature. Faculté ou école. Date. Numéro s'il y a lieu.
Engagement de location (enregistré).	Mention d'enregistrement. Nom et adresse du propriétaire.
Feuille d'appel d'un jeune soldat.	Classe d'appel. Numéro. Lieu et date.
Feuille d'option pour la nationalité française.	Lieu et date.
Feuille de route...............	Corps. Bataillon. Escadron. Compagnie ou Batterie. Lieu et date.
Lettre de naturalisation........	Date. Numéro s'il y a lieu.
Lettre de change ou traite......	Nom et adresse du tireur. Echéance. Montant. Endos de la Banque de France ou autre.
Lettre de service d'un officier ou assimilé.	Corps. Date.
Livre de police d'un brocanteur.	Numéro s'il y a lieu. Date de la délivrance et du dernier visa.
Livre de police d'un logeur.....	Numéro s'il y a lieu. Date de la délivrance et du dernier visa.
Livre d'inscription à une bibliothèque municipale de prêt gratuit.	Numéro s'il y a lieu. Date de la délivrance et du dernier visa.

---

1. Les déposants porteurs d'une carte d'étudiant ou d'élève d'une école spéciale doivent en outre justifier de leur âge.

78 TITRE II — OPÉRATIONS CONCERNANT LE PRÊT DIRECT

Désignation des pièces.	Renseignements a prendre sur chacune d'elles.
Livret d'ouvrier..................	Numéro. Lieu et date de délivrance. Dernier visa.
Livret militaire [1]...............	Corps. Bataillon. Escadron. Compagnie ou batterie. Numéro matricule.
Livret de solde d'un officier sans troupe ou assimilé.	Lieu. Date. Numéro.
Passeport......................	Numéro. Registre. Date et lieu de délivrance.
Patente........................	Numéro de l'article du rôle. Quartier. Date.
Permis de chasse...............	Numéro. Lieu et date.
Permis de port d'armes	Numéro. Lieu et date.
Permis de circulation sur un chemin de fer.	Compagnie. Numéro. Lieu et Date.
Permission militaire.............	Corps. Bataillon. Escadron. Compagnie ou batterie. Lieu et date.
Police d'abonnement aux eaux...	Numéro. Date. Lieu.
Police d'abonnement au gaz.....	Numéro. Date et lieu.
Police d'assurance contre l'incendie.	Compagnie. Numéro. Date. Lieu.
Police d'assurance sur la vie.....	Compagnie. Numéro. Date. Lieu.
Procuration enregistrée..........	Date et lieu.
Titre de pension militaire ou civile.	Etablissement ou administration qui sert la pension.
Titre de propriété d'un immeuble.	Comme pour les actes de vente.

217. — Pièces pouvant servir à la constatation du domicile des emprunteurs :

Avertissement des contributions.	Quittance d'abonnement aux eaux.
Certificat d'identité.	
Engagement de location.	Quittance d'abonnement au gaz.
Enveloppe de lettre timbrée de la poste.	Quittance d'abonnement d'assurances.
Livret de soldat de la réserve ou de l'armée territoriale, visé par la gendarmerie.	Quittance de loyer.

218. — Les pièces autres que celles qui sont énumérées ci-dessus doivent être soumises au Chef du bureau ou à son suppléant.

L'inscription des justifications est faite par le Contrôleur dans la sixième colonne du registre des engagements.

Les emprunteurs qui ne peuvent produire des pièces éta-

---

1. Si cette pièce est revêtue d'un acquit du titulaire relatif à la masse individuelle.

blissant leur identité et leur domicile peuvent se faire cautionner, par des personnes qui ne doivent être admises qu'autant qu'elles produisent, en ce qui les concerne, les justifications exigées des emprunteurs.

Ces cautions affirment notamment que les déclarations d'identité et de domicile fournies par l'emprunteur et consignées au registre sont exactes.

219. — Tout déposant est tenu de signer l'acte de dépôt de l'objet apporté pour nantissement [1].

La comparaison de cette signature avec celle qui est portée sur la pièce produite à titre de justification permet au Contrôleur de s'assurer de l'identité de l'emprunteur [2].

En cas de non-conformité de la signature, le payement du prêt est suspendu, et il est immédiatement donné connaissance du fait au Chef du bureau.

Si le déposant est illettré, l'acte de dépôt est signé par un répondant connu et domicilié [3].

220. — Si les objets présentés pour nantissement consistent en marchandises neuves et de commerce, quelle qu'en soit d'ailleurs la nature, l'emprunteur doit produire une patente de l'année ou être assisté d'un répondant domicilié à Paris, patenté pour le même genre d'industrie, et offrant à l'Administration toutes les garanties qu'elle est en droit d'exiger en pareille circonstance [4].

Toutefois, une patente quelconque ne peut légitimer l'engagement de toutes sortes d'objets de commerce : il faut nécessairement qu'elle soit en rapport avec les objets engagés.

Les patentes à façon, loin d'établir le droit de disposer de certains objets, soulèvent une présomption contraire, comme délivrées pour la confection de matières premières confiées à un ouvrier ou fabricant secondaire.

Il y a lieu en conséquence de ne pas accueillir une

---

1. Règlement général annexé au décret du 8 thermidor an XIII, art. 48.
2. Les décisions judiciaires ont consacré cette manière de procéder. — Voir annexe III, chapitre II (titre X).
3. Règlement général annexé au décret du 8 thermidor an XIII, art. 48.
4. Ordre de service du 30 octobre 1847.

patente de cette nature pour des engagements nombreux ou importants.

Quant aux objets confectionnés et aux coupons, c'est par leur nature, leur nombre et par la profession du déposant qu'ils peuvent être considérés comme objets de commerce. Dans ce cas, ils ne peuvent être admis que sur la production d'une patente en rapport avec lesdits objets [1].

Les prescriptions rappelées aux paragraphes IV et VIII du chapitre I (titre VII) ont d'ailleurs pour but de faire connaître à l'Administration les emprunteurs qui s'appliqueraient à éluder les dispositions ci-dessus rappelées.

221. — Les mineurs, les femmes en puissance de mari et autres incapables ne peuvent être admis à effectuer des engagements au Mont-de-Piété que s'ils sont munis d'un pouvoir sur papier libre du chef de famille ou tuteur.

Ce pouvoir doit être écrit à l'encre et accompagné d'une pièce authentique portant la signature de l'emprunteur.

Les pouvoirs sont revêtus des numéros des engagements auxquels ils se rapportent; ils sont ensuite classés de manière à pouvoir être facilement retrouvés.

Il y a lieu d'accueillir les cautions qui se présentent pour assister les personnes qui seraient empêchées de produire l'autorisation dont il s'agit [2].

Peuvent être admises à contracter un engagement : 1° les femmes en puissance de mari qui produisent une procuration générale en bonne forme et enregistrée; 2° les femmes mariées ayant obtenu un jugement prononçant la séparation de biens entre elles et leurs maris.

222. — Les militaires ne sont admis à engager que s'ils sont accompagnés d'un sous-officier de leur compagnie [3], ou sur la production soit d'une feuille de route, soit d'une permission pour ceux qui ne sont que de passage à Paris.

Le numéro matricule des militaires en tenue est relevé sur deux de leurs vêtements et indiqué dans la colonne : profession.

---

1. Ordre de service du 25 août 1846.
2. Arrêté du Directeur du 1er mai 1882.
3. Ordre de service du 21 juin 1845.

Les soldats de la garde républicaine, les sapeurs-pompiers et les gendarmes peuvent contracter des engagements sans l'assistance d'un sous-officier, mais leur numéro matricule doit être relevé comme il est dit pour les militaires des autres armes [1].

223. — Les commissionnaires médaillés et autres intermédiaires ne sont pas admis à faire inscrire sous leur nom les engagements qu'ils sont chargés d'effectuer pour le compte de tiers.

S'il s'agit d'un engagement personnel, ils doivent se faire assister d'une caution.[2].

VI. — **Règlement des prêts.** — **Délivrance des reconnaissances.** — **Fonctions des Commis-comptables-payeurs.**

224. — Le Commis-comptable-payeur reçoit du Caissier, à l'ouverture des bureaux, la somme présumée nécessaire pour les opérations de la journée. Cette somme lui est délivrée contre la remise d'un bon signé de lui et détaché d'un registre à souche sur lequel sont mentionnés, avec un numéro d'ordre, la date du versement effectué par la caisse et le montant de la somme reçue. Le bon remis par le Payeur reproduit la date et le numéro de la souche, ainsi que l'énoncé en toutes lettres de la somme demandée.

Si, dans le courant de la journée, cette somme est reconnue insuffisante, le Payeur demande au Caissier les fonds nécessaires, qui lui sont comptés sur la remise d'un nouveau bon.

225. — Le Commis-comptable-payeur est chargé d'effectuer entre les mains de l'emprunteur la remise de la somme prêtée et de la reconnaissance. A cet effet, après avoir reçu du Contrôleur le bulletin de prisée et la reconnaissance, il compare ces deux pièces pour s'assurer qu'elles concordent, puis il inscrit l'article sur le registre des engagements, au moyen du bulletin.

---

1. Circulaire du 12 mai 1882.
2. Circulaire du 6 août 1865.

82 TITRE II — OPÉRATIONS CONCERNANT LE PRÊT DIRECT

226. — Le registre des engagements comprend des colonnes destinées à recevoir les inscriptions suivantes :

Numéros des engagements et reconnaissances — Désignations des nantissements — Estimations — Prêts (les prêts directs et les prêts par intermédiaire sont inscrits dans deux colonnes distinctes).

Deux autres colonnes sont en outre destinées à recevoir ultérieurement l'indication de la sortie des nantissements, par l'inscription des numéros des dégagements, renouvellements ou ventes, et des dates de ces opérations.

227. — Après avoir inscrit le prêt sur le registre, le Payeur signe la reconnaissance et la remet à l'emprunteur avec le montant du prêt.

En délivrant le titre à l'intéressé, le Payeur donne lecture à haute voix de la désignation du nantissement.

Il remet ensuite le bulletin de prisée à l'employé chargé de l'emballage [1].

VII. — Suspension des prêts. — Versements au compte des dépôts divers. — Régularisations.

228. — Lorsqu'il y a lieu de suspendre le payement d'un prêt, pour l'une des causes indiquées aux paragraphes IV et V ci-dessus, l'article est inscrit, par le Payeur, sur un registre à souche qui reçoit une série de numéros d'ordre

---

1. A titre d'essai et pour mettre l'employé le plus élevé en grade en contact avec le public au moment de la réception du gage, l'ordre des opérations a été modifié, au Chef-Lieu et à la 1re succursale, de la manière suivante :

1° Réception du gage par le Commis-comptable-payeur ;
2° Examen du gage et fixation du prêt par l'Appréciateur ;
3° Indication à l'engagiste, par le Payeur, du prêt offert ;
4° Confection du bulletin de prisée ;
5° Emballage du nantissement ;
6° Transcription du bulletin, par le Payeur, sur le registre ;
7° Remise au Reconnaissancier, par le Payeur, du bulletin, de la reconnaissance correspondante (en blanc) et du montant du prêt ;
8° Confection de la reconnaissance à l'aide du bulletin et vérification, par le Reconnaissancier, de la somme à payer ;
9° Inscriptions à faire, pour consommer l'acte d'engagement, par le contrôleur, et remise par celui-ci, à l'engagiste, du prêt vérifié par lui ainsi que de la reconnaissance.

non interrompue, commençant au 1er janvier de chaque année[1].

-La souche de ce registre comporte les indications suivantes :

Indication du bureau d'engagement — Numéro d'ordre du prêt suspendu — Numéro et date de l'engagement — Prêt — Désignation sommaire du gage — Nom et adresse du déposant — Motif de la suspension ; — Suite donnée à la suspension (régularisation ou inscription en recette au compte des dépôts divers).

Le récépissé détaché de la souche est remis au déposant, quelles que soient l'importance du prêt et la durée de la suspension[2].

Ce récépissé rappelle :

L'indication du bureau d'engagement — le numéro d'ordre du registre des prêts suspendus — la date de l'engagement — le numéro de l'article — le prêt — la désignation sommaire du gage.

Il est signé par le Payeur et indique par une formule imprimée qu'il est important que l'opération soit régularisée dans les vingt-quatre heures.

Dans tous les cas, le récépissé indique que le prêt est suspendu à défaut des justifications requises.

229. — Lorsqu'un déposant ne répond pas à l'appel de son numéro d'ordre ou lorsqu'il refuse de prendre le bulletin de prêt suspendu, ledit bulletin est néanmoins établi et joint à la reconnaissance, en attendant que l'intéressé se présente pour faire les justifications requises.

230. — Tous les bulletins rentrés lors de la régularisation sont classés par numéro d'ordre et tenus à la disposition soit des Inspecteurs, soit des Vérificateurs de caisse.

Les bulletins non rentrés doivent correspondre à une inscription en recette, dans la huitaine, au compte de *dépôts divers*, du montant des prêts non régularisés.

Les Comptables font chaque soir cette vérification, afin

---

1. Circulaires des 30 juin 1875 et 8 décembre 1881.
2. Circulaire du 30 juin 1875.

de connaître si les fonds provenant de ces suspensions existent bien dans leur caisse [1].

231. — Le montant des prêts non régularisés restés entre les mains des payeurs des engagements est, en fin de journée et par chacun desdits payeurs, remis en dépôt et sous cachet au Caissier-comptable.

Le cachet apposé, outre l'attache de la Division, porte les mots « *Prêts suspendus* ».

La restitution de ces dépôts est faite par le Caissier, chaque jour à l'ouverture de la séance [2].

232. — Lorsqu'un prêt suspendu n'a pas été l'objet d'une régularisation dans les huit jours qui suivent l'engagement, le chef du service en fait rapport au Directeur, en indiquant l'article qui a donné lieu à la suspension du prêt, le nom, la profession et l'adresse du déposant.

La reconnaissance est jointe à ce rapport.

Statuant sur le rapport du Chef des engagements, le Directeur ordonne le versement du prêt à la caisse, au compte *Dépôts divers*, où il est tenu à la disposition de l'ayant droit jusqu'à la prescription trentenaire.

Les inscriptions au compte des *Dépôts divers* ont lieu dans la forme rappelée au paragraphe VI du chapitre II (titre IV).

A cet effet, il est établi par le service de la comptabilité un mandat de versement sur le vu de la reconnaissance et du rapport.

La reconnaissance reste en dépôt au service de la comptabilité.

Le rapport du Chef des engagements est annexé au mandat de versement et remis, avec les fonds, au Caissier-comptable.

233. — Les prêts suspendus dont le versement est effectué à la caisse sont enregistrés sur un carnet, par le commis-principal des engagements.

---

1. Circulaire du 30 juin 1875.
2. Ordre de service du 1er décembre 1853.

Ce carnet indique :

Les numéros des divisions et des engagements — les dates des dépôts — les prêts — les désignations sommaires des gages — les noms, professions et adresses des déposants — les dates des régularisations, lorsqu'il y a lieu.

Les nantissements ont d'ailleurs été transportés dans les magasins, où ils suivent le sort des nantissements ordinaires[1].

Tout prêt suspendu doit être signalé à l'Inspection, le jour même où il est versé à la caisse.

Le rapport adressé au Directeur est communiqué au commis-principal de l'Inspection, qui l'enregistre sur un carnet spécial.

Les régularisations doivent être également signalées au service de l'Inspection.

234. — Lorsqu'un emprunteur se présente pour faire les justifications requises, le Chef des engagements reçoit le bulletin de prêt suspendu, fait inscrire au registre des engagements les pièces produites et adresse au Directeur un rapport qui, outre la désignation du gage, rappelle les nom, profession et adresse du déposant ou de l'auteur de la régularisation. Sur le vu de ce rapport, le service de la comptabilité établit un mandat de payement et le fait parvenir au Caissier avec la reconnaissance.

Le Caissier remet alors le montant du prêt à l'intéressé, contre son acquit, et lui délivre la reconnaissance.

VIII. — Annulations d'engagements. — Dégagements sans perception de droits. — Bons d'annulation.

235. — Lorsqu'il ne s'élève aucun doute sur la légitime possession du gage, et que l'emprunteur ne peut fournir les justifications exigées par le règlement, l'objet offert en nantissement peut être immédiatement restitué.

Il en est de même pour les objets présentés par des personnes incapables de contracter (mineurs, femmes en puissance de maris, interdits, etc.).

---

1. Règlement du 30 juin 1865, art. 64.

Si l'enregistrement de l'engagement a été effectué, il est procédé à l'annulation de l'opération, soit au moyen d'un dégagement immédiat, sans perception de droits, soit par voie de diminution à l'engagement, selon l'importance de la somme à déduire [1].

236. — Pour les articles au-dessous de 100 francs, il est procédé à l'annulation de l'engagement par un dégagement immédiat, sans perception des droits.

La formule ci-après est portée sur la reconnaissance :

« *Bon à dégager sans droits en vertu de l'article 4 de l'arrêté du 1er mai 1882.* »

Cette mention est suivie de la signature du chef du bureau.

La mention suivante est inscrite au registre des engagements dans la colonne des justifications :

« *Dégagé immédiatement en raison de l'impossibilité par le déposant de produire les justifications réglementaires — ou en raison de l'incapacité de contracter du déposant* ». [2]

237. — Pour les articles de 100 francs et au-dessus, dont le dégagement sans perception de droits aurait pour effet de mettre à la charge de l'Administration un droit d'appréciation qu'elle ne pourrait recouvrer, il est procédé à l'annulation de l'engagement au moyen d'un bon de déduction, ainsi conçu [3] :

BON D'ANNULATION
(DÉSIGNATION DE L'ARTICLE A ANNULER).

SERVICE DES ENGAGEMENTS.

N° d'ordre.

A déduire sur l'exercice........

article.

Prêt..........

Bon à déduire la somme de ...., montant de l'engagement effectué le .... sous le n° .....

Ledit nantissement a été remis au déposant, qui en a requis la restitution immédiate, ne pouvant produire les justifications réglementaires.

ou

Ledit nantissement a été remis au déposant, qui n'avait pas la capacité légale pour contracter un engagement.

---

1. Arrêté du Directeur du 1er mai 1882.
2. Circulaire du 16 mai 1882.
3. Arrêté du Directeur du 1er mai 1882. — Circulaire du 16 mai 1882.

Comme conséquence de cette déduction, les fonds de l'opération suspendue seront immédiatement réintégrés à la Caisse.

<small>Paris, le ....</small>

238. — Les bons d'annulation sont inscrits en fin de journée sur le registre des engagements.

Les totaux des articles et des sommes à déduire sont retranchés des totaux (articles et sommes) des engagements effectués.

Les reconnaissances sont bâtonnées et jointes, avec les bons d'annulation, aux feuilles du registre des engagements (caisse).

Les bons d'annulation revêtus des signatures du Caissier, du Chef de la comptabilité, du Chef des magasins et du Secrétaire général, servent ensuite à opérer la décharge des registres des engagements et des répertoires des magasins.

Les capitaux représentant les prêts annulés sont remis au comptoir de la Caisse par le Commis-comptable-payeur avec le reliquat des fonds de roulement.

Les engagements ainsi annulés sont signalés au Commissaire-priseur de service, qui les fait figurer en déduction sur son carnet d'appréciation.

IX. — Récapitulation des opérations d'engagement.

239. — Les Contrôleurs des divisions d'engagement établissent un bulletin journalier qui indique les opérations effectuées (articles et sommes) [1].

Ils totalisent chaque jour la deuxième colonne du registre des engagements et s'assurent, par un appel contradictoire avec les payeurs, que les résultats constatés sont exacts.

240. — Les Commis-comptables-payeurs établissent de leur côté un bulletin comprenant, en articles et en sommes, le montant des engagements effectués.

Ce bulletin est remis au comptoir de la Caisse avec le

---

1. Règlement du 30 juin 1865, art. 63.

reliquat des fonds de roulement, et appuyé d'un bulletin constatant les résultats identiques, établi par le Contrôleur.

Pour dresser ce bulletin, les comptables totalisent les sommes portées dans la sixième colonne du registre.

X. — Comptabilité des reconnaissances et des bulletins de prisée.

241. — Les reconnaissances et les bulletins de prisée sont remis en compte au Chef des engagements, qui doit justifier du nombre des imprimés employés ou fautés et de ceux qui sont disponibles.

A cet effet, ce chef de service fournit chaque mois au matériel un état qui indique le mouvement desdits imprimés.

242. — Les reconnaissances et les bulletins de prisée et de renouvellement sont livrés numérotés au moyen de l'impression.

En recevant ces imprimés, le Chef des engagements s'assure qu'aucun paquet ne contient des formules étrangères à son service. Les titres et bulletins mis au rebut pour ce motif sont transmis immédiatement au Chef du matériel, qui en donne reçu et pourvoit au remplacement [1].

243. — Le Chef des engagements fait en outre vérifier chaque jour l'exactitude du numérotage pour remplacer, s'il est besoin, par des exemplaires numérotés à la main, ceux de ces imprimés qui manquent ou qui portent un faux numéro.

Pour les reconnaissances manquant dans la livraison, revêtues d'un faux numéro ou fautées dans le travail, le remplacement a lieu par l'emploi de titres en blanc donnés en compte, et chaque numéro manuscrit est revêtu d'un visa apposé par le Chef des engagements ou par son suppléant [2].

Dans aucun cas, les reconnaissances non numérotées ne doivent être confiées d'avance à l'employé qui les utilise

---

1. Ordre de service du 30 novembre 1879.
2. Ordre de service du 30 novembre 1879.

CHAP. II — ENGAGEMENTS 89

Celui-ci, au contraire, doit toujours représenter le titre fauté pour en obtenir le remplacement.

244. — La constatation des numéros manquants est faite au moyen d'une fiche; les fiches, les titres fautés, ainsi que les reçus du matériel, pour les imprimés dont le remplacement n'a pas été effectué, représentent exactement le nombre des reconnaissances en blanc dont il a été fait emploi [1].

A la fin de chaque mois, tous les titres fautés sont renvoyés au matériel après avoir été mis hors d'état de servir et après l'annulation des signatures qui peuvent y être apposées [2].

XI. — Emballage des nantissements. — Fonctions des couseurs et emballeurs. — Remise des gages aux magasins.

245. — Au moment de l'estimation d'un gage, le garçon de prisée fixe sur ce nantissement un numéro qui concorde avec celui remis au déposant.

Ce numéro, pris à son ordre dans une série de 50 jetons en métal (de 2 à 100), accompagne le gage jusqu'à ce que le bulletin y ait été cousu [3].

246. — Les gagistes emballeurs doivent contrôler avec le plus grand soin, à l'aide des bulletins de prisée, le nombre et la nature des objets avant l'emballage [4].

Ils s'assurent que les défectuosités, les marques et numéros, etc., ont bien été consignés sur les bulletins de prisée.

S'ils s'aperçoivent qu'une omission ait été faite ou une erreur commise, ils en font part immédiatement au Bulletiniste, qui fait la rectification nécessaire.

247. — Les boîtes renfermant des bijoux ou autres objets précieux sur lesquels un prêt de vingt francs et au-

---

1. Ordre de service du 30 novembre 1879.
2. Circulaire du 3 décembre 1873.
3. Circulaire du 1er mai 1875.
4. Circulaire du 29 juin 1866.

dessus a été consenti sont cachetées à la cire, selon le mode indiqué par l'Administration, et frappées de l'empreinte d'un timbre spécial portant le numéro de la division, et dont chaque gagiste couseur reste seul dépositaire.

Dans le cas d'une vérification administrative et réglementaire, pour quelque cause que ce soit, les boîtes contenant les nantissements vérifiés sont transmises aux divisions respectives et cachetées à nouveau par le gagiste-emballeur, avant leur réintégration au magasin [1]. Le timbre employé à cet effet porte l'inscription : *vérifications et greffes*.

Les gages comprenant des châles et dentelles [2], sur lesquels il a été prêté 100 francs et au-dessus, sont également revêtus d'un cachet à la cire [3].

Les nantissements ayant donné lieu à des prêts de 1000 francs et au-dessus sont cachetés par les soins et sous la responsabilité des commissaires-priseurs au moyen d'un timbre dont ils ont seuls la disposition.

248. — La fermeture et le cachetage des boîtes d'emballage des nantissements précieux ont lieu suivant un mode uniforme tant au Chef-lieu que dans les Succursales ou les Bureaux auxiliaires.

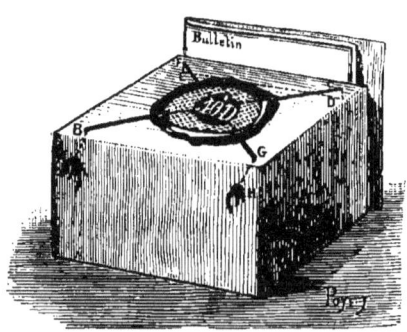

Les bijoux étant soigneusement emballés, la boîte est placée au milieu de l'enveloppe en papier, le couvercle en dessous.

Les plis de l'enveloppe sont fixés à la gomme ou à la colle de pâte; l'extrémité du dernier pli est coupée de telle sorte qu'il arrive à couvrir seulement la moitié du fond de la boîte, placé en-dessus.

---

1. Ordre de service du 30 juin 1866.
2. Circulaire du 18 avril 1873.
3. La vérification des gages, à fin d'expertise, n'est pas autorisée par les règlements du Mont-de-Piété ni par la jurisprudence.

Le bulletin, plié en quatre, est disposé sur un des côtés de la boîte; la partie comprenant la division, le numéro d'engagement, la date et le prêt est tournée en dehors; le fil destiné à le fixer part du côté opposé et suit le parcours A, B, C, D, E, F, G, H (voir la figure ci-contre), de manière à percer le bulletin en deux endroits (D et E) et à se croiser au point O, sur le milieu de la coupure de l'enveloppe, pour aboutir au point H, où il est définitivement arrêté.

Le cachet est alors appliqué au point de croisement du fil [1].

249. — Les montres et les bijoux émaillés sont placés dans une double boîte, afin de les mettre à l'abri du contact des autres objets composant le même gage et pour les garantir des avaries que peut occasionner l'aiguille du couseur.

Les brillants et les pierres précieuses détachés, les parcelles d'or, et en général tous les objets de petite dimension et de valeur sont placés dans une enveloppe cachetée à la cire, de manière à fixer l'attention des employés chargés de la délivrance des gages et à en empêcher la perte tant à l'engagement qu'au dégagement [2].

250. — Tous les paquets doivent avoir quarante centimètres de longueur, au minimum, à moins toutefois que la nature du gage ne permette pas d'atteindre cette dimension [3].

La soie, le velours et le satin ne doivent pas être pliés dans le sens de leur largeur.

Les bulletins de prisée, pliés en quatre, sont fixés à l'une des extrémités de chaque paquet, de façon à laisser apercevoir la partie comprenant l'indication de la division, le numéro de l'engagement, la date et le prêt.

251. — Lorsqu'un nantissement comprend plusieurs parties, une fiche, dont la confection est indiquée au § II du

---

1. Ordre de service du 3 août 1876.
2. Ordre de service du 15 février 1873.
3. Ordre de service du 3 septembre 1858.

présent chapitre, est appliquée sur chacune desdites parties du gage, même sur celle qui est revêtue du bulletin de prisée.

252. — Les bulletins de prisée des parapluies ou ombrelles doivent être cousus sur une ficelle attachée au manche de ces objets, pour éviter la détérioration de l'étoffe [1].

253. — Lorsqu'il y a un certain nombre de nantissements emballés, les gagistes de chaque division font parvenir les articles au magasin soit par une trémie disposée à cet effet, soit par les porteurs attachés à leur division.

Ils établissent pour chaque voyage un bulletin indiquant:

La division d'engagement — la date — le numéro d'ordre du voyage — le nombre d'articles complets envoyés au magasin — le nombre de parties — le total des articles et des parties — la signature du porteur.

Ce dernier fait signer la réception des gages par le magasin sur le bulletin, qu'il remet ensuite au Chef des engagements.

254. — Indépendamment de l'emballage et du transport des nantissements, les gagistes du service des engagements sont chargés du nettoiement des bureaux, à tour de rôle, par semaine, ainsi que de la distribution de l'eau [2].

CHAPITRE III

DÉGAGEMENTS

I. — **Conditions du dégagement.** — **Ordre des opérations.**

255. — Lorsqu'à l'expiration du terme stipulé dans l'engagement ou avant cette expiration, ou même après

---

1. Circulaire du 1er décembre 1877.
2. Délibération du Conseil d'Administration du 28 avril 1849, approuvée le 23 mai suivant.

CHAP. III — DÉGAGEMENTS 93

cette expiration si la vente du gage n'a pas encore été effectuée, l'emprunteur présente la reconnaissance et acquitte le montant total de la dette, en principal, intérêts et droits ; le gage lui est restitué dans l'état où il se trouvait au moment du dépôt [1].

Aucun dégagement ne peut être effectué sans payement des sommes dues au Mont-de-Piété, sauf les cas indiqués au paragraphe VIII du chapitre précédent [2].

256. — Les demandes de dégagement sont accueillies au Chef-lieu et dans les Succursales de neuf à trois heures, tant pour les nantissements déposés dans ces établissements que pour ceux qui y ont été apportés par les bureaux auxiliaires qui en dépendent et par les commissionnaires.

Les dimanches et jours fériés, les demandes de dégagement ne sont accueillies que jusqu'à midi.

257. — Les opérations de dégagement sont effectuées dans l'ordre suivant :
1° Décompte des intérêts et droits ;
2° Inscriptions diverses sur les registres des dégagements effectifs (Contrôle et Caisse) ;
3° Perception des sommes dues et délivrance des bulletins d'appel ;
4° Délivrance des gages.

II. — Décompte des capitaux, intérêts et droits. — Fonctions des Contrôleurs.

258. — Les Commis-contrôleurs des dégagements sont placés sous la direction immédiate du Chef de la comptabilité chargé du contrôle.

Ils sont chargés, contradictoirement avec les Receveurs, de l'enregistrement de tous les dégagements demandés [3].

Dans leurs rapports avec les agents de la Caisse, les

---

1. Règlement général annexé au décret du 8 thermidor an XIII, art. 65. — Règlement du 30 juin 1865, art. 69.
2. Règlement du 30 juin 1865, art. 69.
3. Ordre de service du 10 mars 1855.

Contrôleurs ne doivent jamais perdre de vue que leur devoir est de vérifier avec une entière indépendance, et dans toutes leurs parties, les opérations des Comptables qu'ils sont chargés de contrôler [1].

259. — Chaque division de recette étant chargée des opérations de dégagement de plusieurs bureaux auxiliaires ou divisions d'engagement, le Contrôleur doit préalablement s'assurer que les titres présentés ont été émis par l'un desdits bureaux ou divisions. Il totalise ensuite le décompte de la somme à payer par le porteur des titres [2].

Ce décompte comprend : 1° le capital prêté ; 2° les intérêts et les droits pour frais généraux de régie, de manutention et d'assurance réunis en une seule somme ; 3° le droit fixe d'appréciation.

260. — Les intérêts et droits du Mont-de-Piété sont calculés par quinzaine, toute quinzaine commencée étant due en entier ; le premier mois est également compté en entier.

Les quinzaines et les mois sont comptés de date à date exclusivement [3].

Lorsque l'Administration est autorisée à percevoir un droit temporaire, en raison de circonstances exceptionelles, le décompte en est fait et la somme est inscrite avant le droit d'appréciation.

S'il s'agit du dégagement d'un article qui a été l'objet d'un ou de plusieurs renouvellements pour ordre, les droits sont décomptés à partir du jour de la dernière opération effective ; les différents droits de prisée sont inscrits dans la colonne de l'exercice indiqué par la reconnaissance présentée au dégagement.

261. — Les dégagements dits « *étrangers* » effectués dans les bureaux auxiliaires étant calculés aux dates des demandes des intéressés, les Contrôleurs et Receveurs des dégagements doivent accepter les chiffres indiqués sur les

---

1. Ordre de service du 20 octobre 1854.
2. Règlement du 30 juin 1865, art. 63.
3. Délibération du Conseil d'Administration du 12 février 1778.

titres qui leur sont soumis, si toutefois les calculs sont reconnus exacts. Les titres doivent, d'ailleurs, être revêtus des signatures des Chefs de bureaux auxiliaires et des timbres des bureaux.

262. — Le droit d'appréciation n'est pas perçu pour les prêts de 3 à 5 francs. L'Administration supporte le déficit résultant de l'abandon de ce droit.

Les capitaux et les différents droits sont totalisés sur chaque reconnaissance.

263. — Lorsqu'une même personne présente plusieurs reconnaissances, dont le dégagement doit être effectué à un même bureau, le Contrôleur les classe par ordre de date et par numéro, puis il indique sur le premier titre le total des décomptes portés sur chaque reconnaissance.

Le montant de la somme à payer est annoncé à haute voix à l'intéressé par le Contrôleur.

Si le nombre des reconnaissances présentées excède dix et qu'il y ait à craindre pour les personnes suivantes un trop long délai d'attente, le Contrôleur fait prévenir le Chef du service, qui s'occupe de donner satisfaction aux intéressés.

264. — Les décomptes des intérêts et droits du Mont-de-Piété figurent sur un tarif dont un exemplaire est remis à chaque employé.

Ce tarif comprend les sommes dues par chaque prêt de 3 à 200 francs pour une série de deux à trente-quatre quinzaines [1].

Un second tarif comprend un certain nombre de produits correspondant à des perceptions déterminées.

Pour les sommes supérieures à 200 francs ou pour les périodes qui comprennent plus de trente-quatre quinzaines, il y a lieu de procéder au calcul des intérêts.

265. — Le minimum des sommes à percevoir est fixé à 5 centimes.

Il n'est pas perçu de fractions de demi-décime. A partir

---

1. Délibération du Conseil d'Administration du 27 avril 1842.

de 5 centimes, les fractions au-dessous de 2 centimes 1/2 sont abandonnées; les fractions au-dessus donnent lieu à la perception de 5 centimes [1].

Les décomptes des prêts de 500 francs et au-dessus doivent être suivis de la signature du Contrôleur et de celle du Receveur.

266. — Le Contrôleur doit avoir soin de ne recevoir les reconnaissances dont les nantissements peuvent être portés sur les rôles de vente, qu'autant que ces titres sont revêtus d'un visa du Préposé des magasins ou du dépôt des ventes indiquant au moyen d'un timbre à date que le gage n'est pas vendu [2].

Les périodes dans lesquelles sont compris les derniers nantissements livrés à la vente sont indiquées, à cet effet, aux Contrôleurs des dégagements, au moyen de bulletins qui leur sont remis par le service du Dépôt des ventes.

267. — Toute reconnaissance erronée ou incomplète est envoyée au bureau de la vérification.

Pour les reconnaissances dont l'authenticité paraît douteuse, il y a lieu de suspendre l'opération demandée et d'en référer immédiatement au Sous-chef de la vérification.

268. — Lorsqu'une reconnaissance est présentée au dégagement par un agent de l'Administration, le Contrôleur ne doit passer outre que sur le vu de la signature d'un Chef ou Sous-chef de service, apposée sur le titre, ou, s'il s'agit d'opération par correspondance, du timbre du Secrétariat général [3].

III. — Écritures relatives aux dégagements. — Récapitulation des opérations.

269. — Lorsque le Contrôleur a établi sur la reconnaissance le décompte des capitaux à percevoir, il transcrit ce décompte sur le registre des dégagements effectifs (journal du contrôle).

---

1. Délibération du Conseil d'Administration du 27 avril 1842.
2. Ordre de service du 20 octobre 1833.
3. Note de service du 12 août 1885.

CHAP. III — DÉGAGEMENTS 97

Ce registre est tenu par année et reçoit une série de numéros d'ordre pairs du 1er janvier au 31 décembre.

Ces numéros sont indépendants de ceux des engagements [1].

Le journal du contrôle, divisé en colonnes, comprend :

Les numéros d'ordre des dégagements — les numéros des reconnaissances — les dates — le nombre de quinzaines échues — les capitaux (divisés par exercices) — les intérêts et droits du Mont-de-Piété — le droit temporaire, s'il y a lieu — le droit de prisée (divisé par exercices) — le total général des capitaux et droits — les observations.

270. — Les colonnes de ce registre sont communes à tous les articles, sauf celles relatives aux capitaux et au droit de prisée, qui sont subdivisées en trois colonnes, destinées à chacun des exercices en cours de liquidation.

Il est très important, au point de vue de la liquidation des magasins, que chaque somme soit exactement portée dans la colonne afférente à l'année d'émission du titre.

La couleur des reconnaissances facilite la répartition des sommes dans les colonnes où elles doivent figurer.

Le journal du contrôle comporte trente-cinq lignes par page. Le Contrôleur ne doit ajouter ou intercaler un ou plusieurs articles, en se servant de numéros *bis*, que par exception justifiée.

271. — Le Contrôleur indique sur la reconnaissance, en tête du décompte, le numéro d'ordre du dégagement, au registre-journal, et la date de l'opération.

272. — Il établit ensuite, pour chaque titre, un bulletin d'appel qui doit servir de récépissé provisoire à l'auteur du dégagement.

Ce bulletin rappelle le numéro de la division ou la lettre du bureau d'engagement, le numéro de la reconnaissance, le prêt et le montant de la somme à percevoir.

Il est établi sur papier blanc, rouge ou jaune, dans le but d'indiquer aux intéressés la salle de délivrance dans laquelle ils doivent attendre la remise de leurs gages.

---

1. Règlement du 30 juin 1865, art. 68.

Les bulletins de couleur jaune sont spécialement affectés aux prêts de 500 francs et au-dessus, dont la délivrance, occasionnant une vérification plus minutieuse, a lieu dans une salle spéciale [1].

273. — La reconnaissance et le bulletin d'appel sont ensuite remis par le Contrôleur au Receveur.

Celui-ci, après avoir vérifié le décompte porté sur la reconnaissance, procède à l'inscription de l'opération sur le registre des dégagements effectifs (journal des recettes), qui comporte les mêmes colonnes et la même série de numéros d'ordre que le journal du contrôle.

Le journal du contrôle et le journal des recettes son additionnés page par page.

274. — En fin de journée, le Contrôleur et le Receveur dressent chacun une récapitulation par division ou bureau, indiquant les résultats de la séance.

Ces résultats établissent : le nombre des articles dégagés et le montant des capitaux rentrés, classés par exercice; celui des droits du Mont-de-Piété, inscrits dans une seule colonne; enfin, le montant du droit de prisée, divisé par exercice comme les articles et les capitaux [2].

Les Contrôleurs se font appeler par leur Receveur respectif, les résultats partiels de chaque colonne et ensuite les résultats généraux donnés par la récapitulation.

S'il existe une différence par suite soit d'une transposition d'exercice ou de bureau, soit d'une omission dans l'enregistrement des articles, soit pour toute autre cause, l'appel a lieu article par article pour la colonne où cette différence s'est produite, et la rectification en est faite, sur le vu de la reconnaissance, par une surcharge ou par l'enregistrement de l'article omis suivant le cas. Toute rectification est paraphée par l'agent qui a constaté l'omission ou l'erreur [3].

275. — Les Commis-comptables-receveurs et les Commis-

---

1. Ordre de service du 14 janvier 1881.
2. Ordre de service du 20 octobre 1854.
3. Ordre de service du 20 octobre 1854.

CHAP. III — DÉGAGEMENTS 99

contrôleurs des dégagements sont tenus d'appeler les résultats de la journée avec les Magasiniers-Enregistreurs (agents du magasin) et d'apposer leur visa sur le registre de sortie du magasin à l'effet d'en constater l'exactitude [1].

276. — En fin de séance, les Receveurs et les Contrôleurs dressent contradictoirement, pour être transmis à la caisse et au contrôle, un bulletin général des dégagements de la journée, qui reproduit, pour chaque division d'engagement ou chaque bureau auxiliaire, les totaux des colonnes des registres [2].

Les résultats de chaque division d'engagement ou bureau auxiliaire en articles, capitaux et droits sont additionnés, de manière à obtenir le total général de la recette de chaque bureau de dégagement.

IV. — Perception des capitaux et droits. — Fonctions des Commis-comptables-receveurs.

277. — Après avoir inscrit l'opération de dégagement sur le journal des recettes, le Receveur, au moyen d'un numéroteur mécanique qui indique le bureau de dégagement, appose un même numéro sur le bulletin d'appel et sur la reconnaissance.

278. — Le Comptable perçoit ensuite la somme due au Mont-de-Piété et délivre le bulletin d'appel à l'intéressé.

Il ne doit jamais exiger l'appoint nécessaire, et, pour faciliter les échanges dès le début de la séance, un fonds de caisse, variable selon l'importance du bureau, est mis à sa disposition contre un reçu qui reste entre les mains du Caissier central.

La reconnaissance est ensuite transmise au magasin où s'effectue la remise du gage en échange du bulletin d'appel [3].

279. — Les Receveurs délivrent à tout auteur de déga-

---

1. Ordre de service du 22 mai 1874.
2. Ordre de service du 10 mars 1855.
3. Ordre de service du 10 août 1863.

gement qui en fait la demande un bordereau indicatif de la somme payée par lui.

280. — Les Receveurs se conforment, pour le refus de certaines pièces de monnaie, aux instructions du Caissier sous les ordres duquel ils sont placés immédiatement.

Ils reçoivent comme numéraire les bulletins délivrés par le Receveur de la caisse d'acompte.

Les pièces fausses présentées par le public doivent être cisaillées et rendues en cet état au porteur [1].

Les intéressés qui s'opposeraient à l'exécution de cette mesure sont conduits chez le commissaire de police aux fins d'enquête.

281. — Lorsqu'une erreur est constatée après que l'auteur du dégagement a quitté la salle des recettes, une note est transmise au Chef des magasins, qui provoque la rectification si le propriétaire du gage est encore présent.

Si celui-ci a quitté l'Administration, la note est transmise au service de l'Inspection pour y donner la suite convenable.

Dans tous les cas, les Comptables doivent s'abstenir de toute démarche personnelle [2].

282. — Les Commis-comptables-receveurs versent chaque soir, entre les mains d'un préposé de la caisse, le montant de leur recette, qui doit être égal à celui indiqué sur le bulletin journalier.

Le versement des fonds qui existent dans la Caisse des comptables doit avoir lieu après le prélèvement du fonds de Caisse laissé à leur disposition, et avant tout arrêt de compte.

283. — Les Comptables sont alors tenus de combler, s'il y a lieu, les déficits, et de consigner entre les mains dudit préposé les excédents pouvant résulter de la manipulation des fonds.

---

1. Arrêté ministériel du 1ᵉʳ juin 1818.
2. Note de service du 15 juin 1881.

V. — **Annulations de dégagements.** — **Bons de déduction.**

284. — Les annulations de dégagements s'opèrent de deux manières différentes, selon qu'il s'agit d'opérations effectuées dans le cours de la séance ou d'opérations effectuées dans une précédente séance.

285. — Les annulations qui ont lieu dans le cours de la même séance, soit par suite d'erreurs d'écriture, soit pour cause d'insuffisance de fonds, soit pour cause d'opposition, soit pour toute autre cause, s'opèrent sur le vu de la reconnaissance par une simple barre faite à la plume sur les articles supprimés.

Les Contrôleurs et Receveurs doivent avoir soin d'indiquer la cause des annulations sur leurs registres, en regard des articles et dans la colonne d'observation, par les mentions suivantes :

Annulé Transposition (Division ou Bureau).
   » Insuffisance de fonds.
   » Opposition n°....
   » Etc.

286. — Les déductions résultant de l'annulation d'une ou de plusieurs opérations de dégagement effectuées dans une précédente séance ne peuvent avoir lieu que sur un ordre émané de la Direction au Chef-lieu.

Cet ordre indique la cause de la déduction [1].

Il est ainsi conçu :

BON DE DÉDUCTION

SERVICE

N° d'ordre.

(DÉSIGNATION DE L'ARTICLE A DÉDUIRE)

Opération.
A déduire sur l'exercice.......
article.
Prêt........
Intérêts et droits.........
Droit de prisée............
Total....

Bon à déduire la somme de ......, montant du dégagement de l'article sus-énoncé, effectué le ......, sous le n° ... Ledit nantissement (motif de la déduction énoncé sommairement).

Le montant de cette déduction sera immédiatement versé à (indication de la destination que doit recevoir la somme déduite).

Paris, le ....

---

1. Ordre de service du 28 juin 1851.

L'ordre de déduction est signé par le Secrétaire général, pour le Directeur; il est visé par le Caissier, par le Chef de la comptabilité chargé du contrôle et par le Chef des magasins.

Le visa de ce dernier Chef de service n'est demandé que lorsque la déduction porte sur un article qui existe en magasin.

287. — Il est fait mention sur le registre du Contrôleur et sur celui du Receveur, au bas de la récapitulation effectuée en fin de séance, de l'ordre en vertu duquel la déduction a été opérée [1].

Cette mention, ainsi conçue, est suivie de la reproducduction du bon dans toutes ses dispositions :

Bon de déduction n° ..., en date du ..., émanant du service de ..... :
« Bon à déduire, etc. »

288. — Le nombre des articles et les sommes à déduire, comprenant les capitaux, intérêts et droits du Mont-de-Piété et le droit de prisée, sont retranchés des totaux de la journée en ayant soin d'opérer sur les colonnes dans lesquelles ont figuré les inscriptions en recette.

289. — S'il s'agit d'annuler un dégagement effectué dans une séance précédente et si la recette, sur l'exercice auquel appartient l'article à supprimer, n'est pas suffisante pour en permettre la déduction, l'opération, lorsqu'il y a lieu de donner satisfaction immédiate à l'intéressé, peut être faite sur un autre bureau ou au besoin sur un autre exercice.

Avis de cette opération est donné au Sous-chef de la vérification, qui fait modifier les écritures, à l'une des séances suivantes, au moyen d'un bon de redressement.

290. — Les sommes déduites sont remises par les Receveurs aux auteurs des bons de déduction, qui demeurent chargés d'en faire le versement à la Caisse ou entre les mains des intéressés, selon les cas.

---

1. Ordre de service du 28 juin 1851.

Ces bons sont conservés par les Receveurs et remis en fin de journée au Sous-chef de la vérification, qui les classe par exercice et par date, afin de pouvoir les représenter à toute réquisition [1].

291. — En cas d'annulation, les Receveurs doivent exiger la remise du bulletin d'appel qui a été délivré lors du dégagement; ils oblitèrent le timbre de remboursement et la mention de dégagement portés sur la reconnaissance avant de remettre ce titre à l'auteur du bon de déduction ou à l'intéressé.

VI. — Redressement d'écritures. — Bons de rectification.

292. — Les redressements d'écritures s'opèrent de deux manières différentes, selon qu'il s'agit d'erreurs commises dans le cours de la séance ou d'erreurs commises dans une précédente séance.

293. — Lorsqu'il s'agit de redresser une erreur commise dans le cours de la séance, soit par suite de transposition d'exercice, soit par suite d'erreur de décompte, soit par toute autre cause, la rectification s'opère par un simple trait à la plume sur le chiffre ou la somme erronés et par le rétablissement de la somme exacte ou du chiffre réel dans la colonne où ils doivent figurer.

L'erreur peut également être rectifiée par une simple surcharge.

Les rectifications ne doivent être faites que sur le vu des reconnaissances.

A cet effet, les Commis-comptables font demander ces titres en communication au service des magasins, en remettant un bon signé d'eux.

294. — Les erreurs commises dans les précédentes séances sont relevées par le service de la vérification chargé de faire procéder à leur redressement au moyen de bons de rectification.

Ces bons indiquent la nature de l'erreur commise.

---

[1]. Ordre de service du 28 juin 1851.

BON DE DÉDUCTION OU D'AUGMENTATION

SERVICE DE LA VÉRIFICATION	(DÉSIGNATION DE L'ARTICLE)
—	
N° **d'ordre**.	Bon à déduire (ou à ajouter) la somme de.... (du ou au) montant du dégagement (ou d'une erreur commise lors du dégagement) de l'article susénoncé, effectué le..., sous le n°........
—	
A déduire ou à ajouter sur l'exercice.......	
article.	Ledit nantissement (énoncé sommaire de l'erreur commise).
Prêt.........	Le montant de cette déduction (ou de cette augmentation) sera immédiatement versé (indication de la destination que doit recevoir la somme déduite ou ajoutée).
Intérêts et droits.........	
Droit de prisée.............	
Total....	Paris, le .....

Les bons de rectification sont signés par le Secrétaire général pour le Directeur; ils sont visés par le Chef de la comptabilité, chargé du contrôle, par le Caissier et par le Chef des magasins.

Le visa de ce dernier Chef de service n'est demandé que lorsque les rectifications portent sur des articles qui existent en magasin.

295. — Il est fait mention, sur le registre du Contrôleur et sur celui du Receveur, au bas de la récapitulation effectuée en fin de séance, des ordres en vertu desquels les rectifications ont été opérées.

Ces mentions, ainsi conçues, sont suivies de la reproduction textuelle des bons :

Bon de déduction (ou d'augmentation) n° ..., en date du ..., émanant du service de la vérification :
« Bon à déduire, etc. »

296. — Le nombre des articles et les sommes à déduire ou à ajouter, comprenant les capitaux, intérêts et droits du Mont-de-Piété et le droit de prisée, sont retranchés des totaux de la journée ou ajoutés auxdits totaux, en ayant soin d'opérer sur les colonnes dans lesquelles ont figuré les inscriptions qu'il s'agit de redresser.

297. — Les sommes déduites sont remises par les

Receveurs au Sous-chef de la vérification, chargé d'en faire le versement entre les mains des intéressés ou à la Caisse, selon les cas.

Les sommes augmentées restent à la charge des Receveurs, qui en opèrent le versement immédiat.

Les bons de rectification, de même que les bons de déduction, sont remis, en fin de journée, au Sous-chef de la vérification, qui les classe par exercice et par date.

VII. — Mesures relatives aux dégagements gratuits.

298. — Lorsque des fonds sont mis à la disposition de l'Administration dans le but de faire restituer gratuitement certaines catégories de nantissements, il y a lieu de modifier l'ordre dans lequel les opérations du dégagement s'effectuent habituellement.

En conséquence, il est procédé aux inscriptions, décomptes et délivrance des gages de la manière suivante.

299. — Les reconnaissances sont reçues par un employé qui s'assure que la désignation comprend l'un des objets pouvant être dégagés gratuitement; cet employé établit un bulletin d'appel, qu'il remet avec chaque titre à un deuxième préposé chargé de contrôler la désignation, d'apposer un timbre et de délivrer le bulletin d'appel.

En raison de la similitude des gages, les employés doivent s'appliquer à remplir très lisiblement les numéros d'appel, afin d'éviter les erreurs pouvant résulter d'une omission ou d'un double emploi.

300. — Les reconnaissances sont transmises au service des magasins, où l'enregistrement à la sortie est effectué immédiatement; les enregistreurs ont à porter la mention de sortie sur les titres.

301. — Après que les gages ont été délivrés, le service des magasins fait remettre, à des intervalles déterminés, les titres rentrés, entre les mains des employés désignés pour effectuer les décomptes d'intérêt et l'enregistrement de la recette et du contrôle. En fin de séance, les enregistreurs font l'appel de leurs feuilles auprès de ces employés.

302. — Chaque jour trois bulletins résumant les opérations, dans chaque établissement, sont adressés au Directeur.

Toutes les opérations relatives aux dégagements gratuits sont enregistrées à l'encre rouge [1].

CHAPITRE IV

RENOUVELLEMENTS

I. — **Conditions du renouvellement.** — **Ordre des opérations.**

303. — Tout emprunteur qui, dans le délai stipulé, n'a pas effectué le dégagement et qui veut éviter la vente du nantissement, est admis à renouveler son engagement aux mêmes conditions (sauf les exceptions indiquées au paragraphe VIII ci-après) et pour le même délai que l'engagement primitif, en rapportant la reconnaissance et en acquittant les droits et intérêts échus, qui se calculent comme pour les dégagements.

304. — Le renouvellement constitue en réalité un dégagement, suivi immédiatement d'un engagement nouveau. Toutefois, une opération qui ne donne lieu qu'à un mouvement fictif de valeurs doit être distincte de celles qui constatent l'entrée et la sortie réelles des capitaux; les renouvellements sont donc constatés par des écritures spéciales; en conséquence, il est tenu un registre des renouvellements [2].

305. — Les engagements par renouvellement reçoivent, comme les engagements effectifs, pour chaque bureau ou division, une série de numéros d'ordre qui commence le

---

1. Ordre de service du 12 décembre 1879.
2. Règlement du 30 juin 1865, art. 79.

1er janvier de chaque année et se termine le 31 décembre. La série appliquée à ces opérations est celle des numéros impairs.

De même que pour les engagements effectifs, le numéro d'ordre assigné à chaque renouvellement ne peut jamais être modifié; il doit également être reproduit sur toutes les pièces qui constatent ce renouvellement et à toutes les inscriptions qui le concernent sur les différents registres.

306. — Il ne peut être effectué un renouvellement au sujet d'un nantissement qui aurait été perdu ou avarié dans les magasins, attendu qu'au lieu d'un payement à exiger de l'emprunteur il lui est dû dans ce cas une indemnité ou un remboursement.

En conséquence, l'emprunteur qui renouvelle son engagement peut exiger que le gage lui soit représenté; à défaut de cette représentation ou en cas d'avarie, il est en droit de réclamer les dédommagements stipulés par le règlement [1].

L'opération du renouvellement n'est définitive que le lendemain du jour où elle a été effectuée.

307. — Un même nantissement peut être renouvelé indéfiniment, sauf les cas de détérioration ou d'avarie pouvant entraîner la diminution du prêt ou même le refus de renouvellement [2].

308. — Il est délivré une nouvelle reconnaissance, en échange de l'ancienne, après chaque renouvellement opéré [3].

309. — Les renouvellements d'articles primitivement engagés dans les bureaux auxiliaires peuvent être effectués à l'établissement où le gage est emmagasiné.

Ces renouvellements sont dits « de la petite série » et comprennent les numéros 1 à 29999; ils donnent lieu à la délivrance de reconnaissances qui sont établies sur des imprimés identiques à ceux qui ont été remis lors du premier engagement.

---

1. Règlement du 30 juin 1865, art. 81.
2. Règlement du 30 juin 1865, art. 82.
3. Délibération du Conseil d'Administration du 14 avril 1847.

Les reconnaissances de la petite série peuvent néanmoins être présentées dans les bureaux auxiliaires, pour une opération ultérieure, à l'exception de celle qui a pour objet le payement du boni résultant de la vente.

310. — Les opérations de renouvellement sont effectuées dans l'ordre suivant :
1° Décompte des droits ;
2° Inscriptions diverses au journal du contrôle (Engagements par renouvellement) ;
3° Expédition des reconnaissances et des bulletins de renouvellement ;
4° Inscriptions au journal des recettes (Dégagements par renouvellement).
5° Perception des droits et délivrance des nouvelles reconnaissances.

Dans les cas où la réappréciation est nécessaire, cette opération précède les autres. Il y est procédé par les soins du Secrétariat général.

311. — Les demandes de renouvellement sont accueillies au Chef-lieu de neuf à trois heures, tant pour les nantissements engagés dans cet établissement que pour ceux déposés dans les bureaux auxiliaires qui y envoient leurs gages.

Les dimanches et jours fériés, les demandes de renouvellement ne sont accueillies que jusqu'à midi.

II. — Décompte des intérêts et droits.

312. — Les Commis-contrôleurs des renouvellements sont placés sous la direction immédiate du Chef de la comptabilité, chargé du Contrôle.

Les Commis-comptables receveurs sont placés sous les ordres du Caissier.

Les reconnaissanciers et aides-magasiniers bulletinistes attachés aux divisions de renouvellement sont sous la direction du Chef des engagements.

313. — Lorsqu'une reconnaissance est présentée, le Contrôleur s'assure que ce titre a été émis par l'un des

CHAP. IV — RENOUVELLEMENTS

bureaux ou par l'une des divisions dont les renouvellements, au Chef-lieu, incombent au bureau auquel il appartient.

Il établit ensuite, dans la case réservée à cet effet, le décompte des droits à payer par la personne qui demande le renouvellement.

Ce décompte comprend :

1° Les intérêts et droits dus au Mont-de-Piété, qui se calculent comme pour les dégagements;

2° Le droit fixe d'appréciation.

Ces différents droits sont totalisés sur chaque reconnaissance.

Le contrôleur ne procède toutefois à l'enregistrement de ce décompte que si le titre porte une date postérieure à celle des nantissements livrés à la vente et s'il ne comporte aucun objet de nature à être soumis à une nouvelle appréciation.

Lorsqu'une même personne présente plusieurs reconnaissances d'un même bureau, le Contrôleur, après les avoir classées par date et numéro d'entrée, indique sur la première le total des décomptes portés sur chaque titre.

Si le nombre des reconnaissances présentées excède dix et qu'il y ait à craindre pour les personnes suivantes un trop long délai d'attente, le Contrôleur fait prévenir le Chef du service, qui s'occupe de donner satisfaction aux intéressés.

Le montant de la somme à payer est annoncé par le Contrôleur au porteur du titre.

314. — Le décompte des intérêts et droits du Mont-de-Piété se fait au moyen d'un tarif ou au moyen d'un calcul indiqué au paragraphe II du chapitre III (titre II).

315. — Le Contrôleur ne doit recevoir les reconnaissances relatives à des nantissements qui pourraient être portés sur des rôles de vente qu'autant que ces titres sont revêtus d'un visa du préposé des magasins ou du Dépôt des ventes, indiquant, au moyen d'un timbre à date, que le gage n'est pas vendu [1].

---

1. Ordre de service du 20 octobre 1833.

110 TITRE II — OPÉRATIONS CONCERNANT LE PRÊT DIRECT

Les périodes dans lesquelles sont compris les nantissements faisant partie de la dernière livraison à la vente sont indiquées, à cet effet, aux Contrôleurs, au moyen de bulletins remis par le service du Dépôt des ventes.

316. — Toute reconnaissance erronée ou incomplète doit être envoyée au bureau de la vérification. Il en est de même de celles dont l'authenticité ou les inscriptions paraîtraient douteuses.

Lorsqu'une reconnaissance est présentée au renouvellement par un agent de l'Administration, le Contrôleur ne doit passer outre que sur le vu, soit de la signature d'un Chef ou d'un Sous-Chef de service, apposée sur le titre, soit du timbre du Secrétariat général, s'il s'agit d'un renouvellement par correspondance [1].

III. — Inscriptions au journal des engagements par renouvellement. — Fonctions des Contrôleurs.

317. — Lorsque le Contrôleur a établi sur la reconnaissance le décompte des intérêts et droits à percevoir, il transcrit ce décompte sur le registre des engagements par renouvellement.

Il inscrit également sur ce registre, d'après la déclaration des porteurs des titres et sans exiger de justifications, les noms et adresses des auteurs des renouvellements.

Le registre des renouvellements est divisé en quatre parties.

La première comprend :

Les numéros des anciennes reconnaissances — leurs dates — les noms et adresses des auteurs des renouvellements — la désignation sommaire des nantissements et leur estimation [2].

La deuxième partie est relative à l'opération de sortie ; elle comprend :

Les prêts (divisés par exercices) — les droits du Mont-de-Piété — le droit temporaire, s'il y a lieu — le droit de prisée (divisé par exercices) — le total des intérêts et droits à percevoir.

---

1. Note de service du 12 août 1885.
2. Ordre de service du 29 février 1876.

La troisième partie, relative à l'opération de rengagement, comprend :

Les numéros des nouvelles reconnaissances à délivrer (série impaire) — les prêts.

Cette dernière partie sert à mettre à la charge de l'exercice courant les prêts dont les exercices antérieurs ont été déchargés par les inscriptions dans les colonnes consacrées à l'opération de dégagement.

La quatrième partie est destinée à recevoir ultérieurement l'indication de la sortie des nantissements.

Une case est employée pour chaque opération.

318. — Le Contrôleur indique sur la reconnaissance, en tête du décompte, la date de l'opération et le numéro d'ordre impair du rengagement qu'il prend sur le registre.

Il remet ensuite l'ancien titre au reconnaissancier.

IV. — **Expédition des reconnaissances et des bulletins de renouvellement.** — **Fonctions des reconnaissanciers et des aides-magasiniers.**

319. — En recevant du Contrôleur l'ancien titre, le reconnaissancier s'assure que le numéro porté en tête du décompte concorde avec celui de la reconnaissance à établir

Il expédie ensuite ce nouveau titre sur un imprimé du même modèle et d'après les mêmes principes que s'il s'agissait d'un engagement, l'ancienne reconnaissance faisant l'office de bulletin de prisée.

La seule différence consiste dans l'adjonction du numéro de l'ancienne reconnaissance, à la suite de la désignation du nantissement, et de la somme à percevoir pour chaque article renouvelé.

Les prescriptions relatives à l'expédition des reconnaissances d'engagement, à la rectification du numérotage, aux titres fautés, et à l'emploi des titres numérotés à la main, sont applicables aux reconnaissances de renouvellement.

Le Chef des engagements est également chargé de la comptabilité des reconnaissances employées dans les bureaux de renouvellement du Chef-lieu.

320. — L'ancien et le nouveau titre sont remis au Receveur, par le reconnaissancier.

Ce n'est qu'après l'encaissement des droits que le bulletin de renouvellement est établi par un aide-magasinier, adjoint à cet effet au bureau de renouvellement.

Cet employé dresse ledit bulletin d'après l'ancienne reconnaissance, après s'être assuré que le numéro qui y figure concorde avec celui inscrit en tête du décompte par le Contrôleur.

Le bulletin de renouvellement comporte :

L'indication du bureau ou de la division — le numéro du renouvellement — la date de cette opération — le prêt — la désignation sommaire du gage — le numéro de l'ancienne reconnaissance.

Il est fixé au bas et sur le côté droit de l'ancienne reconnaissance, de façon à permettre sur le titre l'inscription, par le service des magasins, des indications utiles pour retrouver le gage.

Les aides-magasiniers sont, en outre, chargés de transporter aux magasins les reconnaissances et bulletins relatifs aux articles renouvelés.

V. — Perception des intérêts et droits. — Fonctions des Commis-comptables receveurs.

321. — Le Receveur, après avoir constaté la parfaite concordance entre l'ancienne et la nouvelle reconnaissance, vérifie le décompte porté sur ce dernier titre, puis il transcrit ce décompte sur le registre des dégagements par renouvellement.

Ce registre est divisé en colonnes destinées à recevoir les indications suivantes :

Numéros d'ordre des dégagements par renouvellement (ces numéros sont aussi ceux des nouvelles reconnaissances) — numéros des anciennes reconnaissances — dates — nombre de quinzaines échues — prêts renouvelés (divisés par exercices) — droits du Mont-de-Piété — droit temporaire, s'il y a lieu — droit de prisée (divisé par exercices).

322. — Après avoir fait sur le registre les inscriptions nécessaires, d'après les titres qui lui ont été remis, le Receveur perçoit la somme représentant les intérêts et droits dus par l'auteur du renouvellement, auquel il délivre la nouvelle reconnaissance.

L'ancienne reconnaissance, revêtue par ses soins du timbre de remboursement, et le bulletin de renouvellement, sont transmis ensuite au Chef des magasins [1].

S'il s'agit d'une perception relative à plus d'une reconnaissance, le total à percevoir est consigné au dos du dernier des titres nouveaux.

323. — Les Receveurs des renouvellements se conforment aux instructions données aux Receveurs des dégagements en ce qui concerne la délivrance des reçus exigés par les porteurs des titres, la réception des bulletins délivrés par la caisse d'acompte, les mesures à prendre en cas de présentation de pièces fausses par le public, le versement du montant de leur recette entre les mains d'un préposé de la caisse, et, en général, à toutes les obligations imposées aux Receveurs des dégagements et compatibles avec leurs fonctions.

Ils doivent combler les déficits qui peuvent résulter de la manipulation des fonds et consigner entre les mains du préposé de la caisse les excédents de recette.

VI. — Récapitulation des opérations.

324. — Le registre des engagements par renouvellement et celui des dégagements par renouvellement sont additionnés page par page.

En fin de séance, le Contrôleur et le Receveur dressent chacun une récapitulation par bureau ou par division, indiquant le nombre d'articles renouvelés, le montant des prêts et les sommes rentrées en intérêts et droits.

Les Contrôleurs se font appeler, par leur Receveur respectif, les résultats partiels de chaque colonne et ensuite les résultats généraux donnés par la récapitulation.

---

1. Ordre de service du 31 décembre 1847.

114 TITRE II — OPÉRATIONS CONCERNANT LE PRÊT DIRECT

S'il existe une différence, soit par suite d'une transposition ou d'une omission dans l'enregistrement des articles, soit pour toute autre cause, l'appel a lieu article par article, pour la colonne où cette différence s'est produite, et la rectification en est faite, sur le vu de la reconnaissance, par une surcharge ou par l'enregistrement de l'article omis, suivant le cas. Chaque rectification est paraphée par l'agent qui a constaté l'erreur ou l'omission.

325. — Les Contrôleurs et les Receveurs dressent contradictoirement, pour être transmis au Contrôle et à la Caisse, un bulletin général des renouvellements de la journée, qui comprend, pour chaque bureau d'engagement :

Le nombre d'articles (divisé par exercices) — les capitaux (divisés par exercices) — les droits du Mont-de-Piété — le droit temporaire, s'il y a lieu — le droit de prisée (divisé par exercices) — le total de la recette.

Les résultats de chaque division ou bureau, en articles, capitaux, intérêts et droits, sont totalisés ; les intérêts du Mont-de-Piété et le droit de prisée sont réunis, de manière à obtenir dans la dernière somme du bulletin le total général de la recette.

Le Contrôleur qui a totalisé les capitaux inscrits dans la 3º partie du registre (entrée), doit s'assurer que le résultat est semblable à celui des colonnes réunies de la sortie.

VII. — Annulations de renouvellements. — Bons de déduction et de rectification.

326. — Les annulations de renouvellements s'opèrent de deux manières différentes, suivant qu'il s'agit d'opérations effectuées dans le cours de la séance ou d'opérations effectuées dans une précédente séance.

327. — Les annulations qui sont faites dans le cours de la même séance, soit par suite d'erreurs d'écritures, soit pour cause d'insuffisance de fonds, soit pour cause de vente du nantissement, soit pour toute autre cause, s'opèrent par une simple barre faite à la plume sur les articles à supprimer.

Les Contrôleurs et Receveurs doivent avoir soin d'indi-

CHAP. IV — RENOUVELLEMENTS 115

quer la cause des annulations sur leurs registres, en regard des articles, dans la colonne d'observations ou dans celle destinée à constater la sortie des nantissements, par les mentions suivantes :

Annulé : Transposition (Division ou Bureau).
Annulé : Insuffisance de fonds.
Annulé : Vendu, etc.

328. — Les déductions résultant de l'annulation d'une ou de plusieurs opérations de renouvellement effectuées à une précédente séance, ne peuvent avoir lieu que sur un ordre émané de la Direction.

Cet ordre, qui indique la cause de la déduction, est conçu dans la même forme que s'il s'agissait de l'annulation d'un dégagement.

Il est également signé par le Secrétaire général (pour le Directeur) et visé par le Chef de la comptabilité, chargé du Contrôle, par le Caissier-comptable et par le Chef des magasins.

Le visa de ce dernier chef de service n'est demandé que lorsqu'il s'agit d'un article existant en magasin.

329. — Il est fait mention sur le registre du Contrôleur et sur celui du Receveur, au bas de la récapitulation effectuée en fin de séance, de l'ordre en vertu duquel la déduction a été opérée.

Cette mention est conçue dans les mêmes termes, et comprend les mêmes indications que lorsqu'il s'agit d'un dégagement.

330. — Les sommes à déduire, comprenant d'une manière effective les intérêts et droits du Mont-de-Piété et le droit de prisée, sont retranchées des totaux de la journée, en ayant soin d'opérer, en ce qui concerne le droit de prisée, sur les colonnes des exercices dans lesquelles les inscriptions en recette ont figuré.

331. — En ce qui concerne les articles et les capitaux, il y a lieu de distinguer les déductions à effectuer sur l'exercice courant de celles qui s'appliquent à des renouvellements ayant figuré à l'entrée d'un exercice clos.

Premier cas. — S'il s'agit de l'annulation d'un renouvellement opéré sur l'exercice courant, les articles et capitaux sont déduits simultanément de l'entrée et de la sortie, en ayant soin de faire porter la déduction sur les colonnes dans lesquelles ont figuré les opérations à rectifier.

Deuxième cas. — S'il s'agit d'annuler un renouvellement antérieurement inscrit à l'entrée de l'un des exercices clos, il y a lieu d'opérer uniquement sur la sortie, en procédant à une augmentation au profit de l'exercice à dégrever et à une diminution sur l'exercice antérieur.

Il importe, en effet, de s'appliquer à ne pas altérer, par des rectifications, la liquidation d'exercices étrangers aux opérations qu'il s'agit de redresser.

L'opération à effectuer est d'ailleurs indiquée, dans ce cas, de la manière suivante, sur le bon de déduction :

OPÉRATION :

A déduire sur l'exercice 188.

Article.
Prêt (pour ordre).............................
Intérêts et droits............................
Droit de prisée..............................

Total des intérêts et droits............

A ajouter à l'exercice 188.

Article.
Prêt (pour ordre).............................

332. — Lorsqu'il y a lieu d'annuler un renouvellement effectué à une précédente séance, si les encaissements ne sont pas suffisants pour opérer la déduction sur l'exercice auquel appartient l'article à déduire, la diminution peut être faite, s'il y a lieu de donner satisfaction immédiate à l'intéressé, sur un autre bureau.

Avis de cette opération est donné au Sous-chef de la vérification, qui fait procéder au redressement des écritures, à l'une des séances suivantes, au moyen d'un bon de rectification.

333. — Les sommes déduites des intérêts et droits sont remises par les Receveurs aux auteurs des bons de déductions, qui demeurent chargés de les verser à la Caisse ou entre les mains des intéressés, selon les cas.

Ces bons sont conservés par les Receveurs et remis, en fin de journée, au Sous-chef de la vérification, qui les classe par exercice et par date.

Les Receveurs doivent exiger la remise des reconnaissances qui ont été délivrées à tort. Ces titres sont bâtonnés ; les timbres de remboursement et les mentions de renouvellement sont oblitérés.

Les reconnaissances sont ensuite remises aux auteurs des bons de déduction ou à l'intéressé, selon les cas.

334. — Les rectifications et redressements d'erreurs s'effectuent d'après les mêmes principes que s'il s'agissait de dégagements.

Les bons sont établis dans la même forme et sont signés et visés par les mêmes chefs de service.

Les prescriptions relatives au versement des excédents et au remboursement des déficits provenant d'erreurs commises sont applicables aux Receveurs des renouvellements, de même qu'aux Receveurs des dégagements.

335. — Lorsque, par suite de transposition, le Receveur délivre une reconnaissance à une personne autre que celle à laquelle elle appartient, il doit immédiatement en donner avis à l'Inspecteur, afin que des mesures conservatoires puissent être ordonnées relativement au gage correspondant.

La personne qui se trouve ainsi momentanément dépossédée de son titre est également conduite au service de l'Inspection où il lui est délivré, soit un bulletin d'opposition, si elle consent à attendre le résultat des démarches de l'Administration, soit un duplicata de sa reconnaissance, sous la responsabilité de l'auteur de l'erreur.

VIII. — **Réappréciation des gages.**

336. — Certains nantissements, soit à cause de leur nature, soit en raison de l'élévation du prêt, ne peuvent être l'objet d'un renouvellement qu'après avoir été soumis à une nouvelle appréciation pouvant entraîner une diminution du prêt, savoir :

1° Les châles et les étoffes de laine sur lesquels il a été prêté une somme de 50 francs ou au-dessus;

2° Les nantissements qui ont donné lieu à un prêt de 1000 francs ou au-dessus (quatre chiffres), quelle que soit leur nature ;

3° Les gages qui, sur ordre spécial, et temporairement, ne seraient plus admis au renouvellement sans la formalité de la réappréciation.

337. — Lorsqu'une reconnaissance comportant un nantissement compris dans l'une des trois catégories ci-dessus indiquées vient à être présentée, le porteur est invité à se rendre au Secrétariat général.

Un employé de ce service est chargé de faire opérer la réappréciation, dans la forme indiquée au paragraphe III du chapitre II (titre VI).

338. — Lorsque le prêt porté sur la reconnaissance est maintenu, le Commissaire-priseur qui a procédé à la nouvelle estimation inscrit, au moyen d'un timbre, sur la reconnaissance et sur le bulletin, la mention : *Bon à renouveler*, sous laquelle il appose la date et sa signature. Sur le vu de cette mention, qui n'est valable que pendant un délai de deux mois, les Contrôleurs des renouvellements peuvent donner suite à l'opération.

Lorsqu'il y a lieu de procéder à une diminution du prêt, d'après l'indication portée par le Commissaire-priseur sous la mention : *Bon à renouveler pour la somme de* : l'opération est effectuée par les soins du Secrétariat général au moyen d'un dégagement effectif et d'un nouvel engagement.

339. — Les articles de literie (couvertures, matelas, édredons, oreillers, lits de plumes) et les glaces, ne peuvent être l'objet d'un renouvellement.

Ces nantissements sont soumis à une nouvelle appréciation et donnent lieu, si leur état le permet, à un nouvel engagement effectif. Le service du Secrétariat général est également chargé de ces opérations.

CHAPITRE V

ACOMPTES

1. — Conditions des versements.

340. — La faculté est accordée à tous les débiteurs du Mont-de-Piété d'effectuer le remboursement des prêts et la libération de leurs nantissements au moyen de versements successifs d'acomptes qui ne peuvent être inférieurs à un franc.

Ces versements sont productifs d'intérêts; ils constituent une épargne dont le déposant peut user à son gré, soit pour la libération de tel nantissement qu'il lui convient de dégager, soit pour le renouvellement d'une ou plusieurs reconnaissances.

341. — L'intérêt des sommes versées par les déposants est calculé à un taux égal à celui auquel le Mont-de-Piété effectue ses prêts, non compris les divers droits fixes ou proportionnels que le règlement permet à l'Etablissement de percevoir en sus de l'intérêt.

Les intérêts en faveur des déposants sont calculés par quinzaine, comme ceux des prêts du Mont-de-Piété; mais les versements effectués depuis moins d'un mois, ou les compléments de temps inférieurs à une quinzaine, ne sont pas comptés dans le calcul des intérêts. Ce calcul ne porte pas sur les sommes ou fractions de sommes inférieures à un franc [1].

S'il arrive que le total des sommes versées excède le montant de la dette, cet excédent n'est productif d'aucun intérêt.

342. — Lorsque, le terme de l'engagement étant arrivé, il y a lieu de procéder à la vente des nantissements non

---

1. Règlement du 30 juin 1865, art. 73.

dégagés, l'Administration n'a point à rechercher si ces nantissements ont été l'objet de versements d'acomptes; c'est à l'emprunteur qu'il appartient de faire à cet égard les diligences nécessaires pour opérer les dégagements ou renouvellements avant le terme fixé pour la vente; si, faute par par lui d'avoir fait ces diligences, le nantissement se trouve vendu, le boni lui est payé, s'il en existe, et le montant de ses versements d'acomptes lui est remboursé, augmenté des intérêts qu'ils ont produits [1].

Le versement d'acomptes n'interrompt pas, d'ailleurs, la perscription du boni.

II. — Délivrance des livrets d'acomptes.

343. — Toute personne voulant obtenir un livret d'acomptes est tenue de justifier, par la production des reconnaissances, de la possession de nantissements engagés.

Lorsqu'après cette justification, elle est admise à effectuer un premier versement, il lui est remis un livret où sont relatés, sur la feuille de tête, la date et le numéro des reconnaissances présentées et le montant des prêts afférents; mais ces reconnaissances demeurent entre les mains de leurs possesseurs après avoir été revêtues d'un timbre constatant leur inscription au livret, et dans l'empreinte duquel est rappelé le numéro d'inscription du titulaire au registre matricule des déposants d'acomptes.

A mesure que les versements sont effectués, ils sont inscrits à leur date, sur le livret, par le Receveur [2].

III. — Emploi des acomptes.

344. — Lorsqu'un déposant, voulant effectuer un dégagement ou un renouvellement, présente son livret, le Receveur y établit le décompte des intérêts et fait ressortir la somme disponible.

---

1. Règlement du 30 juin 1865, art. 76 et 77.
2. Règlement du 30 juin 1865, art. 74.

345. — Il délivre ensuite à l'intéressé un bulletin signé par lui, constatant la somme disponible et la partie de cette somme à prélever. Il enregistre le prélèvement au livret en faisant ressortir, s'il en existe, le reste appartenant au déposant; celui-ci présente ensuite le bulletin qui lui a été remis au bureau des dégagements ou des renouvellements où il est pris pour argent comptant et où le dégagement ou le renouvellement est d'ailleurs opéré dans la forme ordinaire; les bulletins ainsi reçus sont versés au Caissier comme argent par les divisions [1].

346. — Les dégagements ou renouvellements opérés sont constatés sur la feuille de tête du livret en regard de l'inscription des reconnaissances.

Lorsqu'un déposant a dégagé tous les nantissements dont les reconnaissances sont inscrites au livret, ou lorsque le montant du versement est égal au montant de la dette, ce déposant n'est plus admis à verser de nouvelles sommes; le livret lui est retiré, et le solde en sa faveur, s'il en existe, lui est remboursé, à moins, toutefois, qu'il ne justifie de nouveaux engagements par la production des reconnaissances [2].

IV. — Écritures relatives aux acomptes. — Récapitulation des opérations.

347. — Les écritures relatives aux versements d'acomptes sont tenues contradictoirement par le Contrôleur et par le Receveur de l'une des divisions de renouvellement, au Chef-lieu et dans chaque Succursale.

Le Contrôleur tient un carnet sur lequel il inscrit, à mesure que les opérations sont effectuées :

En ce qui concerne les recettes :

Les dates — les numéros d'ordre — les numéros des livrets — les sommes déposées.

---

1. Règlement du 30 juin 1865, art. 75.
2. Règlement du 30 juin 1865, art. 76.

TITRE II — OPÉRATIONS CONCERNANT LE PRÊT DIRECT

En ce qui concerne les dépenses :

Les dates des emplois — les numéros d'ordre — les numéros des livrets — les sommes prélevées.

348 — Lorsqu'un livret d'acomptes est présenté par un déposant, le Contrôleur y appose son visa après s'être assuré :

1° De l'exactitude du versement qui vient d'être effectué;

2° De celle du calcul des intérêts et des sommes prélevées pour les dégagements ou renouvellements;

3° De l'inscription, en tête du livret, des numéros et du montant des reconnaissances présentées.

Il veille particulièrement à ce qu'il ne soit pas reçu de nouveaux versements, lorsque le montant de la dette est couvert par les dépôts déjà effectués [1].

349 — Il est tenu un registre matricule, sur lequel un compte est ouvert à chaque déposant sous la même série de numéros que les livrets [2].

Ce registre, tenu par le Receveur de la caisse d'acomptes, comprend sur chaque page trois parties, destinées à recevoir les inscriptions suivantes :

1° Reconnaissances inscrites :

Numéros — Prêts — Intérêts et droits calculés lorsqu'il y a lieu de procéder à une opération — Total des capitaux, intérêts et droits.

2° Versements effectués :

Dates — Sommes versées — Nombre de quinzaines pour le calcul des intérêts — Intérêts liquidés à la date de l'emploi d'une somme — Total des sommes versées et des intérêts.

3° Sommes employées :

Dates des emplois — Objet des emplois — Sommes employées — Restes disponibles.

350 — Il est tenu en outre un journal des acomptes. Les sommes versées y sont portées en recette, article par article,

---

1. Règlement du 30 juin 1865, art. 164.
2. Règlement du 30 juin 1865, art. 78.

et les sommes prélevées, ainsi que les remboursements, y sont portées en dépense. Ce journal est totalisé chaque jour.

351. — Le Receveur des acomptes et le Contrôleur établissent contradictoirement, en fin de séance, un bulletin journalier des opérations effectuées. Ces pièces sont transmises respectivement à la Caisse et au Contrôle [1].

CHAPITRE VI

VENTES

I. — Conditions des ventes. — Ordre des opérations.

352. — Les ventes se font aux enchères publiques, à la diligence du Directeur, d'après un rôle comprenant les nantissements non dégagés ou renouvelés dans les délais accordés par les règlements.

Le rôle des nantissements à vendre est rendu exécutoire par une ordonnance du Président du tribunal civil de première instance du département de la Seine ou par l'un des juges du même tribunal à ce commis.

353. — Dans aucun cas et sous aucun prétexte, il ne peut être exposé en vente, au Mont-de-Piété, des objets autres que ceux qui ont été mis en nantissement dans les formes voulues par les règlements [2].

354. — Les ventes sont annoncées au moins dix jours à l'avance par affiches publiques [3], contenant l'indication de l'établissement dans lequel la vente annoncée doit avoir

---

1. Règlement du 30 juin 1865, art. 78.
2. Règlement général annexé au décret du 8 thermidor an XIII, art. 72 et 73. — Règlement du 30 juin 1865, art. 85.
3. Règlement général annexé au décret du 8 thermidor an XIII, art. 76 et 77.

lieu, des périodes dans lesquelles sont compris les nantissements à vendre, des jours et heures des vacations, de la nature des effets mis en vente, enfin des conditions de l'adjudication.

355. — Les ventes ont lieu au Chef-lieu, à partir de onze heures du matin [1] :

Les indications relatives aux ventes effectuées dans les succursales sont rappelées au paragraphe III du chapitre II (titre VIII).

356. — Les oppositions formées à la vente d'effets déposés au Mont-de-Piété n'empêchent pas que cette vente n'ait lieu et même sans qu'il soit besoin d'y appeler l'opposant, autrement que par la voie des affiches apposées à cet effet, sauf d'ailleurs à l'opposant à faire valoir ses droits, s'il y a lieu, sur l'excédent ou boni restant net du prix de la vente, après entier acquittement des sommes dues au Mont-de-Piété [2].

357. — Les ventes au Mont-de-Piété se font par le ministère des Commissaires-priseurs de l'établissement, assistés des crieurs choisis et payés par eux [3].

La police des salles de vente appartient aux Commissaires-priseurs [4].

---

1. Actuellement les ventes ont lieu aux jours ci-après indiqués.
SALLE n° 1 (*Bijoux*).
Lundis, mardis, mercredis, vendredis et samedis. — Montres, argenterie et bijoux.
Jeudis. — Montres, argenterie, bijoux et brillants.
SALLE n° 2 (*Hardes et objets divers*).
Lundis. — Pendules, bronzes, livres, tableaux, glaces, bric-à-brac.
Mardis, mercredis, jeudis, et samedis. — Montres, argenterie et bijoux.
Vendredis. — Hardes, linge, literie.
SALLE n° 3 (*Hardes et objets divers*).
Lundis, mardis, jeudis et samedis. — Hardes, linge, literie.
Mercredis. — Métrages, dentelles, vêtements, toiles, soieries et châles.
Vendredis. — Hardes, linge, lits de plume et matelas.
2. Règlement général annexé au décret du 8 thermidor an XIII, art. 78. — Règlement du 30 juin 1865, art. 88.
3. Règlement général annexé au décret du 8 thermidor an XIII, art. 79.
4. Ordre de service du 31 décembre 1864.

358. — Le droit pour vacations et frais de vente, alloué aux Commissaires-priseurs, est à la charge des acheteurs ; il est ajouté, pour chacun d'eux, en proportion de son achat, au prix d'adjudication.

L'arrêté du Préfet de la Seine, contenant fixation du droit pour vacations et frais de ventes alloué aux Commissaires-priseurs, est affiché dans les salles de vente [1].

359. — Les Commissaires-priseurs sont tenus de s'assurer du titre des objets d'or ou d'argent mis en vente.

Ils sont, en outre, tenus d'annoncer le contenu et l'état des nantissements mis en vente et de faire connaître le titre des objets d'or ou d'argent avant qu'il soit fait aucune enchère.

Lorsque les objets mis en vente ont atteint la somme de quinze francs, les enchères ne peuvent être moindres de cinquante centimes.

360. — Un Contrôleur, délégué par l'Administration des monnaies, procède, avant la vente, à l'examen des poinçons de garantie ; il attache une carte verte après les bijoux revêtus de la marque et une carte blanche après ceux qui, ne la comportant pas, doivent payer le droit afférent à cette marque.

361. — Lorsqu'une partie seulement d'un article doit être soumise au contrôle, la carte est blanche, mais, dans ce cas, la partie non contrôlée y est indiquée.

Les numéros d'engagement sont rappelés sur les cartes.

Des affiches apposées dans les salles de vente font connaître au public l'usage des cartes dont il s'agit.

Lorsqu'un article vendu ne comporte pas la marque de garantie de la monnaie et que l'adjudicataire se refuse à payer le droit de marque, l'objet est brisé par le Contrôleur de la monnaie avant d'être livré [2].

362. — Tout adjudicataire est tenu de payer comptant le prix total de son adjudication et les frais accessoires. A

---

1. Règlement général annexé du décret du 8 thermidor an XIII, art. 82.
2. Délibération du 2 vendémiaire an IX. — Règlement général annexé au décret du 8 thermidor an XIII, art. 75.

défaut de ce paiement complet, l'effet adjugé est remis en vente à l'instant même, aux risques et périls de l'adjudicataire, et sans autres formalités qu'une interpellation verbale, à lui adressée par le Commissaire-priseur vendeur, de payer la somme due [1].

Toutefois, les Commissaires-priseurs sont autorisés à accorder un délai pour se libérer aux acquéreurs qui versent un acompte suffisant, ainsi qu'il est indiqué au paragraphe IV ci-après.

363. — Les opérations relatives aux ventes ont lieu dans l'ordre suivant :

1° Livraison aux Commissaires-priseurs des articles à mettre en adjudication ;

2° Prise en charge par ces agents ; — Retraits ;

3° Enchères publiques ; — Établissement des procès-verbaux de vente ;

4° Livraison des gages aux acquéreurs ; — Perception des droit de contrôle ; — Débets.

II. — Livraison des gages aux Commissaires-priseurs. — Prise en charge. — Retraits.

364. — Les bijoux inscrits sur le tableau de vente et composant la vacation du jour sont, à huit heures précises du matin, livrés par un des gagistes du Dépôt des ventes à l'un des Commissaires-priseurs ou à leur représentant désigné.

Cette livraison a lieu, soit dans la salle des ventes même, soit dans le cabinet y attenant. Il y est procédé au moyen d'un appel fait par le préposé du Dépôt qui énonce le numéro d'ordre de l'inscription au tableau, ainsi que le numéro d'engagement et le montant du prêt portés sur le bulletin de prisée. Le Commissaire-priseur donne, sur le tableau de vente, une décharge spéciale pour chaque article, en regard du numéro appelé. Ce tableau, ainsi paraphé, reste entre les mains du Contrôleur qui, en fin de vacation, le remet au Dépôt des ventes.

---

1. Règlement général annexé au décret du 8 thermidor an XIII, art. 86.

Cet appel terminé, le Commissaire-priseur, en présence du préposé du Dépôt exerçant un contrôle permanent, vérifie les bijoux ou objets à mettre en vente. Cette vérification porte, non seulement sur la matière et sur le poids, mais aussi sur la conformité des désignations. Toute erreur dans le nombre des objets inscrits, toute omission relative à l'indication soit d'une pièce ou d'une partie de pièce manquante, soit d'une défectuosité, sont constatées contradictoirement, et mention en est faite au dos du bulletin par le préposé de l'Administration.

365 — Les différences de désignation ou les omissions sont signalées au Chef du Dépôt des ventes qui, après examen et recherches, donne sur le bulletin un bon à vendre pour la même vacation, ou pour une des vacations suivantes [1].

Dans le cas de différences notables, et s'il y a lieu de rechercher l'emprunteur, le Service de l'Inspection est saisi de l'affaire.

Toutes ces irrégularités sont enregistrées par un commis du Dépôt des ventes sur un carnet, et le folio de ce carnet est indiqué au répertoire en regard des articles, pour faciliter les recherches ultérieures.

Toute détérioration qui se produit au cours et à l'occasion de la vérification des gages par le fait du Vérificateur, est portée à la connaissance du Chef du Dépôt des ventes par son préposé, et les Commissaires-priseurs sont responsables du dommage.

366. — Lorsque la vérification est terminée, le Commissaire-priseur donne, au bas du tableau de vente, une quittance générale indiquant en toutes lettres le nombre des gages reçus ; à partir de ce moment, l'Administration n'admet aucune réclamation relative au nombre ni au contenu des nantissements livrés et reçus.

367. — La livraison des articles revêtus du cachet spécial des Commissaires-priseurs a lieu à 10 heures du matin en présence du Commissaire-priseur de vente ou d'un con-

---

1. Ordre de service du 9 août 1880.

frère désigné par lui. La réception de ces gages est faite sur le tableau, comme celle des autres articles.

Le tableau des ventes est toujours dressé à l'avance ; cependant, si les nécessités du service l'exigent, des articles peuvent être ajoutés pendant ou après la réception des gages. Si cette adjonction n'a lieu qu'après la vérification, un reçu distinct est donné au bas du tableau [1].

368. — Les hardes et objets divers sont livrés de même aux Commissaires-priseurs, mais la vérification ne porte, pour les gages revêtus d'enveloppes, que sur les numéros des articles et sur les prêts.

369. — Pour tout nantissement qui, au cours de la vérification ou de la vacation, est retiré de la vente, la mention : *Retiré* est inscrite, avec signature, sur le tableau de la vente en regard du numéro, et vaut décharge pour les Commissaires-priseurs.

370. — En fin de vacation, les gages qui n'ont pas été adjugés sont remis par le Commissaire-priseur au préposé de l'Administration. Celui-ci procède, à son tour, à un examen attentif des articles pour reconnaître le nombre des objets et l'état dans lequel ils lui sont rendus. Il signale au dos du bulletin toute avarie qui s'est produite pendant la mise sur table et dont l'Administration ne peut prendre la responsabilité. Enfin il inscrit au tableau de vente le mot : *Rentré*, suivi de son paraphe à côté de chaque article, et donne, au bas de cette pièce, un reçu définitif du nombre total des gages retirés depuis le commencement de la vente ou rentrés à la clôture [2].

III. — Enchères publiques. — Etablissement de la première partie des procès-verbaux de vente.

371. — Lorsqu'un nantissement est livré aux enchères, le crieur remet le bulletin de prisée à l'agent des Com-

---

1. Ordre de service du 9 août 1880.
2. Ordre de service du 9 août 1880.

missaires-priseurs chargé de la rédaction du procès-verbal de vente.

Le crieur annonce ensuite à haute voix la nature et l'état des articles composant le nantissement, puis il soumet les parties de ce gage aux personnes qui assistent à la vente, en prenant les précautions utiles pour empêcher la disparition ou la détérioration d'aucun objet.

Le Commissaire-priseur surveille les opérations de ses agents, reçoit les enchères du public et prononce les adjudications dont il annonce le montant à haute voix.

Il est défendu aux crieurs d'exiger ou de demander aux adjudicataires aucune somme en sus des droits de vente [1].

372. — A mesure que la vente est effectuée, l'agent des Commissaires-priseurs enregistre les objets vendus sur le procès-verbal de vente [2].

Ce document est divisé en deux parties comprenant le procès-verbal de vente et la liquidation du produit des ventes des nantissements.

La première partie du procès-verbal est seule remplie par l'agent des Commissaires-priseurs; la seconde partie est établie par le service de la liquidation du boni.

La première partie donne les indications suivantes :

Numéros d'ordre de la vente — Numéros des engagements ou renouvellements — Dates — Désignation des nantissements vendus — Noms des acquéreurs — Adjudications — Sommes payées comptant par les acquéreurs — Débets.

Les indications à porter dans les quatre premières colonnes sont prises sur le bulletin de prisée, qui est ensuite remis au Contrôleur de la vente.

373. — Un résumé, placé à la fin du procès-verbal, constate le nombre de nantissements vendus et le total du produit de la vente (en toutes lettres).

Ce résumé indique en outre, par division ou par bureau, le nombre des articles vendus et le montant des ventes.

---

1. Délibération du Conseil d'Administration du 2 février 1780.
2. Règlement du 30 juin 1865, art. 89.

L'heure d'ouverture de la vacation et celle de la fermeture sont indiquées au procès-verbal qui est signé par le Commissaire-priseur de service et certifié par le Contrôleur.

Ce document est enregistré gratuitement [1].

IV. — Contrôle des ventes. — Fonctions des Contrôleurs.

374. — Le Contrôleur n'a pas à s'immiscer dans l'action de la vente en tant que, dûment autorisée, elle porte sur des nantissements parfaitement en rapport avec la désignation inscrite sur le bulletin de prisée qui les accompagne et que les prescriptions administratives sont observées.

Le Contrôleur ne doit jamais perdre de vue qu'il est le représentant du Directeur, à la réquisition duquel s'opère la vente; qu'il a mission de constater l'exactitude des adjudications et que son devoir est de sauvegarder l'intérêt des emprunteurs.

375. — Le contrôle des adjudications s'établit au moyen du bulletin de prisée, que le Contrôleur a complété en ajoutant le numéro de la vente et le montant de l'adjudication, sur un imprimé contenant cinq colonnes pour les indications suivantes :

Numéros d'ordre de la vente — Numéros des engagements ou des renouvellements — Désignations sommaires — Prêts — Produits de la vente.

Lorsque le gage vendu a été l'objet d'un ou de plusieurs renouvellements, l'année de l'engagement est indiquée dans la colonne d'observations.

376. — La vente ne pouvant s'effectuer qu'en présence du Contrôleur, cet agent doit avoir soin de ne pas s'absenter dans le cours des vacations.

En fin de séance, le Contrôleur appelle, avec l'agent chargé de dresser le procès-verbal, les résultats partiels [2]

---

1. Loi du 24 juin 1851, art. 8.
2. Résultats donnés par l'addition des colonnes.

et généraux [1] des produits de la vente, afin de s'assurer de leur parfaite conformité.

S'il y a différence, il est procédé à un appel et les rectifications sont opérées au vu du bulletin de prisée et du registre particulier tenu par le Commissaire-priseur.

Il est interdit au Contrôleur de la vente de rectifier son enregistrement au moyen de grattages et de surcharges.

Les articles à annuler pour les cas énoncés ci-après doivent être purement et simplement rayés avec approbation respective des parties opérant contradictoirement.

Les rectifications à faire, tant sur le registre du contrôle que sur le procès-verbal, sont opérées soit au moyen d'un dire, soit au moyen d'un simple renvoi visé par le Contrôleur et le Commissaire-priseur.

Les rectifications à faire sur le bulletin de prisée ne peuvent avoir lieu qu'après vérification du registre d'engagement; elles s'opèrent sur un ordre du Directeur et après avis donné au Commissaire-priseur.

377. — Le Contrôleur s'oppose à la vente :

1° De tout nantissement qui ne se trouve pas en rapport avec la désignation portée sur le bulletin de prisée;

2° De tout nantissement composé d'étoffe, de matière d'or ou d'argent dont le métrage ou le poids n'est pas en rapport avec l'indication donnée par le bulletin de prisée;

3° De tout nantissement reconnu incomplet;

4° De tout nantissement qui, par sa nature, doit faire partie d'une autre vacation.

Les trois premiers cas nécessitent une vérification préalable du gage, dans les formes indiquées au paragraphe II du présent chapitre.

Le Contrôleur doit en outre s'opposer à l'annulation de toute adjudication régulièrement prononcée.

378. — Toutefois, lorsqu'une adjudication a été prononcée sur un gage ultérieurement reconnu non conforme à la désignation annoncée, le Contrôleur doit en requérir

---

1. Résultats donnés par la récapitulation de toutes les colonnes.

immédiatement l'annulation et en donner avis à son chef direct pour obtenir la ratification de l'Administration.

Le Contrôleur avise également son chef des oppositions par lui faites à la vente.

379. — Quoique la police de la vente n'appartienne pas au Contrôleur, cet agent doit porter à la connaissance de l'Administration les faits qui seraient de nature à compromettre l'intérêt des emprunteurs ou qui pourraient intéresser le bon ordre ou la régularité du service.

Il a spécialement pour mission de faire exécuter les ordres de Direction, interdisant à toute personne étrangère au service de la vente l'entrée de la salle où se trouvent les nantissements à livrer aux enchères.

380. — Le Contrôleur n'a pas d'action sur les crieurs; toutefois s'il remarque, de la part de ces agents, négligence ou oubli des devoirs qui leur sont imposés, il en informe d'abord le Commissaire-priseur et ensuite l'Administration, si les faits par lui signalés continuent à se produire [1].

381. — Aucun article ne peut être retiré de la vente plus de deux fois, à la demande du Commissaire-priseur.

Toutefois le Contrôleur de la vente peut tolérer un troisième retrait pour certains articles, lorsqu'il lui est démontré que les adjudicataires présents à la vente ne sont pas en état d'acheter ou d'apprécier ces articles [2].

382. — Dans le cas où un Commissaire-priseur refuse de mettre aux enchères un nantissement qui lui a été livré, cet agent doit établir et signer un bulletin de refus de vente indiquant la date de la vacation, les numéro, date, prêt et nature du gage, enfin le motif du refus.

383. — Le Contrôleur de la vente dresse chaque soir un bulletin indiquant : le nom du Commissaire-priseur-vendeur; les heures d'ouverture et de clôture de la vacation; le nombre d'articles vendus et le total des adjudications.

---

1. Ordre de service du 31 décembre 1864.
2. Ordre de service du 4 août 1831.

Ce bulletin est remis au chef de la comptabilité chargé du Contrôle.

V. — Livraison des gages aux acquéreurs. Perception des droits de la garantie du Contrôle.

384. — Les nantissements dont l'adjudication a été prononcée sont immédiatement livrés aux acquéreurs, contre le payement du montant de la vente et des frais accessoires, sauf l'exception ci-après.

385. — Les objets en or ou en argent ou même seulement garnis en or ou en argent, non empreints de la marque de garantie, mais que l'adjudicataire désire conserver dans leur forme, sont provisoirement retenus pour être présentés au Contrôle de garantie et n'être remis audit adjudicataire qu'après l'acquittement des droits particuliers dus à la Monnaie [1].

Dans ce cas, il est délivré à chaque adjudicataire un bulletin portant son nom et son adresse, ainsi que les indications suivantes :

Date de la vente — Numéro — Désignation de l'objet adjugé — Montant de l'adjudication — Acompte versé — Reste dû.

Une mention imprimée fait connaître à l'intéressé que les objets sujets au droit de marque ne sont rendus que trois jours après la vente.

386. — Les objets adjugés, composés ou garnis en or ou en argent, non empreints de la marque de garantie, mais que l'adjudicataire consent à faire mettre hors de service, sont remis brisés audit adjudicataire aussitôt qu'il en a payé le prix [2].

387. — Au moment de la livraison des articles aux acquéreurs, le Contrôleur fait retirer les portraits qui accompagnent certains bijoux. Ces portraits sont mis dans une enveloppe sur laquelle sont indiqués le numéro de la divi-

---

1. Règlement général annexé au décret du 8 thermidor an XIII, art. 88.
2. Règlement général annexé au décret du 8 thermidor an XIII, art. 87.

sion, celui de l'engagement et celui de la vente, la date de l'engagement et celle de la vente, le prêt et le montant de l'adjudication.

Les portraits sont remis chaque mois avec un état au Chef du Dépôt des ventes, pour être restitués aux intéressés.

VI. — Débets.

388. — Dans le but de rendre plus faciles et, par conséquent, plus avantageuses pour les propriétaires des nantissements, les ventes qui se font au Mont-de-Piété, il peut être accordé un délai pour se libérer, aux acquéreurs qui consentent à verser un acompte sur le montant de leurs adjudications.

Les nantissements adjugés sont alors conservés jusqu'à parfait payement et il est remis à chaque adjudicataire, pour chaque gage, un bulletin semblable à celui qui est délivré lorsqu'un objet doit être soumis au contrôle de garantie de la Monnaie.

389. — Le retrait des articles mis en débet doit avoir lieu dans les six semaines qui suivent l'adjudication. Passé ce délai, tout objet non retiré peut être vendu à la folle enchère de l'adjudicataire, après une mise en demeure par écrit émanant du Commissaire-priseur [1]

Un registre des débets est tenu par un agent des Commissaires-priseurs.

Ce registre indique :

Les noms des acquéreurs — les dates d'entrée des gages au magasin des débets — les numéros de vente — les restes à recouvrer sur le montant des adjudications — les totaux journaliers des débets — les dates de livraison des articles vendus — les cases dans lesquelles sont placés les gages — les sommes versées par les acquéreurs.

390. — Un bulletin, indiquant en articles et sommes le mouvement des débets, est établi chaque jour, en fin de

---

1. Ordre de service du 12 novembre 1844.

séance, par un employé du dépôt des ventes, et remis au chef de la comptabilité.

Ce bulletin, visé et certifié par l'agent des Commissaires-priseurs, indique le montant des débets à la date de la veille. A ce chiffre est ajouté le résultat total de la vente du jour.

Le versement effectué à la caisse est déduit du total des deux premiers articles et fait ainsi ressortir le reliquat des débets ou solde dû par les Commissaires-priseurs.

VII. — Versement du produit des ventes.

391. — Les sommes versées sur le produit des adjudications par les Commissaires-priseurs sont accompagnées d'un bordereau de versement.

Ce bordereau est signé par le Trésorier des Commissaires-priseurs, par le Chef de la comptabilité chargé du Contrôle et visé par le Directeur.

Il est ouvert aux Commissaires-priseurs, sur un registre spécial, un compte au débit duquel sont portées les sommes constatées par chaque procès-verbal de vente, comprenant le montant des adjudications et les déficits à leur charge; les versements effectués figurent au crédit de ce compte [1].

392. — Les versements ont lieu à mesure de la rentrée des fonds et de manière à compléter le montant intégral d'une vente.

Un second registre, indiquant pour chaque journée la situation des ventes et le solde restant entre les mains des Commissaires-priseurs, est tenu par ces agents.

393. — Les Commissaires-priseurs sont autorisés à réclamer aux commissionnaires le remboursement des déficits d'adjudication résultant de la vente des gages de trois francs déposés par ces intermédiaires.

L'Administration est, d'ailleurs, remboursée de ces déficits, ainsi qu'il est indiqué ci-dessus.

---

1. Règlement du 30 juin 1865, art. 90.

CHAPITRE VII

LIQUIDATION DU BONI

I. — Liquidation du produit des ventes. — Etablissement des certificats de vente et de la deuxième partie des procès-verbaux.

394. — Le premier effet résultant de la vente d'un nantissement est de mettre le Mont-de-Piété en possession des sommes qui lui sont dues, en capital, intérêts et droits.

Le recouvrement de ces sommes s'opère par le fait de l'encaissement du produit des ventes.

395. — D'après les procès-verbaux de vente, les registres et documents qui constatent les prêts sont émargés de la rentrée de ces prêts et du payement des intérêts et droits [1].

A cet effet il est établi pour chaque article, par les soins du service de la liquidation du boni, un certificat de vente qui fait connaître :

La division ou le bureau d'engagements — le numéro de l'article — la date — la désignation sommaire du nantissement — le prêt — le numéro de la vente — la date de la vente.

396. — Les certificats de vente sont revêtus d'un timbre à date dont le chef de service du boni est seul dépositaire.

Lesdits certificats ne sont acceptés par le magasin et par le contrôle qu'autant qu'ils sont revêtus de ce timbre qui leur donne le caractère d'authenticité nécessaire [2].

Un relevé indiquant, par bureau et par division, le nombre des certificats de vente est remis chaque jour par le Liquidateur du boni au Chef des magasins, à l'appui de la livraison desdits certificats de vente, dont le nombre est vérifié et reconnu conforme.

---

1. Règlement du 30 juin 1865, art. 91.
2. Note de service du 20 novembre 1876.

Un bulletin de dépouillement des opérations du magasin, constatant la sortie par vente et comprenant les articles vendus la veille, est dressé chaque jour par le service du boni d'après le procès-verbal de vente, et remis au Chef de la comptabilité; il indique, en regard de chaque bureau ou division, les nantissements vendus (articles et sommes), divisés par exercices.

397. — Les capitaux, intérêts et droits à prélever par le Mont-de-Piété, sont inscrits en regard de chaque article et dans les colonnes à ce destinées, sur la deuxième partie des procès-verbaux de vente (Liquidation du produit des ventes des nantissements) [1].

398. — Les intérêts et droits du Mont-de-Piété sont calculés à raison de vingt-huit quinzaines, sauf lorsqu'il s'agit de ventes requises dans le cours de l'année d'engagement ou d'articles qui ont été l'objet d'un sursis à la demande de l'emprunteur.

Dans ces deux cas, les intérêts et droits sont calculés d'après le temps couru jusqu'au jour de la vente exclusivement.

399. — La deuxième partie du procès-verbal de vente fait ressortir les différences pouvant exister, pour chaque article, entre le prix de vente et le total de la créance du Mont-de-Piété.

Lorsque le prix de vente ne suffit pas pour rembourser les sommes dues à l'Établissement, les appréciateurs sont tenus, suivant les règlements, de désintéresser le Mont-de-Piété en soldant la différence. Il est fait recette des sommes mises à leur charge à titre de versement pour insuffisance du produit des ventes.

Lorsqu'au contraire le prix de vente d'un nantissement excède le montant de la dette garantie par ce nantissement, l'excédent, qui prend le nom de boni, appartient à l'emprunteur et doit lui être remboursé [2].

400. — Les sommes provenant des bonis sont conservées en dépôt jusqu'à la réclamation des ayants droit, ou

---

1. Règlement du 30 juin 1865, art. 91.
2. Règlement du 30 juin 1865, art. 92.

jusqu'à ce que, à défaut de réclamation, le délai de trois ans, fixé pour la prescription, soit expiré.

Ce délai compte à partir du jour de l'engagement ou du dernier renouvellement.

401. — Tout emprunteur qui réclame un boni doit produire sa reconnaissance; à défaut de ce titre, il doit fournir une décharge spéciale, tant de l'engagement que du boni, avec caution d'une personne solvable, ainsi qu'il est indiqué aux paragraphes I et V du chapitre III (titre VII) [1].

II. — **Établissement du registre matricule** (1re partie) **et du registre du contrôle.** — **Extraits du registre matricule.**

402. — Il est tenu, pour le payement des bonis, un registre matricule, établi par année, sur lequel on porte la mention des payements, à mesure qu'ils sont effectués [2].

Ce registre est divisé en deux parties principales qui comprennent chacune six subdivisions.

La première partie est relative à la *Liquidation du produit des ventes.*

Elle comprend les subdivisions suivantes :

1° Vente :

Numéros — Dates.

2° Engagements :

Numéros — Dates.

3° Capitaux et droits revenant au Mont-de-Piété :

Prêts — Intérêts et droits — Droit temporaire (lorsqu'il y a lieu) — Droit de prisée — Total des capitaux et droits.

4° Produit de la vente :

Adjudications — Pertes à la charge des Commissaires-priseurs — Total de la vente.

---

1. Règlement du 30 juin 1865, art. 93.
2. Règlement du 30 juin 1865, art. 94.

5° Boni.
6° Engagements chez les commissionnaires :

Noms des commissionnaires — Numéros des articles — Avances.

La seconde partie du registre matricule sert à constater les différentes opérations résultant de la *Répartition générale du produit des ventes et des excédents de prêts rapportés par les commissionnaires*.

Elle comprend les subdivisions suivantes :
7° Sommes afférentes aux Commissionnaires :

Dates des payements — Numéros — Commissions d'engagement — Différences — Intérêts des différences — Total des sommes revenant aux commissionnaires.

8° Net restant à payer après prélèvement des sommes dues aux commissionnaires.

9° Payements aux ayants droit :

Dates — Numéros des payements — Sommes payées.

10° Prélèvements exercés sur les bonis en faveur des commissionnaires, après la prescription.

11° Bonis atteints par la prescription triennale.

12° Sommes rapportées par les Commissionnaires, provenant d'excédents des prêts du Mont-de-Piété sur leurs avances :

Sommes rapportées, déduction faite de la commission d'engagement de 2 p. 100 retenue — Dates des versements effectués par le comptable — Sommes comptées aux ayants droit — Sommes versées au compte des dépôts pour être tenue à la disposition des ayants droit jusqu'à la prescription trentenaire.

403. — La première partie du registre-matricule est établie à l'aide des bulletins de prisée remis, à cet effet, au service de la liquidation du boni.

Les colonnes composant les 3°, 4° et 5° subdivisions sont totalisées.

La réunion de la colonne : « Total des capitaux et droits dus au Mont-de-Piété » et de celle du boni doit donner un chiffre égal au total de la vente.

Les articles appartenant à différents exercices sont l'objet d'inscriptions séparées sur le procès-verbal de vente et sur le registre matricule.

Au moyen du procès-verbal de vente, dont les résultats sont récapitulés par division d'engagement ou bureau auxiliaire, et du registre matricule, dont les résultats sont récapitulés par page, il est fait un appel contradictoire à l'effet de constater la parfaite concordance de ces deux documents.

404. — En fin de journée, l'employé chargé du registre-matricule établit pour le service de la comptabilité un bulletin récapitulatif des résultats des cinq premières subdivisions dudit registre; le nombre d'articles vendus, les capitaux, le droit de prisée et les bonis sont divisés par exercices.

Une seconde expédition de ce bulletin est remise à la caisse.

405. — Le rôle des nantissements à vendre sert à établir un registre de contrôle du payement des bonis, dont les inscriptions sont complétées au moyen des bulletins de prisée, après la vente.

Chaque division d'engagement ou bureau auxiliaire a un registre distinct qui comprend, pour chaque article, les indications suivantes :

Numéro de l'engagement — prêt — désignation sommaire du nantissement — date de la vente — numéro de la vente — adjudication — date de la présentation de la reconnaissance, lorsqu'il y a lieu.

406. — Le public ayant la faculté de percevoir les bonis dans les bureaux auxiliaires où les engagements des articles ont eu lieu, il est établi, par les soins du service de la Liquidation et pour chaque bureau auxiliaire, un extrait du registre matricule reproduisant exactement la première partie dudit registre.

L'envoi de ces feuilles est constaté sur un carnet spécial.

III. — **Payements aux ayants droit (2e partie du registre matricule).** — **Fonctions du Contrôleur et du Commis-comptable-payeur.**

407. — Lorsqu'une reconnaissance est présentée au bureau de la Liquidation du boni, le Contrôleur, à l'aide

CHAP. VII — LIQUIDATION DU BONI 141

du registre du Contrôle, indique sur ce titre le numéro, la date et le montant de l'adjudication.

Il établit le décompte des capitaux dus au Mont-de-Piété en se conformant aux prescriptions rappelées au paragraphe II du chapitre III et au paragraphe I du présent chapitre.

Il fait ressortir la différence qui existe entre le montant de l'adjudication et la somme due au Mont-de-Piété, c'est-à-dire le *boni* qu'il indique à haute voix à l'intéressé.

408. — Lorsque la vente du nantissement a produit une perte à la charge des Commissaires-priseurs ou lorsque le produit de l'adjudication balance exactement la somme due au Mont-de-Piété, le Contrôleur donne à haute voix au Payeur les renseignements nécessaires à la vérification du décompte. Celui-ci, après cette vérification, fait connaître le résultat conforme en prononçant à haute voix le mot « néant ». L'indication *Perte* ou *Balance* est portée sur la reconnaissance par le Contrôleur.

Le titre est ensuite remis au porteur, revêtu d'un timbre spécial portant les mots : *boni néant,* et après avoir été bâtonné.

409. — Lorsqu'une reconnaissance est présentée au boni par un agent de l'Administration, le Contrôleur ne donne suite à l'opération que sur le vu de la signature d'un Chef de service, apposée sur le titre, ou du timbre du Secrétariat général, s'il s'agit d'une opération par correspondance [1].

410. — Après avoir inscrit sur le registre du Contrôle la date de présentation de la reconnaissance, le Contrôleur remet le titre au requérant qui le présente au Payeur.

Celui-ci inscrit la reconnaissance à son registre de payement et lui donne le numéro d'ordre de ce registre, sur lequel il indique également le montant du boni à payer, dans la colonne afférente à l'exercice de l'article vendu.

Au moyen du numéro d'ordre de la vente, il trouve au

---

1. Note de service du 12 août 1885.

registre matricule la reproduction du procès-verbal de vente ainsi que le décompte du boni.

Il s'assure que ce décompte est conforme à celui porté au registre matricule sur lequel il inscrit la date du payement.

Le Payeur effectue ensuite la remise du boni entre les mains de l'intéressé auquel il délivre un bulletin de payement indiquant, en regard de chaque article, le boni résultant de la vente [1].

411. — Le Payeur du boni indique, sur chaque reconnaissance, dans une case réservée à cet effet, la somme payée pour boni (en toutes lettres) et le numéro de payement.

Cette mention est suivie de la date du payement et de la signature du Payeur.

Les reconnaissances sont conservées et classées pour servir de pièces à l'appui de la gestion du Liquidateur du boni.

L'émargement au registre matricule des sommes payées pour bonis est fait ultérieurement sur le vu des reconnaissances, tant du Chef-lieu que des Succursales et des Bureaux auxiliaires, par un employé qui vérifie en même temps les décomptes portés sur les titres.

412. — Les porteurs de reconnaissances achetées sont tenus d'établir un bordereau sur un imprimé mis à leur disposition par l'Administration.

Ce bordereau indique les prêts, et les numéros des reconnaissances présentées. Une colonne est réservée pour l'indication du boni. Un bordereau distinct est dressé pour chaque bureau d'engagement.

Un arrêté en toutes lettres indique le nombre des reconnaissances déposées, et, ultérieurement, la somme reçue en échange de ces titres.

Ce bordereau est daté, arrêté et signé par le déposant qui reçoit une fiche indiquant la date du payement et le nombre des titres déposés.

---

1. Règlement du 30 juin 1865, art. 95.

IV. — Récapitulation des opérations. — Centralisation des payements effectués dans les succursales et les bureaux auxiliaires.

413. — Chaque matin il est fait un récolement des reconnaissances sur le vu desquelles les bonis ont été payés la veille dans les Succursales et les Bureaux auxiliaires.

Ces payements, ainsi que ceux effectués au Chef-lieu, sont relevés chaque jour par le Contrôleur, sur un bulletin qui est transmis au Chef de la Comptabilité.

414. — De son côté, le Commis-principal dresse un bulletin semblable qui est remis au Caissier [1].

Ces bulletins indiquent, en regard de chaque établissement ou bureau auxiliaire, les bonis payés (articles et sommes) divisés par exercices. Avant leur envoi dans les services auxquels ils sont destinés, les résultats qu'ils constatent font l'objet d'un appel contradictoire.

415. — Le Commis-principal établit en outre un bulletin récapitulatif des payements effectués. Ce bulletin est destiné à la Cour des comptes; il est signé par le Liquidateur du boni, par le Chef de la comptabilité et par le Directeur.

V. — Mesures relatives aux oppositions aux payements de bonis.

416. — Lorsqu'une opposition est formée au payement d'un boni, le bulletin transmis par l'Inspection est renvoyé à ce service avec l'indication de la somme disponible.

Il est pris note du numéro de l'opposition, en regard de l'article, au registre du Contrôle et au registre matricule.

417. — Lorsque l'opposition frappe un article engagé dans un bureau auxiliaire, le numéro d'opposition est porté sur l'extrait du registre matricule transmis au bureau, en regard de l'article, dans la colonne d'observations.

---

1. Règlement du 30 juin 1865, art. 95 et 166.

Si l'extrait du registre matricule a déjà été envoyé au bureau auxiliaire, avis de l'opposition est immédiatement donné au Chef du bureau qui en accuse réception. Cette pièce est classée au numéro d'opposition après sa transmission par les soins du Liquidateur du boni.

418. — Lorsqu'il a été formé une opposition à un payement de boni, ce payement ne peut avoir lieu que sur le vu d'une mention de mainlevée portée sur la reconnaissance ou sur la remise d'un duplicata.

Les payements sur duplicatas ne peuvent pas être effectués dans les bureaux auxiliaires.

419. — Lorsque le duplicata d'une reconnaissance émanant d'un bureau auxiliaire est réclamé après la vente du nantissement, le service de l'Inspection ne délivre le duplicata qu'après s'être assuré que le boni n'a pas été touché[1].

A cet effet, il est donné avis de la réclamation au Liquidateur du boni et le titre nouveau n'est établi que sur le vu d'un accusé de réception, dressé par le Chef du bureau auxiliaire auquel l'avis a été communiqué par les soins du service du boni.

Le Liquidateur du boni remet au service de l'Inspection les accusés de réception des avis d'opposition et de demandes de duplicatas qu'il a exigés et reçus des bureaux intéressés.

420. — Les oppositions formées au dégagement de nantissements suivent ces articles lors de la vente et sont applicables aux bonis.

Dans ce but, lors de la livraison des articles à la vente, le Chef des magasins fait remettre au Liquidateur du boni un état indiquant ceux desdits articles qui sont frappés d'opposition.

Cet état est renvoyé au magasin après avoir été revêtu d'un accusé de réception par le Liquidateur.

---

1. Ordre de service du 28 mai 1845.

VI. — Annulations de payements de bonis. Rectifications.

421. — Les annulations de payements de bonis ont lieu de deux manières différentes, selon qu'il s'agit de payements effectués dans le cours de la séance ou dans une précédente séance.

422. — Pour les opérations effectuées au cours de la séance, l'annulation a lieu, sur le registre de payement, au moyen d'un trait passé sur les articles à supprimer; les sommes sont en même temps réintégrées dans la Caisse et la mention de payement est effacée sur le registre du Contrôle.

423. — Lorsqu'il y a lieu d'annuler un payement de boni effectué à une précédente séance, la déduction ne peut être opérée qu'au moyen d'un bon signé par le Directeur et visé par le Caissier, par le Chef de la Comptabilité et par le Liquidateur du boni.

Ce bon indique l'article qu'il y a lieu d'annuler, le montant de la somme à déduire et le motif de l'annulation.

424. — Les fonds, soit qu'ils proviennent d'une restitution effectuée par le public, soit qu'ils proviennent du remboursement effectué par l'employé auteur de l'erreur, sont réintégrés à la Caisse.

Les sommes ainsi réintégrées ne sont l'objet d'aucune inscription en recette.

Leur encaissement est simplement constaté en écritures par une réduction de la dépense en fin de journée.

Mention de l'opération, contenant les indications portées sur le bon, est faite sur le registre du Payeur et sur le bulletin établi par le Contrôleur.

Après annulation, les mentions de payement sont oblitérées sur les reconnaissances et ces titres sont rendus aux porteurs après avoir été bâtonnés, s'il y a lieu.

425. — Des rectifications peuvent être nécessitées, soit par suite d'annulation d'une ou de plusieurs adjudications, soit par suite de transposition lors d'un payement de boni, soit par suite d'erreur dans le décompte des droits.

Les bons nécessaires au redressement de ces erreurs sont alors établis par le Commis-principal, chargé d'en suivre l'application.

Les encaissements, les inscriptions et mentions sur les divers registres et bulletins sont faits dans la même forme que lorsqu'il s'agit d'une annulation.

VII. — Mesures relatives aux bonis provenant d'articles qui ont donné lieu à des prêts suspendus.

426. — Chaque trimestre, le service de la Comptabilité dresse un état comprenant dans une première partie toutes les reconnaissances relatives aux prêts non régularisés, dont les gages sont vendus et dont les bonis sont sur le point d'être atteints par la prescription.

Ces titres sont remis au Chef de la Liquidation du boni qui fait inscrire dans la 2º partie de l'état ci-dessus désigné, en regard de chaque article, le numéro et la date de la vente avec l'indication du boni.

427. — Les bonis compris dans chaque état trimestriel sont remis par le Liquidateur au Chef de la Comptabilité, qui demeure chargé d'en effectuer le versement au compte des *Dépôts divers*, pour être tenus à la disposition des ayants droit jusqu'à la prescription trentenaire.

La remise de ces bonis donne lieu, pour le service de la liquidation, aux mêmes émargements et écritures que lorsqu'il s'agit de payements faits entre les mains du public.

Les reconnaissances des articles vendus à perte sont bâtonnées et rendues au service de la Comptabilité [1].

VIII. — Liquidation des bonis prescrits. — Apurement de la gestion du Comptable.

428. — Lorsque les délais accordés aux ayants droit pour retirer les bonis produits par l'adjudication de leurs nantissements sont expirés, le Liquidateur du boni fait pro-

---

1. Arrêté du Directeur du 1er mai 1882.

céder au récolement des sommes qui, n'ayant pas été réclamées, se trouvent atteintes par la prescription.

A cet effet, il est procédé, au moyen des reconnaissances, à l'appel et au pointage sur le registre matricule de toutes les sommes payées dans les divers établissements.

L'exactitude des opérations est constatée au moyen des divers registres des Payeurs.

Les sommes disponibles, indiquées dans la onzième subdivision du registre matricule, sont totalisées.

429. — Il est ensuite exercé, au profit des Commissionnaires, le prélèvement pour compensation autorisé par la délibération du 18 février 1846 (approuvée le 30 mars suivant).

Ce prélèvement a lieu dans la forme indiquée au paragraphe IV du chapitre IV (titre IX).

La différence représente la somme nette à prescrire.

430. — Les payements faits, pour l'exercice en liquidation, pendant les années qui ont suivi la vente des gages, sont recueillis, totalisés et communiqués au service de la Comptabilité, qui s'assure de la parfaite concordance des chiffres avec ceux qui figurent au grand-livre, au compte : *Bonis à liquider*.

Les différences, s'il y a lieu, sont l'objet d'un redressement d'écritures, au moyen de bons de rectification spéciaux visés par le Secrétaire général, par le Chef de la Comptabilité chargé du Contrôle et par le Liquidateur du boni. Les sommes figurant aux divers comptes de répartition du registre matricule sont, en conséquence, augmentées ou diminuées de celles qui figurent sur les bons dont il s'agit.

431. — Les résultats définitifs de l'apurement sont communiqués au Chef de la Comptabilité, chargé de présenter la Liquidation du boni dans la forme indiquée au paragraphe VIII du chapitre III (titre IV).

A cet effet, il est dressé un état ou compte-rendu de la Liquidation générale des ventes et du boni de l'exercice à liquider.

Cet état comprend une première partie faisant connaître le nombre des articles dudit exercice qui ont été livrés à la vente, et le montant des adjudications, auquel on ajoute le déficit à la charge des Commissaires-priseurs; on déduit de ce total les prélèvements opérés par le Mont-de-Piété pour le remboursement de ses prêts, intérêts et droits. La différence représente le boni à liquider.

L'état donne ensuite la répartition de ce boni entre les porteurs des reconnaissances, les Commissionnaires pour leurs prélèvements de commissions, excédents d'avances, intérêts sur les sursis et compensations de pertes.

La déduction de ces payements du montant du boni à liquider fait ressortir la somme des bonis prescrits.

La seconde partie de l'état est consacrée au compte des excédents de prêts sur les avances des Commissionnaires.

On y trouve d'une part le montant des sommes rapportées de ce chef par les Commissionnaires, et d'autre part la reconstitution de cette somme par les payements effectués au public et le solde à verser au compte des *Dépôts divers*, à la disposition des ayants droit.

L'état se termine par une certification en toutes lettres : 1º des bonis payés au public; 2º des payements faits aux Commissionnaires; 3º des bonis prescrits; 4º du solde des excédents de prêts. Il porte la signature du Liquidateur du boni, celle du Chef de la Comptabilité et le visa du Directeur.

432. — Il est en outre dressé, sous les mêmes signatures, deux états des sommes revenant aux Commissionnaires pour intérêts de leurs excédents d'avances sur les sursis et pour les prélèvements sur les bonis prescrits à titre de compensation des pertes supportées par eux sur les opérations de l'exercice.

Ces deux états, dressés en vertu d'une délibération du Conseil d'Administration du 18 février 1846 (art. 2 et 5), contiennent une colonne d'émargement pour quittance.

TITRE III

SERVICE DE LA CAISSE
EMPRUNT

CHAPITRE PREMIER

CONDITIONS DE LA GESTION DU COMPTABLE

I. — Remise du service. — Responsabilité. — Débets. Cas d'absence.

433. — Les attributions du Caissier, les conditions de sa responsabilité en ce qui concerne les agents chargés d'un maniement de deniers, ainsi que les justifications qu'il doit produire avant d'être installé dans ses fonctions sont définies d'une manière générale au paragraphe III du chapitre IV (titre I).

434. — La remise de service de la Caisse est faite par l'ancien titulaire ou ses ayants cause, ou par le Gérant intérimaire auquel le service a été précédemment remis avec les mêmes formalités, en présence d'un membre délégué du Conseil de surveillance, du Directeur et du Chef de la Comptabilité.

Elle est constatée par un procès-verbal fait en quadruple expédition dont l'une est délivrée au Comptable sortant, la seconde au Caissier central du Trésor, et la troisième au nouveau Caissier; la quatrième est conservée dans les archives du Mont-de-Piété [1].

---

1. Règlement du 30 juin 1863, art. 7.

435. — Il est accordé au nouveau Caissier un délai de deux mois, à partir du jour de la remise du service, pour faire l'examen des titres de propriété ou de recette, des inscriptions ou mesures conservatoires prises et des poursuites opérées contre les débiteurs, et pour faire toutes démarches et diligences dans le but de dégager sa responsabilité à l'égard de tous faits imputables à la gestion de son prédécesseur; il en devient responsable à l'expiration de ce délai s'il n'a pas fait de réclamations [1].

436. — Lorsque le Caissier a couvert de ses deniers les débets ou déficits de ses subordonnés, il demeure subrogé à tous les droits du Mont-de-Piété sur le cautionnement, la personne et les biens de ceux-ci, conformément à l'article 327 du décret du 31 mai 1862.

437. — Les débets de toute nature produisent intérêt au profit du Mont-de-Piété, par application des dispositions des articles 368 et suivants du décret précité.

438. — Lorsqu'un congé est accordé au Caissier, notification doit en être faite immédiatement au Caissier central du Trésor. La personne présentée par le Caissier pour le remplacer doit être agréée par le Directeur du Mont-de-Piété. Le Caissier demeure toujours responsable de la gestion de son remplaçant, auquel il donne une procuration soumise aux règles prescrites pour la reddition des comptes.

La décision qui accorde le congé doit mentionner la retenue à effectuer sur le traitement du Caissier pendant son absence ou l'exemption de retenue [2].

II. — Unité de Caisse. — Vérification.

439. — Le Caissier ne doit avoir qu'une seule Caisse, dans laquelle sont réunis tous les fonds appartenant au service dont il est chargé, conformément aux dispositions de l'article 1270 de l'instruction générale du 20 juin 1859 [3].

---

1. Règlement du 30 juin 1865, art. 8.
2. Règlement du 30 juin 1865, art. 10, 11 et 12.
3. Règlement du 30 juin 1865, art. 120. — Voir annexe XI, chapitre I (titre X).

L'unité de Caisse consiste dans la centralisation au Chef-lieu du mouvement général des fonds de toute provenance et des dépenses de toute nature, de manière à présenter un solde unique.

440. — Indépendamment des vérifications qui peuvent être faites par les Inspecteurs des Caisses municipales, la situation matérielle de la Caisse est constatée le 31 décembre de chaque année par une commission composée du Directeur, assisté d'un membre du Conseil de surveillance délégué à cet effet, et du Chef de la Comptabilité, chargé du Contrôle. Le Caissier présente cette situation dont il est dressé procès-verbal dans la forme indiquée par le règlement du 30 juin 1865. Ledit procès-verbal est signé par toutes les personnes qui assistent à la vérification.

III. — Comptabilité. — Compte rendu des opérations. — Oppositions.

441. — Les opérations de la Caisse donnent lieu à une comptabilité dont la tenue est soumise aux règles générales imposées aux comptables publics et plus spécialement aux règles tracées par l'instruction générale du 20 juin 1859, sur la comptabilité des établissements de bienfaisance, et par le règlement du 30 juin 1865, sur la comptabilité des Monts-de-Piété [1].

Les détails de cette comptabilité sont indiqués aux chapitres ci-après.

Toutes les pièces comptables relatives aux recettes sont établies sur des formules imprimées en rouge et les pièces relatives aux dépenses, sur des formules imprimées en noir.

442. — Le Caissier du Mont-de-Piété est tenu de rendre, chaque année, un compte de gestion pour les opérations de l'année précédente [2].

Les revenus de l'Établissement excédant trente mille francs, les comptes de gestion du Caissier sont jugés par la

---

1. Voir annexe XI, chapitre I (titre X).
2. Règlement du 30 juin 1865, art. 147.

Cour des comptes. Ces comptes sont préalablement soumis au Conseil de surveillance et au Préfet de la Seine, ainsi qu'au Conseil municipal, dans la forme indiquée au paragraphe V du chapitre III (titre IV)[1].

Les instructions relatives à la formation des comptes de gestion, à la reddition des comptes par les personnes autres que le comptable intéressé, aux justifications à produire, à la présentation et aux jugements des comptes, à l'exécution des injonctions et poursuites, aux appels, pourvois et demandes en révision, sont rappelées au chapitre V ci-après.

443. — Le Caissier tient lui-même le registre des oppositions formées par des tiers, soit sur les cautionnements ou traitements des employés de l'Administration, soit sur les cautionnements ou fonds déposés à un titre quelconque dans la Caisse, soit enfin au remboursement des billets à ordre ou au porteur émis par le Mont-de-Piété[2].

Le registre des oppositions reçoit les inscriptions suivantes :

Numéros des exploits — Dates des visas — Noms des parties — Nature des exploits — Analyse — Deniers saisis ou transportés — Dates des mainlevées.

Le Caissier fournit au Directeur, à l'expiration de chaque mois, un état des oppositions formées sur le traitement des employés[3].

IV. — Responsabilité et devoirs du Caissier en ce qui concerne les recouvrements à effectuer.

444. — Les dispositions relatives à l'assiette et au recouvrement des revenus des établissements de bienfaisance et à la conservation de leurs droits sont applicables au Mont-de-Piété[4].

---

1. Règlement du 30 juin 1865, art. 155.
2. Voir annexe V, chapitre I, titre X.
3. Ordre de service du 29 mars 1844.
4. Règlement du 30 juin 1865, art. 29. — Instruction générale du 20 juin 1859, art. 1054 et suivants.

445. — Le Caissier est tenu, sous sa responsabilité, de prendre toutes les mesures conservatoires et de faire toutes diligences et poursuites nécessaires. Les prescriptions des articles 518 et 519 du décret du 31 mai 1862, et 849 de l'Instruction générale du 20 juin 1859 lui sont applicables.

Les poursuites à exercer contre les débiteurs du Mont-de-Piété sont déterminées en l'article 850 de l'Instruction générale du 20 juin 1859, mais les ventes de nantissements sont l'objet de dispositions spéciales.

Les états prescrits par l'article 849 de l'Instruction générale précitée doivent être réclamés de l'Administration et fournis par le Caissier sur les modèles n°s 223 et 223 bis donnés par cette Instruction générale [1].

V. — Délivrance de quittances timbrées ou exemptes de timbre.

446. — Le Caissier doit délivrer, pour les sommes qui lui sont versées, des quittances extraites d'un registre à souche (modèle n° 10). Ces quittances sont timbrées ou exemptes de timbre, suivant les cas, d'après les principes rappelés ci-après. Toutes les recettes, sans exception, figurent sur ledit registre [2].

Le Caissier est autorisé à apposer des timbres mobiles sur les quittances qu'il délivre et sur celles qui lui sont délivrées, lorsque ces quittances sont assujéties à la formalité du timbre.

Immédiatement après leur apposition, les timbres mobiles sont annulés au moyen d'une griffe spéciale [3].

Le Caissier ne tient aucune comptabilité spéciale pour les timbres mobiles qu'il a entre les mains; ces timbres figurent comme valeurs dans sa situation de caisse.

447. — Conformément à l'article 8 de la loi du 24 juin 1851, sont exempts des droits de timbre et d'enregistrement, savoir :

---

1. Règlement du 30 juin 1865, art. 30 et 32.
2. Instruction générale du 20 juin 1859, art. 1413.
3. Règlement du 30 juin 1865, art. 33 et 34. — Voir annexe XIV, chapitre I, titre X.

Les obligations, reconnaissances et tous actes concernant l'administration et l'exploitation du Mont-de-Piété, tels que : procès-verbaux de ventes d'effets engagés, actes d'emprunt ou de prêt, baux, quittances d'intérêts et toutes quittances s'appliquant exclusivement aux opérations financières du Mont-de-Piété, enfin tous registres quelconques, écrits ou papiers destinés à constater les opérations d'ordre et de comptabilité.

Les autres actes et écrits qui ne sont pas relatifs à l'exploitation du Mont-de-Piété demeurent assujétis au droit de timbre et à la formalité de l'enregistrement d'après les mêmes règles que ceux des autres Établissements de bienfaisance.

448. — D'après ces principes, lorsqu'il s'agit d'une recette non comprise dans les exemptions dont la plupart ont été énumérées ci-dessus, les quittances à délivrer par le Caissier doivent être timbrées dans les cas déterminés par les prescriptions des articles 843 et suivants de l'Instruction générale du 20 juin 1859.

Le prix du timbre de quittance est à la charge de la partie versante. Si elle se refuse à le payer, il ne lui est délivré aucune quittance ni aucun reçu conformément à l'article 847 de l'Instruction générale précitée. Le payement est néanmoins inscrit pour ordre sur le registre à souche. Le refus est mentionné sur la quittance, qui doit demeurer adhérente au registre [1].

449. — Les timbres mobiles, qui demeurent entre les mains du préposé au comptoir pour les besoins du service journalier, sont comptés comme valeurs en caisse.

Un journal constatant l'entrée et la sortie de ces timbres, avec indication sommaire de leur emploi, est tenu par ledit préposé.

450. — Le Caissier doit veiller à ce que les actes administratifs, déterminés par l'article 78 de la loi du 15 mai 1818, et qui ne sont pas compris dans l'exemption accordée par l'article 8 de la loi du 24 juin 1851, soient

---

1. Règlement du 30 juin 1865, art. 34, 35 et 36.

CHAP. I. — CONDITIONS DE LA GESTION DU COMPTABLE 155

soumis à la formalité de l'enregistrement dans le délai obligatoire de vingt jours [1].

VI. — Personnel de la Caisse. — Mesures d'ordre. — Gardes de nuit.

451. — Le personnel de la Caisse, outre le Caissier-comptable et le Sous-Chef, se compose :
1° Des employés chargés de la tenue des écritures relatives soit à l'émission des bons, soit à la comptabilité ;
2° D'un Commis-principal chargé de la manipulation des fonds ;
3° D'un Magasinier, d'un Aide-magasinier et d'un gagiste, remplissant les fonctions de garçons de caisse.

452. — Conformément aux dispositions de l'article premier de l'arrêté consulaire du 8 floréal an X, le Caissier, outre les précautions ordinaires de sûreté, doit s'assurer qu'un homme sûr, désigné par lui, couche chaque nuit dans le local où sont déposés les fonds.

En cas de vol, le Caissier ne pourrait obtenir de décharge s'il ne justifiait que ce vol est l'effet d'une force majeure [2].

453. — Le garde de nuit doit, en outre de la surveillance qu'il exerce dans le local de la caisse, aider tous les jours le gagiste chargé de nettoyer les bureaux ; il ne doit quitter son poste qu'à l'arrivée des employés [3].

Pour la régularité du service des rondes de sûreté, il est nécessaire que l'agent chargé de la garde de la caisse se trouve à son poste un peu avant l'heure fixée pour la seconde visite.

En conséquence, ledit agent doit, tous les soirs, être rentré au chef-lieu à neuf heures moins dix minutes au plus tard.

Il assiste à la visite qui est faite par le sapeur-pompier et les deux concierges dans les bureaux et le cabinet de la caisse [4].

---

1. Règlement du 30 juin 1865. (Observations générales.)
2. Voir annexe I, chapitre I (titre X).
3. Ordre de service du 1er janvier 1880.
4. Ordre de service du 26 mai 1876.

CHAPITRE II

ÉCRITURES DE LA CAISSE — CONTROLE

I. — Dépouillement des opérations.

454. — Le dépouillement des opérations journalières concernant le prêt direct est effectué au moyen de bordereaux récapitulatifs établis à l'aide : 1° des bulletins transmis par les Payeurs et Receveurs du Chef-Lieu ; 2° des feuilles de caisse émanant des succursales et des bureaux auxiliaires [1].

Il est dressé un bordereau récapitulatif, pour les engagements effectifs (dépense), pour les dégagements effectifs, pour les dégagements par renouvellement (recette).

455. — Le bordereau des engagements indique, en articles et sommes, les opérations effectuées au Chef-Lieu, dans les succursales et dans les bureaux auxiliaires.

Les opérations du Chef-Lieu sont portées en tête du bordereau et additionnées.

Les opérations des succursales sont additionnées avec celles des bureaux auxiliaires.

456. — Le bordereau des dégagements effectifs indique, en articles et sommes, les opérations effectuées au Chef-Lieu, dans les succursales et les bureaux auxiliaires.

Il comporte les droits perçus pour le Mont-de-Piété, le droit temporaire, lorsqu'il y a lieu, et le droit de prisée.

457. — Les opérations, de même que pour les engagements, sont d'abord réunies par établissements et ensuite dans un total général.

458. — Le bordereau des dégagements par renouvellements est établi dans la même forme que celui des déga-

---

1. Règlement du 30 juin 1865, art. 63.

gements effectifs, avec cette différence, que les capitaux n'ayant pas été perçus figurent seulement pour mémoire et ne sont pas compris dans le total général.

II. — **Livre de caisse.** — **Journal général à souche des recettes.** — **Situation journalière de la caisse.**

459. — La tenue du livre de caisse est purement facultative, mais il est interdit au Caissier de se servir d'aucun registre ou carnet non officiel, communément désigné sous le nom de brouillard ou main courante; la multiplicité des opérations rendant difficile l'inscription directe des articles au journal général, le livre de caisse doit être conforme au modèle qui est donné par l'Administration [1].

Le livre de caisse reçoit l'inscription des recettes et dépenses effectuées par les divers établissements dépendant du Mont-de-Piété; il permet de faire ressortir le solde en caisse, non compris les fonds déposés au Trésor. Il sert à la rédaction des articles à inscrire au bordereau général des recettes et dépenses.

La classification des recettes et dépenses a lieu sous les mêmes rubriques que celles employées au budget, rappelées d'ailleurs sur les pièces de comptabilité et dans l'ordre indiqué au paragraphe I du chapitre III (titre IV).

Pour les opérations concernant le prêt direct, l'inscription a lieu au moyen des bordereaux récapitulatifs établis ainsi qu'il est dit au paragraphe précédent.

460. — Les quittances qui doivent être délivrées ainsi qu'il est dit au paragraphe V du chapitre précédent sont extraites du journal général à souche des recettes [2].

La souche reçoit l'inscription du numéro du journal de caisse, de la nature de la recette et de la somme reçue en chiffres.

Le récépissé qui en est détaché reçoit les mêmes inscriptions, la somme étant énoncée en toutes lettres. Il est

---

1. Règlement du 30 juin 1865, art. 121.
2. Règlement du 30 juin 1865, art. 33.

signé par le Caissier et par le contrôleur de la Caisse. Il ne peut exister de lacune dans la série des numéros [1].

461. — La situation journalière de caisse donne le solde général des valeurs par l'indication du solde de caisse de chacun des établissements, y compris celui des fonds déposés au Trésor. Cette situation est signée par le Caissier, après avoir été vérifiée par le contrôleur de la Caisse.

III. — Bordereau général des recettes et dépenses.

462. — Le bordereau général des recettes et dépenses est établi à l'aide du livre de caisse. Il indique le solde général de la caisse du Mont-de-Piété, y compris le dépôt au Trésor.

Toutes les recettes et dépenses effectuées tant au Chef-Lieu que dans les succursales et les bureaux auxiliaires sont inscrites séparément; les recettes étant ajoutées au solde de la veille, décomposé par établissements, on retranche de ce total celui des dépenses, et la différence fait ressortir le solde du jour, décomposé également par établissements.

Le bordereau général, arrêté en toutes lettres, est certifié et signé par le Caissier. Il est ensuite soumis au visa du Chef de la comptabilité.

Il sert à la rédaction des articles à passer au journal de la caisse.

IV. — Livre de détail.

463. — En premier lieu et avant leur inscription au journal et au grand-livre, toutes les recettes et les dépenses exécutées en vertu du budget doivent être constatées sur le livre de détail.

La tenue de ce livre est réglée par les articles 1458 et 1459 de l'Instruction générale du 20 juin 1859 [2].

---

1. Instruction générale du 20 juin 1859, art. 1443.
2. Règlement du 30 juin 1865, art. 118.

464. — Chaque compte ouvert au livre de détail comporte les indications suivantes :

° Numéro d'ordre du compte — Article du budget — Montant des crédits ouverts d'après le budget primitif, d'après le budget supplémentaire ou en vertu d'autorisations spéciales.

L'inscription des opérations comprend : la date, le détai de l'opération, la somme dépensée ou reçue (dans l'une des colonnes affectées à la première ou à la deuxième année de l'exercice).

Une troisième colonne permet de faire les totaux par mois ou par trimestre.

V. — Journal général de la caisse. — Grand-livre.

465. — Le journal général est destiné à présenter jour par jour toutes les opérations, de quelque nature qu'elles soient, au moyen d'articles qui reçoivent une série de numéros d'ordre du 1er janvier au 31 décembre [1].

Le tracé du journal général comprend les colonnes nécessaires pour recevoir les inscriptions ci-après :

Numéro d'ordre — Folios des comptes du grand-livre — Désignation des comptes et des opérations qui s'y rapportent — Détail des opérations — Totaux des opérations relatives à un même compte — Total général par article.

Cette dernière colonne, qui présente ainsi le montant des opérations de toute nature, est additionnée sans interruption, jusqu'à la fin de l'année. Son total doit toujours concorder avec les totaux du débit et du crédit de la balance.

466. — Les opérations doivent être constatées au journal au moment où elles sont effectuées ou au plus tard à la fin de la journée ; lorsque, dans une même journée, il se trouve plusieurs opérations affectant un même compte, elles doivent être réunies en un seul article.

Les inscriptions sont faites au moyen : 1° du bordereau général et des pièces de recettes et de dépenses effectives

---

[1]. Règlement du 30 juin 1865, art. 122.

servant à établir le livre de caisse ; 2° des bulletins de vente des différents établissements ; 3° des écritures d'ordre fournies par la comptabilité, relatives à la Caisse des dépôts et consignations et aux opérations de fin d'exercice.

467. — Le grand-livre, qui a pour objet de réunir et de classer les opérations suivant leur nature, contient à cet effet autant de comptes que l'exigent les différentes opérations du Mont-de-Piété [1].

L'ordre dans lequel ces comptes doivent être classés au grand-livre, déterminé par le règlement du 30 juin 1865, est rappelé au chapitre I du titre IV, ainsi que la correspondance des divers comptes entre eux.

Un appel est fait tous les mois pour constater la concordance des soldes inscrits sur ce grand-livre avec ceux qui figurent au grand-livre tenu par le service de la comptabilité.

468. — La balance de ces comptes est également faite tous les mois d'après les principes contenus en l'article 1440 de l'Instruction générale du 20 juin 1859, et les résultats en sont comparés avec ceux de la balance mensuelle dressée par le service de la comptabilité [2].

VI. — **Registres divers.** — (**Dépôts.** — **Prêts suspendus. Bons adirés.** — **Cautionnements.**) — **Journaux à souche des récépissés de cautionnements.**

469. — Le registre des dépôts divers reçoit l'inscription de tous les dépôts effectués à la caisse, à l'exception des prêts suspendus et des cautionnements.

Il comprend les indications suivantes :

Dates et nature des dépôts — Noms des parties versantes — Sommes déposées — Remboursements (dates et sommes).

470. — Les prêts suspendus dont le versement a été fait à la caisse, ainsi qu'il est indiqué au chapitre II du titre II,

---

1. Règlement du 30 juin 1865, art. 124.
2. Règlement du 30 juin 1865, art. 115.

sont inscrits sur un registre qui comporte les mêmes indications que celui des dépôts divers.

471. — Les bons adirés et les placements temporaires sont inscrits sur deux registres distincts, mais d'un même modèle.

Leur inscription comporte les indications ci-après :

Dates et nature des dépôts — Noms des titulaires — Capital déposé — Taux de l'intérêt — Calcul des intérêts comprenant par dates et sommes les intérêts échus, les intérêts payés et les intérêts prescrits — Remboursements (dates et sommes).

472. — Les registres destinés à l'inscription des cautionnements sont au nombre de trois :

Le premier est relatif aux cautionnements en rentes fournis par les employés de l'Administration;

Le deuxième, établi d'après le même modèle que le registre des bons adirés, est affecté aux cautionnements déposés au Mont-de-Piété en vertu de l'arrêté du Gouvernement du 16 germinal an XII [1];

Le troisième reçoit l'inscription des cautionnements en espèces ou en effets publics déposés par les entrepreneurs adjudicataires des travaux.

473. — Les cautionnements en espèces, quelle que soit leur provenance, donnent lieu à la délivrance d'un récépissé extrait du journal général à souche des recettes.

La quittance de réception d'un cautionnement est revêtue d'un timbre de 0 fr. 25; celle relative au payement des intérêts est revêtue d'un timbre de 0 fr. 10.

Quant aux cautionnements fournis en valeurs mobilières par les soumissionnaires, ils donnent lieu à l'émission d'un récépissé provisoire, timbré à 0 fr. 25, extrait d'un registre à souche spécial qui indique l'affectation du cautionnement en même temps que la nature des valeurs déposées.

Les mêmes indications sont mentionnées sur la souche correspondant au récépissé détaché.

---

1. Voir annexe II, chapitre 1 (titre X).

474. — Les cautionnements provisoires fournis en espèces par les soumissionnaires peuvent devenir définitifs. Dans ce cas, la mention de l'approbation préfectorale du procès-verbal d'adjudication est inscrite au dos du récépissé déjà délivré.

Lorsqu'un des soumissionnaires est déclaré adjudicataire, le cautionnement en valeurs mobilières peut devenir définitif. Dans ce cas, il est délivré, en échange du récépissé provisoire, un nouveau récépissé contenant le détail des valeurs déposées.

Si l'adjudicataire modifie la constitution de son cautionnement, il y a lieu d'échanger le récépissé provisoire, soit contre un récépissé extrait du journal général à souche des recettes, soit contre un récépissé extrait du registre à souche spécial, indiquant les valeurs consignées à la place de celles qui formaient le cautionnement provisoire.

Les autres soumissionnaires retirent leur cautionnement provisoire à l'aide du récépissé qui leur a été délivré et au dos duquel ils donnent décharge (timbre de 0 fr. 10) du remboursement qui leur est fait.

VII. — **Écritures d'ordre relatives aux revenus du Mont-de-Piété. — Gestion des propriétés immobilières.**

475. — Les revenus du Mont-de-Piété étant assez nombreux pour nécessiter une surveillance particulière, il est tenu à cet effet :

1º Un sommier des titres de perception sur lequel chaque titre est inscrit avec la mention de sa durée et des mesures prises pour assurer sa conservation ou son renouvellement;

2º Un carnet destiné à l'ouverture de comptes spéciaux à chaque débiteur de rentes et fermages ou redevances et pour les subventions, secours et autres produits.

Chaque compte ouvert à ce carnet doit présenter, d'une part, les sommes dont le débiteur est redevable d'après les titres et, d'autre part, les versements effectués à valoir sur ces sommes.

476. — La gestion des propriétés immobilières possédées par le Mont-de-Piété est soumise aux mêmes règles que celles des biens-fonds appartenant aux hospices.

A chaque versement opéré par un débiteur de loyers ou fermages, le payement doit être émargé au titre de recettes et inscrit au carnet des redevables.

477. — Lorsque le payement du produit des ventes et des aliénations de meubles ou immeubles s'opère à échéances ou par annuités, les sommes à recouvrer doivent être inscrites au sommier des titres de perception et au carnet des redevables.

Les dispositions de la circulaire du ministre de l'intérieur du 4 mai 1857 et de l'article 954 de l'Instruction générale du 20 juin 1859, relatives aux payements anticipés faits par des adjudicataires ou acquéreurs de biens appartenant aux communes ou établissements publics, sont applicables au Mont-de-Piété [1].

VIII. — **Écritures d'ordre relatives aux revenus provenant de rentes sur l'État, sur particuliers et autres valeurs mobilières.** — **Subventions et secours annuels.**

478. — Les articles 860 et 953 de l'Instruction générale du 20 juin 1859, relatifs aux rentes sur particuliers, sont applicables au Mont-de-Piété.

Les rentes sur particuliers et le payement de leurs arrérages doivent figurer au sommier des titres de perception et au carnet des redevables.

479. — Dans le cas de rachat d'une rente par le débiteur, la recette doit être classée dans les recettes extraordinaires; l'article est annulé au sommier des titres et au carnet des redevables.

Les titres de rentes sur l'État et les autres valeurs mobilières doivent être mentionnés dans des articles ouverts au sommier des titres de perception.

---

1. Règlement du 30 juin 1865, art. 37 et 40.

480. — Des subventions ou secours peuvent être accordés au Mont-de-Piété.

Dans ce cas, un compte est ouvert à la partie versante, au carnet des redevables.

Les quittances à souche à délivrer sont exemptes de timbre [1].

IX. — Fonctions du Contrôleur de la caisse. — Brouillard du journal du contrôle. — Journal et carnet du contrôle de la Caisse.

481. — L'importance des opérations du Mont-de-Piété de Paris exigeant un contrôle permanent, un délégué du Chef de la comptabilité chargé du Contrôle, est spécialement chargé de remplir les fonctions de Contrôleur de la Caisse, dans le local même de ce service [2].

Il a dans ses attributions principales la signature des bons de caisse émis par le Mont-de-Piété, la tenue du registre du Contrôle des emprunts, du relevé mensuel des placements sur bons, du Brouillard du journal du Contrôle, du journal du Contrôle et du carnet de Contrôle de la Caisse.

Toutes les opérations relatives à l'emprunt, ainsi que la tenue des registres et la confection des bordereaux, en ce qui concerne le contrôle de cette partie du service, sont décrites au chapitre III ci-après.

482. — Le brouillard du journal du Contrôle est divisé en deux parties : l'une réservée à l'inscription de tous les recouvrements, et l'autre à celle de tous les payements effectués par l'Administration.

Les éléments qui servent à établir le brouillard du journal du Contrôle sont donnés par les bulletins journaliers émanant des agents du Contrôle attachés aux divers services de l'Administration, par les feuilles de caisse provenant des succursales et des bureaux auxiliaires, et enfin par les mandats de recette et de dépense émanant du service de la comptabilité.

---

1. Règlement du 30 juin 1865, art. 38 et 39.
2. Règlement du 30 juin 1865, art. 159.

483. — La partie affectée aux recouvrements comprend les inscriptions suivantes :

1° Solde en caisse de la veille ;

2° Total de l'émission du jour, dont le détail figure au journal des fonds empruntés ;

3° Dégagements effectués dans les divers établissements (Les colonnes de ce tableau, comprenant les articles, les capitaux, droits du Mont-de-Piété et droit de prisée, sont totalisées, la première verticalement et les trois autres verticalement et horizontalement) ;

4° Renouvellements effectués dans les divers établissements (Les colonnes de ce tableau, comprenant les articles, les capitaux, les droits du Mont-de-Piété et le droit de prisée, sont totalisées, les deux premières verticalement et les deux dernières verticalement et horizontalement) ;

Les totaux des dégagements (capitaux et droits) sont réunis aux totaux des renouvellements (droits) ;

5° Versements effectués à la caisse d'acomptes (divisés par établissements) ;

6° Montant des versements effectués pour les ventes opérées à chaque établissement ;

7° Sommes rapportées par les commissionnaires pour excédents de prêts sur leurs avances ;

8° Encaissements effectués sur ordonnancements par mandats (prêts suspendus, dépôts divers, cautionnements, etc) ;
Mouvement des fonds placés au Trésor et des espèces avec les succursales et les bureaux auxiliaires.

Les sommes afférentes aux opérations du Chef-Lieu qui figurent dans les huit articles ci-dessus, sont sorties dans une colonne à la droite du brouillard du journal du Contrôle intitulée : Comptoir du Chef-Lieu.

L'addition de cette colonne donne le total général du débit de la Caisse centrale, y compris le solde de la veille.

484. — La partie du brouillard affectée aux payements comprend les inscriptions suivantes :

1° Détail du remboursement de l'emprunt, comportant la mention des numéros et le montant des bons en capitaux et intérêts.

Les bons remboursés sont divisés suivant leur nature et

leurs échéances. Les totaux de ces diverses catégories sont ensuite réunis dans une récapitulation dont le montant doit concorder avec celui du bordereau des remboursements ;

2° Engagements (articles et sommes) effectués dans les divers bureaux auxiliaires ou divisions du Mont-de-Piété ;

3° Payements effectués par la Caisse d'acompte ;

4° Bonis payés au public dans les divers bureaux auxiliaires ou divisions de l'Etablissement ;

5° Payements faits aux Commissionnaires pour la liquidation courante ;

6° Remboursements aux ayants droit des excédents de prêts sur les avances des Commissionnaires ;

7° Payements faits sur ordonnancements par mandats : (prêts suspendus, dépôts divers, cautionnements, frais généraux de régie, appointements, etc.). Mouvements des fonds placés au Trésor et des espèces avec les succursales et les bureaux auxiliaires.

De même que pour les recettes, la colonne de droite intitulée : Comptoir du Chef-Lieu, ne reçoit que l'inscription des sommes payées au Chef-Lieu.

La différence entre les totaux des deux parties du brouillard fait ressortir le solde en caisse qui doit concorder avec celui constaté par le carnet tenu par le Sous-chef.

485. — Après l'enregistrement au brouillard du journal du Contrôle et lorsqu'il a fait les additions, le contrôleur de la Caisse se fait appeler par le Sous-chef les résultats partiels et généraux de la journée close. En cas de désaccord, les bulletins contradictoires qui ont servi de part et d'autre à l'établissement des écritures sont confrontés ; ces bulletins sont, s'il y a lieu, renvoyés, pour corrections, aux employés qui les ont établis.

Après avoir constaté la parfaite concordance de ses écritures avec celles du Sous-chef de la Caisse, le Contrôleur transcrit les résultats consignés au brouillard, sur le journal du Contrôle.

Ce registre est tenu sans lacunes, ratures ni surcharges. Les payements figurent sur la page droite et les recouvrements sur la page gauche.

Les soldes constatés dans les divers établissements sont ajoutés chaque jour aux payements, de manière à balancer exactement le montant des recouvrements.

486. — Le journal du Contrôle de la Caisse reçoit l'inscription des recettes et dépenses de toute nature qui sont effectuées par le Caissier.

Une série de numéros d'ordre est affectée à chaque genre d'opérations, les recettes recevant des numéros d'ordre impairs, et les dépenses des numéros d'ordre pairs. Ces séries commencent au 1er janvier et se terminent au 31 décembre de chaque année.

Le report sur ce registre, à la date du 1er janvier, du solde général de la Caisse au 31 décembre précédent et les additions de la colonne de droite de chaque page du registre permettent de constater chaque jour le solde général de l'Etablissement par la différence du débit et du crédit. Cette différence est contrôlée par les chiffres du bordereau général de la Caisse.

Les résultats consignés sur le journal du Contrôle sont comparés avec ceux du journal de la Caisse, afin d'assurer la parfaite concordance de ces deux registres.

487. — Le Carnet du Contrôle de la Caisse est la copie sommaire du journal du Contrôle.

Les opérations y sont mentionnées par l'inscription de leur date, de leur numéro d'ordre et de la somme reçue ou payée.

CHAPITRE III

EMPRUNT SUR BONS A ORDRE OU AU PORTEUR

1. — Conditions et garantie des emprunts. — Cas d'adirement des bons de Caisse

488. — Un emprunt permanent, sur bons à ordre ou au porteur, est ouvert par le Mont-de-Piété, afin de procurer à l'Administration les ressources nécessaires pour alimenter ses opérations de prêts sur nantissements [1].

Les bâtiments du Mont-de-Piété, ensemble les capitaux de roulement existants dans la Caisse de cet Etablissement et enfin les nantissements déposés dans les magasins servent de garantie spéciale pour les prêteurs [2].

489. — Au moment de chaque dépôt et en échange des fonds que les prêteurs versent à la Caisse du Mont-de-Piété, il leur est délivré des bons soit nominatifs, soit au porteur, suivant la demande des parties [3].

Selon le désir des déposants, ces bons sont aux échéances de trois mois, six mois ou un an.

Ils sont établis sur des formules de nuances différentes (chamois ou azuré) suivant qu'ils sont à ordre ou au porteur.

490. — Les bons de Caisse sont à souche et à talon; ils comportent les indications suivantes :

Somme prêtée — Intérêts y afférents — Échéance du bon — Somme à rembourser, comprenant le total du placement et des intérêts (en toutes lettres).

Les bons à ordre contiennent, de plus, l'indication des noms et prénoms des titulaires.

Ils n'engagent l'Administration et ne sont délivrés aux prêteurs qu'après avoir été revêtus de la signature du Caissier et de celle du Contrôleur de la Caisse, délégué du Chef de la Comptabilité chargé du Contrôle; ils reçoivent également l'empreinte de deux timbres secs, l'un pour la Caisse, l'autre pour le Contrôle.

---

1. Règlement du 30 juin 1865, art. 45. — Délibération du Conseil d'Administration du 19 janvier 1842, approuvée le 4 juin suivant.
2. L'article 45 du Règlement général annexé au décret du 8 thermidor an XIII dit même : « Les emprunts qui pourront avoir lieu seront faits sous hypothèque générale des biens dépendant de la dotation des hospices de Paris.
..... Les capitaux versés dans la Caisse de cet Établissement (le Mont-de-Piété) par l'Administration des hôpitaux, soit qu'ils proviennent du produit des aliénations autorisées par les lois, soit qu'ils fassent partie de quelques autres recettes extraordinaires de fonds leur appartenant, servent également d'hypothèque et de garantie spéciale pour les prêteurs..... »
3. Délibération du Conseil d'Administration du 19 janvier 1842, approuvée le 4 juin suivant. — Règlement du 30 juin 1865, art. 45.

491. — Le minimum des placements est fixé à 100 francs. Néanmoins, toutes sommes provenant soit de fonds nouveaux, soit d'intérêts échus, peuvent être ajoutées à un précédent placement [1].

Toutefois, il n'est pas reçu de sommes non multiples de dix francs, même lorsqu'il s'agit de bons dont le renouvellement est demandé.

Dans ce cas, si les intérêts échus produisent une fraction, l'appoint est remis en espèces à l'intéressé, à moins qu'il ne préfère compléter la différence.

492. — Les remboursements sont effectués à la Caisse du Mont-de-Piété, à l'échéance des bons, contre la remise des titres acquittés par les prêteurs ou leurs ayants droit, dans la forme prescrite par les règlements et ainsi qu'il est rappelé au paragraphe VI ci-après.

493. — Dans le cas d'adirement de bons du Mont-de-Piété, les sommes réclamées par les parties ne peuvent leur être remboursées qu'après l'expiration des délais et après l'accomplissement des formalités rappelées au paragraphe VII ci-après.

Les bureaux de la Caisse sont ouverts, au public, pour le service de l'emprunt, de 10 heures à 2 heures, sauf les dimanches et jours fériés.

II. — Intérêts des emprunts. — Fixation du taux. — Décompte.

494. — Le taux d'intérêt auquel les placements sont reçus est fixé, tous les ans et plus souvent s'il y a lieu à modification, sur la proposition du Directeur, par un arrêté du Préfet de la Seine, après avis du Conseil de surveillance [2].

Un taux d'intérêt différent peut être fixé pour chaque nature de placement, selon qu'il s'agit de bons à l'échéance de trois mois, six mois ou un an.

---

1. Délibération du Conseil d'Administration du 24 novembre 1847.
2. Règlement général annexé au décret du 8 thermidor an XIII, art. 103. — Décret du 25 mars 1852, art. 7.

Les échéances les plus longues donnent lieu à la fixation des taux les plus élevés.

Les intérêts sont calculés pour la durée du placement, d'avance, et compris dans la somme inscrite sur le bon remis à l'intéressé.

495. — La taxe de 3 pour 100 sur l'intérêt servi par l'Établissement, perçue en vertu de la loi du 29 juin 1872, est imposée au Mont-de-Piété [1] et supportée par lui.

Un crédit annuel est demandé pour faire face à cette dépense.

496. — Les bons du Mont-de-Piété dont l'escompte est autorisé par le Directeur, sont diminués du montant de l'intérêt à courir jusqu'au jour du remboursement et calculé au taux le plus élevé des placements à un an (de la date d'émission ou de la date d'escompte), sur la somme intégrale du bon [2].

III. — Entrée et sortie des formules de bons de Caisse.

497. — L'émission des bons de Caisse étant l'objet de précautions particulières prises pour en éviter la contrefaçon, le papier nécessaire à leur confection est fabriqué tout spécialement et livré en blanc à l'Administration, découpé par unité de formule, suivant les dimensions fixées.

Ces formules sont déposées en cet état dans la caisse aux trois serrures, et leur réception est consignée sur un registre.

Au moment du dépôt, les détenteurs des clés de ladite caisse apposent leur signature sur ce registre.

498. — Les formules en blanc sont remises au Caissier, suivant les besoins; leur sortie est inscrite au registre et visée par les dépositaires des clés. Elles sont ensuite livrées, avec les formes, à l'imprimeur qui en délivre un reçu au Caissier.

---

1. Délibération du Conseil de Surveillance du 11 octobre 1878. — Voir annexe XX, chapitre I (titre X), et annexe III, chapitre II, titre X.
2. Arrêté du 26 mai 1849 (archives, n° 417).

Lorsque le travail de l'impression est achevé, les formes et les formules en nombre égal sont rendues par l'imprimeur au Caissier, qui en donne décharge, après vérification.

Elles sont alors réintégrées dans la caisse à trois serrures.

Cette réintégration, de même que la sortie ultérieure, donne lieu à l'accomplissement des mêmes formalités d'inscriptions et de signature, mais sur un registre spécial aux formules imprimées.

499. — Les formules imprimées, extraites de la caisse à trois serrures, sont remises par le Caissier au Sous-chef de la Caisse, qui en constate la livraison sur un carnet et les dépose à son tour dans une armoire dont il a seul la clef.

Il les délivre ensuite au Commis chargé de la confection des bons, suivant les besoins de l'émission, et inscrit, jour par jour, le nombre employé sur le même carnet, en distinguant les billets émis des billets fautés. Ces deux chiffres sont totalisés et soustraits de l'entrée ; la différence doit égaler la quantité des formules disponibles.

500. — Chaque année, les billets fautés sont brûlés, après contrôle du nombre de formules, en présence du Directeur ou d'un Chef de service délégué à cet effet, du Caissier et du Chef de la comptabilité. Un procès-verbal de cette opération est dressé par ce dernier.

IV. — **Réception des placements. — Émission des bons de Caisse au porteur ou à ordre.**

501. — Lorsqu'il fait un dépôt, le prêteur indique au Sous-chef de la caisse le mode, la durée et la quotité du placement qu'il désire effectuer.

Si le placement est à ordre, le prêteur fait en outre connaître ses nom, prénoms et adresse. Cette inscription n'est faite pour les bons au porteur que si les prêteurs y consentent.

502. — Le Sous-chef dresse aussitôt un bulletin-bordereau sur un imprimé de couleur bleue ou rouge, suivant le mode d'émission choisi par le prêteur (au porteur ou à ordre).

Ce bulletin comporte les indications suivantes :

Date du placement — Numéro d'ordre de la caisse — Nom et adresse du titulaire, s'il y a lieu — Nouveaux bons émis (numéros et sommes) — Détail des valeurs, avec indication des numéros et du montant des bons échus, s'il s'agit, soit d'un renouvellement, soit d'un placement nouveau comprenant des bons échus comme appoint, soit d'un remboursement partiel.

503. — Le Sous-chef enregistre ensuite l'opération sur le journal des emprunts spécial à l'échéance choisie par le prêteur.

Ce journal, coté et visé par le Directeur, est divisé en deux parties, l'une affectée aux bons au porteur, l'autre aux bons à ordre.

Les indications, pour ces deux genres d'emprunt, sont les suivantes :

Numéros des bons — Date de l'émission — Sommes (comprenant les capitaux, les intérêts et le total à rembourser) — Remboursement, (comprenant les dates et les numéros du journal de caisse).

Les bons à ordre portent en plus l'indication des noms et prénoms des prêteurs, inscrits après la date de l'émission.

Deux colonnes sont réservées, l'une pour les observations, l'autre pour les oppositions qui peuvent être formées au payement des bons.

La colonne d'observations est surtout utilisée pour les renseignements concernant les demandes de remboursement et les faits qui peuvent être pris en considération pour la fixation du taux de l'intérêt.

Le journal des emprunts est totalisé chaque jour [1].

504. — Après l'inscription au Journal des emprunts, le Sous-chef remet le bulletin au prêteur, qui le présente au préposé au comptoir. Ce dernier reçoit et vérifie la somme versée, dont il indique le détail sur le bulletin ; il passe ensuite cette pièce, après l'avoir signée, au commis chargé d'expédier le bon de Caisse.

---

1. Règlement du 30 juin 1865, art. 46.

CHAP. III — EMPRUNT SUR BONS A ORDRE OU AU PORTEUR 173

505. — Après avoir établi le bon de Caisse, le commis le détache de la souche, qu'il conserve provisoirement, et remet le bulletin et le bon avec le talon au Contrôleur de la Caisse.

Celui-ci vérifie le bon, lui donne le numéro d'ordre du Journal du Contrôle des fonds empruntés, sur lequel il l'enregistre et détache le talon, qu'il conserve.

506. — Le journal des fonds empruntés, tenu par le Contrôleur de la Caisse, est divisé en deux parties, l'une affectée aux bons du porteur, l'autre aux bons à ordre.

Chacune de ces parties comporte l'indication des numéros du Contrôle et de la Caisse et l'indication des fonds déposés comprenant les capitaux et les intérêts. Ces deux dernières colonnes sont totalisées par journée, et les résultats sont portés dans la colonne *total général*, qui est additionnée par année.

Les chiffres portés dans cette colonne sont les mêmes que ceux qui figurent sur les échéanciers.

Enfin, les deux dernières colonnes sont réservées à l'inscription des dates des remboursements et des observations.

507. — Après l'enregistrement du bon au journal des fonds empruntés, le Contrôleur appelle le prêteur, signe le bon et le remet avec le bulletin au prêteur en lui indiquant à haute voix la somme versée et l'intérêt.

Après avoir reçu le bon et le bulletin, le prêteur passe dans le cabinet du Caissier, qui vérifie ces deux pièces, renouvelle au prêteur les mêmes questions, signe le billet et en fait la remise.

V. — **Détail de l'émission des bons de caisse. — Bordereaux journaliers. — Echéanciers. — Bordereaux mensuels. — Répertoires.**

508. — Le détail de l'émission de chaque jour, constaté par le Journal des emprunts, est relevé sur un bordereau.

Cette pièce indique, pour les bons au porteur, les numéros des bons, les capitaux reçus et les intérêts liquidés; pour les bons à ordre, les numéros des bons, les noms des prêteurs, les capitaux reçus et les intérêts liquidés.

509. — Les bons sont inscrits par catégories, suivant la durée des échéances.

Le Contrôleur inscrit sur le bordereau le numéro d'ordre correspondant à son enregistrement au Livre de Contrôle de Caisse; cette pièce est ensuite certifiée par le Caissier et par le Chef de la comptabilité chargé du contrôle et visée par le Directeur; elle sert de pièce justificative à l'appui du compte de gestion [1].

510. — Chaque jour, le commis chargé de la tenue du Journal de la caisse relève, sur un échéancier spécial à chaque taux et à chaque nature d'émission, le détail de l'emprunt effectué.

Ce relevé comporte les indications suivantes :

Numéros des bons — Noms et prénoms des prêteurs — Capitaux — Intérêts.

Les capitaux et les intérêts sont totalisés par journée; les résultats doivent concorder avec les registres tenus par le sous-chef et par le contrôleur de la Caisse.

Les totaux de chaque journée sont reportés dans une colonne qui permet d'en faire l'addition sans interruption jusqu'au 31 décembre de chaque année.

Les deux dernières colonnes reçoivent, lorsqu'il y a lieu, les dates des oppositions et les observations consignées sur le journal des emprunts.

511. — De son côté, le contrôleur de la Caisse relève jour par jour, sur un bordereau arrêté mensuellement, le total des bons émis, divisés par nature de bons et par durée de placement.

Ces diverses inscriptions sont totalisées en nombre et en somme à chaque fin de mois; elles sont ajoutées au report des mois précédents.

Ce relevé est remis au Chef de la comptabilité, pour servir à l'établissement des tableaux de statistique qui précèdent le compte administratif de chaque année.

512. — Chaque jour, les noms des prêteurs sont relevés sur des répertoires tenus par ordre alphabétique indi-

---

[1]. Règlement du 30 juin 1865, art. 46.

quant, en regard de chaque nom, les numéros et le montant des bons émis; le répertoire des bons à ordre comporte, en plus des indications du répertoire des placements au porteur, les prénoms des prêteurs.

VI. — Renouvellements. — Remboursements. — Bordereaux journaliers.

513. — Lorsqu'il s'agit d'un renouvellement ou d'un placement comprenant un ou plusieurs billets échus comme appoint de la somme à verser, ou enfin d'un remboursement partiel, les billets acquittés sont communiqués au Contrôleur qui porte une mention de rentrée au journal du contrôle en regard de chaque article.

Cet agent frappe ensuite chaque bon du timbre : *contrôlé* et le transmet au sous-chef qui fait les mêmes mentions au journal des emprunts.

Le reste de l'opération se fait alors comme pour un placement nouveau, avec cette différence que le Caissier mentionne l'ancien billet sur l'échéancier.

Les bons rentrés sont d'ailleurs rapprochés, comme pour un remboursement, des souches et talons reliés séparément et conservés, les souches par le Caissier et les talons par le Contrôleur [1].

514. — Lorsque le porteur d'un bon de caisse se présente à l'échéance indiquée sur ledit bon pour en obtenir le remboursement, le Contrôleur mentionne l'opération au journal des fonds empruntés, puis il rapproche le billet du talon dont il est dépositaire.

Le sous-chef vérifie également les inscriptions portées sur le journal des emprunts sur lequel il mentionne le remboursement.

Le prêteur est ensuite introduit auprès du Caissier qui s'assure que le bon figure à l'échéancier.

Après avoir rapproché le billet de la souche dont il est dépositaire, le Caissier reçoit au dos dudit billet l'acquit de l'intéressé.

---

1. Règlement du 30 juin 1865, art. 45.

515. — Aucun bon remboursé ne doit être employé en dépense dans les comptes, s'il n'est revêtu de l'acquit du titulaire dudit bon, ou accompagné des pièces nécessaires pour justifier le droit de celui qui l'aurait quittancé, à recevoir et quittancer pour le titulaire [1].

516. — Le billet acquitté est ensuite présenté au préposé au comptoir, qui rembourse l'intéressé, sur le vu de la signature du Caissier, après avoir apposé sur cette signature le timbre : *Payé*.

517. — Les bons sont ensuite classés par journée, par ordre de date et par catégories dans chaque journée; ils sont conservés pour être joints, comme pièces justificatives, au compte de gestion du Caissier. Chaque liasse de bons remboursés est accompagnée d'un bordereau indiquant la date de la rentrée, le nombre et le montant (capitaux et intérêts) des bons au porteur et des bons à ordre, et les totaux de ces deux genres de bons [2].

518. — Les remboursements effectués sont relevés sur un bordereau journalier qui indique, pour chaque nature de bons et pour chaque taux d'émission : les numéros d'ordre de remboursement, les numéros des bons, les sommes payées, comprenant les capitaux, les intérêts et les totaux.

Les bons à ordre donnent lieu, en outre, à l'inscription des noms des prêteurs.

Les bordereaux journaliers des remboursements sont inscrits par le Contrôleur sous le numéro d'ordre de l'enregistrement au Livre de Caisse [3].

Ils sont certifiés par le Caissier et par le Chef de la comptabilité, et visés par le Directeur, puis joints aux pièces justificatives à l'appui du compte de gestion.

---

1. Observation de la Cour des comptes du 22 janvier 1851.
2. Règlement du 30 juin 1865, art. 47.
3. Règlement du 30 juin 1865, art. 47.

VII. — Mesures relatives aux bons adirés ou détériorés.

519. — Dans le cas d'adirement des bons du Mont-de-Piété, les sommes réclamées par les parties ne peuvent leur être remboursées qu'en vertu d'un jugement du tribunal de première instance du département de la Seine, qui ordonne en même temps le dépôt d'une somme équivalente à titre de cautionnement [1].

520. — Au point de vue des écritures, la conversion en dépôt est considérée comme un remboursement effectif suivi du versement du dépôt; la sortie doit donc être émargée au journal des emprunts avec mention sous forme d'observation du motif de la décharge; cette sortie est également constatée au bordereau des remboursements et dans les autres écritures.

D'autre part et simultanément, on fait recette de la somme mise en dépôt. Les dépôts en garantie de bons adirés figurent à un compte spécial du sommier général.

Il est délivré au titulaire du dépôt une quittance à souche non timbrée qui rappelle le numéro du sommier général.

521. — L'intérêt des sommes conservées en garantie de bons adirés est servi au titulaire du dépôt au taux fixé chaque année pour les placements à un an.

Ce payement a lieu sur un mandat du Directeur et l'acquit de la partie prenante.

L'ordonnancement de cette dépense s'effectue d'après le crédit ouvert au budget. La mention du payement des intérêts est portée au sommier général. Lorsqu'à l'expiration du délai le remboursement du dépôt est effectué, le compte ouvert au sommier général est annulé [2].

522. — Les prescriptions rappelées ci-dessus, applicables au cas où le jugement rendu s'appuie sur l'article 152 du Code de Commerce, par assimilation des bons du Mont-

---

[1]. Voir annexe VII, chapitre II (titre X).
[2]. Règlement du 30 juin 1865, art. 48.

de-Piété aux lettres de change, ne sont pas suivies dans le cas où ledit jugement applique à un bon au porteur les dispositions de la loi du 15 juin 1872[1].

Cette loi prescrit, en effet, à l'article 5, l'obligation de fournir caution ou de verser le capital réclamé à la Caisse des dépôts et consignations.

Après le délai de dix années depuis l'époque de l'exigibilité et celui de cinq années à partir de l'autorisation définie à l'article 4 de ladite loi, sans que l'opposition ait été contredite, la caution est déchargée et, s'il y a eu dépôt, l'opposant peut retirer les sommes en faisant l'objet.

523. — Lorsqu'un bon est présenté à son échéance dans un état de détérioration tel que le Caissier ne juge pas pouvoir encourir la responsabilité d'en faire le remboursement, il est procédé comme lorsqu'il s'agit d'un bon adiré.

Toutefois, lorsque les débris du titre, sans être suffisants pour mettre le Caissier à couvert, permettent de reconstituer le bon avec certitude et donnent la conviction qu'il ne pourrait être reproduit autrement, l'Administration peut autoriser le remboursement.

A cet effet, le Caissier adresse un rapport au Directeur, qui soumet les vestiges du bon au Conseil de surveillance.

Une copie de l'avis émis par le Conseil, à l'appui de l'autorisation du Directeur, est remise au Caissier pour être jointe, avec les débris du bon remboursé, au compte de gestion.

CHAPITRE IV

MOUVEMENT DES CAPITAUX DE ROULEMENT

I. — **Caisse à trois serrures.** — **Remise des fonds au Caissier.** — **Situations de Caisse.**

524. — Les capitaux de roulement du Mont-de-Piété sont déposés dans une caisse à trois serrures dont les clés

---

[1]. Voir annexes VI et XIX, chapitre I (titre X).

sont entre les mains du Directeur, du Caissier et du Chef de la comptabilité, chargé du contrôle [1].

L'ouverture de cette Caisse et la remise des fonds au Caissier ne peuvent avoir lieu qu'avec le concours de ces trois agents.

525. — Pour faciliter le service, les fonds nécessaires aux opérations courantes sont mis à la disposition du Caissier, qui peut en confier une partie au préposé au comptoir, chargé de la répartition entre les payeurs des divisions d'engagement, le payeur du Boni et les services extérieurs.

526. — Le Caissier est tenu de s'assurer chaque jour de la concordance des espèces et valeurs en Caisse avec le solde du livre de Caisse.

Il constate lui-même cette vérification en dressant l'état de situation.

Cet état est transcrit en détail sur un registre de situation journalière qui indique les espèces et valeurs renfermées dans la Caisse à trois serrures, dans celle du Caissier, dans celle du comptoir et enfin le solde de la réserve déposée au Trésor.

527. — Le Caissier tient également lui-même le registre-journal des fonds déposés dans la Caisse à trois serrures, qui constate, par entrée et sortie, le mouvement des espèces.

La différence entre l'entrée et la sortie doit concorder avec le solde restant [2].

528. — Le Caissier remet chaque jour au Directeur un bulletin indiquant le mouvement de la Caisse.

Les renseignements portés sur ce bulletin, extraits du bordereau général des recettes et dépenses, comprennent l'indication :

1º Des fonds empruntés sur bons à ordre ou au porteur (Nouveaux fonds — Renouvellements — Remboursements — Différence) ;

2º De la situation générale de la caisse présentant le solde de la veille auquel est ajoutée la recette du jour ; du

---

1. Règlement général annexé au décret du 8 thermidor an XIII, art. 44.
2. Règlement du 30 juin 1865, art. 123.

total de ces deux chiffres sont retranchées les dépenses du jour, de manière à obtenir le solde en Caisse;

3° D'un aperçu de la répartition des fonds, comprenant le solde du Trésor et les espèces déposées dans la Caisse à trois serrures, dans celle du Caissier et dans celle du comptoir;

4° Enfin, de la différence entre le solde général du jour et celui de la veille.

II. — Comptoir de la Caisse. — Fonctions du préposé. Remise des fonds aux divers comptables.

529. — Le préposé au comptoir reçoit d'une part les fonds qui lui sont confiés par le Caissier pour les besoins présumés des opérations journalières, et, d'autre part, les fonds provenant de l'emprunt, ceux rentrés par renouvellements, dégagements ou ventes, les versements effectués par les agents des succursales ou des bureaux auxiliaires, enfin les sommes à encaisser en vertu de mandats.

530. — D'un autre côté, le préposé au comptoir est chargé :

1° De rembourser les bons échus;

2° De délivrer aux payeurs des divisions d'engagements ou du boni les fonds nécessaires au fonctionnement du service;

3° De délivrer aux agents des succursales et des bureaux auxiliaires les sommes demandées pour les besoins du service;

4° D'acquitter les mandats de payements ordonnancés par le Directeur et visés par le Caissier.

Il inscrit les recettes et les dépenses effectuées sur un registre brouillard de la Caisse.

Ce registre est totalisé jour par jour, et le solde donné doit concorder exactement avec les valeurs et espèces existant dans la caisse du comptoir.

531. — Ces valeurs ou espèces sont vérifiées chaque jour et inscrites sur un carnet spécial en indiquant la composition, qui est ensuite transcrite sur un bordereau.

Cette pièce fait ressortir le solde en caisse de la veille au soir; à ce chiffre sont ajoutées les recettes de la journée. D'autre part, les dépenses de la journée ajoutées au solde du jour donnent un total égal au solde de la veille réuni aux recettes.

Le détail des espèces composant le solde est ensuite indiqué, puis le bordereau, certifié conforme, est remis par le Comptable au sous-chef de la caisse.

Les reliquats existants dans chacune des sous-caisses des divisions du Chef-Lieu sont réunis à la fin de chaque journée entre les mains du préposé au comptoir, qui les fait figurer dans son bordereau.

Ce bordereau sert à l'établissement de la situation générale de la Caisse.

532. — Les mouvements de fonds produits par les besoins du service entre la caisse principale et celles des succursales, des bureaux auxiliaires, des divisions d'engagement et du boni, ou, en cas de nécessité, entre deux bureaux auxiliaires, doivent toujours donner lieu à la délivrance, par l'employé qui reçoit les fonds, d'une quittance extraite d'un carnet à souche [1].

La remise des fonds destinés aux bureaux auxiliaires a lieu dans la forme indiquée au paragraphe II du chapitre VIII (titre VIII).

III. — Recettes et dépenses. — Justifications à produire à l'appui des payements.

533. — Les recettes et dépenses, autres que celles qui sont relatives à l'emprunt ou aux opérations concernant le service des prêts, sont effectuées par le préposé du comptoir sur le vu d'un mandat émanant du service de la comptabilité, ordonnancé par le Directeur et visé par le Caissier.

534. — Le payement des mandats est assujetti aux prescriptions des articles 998 et suivants de l'instruction géné-

---

1. Règlement du 30 juin 1865, art. 120.

rale du 20 juin 1859 et de l'article 520 du décret du 31 mai 1862.

Les quittances des parties prenantes et les autres pièces de dépenses, non comprises dans les exemptions déterminées au paragraphe V du chapitre I, doivent être timbrées suivant les prescriptions des articles 1008 et suivants de l'Instruction générale précitée [1], et la loi du 28 août 1871.

Le tableau des justifications exigées à l'appui de chaque payement, qui fait suite au règlement du 30 juin 1865, est reproduit au paragraphe IV du chapitre V ci-après.

535. — Les appointements des employés de l'Administration sont payés au moyen d'un état dressé par la comptabilité et ordonnancé par le Directeur.

Cet état fait ressortir pour chaque employé, d'une part, le traitement annuel et les appointements d'un mois ou de la portion de mois à laquelle il a droit, d'autre part, les retenues opérées en faveur du fonds des pensions, comprenant la contribution proportionnelle (5 p. 100), le premier mois d'appointements ou l'augmentation du premier mois, les sommes abandonnées par suite de vacance d'emploi ou de congés, enfin les retenues exercées par mesure disciplinaire.

La différence entre les appointements d'un mois et le total des retenues constitue le net à payer, qui est remis à l'employé contre son acquit donné sur l'état.

Les sommes qui, pour une cause quelconque, n'ont pu être payées aux ayants droit, sont récapitulées dans un tableau qui fait suite à l'état de payement, et le montant de ces sommes non payées, déduit du montant de la somme ordonnancée, fait ressortir le montant réellement payé, qui est porté en dépense.

536. — Les sommes retenues sur les traitements et gages en faveur du fonds des pensions sont versées chaque mois à la Caisse des Dépôts et Consignations au moyen d'un bordereau qui fait connaître la composition desdites retenues.

---

[1] Règlement du 30 juin 1865, art. 58.

CHAP. IV — MOUVEMENT DES CAPITAUX DE ROULEMENT 183

Les sommes non payées aux employés absents ou décédés sont réservées et tenues à la disposition des ayants droit.

IV. — Placement au Trésor des capitaux disponibles.

537. — Le Mont-de-Piété est admis à placer au Trésor, avec intérêt [1], toutes sommes excédant les besoins de son service s'élevant à 100 francs au moins, et même des sommes inférieures, suivant les prescriptions des articles 756, 758 et 761 de l'Intruction générale du 20 juin 1859 [2].

Ces sommes sont productives d'intérêts au taux fixé par le ministre, conformément à l'article 766 de ladite Instruction [3].

Un bordereau indicatif de chaque versement, avec désignation de la date et de la somme, est dressé le jour même par le Caissier, visé par le Directeur, et envoyé par ce dernier à la Préfecture de la Seine (bureau de comptabilité).

Il est demandé au Caissier du Trésor, lors de chaque dépôt par le Caissier du Mont-de-Piété, un récépissé constatant ledit dépôt.

538. — Les retraits sont effectués par le Caissier en vertu d'un mandat délivré par le Préfet, sur une demande

---

1. Règlement du 30 juin 1865, art. 43.
2. La déclaration du 20 juillet 1762, interprétative de l'édit d'août 1749, portait : — « Désirant pourvoir à ce que les deniers comptans appartenant aux hôpitaux et autres établissemens de charité, aux églises paroissiales, fabriques d'icelles, écoles de charité, tables ou bouillons des pauvres des paroisses, provenant des remboursemens qu'ils auront reçus, des dons et legs qui leur auraient été faits, ou de leurs épargnes, ne demeurent pas inutiles entre les mains des administrateurs, les autorisons à remettre lesdits fonds, pourvu qu'ils soient de 250 livres et au-dessous, entre les mains des receveurs des tailles ou autres receveurs de deniers publics dont les fonds sont portés médiatement ou immédiatement au trésor royal, chacun dans l'étendue du ressort dans lequel ils exercent leurs fonctions, lesquels les feront passer sans retardement au trésor royal pour y demeurer en dépôt jusqu'à ce que lesdits administrateurs aient trouvé un emploi convenable, et cependant voulons qu'attendu la faveur que méritent lesdits établissements, il leur en soit payé par nous l'intérêt au denier vingt-cinq, et que lesdits intérêts soient employés dans les états des charges assignées sur lesdites recettes, en vertu des quittances de finances qui leur seront expédiées au trésor royal, et ce sans aucuns frais pour l'expédition desdites quittances, enregistrement ou autres également quelconques dont nous les avons dispensés. » (*Mémorial des Percepteurs*, page 518.)
3. La dernière fixation à 3 p. 100 remonte au 3 décembre 1879.

dans laquelle le Directeur expose les circonstances qui nécessitent le retrait. Cette demande est déposée directement à la Préfecture (bureau de comptabilité [1]).

Il est délivré au Caissier du trésor un récépissé extrait du registre à souche.

Le Préfet peut autoriser le remboursement des sommes placées au Trésor, pourvu que ces sommes soient immédiatement appliquées à des dépenses régulières (dépenses effectives ou emploi des fonds en opérations financières).

539. — Le Caissier doit tenir un carnet des placements au Trésor et remboursements, sur lequel il inscrit le montant des sommes placées, en indiquant le numéro de chaque récépissé. Aucun versement ne peut être fait si le carnet des placements n'a été, au préalable, visé par le Directeur.

Lorsqu'il y a lieu d'effectuer un remboursement, le Caissier présente le carnet au Caissier central du Trésor, qui y inscrit de sa main la somme remboursée [2].

540. — Le Caissier central du Trésor donne avis chaque année à l'Administration du Mont-de-Piété des sommes provenant d'intérêts liquidés dont il a fait l'application au compte courant en augmentation des capitaux [3].

A la fin de chaque année également, le Caissier établit le décompte des intérêts et, après l'avoir fait viser par le Directeur, l'envoie en double à la direction de la comptabilité générale [4].

Le décompte de ces intérêts s'établit par le calcul exact des jours courus depuis les dates des dépôts ou des retraits, l'année et les mois étant comptés pour le nombre exact des jours [5].

Cette copie est renvoyée au Mont-de-Piété revêtue d'un arrêté en bonne et due forme, fixant le solde à nouveau

---

1. Arrêté préfectoral du 19 février 1835.
2. Règlement du 30 juin 1865, art. 43.
3. Règlement du 30 juin 1865, art. 44.
4. Arrêté préfectoral du 19 février 1835.
5. Lettre du Préfet de la Seine du 19 décembre 1884, archives, n° 8187 bis.

sous la signature du Directeur du mouvement général des fonds et du Chef des comptes courants et écritures. Ces crédits constituent une recette dont le Caissier doit charger sa comptabilité; il remet au Caissier central du Trésor une quittance à souche non timbrée.

Les intérêts des fonds placés figurent en recette au budget et dans le compte de l'exercice correspondant à l'année pendant laquelle ils ont été produits [1].

CHAPITRE V

COMPTES DE GESTION

I. — Formation des comptes de Gestion

541. — Les comptes de gestion doivent être établis d'après les prescriptions des articles 1530 et suivants, 1550 et 1554 de l'Instruction générale du 20 juin 1859, ainsi que des articles 526, 560, 570, 580 et autres du décret du 31 mai 1862 [2].

542. — Les comptes sont divisés en trois parties : la première comprend le compte final de l'exercice qui a achevé sa période; la seconde présente le compte partiel de l'exercice dont les douze premiers mois sont écoulés; enfin la troisième partie présente, sous le nom de services hors budget, les recettes et les dépenses relatives aux opérations qui n'affectent pas les budgets. Ces opérations ont ordinairement pour objet :

Les acomptes versés par les emprunteurs;
Les fonds de retraite des employés du Mont-de-Piété;
Les prélèvements opérés en faveur des asiles nationaux de Vincennes et du Vésinet;

---

1. Règlement du 30 juin 1865, art. 14.
2. Règlement du 30 juin 1865, art. 147.

Les dépôts en garantie pour adjudications ou marchés ;
Les retenues faites en vertu d'oppositions ;
Le produit de la liquidation des bureaux de commissionnaires révoqués ou décédés ;
Les recettes faites avant l'ouverture de l'exercice.

543. — En formant le résultat général du compte, le Caissier présente d'abord dans deux colonnes distinctes, affectées aux services budgétaires et aux services hors budget, les recettes et les dépenses effectuées sur l'exercice dont il est rendu compte et sur la partie complémentaire de l'exercice antérieur.

En ajoutant aux différences entre les recettes et les dépenses ainsi établies le solde constaté au 1er janvier, le Caissier reproduit le solde, au 31 décembre de l'exercice, dont la constatation effective est consignée au procès-verbal de vérification de Caisse indiqué au paragraphe II du chapitre I.

Copie de ce procès-verbal est jointe au compte présenté.

544. — Le Caissier établit ensuite le résultat final, arrêté au 31 mars, clôture de l'exercice.

Ce résultat comprend : les recettes et les dépenses afférentes à l'exercice et opérées pendant les quinze mois des deux parties d'un exercice.

Il fait ressortir l'excédent de recettes qui, ajouté au résultat de l'exercice antérieur, donne un chiffre égal à l'excédent inscrit au compte administratif du même exercice. Un exemplaire certifié de ce document est annexé.

545. — Le Caissier clôt ensuite le compte de gestion dans les termes prescrits par le règlement du 30 juin 1865.

En cas de mutation du Comptable, les comptes sont rendus conformément aux prescriptions des articles 1545, 1546, 1547 et 1553 de l'instruction générale du 20 juin 1859, et 24 du décret du 31 mai 1862 [1].

546. — Parmi les éléments nécessaires à la formation du compte de gestion que le Caissier doit réclamer de

---

1. Règlement du 30 juin 1865, art. 150

CHAP. V — COMPTES DE GESTION 187

l'Administration, figurent les décisions rendues, soit sur les déficits ou sur les autres cas de responsabilité du Chef des magasins, des Appréciateurs et autres agents. Le Caissier fait recette des sommes mises à la charge de ces agents, et il produit à l'appui de son compte les décisions, lors même qu'elles auraient exonéré le Chef des magasins ou les autres agents des débets dont le Caissier a dû prendre charge provisoirement, d'après les prescriptions du règlement du 30 juin 1865.

S'il existe des sommes admises en non-valeurs (art. 1537 de l'Instruction générale du 20 juin 1859), le Caissier joint à son compte un état des non-valeurs appuyé de l'arrêté préfectoral d'annulation et des pièces justificatives de décharge [1].

547. — La préparation des comptes de gestion, l'examen et le classement de toutes les pièces de recettes et dépenses à joindre audit compte comme pièces justificatives sont confiés au Commis-principal de la Caisse.

Cet employé est en outre chargé de faire préparer les copies des pièces qui doivent être fournies en plusieurs expéditions, notamment les procès-verbaux de clôture des registres et de vérification de la Caisse au 31 décembre, les balances, les comptes courants avec le Trésor, etc.

Les titres de recettes ou de dépenses, servant de pièces justificatives à joindre aux comptes de gestion, sont revêtus d'un numéro d'ordre et énumérés dans des fiches récapitulatives. Ces fiches sont imprimées sur papier rouge pour les recettes et sur papier jaune pour les dépenses.

Les titres sont tous signés du Directeur et du Chef de la comptabilité ainsi que du Chef du service d'où elles émanent.

II. — Comptes rendus par d'autres personnes que le Comptable intéressé.

548. — Dans le cas où l'ex-Caissier serait hors d'état de rendre son compte dans le délai prescrit et n'aurait pas à

---

1. Règlement du 30 juin 1865, art. 149.

cet effet désigné un fondé de pouvoir, il serait nommé un Commis d'office, conformément aux termes de l'art. 1336 de l'Instruction générale du 20 juin 1859.

549. — Les héritiers du Caissier, son mandataire ou celui de ses héritiers ou le Commis d'office qui rendent et signent le compte, doivent justifier de leur qualité, savoir : les héritiers, d'après le mode indiqué au paragraphe I du chapitre II (titre IV); le mandataire, par la production d'une procuration expresse; le commis d'office, par la production de sa commission. La procuration, en vertu de laquelle le compte est rendu, ayant pour objet de saisir l'autorité judiciaire, doit être soumise à la formalité de l'enregistrement avant d'être produite à cette autorité [1].

III. — Justifications à produire. — Arrêts. — Injonctions et poursuites. — Appels. — Pourvois et demandes en révision.

550. — Le Caissier, en entrant en fonction, doit justifier à la Cour des comptes de sa nomination, de la réalisation de son cautionnement, de sa prestation de serment, conformément à l'article 20 du décret du 31 mai 1862, ainsi que de son installation. Cette justification est faite au moyen de copies certifiées que le Caissier adresse, aussitôt après son installation et sans attendre la présentation de son premier compte, au procureur général de ladite Cour, conformément à l'article 1552 de l'Instruction générale du 20 juin 1859. La copie du procès-verbal de prestation de serment doit relater la quittance du receveur de l'enregistrement [2].

551. — Il ne peut être présenté aucun compte de gestion devant la Cour, s'il n'est en état d'examen et appuyé des pièces justificatives. Pour qu'un compte soit en état d'examen, il doit, après avoir été revêtu des formalités précédemment indiquées, être accompagné :

1° D'une expédition des budgets primitifs et supplémen-

---

1. Règlement du 30 juin 1865, art. 150 et 151.
2. Règlement du 30 juin 1865, art. 152.

taires de chacun des deux exercices compris dans la gestion, ainsi que des décrets approbatifs de ces budgets;

2° De la délibération du Conseil de surveillance sur le compte présenté et de celle du Conseil municipal sur le budget et sur le compte;

3° D'une copie du compte administratif approuvé par le Président de la République pour les opérations de l'exercice expiré;

4° De l'état de l'actif du Mont-de-Piété applicable au même exercice : cet état est remplacé par un certificat négatif de l'Administration, si l'Établissement ne possède aucune propriété, rente ou créance quelconque;

5° Du procès-verbal de situation de caisse au 31 décembre et de la balance des comptes du grand-livre. Pour les gestions terminées dans le courant de l'année, ces deux dernières pièces sont remplacées par le procès-verbal de remise de service auquel est joint un état présentant le développement des comptes relatifs aux services hors budget;

6° Enfin de l'inventaire des pièces justificatives (fiches récapitulatives [1]).

552. — L'état de l'actif comprenant, s'il s'agit d'immeubles, leur nature, leur contenance et leur situation, en regard du numéro d'ordre du compte de gestion, indique en outre la date des titres de propriété, la valeur approximative des immeubles et leur destination; s'ils sont loués, les noms des locataires, la date et la durée des baux, la date d'entrée en jouissance, enfin le prix annuel des loyers avec l'échéance des payements. Un état annexe indique les causes qui ont amené des différences entre le produit de l'exercice courant et celui de l'exercice antérieur.

553. — Les pièces justificatives à joindre aux comptes de gestion sont déterminées par les lois et règlements; elles sont indiquées au tableau des justifications à produire qui figure au paragraphe ci-après. Elles doivent être classées par chapitres et articles et détaillées dans un inventaire général joint au compte.

---

1. Règlement du 30 juin 1865, art. 153.

L'époque de leur production est déterminée par l'article 1554 de l'Instruction du 20 juin 1859 ; toutefois les recettes budgétaires doivent être appuyées, au compte de première année, de certificats administratifs provisoires (art. 1543). Les opérations hors budget doivent être justifiées avec le compte auquel elles sont portées [1].

554. — Les pièces désignées dans la nomenclature figurant au paragraphe ci-après doivent être produites indépendamment des mandats de payement et des mandats de recette. Cet assujettissement du Caissier à la forme de la délivrance préalable de mandats de recette par l'Ordonnateur ne fait pas obstacle à ce qu'il accomplisse, d'office et en temps utile, les mesures conservatoires, prises en charge dans sa comptabilité, diligences et poursuites dont l'initiative lui est attribuée par le règlement du 30 juin 1865 et par l'arrêté du 19 vendémiaire an XII, pour la constatation, le recouvrement et l'apurement des droits, produits, revenus, déficits de magasin ou de vente, et débets appartenant à l'Établissement. En tout cas, les fonds provenant d'emprunts sur bons à ordre ou au porteur, ou de la rentrée des prêts faits par l'établissement, sont encaissés sans mandats de recette. Les mandats de recette sont délivrés par l'Ordonnateur ; ils sont signés par le Chef du contrôle et par le Caissier.

555. — Le bordereau récapitulatif des recettes et dépenses, fourni à l'appui de chaque article du compte de gestion et auquel sont joints les mandats et pièces justificatives desdites opérations, est dressé sous la direction du Caissier et signé par lui. Le visa de l'Administration est nécessaire lorsque les sommes ne sont pas mentionnées en toutes lettres dans les pièces que le bordereau récapitule.

Le numéro du *Bulletin des lois* contenant le décret d'organisation du Mont-de-Piété est indiqué en tête de l'inventaire général des pièces justificatives de chaque compte [2].

---

1. Règlement du 30 juin 1865, art. 154.
2. Règlement du 30 juin 1865 (Observations générales).

556. — Tous les relevés ou bordereaux résumant, pour un article de recette, les opérations journalières de l'Etablissement, sont dressés et signés par le Caissier, visés par le Chef du contrôle et certifiés par le Directeur.

Les bulletins journaliers servant à établir ces borderaux sont signés du Chef du service intéressé, du Chef de la comptabilité et du Directeur.

557. — L'état des propriétés, rentes et créances est fourni avec le compte de la dernière année de l'exercice, à l'appui des recettes désignées sous les numéros 19 à 23 dans la nomenclature faisant suite au présent paragraphe et de toutes autres recettes susceptibles d'être constatées dans cet état, quoique non indiquées à ladite nomenclature.

558. — Avec le compte de la première année de l'exercice et à l'appui des recettes de toute espèce (arrérages, intérêts, capitaux), le Caissier produit l'état présentant l'extrait de leurs titres de perception, et donnant tous renseignements sur la nature et le montant des cautionnements stipulés et à fournir, et spécialement sur la date des inscriptions hypothécaires prises ou renouvelées dans le cours de l'année [1].

559. — La présentation et le jugement des comptes, la notification des arrêts, l'exécution des injonctions et les poursuites à opérer contre les Comptables en débet, sont déterminés par les prescriptions des articles 1550 et suivants de l'Instruction générale du 20 juin 1859 et par l'article 68 de la loi du 18 juillet 1837 [2].

560. — Les appels contre les arrêtés de comptes, les pourvois et les demandes en revision sont assujettis aux prescriptions des articles 1565 et suivants de ladite Instruction, 530 et suivants du décret du 31 mai 1862 et 14 et 17 de la loi du 16 septembre 1807 [3].

---

1. Règlement du 30 juin 1865 (Observations générales).
2. Voir annexe IX, chapitre 1 (titre X).
3. Règlement du 30 juin 1865, art. 156.

IV. — Nomenclature des pièces justificatives
à produire à l'appui des recettes et des dépenses.

PREMIÈRE PARTIE — RECETTES [1]

Recettes ordinaires.

1re Section. — *Opérations financières.*

DÉSIGNATION DES RECETTES	JUSTIFICATIONS A PRODUIRE
1° Emprunt sur bons à ordre ou au porteur.	Bordereau journalier contenant le détail des bons émis, en capitaux et intérêts, avec la distinction des deux natures de bons; ledit bordereau dressé et signé par le Caissier, visé par le Contrôleur central et certifié par le Directeur.
2° Emprunt (en dehors de l'émission ordinaire), avec affectation aux opérations de prêt.	1° Ampliation du décret autorisant l'emprunt. 2° Copie certifiée des actes qui ont réglé les conditions de l'emprunt. *Dans le cas où l'emprunt serait fait par la Caisse des Dépôts et Consignations ou tous autres établissements publics*, la réalisation serait justifiée dans la forme propre à ces établissements.
3° Comptes courants avec les Caisses d'épargne ou diverses autres Caisses, Sociétés et Etablissements publics.	*Pour la première fois*, ampliation des décisions qui ont autorisé l'ouverture des comptes courants. *Dans tous les cas*, ampliation des arrêtés des comptes courants approuvés par les administrations respectives. Cette dernière pièce sert de justification tant pour la recette que pour la dépense.
4° Cautionnements en espèces.	Ampliation de l'arrêté ou de tous autres actes fixant le montant de la somme à verser à titre de cautionnement. Le bordereau récapitulatif doit indiquer le nom de chaque partie versante.
5° Placements temporaires.	Copie certifiée des actes qui ont déterminé les conditions des placements.

---

1. L'initiale T indique les pièces qui sont soumises au timbre.

CHAP. V — COMPTES DE GESTION

DÉSIGNATION DES RECETTES	JUSTIFICATIONS A PRODUIRE
6° Dépôts divers.	Rapport, délibération ou certificat indiquant la provenance de la somme à déposer selon la nature et l'importance des dépôts à effectuer. Les dépôts dont il est fait recette à cet article résultent principalement des causes suivantes : prêts suspendus, bonis provenant des nantissements dont le prêt a été suspendu ou dont les titres sont restés en dépôt au service de l'Inspection ; excédents de Caisse provenant d'erreurs dans la perception des capitaux ou droits dus au Mont-de-Piété, bonis ou autres sommes à rapporter par les intermédiaires, fonds s'appliquant à des opérations de prêt qui ont dû être annulées pour cause de double emploi ou pour toute autre cause.
7° Dépôts en garantie pour adirement de bons émis par la Caisse ou de reconnaissances.	*Bons.* — Signification du jugement qui ordonne le dépôt (T). *Reconnaissances.* — Déclaration de perte par le Commissionnaire, visée par le Directeur ou par un employé délégué. Le dépôt pour adirement de reconnaissance s'applique seulement aux opérations effectuées par les intermédiaires ; la perte par les emprunteurs ne donne pas lieu à dépôt, mais seulement à l'opposition au dégagement.
8° Remboursements des prêts effectifs par dégagement ou par vente.	*Dégagements.* — Relevé constatant la rentrée des prêts par dégagements effectifs ; ledit relevé, qui contient aussi le détail des droits divers perçus par l'Etablissement, est dressé et signé par le Caissier, visé par le Contrôleur et certifié par le Directeur. *Vente.* — Relevé certifié des procès-verbaux de vente portant liquidation des capitaux, intérêts et droits divers, et faisant ressortir le montant des bonis à liquider ou des déficits de vente à la charge des Commissaires-priseurs.
9° Bonis à liquider.	La justification de cette recette s'établit au moyen du relevé des procès-verbaux de vente à fournir à l'appui de l'article précédent.
10° Déficits à recouvrer.	*Déficits de vente.* — La justification s'établit au moyen du relevé des procès-verbaux de vente indiqué à l'article 8. *Déficit de magasin.* — Décision qui fixe le débet à la charge du Garde-magasin ou qui prononce la décharge de ce Comptable.

TITRE III — SERVICE DE LA CAISSE

DÉSIGNATION DES RECETTES	JUSTIFICATIONS A PRODUIRE
11° Restitution par les emprunteurs des indemnités à eux payées pour perte de nantissements.	Ampliation du mandat de payement de l'indemnité avec indication du compte où cette dépense a été employée. Cette recette n'a lieu que lorsque l'Administration, ayant retrouvé un nantissement, le restitue à l'emprunteur en échange de l'indemnité qui lui a été préalablement payée.
12° Produit de la vente de nantissements inconnus, abandonnés par leurs propriétaires ou retrouvés après payement d'indemnités.	1° Ordre de vente donné par le Directeur. 2° Extrait certifié du procès-verbal de vente donnant le montant de l'adjudication.

2ᵉ Section. — *Produits et revenus.*

13° Intérêts et droits des prêts.	*Dégagements.* — Relevé indiqué à l'article 8. *Renouvellements.* — Relevé dressé, signé, visé et certifié comme celui des dégagements. *Ventes.* — Relevé des procès-verbaux de ventes indiqué à l'article 8.
14° Droits temporaires ou divers.	*Pour la première fois*, ampliation de la décision qui autorise la perception du droit. La justification de cette recette est en outre établie par la production des pièces indiquées à l'article 13.
15° Produit du droit de prisée.	*Pour la première fois*, ampliation de l'arrêté préfectoral portant fixation du droit d'appréciation. La justification de cette recette s'établit en outre par la production des pièces indiquées à l'article 13.
16° Bonis, dépôts et droits prescrits, acquis à l'Établissement.	1° État détaillé des bonis, dépôts et autres droits tombés en prescription, ledit état certifié par le Directeur. 2° Ampliation de l'arrêté du Directeur, approuvé par le Préfet de la Seine. Voir article 51 (dépense).
17° Recettes provenant de la suspension d'intermédiaires ou d'amendes infligées.	*Suspensions.* — 1° Ampliation de l'arrêté du Directeur, approuvé par le Préfet de la Seine. 2° État des droits de commission perçus par le préposé de l'Administration pendant la suspension; ledit état visé par le Contrôleur central et certifié par le Directeur. 3° Extrait du règlement en vertu duquel la suspension est prononcée, si ce

DÉSIGNATION DES RECETTES	JUSTIFICATIONS A PRODUIRE
17° Recettes provenant de la suspension d'intermédiaires ou d'amendes infligées. (Suite.)	règlement n'est pas visé dans la décision du Directeur. *Amendes.*— Arrêté du Directeur, approuvé par le Préfet de la Seine.
18° Intérêts de fonds placés au Trésor.	Ampliation des décomptes annuels, certifiés par le Directeur du mouvement général des fonds.
19° Loyers de maisons et terrains.	*Locations à bail.* — Copie ou extraits certifiés des baux pour les loyers dont il est compté pour la première fois, et, s'il y a lieu, la justification de la réalisation des cautionnements. A l'expiration des baux, les expéditions elles-mêmes (T). Quand le cautionnement en espèces a dû être perçu par le Caissier, la recette figure aux opérations financières à l'article *Cautionnements*. Le Caissier annote, sur la copie du bail, le numéro d'ordre donné à cette recette dans le bordereau récapitulatif des cautionnements. Les baux doivent être approuvés par le Préfet et enregistrés. *Locations verbales.* — Etat par immeuble, indiquant le nom de chaque locataire, le local occupé, le prix annuel et le montant du trimestre échu ou à échoir.
20° Rentes sur l'Etat.	Certificat du Directeur indiquant la date et le montant des inscriptions nouvelles.
21° Rentes sur particuliers.	*Pour la première année*, copie certifiée des titres de rentes.
22° Produit annuel des fondations.	Certificat du Directeur indiquant la date du titre, l'affection et le montant annuel de la fondation. *Lorsqu'il s'agit d'une rente léguée ou donnée par dispositions entre-vifs*, à l'appui de la première recette, les justifications indiquées à l'article 27.
23° Intérêts de prix de ventes immobilières.	A *l'appui de la première recette d'intérêts*, extrait certifié de l'acte de vente approuvé et enregistré ou référence à la production faite à l'appui de la première recette sur le capital. A *l'appui de toutes les recettes*, décompte des intérêts ou renvoi au décompte joint à la recette corrélative du prix principal (article 28).
24° Subventions de la ville.	Extrait certifié par le Préfet du budget de la Ville, et, s'il y a lieu, des autorisations supplémentaires.

196 TITRE III — SERVICE DE LA CAISSE

Recettes extraordinaires.

DÉSIGNATION DES RECETTES	JUSTIFICATIONS A PRODUIRE
25° Attribution, sur l'excédent de recette de l'exercice, de la part affectée à la formation ou à l'accroissement de la dotation.	*Pour la première fois*, décision qui fixe la part attribuée à l'Etablissement dans l'excédent de recette de l'exercice. La justification de la recette, qui ne donne lieu qu'à un virement d'écritures, s'établit par le compte administratif.
26° Produit de la vente d'objets hors de service.	Ampliation de l'arrêté du Directeur qui a ordonné la vente (approuvé par le Préfet). Copie des procès-verbaux d'adjudication ou autres actes enregistrés qui ont déterminé les prix et les conditions de la vente (sur timbre quand c'est le titre de perception, et non timbré quand c'est une simple copie certifiée). Etat des frais taxés, s'il y a lieu. *Pour les objets de peu de valeur* vendus par l'Administration, au fur et à mesure de leur mise hors de service, relevé détaillé et certifié des ventes.
27° Legs et donations.	Les justifications indiquées au paragraphe 31 de la nomenclature faisant suite à l'Instruction générale des finances du 20 juin 1859.
28° Produit de la vente de propriétés immobilières.	Les justifications indiquées au paragraphe 30 de la nomenclature ci-dessus désignée.
29° Produit du rachat de rentes sur particuliers.	Les justifications indiquées au paragraphe 32 de la nomenclature ci-dessus désignée.
30° Produit de la vente d'inscriptions de rentes sur l'Etat.	Ampliation des arrêtés du Préfet qui ont autorisé les ventes. Bordereau de l'agent de change qui en établit le prix (T).
31° Secours extraordinaires.	Ampliation de l'acte ou de la décision qui a accordé le secours.
32° Recettes accidentelles ou imprévues.	Les justifications indiquées au paragraphe 37 de la nomenclature faisant suite à l'Instruction générale des finances du 20 juin 1859.

Services hors budget.

Opérations financières.

33° Versement d'acomptes par les emprunteurs.	Relevé des versements.

CHAP. V — COMPTES DE GESTION 197

Services divers.

DÉSIGNATION DES RECETTES	JUSTIFICATIONS A PRODUIRE
34° Fonds de retraite.	*Retenues sur traitement.* — Pour la première fois, ampliation des règlements et décrets d'institution de la Caisse des retraites déterminant le taux des retenues à exercer. Dans tous les cas, état nominatif annuel (arrêté par le Directeur) des employés qui ont subi les retenues et indiquant, avec le chiffre du traitement, le montant et la nature des retenues. *Autres recettes.* — Les justifications indiquées aux deux derniers alinéas de la nomenclature faisant suite à l'Instruction générale des finances du 20 juin 1859. Copie certifiée du compte courant de la Caisse des dépôts et consignations.
35° Dépôts de garantie pour adjudications.	Etat certifié des sommes reçues pour dépôts de garantie.
36° Retenues en vertu d'oppositions.	Etat certifié portant relevé des retenues opérées, avec indication des numéros des mandats de payement.
37° Prélèvements en faveur des asiles nationaux de Vincennes et du Vésinet.	Etat certifié des retenues effectuées (voir article 67).
38° Produit de la liquidation de bureaux de commissionnaires décédés ou révoqués.	Décision administrative ordonnant la liquidation. Relevé du registre de liquidation certifié par l'Ordonnateur.
39° Recettes faites avant l'ouverture de l'exercice.	Etat détaillé des recettes, certifié par l'Ordonnateur.

DEUXIÈME PARTIE — DÉPENSES

Dépenses ordinaires.

1re Section. — *Opérations financières.*

DÉSIGNATION DES DÉPENSES	JUSTIFICATIONS A PRODUIRE
40° Remboursement du capital des emprunts sur bons à ordre ou au porteur.	*Bons à ordre.* — Titre émis avec l'acquit de la personne y dénommée ou de toute autre partie prenante. En cas de transport, autrement que par voie

DÉSIGNATION DES DÉPENSES	JUSTIFICATIONS A PRODUIRE
40° Remboursement du capital des emprunts sur bons à ordre ou au porteur. (Suite.)	d'endos, expédition (T) de l'acte de transport passé devant notaire. *Bons au porteur.* — Titre émis, frappé d'un timbre d'annulation. *Dans tous les cas,* bordereau ou fiche récapitulative présentant, pour chaque nature de bons, d'une manière distincte, les capitaux et les intérêts remboursés.
41° Remboursement des emprunts autres que les opérations ordinaires, avec affectation à l'alimentation des prêts.	*Premier acompte.* — Copie certifiée de l'acte d'emprunt ou indication de la production qui a dû en être faite à l'appui de la recette ou du premier payement d'intérêts. *Acomptes subséquents.* — Indication, sur le mandat, de la production précédemment faite de l'acte d'emprunt. Etat présentant la situation à la fin de l'année. *Solde définitif.* — Le titre qui était entre les mains du prêteur et les quittances à souches délivrées à celui-ci lors du versement de l'emprunt dans la Caisse de l'Etablissement.
42° Comptes courants avec les Caisses d'épargne et diverses autres Caisses, Sociétés et Etablissements publics.	Les justifications indiquées à l'article 4 (recettes).
43° Cautionnements en espèces.	Quittance des ayants droit. Les pièces justificatives de la libération du titulaire déterminées ainsi qu'il suit : *Caissier du Mont-de-Piété et Receveurs spéciaux d'autres établissements de bienfaisance :* 1° Quittance à souche du Caissier constatant le versement du cautionnement dont le remboursement est autorisé. En cas de perte, une déclaration de l'ayant droit (T) dûment légalisée et un duplicata de ladite quittance visé par l'ordonnateur. Les bailleurs de fonds doivent en outre produire la déclaration (T) notariée de leur privilège de second ordre. 2° Certificat de non-opposition (T) délivré par le Greffier du tribunal de première instance de l'arrondissement dont le titulaire est comptable; ledit certificat enregistré, visé par le Président de ce tribunal, postérieurement à la cessation des fonctions,

CHAP. V — COMPTES DE GESTION

DÉSIGNATION DES DÉPENSES	JUSTIFICATIONS A PRODUIRE
43° Cautionnements en espèces. (Suite.)	et indiquant le jour de cette cessation. 3° Certificat de quitus définitif du Receveur des finances de l'arrondissement, visé par le Receveur général. (Cette justification n'est pas nécessaire pour les comptables du département de la Seine.) 4° Arrêté du Préfet mentionnant la date de la sortie de fonctions du titulaire, visant l'arrêt ou l'arrêté de quitus de la Cour des comptes ou du Conseil de préfecture, et autorisant le remboursement du cautionnement. Le visa du certificat indiqué à l'alinéa ci-dessus, dans l'arrêté préfectoral, équivaut à sa production. *Gardes-magasins, préposés comptables du Mont-de-Piété ou d'autres établissements de bienfaisance :* Les justifications désignées aux alinéas 1 et 2 ci-dessus. La production du certificat indiqué au 2° alinéa n'est pas nécessaire pour les Sous-comptables. Arrêté du Préfet indiquant la date de la sortie de fonctions et autorisant le remboursement du cautionnement, après avoir visé le consentement donné à ce remboursement par le Comptable supérieur et par l'Administration de l'Etablissement. *Adjudicataires, fournisseurs et titulaires divers :* Les justifications indiquées à l'alinéa n° 1 ci-dessus. Consentement donné au remboursement du cautionnement par l'Administration intéressée, constatant que le titulaire a accompli les conditions de son contrat ou de son service et s'est entièrement libéré. *En cas de transport du cautionnement :* Les justifications indiquées au 1er alinéa de l'article 40. *En cas de conversion en espèces d'un cautionnement en effets publics :* Les justifications indiquées au 1er alinéa du présent article. *En cas de remboursement par l'entremise du Receveur central :* Quittance du Receveur central. Les justifications indiquées au 2° alinéa de l'article 53.

TITRE III — SERVICE DE LA CAISSE

DÉSIGNATION DES DÉPENSES	JUSTIFICATIONS A PRODUIRE
44° Remboursement de placements temporaires.	*Dans tous les cas*, la quittance à souche délivrée par le Caissier lors du placement; en cas de perte, la justification déterminée à l'article 43, 1ᵉʳ alinéa. *Communes et Hospices* : 1° Délibération du Conseil municipal ou de la Commission administrative dûment approuvée, autorisant le retrait de tout ou partie du capital placé. 2° Quittance à souche du receveur. *Fabriques d'églises* : 1° Autorisation du Conseil de fabrique avec légalisation des signatures y apposées, s'il y a lieu. 2° Quittance du Trésorier. *Fonds pupillaires* : 1° Demande de retrait par le tuteur soit de l'enfant admis à l'hospice, soit de l'aliéné. 2° Extrait certifié de la délibération de la Commission administrative de l'hospice ou de la Commission de surveillance de l'asile public, qui attribue à l'un de ses membres le service de tutelle. 3° Quittance à souche du receveur de l'hospice ou de l'asile. *Sociétés reconnues et approuvées* : 1° Demande de retrait adressée par l'administration de la Société, avec légalisation des signatures des administrateurs, s'il y a lieu. 2° Quittance du Receveur. (Cette quittance doit être à souche pour les Sociétés où cette garantie est établie.)
45° Remboursement de dépôts en garantie pour adirement de bons ou de reconnaissances.	Quittance de l'ayant droit. *Bons* : 1° Quittance à souche du Caissier, constatant le versement du dépôt. 2° Grosse du jugement (T) qui ordonne le dépôt. 3° Extrait du compte des avances de frais de poursuites et d'instances, certifié par l'ordonnateur, constatant que l'établissement a été remboursé des frais par lui avancés, ou quittance (T) de l'Avoué du Mont-de-Piété faisant connaître que ces frais lui ont été payés par le dépositaire. *Reconnaissance* : *Dans le cas où la reconnaissance n'est pas retrouvée*, quittance à souche du dépôt. *Dans le cas où la reconnaissance déclarée adirée est retrouvée* : 1° la reconnais-

CHAP. V — COMPTES DE GESTION

DÉSIGNATION DES DÉPENSES	JUSTIFICATIONS A PRODUIRE
45° Remboursement de dépôts en garantie pour adirement de bons ou de reconnaissances.(Suite.)	sance; 2° quittance à souche du dépôt. A l'expiration du délai de trois ans à partir de l'engagement, le remboursement a lieu de droit et sur la remise seulement de la quittance à souche constatant le versement du dépôt. Le mandat de payement doit indiquer la date de l'engagement et constater l'expiration du délai de garantie. *Dans tous les cas*, la quittance de l'ayant droit.
46° Remboursement de dépôts divers.	*Dépôts divers* : 1° quittance à souche du dépôt; 2° quittance de l'ayant droit. Le mandat doit indiquer les causes du dépôt et de son remboursement. *Prêts suspendus* : 1° rapport au Directeur constatant la régularisation du prêt; 2° quittance de l'ayant droit.
47° Prêts par engagements effectifs.	Relevé des registres d'engagements dressé, signé, visé et certifié comme il est dit à l'article 8 (recettes).
48° Payements aux emprunteurs des bonis liquidés.	Relevé du registre constatant la dépense, ledit relevé dressé, signé, visé et certifié comme il est dit à l'article 8 (recettes).
49° Indemnités aux emprunteurs pour perte ou avarie de nantissements.	Bulletin de déclaration de perte ou d'avarie signé par le Garde-magasin. Dans tous les cas, ampliation de l'acte de l'administration qui a accordé et liquidé l'indemnité; quittance de l'ayant droit.
50° Restitution aux Gardes-magasins des sommes payées par eux pour perte de nantissements.	Extrait du procès-verbal de vente; quittance à souche délivrée au Garde-magasin lors du versement par lui fait de la somme mise à sa charge; quittance de l'ayant droit.
51° Versement de l'excédent de recette de l'exercice, des bonis, dépôts et droits prescrits.	*Dans le cas où l'excédent de recette et les bonis, dépôts et droits prescrits seraient attribués en totalité ou en partie à l'Assistance publique :* 1° Arrêté du Préfet établissant le montant de l'attribution et autorisant son versement. 2° Quittance à souche du receveur. *Dans le cas où les bénéfices, bonis et droits prescrits seraient attribués au Mont-de-Piété*, par application de la loi du 24 juin 1851, l'attribution ne donnerait lieu qu'à une dépense d'ordre dont la justification résulterait des pièces indiquées à l'article 16 (recettes).

TITRE III — SERVICE DE LA CAISSE

2ᵉ Section. — *Charges de l'Établissement.*

DÉSIGNATION DES DÉPENSES	JUSTIFICATIONS A PRODUIRE
52º Intérêts de fonds empruntés sur bons à ordre ou au porteur.	Justifications indiquées à l'article 40.
53º Intérêts d'emprunts en dehors de l'émission ordinaire avec affectation aux opérations de prêts.	Quittance ou récépissé de l'ayant droit et, s'il y a lieu, les coupons d'intérêts acquittés; lesdits coupons frappés d'un timbre d'annulation, s'ils sont au porteur. Avec le *premier payement d'intérêts*, copie certifiée de l'acte d'emprunt, ou indication de sa production à l'appui de la recette du capital. Les mandats doivent comporter les indications indiquées à l'article ci-après.
54º Intérêts de cautionnements en espèces.	Quittance de l'ayant droit. 1° *En cas de payement à un bailleur de fonds ou au cessionnaire :* Pour la *première fois*, copie certifiée de la déclaration de privilège de second ordre ou de l'acte de transport; pour les autres payements, le mandat se réfère à cette production. Il en est de même pour les procurations et pour toutes les justifications de la mutation de la propriété du cautionnement, lesquelles sont seulement fournies à l'appui du premier payement des intérêts. Le mandat de payement doit toujours indiquer le capital, le taux de l'intérêt et le temps pendant lequel cet intérêt est servi. 2° *En cas de payement par l'entremise du Receveur central* (articles 1168 et suivants de l'Instruction générale du 20 juin 1859) : Ampliation de l'état des Receveurs d'établissements de bienfaisance à qui les intérêts sont dus, portant ordonnancement de ces intérêts au profit des ayants droit. Quittance de chaque partie prenante sur l'extrait de l'état ou sur une feuille séparée. Telles autres justifications qu'il appartiendra. L'état d'ordonnancement doit présenter le décompte des intérêts dus à chaque ayant droit, ainsi que cela est indiqué ci-dessus pour les mandats directs.

CHAP. V — COMPTES DE GESTION

DÉSIGNATION DES DÉPENSES	JUSTIFICATIONS A PRODUIRE
55° Intérêts de placements temporaires.	Quittance de l'ayant droit, ainsi qu'il est indiqué à l'article 44. Décompte des intérêts sur le mandat, ainsi qu'il est indiqué à l'article 54. *Avec le premier payement d'intérêts*, certificat du Directeur, indiquant la date, le montant et les conditions du placement.
56° Intérêts des dépôts en garantie pour adirement de bons ou de reconnaissances.	Quittance de l'ayant droit, comme il est indiqué à l'article 45. Décompte des intérêts sur le mandant, ainsi qu'il est indiqué à l'article 54. *Avec le premier payement*, duplicata, certifié par l'ordonnateur, de la quittance à souche délivrée par le Caissier lors du versement du dépôt.
57° Intérêts du prix d'acquisitions ou d'échanges.	*A l'appui du payement du premier terme d'intérêts*, expédition (T) ou copie certifiée du contrat de vente ou d'échange ou indication sur le mandat de sa production avec le premier acompte sur le prix principal. *Pour les autres payements*, décompte d'intérêts et indication de la production du contrat, comme il est dit ci-dessus. *Dans tous les cas*, quittance (T) de l'ayant droit.
58° Droit de prisée.	*Pour la première fois*, arrêté préfectoral fixant le taux du droit de prisée et déterminant les prêts qui en sont passibles. États certifiés par le Directeur, constatant le montant des prêts auxquels le droit s'applique et portant décompte de ce droit. *Dans tous les cas*, quittance du Trésorier des Commissaires-priseurs.
59° Traitements et gages.	Les quittances individuelles ou l'état émargé des parties prenantes énonçant leurs noms et leurs emplois, le montant de leurs traitements et gages par année, par mois ou par trimestre, les retenues pour pensions de retraite et le restant net à payer. Lorsque le payement a lieu sur mandat individuel, le mandat doit contenir les indications ci-dessus. Lorsque les traitements ont été l'objet d'une réduction par suite de congé ou de mesures disciplinaires, le décompte de cette réduction est inséré au mandat ou à l'état et appuyé d'une

TITRE III — SERVICE DE LA CAISSE

DÉSIGNATION DES DÉPENSES	JUSTIFICATIONS A PRODUIRE
59° Traitements et gages. (Suite.)	copie certifiée de la décision qui a accordé le congé ou prononcé la peine disciplinaire. Les rappels de traitements et gages et les décomptes des traitements et gages des agents décédés sont payés aux héritiers sur mandats individuels.
60° Indemnités, gratifications et secours.	1° Quittance individuelle ou état émargé, si l'indemnité, la gratification ou le secours s'applique à plusieurs personnes. 2° Décision du Directeur qui a accordé la gratification, l'indemnité ou le secours. Les décisions qui accordent des indemnités ou secours d'une durée de plusieurs années doivent être approuvées par le Préfet. 3° Certificat de vie pour les secours annuels lorsque le titulaire ne touche pas le secours lui-même. Quand le secours est payé sur la quittance d'un mandataire, le caissier peut ne pas exiger ce certificat, si le titulaire habite Paris. Les secours étant personnels, ceux qui n'ont pas été payés lors du décès du titulaire ne peuvent être mandatés et payés à leurs héritiers qu'en vertu d'une décision nouvelle.
61° Frais de bureau, d'impressions, de transports de nantissements; entretien et renouvellement du mobilier; habillement; chauffage: éclairage; achats de matériel.	1° Facture (T), mémoire (T) ou décompte de livraisons (T) liquidés, arrêtés et revêtus d'un certificat de réception pour les objets de consommation ou de peu de durée, et d'un certificat d'inscription à l'inventaire avec indication du numéro, pour les meubles, ustensiles, ouvrages administratifs et autres objets de conservation. Les quantités et prix d'unité de chaque article de fourniture doivent être désignés. 2° *Pour les fournitures faites par voie d'adjudication ou marchés :* Expédition (T) ou copie certifiée du procès-verbal d'adjudication, du cahier des charges, du devis estimatif ou de la série de prix, soumissions ou marchés amiables, le tout relatant l'approbation du Préfet, et, pour les contrats administratifs, mentionnant la quittance des droits d'enregistrement. Les marchés et soumissions produits en originaux doivent être sur

CHAP. V — COMPTES DE GESTION 205

DÉSIGNATION DES DÉPENSES	JUSTIFICATIONS A PRODUIRE
61° Frais de bureau, d'impressions, de transports de nantissements ; entretien et renouvellement du mobilier; habillement; chauffage; éclairage; achats de matériel. (Suite.)	timbre et revêtus desdites approbation et quittance. Justifications, s'il y a lieu, de la réalisation du cautionnement dans la forme indiquée à l'article 67 (1er alinéa). 3° *En cas de substitution d'un commerçant ou industriel à l'adjudicataire :* Arrêté préfectoral autorisant la substitution.
62° Loyers à la charge de l'établissement.	*A l'appui du premier terme de loyer :* Expédition (T) ou copie certifiée du bail relatant l'approbation du Préfet et la quittance de l'enregistrement. Les mandats des autres termes indiquent le mandat auquel le bail est annexé. Les baux d'une durée de plus de dix-huit ans et les quittances de 3 années de loyers non échues et payées d'avance, quelle que soit la durée du bail, doivent être transcrits conformément à l'article 2 de loi du 23 mars 1855. Quittance (T) du bailleur.
63° Contributions directes.	Avertissement et quittance à souche du percepteur.
64° Assurances contre l'incendie.	*Pour le payement de la première prime :* Copie certifiée de la police d'assurance ou de l'avenant, relatant l'approbation du Préfet. Les originaux, lorsqu'ils sont produits, sont sur timbre. Les mandats des autres primes indiquent le mandat auquel la justification indiquée ci-dessus a été jointe. Quittance (T) de l'agent de la compagnie. *En cas d'assurance mutuelle :* Décompte de répartition constatant la quote-part à la charge du Mont-de-Piété.
65° Entretien des bâtiments.	1° *Réparation de simple entretien :* Mémoire (T) décompté, arrêté, quittancé. 2° *En cas de marché amiable :* Soumission (T) ou marché (T) approuvé et enregistré; devis estimatif (T) ayant servi de base au marché; procès-verbaux de réception définitive (T) portant décompte des fournitures et travaux, avec référence au prix du devis accepté et quittancé par l'entrepreneur. 3° *En cas de régie :* Mandat quittancé par l'Econome pour la somme avancée. Pièces justificatives de l'emploi de cette somme, telles que mémoires (T) de fournitures et de travaux à la tâche, quittancés par les fournisseurs et tâ-

DÉSIGNATION DES DÉPENSES	JUSTIFICATIONS A PRODUIRE
65º Entretien des bâtiments. (Suite.)	cherons; rôles de journées quittancés par les ouvriers, sur timbre, lorsqu'une des quittances excède 10 francs. Les fournitures et travaux de 10 francs et au-dessous sont justifiés au moyen de quittances sur papier libre. Ces quittances, ainsi que les mémoires et les rôles, doivent porter le décompte des travaux, fournitures et journées. 4º *En cas d'adjudication au rabais :* Les justifications indiquées au 1er alinéa de l'article 67. 5º *En cas de substitution d'un autre entrepreneur à l'adjudicataire :* Les justifications indiquées au 3e alinéa de l'article 61. *Pour les prélèvements au profit des asiles nationaux*, voir article 67.
66º Dépenses imprévues.	Arrêté préfectoral autorisant la dépense. Selon la nature de la dépense, les pièces indiquées dans la présente nomenclature.

Dépenses extraordinaires.

67º Constructions, reconstructions et grosses réparations.	1º *En cas d'adjudication au rabais;* *Payement du premir acompte :* Décision du Préfet approuvant les projets, plans ou devis des travaux; Expédition (T) ou copie certifiée du procès-verbal d'adjudication et du cahier des charges qui lui ont servi de base, revêtu de l'approbation du Préfet et relatant la quittance des droits d'enregistrement. Dans le cas où le cahier des charges assujettit l'entrepreneur à un cautionnement, si le cautionnement est en numéraire ou en effets publics, duplicata visé par l'ordonnateur de la quittance à souche que le Caissier a délivrée lors de la conversion du dépôt de garantie en cautionnement. Si le cautionnement est en immeubles, copie certifiée de l'acte notarié constitutif de l'hypothèque et de l'état constatant que cette hypothèque a le rang stipulé au contrat; à défaut, décision du directeur, qui dispense du cautionnement, après avis préalable du Conseil de surveillance. Certificat (T) de l'architecte constatant l'avancement des travaux et la somme à payer; ce certificat visé par l'ordonnateur et quittancé par l'entrepreneur.

DESIGNATION DES DÉPENSES	JUSTIFICATIONS A PRODUIRE
67° Constructions, reconstructions et grosses réparations. (Suite.)	*Acomptes subséquents :* Certificat (T) semblable à celui ci-dessus indiqué, dûment visé et quittancé, rappelant les acomptes antérieurs. *Payement pour solde de l'entreprise :* Expédition (T) remise par l'entrepreneur du probès-verbal de l'adjudication et du cahier des charges, ou indication du mandat auquel est annexée cette justification ; devis estimatif ou série de prix (T); devis supplémentaires (T), s'il y a lieu. Procès-verbal de réception définitive des travaux dressé par l'architecte, portant décompte général et détaillé de l'entreprise avec référence à chacun des articles de la série de prix, et indiquant la composition des prix modifiés ou le montant des prix non prévus, et de plus relatant les acomptes précédemment payés ; ledit décompte arrêté par le Préfet lorsqu'il contient des travaux que ce fonctionnaire n'a pas primitivement autorisés, accepté et quittancé par l'entrepreneur. 2° *En cas d'adjudication à prix ferme :* Simple procès-verbal de réception définitive (T) dûment dressé, arrêté, quittancé. 3° *A défaut d'adjudication dans les cas autorisés par les règlements :* Soumission (T) ou marché (T) amiable dûment approuvés et enregistrés. Justifications indiquées à l'article 65. L'exécution à prix de règlement ou par voix de régie doit être préalablement et expressément autorisée par le Préfet. *Prélèvements au profit des asiles nationaux :* Les dépenses de travaux exécutés par entreprise étant assujetties à un prélèvement de 1 p. 100 au profit des asiles nationaux de Vincennes et du Vésinet, la liquidation de ce prélèvement s'opère provisoirement sur chaque acompte, et définitivement sur le solde de la dépense ; à cet effet, les mémoires, rôles et décomptes doivent présenter la liquidation sur l'ensemble des travaux, et le mandat de solde définitif, appuyé d'un relevé des prélèvements provisoires, doit indiquer la somme qui reste à prélever au profit des asiles. Il est fait dépense du montant brut des mandats et les retenues sont portées en recette aux services hors budget (art. 37).

DÉSIGNATION DES DÉPENSES	JUSTIFICATIONS A PRODUIRE
68° Acquisition ou échange amiable de propriétés d'après les règles du droit commun.	A l'appui du premier acompte sur le prix principal : 1° Ampliation de l'arrêté du Préfet autorisant l'acquisition ou l'échange. 2° Copie ou expédition (T) du contrat, ou indication sur le mandat de la production de cette pièce à l'appui du payement du premier terme d'intérêts (art. 57). Cette copie ou expédition porte la mention de la formalité de l'enregistrement et de celle de la transcription. Le contrat doit toujours être transcrit, aux termes de la loi du 23 mars 1855, quel que soit le montant du prix de la vente ou la valeur de l'immeuble reçu en échange. 3° Certificat (T) du conservateur, délivré après la transcription, et constatant la non-existence d'inscriptions de privilèges ou d'hypothèques, ou la radiation de celles qui existaient. Ce certificat doit en outre faire connaître, conformément à l'article 5 de la loi du 23 mars 1855, les transcriptions ou mentions des actes et jugements s'appliquant à l'immeuble acquis, ou déclarer qu'il n'en existe pas. S'il ne remonte pas au delà de dix ans, le certificat doit déclarer de plus qu'il n'existe pas, au delà de ces dix années, d'inscriptions hypothécaires prises au profit de Sociétés de crédit foncier, cette dernière classe d'inscriptions étant dispensée du renouvellement décennal par l'article 17 du décret du 28 février 1842. Et pour la purge des hypothèques légales : 4° Certificat (T) du Greffier du tribunal civil constatant le dépôt du contrat et son affichage pendant deux mois. 5° Copie (T) de la signification au Procureur de la République et aux parties désignées en l'article 2194 du code civil. 6° Journal ou feuille d'annonces dans lequel a été publiée la signification faite au Procureur de la République. 7° Certificat (T) du Conservateur constatant que, dans les deux mois, il n'a été pris aucune inscription sur l'immeuble acquis. Ce certificat doit remonter jusqu'à la date de celui qui a été délivré sur la transcription ; aucune lacune ne doit exister entre ces deux certificats.

DÉSIGNATION DES DÉPENSES	JUSTIFICATIONS A PRODUIRE
68° Acquisition ou échange amiable de propriétés d'après les règles du droit commun. (Suite.)	*Pour les autres payements :* Décompte en principal et intérêts du prix d'acquisition, et indication sur le mandat de la production du contrat. *Dans tous les cas,* quittance (T) des ayants droit. *Lorsque le prix n'excède pas 100 francs,* l'ordonateur peut, en vertu de l'ordonnance du 18 avril 1842, s'abstenir de purger les hypothèques; mais il doit s'y faire autoriser par une délibération du Conseil approuvée par le Préfet. Dans ce cas, le Caissier peut acquitter le mandat de payement, pourvu que ce mandat constate l'autorisation et indique la date de libération et de son approbation. *Quand le bien appartient en propre à une femme mariée,* le contrat d'acquisition doit désigner le régime du mariage et constater la disponibilité de la propriété transmise. A défaut de ce renseignement, le Caissier se fait remettre et produit un extrait certifié de mariage ou un certificat du notaire devant lequel l'acte a été passé. Si les biens sont dotaux et inaliénables à charge de remploi, il doit être justifié du remploi et, s'il y a lieu, du jugement qui a autorisé l'aliénation. Le Caissier s'abstient de réclamer ces renseignements et ces justifications si le prix est inférieur à 150 francs (circulaire de la comptabilité générale du 28 février 1863, § 5). *S'il existe des inscriptions hypothécaires ou autres obstacles au payement,* le prix est versé à la Caisse des dépôts et consignations, en vertu d'un arrêté de l'ordonnateur. Cet arrêté indique les causes de la consignation et vise la délibération du conseil approbative de la mesure. Dans ce cas, le Caissier produit : 1° Une ampliation de l'arrêté et toutes les justifications désignées ci-dessus, à l'exception de l'état des inscriptions et transcriptions, si cet état est remis au préposé de la Caisse des dépôts et consignations; 2° Le récipissé de ce préposé indique les pièces qui lui ont été remises, et spécialement la date desdits états, afin que l'autorité qui juge le compte ait

DÉSIGNATION DES DÉPENSES	JUSTIFICATIONS A PRODUIRE
68° Acquisitions ou échange amiable de propriétés d'après les règles du droit commun. (Suite)[1].	la preuve qu'il a été délivré en temps utile. *Offres réelles :* Il n'est également fait d'offres réelles qu'en vertu d'un arrêté pris en la forme indiquée dans l'alinéa précédent. Ces offres sont justifiées, en outre des pièces désignées au présent paragraphe ou à tout autre paragraphe, selon la nature de la dette, par une ampliation dudit arrêté et par une copie certifiée du procès-verbal de l'officier ministériel constatant le payement ou la consignation de la somme due. Cette constatation n'empêche pas la production de la quittance donnée pour ordre sur le mandat par le créancier, en cas d'offres acceptées et suivies de payement, ou celle du récépissé du préposé de la Caisse des dépôts et consignations, en cas de refus et de consignation. *Privilège du vendeur ou du copartageant :* Lorsque l'immeuble vendu à l'établissement provient au vendeur ou aux précédents propriétaires d'une vente, d'un échange, d'une licitation ou d'un partage, et que le payement du prix ou de la soulte à la charge de ces derniers n'est pas constaté dans la vente faite au Mont-de-Piété, le caissier s'assure qu'entre la transcription de cette revente et les mutations antérieures énoncées au contrat, il s'est écoulé quarante-cinq jours, délai accordé par l'article 6 de la loi du 23 mars 1855 pour l'inscription du privilège du vendeur ou de celui du copartageant, sinon le certificat négatif du conservateur des hypothèques que le caissier est tenu de produire aux termes du 3ᵉ alinéa du présent article, doit être postérieur à l'expiration de ce délai.
69° Frais d'actes et frais de poursuites et d'instances.	1° *Frais d'actes notariés :* État (T) indiquant pour chaque acte les déboursés et honoraires, taxé s'il y a lieu et quittancé par le notaire. 2° *Frais de poursuites et d'instances :* 1° État des frais (T) taxé par le président ou l'un des juges du tribunal civil, ou exécutoire de dépens (T) quit-

---

1. Voir annexe XXI, chapitre I, titre X.

CHAP. V. — COMPTES DE GESTION 211

DÉSIGNATION DES DÉPENSES	JUSTIFICATIONS A PRODUIRE
69° Frais d'actes et frais de poursuites et d'instances. (Suite.)	tancé par les officiers ministériels ; 2° Extrait (T) du jugement qui a condamné le Mont-de-Piété aux dépens et accordé, s'il y a lieu, distraction au profit de l'avoué qui les a avancés ; 3° Copie certifiée de l'arrêté du préfet pris sur la proposition du directeur, autorisant soit l'abandon des poursuites, soit l'acquiescement au jugement, soit l'admission en non valeur des frais qui ont été avancés et qui sont irrécouvrables ; 4° Quittance (T) de l'avocat ; 5° Quittance du caissier pour les frais avancés et demeurés à la charge de l'Établissement. Les frais de poursuites et d'instances exposés par le Mont-de-Piété, sont avancés, quand il y a lieu, sur les fonds de la caisse, et ceux qui, à un titre quelconque, doivent être supportés par l'Établissement, sont mandatés au nom du caissier et dépense en est faite au budget ; pour autres frais, les mandats sont délivrés au profit des officiers ministériels ou des avocats.
70° Achat de rentes sur l'État.	Bordereau quittancé (T) de l'agent de change.

Services hors budget.

71° Application des acomptes reçus aux opérations de dégagement ou de renouvellement.	Relevé journalier des applications d'acompte aux opérations de prêt.

Services divers.

72° Fonds de retraites.	1° Récépissé à talon de la Caisse des dépôts et consignations constatant le versement des retenues opérées mensuellement sur les traitements et gages ; 2° Copie certifiée de l'état constatant, au 31 décembre, la concordance des écritures avec la Caisse des dépôts et consignations.
73° Remboursement et emploi en cautionnement des dépôts en garantie pour adjudications et marchés.	Pour les dépôts restitués : Certificat (T) du président de l'adjudication constatant que les parties prenantes n'ont pas été déclarées adjudicataires. Décharge au verso des quittances à souche (T) du caissier du Mont-de-Piété.

DÉSIGNATION DES DÉPENSES	JUSTIFICATIONS A PRODUIRE
73° Remboursement et emploi en cautionnement des dépôts de garantie pour adjudications et marchés. (Suite.)	*Pour les dépôts en numéraire convertis en cautionnements :* Quittance à souche que le caissier se délivre à lui-même pour constater le versement du cautionnement à sa caisse. Cette quittance se réfère à la recette du dépôt converti.
74° Versement des retenues en vertu d'oppositions.	Récépissé à talon du receveur de la Caisse des dépôts et consignations.
75° Versement au Trésor des prélèvements opérés au profit des asiles nationaux de Vincennes et du Vésinet.	Récépissé à talon du comptable des caisses du Trésor.
76° Payement aux ayants droit des produits de la liquidation des bureaux de commissionnaires décédés ou révoqués.	Relevé certifié des registres de liquidation indiquant la répartition de la somme payée aux emprunteurs et aux commissionnaires, ledit relevé visé par le contrôleur central. Le premier payement effectué doit renvoyer à la justification de la recette (article 38).
77° Application des recettes faites avant l'ouverture de l'exercice.	État certifié des sommes précédemment recouvrées avec indication des articles du compte auquel ces sommes ont été appliquées.

TITRE IV

SERVICE DE LA COMPTABILITÉ CONTROLE

CHAPITRE PREMIER

COMPTABILITÉ — TENUE DES ÉCRITURES

I. — Écritures en partie double. — Registres à tenir. — Rectifications d'écritures.

563. — Les écritures du Mont-de-Piété sont tenues en partie double au moyen d'un journal général et d'un grand-livre.

Les prescriptions de l'art. 1440 de l'Instruction générale du 20 juin 1859 sont applicables à la comptabilité du Mont-de-Piété.

Pour l'exécution de ces dispositions, six catégories principales de comptes sont employées, savoir :

1° Comptes de valeurs ;
2° Comptes de placements et d'avances à recouvrer ;
3° Comptes de produits et de dépenses effectives ;
4° Comptes d'opérations financières ;
5° Comptes courants ;
6° Comptes d'ordre ou de transition.

564. — Les articles par lesquels les comptes sont débités ou crédités, sont inscrits sur le journal général dans l'ordre chronologique des faits.

Les opérations étant très multipliées, il est nécessaire de tenir un brouillard, livre élémentaire ou de premières écritures, où les opérations sont décrites en détail pour être ensuite transcrites au journal général.

Le montant de chacun des articles inscrits au journal général est reporté jour par jour sur le grand-livre.

565. — Certains comptes du grand-livre, exigeant des développements particuliers, donnent lieu à la tenue de livres auxiliaires.

Chaque fois qu'il s'agit de connaître la situation des services, les comptes du grand-livre sont additionnés et les totaux sont portés sur la balance où tous les comptes se trouvent indiqués et classés.

566. — En premier lieu et avant leur inscription au journal et au grand-livre, toutes les recettes et les dépenses exécutées en vertu du budget, autres que celles concernant les opérations financières, doivent être constatées sur le livre de détail dont la tenue est réglée par les articles 1458 et 1459 de l'Instruction générale du 20 juin 1859.

567. — Les écritures faites ne doivent jamais éprouver d'altérations; si des erreurs ont été commises, elles doivent être rectifiées, conformément aux prescriptions de l'Instruction générale du 20 juin 1859 (art. 1708 à 1711), par de nouvelles écritures qui prennent le nom de contre-parties [1].

II. — Brouillard des premières écritures. — Journal général.

568. — Le brouillard des premières écritures, contenant la description détaillée des opérations journalières, est dressé à l'aide des pièces ci-après :

1° Feuilles de caisse, bordereaux des emprunts et des remboursements (dressés par le service de la caisse et visés par le contrôleur dudit service);

---

[1]. Règlement du 38 juin 1865, art. 116 à 119.

2° Bordereaux des engagements, des dégagements, des renouvellements et des versements d'acomptes (dressés par le service des engagements);
3° Bulletins des ventes, des payements de bonis, des commissions, des excédents de prêts sur les avances des commissionnaires (dressés par le service de la liquidation du Boni);
4° Mandats de recettes et de dépenses (dressés par le service de la comptabilité).

Le brouillard est établi, par le commis-principal de la comptabilité, sur un imprimé qui comporte les diverses opérations dans l'ordre suivant :

1° Pour les comptes débiteurs :

Emprunt sur bons au porteur — Emprunt sur bons à ordre — Prêts sur nantissements — Versements d'acompte — Ventes — Bonis à liquider — Commissions et excédents d'avances des commissionnaires — Excédents de prêts du Mont-de-Piété sur les avances des commissionnaires — Intérêts et droits divers — Ordonnancements par mandats.

2° Pour les comptes créditeurs :

Emprunt sur bons au porteur — Emprunt sur bons à ordre — Prêts sur nantissements — Versements d'acompte — Ventes — Bonis à liquider — Excédents de prêts du Mont-de-Piété sur les avances des commissionnaires — Intérêts et droits divers — Avances pour droit de prisée — Ordonnancements par mandats (appointements, loyers, frais généraux de régie, etc.)

569. — Le journal général est la reproduction manuscrite du brouillard des premières écritures; il est tenu sans blancs, lacunes, ni transports en marge, ainsi que le prescrit la loi.

Le journal général est additionné par mois et par année.

Les totaux sont comparés, chaque mois, avec la balance du grand-livre et, chaque année, avec la balance générale.

III. — Grand-livre.

570. — Le grand-livre contient autant de comptes que l'exigent les différentes opérations du Mont-de-Piété, réunies et classées suivant leur nature.

571. — Les comptes ouverts au grand-livre sont généralement les suivants :

1° Compte de valeurs :
Compte *Caisse.*

2° Placements et avances à recouvrer :
Compte *Trésor public ;*
— *Frais de poursuites et de procédure ;*
— *Avances pour droit de prisée ;*
— *Nantissements remboursés.*

3° Produits et dépenses effectives :
Compte *Mont-de-Piété.*

4° Opérations financières :
Compte *Emprunt ;*
— *Prêts sur nantissements ;*
— *Bonis à liquider ;*
— *Versements d'acomptes ;*
— *Cautionnements ;*
— *Dépôts divers ;*
— *Déficit de magasin ou de mobilier.*

5° Comptes courants :
Autant de comptes qu'il existe d'Établissements ou d'agents avec lesquels le Mont-de-Piété est mis en correspondance.

6° Comptes d'ordre ou de transition :
Comptes *Intérêts et droits divers ;*
— *Ventes ;*
— *Fonds de retenues pour retraites ;*
— *Restes à payer ;*
— *Balance d'entrée ;*
— *Balance de sortie.*

572. — L'ordre dans lequel ces comptes doivent être classés au grand-livre est celui déterminé par la présente nomenclature, avec cette différence que le compte *Balance d'entrée*, que sa nature a fait classer parmi les comptes d'ordre, est placé en première ligne au grand-livre, parce qu'il sert de point de départ à tous les autres [1].

Le compte *Balance de sortie*, qui sert à clôturer les opé-

---

1. Règlement du 30 juin 1865, art. 124.

rations de l'année et donne les éléments nécessaires à la réouverture des comptes, figure au-dessous du compte *Balance d'entrée.*

573. — Dans la nomenclature des comptes qui vient d'être donnée, les cas exceptionnels ou particuliers ne sauraient être prévus; lorsque l'établissement doit constater des opérations qui ne peuvent trouver place dans aucun des comptes désignés, il est ouvert des comptes spéciaux, classés, suivant la nature des opérations, dans l'une des six catégories désignées par la nomenclature.

Néanmoins il ne saurait être loisible aux comptables d'ouvrir de nouveaux comptes sans une nécessité réelle; il faut donc que les opérations à constater à ces comptes ne puissent se classer parmi celles qui se décrivent aux comptes déjà existants [1].

574. — Il est ouvert un compte *Capital* dans le cas où le Mont-de-Piété possède une dotation et capitalise tout ou partie de ses bénéfices. On ne doit pas ouvrir de comptes pour les subventions, fondations et autres revenus particuliers; les recettes et les dépenses qu'ils occasionnent doivent trouver place dans le compte *Mont-de-Piété.*

Il ne doit pas être ouvert de comptes *frais généraux* ou *profits et pertes;* les opérations à constater sous ces dénominations purement commerciales ne sont que les faits ordinaires, inhérents à l'Établissement, qui se constatent au compte *Mont-de-Piété* ou au compte *Capital.*

On ne doit pas ouvrir de comptes spéciaux par exercice; la division des opérations par exercice s'établit au moyen de colonnes distinctes du même compte ou, s'il est besoin, au moyen de livres auxiliaires.

Enfin, il ne doit pas être ouvert de comptes aux succursales ou aux bureaux auxiliaires; ces succursales ou bureaux n'étant que des divisions extérieures du Mont-de-Piété, les opérations qui y sont faites sont considérées comme effectuées par l'Établissement lui-même.

Il ne doit pas non plus être ouvert de comptes aux com-

---

1. Règlement du 30 juin 1865, art. 125.

missionnaires ; leurs opérations avec le Mont-de-Piété sont considérées comme faites par le public, dont les commissionnaires ne sont que mandataires. Lorsque, pour faire face à certaines dépenses extraordinaires, le Mont-de-Piété est autorisé à exiger des emprunteurs un droit temporaire en sus des intérêts ordinaires de prêts, il est ouvert pour la constatation de ce droit un compte classé dans les comptes d'ordre et servi comme compte *Intérêts et droits divers* [1].

575. — Les opérations journalières sont transcrites au grand-livre par le Commis-principal au moyen du brouillard des premières écritures.

Certains comptes sont divisés en plusieurs colonnes, soit à raison des liquidations à établir par exercices, soit à raison des distinctions qu'il est utile d'indiquer dans les écritures.

Les comptes ainsi divisés sont notamment :

1° Le compte *Avances pour droit de prisée* dont le débit comporte :

Le montant du droit de prisée restant à recouvrer sur les exercices antérieurs, divisés par colonnes — les sommes payées pour les opérations de l'exercice courant — les sommes payées pour objets divers.

Les sommes inscrites au crédit de ce compte sont divisées par exercices.

2° Le compte *Nantissements remboursés* dont le débit et le crédit sont respectivement divisés par exercices.

3° Le compte *Mont-de-Piété* dont le débit comporte :

Les dépenses non prévues au budget — les dépenses prévues au budget — les sommes payées pour objets divers.

4° Les comptes *Emprunts sur bons au porteur* et *Emprunts sur bons à ordre* qui comportent, au débit :

Le nombre de bons divisés par échéances et réunis dans un total — les sommes, comprenant les capitaux et les intérêts respectivement divisés par échéances — les escomptes pour les payements effectués avant l'échéance, divisés par année d'émission — le total des sommes.

---

1. Règlement du 30 juin 1865, art. 126.

Au crédit :

Les mêmes indications, sauf les escomptes.

5° Le compte *Prêts sur nantissements* qui comporte, au débit :

Les nantissements entrés comprenant les articles et les sommes respectivement divisés par balance d'entrée, par engagements, par renouvellements, par motifs divers, et ensuite réunis dans un total général ;

Les nantissements sortis comprenant les articles et les sommes respectivement divisés par renouvellements, par dégagements, par ventes, par motifs divers, et ensuite réunis dans un total général.

6° Le compte *Bonis à liquider* qui comporte, au débit :

Les sommes payées au public, divisées par exercices — la liquidation des bonis prescrits, comprenant, d'une part, les sommes portées au crédit du compte auquel sont attribués les bonis, et, d'autre part, les sommes revenant aux commissionnaires.

Au crédit :

Les bonis produits par la vente, divisés par exercice d'engagement.

7° Les comptes *Commissions et excédents d'avances des commissionnaires* et *Excédents de prêts sur les avances des commissionnaires*, dont le débit et le crédit sont respectivement divisés par exercices.

8° Le compte *Dépôts divers* dont le débit et le crédit sont respectivement divisés en colonnes destinées à recevoir l'inscription des sommes provenant de :

Placements temporaires — Dépôts en garantie de remboursement de bons adirés — Prêts suspendus — Dépôts du Mont-de-Piété — Divers — Totaux.

9° Le compte *Intérêts et droits divers* qui comporte au débit :

Les intérêts payés ou liquidés sur bons à ordre ou au porteur — sur cautionnements en espèces — sur placements temporaires — sur dépôts en garantie de remboursement de bons adirés — sur versements d'acompte — pour objets divers.

Au crédit :

Les intérêts et droits perçus par renouvellements — par dégagements — par ventes — par droit temporaire — les escomptes sur bons à ordre ou au porteur — les intérêts de fonds placés au Trésor — les objets divers.

10° Le compte *Vente* dont le débit comprend :

Le montant des ventes, divisé en montant des adjudications et pertes à la charge des commissaires-priseurs.

11° Le compte *Fonds de retenues pour retraites* dont le crédit est divisé de façon à recevoir les inscriptions suivantes :

Trimestres de rentes reçus du Trésor — Retenues diverses à verser à la Caisse des dépôts et consignations (5 p. 100, augmentations, vacances et congés, fautes, total) — Sommes pour objets divers.

12° Le compte *Caisse des dépôts et consignations* dont le débit est divisé de façon à recevoir les inscriptions suivantes :

Montant des rentes déposées — Capital ou prix d'achat des rentes déposées — Trimestres de rentes reçus du Trésor — Retenues diverses versées à la Caisse des dépôts et consignations (5 p. 100, augmentations, vacances et congés, fautes, total) — Sommes pour objets divers.

13° Le compte *Dotation des pensions* dont le crédit comporte les indications ci-après :

Rentes restant de la dotation primitive des pensions — Rentes achetées — Total des rentes — Capital suivant le prix d'achat (dotation primitive et rentes achetées) — Total général des capitaux.

14° Le compte *Restes à payer* dont le débit et le crédit sont respectivement divisés de manière à présenter les restes à payer :

Sur intérêts arriérés — sur intérêts de cautionnements en espèces — sur intérêts de placements temporaires — sur dépôts en garantie de remboursement de bons adirés — sur objets divers.

576. — Chaque compte est mensuellement additionné et la vérification des résultats a lieu au moyen d'un appel avec les totaux des divers registres auxiliaires.

C'est ainsi que les comptes *Emprunts sur bons au porteur* et *Emprunts sur bons à ordre* sont appelés avec le registre du mouvement général des fonds; les comptes *Caisse, Mont-de-Piété, Commissions et Excédents d'avances, Excédents de Prêts, Cautionnements en espèces, Dépôts divers, Versements d'acomptes, Nantissements remboursés, Intérêts et droits divers, Fonds de retenue, Fondation Deluard, Asiles nationaux* et *Restes à payer*, avec le relevé général du journal de Caisse; les Comptes *Prêts sur nantissements* et *Ventes*, avec le registre auxiliaire du grand-livre. Les comptes *Cautionnements en espèces, Dépôts divers, Versements d'acomptes* et *Fonds de retenues* se contrôlent encore avec la somme des cautionnements et les registres des dépôts, des acomptes et des pensions sur fonds de retenues. Le compte *Bonis à liquider* est contrôlé avec le relevé général du journal de caisse et avec les feuilles de payement fournies par les divers établissements pour les bonis payés au public et avec le registre auxiliaire du grand-livre pour les bonis produits par la vente; enfin les comptes *Trésor public* et *Caisse des dépôts et consignations* sont vérifiés en fin d'année par la Direction du mouvement général des fonds, au ministère des Finances, et par la Caisse des dépôts et consignations (Bureau des pensions).

Ces différentes confrontations terminées et l'exactitude des opérations reconnue, il est procédé à l'établissement de la balance dans la forme indiquée au paragraphe V ci-après.

IV. — Correspondance des divers comptes du grand-livre entre eux.

577. — Le compte *Balance d'entrée* correspond avec tous les autres comptes qui ne sont pas balancés, c'est-à-dire qui ont présenté des soldes à la clôture des opérations de l'exercice expiré (31 mars) et qui ont figuré au compte *Balance de sortie.*

Il sert, comme compte de transition, à appliquer aux

comptes à ouvrir pour l'exercice nouveau les soldes des comptes clos à la fin de l'exercice précédent.

A cet effet il est passé, à la date du 1ᵉʳ avril, deux articles au journal général, par l'un desquels le compte *Balance d'entrée* est crédité par le débit des comptes qui présentent des soldes débiteurs. Par le second article, le compte *Balance d'entrée* est débité par le crédit des comptes qui présentent des soldes créditeurs.

Le débit et le crédit du compte *Balance d'entrée* présentent un total égal et ce compte est clos après que lesdits articles ont été passés [1].

578. — Le compte *Balance de sortie* est la contre-partie du compte *Balance d'entrée*. Il sert, comme compte de transition, à solder en fin d'exercice tous les comptes dont le débit n'est pas égal au crédit et qui doivent figurer au compte *Balance d'entrée* de l'exercice suivant.

A la date du 31 mars, deux articles sont passés au journal général, par l'un desquels le compte *Balance de sortie* est débité par le crédit des comptes qui présentent des soldes débiteurs.

Par le second article, le compte *Balance de sortie* est crédité par le débit des comptes qui présentent des soldes créditeurs.

Le débit et le crédit du compte *Balance de sortie* présentent un total égal et ce compte est clos après que lesdits articles ont été passés.

579. — Le compte *Caisse* correspond avec tous les autres comptes, de la manière qui est indiquée pour chacun d'eux, suivant ce principe que toute opération représentant une recette doit figurer à son débit et toute dépense à son crédit.

Le solde est toujours débiteur; il concorde avec celui du livre de Caisse et, par conséquent, avec l'encaisse matérielle [2].

580. — Le compte des *Placements au Trésor* est débité, par le crédit du compte *Caisse*, du montant des placements

---

1. Règlement du 30 juin 1865, art. 127.
2. Règlement du 30 juin 1865, art. 128.

effectués et, par le crédit du compte *Intérêts et droits divers*, du solde des intérêts liquidés annuellement en faveur de l'Établissement. Il est crédité, par le débit du compte *Caisse*, du montant des remboursements effectués par le Trésor [1].

581. — Les comptes d'*Avances à recouvrer* sont débités, par le crédit du compte *Caisse*, du montant des avances faites et ils sont crédités, par le débit du même compte, pour le recouvrement de ces avances.

Ces comptes comprennent notamment les *Avances pour droit de prisée* et les *Nantissements remboursés*.

Lorsque des avances deviennent irrécouvrables et sont converties en dépenses effectives, les comptes d'avances sont crédités du montant de ces non-valeurs par le débit du compte *Mont-de-Piété*.

Le solde de chaque compte d'avances représente la somme à recouvrer par le Mont-de-Piété [2].

582. — Le compte *Avances pour droit de prisée* sert à constater la perception de ce droit et les payements faits aux appréciateurs.

Il est crédité, par le débit du compte *Caisse* et du compte *Ventes*, pour le recouvrement du droit de prisée, soit par dégagement et renouvellement, soit par prélèvement sur le produit des ventes.

Il est débité, par le crédit du compte *Caisse*, pour les payements faits aux appréciateurs [3].

583. — Le compte *Nantissements remboursés* est débité, par le crédit du compte *Caisse*, des payements effectués pour nantissements non représentés ou avariés.

Il est crédité :

Par le débit du compte *Caisse*, du produit de la vente des nantissements inconnus et de ceux dont la valeur a été remboursée ;

Par le débit du compte *Mont-de-Piété*, des sommes mises

---

1. Règlement du 30 juin 1865, art. 129.
2. Règlement du 30 juin 1865, art. 130.
3. Règlement du 30 juin 1865, art. 140.

à la charge du chef des magasins et dont ce comptable a été exonéré par le Préfet de la Seine.

584. — Le compte *Mont-de-Piété* sert à constater la réalisation des produits de toute nature acquis à l'Établissement et le payement de toutes les dépenses formant charge pour l'Établissement.

Ce compte est crédité, savoir :

Par le débit du compte *Caisse*, de toutes les recettes effectives de deniers appartenant à l'Établissement ; par le débit du compte *Intérêts et droits divers* (mais seulement en fin d'année et pour balancer ce compte d'ordre), du montant du solde débiteur dudit compte représentant l'excédent des intérêts et droits perçus sur les intérêts payés ;

Par le débit du compte *Droit de prisée*, de la même manière en fin d'année, de l'excédent des droits de prisée perçus sur le montant des payements faits aux appréciateurs ;

Par le débit du compte *Restes à payer*, pour le payement d'intérêts et dépenses afférents à des exercices clos ;

Et en général par le débit des comptes faisant ressortir des produits attribués à l'Établissement.

Le compte *Mont-de-Piété* est débité, par le crédit du compte *Caisse*, de toutes les dépenses effectives formant charge pour l'Etablissement ;

Par le crédit des comptes *Intérêts et droits divers* et *Droit de prisée*, du montant de leurs soldes créditeurs en fin d'année, s'il arrivait que les intérêts ou droits payés excédassent les intérêts ou droits encaissés ;

Et par le crédit du compte *Restes à payer*, du montant des sommes restant à payer pour intérêts, droits ou autres dépenses constatées, afférentes aux précédents exercices.

Le compte *Mont-de-Piété* est crédité, par le débit du compte *Capital*, de tout prélèvement ou emploi de deniers ayant pour effet de réduire le montant de la dotation ; il est débité, par le crédit du compte *Capital*, de toute somme affectée à l'accroissement de la dotation et notamment de tout ou partie de l'excédent des recettes de l'exercice, constaté par le compte administratif et qui peut être attribué à la dotation par les lois et décrets organiques [1].

585. — Les comptes *Emprunt sur bons au porteur* et *Emprunt sur bons à ordre* sont crédités, par le débit du compte *Caisse*, de toutes les sommes reçues par voie d'emprunts sur bons à ordre ou au porteur ou de toute autre nature d'emprunts; ils sont débités, par le crédit du compte *Caisse*, du montant des remboursements effectués.

Les soldes de ces comptes représentent cette partie de la dette du Mont-de-Piété et particulièrement le montant des bons en circulation [2].

586. — Le compte *Prêts sur nantissements* est débité, par le crédit du compte *Caisse*, du montant de tous les prêts effectués par le Mont-de-Piété.

Il est crédité, par le débit du compte *Caisse*, de tous les remboursements de capitaux effectués par voie de dégagement et, par le débit du compte *Ventes*, pour les capitaux rentrés par suite de la vente de nantissements.

Les inscriptions journalières faites au compte *Prêts sur nantissements* doivent toujours énoncer le nombre des articles de prêts et celui des remboursements.

Le solde de ce compte doit représenter le nombre des nantissements existant dans les magasins et le montant des capitaux prêtés garantis par ces nantissements [3].

Le compte *Prêts sur nantissements* donne lieu à la tenue d'un registre auxiliaire dans la forme indiquée au paragraphe VI ci-après.

587. — Le compte *Bonis à liquider* est crédité, par le débit du compte *Ventes*, du montant des bonis résultant de la liquidation du produit des ventes.

Il est débité, par le crédit du compte *Caisse*, du montant des bonis payés aux ayants droit et par le crédit du compte auquel sont attribués les bonis périmés.

Le solde du compte *Bonis à liquider* représente le mon-

---

[1]. Règlement du 30 juin 1865, art. 131.
[2]. Règlement du 30 juin 1865, art. 132.
[3]. Règlement du 30 juin 1865, art. 133.

tant des bonis non encore prescrits, qui peuvent être réclamés par les ayants droit [1].

588. — Le compte *Commissions et Excédents d'avances des Commissionnaires* est débité, par le crédit du compte *Caisse*, pour le montant des payements effectués entre les mains des Commissionnaires par prélèvement sur les bonis.

Il est crédité, par le débit du compte *Bonis à liquider*, du montant des sommes revenant aux Commissionnaires sur les bonis de l'exercice liquidé.

589. — Le compte *Excédents de prêts sur les avances des Commissionnaires* est crédité, par le débit du compte *Caisse*, des excédents de prêts rapportés par les commissionnaires.

Il est débité :

Par le crédit du compte *Caisse*, du montant des payements effectués aux ayants droit.

Par le crédit du compte *Dépôts divers*, du montant des sommes qui n'ont pu être remboursées et qui doivent être tenues à la disposition des ayants droit jusqu'à la prescription trentenaire.

590. — Le compte *Versements d'acomptes* est crédité, par le débit du compte *Caisse*, du montant des acomptes reçus des débiteurs du Mont-de-Piété et, par le débit du compte *Intérêts et droits divers*, du montant des intérêts produits par les dépôts d'acomptes constatés au moment de la liquidation des livrets.

Ce compte est débité, par le crédit du compte *Caisse*, pour les prélèvements opérés sur les acomptes ou les remboursements faits aux ayants droit.

Le solde du compte représente les versements non employés dont le Mont-de-Piété est dépositaire [2].

591. — Le compte *Cautionnements en espèces* est crédité et débité par le débit et le crédit du compte *Caisse*, du montant des cautionnements déposés ou remboursés. Le

---

1. Règlement du 30 juin 1865, art. 134.
2. Règlement du 30 juin 1865, art. 135.

solde représente la partie de la dette du Mont-de-Piété formée par les cautionnements mis en dépôt.

Ce compte donne lieu à la tenue d'un registre auxiliaire, ainsi qu'il est indiqué au paragraphe VII ci-après [1].

592. — Le compte *Dépôts divers* est employé pour les dépôts de toute nature, tels que placements temporaires, dépôts en garantie de bons adirés, prêts suspendus, etc.

Pour faciliter l'inscription des opérations, on divise le compte de *Dépôts divers* en autant de colonnes qu'il existe de nature de dépôts. Ce compte donne lieu, d'ailleurs, à la tenue de quatre registres auxiliaires dans la forme indiquée aux paragraphes VIII et IX ci-après.

Ce compte est crédité et débité, par le compte *Caisse* du montant des dépôts reçus ou remboursés.

Il est en outre crédité, par le débit du compte *Excédents de prêts* du montant des sommes résultant de liquidations d'exercices précédents et, par le débit du compte *Restes à payer*, du montant des dépôts non réclamés et non encore prescrits.

Lorsque des dépôts sont atteints par la prescription, le compte est débité de ces sommes par le crédit du compte *Mont-de-Piété* [2].

593. — Des *comptes courants* sont ouverts à chacun des établissements, agents ou administrations avec lesquels le Mont-de-Piété est en relations; un compte séparé est ouvert à chacun d'eux.

Tous ces comptes sont crédités, par le débit du compte *Caisse*, de toutes les sommes reçues des correspondants ou reçues pour leur compte. Ils sont débités, par le crédit du compte *Caisse*, de toutes les sommes versées aux correspondants ou payées pour leur compte.

Lorsqu'un correspondant encaisse ou paye une somme pour le compte du Mont-de-Piété, le compte *Caisse* ne peut être affecté; si la somme provient d'un autre correspondant ou lui est versée, le débit est donné au compte de celui qui a reçu par le crédit du compte de celui qui a

---

1. Règlement du 30 juin 1865, art. 136.
2. Règlement du 30 juin 1865, art. 137.

payé; si la recette ou le payement concerne tout autre service, le compte du correspondant est servi par celui des comptes auquel l'opération se rapporte.

Les soldes des comptes courants font connaître les sommes dont le Mont-de-Piété est créancier ou débiteur envers ses correspondants [1].

594. — Les comptes d'ordre ou de transition ne constatent aucun mouvement définitif de valeurs; ils sont employés soit pour transporter à d'autres comptes l'affectation de recettes ou de dépenses déjà opérées, soit pour régulariser ou contrôler la tenue d'autres éléments de comptabilité.

595. — Le compte *Intérêts et droits divers* constate tous les intérêts et droits produits en faveur du Mont-de-Piété et tous les intérêts à servir par l'Établissement à ses divers créanciers.

Ce compte est crédité, savoir :

Par le débit du compte *Caisse*, du montant des intérêts et droits divers perçus par voie de dégagement et de renouvellement; par le débit du compte *Ventes*, pour les intérêts et droits prélevés sur le produit des ventes; par le débit du compte *Trésor public*, pour les intérêts des fonds placés, liquidés annuellement et, par le débit des *Comptes courants*, pour les intérêts produits par ces comptes en faveur du Mont-de-Piété.

Le compte *Intérêts et droits divers* est débité, savoir :

Par le crédit du compte *Caisse*, pour le payement des intérêts dus aux créanciers de l'Établissement;

Par le crédit du compte *Versements d'acomptes*, pour les intérêts acquis aux déposants au moment des liquidations;

Et, par le crédit des comptes *Cautionnements en espèces*, *Dépôts divers* et *Comptes courants*, pour les intérêts liquidés en faveur des déposants.

En fin d'année, à la clôture des opérations, le compte *Intérêts et droits divers* est balancé par le transport, au compte *Mont-de-Piété*, de son solde débiteur ou créditeur [2].

---

1. Règlement du 30 juin 1865, art. 138.
2. Règlement du 30 juin 1865, art. 139.

596. — Le compte *Ventes* est destiné à constater la répartition et l'emploi du produit des ventes de nantissements.

Il est crédité, par le débit du compte *Caisse*, du montant des sommes encaissées à titre de produit des ventes.

Le compte *Ventes* est débité, savoir :

Par le crédit du compte *Prêts sur nantissements*, pour le remboursement des capitaux ;

Par le crédit du compte *Intérêts et droits divers*, pour le payement des intérêts des capitaux remboursés ;

Par le crédit du compte *Droits de prisée*, pour le prélèvement de ce droit sur le produit des ventes ;

Et, par le crédit du compte *Bonis à liquider*, pour l'excédent du produit des ventes formant les bonis [1].

597. — Le Mont-de-Piété assurant des pensions de retraite à ses employés par l'intermédiaire de la Caisse des dépôts et consignations, il est ouvert pour ce service différents comptes, savoir : 1° un compte *Fonds de retenues pour retraites ;* 2° un compte *Caisse des dépôts et consignations ;* 3° un compte *Dotation des pensions*.

Le compte *Fonds de retenues pour retraites* est crédité :

Par le débit du compte *Caisse*, des retenues de diverses natures exercées à cet effet sur les traitements ;

Par le débit du compte *Caisse des dépôts et consignations*, des trimestres des rentes déposés dans cette caisse, ainsi que des arrérages ordonnancés et non acquittés par elle.

Il est débité, par le crédit du compte *Caisse des dépôts et consignations*, des dépenses faites par cette Caisse pour le payement des pensions et du montant du prix d'achat des rentes [2].

598. — Le compte *Caisse des dépôts et consignations* est débité :

Par le crédit du compte *Caisse*, de toutes les sommes versées par le Mont-de-Piété à cet établissement ;

Par le crédit du compte *Fonds de retenues pour retraites*,

---

1. Règlement du 30 juin 1865, art. 142.
2. Règlement du 30 juin 1865, art. 144.

du montant des intérêts produits par les sommes déposées;

Par le crédit du compte *Dotation des pensions*, pour le montant des achats de rentes.

Il est crédité par le débit du compte *Fonds de retenues pour retraites*, du montant des arrérages de pensions à payer et du montant des achats de rentes.

599. — Le compte *Dotation des pensions* est crédité, par le débit du compte *Caisse des dépôts et consignations*, du montant du capital au moyen duquel sont servies les pensions et du capital disponible employé en achats successifs.

600. — Le compte *Rente 4 1/2 p. 100* sert à faire figurer chaque année dans le bilan du Mont-de-Piété le capital légué par le sieur Deluard et sur les arrérages duquel doivent être payés des secours à des veuves d'anciens employés.

601. — Le compte *Fondation Deluard* est crédité, par le débit du compte *Caisse*, du montant des arrérages perçus chaque semestre.

Il est débité, par le même compte, du montant des sommes réparties entre les veuves d'employés décédés avant d'avoir acquis des droits à la retraite.

602. — Le compte *Asiles Nationaux* est crédité, par le débit du compte *Caisse*, du montant des retenues effectuées sur les mémoires de travaux. Il est débité, par le même compte, du montant des versements effectués au Trésor.

603. — Le compte *Restes à payer* sert à constater pour ordre les sommes dues par le Mont-de-Piété pour intérêts ou autres dépenses payées dans une autre année que celle où elles ont été liquidées.

Ce compte est crédité, par le compte *Mont-de-Piété*, du montant des restes à payer constatés;

Il est débité :

Par le crédit du compte *Caisse*, des payements effectués sur lesdits restes [1].

---

1. Règlement du 30 juin 1865, art. 141.

CHAP. I — COMPTABILITÉ 231

Par le crédit du compte *Dépôts divers*, des sommes réservées précédemment et non touchées à la clôture de l'exercice.

Par le crédit du compte *Mont-de-Piété*, des sommes non payées qu'il n'y a plus lieu de réserver.

V. — **Balance des comptes du grand-livre. — Compte administratif mensuel. — Clôture des registres et des opérations.**

604. — Il est formé, à l'expiration de chaque mois, une balance des comptes du grand-livre, d'après les principes contenus en l'article 1440 de l'Instruction générale du 20 juin 1859 [1].

A cet effet les totaux de chaque compte ouvert au grand-livre (débit et crédit) sont portés sur un relevé et totalisés.

La différence entre le débit et le crédit de chaque compte, formant le solde débiteur ou créditeur de ce compte, est indiquée en regard.

Les soldes débiteurs, constituant l'actif du Mont-de-Piété et les soldes créditeurs qui en forment le passif, sont additionnés séparément.

Les totaux doivent concorder entre eux, de même que les totaux du débit et du crédit. Ces derniers doivent, de plus, être conformes au total du journal général.

Les résultats de la balance sont contrôlés avec la balance dressée par le service de la Caisse.

La balance mensuelle est vue et vérifiée par le Chef de la comptabilité, qui la signe avec le Caissier [2].

605. — Il est dressé chaque mois, par le service de la comptabilité, un compte administratif qui fait connaître :

Au premier chapitre, la situation des magasins, obtenue par l'addition des entrées au solde du mois précédent, la déduction des sorties étant faite ensuite, de manière à présenter le restant en magasin à la fin du mois dont il est rendu compte.

---

1. Règlement du 30 juin 1865, art. 145.
2. Règlement du 30 juin 1865, art. 145.

Au second chapitre, la situation de la Caisse, obtenue par le même procédé, c'est-à-dire en ajoutant au reste en Caisse du mois précédent les recettes diverses, et en retranchant du total de ces sommes les dépenses diverses, de manière à présenter le restant en Caisse à la fin du mois dont il est rendu compte.

Une seconde partie présente, sous le nom de *Résumé*, d'une part, l'actif du Mont-de-Piété, se composant des prêts afférents aux nantissements en magasin, du solde en Caisse et des différentes créances du Mont-de-Piété; d'autre part, le passif du Mont-de-Piété se composant des fonds empruntés sur bons à ordre ou au porteur, des cautionnements en espèces, des placements temporaires, des intérêts des bons émis, des versements opérés à la Caisse d'acomptes, des prêts suspendus, des dépôts divers, des bonis tenus à la disposition des ayants droit et des créanciers divers.

Les résultats des cinq premières divisions du passif sont obtenus en déduisant les payements du mois courant du total produit par l'addition des recettes dudit mois au solde du mois précédent.

Les soldes de toutes les divisions de l'actif et du passif doivent concorder avec ceux indiqués par la balance mensuelle.

Le total du passif, égal à celui de l'actif, est reproduit en toutes lettres dans un arrêté signé par le Directeur. Une expédition de ce compte est adressée à la Préfecture de la Seine.

606. — Les différents registres de comptabilité sont arrêtés au 31 décembre de chaque année; ils doivent l'être également à chaque changement de gestion des comptables.

La clôture des registres et des opérations est effectuée suivant les prescriptions des articles 1518, 1519, 1520 et 1578 de l'Instruction générale du 20 juin 1859; une expédition de la balance des comptes du grand-livre est jointe au procès verbal de clôture.

Une ampliation de ces pièces est adressée à la Cour des comptes; une seconde ampliation est laissée entre les mains du Caissier pour lui servir à justifier l'excédent des recettes qui résulte de son compte de gestion [1].

VI. — Registres auxiliaires du grand livre.

607. — Les registres auxiliaires qu'il y a lieu de tenir au service de la comptabilité, en raison des développements que présentent certains comptes, sont :

1° Le registre d'Entrée et de Sortie des nantissements ;

2° Le registre de Caisse ou relevé du journal général de Caisse ;

3° Le registre du Mouvement général des fonds empruntés ;

4° Le registre des opérations d'acomptes ;

5° Le registre des Cautionnements en espèces ;

6° Le registre des Dépôts en garantie de bons adirés ;

7° Le registre des Placements temporaires ;

8° Le registre des Dépôts divers ;

9° Le registre des Prêts suspendus ;

10° Le registre des Pensions sur fonds de retenues.

608. — Le registre d'Entrée et de Sortie des nantissements est tenu dans la même forme que celui du service des magasins, ainsi qu'il est indiqué au paragraphe I du chapitre II (titre V).

Les inscriptions sont faites au moyen des pièces qui ont servi à établir le brouillard des premières écritures et en suivant l'ordre des divisions et bureaux auxiliaires pour chaque genre d'opérations.

Il est établi à la fin de chaque mois une série de tableaux récapitulatifs, savoir :

1° Relevé en articles et sommes des opérations d'engagements, renouvellements, dégagements et ventes.

Ce tableau comprend, pour chaque nature d'opérations et pour chaque journée, les articles et les sommes divisés par exercices et réunis ensuite.

2° Récapitulation générale des articles par engagements et renouvellements ;

---

[1]. Règlement du 30 juin 1865, art. 147.

3° Récapitulation générale des articles par dégagements et ventes;

4° Récapitulation générale des sommes par engagements et renouvellements;

5° Récapitulation générale des sommes par dégagements et ventes.

Les chiffres portés dans ces quatre tableaux sont divisés, pour chaque nature d'opérations, par établissements et par exercices.

6° Récapitulation des ventes et bonis;

Ce tableau est divisé en trois parties : la première comprend les droits liquidés par la vente, divisés par établissements et réunis dans un total; la seconde comprend les ventes, divisées par établissements, avec indication du montant des adjudications et des pertes à la charge des Commissaires-priseurs; enfin la troisième partie comprend les bonis produits par la vente, divisés par établissements et par exercices;

7° Récapitulation générale du droit de prisée et du droit temporaire.

Le droit de prisée est divisé, pour chaque exercice, par nature d'opérations, puis réuni dans un total général. Le droit temporaire, lorsqu'il est perçu, est divisé par nature d'opérations.

609. — Le Registre de Caisse ou Relevé général du journal de Caisse est divisé en deux parties (Recettes et Dépenses); il est établi au moyen du bordereau général des recettes et dépenses transmis par le service de la Caisse et comprend sur une seule ligne, pour chaque journée, les indications suivantes :

1° En ce qui concerne les recettes :

Magasins (prêts à rentrer par dégagements effectifs) — Vente (produits à recouvrer) — Fonds empruntés (bons à ordre ou au porteur, cautionnements en espèces, placements temporaires, dépôts en garantie de billets adirés) — Prêts suspendus (engagements à régulariser) — Dépôts divers — Caisse d'acomptes (versements par les emprunteurs) — Fonds de retraite (retenues exercées sur les traitements) — Intérêts et droits à recouvrer (renouvellements, dégagements, droit temporaire, droit de prisée, fonds placés au Trésor) — Excédents de prêts (versements par les Commissionnaires) — Nantissements remboursés (produit de la vente des gages retrouvés après remboursement de leur valeur aux emprunteurs) — Objets divers — Restes à recouvrer — Recettes non prévues au budget — Total des recettes.

2° En ce qui concerne les dépenses :

Magasins (engagements effectifs) — Fonds empruntés (bons à ordre ou au porteur, cautionnements en espèces, placements temporaires, dépôts en garantie de billets adirés) — Intérêts des fonds empruntés (bons à ordre ou au porteur, cautionnements en espèces, placements temporaires, dépôts en garantie de billets adirés) — Droit de prisée (payements à faire aux Commissaires-priseurs) — Caisse des dépôts et consignations (versements des retenues sur traitements) — Prêts suspendus (payements aux emprunteurs après justifications) — Dépôts divers (restitutions de versements) — Compte du boni (remboursements à faire au public, commissions et excédents des avances des commissionnaires, versement des bonis prescrits) — Excédents de prêts (remboursements aux ayants droit) — Caisse d'acompte (remboursements par dégagements) — Frais généraux d'administration (dépenses générales) — Nantissements remboursés (remboursement des nantissements adirés) — Reports de droit (intérêts de cautionnements en espèces, intérêts de placements temporaires, objets divers) — Dépenses non prévues au budget — Total des dépenses.

Les sommes portées dans chacune des deux parties du journal général de Caisse sont totalisées par mois.

Les totaux sont ajoutés aux reports des mois précédents pour former un total général.

610. — Le registre du mouvement général des fonds empruntés est divisé en deux parties, l'une concernant les capitaux et l'autre les intérêts; il est établi au moyen des bordereaux journaliers transmis par le service de la Caisse.

La première partie indique sur une seule ligne, pour chaque journée, d'une part les encaissements, d'autre part les remboursements.

Les encaissements comprennent l'indication du nombre des bons émis, divisés suivant leur nature (au porteur ou à ordre), et le montant des bons émis, également divisés suivant leur nature.

Les remboursements comprennent l'indication du nombre de bons, divisés par année d'émission et par nature de bons, et le montant des bons remboursés, également divisés par année d'émission et par nature de bons.

La seconde partie du registre du mouvement général des fonds empruntés indique sur une seule ligne, pour chaque journée, d'une part les intérêts des bons émis, divisés suivant leur nature (au porteur ou à ordre), d'autre part les intérêts des bons remboursés, divisés par année d'émission et suivant leur nature.

Ce registre est totalisé par mois, dans chaque partie; les totaux sont ajoutés aux reports des mois précédents pour former un total général.

611. — Le registre des opérations d'acomptes est divisé en deux parties, la première comprenant les placements et la seconde les remboursements; il est établi au moyen des relevés journaliers transmis par le Chef des engagements.

La première partie indique sur une seule ligne pour chaque journée et, divisés par établissements, le nombre et le montant des dépôts.

La seconde partie indique de la même manière le nombre de dépôts et les capitaux remboursés, ainsi que les intérêts liquidés.

Le registre des opérations d'acomptes est totalisé par mois dans chaque partie; les totaux sont ajoutés aux reports des mois précédents pour former un total général.

La tenue des autres registres auxiliaires est soumise à des règles particulières indiquées aux paragraphes ci-après.

VII. — **Sommiers des cautionnements en espèces.**

612. — Le compte des *Cautionnements en espèces* donne lieu chaque année à l'établissement d'un sommier qui comprend tous les cautionnements en espèces déposés au Mont-de-Piété et inscrits sur le registre matricule dont il est question au paragraphe IV du chapitre II ci-après [1].

---

1. Circulaire ministérielle du 16 août 1831.

613. — Ce sommier sert au décompte des intérêts, en même temps qu'il constate les versements et les remboursements effectués pendant l'année pour laquelle il est dressé [1]. Les cautionnements sont classés suivant les qualités des titulaires et forment ainsi cinq catégories, savoir :

1° Comptables du Mont-de-Piété ;
2° Commissionnaires du Mont-de-Piété ;
3° Receveurs d'établissements de bienfaisance et fermiers des hospices civils de Paris [2] ;
4° Adjudicataires des travaux ou des fournitures à faire pour le compte du Mont-de-Piété ;
5° Courtiers-gourmets.

Les titulaires des cautionnements sont inscrits par ordre alphabétique dans chaque catégorie ; toutefois, les adjudicataires et receveurs d'établissements de bienfaisance sont d'abord placés par départements, inscrits dans l'ordre alphabétique.

614. — Le sommier des cautionnements en espèces comprend vingt-sept colonnes, de manière à présenter en regard du nom de chaque comptable ou adjudicataire :

1° Les renseignements relatifs au titulaire du cautionnement (col. 1 à 5) ;

Folios du registre matricule — Départements — Villes — Nature des établissements ou fonctions — Noms des comptables.

2° Les capitaux (col. 6 à 11) ;

Montant au 31 décembre de l'année précédente — Versements de l'année (Dates et sommes) — Remboursements de l'année (Dates et sommes) — Montant au 31 décembre.

3° Les intérêts prescrits (col. 12 à 15) ;

Montant au 31 décembre de l'année précédente — Prescriptions opérées dans l'année — Payements faits dans l'année par autorisations spéciales — Montant au 31 décembre.

---

1. Règlement du 30 juin 1865, art. 49.
2. Arrêté du gouvernement du 16 germinal an XII. — Délibération du Conseil général des hospices du 22 février 1843.

4° Les intérêts échus (col. 16 à 26);

Taux de l'intérêt — Décompte jusqu'au 31 décembre (montant au 31 décembre précédent, décompte des intérêts de l'année, total) — Payements faits et prescriptions opérées dans l'année (payements et prescriptions sur les années antérieures, payements sur l'année, total) — Reste à payer au 31 décembre (sur les années antérieures, sur l'année courante, total).

5° Les observations (col. 27).

615. — Cet état est préparé dès le commencement de l'année. Celui de l'année précédente, clos le 31 décembre, est pris pour base. On y trouve (colonne 11) tous les cautionnements à inscrire au nouveau sommier (colonne 6). La colonne 17 reproduit les intérêts restant à payer au 31 décembre précédent (colonne 26).

Le payement des intérêts pour les années écoulées est inscrit, lorsqu'il y a lieu, dans la colonne 20, les versements de nouveaux cautionnements dans les colonnes 7 et 8, les remboursements dans les colonnes 9 et 10 et les payements d'intérêts pour solde dans la colonne 22.

616. — En fin d'année, on calcule, au taux de 3 p. 100, les intérêts produits pour toute l'année en cours. Les résultats sont portés dans la colonne 18 en regard de tous les cautionnements non remboursés.

617. — Les colonnes 12 à 15 sont destinées à l'inscription des intérêts atteints par la prescription quinquennale en vertu de l'article 2277 du Code civil [1].

Ces prescriptions ne sont faites que tous les cinq ans et portent sur cinq années à la fois.

Les capitaux atteints par la prescription trentenaire sont portés à l'encre rouge dans la colonne 10.

618. — Les intérêts restant à payer au 31 décembre, payements et prescriptions déduits, sont portés dans les colonnes 24 à 26.

Les totaux généraux de chaque catégorie sont inscrits en récapitulant les pages. Les catégories sont ensuite

---

1. Avis du conseil d'État du 24 mars 1809. — Règlement du 30 juin 1865, art. 50.

réunies à la fin du sommier où figure un arrêté en toutes lettres après vérification.

619. — La vérification des colonnes de chaque page et de la récapitulation générale se fait de la façon suivante :

1° On retrouve les chiffres de la colonne 18 en déduisant le montant de la colonne 10 de celui de la colonne 6, en multipliant le reste par le taux de l'intérêt et en ajoutant au produit ainsi obtenu les intérêts afférents aux cautionnements versés ou remboursés dans l'année.

2° On retrouve les chiffres de la colonne 20 en prenant sur le registre d'ordonnancement de l'exercice clos tout ce qui a été payé du 1er janvier au 31 mars (budgets ordinaire et supplémentaire) et sur le registre d'ordonnancement de l'exercice en cours, tout ce qui a été payé du 1er avril au 31 décembre (budget supplémentaire).

Les autres colonnes se contrôlent entre elles.

620. — Après la clôture de l'exercice un état des intérêts de cautionnements restant à payer au 31 mars est dressé.

Cet état présente en regard du nom de chaque titulaire de cautionnement :

1° Les intérêts constatés au 31 décembre précédent par le sommier général ;

2° Les intérêts payés pendant les trois mois complémentaires de l'exercice ;

3° Les restes à payer divisés en colonne comprenant les sommes qui doivent figurer en reports ou en dépenses arriérées sur l'exercice suivant.

Dans chacune de ces parties, les sommes sont placées par exercices.

VIII. — Sommiers des dépôts en garantie de bons adirés et des placements temporaires.

621. — Le sommier des dépôts en garantie de bons adirés est établi chaque année dans la même forme et d'après les mêmes principes que le sommier des cautionnements en espèces. Les noms des déposants et les folios du registre matricule remplacent les noms des titulaires des cautionnements et les renseignements y relatifs.

622. — Le taux des intérêts attribués à chaque dépôt est, pour la première année, celui des bons de Caisse au jour de la signification du jugement ordonnant le dépôt.

Pour les années suivantes, le taux est celui attribué le 1er janvier aux bons de caisse à un an [1].

Le payement des intérêts pendant les trois mois complémentaires de l'exercice et le restant à payer au 31 mars sont constatés, dans la colonne d'observations, de la même manière que pour les cautionnements en espèces.

623. — Le sommier des placements temporaires est établi dans la même forme que le sommier des cautionnements en espèces, les noms des déposants et les folios du registre-matricule remplaçant les noms des titulaires des cautionnements et les renseignements y relatifs.

L'état indique pour chaque année toutes les opérations de la Caisse d'épargne des employés du Mont-de-Piété, qui est seule admise à faire des placements temporaires (versements, retraits, intérêts produits et payés) [2].

Les intérêts liquidés chaque semestre sont ajoutés aux capitaux, de sorte que l'état ne présente jamais de restant à payer.

IX. — Registres et sommiers des dépôts divers, des prêts suspendus et des pensions sur fonds de retenues.

624. — Le compte de *Dépôts divers* est subdivisé et donne lieu à la tenue de deux registres auxiliaires : celui des dépôts divers proprement dits et celui des prêts suspendus [3].

625. — Les dépôts de toute nature effectués à la Caisse sont inscrits sur le premier de ces registres; les sommes ainsi versées proviennent notamment de dégagements et

---

1. Délibération du conseil d'administration du 12 février 1840.
2. Règlement du 30 juin 1865, art. 54.
3. Règlement du juin 1865, art. 137.

CHAP. 1 — COMPTABILITÉ 241

de renouvellements annulés pour cause de double emploi [1], d'erreurs de perception commises ou d'excédents constatés dans la Caisse des divers comptables [2], de bonis produits par l'adjudication de nantissements dont les prêts n'ont pas été payés aux emprunteurs [3], de dépôts de garantie pour adjudications, de dépôts en garantie pour reconnaissances adirées par les commissionnaires [4], de sommes trouvées dans les bureaux de l'Administration, de bonis provenant de la vente de gages dont les reconnaissances sont restées, à divers titres, en la possession de l'Administration [5], etc.

Les sommes versées sont tenues à la disposition des ayants droit jusqu'à la prescription trentenaire.

626. — Chaque dépôt est inscrit sur un registre divisé en deux parties, dont l'une comprend les recettes, et l'autre les dépenses en vertu d'ordonnancements appuyés d'un rapport et, s'il y a lieu, d'un état, dans la forme indiquée au chapitre II ci-après. La partie réservée aux recettes indique :

Le numéro d'ordre du dépôt — le numéro de remboursement (à inscrire lorsque cette opération est effectuée) — l'indication du placement — le montant des dépôts (divisés par établissements).

La partie réservée aux dépenses contient les indications suivantes :

Numéro d'ordre du remboursement — Numéro d'entrée du dépôt — Indication du remboursement — Montant des remboursements (divisés par établissements).

627. — Les colonnes de ce registre sont totalisées chaque mois et le solde constaté en fin d'année est reporté en tête de l'exercice suivant.

Un sommier général du compte des dépôts divers est dressé chaque année, en remontant à trente ans, durée de la prescription.

---

1. Ordre de service du 1er avril 1881.
2. Circulaire du 2 avril 1875.
3. Arrêté du Directeur du 1er mai 1882.
4. Délibération du Conseil d'administration approuvée le 16 mars 1824, art. 43.
5. Arrêté du Directeur du 10 février 1885.

Ce sommier indique, en regard de chaque année, le total des sommes restant à rembourser. L'inscription détaillée des dépôts n'est faite que pour les deux dernières années.

Tous les cinq ans, les sommes atteintes par la prescription sont émargées à la sortie comme remboursées ; il est dressé un état pour servir à l'ordonnancement de ces sommes au profit du compte *Mont-de-Piété*.

628. — Le registre des Prêts suspendus est destiné à recevoir l'inscription des sommes qui, n'ayant pu être remises immédiatement aux emprunteurs, sont versées à la caisse, ainsi qu'il est indiqué au paragraphe VII du chapitre II (titre II).

Ces sommes sont tenues à la disposition des ayants droit jusqu'à la prescription trentenaire.

629. — En conséquence, après le versement à la Caisse et l'inscription sur les divers registres de comptabilité, les prêts suspendus sont mentionnés sur un registre divisé en deux parties et qui indique :

1° En ce qui concerne les recettes :

Les numéros d'ordre (comprenant une série pour chaque établissement) — les dates des recettes — le détail des engagements (noms des commissionnaires, noms des emprunteurs, divisions ou bureaux, numéros, dates, désignations sommaires) — le montant de la recette (divisé par établissement) — les numéros et dates des dépenses pour émargement de sortie.

2° En ce qui concerne les dépenses :

Numéros d'ordre (comprenant une série pour chaque établissement) — Dates des dépenses — Noms des commissionnaires et des emprunteurs — Montant de la dépense (divisée par établissement — Numéros d'ordre et dates des recettes correspondantes.

630. — Lorsqu'il y a lieu de percevoir et de verser, au compte des *Dépôts divers*, le boni produit par la vente d'un article ayant donné lieu à un prêt suspendu, mention de ce versement est faite au registre. Cette mention, portée à l'encre rouge dans la colonne d'observations, comporte la date et le numéro sous lequel le boni figure au compte des *Dépôts divers*, ainsi que le montant dudit boni [1].

631. — Les colonnes du registre des prêts suspendus sont additionnées chaque mois et les résultats sont comparés avec ceux qui figurent au grand-livre. A la fin de chaque année, les prêts suspendus qui n'ont pas été régularisés, c'est-à-dire ceux en regard desquels ne figure aucune mention de remboursement ou de perception de boni, sont relevés sur un état.

Chaque année également, le compte des Prêts suspendus est établi sur un sommier général, en remontant à trente ans, durée de la prescription.

La somme restant à rembourser est indiquée en bloc en regard de chacune des années. Pour les deux dernières, les sommes sont détaillées et il est fait mention de celles qui ont été remboursées. Le solde général est comparé avec celui qui figure au grand-livre.

Tous les cinq ans, les sommes qui sont atteintes par la prescription sont portées en dépense comme remboursées; il est dressé un état de ces sommes pour servir à l'ordonnancement au profit du compte *Mont-de-Piété*.

632. — Le registre des pensions sur fonds de retenues contient, d'une part les recettes, comprenant les diverses retenues exercées au profit de la caisse des pensions (5 p. 100 — augmentations — congés et vacances — fautes), la réintégration des sommes ordonnancées au profit de pensionnaires et non touchées par eux, enfin le montant des trimestres échus et encaissés par la Caisse des dépôts et consignations, dépositaire des rentes formant la dotation des pensions.

D'autre part, les dépenses comprennent les écritures détaillées de tous les payements faits aux pensionnaires.

X. — Registres d'ordre.

633. — Le livre de détail sert à constater, au moment où elles sont opérées, les recettes et les dépenses, de ma-

---

[1]. Arrêté du Directeur du 1er mai 1882.

nière à ce que les crédits alloués ne puissent être dépassés.

Ce registre est tenu par le Sous-chef de la comptabilité, de la même manière que celui du service de la Caisse (paragraphe IV, chapitre II, titre III).

634. — Le registre-journal des fonds empruntés est tenu dans la même forme que celui du Contrôle de la Caisse (paragraphe IV, chapitre III, titre III), avec cette différence que les intérêts attribués à chaque bon ne sont pas réunis avec le capital et qu'il est fait pour chaque journée un total général des capitaux et un total général des intérêts.

Ce registre est établi au moyen des bordereaux journaliers fournis par le service de la Caisse.

635. — Les cautionnements en effets publics, constitués par les employés du Mont-de-Piété en vertu du décret du 7 février 1874, sont inscrits sur un registre-matricule aussitôt que l'agent judiciaire du Trésor a donné avis du dépôt des titres.

Les cautionnements de même nature, fournis par les adjudicataires de travaux ou de fournitures, sont déposés dans la Caisse du Mont-de-Piété et inscrits sur le registre précité, après l'approbation du procès-verbal d'adjudication.

Le registre des cautionnements en effets publics comporte les indications suivantes :

Noms et prénoms des titulaires — Qualités — Montant des cautionnements — Nature et numéros des effets publics, noms des propriétaires des titres, s'il y a lieu.

Une case est affectée à chaque cautionnement.

Lorsque les inscriptions sont dégagées de leur affectation, mention de l'arrêté préfectoral autorisant la remise des titres est faite au bas des cases réservées aux cautionnements.

CHAPITRE II

ORDONNANCEMENTS

I. — Dispositions générales.

636. — Les dépenses sont mandatées par le Directeur, exerçant les fonctions d'ordonnateur, d'après les principes énoncés aux articles 986, 987, 988, 1020, 1022 et 1085 de l'Instruction générale du 20 juin 1859 et aux articles 503, 504 et 505 du décret du 31 mai 1862 [1].

Les recettes sont également mandatées par le Directeur.

Toutefois, les fonds provenant d'emprunts sur bons à ordre ou au porteur, ou des prêts faits par l'Établissement, sont encaissés ou payés sans mandats.

637. — Les pièces justificatives qui doivent être jointes à chaque mandat de recette ou de payement, sont énumérées au paragraphe IV du chapitre V (titre III).

638. — Les mandats de payement doivent être acquittés pour ordre, quoique l'acquit de la partie prenante ait été donné sur le mémoire ou tout autre titre de dépense. L'acquit apposé sur le mémoire ou tout autre titre timbré, exempte de timbre celui qui est donné sur le mandat ; il en est autrement lorsque le mandat seul est revêtu de l'acquit du créancier et qu'il n'est point donné quittance sur timbre.

639. — L'initiale T désigne, dans la nomenclature, les pièces qui doivent être timbrées, sauf le cas où les sommes pour lesquelles il est donné quittance ne dépassent pas 10 francs et ne constituent pas un versement par acompte ou pour solde, sur une somme supérieure à 10 francs.

640. — Les bordereaux et les acquits des intermédiaires administratifs, produits pour la justification des menus

---

1. Règlement du 30 juin 1863, art. 57. — Voir annexe XI, chapitre Ier (titre X).

frais, sont dispensés du timbre, lorsqu'ils sont appuyés, pour les dépenses excédant 10 francs, des quittances timbrées des fournisseurs et ouvriers. La même dispense existe pour les quittances ne dépassant pas 10 francs, dans lesquelles sont relatés le détail et le décompte des fournitures et travaux exécutés en régie, quand ce détail et ce décompte n'ont pu être insérés dans le mandat.

641. — Les copies ou extraits certifiés d'actes soumis à la formalité du timbre, lorsqu'ils sont produits pour l'ordre de la comptabilité et avant que le caissier puisse se dessaisir du titre, sont affranchis de cette formalité.

642. — Les expéditions des actes et les copies ou extraits certifiés, qui sont délivrés au caissier et que celui-ci doit produire avec son compte, relatent textuellement l'approbation donnée par l'autorité supérieure et la quittance des droits d'enregistrement inscrite sur la minute ou l'original de l'acte.

643. — Les devis dressés et approuvés administrativement et non revêtus de l'acceptation de l'entrepreneur, ne sont pas obligatoirement assujettis à la formalité de l'enregistrement, mais l'expédition qui en est délivrée au Caissier pour contrôler l'application des prix, est faite sur papier timbré. Si un ou plusieurs entrepreneurs acceptent un devis par un écrit quelconque, même par lettre-missive, leur soumission doit être enregistrée dans le délai de vingt jours.

L'Administration doit faire les stipulations nécessaires avec les fournisseurs et entrepreneurs, pour que ceux-ci supportent les frais de timbre et d'enregistrement des marchés et des quittances.

644. — En cas de décès du titulaire d'une créance, la somme due est payée aux héritiers sur la production, soit d'un certificat de propriété délivré conformément à la loi du 28 floréal an VII et au décret du 18 septembre 1806, soit des pièces d'hérédité, d'après le droit commun. Pour les sommes de 50 francs et au-dessous, il suffit d'un certificat du maire délivré sur papier timbré.

645. — Les certificats de propriété délivrés par les notaires, greffiers ou juges de paix doivent être timbrés et enregistrés, même quand ils ont pour objet de justifier du droit à une créance se rapportant aux opérations financières ou à l'exploitation de l'Établissement. Ceux qui concernent des sommes dues aux fonctionnaires, employés et agents de service du Mont-de-Piété pour traitements et émoluments quelconques, pensions ou secours, sont affranchis de l'enregistrement, mais ils demeurent soumis au timbre.

646. — Les pouvoirs sous seing privé, produits par les créanciers du Mont-de-Piété, même pour le payement des bons à ordre ou au porteur et autres dettes se rattachant à l'exploitation de l'Établissement, sont sur papier timbré et légalisés. La production de ces pouvoirs ne les assujettit pas à la formalité de l'enregistrement; cependant l'Administration peut exiger la production en original ou en expédition d'une procuration notariée.

647. — Lorsque l'ordonnateur se réfère, pour justifier une opération, à des pièces précédemment fournies, il y a lieu d'indiquer sur le mandat la partie et l'article du compte, ainsi que le numéro du mandat à l'appui duquel ces pièces ont été produites. Cette référence n'est recevable que pour des pièces jointes à des comptes soumis à la juridiction et ne remontant pas à plus de dix années.

648. — Tout payement d'acompte ou de solde définitif doit être appuyé d'un relevé des acomptes antérieurement payés, avec indication, tant des comptes, exercices et articles où ces payements figurent, que des numéros des mandats en vertu desquels ils ont été effectués, et auxquels sont annexées leurs pièces justificatives. Le mandat de solde doit être en outre appuyé d'un décompte général de l'entreprise et de toutes les pièces de nature à justifier de l'ensemble de la dépense.

649. — L'ordonnateur appose son visa sur toutes les pièces justificatives jointes aux mandats.

Les ratures et surcharges sur les pièces justificatives doivent être approuvées et exigent toujours de nouvelles signatures.

L'usage des griffes est interdit. La certification des titres de recette et autres justifications est donnée par le Directeur. Toute justification de recette est visée par le Chef du contrôle.

650. — Les opérations non prévues dans la nomenclature figurant au paragraphe IV du chapitre V (titre III) doivent être justifiées d'après les règles applicables à celles avec lesquelles elles ont le plus d'analogie et qui sont relatées soit dans ladite nomenclature, soit dans l'Instruction générale du 20 juin 1859 ou toutes autres instructions et circulaires sur la comptabilité des établissements de bienfaisance.

II. — **Délivrance des mandats. — Registres d'ordonnancement.**

651. — Les formules de mandats de recette sont imprimées à l'encre rouge et celles de mandats de payement à l'encre noire.

Chaque mandat contient les indications suivantes :

1º En tête : l'exercice, les numéros du chapitre et de l'article et les dénominations au budget ;

2º Dans la colonne de gauche : le nom de la partie prenante ou versante, le montant du mandat, le numéro et la date d'enregistrement au journal des Mandats, le numéro et la date d'enregistrement au journal du Contrôle ;

3º Dans la colonne de droite : l'énumération des pièces jointes au mandat, l'indication du compte qui doit être débité ou crédité avec le visa du Chef de la comptabilité, enfin l'indication de recette ou de payement par le Caissier (date et numéro) ;

4º Dans la partie centrale : le détail et les motifs de l'ordonnancement, suivis de la date et de la signature du Directeur.

652. — Aussitôt que les mandats sont établis, ils sont inscrits suivant leur nature, soit sur le registre des Mandats pour versements à faire à la Caisse, soit sur le registre des Mandats délivrés pour être payés par la Caisse.

Ces registres, dont le premier est imprimé en rouge et le second en noir, reçoivent les indications suivantes :

Numéros des mandats — Dates — Noms des parties — Nature des recettes (ou des payements) — Sommes — Dates effectives des versements (ou des payements) — Indication des comptes affectés — Pièces jointes aux mandats.

Chaque mandat est revêtu du numéro d'ordre du registre et de la date. Ces mentions sont suivies de la signature de l'employé chargé de l'enregistrement.

Lorsque les mandats ont été revêtus de la signature du Directeur, les intéressés sont invités par lettre, s'il y a lieu, à les retirer et à se présenter à la Caisse.

653. — Après l'accomplissement de l'opération, le service de la Caisse communique au service de la Comptabilité les mandats d'après lesquels les recettes ou les dépenses ont été effectuées.

L'employé chargé de la tenue du registre de l'ordonnancement, à la Comptabilité, consigne sur le registre des Mandats délivrés, en regard de chaque article, la date effective du versement ou du payement.

654. — Le registre de l'ordonnancement comprend une ou plusieurs pages pour chaque article du budget, selon son importance.

Les numéros et dénominations des chapitres, sections et articles du budget sont rappelés en tête de chaque page avec les indications ci-après :

Articles du budget et indication des autorisations supplémentaires (numéros et désignations) — Montant des crédits — Ordonnancements (Numéros des mandats — Dates — Noms des parties — Sommes).

Les sommes afférentes à chaque crédit sont ensuite additionnées et il est procédé à un appel des résultats avec le service de la Caisse.

III. — Nantissements remboursés.

655. — Lorsqu'après les recherches effectuées par le service des Magasins un nantissement ne peut être retrouvé, il y a lieu de payer une indemnité à l'emprunteur, conformément aux dispositions de l'article 66 du Règlement général annexé au décret du 8 thermidor an XIII. Cette indemnité est due dans les trois cas suivants :

1° Lorsque le nantissement ne peut être représenté ;

2° Lorsque le nantissement ne peut être représenté, mais qu'il en existe un autre à la place par suite de transposition ou de toute autre cause ;

3° Lorsqu'une partie du nantissement seulement ne peut être représentée ou se trouve avariée.

656. — Dans le premier cas, il est établi, au nom de l'emprunteur, un mandat de payement comprenant le montant de l'évaluation du nantissement lors du dépôt, augmentée d'un quart à titre d'indemnité.

657. — Dans le second cas, la même indemnité est allouée. L'objet restant est ensuite vendu ; il est établi un mandat de versement du montant de la vente au profit du compte *Nantissements remboursés*.

658. — Dans le troisième cas, la partie restante du nantissement peut être rendue à l'emprunteur auquel il est accordé une indemnité représentant la différence entre l'estimation de cette partie de gage et celle du nantissement complet.

Cette différence est augmentée d'un quart à titre d'indemnité.

En cas d'avarie, on règle sur les bases suivantes :

Si l'emprunteur ne consent pas à reprendre la partie du gage restante, il est procédé, comme pour le deuxième cas, au règlement de l'indemnité complète et à la vente de la partie de gage au profit du compte *Nantissements remboursés*.

Si l'emprunteur accepte le nantissement complet, l'indemnité est réglée conformément aux dispositions rappelées ci-après.

659. — Les mandats établis dans les différents cas ci-dessus portent une mention indiquant que le payement est effectué sous toutes réserves des droits de l'Administration, notamment en ce qui concerne la responsabilité à laquelle

CHAP. II — ORDONNANCEMENTS 251

est assujetti le Chef des magasins, aux termes de l'article 3 de l'arrêté préfectoral du 29 juin 1832.

660. — Lorsqu'un nantissement a subi une détérioration il y a lieu de payer une indemnité à l'emprunteur conformément aux dispositions de l'article 67 du Règlement général annexé au décret du 8 thermidor an XIII.

Si l'emprunteur ne consent pas à reprendre le nantissement dans l'état où il se trouve, il est procédé comme il est dit ci-dessus au payement d'une indemnité égale à l'évaluation de l'article lors du dépôt; la vente du gage est ensuite réalisée au profit du compte *Nantissements remboursés*.

661. — Si l'emprunteur consent à reprendre le nantissement détérioré, il lui est accordé une indemnité représentant la différence entre l'estimation lors du dépôt et celle qui est faite au moment du dégagement.

A cet effet, le gage est soumis aux Commissaires-priseurs qui indiquent leur appréciation nouvelle en marge du rapport du Chef des magasins.

662. — Les réparations de gages détériorés donnent également lieu à l'ordonnancement de mandats de payement délivrés aux fournisseurs sur mémoires détaillés des travaux exécutés.

663. — Tout nantissement retrouvé après payement d'une indemnité à l'emprunteur est vendu et le produit de l'adjudication est versé à la Caisse par mandat, au crédit du compte *Nantissements remboursés*.

IV. — Cautionnements en espèces.

664. — Les agents du Mont-de-Piété peuvent être admis à verser en espèces à la Caisse de cet Établissement le cautionnement qu'ils ont à fournir en exécution des prescriptions du Règlement.

Divers comptables d'autres administrations peuvent être également assujettis à verser leur cautionnement dans la Caisse du Mont-de-Piété. Ces versements sont déterminés par des arrêtés préfectoraux suivant les prescriptions des articles 1169 et suivants de l'Instruction générale du 20 juin 1859 [1].

665. — Les adjudicataires et entrepreneurs de travaux ou fournitures ainsi que les locataires, peuvent aussi être astreints à déposer à la Caisse du Mont-de-Piété le cautionnement fixé comme garantie de l'exécution de leurs entreprises ou marchés ou du payement de leurs loyers [2].

666. — Ces cautionnements sont inscrits, dans l'ordre des versements à la Caisse, sur un registre-matricule dont chaque page est affectée à un seul cautionnement.

Les nom, prénoms et qualités du titulaire d'un cautionnement sont indiqués en tête de la page qui lui est réservée et qui est divisée en deux parties.

La partie à gauche est destinée à l'inscription des renseignements ci-après :

Numéro d'ordre — Date du versement — Quotité du cautionnement — Dates successives de payements d'intérêts et montant des sommes payées — Mention du remboursement (lorsqu'il y a lieu) — Pièces annexées au mandat de remboursement.

La partie à droite est réservée pour l'inscription, dans l'ordre des faits et par extraits, des déclarations de privilèges, transports, oppositions, actes de notoriété, désistements, mainlevées, etc., et en général de tous les actes qui peuvent modifier les droits du titulaire ou des ayants cause sur le capital ou les intérêts du cautionnement consigné [3].

Les actes dont ces extraits sont tirés, sont ensuite remis au service de la Caisse.

L'inscription au registre-matricule est faite dans la même forme pour tous les genres de cautionnements. Il y a lieu toutefois d'ajouter, pour ceux versés par les adjudicataires, une note à l'encre rouge indiquant que les intérêts partent du jour de l'approbation de l'adjudication par le Préfet de la Seine.

---

1. Voir annexe II, chapitre II, titre X.
2. Règlement du 30 juin 1865, art. 49.
3. Voir annexe IV, chapitre I, titre X.

667. — Après l'inscription au registre-matricule, il est établi un mandat de recette au moyen duquel le versement du cautionnement est effectué à la Caisse.

L'inscription de ce cautionnement est ensuite faite au sommier, ainsi qu'il est indiqué au paragraphe VII du chapitre précédent.

668. — L'ordonnancement du payement des intérêts relatifs aux cautionnements dont la dernière annuité est échue n'est fait qu'après démarche des titulaires ou de leurs héritiers.

Cet ordonnancement se fait par mandat tant pour les titulaires qui exercent leurs fonctions dans le département de la Seine, que pour ceux qui demandent à recevoir leurs intérêts à la Caisse du Mont-de-Piété.

669. — Les titulaires des autres départements touchent les intérêts qui leur sont dus par l'intermédiaire du Receveur central de la Seine et des Trésoriers-payeurs-généraux. A cet effet il est dressé un état où tous les cautionnements sont groupés par départements [1].

Cet état contient les indications ci-après :

Folios du registre-matricule — Départements — Villes — Nature des établissements ou des fonctions — Numéros d'ordre — Noms des titulaires — Montant des cautionnements — Temps pendant lequel les intérêts ont couru au 31 décembre — Intérêts à 3 p. 100 — Total des intérêts par département.

670. — Il est dressé un extrait de décompte pour chacun des comptables ou fermiers d'établissements de bienfaisance qui figurent sur cet état.

Chacun de ces extraits porte le numéro d'ordre du cautionnement auquel il se rapporte. Il indique le département, le nom du titulaire, le montant du cautionnement et la somme due par le Mont-de-Piété pour intérêts échus.

Ces indications sont suivies de la formule ci-après qui est signée par le Caissier :

« Je soussigné, Caissier du Mont-de-Piété de Paris, certifie que le présent extrait montant à la somme de (en toutes lettres)

---

1. Circulaire du Ministre du commerce du 16 août 1831.

est conforme à l'état général ordonnancé par le Directeur dudit Mont-de-Piété. »

A la fin de chaque année, l'état général, arrêté par le Directeur et accompagné des extraits, est adressé par le Caissier, avec les fonds nécessaires, au Receveur central de la Seine.

Ce dernier transmet les extraits aux Trésoriers-généraux qui doivent en payer le montant et les faire acquitter par les intéressés de manière à les renvoyer à l'Administration du Mont-de-Piété avant le 31 mars. En échange, ils reçoivent du Mont-de-Piété un accusé de réception qui leur sert de pièce comptable.

671. — Quand un extrait n'a pu être acquitté, le Trésorier-payeur-général le renvoie, accompagné d'un mandat de pareille somme sur la Recette centrale ou le Trésor.

Lorsque le titulaire d'un cautionnement n'a pas reçu les intérêts dus depuis plusieurs années, il y a lieu de faire un extrait pour chaque année portant sur des sections différentes des budgets.

672. — Après le 31 mars, date de la clôture de l'exercice, tous les extraits acquittés sont réunis et il est procédé à un pointage de tous les intérêts payés. Les intérêts non payés sont déduits.

Un mandat collectif, comprenant le montant des payements effectués, est ensuite établi au nom des Receveurs des Établissements de bienfaisance, pour régulariser les opérations de la Caisse.

673. — Le remboursement des cautionnements se fait, savoir :

Ceux des comptables, en vertu d'arrêtés préfectoraux appuyés des pièces de libération.

Les autres cautionnements, en vertu de décisions des administrations intéressées, également appuyées de leurs pièces de libération.

D'après ces justifications et sur la remise des pièces énumérées dans la nomenclature (par. IV, chap. V, titre III), le Directeur fait dresser un mandat de payement qui forme titre justificatif pour le Caissier [1].

674. — Lorsque le remboursement résulte de la conversion en titres d'un cautionnement en espèces, la seule pièce à joindre au mandat est le récépissé à souche qui a été délivré lors du versement.

Lorsqu'en raison de l'éloignement du titulaire, le remboursement doit être effectué par l'entremise du Receveur central de la Seine, le mandat est établi au nom de ce dernier et le récépissé délivré par ce fonctionnaire est annexé audit mandat.

Il est établi en outre un bordereau de versement indiquant le nom de la partie prenante, le motif du remboursement et le montant en capital et intérêts pour solde.

Ce bordereau, remis avec les fonds au Receveur central, est ensuite renvoyé au Mont-de-Piété revêtu de l'acquit du titulaire.

V. — Dépôts en garantie de remboursement de bons adirés. — Placements temporaires.

675. — Lorsqu'un jugement, ordonnant le dépôt d'une somme en garantie de remboursement d'un bon adiré, est signifié à l'administration, il en est fait un extrait par le service de la Comptabilité; l'acte est ensuite envoyé à la Caisse.

Après l'inscription sur un répertoire, le dépôt est mentionné sur un registre-matricule tenu dans la même forme que celui des cautionnements en espèces. Une note à l'encre rouge, portée dans la colonne de droite, rappelle que les intérêts courent, pour les bons à ordre, à partir de la signification du jugement et qu'ils cessent de courir trois années après cette date, c'est-à-dire le jour où le remboursement peut être exigé.

Pour les bons au porteur, les intérêts sont dus, sans interruption, depuis le jour de l'exigibilité des bons jusqu'à l'expiration des dix années pendant lesquelles le montant des bons doit rester en dépôt.

---

1. Règlement du 30 juin 1865, art. 51.

676. — Aussitôt après l'inscription au registre matricule, on établit : 1° un mandat de payement, au nom du Receveur du comptoir, pour débiter le compte *Emprunt*; 2° un mandat de versement, au nom du propriétaire du bon, pour créditer le compte *Dépôts en garantie de bons adirés*.

Les dépôts sont ensuite inscrits au sommier général, ainsi qu'il est indiqué au paragraphe VIII du chapitre précédent.

677. — Le payement des intérêts produits par les sommes ainsi déposées est ordonnancé par mandats, à la fin de chaque année, en même temps que celui des cautionnements en espèces.

678. — Le délai de trois ou de dix années à partir de la signification du jugement et, d'ailleurs, selon la teneur dudit jugement, étant expiré, le remboursement du dépôt peut être effectué sur la production de la grosse dudit jugement dont la possession par le requérant indique qu'il a acquitté les frais judiciaires.

Un mandat est alors établi, au débit du compte *Dépôts en garantie de bons adirés;* à ce mandat sont annexées les pièces indiquées dans la nomenclature (paragraphe IV, chapitre V, titre III).

679. — Les placements temporaires, effectués à la Caisse d'épargne par des employés du Mont-de-Piété, sont inscrits sur un registre matricule dont chaque case est affectée à un même versement.

Ces cases sont divisées en deux parties : celle de gauche est destinée à l'inscription du numéro d'ordre, de la date et du montant du placement, des remboursements partiels, enfin de la date du remboursement définitif. La partie de droite est réservée à l'inscription des intérêts payés.

680. — Les remboursements, de même que les placements, sont toujours effectués en fin de mois. Les sommes remboursées sont déduites du solde ou du premier versement; en regard de la somme déduite, sont portés les intérêts payés y afférents.

681. — Après l'inscription au registre-matricule, il est établi, pour chaque dépôt, un mandat de versement. Les placements sont ensuite inscrits au sommier général, ainsi qu'il est indiqué au paragraphe VIII du chapitre précédent.

682. — Le payement des intérêts est ordonnancé par mandat les 30 juin et 31 décembre de chaque année. Dans le corps de chaque mandat sont indiqués les placements avec leurs dates d'encaissement, les folios et numéros du registre-matricule, enfin le nombre de jours sur lequel sont calculés les intérêts.

683. — Lorsqu'il s'agit d'effectuer un remboursement, il est établi un mandat de dépense auquel est jointe une autorisation de retrait délivrée par les Administrateurs de la Caisse d'épargne.

684. — Les intérêts produits par la somme remboursée depuis la dernière liquidation sont ordonnancés. Le mandat n'est appuyé d'aucune pièce ; il se réfère à celui du capital.

VI. — **Dépôts divers.**

685. — Les divers dépôts de sommes qui peuvent être autorisés à différents titres dans la Caisse du Mont-de-Piété, constatés sur un registre spécial, ainsi qu'il est indiqué au paragraphe IX du chapitre précédent, sont réalisés en vertu de mandats de versement qui doivent être accompagnés des pièces énumérées dans la nomenclature (paragraphe IV, chapitre V, titre III [1]).

686. — Ces mandats sont établis à des époques indéterminées sans aucune écriture préparatoire, sauf les cas ci-après indiqués :

1er cas. — Lorsque des travaux ou des fournitures nécessaires au service du Mont-de-Piété sont mis en adjudication, les soumissionnaires doivent verser préalablement des dépôts de garantie ; à cet effet, il est établi un mandat de versement pour chaque soumissionnaire qui effectue le dépôt en numéraire.

---

1. Règlement du 30 juin 1865, art. 52.

Un certificat est ensuite préparé pour indiquer, relativement à chaque adjudication ou à chaque lot d'une même adjudication, ceux des soumissionnaires qui n'ont pas été déclarés adjudicataires.

Ce certificat, remis au Chef du matériel, est rempli et signé par le conseiller de Préfecture qui préside à l'adjudication, aussitôt qu'elle a été prononcée.

Les soumissionnaires peuvent alors retirer immédiatement leurs dépôts au moyen de mandats qui leur sont délivrés.

Après l'approbation du procès-verbal d'adjudication, le dépôt provisoire de l'adjudicataire est converti en cautionnement définitif. Un mandat de payement est dressé pour débiter le compte *Dépôts divers* et un mandat de recette pour créditer le compte *Cautionnements en espèces*.

2ᵉ cas. — Lorsqu'il existe entre les mains du Caissier-comptable des oppositions sur les sommes revenant à des commissionnaires, le liquidateur du boni dresse un état des sommes revenant à chacun d'eux par suite de la liquidation journalière. Un mandat de recette est ensuite établi au crédit du compte *Dépôts divers*.

Une mention portée dans le corps du mandat indique que le versement de la somme litigieuse doit être effectué ultérieurement à la Caisse des dépôts et consignations.

3ᵉ cas. — Chaque trimestre, il est dressé un état, extrait du registre des prêts suspendus, comprenant dans une première partie tous les articles non régularisés, dont la vente a été effectuée et dont les bonis doivent être atteints par la prescription dans le cours du trimestre suivant.

Cet état est remis avec les reconnaissances au service de la liquidation du boni, qui indique dans la 2ᵉ partie les sommes disponibles.

Un mandat comprenant le montant des bonis inscrits sur cet état sert à effectuer le versement de l'ensemble de ces bonis au compte des *Dépôts divers*, pour être tenus à la disposition des ayants droit jusqu'à la prescription trentenaire [1].

4ᵉ cas. — Chaque trimestre, il est également dressé,

---

1. Arrêté du Directeur du 1ᵉʳ mai 1882.

dans la même forme et pour les mêmes motifs, un état comprenant les articles dont les reconnaissances sont restées en dépôt, pour des causes diverses, dans certains services de l'Administration [1].

687. — Les écritures d'ordre relatives aux autres dépôts sont effectuées dans les services, notamment : au Secrétariat général, pour les sommes non réclamées par des correspondants; à l'Inspection, pour les dépôts en garantie de reconnaissances adirées par les commissionnaires, pour les bonis perçus par ces agents et non réclamés par les ayants droit, pour les sommes trouvées et pour celles provenant soit d'erreurs de perception, soit d'excédents de Caisse, etc.

VII. — Prêts suspendus.

688. — Lorsque le payement d'un prêt a été suspendu pour l'une des causes indiquées au paragraphe VII du chapitre II (titre II), le rapport du Chef des engagements est communiqué au service de la comptabilité, qui dresse aussitôt un mandat de versement.

Ce mandat peut être collectif lorsque plusieurs versements d'une même division sont faits à une même date.

689. — Les chefs des bureaux auxiliaires établissent eux-mêmes ces mandats et les font parvenir au service de la comptabilité le jour où ils versent le montant des prêts suspendus à la Caisse.

690. — Les articles sont enregistrés par le service de la comptabilité, ainsi qu'il est indiqué au paragraphe IX du chapitre précédent.

691. — Lorsqu'un emprunteur a fourni les justifications nécessaires pour obtenir le payement d'un prêt suspendu, le rapport concluant à la régularisation est communiqué au service de la comptabilité, qui établit un mandat de payement et délivre la reconnaissance, si elle a été déjà déposée.

---

[1] Arrêté du Directeur du 13 février 1885.

692. — Si la régularisation est effectuée dans un bureau auxiliaire, le chef de ce bureau établit lui-même le mandat, le fait acquitter par la partie prenante et le transmet au service de la comptabilité le jour où il porte l'article en dépense au Journal de caisse.

693. — Lorsque la régularisation concerne un article vendu dont le boni a été versé au compte des dépôts divers, ainsi qu'il est dit au paragraphe ci-dessus, le service de la comptabilité demeure chargé d'établir le mandat au moyen duquel l'intéressé peut toucher le boni qui lui revient.

VIII. — **Appointements des employés. — Indemnités.**

694. — Les états de payement des appointements sont établis chaque mois par le service de la Comptabilité. Les mois sont comptés pour 30 jours et l'année pour 360 jours.

Il est dressé un état pour chaque établissement (Chef-Lieu, Succursales, Bureaux auxiliaires) et pour chaque catégorie d'employés (Commis ou Gagistes).

Ces états comportent les indications rappelées au paragraphe III du chapitre IV (titre III).

Les mutations ou les indications relatives aux retenues à exercer sont inscrites au-dessous du nom de l'employé sur le vu d'un ordre de service du Directeur ou d'une note de service émanant du Secrétariat général.

695. — Les états de payement, signés par le Directeur et visés par le chef de la Comptabilité chargé du contrôle, reçoivent les émargements des intéressés et sont annexés aux mandats de payement ordonnancés pour l'ensemble des appointements mensuels.

Ces mandats sont établis collectivement au nom des employés du Mont-de-Piété, lorsque les états de payement, revêtus des acquits des parties prenantes, ont été renvoyés au service de la comptabilité.

Le premier comprend, sur l'acquit du préposé au comptoir, le montant brut des appointements faisant charge au budget, déduction faite des sommes non émargées.

Les retenues de toute nature au profit du fonds de retraite sont encaissées au moyen d'un mandat de recette spécial.

696. — Les employés qui n'ont pu émarger à l'état mensuel et dont les appointements ont été déduits de l'état d'émargement reçoivent leur traitement ou portion de traitement au moyen de mandats individuels de dépense. Les prélèvements opérés sur ledit traitement sont encaissés au moyen d'un mandat de recette spécial.

697. — Le montant des retenues exercées au profit de la Caisse des retraites est versé chaque mois à la Caisse des dépôts et consignations, d'après un mandat de payement indiquant les motifs des retenues.

698. — Les indemnités des employés attachés aux bureaux auxiliaires, les appointements alloués aux employés auxiliaires et les salaires des hommes de peine, ne donnant pas lieu à une retenue au profit de la Caisse des retraites, sont payés au moyen d'états portant, en regard du nom de chaque partie prenante, la fonction, l'indemnité allouée, la somme à payer et l'émargement pour quittance.

Après le payement par la Caisse, le service de la Comptabilité établit des mandats collectifs pour régulariser la dépense.

699. — Des mandats individuels sont établis pour le payement des autres indemnités et honoraires, savoir :

Chaque mois :
Indemnités de déplacement aux Sous-Inspecteurs ;
Indemnité au Préposé au comptoir ;
Indemnités aux Gardes de nuit des Caisses.

Chaque trimestre :
Indemnité de logement au Directeur ;
Indemnité de caisse au Caissier ;
Indemnité de logement au Chef du matériel ;
Indemnités aux aides-magasiniers chargés d'accompagner les voitures ;
Honoraires de l'Architecte ;
Honoraires du Médecin.

Chaque semestre :

Indemnité à l'Inspecteur de police attaché au Mont-de-Piété ;

Honoraires de l'Avoué.

Chaque année :

Indemnités de caisse aux Comptables.

IX. — Frais généraux de régie.

700. — Les mandats de payement pour frais généraux de régie sont établis sur le vu des mémoires et pièces justificatives préalablement vérifiés et, s'il s'agit de travaux neufs, revisés, ainsi qu'il est indiqué au paragraphe IV du chapitre V (titre I).

Ces mandats ont notamment pour objet le payement des frais de bureau, frais d'impressions, fournitures de papiers, reliures, transport des nantissements, entretien et achat de mobilier et de matériel, chauffage, éclairage, loyers, contributions, assurance contre l'incendie, etc.

701. — Les mandats de payement pour entretien des bâtiments, constructions et grosses réparations sont établis sur le vu des mémoires préalablement vérifiés et, s'il ne s'agit pas de travaux d'entretien, revisés ainsi qu'il est dit au paragraphe précité ; ils sont en outre appuyés des pièces indiquées au paragraphe IV du chapitre V (titre III).

Ces mémoires sont assujettis à la retenue de 1 p. 100 en faveur des asiles nationaux de Vincennes et du Vésinet, par application des dispositions du décret du 8 mars 1855.

Les sommes ainsi prélevées sont encaissées par mandats.

Elles sont versées en fin d'année à la caisse centrale du Trésor public, sur un mandat de dépense collectif.

X. — Mandats divers.

702. — Divers ordonnancements, effectués à des époques déterminées, donnent lieu à des écritures préparatoires, notamment :

Les sommes acquises par prescription;
Les loyers en recette;
La vente d'objets hors de service;
Le produit de la fondation Deluard;
Le payement du droit de prisée aux Commissaires-priseurs-appréciateurs.

703. — La recette des sommes acquises par prescription ne se fait que tous les cinq ans sur un mandat de recette, au nom du Caissier-comptable, pour créditer le compte *Mont-de-Piété*.

A ce mandat est joint un arrêté du Directeur pris, après avis du Conseil de surveillance, sur états spéciaux détaillés, certifiés conformes, également annexés au mandat. Cet arrêté est soumis à l'approbation de M. le Préfet de la Seine.

Comme contre-partie, il est établi cinq mandats de dépense au nom du Caissier-comptable, savoir :

1° Pour débiter le compte *Emprunt sur bons à ordre ou au porteur*, un mandat comprenant le montant des bons qui, non remboursés à leur échéance, n'ont été pendant trente ans l'objet d'aucune réclamation;

2° Pour débiter le compte *Dépôts divers*, un mandat comprenant le montant des dépôts non remboursés et des prêts non régularisés, soumis, comme les bons du Mont-de-Piété, à la prescription trentenaire;

3° Pour débiter le compte *Cautionnements*, un mandat comprenant le montant des cautionnements non retirés (prescription trentenaire);

4° Pour débiter le compte *Restes à payer*, un mandat comprenant le montant des intérêts non réclamés dont la prescription est acquise (prescription quinquennale) et qui appartiennent à des années dont les produits, restant à payer, ont été réservés à l'article 1er des reports;

5° Pour débiter le compte *Restes à payer*, un mandat comprenant le montant des intérêts qui se trouvent dans le même cas que les précédents, mais qui sont compris dans les dépenses arriérées.

704. — La perception des loyers des locaux dont l'Administration est propriétaire a lieu chaque trimestre au moyen de mandats individuels. Pour les locations à bail, le premier ordonnancement est accompagné d'un extrait dudit bail. Pour les locations verbales, un état nominatif des locataires est dressé pour chaque maison et annexé au premier mandat payé. Cet état indique en regard du nom de chaque locataire : le local occupé, le prix annuel, le montant du trimestre échu ou à échoir.

Les sous-locations de locaux anciennement occupés par des bureaux auxiliaires et dont les baux ne sont pas encore expirés donnent lieu aux mêmes écritures.

705. — Le produit de la vente des objets hors de service et des matériaux sans emploi est encaissé sur un mandat de versement au nom du Commissaire-priseur-vendeur appuyé du procès-verbal et de l'arrêté du Directeur (approuvé par le Préfet de la Seine) ordonnant la vente.

Le montant de ce mandat ne représente que le produit net de l'adjudication tel qu'il résulte du procès-verbal de vente, également annexé, et la recette est effectuée au crédit du compte *Mont-de-Piété*.

706. — Le produit de la fondation Deluard, ayant pour objet d'assurer chaque année un secours à des veuves d'employés décédés avant d'avoir acquis des droits à la retraite, est perçu au Trésor public, en mars et septembre de chaque année.

L'encaissement a lieu par mandats de recette, pour créditer le compte *Fondation Deluard*.

La répartition des secours se fait ensuite dans la forme indiquée au paragraphe VII du chapitre VII (titre I), au moyen de mandats de dépense.

707. — Le droit de prisée alloué aux Commissaires-priseurs-appréciateurs est payé intégralement de mois en mois, en observant de payer les droits acquis en janvier dans le courant de mai, ceux acquis en février dans le courant de juin, et ainsi de suite jusqu'au mois de mars de l'année suivante, qui comprend alors deux payements [1].

---

[1]. Ce retard de trois mois a pour but de garantir l'Administration relativement au découvert qui résulte des sommes non encore versées par les Commissaires-priseurs sur le produit des ventes journalières.

Le mandat est établi, au nom des Commissaires-priseurs, sur l'acquit de leur Trésorier et sur le vu des états transmis chaque mois par le Chef des engagements et les Contrôleurs des succursales.

Préalablement à la confection du mandat, il est fait un relevé desdits états, qui est communiqué au Trésorier des Commissaires-priseurs.

XI. — Pensions sur fonds de retenues.

708. — Lorsque l'ampliation d'un arrêté préfectoral accordant une pension à un employé, à une veuve ou à un orphelin d'employé du Mont-de-Piété est transmise au service de la comptabilité, le titulaire de ladite pension est inscrit sur un registre-matricule, avec les mentions suivantes :

1º Nom, prénoms et grade du pensionnaire — montant de sa pension ;
2º Date de l'arrêté par lequel ladite pension est accordée — durée des services — date de l'entrée en jouissance ;
3º Dates des payements des arrérages avec indication des trimestres payés.

709. — Dans le cas de décès, le ou les derniers trimestres ordonnancés sont réintégrés et un nouvel ordonnancement du montant de la somme due au pensionnaire, au jour de son décès, est fait en faveur des ayants droit.

Aussitôt après cette inscription, les arrérages sont ordonnancés sur un état adressé à la Caisse des dépôts et consignations. Toutefois, conformément aux usages adoptés par l'État et pour ne pas laisser sans ressources jusqu'à complète liquidation de leur pension certains employés qui en font la demande, l'Administration peut faire ordonnancer une provision, traditionnellement fixée aux quatre cinquièmes du montant de la pension présumée [1].

710. — Chaque trimestre, les sommes à payer aux pensionnaires sont ordonnancées au moyen de deux états dont

---

1. Ordonnance royale du 12 janvier 1825, art. 30.

l'un comprend les sommes à payer à Paris et l'autre les sommes à payer dans les départements.

Ce dernier est dressé dans l'ordre alphabétique des départements.

Chaque état indique :

Les numéros d'ordre de la caisse — les émargements des parties prenantes pour quittance — les noms et prénoms des pensionnaires — le montant annuel de chaque pension — les sommes à payer — les dates des payements.

Les 4ᵉ et 5ᵉ colonnes sont totalisées.

Le second état fait en outre ressortir la réunion des sommes à payer par département.

Ces états, visés par le Chef de la comptabilité et arrêtés en toutes lettres par le Directeur, sont transmis à la Caisse des dépôts et consignations dans la première quinzaine des mois de mars, juin, septembre et décembre.

711. — Le Chef de la comptabilité fait également établir, chaque trimestre, deux bordereaux récapitulatifs, l'un pour Paris, l'autre pour les départements.

Ces bordereaux résument les états de payement, en indiquant les départements dans lesquels existent des pensionnaires, le nombre des pensionnaires et le montant des pensions par année et par trimestre.

Ces bordereaux sont visés par le Chef de la comptabilité et arrêtés en toutes lettres par le Directeur.

Les payements effectués sont indiqués, pour chaque trimestre, sur le registre des pensions (paragraphe IX du chapitre précédent).

712. — Lors du décès d'un pensionnaire, le compte est arrêté par les mots : « Pension éteinte ». La réintégration des sommes ordonnancées est indiquée, s'il y a lieu.

Les sommes restant dues au titulaire jusqu'au jour de son décès sont ultérieurement ordonnancées, s'il y a lieu, au profit de ses héritiers, qui doivent alors produire les justifications exigées par les règlements.

CHAPITRE III

BUDGETS ET COMPTES

1. — Ressources et revenus du Mont-de-Piété. — Classification des recettes et dépenses.

713. — Les ressources diverses dont peut disposer le Mont-de-Piété pour ses opérations de prêts sont de deux natures :

1° Les fonds que l'Établissement se procure au moyen d'*opérations financières* et qui doivent être remboursés aux ayants droit dans un délai plus ou moins éloigné;

2° Les fonds qui proviennent des *recettes effectives, capitaux, produits et revenus* appartenant au Mont-de-Piété.

Les recettes du Mont-de-Piété se divisent, d'autre part, en *recettes ordinaires* et en *recettes extraordinaires* [1].

714. — Les recettes provenant des *opérations financières* sont toujours classées dans la catégorie des recettes ordinaires et se rattachent généralement aux opérations suivantes :

Emprunts de toute nature;
Cautionnements;
Placements en compte courant par les Caisses d'épargne, sociétés et autres établissements;
Placements temporaires;
Dépôts en garantie pour bons ou reconnaissances adirés;
Dépôts divers;
Rentrée des prêts par dégagement effectif ou par vente;
Bonis à liquider;
Déficit de magasins;
Recouvrement des excédents de prêts sur les avances des Commissionnaires;

---

1. Règlement du 30 juin 1865, art. 22 et 23.

Produit de la vente de nantissements dont la valeur a été remboursée aux emprunteurs [1].

715. — Les recettes effectives comprennent les *revenus et produits ordinaires* et les *recettes extraordinaires* [2].

Les *revenus et produits ordinaires* se composent, en général, des articles suivants :

Intérêts et tous autres droits des prêts ;
Bonis et sommes diverses acquis par prescription ;
Recettes provenant de la suspension d'intermédiaires, ou d'amendes à eux infligées ;
Intérêts de fonds placés au Trésor ;
Loyers de maisons ou terrains ;
Produit de valeurs mobilières, rentes sur l'État et sur particuliers ;
Subventions annuelles de la commune ou du département ;
Produits des fondations.

716. — Les *recettes extraordinaires* se composent, en général, des articles suivants :

Excédent de recettes affecté à la formation ou à l'accroissement de la dotation ;
Vente d'objets hors de service ;
Legs et donations ;
Subventions ou secours extraordinaires ;
Produit de la vente de propriétés [3].

717. — Les dépenses du Mont-de-Piété se divisent, comme les recettes, d'une part, en *opérations financières* et en *dépenses effectives* ou *charges de l'Établissement*; d'autre part, en *dépenses ordinaires* et en *dépenses extraordinaires*.

718. — Les dépenses qui se rattachent aux *opérations financières* doivent toujours être classées dans la catégorie des *dépenses ordinaires* et correspondent, en général, aux articles suivants :

---

1. Règlement du 30 juin 1865, art. 24.
2. Règlement du 30 juin 1865, art. 25.
3. Règlement du 30 juin 1865, art. 26.

Remboursements de fonds empruntés sur bons à ordre ou au porteur;

Comptes courants avec les Caisses d'épargne et autres établissements ou institutions;

Remboursements de cautionnements;

Remboursements de placements temporaires;

Remboursements de dépôts en garantie de bons et reconnaissances adirés;

Remboursements de dépôts divers;

Prêts par engagements effectifs;

Payement de bonis aux emprunteurs;

Remboursements aux Commissionnaires de leurs droits de commission et de leurs excédents d'avances;

Remboursements de nantissements perdus (après décharge du Garde-magasin);

Remboursements aux ayants droit des excédents de prêts rapportés par les Commissionnaires;

Dépense d'ordre de la part revenant au Mont-de-Piété dans l'excédent de recettes et dans les bonis, dépôts et autres valeurs prescrits.

719. — Les *dépenses effectives* comprennent les *charges ordinaires de l'Établissement* et les *dépenses extraordinaires*.

Les *charges ordinaires* correspondent notamment aux dépenses suivantes :

Intérêts d'emprunts divers;

Intérêts de cautionnements;

Intérêts de placements temporaires et de comptes courants;

Intérêts de dépôts à titre d'acomptes;

Intérêts de dépôts en garantie de bons adirés;

Droit de prisée;

Déficit sur le recouvrement du droit de prisée dû par les emprunteurs;

Traitements et gages;

Indemnités, gratifications et secours;

Frais de bureau et d'impressions;

Chauffage;

Éclairage;

Frais d'habillement ;
Frais de transport des nantissements ;
Assurances contre l'incendie ;
Loyers à la charge de l'Administration ;
Contributions ;
Entretien des bâtiments ;
Entretien du mobilier ;
Travaux d'appropriation ;
Dépenses imprévues.

720. — Les *dépenses extraordinaires* consistent généralement dans les articles suivants :
Constructions et grosses réparations ;
Acquisitions d'immeubles ;
Frais d'actes et de procédure [1].

II. — Budget ordinaire.

721. — Sont applicables au Mont-de-Piété les prescriptions de l'Instruction générale des finances du 20 juin 1859 sur les établissements de bienfaisance, relatives à l'exercice, à la formation et à la transmission des budgets, aux crédits pour dépenses imprévues et aux divers titres et pièces à remettre au Caissier.

722. — Les budgets du Mont-de-Piété sont établis d'après le modèle annexé au Règlement du 30 juin 1865 [2].

Ils sont divisés par colonnes, de manière à présenter, d'une part pour les recettes, d'autre part pour les dépenses, les indications suivantes :

Numéros des articles — Nature des recettes ou des dépenses — Recettes ou dépenses portées au compte de l'exercice clos — Recettes ou dépenses admises au budget de l'exercice précédent — Recettes ou dépenses proposées par l'Administration (produits ou dépenses effectifs, dépôts et conversions de valeurs, total) — Recettes ou dépenses proposées par le Préfet — Recettes ou dépenses admises — Développements — Différences en plus ou en moins avec les chiffres du budget de l'exercice précédent.

---

1. Règlement du 30 juin 1865, art. 55.
2. Règlement du 30 juin 1865, art. 27.

723. — Le budget ordinaire est divisé, tant pour la recette que pour la dépense, en deux chapitres qui correspondent aux deux natures de recettes ou de dépenses indiquées au paragraphe précédent. (*Recettes ou dépenses ordinaires.* — *Recettes ou dépenses extraordinaires.*)

D'autre part, le chapitre Ier des recettes se divise en deux sections, dont l'une comprend les *opérations financières*, et l'autre les *produits et revenus*. Le chapitre Ier des dépenses se divise également en deux sections, dont l'une correspond à la 1re section des recettes (*opérations financières*) et dont l'autre comprend les *charges de l'Établissement*.

724. — Les articles de la 1re section des recettes et de la 1re section des dépenses (*opérations financières*) s'appliquent à des opérations dont le caractère éventuel ne permet pas une évaluation exacte.

En conséquence et à moins d'événements exceptionnels, les prévisions sont basées sur la moyenne des résultats obtenus pendant les trois années précédentes.

Ces opérations constituent un dépôt ou une conversion de valeurs qui donne lieu, dans un délai plus ou moins éloigné, à une dépense égale à la recette.

725. — Les prévisions, en ce qui concerne les articles de la 2e section des recettes (*produits et revenus*) et ceux de la 2e section des dépenses (*charges de l'Établissement*), sont basées sur la moyenne des résultats obtenus pendant les trois années précédentes, pour les opérations qui ont un caractère éventuel (intérêts et droits divers, bonis, etc.). En ce qui concerne les autres natures d'opérations (loyers en recette ou en dépense, produit de valeurs mobilières, traitements et gages, frais généraux de régie, etc.), les prévisions sont basées sur les résultats du dernier exercice, en tenant compte des modifications apportées dans la propriété immobilière ou mobilière du Mont-de-Piété, dans la composition du personnel, dans les conditions des adjudications, etc.

726. — Les *recettes ordinaires et extraordinaires* réunies d'une part et les *dépenses ordinaires et extraordinaires* réunies d'autre part sont rapprochées de manière à faire ressortir l'excédent prévu.

De plus, un résumé des différences avec le budget précédent permet de connaître le résultat définitif des prévisions admises.

727. — Les crédits applicables aux *opérations financières* ne sont que des crédits d'ordre qui se régularisent par l'approbation du compte administratif.

Les crédits en vertu desquels les autres dépenses doivent être acquittées, sont ouverts dans les budgets, selon les prescriptions des articles 981, 982, 983, 984 et 1084 de l'Instruction générale du 20 juin 1859 [1].

III. — Budget supplémentaire (chapitres additionnels). Crédits de régularisation.

728. — Les prévisions du budget ordinaire pouvant être contredites par les faits, les rectifications, en ce qui concerne les *opérations financières*, ont lieu par l'approbation du compte administratif, ainsi qu'il est dit au paragraphe précédent.

En ce qui touche les *produits et revenus* et les dépenses formant charge pour l'Établissement, sauf toutefois celles de ces dépenses qui ont trait à des opérations financières, il est établi, chaque année, un budget supplémentaire comprenant, sous le titre de chapitres additionnels, les recettes et les dépenses relatives aux restes à recouvrer ou à payer constatés lors de la clôture des exercices, ainsi que les recettes et les dépenses nouvelles autorisées dans le cours d'un exercice.

Ce budget est dressé d'après le modèle indiqué par l'Instruction générale du 20 juin 1859 et conformément aux dispositions de l'article 839 de ladite Instruction.

729. — La nature des opérations du Mont-de-Piété s'opposant au report, au budget supplémentaire, en recette ou dépense effective, de l'excédent de l'exercice clos, tel qu'il

---

[1]. Règlement du 30 juin 1865, art. 56.

résulte du compte administratif, les excédents fictifs de recettes ou dépenses, comprenant le mouvement des fonds affectés aux opérations, doivent être rattachés, par simple mesure d'ordre, aux chapitres additionnels [1].

Lorsque le compte administratif constate un excédent de recette, cet excédent forme la première partie du budget supplémentaire (*recettes*).

730. — La deuxième partie du budget supplémentaire (*dépenses*) comprend plusieurs sections.

La première section, dite des reports, comprend les crédits ou portions de crédits applicables à des dépenses faites dans le courant de l'exercice antérieur, mais non soldées à la clôture dudit exercice.

La deuxième section comprend les crédits réservés, c'est-à-dire les crédits qui, ouverts avant la clôture de l'exercice antérieur, n'ont pu être employés avant le 31 décembre dudit exercice et qu'il est nécessaire de reporter aux chapitres additionnels, pour recevoir leur affectation spéciale.

Enfin la troisième section comprend les crédits supplémentaires de diverses natures, savoir :

1° Dépenses arriérées;
2° Dépenses nouvelles;
3° Crédits ouverts par décisions spéciales avant la formation du budget supplémentaire.

731. — Les crédits inscrits sous le nom de dépenses arriérées ont pour but de faire revivre par des autorisations nouvelles les crédits, reportés de droit figurant à la 1re section des chapitres additionnels de l'exercice antérieur, qui n'ont pas été employés dans les délais prescrits.

Toutes ces dépenses n'affectent en rien les résultats prévus par le budget primitif.

Les dépenses nouvelles, au contraire, diminuent d'autant l'excédent de recette prévu par le budget; elles ont pour objet de faire face aux insuffisances des prévisions inscrites au budget ordinaire.

Les crédits ouverts par décisions spéciales comprennent

---

1. Décision ministérielle du 3 avril 1851.

toutes les dépenses autorisées par décret ou, en cas d'extrême urgence, par arrêté préfectoral, conformément à la circulaire ministérielle du 1er juillet 1837.

Les autorisations, accordées après les avis conformes du Conseil de surveillance et du Conseil municipal, règlent l'imputation et peuvent ne pas faire charge à l'exercice auquel appartiennent les chapitres additionnels présentés.

732. — Lorsque les crédits ouverts au budget pour celles des dépenses comprises dans la 2e section (*charges de l'Établissement*) qui ont trait à des opérations financières, se trouvent dépassés, il est demandé d'urgence l'ouverture de crédits supplémentaires spéciaux, dits de régularisation, afin de mettre les autorisations primitives en rapport avec les faits accomplis.

Ces crédits, qui ne peuvent être fixés qu'après le 31 décembre de chaque année, sont demandés dès le commencement de l'année suivante, de façon à être obtenus avant le 31 mars, clôture de l'exercice.

IV. — Compte administratif.

733. — La formation du compte administratif du Mont-de-Piété s'effectue, de même que celle du budget supplémentaire et le règlement définitif du budget, suivant les prescriptions des articles 823 à 839 de l'Instruction générale du 20 juin 1859.

A l'effet de procéder au règlement définitif du budget de l'exercice clos, l'Administration et le Caissier du Mont-de-Piété dressent de concert les états des restes à payer et des restes à recouvrer, prescrits par les articles 824 et 825 de l'Instruction précitée, d'après les modèles donnés dans cette Instruction.

Le Caissier établit également l'état de situation de l'exercice clos, prescrit par l'article 827, et le compte dudit exercice est dressé par l'Ordonnateur (art. 826).

734. — Les états des restes à recouvrer et à payer ne comprennent ni les intérêts, droits et autres produits à provenir des prêts sur nantissements, ni les charges ou dépenses afférentes à ces prêts. Cette nature de produits ou de dépenses est rattachée à l'exercice de l'année durant laquelle les recouvrements ou les payements qui les concernent sont effectués.

Cette exception, toutefois, n'est pas applicable aux débets du Chef des magasins, des Commissaires-priseurs et autres agents ; les débets de cette nature, non recouvrés ou non définitivement fixés au 31 mars, doivent être compris dans l'état des restes à recouvrer [1].

735. — Le compte administratif expose chaque année les résultats de l'année précédente, de manière à résumer la situation financière et morale de l'Établissement : il procède d'après un type de comptabilité commandé par la nature des opérations.

Un premier bilan, destiné à exprimer tous les mouvements de Caisse, fait état seulement des sommes entrées et sorties effectivement dans le cours de l'année. Le cadre comprend, dans une série de colonnes :

1° En ce qui concerne les recettes :

Les numéros des articles du budget — la nature des recettes — les sommes à recouvrer (d'après le budget primitif et les autorisations supplémentaires, d'après les titres et actes) — les différences entre les produits constatés et les évaluations du budget (augmentation, diminution) — les fixations définitives — les recettes effectuées pour l'exercice dont il est rendu compte — les restes à recouvrer pendant l'exercice suivant — les recettes qui constituent un produit pour l'Établissement — les développements et observations.

2° En ce qui concerne les dépenses :

Les numéros des articles du budget — la nature des dépenses — les dépenses autorisées (par le budget primitif, par les autorisations spéciales et le budget supplémentaire, total) — les droits constatés au 31 décembre de l'année dont il est rendu compte — les sommes dépensées jusqu'au 31 mars suivant, clôture de l'exercice — les restes à payer à reporter à l'exercice suivant — les excédents des dépenses sur les crédits — les restes annulés faute d'emploi — les dépenses constituant une charge pour l'Établissement — les développements et observations.

---

1. Règlement du 30 juin 1865, art. 28.

La colonne des recettes qui fait ressortir les encaissements constituant un produit réel et celle des dépenses qui fait ressortir les déboursés constituant une charge réelle pour l'Établissement, sont l'expression pratique du budget annuel.

Le principal élément du passif est l'intérêt attaché aux billets émis par le Mont-de-Piété pour constituer son capital; or cette charge, qui incombe à l'exercice de l'émission, ne devient une dépense effective qu'au moment où le billet est présenté à l'encaissement par le créancier.

En conséquence, la somme dépensée de ce fait n'est pas inscrite dans la colonne réservée aux dépenses constituant une charge pour l'Établissement, où ne figurent que celles affectant l'exercice dont il est rendu compte.

D'autre part, la recette essentielle provenant des intérêts et droits payés par les emprunteurs ne peut être constatée que lorsque le nantissement a été dégagé, renouvelé ou vendu [1].

736. — Pour établir les résultats réels d'un exercice, il importe de faire suivre le compte général d'espèces par un résumé où, par des *virements d'écritures*, on fait rentrer dans le cadre de l'exercice les opérations qui lui appartiennent. Ainsi, au lieu d'inscrire au passif les intérêts acquittés en même temps que les billets, à mesure qu'ils arrivent à échéance, on porte en compte tous les intérêts dus, payés ou non payés, sur l'ensemble des emprunts con-

---

1. C'est une maxime traditionnelle que *l'intérêt appartient à l'exercice dans lequel il est encaissé*, et il n'en saurait être autrement au Mont-de-Piété, puisque, lorsqu'un nantissement est déposé, on ne peut pas prévoir le terme où il conviendra à l'emprunteur d'en effectuer la délivrance.

Il résulte de cette manière de procéder que les mouvements de Caisse attribués à un exercice découlent, le plus souvent, des opérations effectuées l'année précédente; de plus, les recouvrements d'intérêts et de droits étant réalisés à l'échéance moyenne de neuf mois et demi, tandis que le loyer du capital emprunté n'est ordinairement soldé qu'à un an, il se trouve que le bénéfice de l'opération est inscrit avant qu'on ait énoncé le prix de revient.

Il est à remarquer, en second lieu, que la balance finale des recettes et des dépenses, dans ce premier compte de Caisse, ne fournit pas à elle seule une appréciation rigoureusement exacte du mouvement des affaires et des résultats obtenus. parce que cette balance, ne faisant état que du numéraire, laisse en dehors deux éléments essentiels : le chiffre de la dette contractée sous forme de billets en circulation et, comme contre-partie, la valeur en magasin des nantissements productifs d'intérêts.

tractés dans le cours de l'année en règlement; de cette manière on établit une concordance plus exacte entre les dépenses et les recettes provenant de l'emprunt et du prêt.

737. — La balance générale résume la série des comptes spéciaux ouverts au grand livre : compte de *Caisse;* — compte de *Dépôts au Trésor;* — *Nantissements en magasin;* — *Comptes courants avec les Commissionnaires, avec les Commissaires-priseurs, avec la Caisse des consignations,* gardienne des fonds de retraite; — *Mouvement des fonds d'emprunt;* — *Liquidation des bonis;* — *Cautionnements, dépôts temporaires, pensions de retraite,* etc. : — enfin un relevé comparatif du revenu et des frais d'exploitation pendant l'année soumise à l'examen. Les résultats de tous ces comptes spéciaux viennent s'inscrire, soit à l'actif, soit au passif, dans deux colonnes disposées à cet effet. Du rapprochement de ces résultats ressort, comme une expression dernière, au compte *Mont-de-Piété,* le chiffre des profits et pertes.

738. — Les trois parties du compte administratif dont la confrontation et la correspondance font ressortir les résultats de l'exercice et la situation de l'Établissement, sont :
1° Compte général des mouvements d'espèces, comme moyen de contrôler les Caisses;
2° Compte rectifié par virements d'écritures, de manière à ramener les opérations effectives de l'année dans un même cadre;
3° Série et balance de tous les comptes spéciaux, rattachés au mécanisme général de l'Institution.

739. — Le règlement définitif du budget est consigné dans le mémoire adressé au Conseil de surveillance par le Directeur à l'occasion de la présentation des comptes budgétaires.
Il a pour objet le nivellement des crédits ouverts par le budget et les autorisations supplémentaires.
L'approbation du compte entraîne :
1° La régularisation des dépenses excédant les crédits appliqués aux opérations financières;

278   TITRE IV — SERVICE DE LA COMPTABILITÉ

2° Le report à l'exercice suivant des crédits ou portions de crédits réservés pour restes à payer;

3° L'annulation des crédits ou portions de crédits restés sans emploi à la clôture de l'exercice dont il est rendu compte [1].

740. — Le mémoire, imprimé en tête du compte administratif, contient un exposé de la situation de l'Etablissement et des faits principaux qui se sont produits pendant l'année écoulée.

Il est suivi d'une série de tableaux concernant l'emprunt, le mouvement des magasins, les ventes, etc., qui relatent d'une manière précise les opérations de l'exercice.

Ces opérations, comparées à celles des exercices précédents, donnent lieu aux observations qui sont de nature à intéresser l'autorité supérieure et à faire ressortir les modifications ou améliorations à introduire dans l'Institution.

A la suite de ce mémoire figurent en annexes différents tableaux de statistique qui facilitent encore l'étude des opérations.

V. — Compte du Caissier.

741. — Le compte du Caissier, établi dans la forme indiquée au paragraphe I du chapitre V (titre III) conformément aux dispositions du décret du 27 janvier 1866, est présenté à l'autorité supérieure, avant d'être soumis à l'examen de la Cour des comptes, appuyé des pièces justificatives à fournir par le Comptable.

Ce document se divise ainsi qu'il suit :

1° Gestion du dernier exercice clos (2ᵉ partie) [2] pour les opérations budgétaires effectuées du 1ᵉʳ janvier au 31 décembre dudit exercice;

2° Opérations relatives aux services hors budget pendant la même période;

---

1. Règlement du 30 juin 1865, art. 56.
2. La première partie, comprenant les opérations complémentaires de l'avant-dernier exercice, est simplement rappelée dans le préambule du compte du Caissier.

3° Gestion de l'année courante (1ʳᵉ partie) pour les mois complémentaires du dernier exercice clos.

742. — Les excédents de recettes des deux premières divisions représentent le solde en caisse, à la charge du comptable, constaté au procès-verbal dressé le 31 décembre précédent.

La troisième division fait ressortir l'excédent de recettes à la clôture du dernier exercice.

C'est cet excédent qui, constaté par le compte administratif, figure pour ordre en recette aux chapitres additionnels de l'exercice en cours.

VI. — **Présentation et approbation des budgets et comptes.**

743. — Les nombreuses relations qui existent entre les différents comptes budgétaires décrits aux paragraphes précédents, font une nécessité de les présenter ensemble à l'examen de l'autorité supérieure.

En effet, dans la première colonne du budget qui sert de base d'évaluations, sont inscrits les résultats constatés par le compte administratif de l'exercice précédent.

Le compte administratif fait ressortir d'une part l'excédent de recettes qui doit figurer en report et pour ordre à la 1ʳᵉ section des chapitres additionnels et, d'autre part, les restes à payer, au profit desquels sont inscrits dans lesdits chapitres additionnels les crédits reportés, les dépenses arriérées et les crédits réservés.

Enfin, le compte du Caissier constate que les mouvements d'espèces sont conformes aux résultats consignés dans le compte administratif.

Toutefois la nécessité d'obtenir les crédits de régularisation avant la clôture de l'exercice oblige l'Administration à les présenter à part, dès les premiers jours de l'année.

744. — Conformément aux dispositions de l'article 8 du décret du 24 mars 1852, ces différents comptes sont soumis à l'examen du Conseil de surveillance appelé à donner son avis.

Les pièces qui accompagnent chacun de ces comptes sont les suivantes :

1° Pour le budget :

> Mémoire du Directeur ;
> Projet de Budget.

2° Pour les chapitres additionnels :

> Mémoire du Directeur ;
> Projet de Budget supplémentaire ;
> Budget primitif de l'exercice en cours.

3° Pour les crédits de régularisation :

> Mémoire du Directeur ;
> État contenant le détail des crédits demandés.

4° Pour le compte administratif :

> Mémoire du Directeur, imprimé en tête du compte présenté ;
> État des restes à payer de l'exercice dont il est rendu compte ;
> État des restes à recouvrer de l'exercice dont il est rendu compte.

5° Pour le compte du Caissier :

> Mémoire du Directeur ;
> Compte présenté ;
> Copie du procès-verbal de vérification des valeurs au 31 décembre de l'exercice ;
> Balance des comptes au 31 décembre du même exercice ;
> Budget du même exercice ;
> Chapitres additionnels du même exercice.

745. — Ces différents documents sont ensuite transmis au Préfet de la Seine, appuyés de l'avis du Conseil de surveillance et d'une lettre d'envoi dans laquelle le Directeur demande que ces comptes soient soumis pour avis à l'examen du Conseil municipal [1].

A cet effet, les dossiers sont complétés par l'adjonction des pièces suivantes :

---

1. Voir annexes, IX et XVII, chapitre I, titre X.

CHAP. III — BUDGETS ET COMPTES 281

1° Pour le budget :

Budget proposé (4 exemplaires).

2° Pour les chapitres additionnels :

Budget supplémentaire proposé (4 exemplaires).

3° Pour les crédits de régularisation :

Budget de l'exercice en cours.

4° Pour le compte administratif [1] :

Compte administratif présenté (4 exemplaires);
Budget de l'exercice dont il est rendu compte;
Chapitres additionnels du même exercice;
Copie du décret approbatif du compte précédent;
Budget de l'exercice en cours;
Copies des arrêtés préfectoraux approuvant les dernières liquidations du magasin et du droit de prisée.

5° Pour le compte du Caissier :

Compte présenté (2 exemplaires);
Déclaration relative au cautionnement du Caissier;
Compte administratif de l'exercice dont il est rendu compte;
Copie des différents décrets ou arrêtés préfectoraux portant ouverture de crédits dans le cours de l'exercice.

Ces comptes, à l'exception de celui du Caissier, sont transmis, par les soins de la Préfecture de la Seine, au Ministère de l'Intérieur, à l'effet d'obtenir les décrets d'approbation prescrits par la loi du 24 juillet 1867 [2].

VII. — Liquidation des magasins.

746. — Le récolement complet des nantissements ne pouvant être effectué sans causer une interruption de longue durée dans le service, la liquidation annuelle des magasins se fait par écritures.

Les gardes-magasins doivent justifier de la sortie régu-

---

1. Lettre ministérielle du 30 mars 1849.
2. Décision ministérielle du 4 mai 1876.

lière de tous les gages dont ils ont pris charge à l'entrée. Cette justification s'opère par la production des reconnaissances et des extraits des procès-verbaux de vente, ainsi qu'il est dit au paragraphe VII du chapitre V ci-après.

747. — Dès que le Sous-chef de la vérification a terminé les opérations décrites audit paragraphe, il en transmet les résultats au service de la Comptabilité, qui demeure chargé de préparer le dossier à soumettre à l'autorité supérieure pour obtenir les autorisations nécessaires à l'apurement des comptes.

La liquidation consiste dans la présentation :

1° Des résultats de la comparaison des registres d'entrée avec les registres de sortie ;

2° Des résultats du pointage des titres rentrés ;

3° De l'état des indemnités payées par le Mont-de-Piété aux emprunteurs à raison des nantissements adirés, incomplets ou avariés.

748. — Le service de la comptabilité dresse, d'après les résultats consignés au grand livre et au registre auxiliaire, un état comprenant, pour chaque magasin :

1° L'entrée, en articles et en sommes, des nantissements faisant charge à l'exercice dont il est rendu compte ;

2° La sortie, année par année, en articles et en sommes, par renouvellements, par dégagements et par ventes.

Du rapprochement de ces totaux ressort, soit une balance exacte, soit une différence qui représente un excédent ou un déficit.

Les excédents ou déficits sont réunis dans une récapitulation qui donne le résultat définitif des opérations pour l'ensemble de l'exercice dans les trois magasins.

749. — Un second état, dressé d'après le registre auxiliaire, présente les opérations d'entrée et de sortie par divisions ou bureaux auxiliaires et attribue à chacun de ces services sa part dans les excédents ou les déficits.

La récapitulation de ces excédents ou déficits donne un résultat final identique à celui du premier état.

Ces deux états se rattachent à la première partie de la liquidation.

Le résultat du pointage des titres, seul récolement possible pour faire connaître la situation du magasin, est consigné dans le mémoire présenté par le Directeur au Conseil de surveillance.

Les blancs, s'il en existe, représentant des articles dont la sortie n'a pas eu lieu régulièrement, sont relevés sur un état qui énumère les causes connues ou présumables des lacunes.

S'il n'existe pas de lacunes, le mémoire constate que tous les titres sont rentrés et que chaque article présente, sur les registres, la date du remboursement fait à la Caisse.

750. — L'état des indemnités payées pour nantissements adirés, incomplets ou avariés comporte les indications suivantes :

Engagements (divisions ou bureaux, numéros, dates, prêts, désignations) — Dates des payements — Indemnités payées (nantissements adirés, nantissements incomplets, nantissements avariés, total) — Indication des causes de perte ou d'avarie — Nantissements retrouvés et vendus (dates, sommes) — Récapitulation par établissements — Indemnités payées — Sommes rentrées — Excédent de recette — Excédent de dépense — Excédent définitif.

751. — Aux termes de l'article 3 de l'arrêté préfectoral du 29 juin 1832, approuvé le 25 janvier 1833, les gardes-magasins sont responsables, envers l'Administration, des indemnités qu'elle a payées pour cause de vol ou de détérioration, à moins toutefois que, sur un rapport du Directeur et sur l'avis du Conseil, il ne soit pris un arrêté pour relever, en raison des circonstances, un ou plusieurs de ces comptables de l'effet dudit article.

Le règlement du 30 juin 1865 rend également les gardes-magasins pécuniairement responsables de la valeur de tous les nantissements entrés dans les magasins et des indemnités payées, à moins d'exonération prononcée par le Préfet.

752. — Les autorisations à demander pour l'apurement des comptes ont pour effet :

1° Pour compenser les erreurs d'écriture : en ce qui concerne les articles, d'approuver l'augmentation ou la diminution de la sortie, selon les cas, du nombre d'articles nécessaire pour obtenir balance; en ce qui concerne les sommes, de faire débiter ou créditer le compte *Mont-de-Piété*, par le crédit ou le débit du compte *Prêts sur nantissements*, du montant du déficit ou de l'excédent;

2° Pour opérer, s'il y a lieu, la décharge des gardes-magasins et balancer la dépense résultant des indemnités payées avec la recette provenant de la vente des nantissements retrouvés ou des objets dits inconnus : de faire débiter ou créditer le compte *Mont-de-Piété*, par le crédit ou le débit du compte *Nantissements remboursés*, du montant de la différence.

VIII. — Liquidation du boni.

753. — Le dossier de la liquidation du boni, à présenter au Conseil de surveillance et à l'autorité supérieure, est préparé par le service de la Comptabilité à l'aide des états dressés par le Liquidateur du boni, dans la forme indiquée au paragraphe VIII du chapitre VII (titre II).

Dans le mémoire adressé au Conseil de surveillance, le Directeur indique les points principaux qui ressortent de la comparaison des résultats de la liquidation présentée avec ceux des liquidations précédentes.

754. — L'approbation qu'il sollicite a pour effet d'autoriser l'Administration : 1° A faire payer aux Commissionnaires dénommés dans les états joints au dossier les sommes qui leur sont dues en vertu des articles 2 et 5 de la délibération du Conseil d'Administration du 18 février 1846;

2° A faire débiter le compte *Bonis à liquider*, par le crédit du compte *Commissions et Excédents d'avances*, de la somme payée aux Commissionnaires;

3° A faire débiter ce même compte *Bonis à liquider*, par le crédit du compte auquel sont attribués les bonis prescrits, du montant desdites prescriptions;

4° A faire créditer le compte *Dépôts divers*, par le débit du compte *Excédents de prêts sur les avances*, du reliquat de la somme rapportée par les Commissionnaires.

IX. — Liquidation du droit de prisée.

755. — Le service de la Comptabilité est chargé de préparer le dossier relatif à la liquidation du droit de prisée.

Il dresse un état indiquant les payements mensuels, effectués aux Commissaires-priseurs-appréciateurs, du droit de prisée sur les opérations d'entrée (engagements et renouvellements) de l'exercice en liquidation.

Du total de ces sommes sont déduits les recouvrements effectués à mesure des opérations de sortie (dégagements, renouvellements, ventes), de manière à obtenir la différence qui se traduit généralement par un déficit, en raison notamment de l'abandon du droit de prisée sur les prêts de 3 à 5 francs.

Cet état, certifié par le Chef de la Comptabilité, est visé par le Directeur.

756. — Le mémoire au Conseil fait ressortir les causes des différences entre la liquidation présentée et les précédentes ; il sollicite l'approbation qui a pour conséquence d'autoriser l'Administration à faire débiter le compte *Mont-de-Piété*, par le crédit du compte *Avances pour droit de prisée*, du montant du déficit constaté.

X. — Présentation et approbation des comptes de liquidation.

757. — La liquidation des magasins est présentée chaque année, lorsque les opérations appartenant à un exercice sont entièrement terminées, c'est-à-dire lorsque, les délais stipulés dans les conditions du prêt étant expirés, tous les nantissements engagés pendant l'année qui donne son nom à l'exercice et qui n'ont été l'objet ni d'un dégagement ni d'un renouvellement, ont été livrés à la vente [1].

Celle du droit de prisée est présentée dans les mêmes délais.

La liquidation du boni est préparée et présentée dès que la

---

1. Règlement du 30 juin 1865, art. 109.

prescription a été encourue par tous les articles d'un même exercice, c'est-à-dire trois ans après le 31 décembre de l'année dont il s'agit.

758. — Les dossiers soumis au Conseil de surveillance comprennent les pièces suivantes :

1° Pour la liquidation des magasins :

Mémoire du Directeur ;
Trois états indiqués au paragraphe VII.

2° Pour la liquidation du boni :

Mémoire du Directeur ;
Trois états indiqués au paragraphe VIII.

3° Pour la liquidation du droit de prisée :

Mémoire du Directeur ;
État de la liquidation présentée.

759. — Dès que le Conseil de surveillance a examiné et approuvé lesdites liquidations, les dossiers de la première et de la deuxième sont transmis à la Préfecture de la Seine pour obtenir, après avis du Conseil municipal, les arrêtés préfectoraux qui doivent autoriser les différentes mesures de comptabilité destinées à niveler les comptes.

Ces arrêtés sont en outre nécessaires pour sanctionner l'inscription au débit du compte *Mont-de-Piété* :

1° Du solde du compte *Nantissements remboursés ;*

2° Du déficit résultant du recouvrement du droit de prisée.

Ces deux dépenses constituent, en effet, une charge pour l'Administration et, à ce titre, elles nécessitent l'intervention de l'autorité supérieure, conformément à un arrêt de la Cour des comptes en date du 25 mai 1840 [1].

La liquidation du boni est approuvée par un arrêté du

---

1. Par cet arrêt, la Cour des comptes a décidé que « toute dépense, soit par « caisse, soit par écriture, qui constitue une charge pour le Mont-de-Piété, doit « être appuyée d'une autorisation spéciale du ministre, à défaut d'un crédit spécial « au budget. »

Cette autorisation est donnée maintenant par le Préfet de la Seine, en vertu du décret du 25 mars 1852 et de la loi du 24 juillet 1867, sur la décentralisation administrative.

Directeur qui est soumis, appuyé de l'avis favorable du Conseil de surveillance, à l'approbation du Préfet de la Seine.

Les dossiers, comprenant les pièces présentées au Conseil de surveillance, sont complétés par l'adjonction des copies des avis émis par ledit Conseil.

CHAPITRE IV

CONTROLE DES OPERATIONS

1. — Contrôle général.

760. — Toutes les opérations du Mont-de-Piété donnant lieu à des mouvements de deniers ou de matières doivent être contrôlées.

Le Contrôle exerce son action sur la Caisse, les magasins, le travail des bureaux et en général sur toutes les parties, tant intérieures qu'extérieures, du service de l'Établissement.

761. — Les revenus ordinaires du Mont-de-Piété dépassant trente mille francs, l'Établissement est pourvu d'un agent spécial investi des fonctions de Chef du Contrôle [1].

Les attributions de cet agent, l'étendue de sa responsabilité et l'indication du personnel placé sous ses ordres sont rappelées au paragraphe V du chapitre IV (titre I).

II. — Contrôle de la Caisse et des emprunts.

762. — L'importance des opérations et les ressources de l'Établissement permettant d'avoir des agents placés sous les ordres du Chef du Contrôle, les recettes et les dépenses de toute nature faites par le Caissier sont enregistrées par

---

[1]. Règlement du 30 juin 1865, art. 157 et 158.

un de ces agents sur un carnet de Contrôle de Caisse. Cette inscription est faite au moment où elles ont lieu pour toutes les opérations effectuées à la Caisse même.

Les opérations effectuées dans les divisions, bureaux auxiliaires et succursales du Mont-de-Piété sont portées à la connaissance du Contrôleur au moyen des bulletins, qui doivent chaque jour lui être transmis; il récapitule ces bulletins de manière à en porter toutes les indications sur le carnet de Contrôle. Ce carnet doit présenter des résultats identiques à ceux du livre de Caisse [1].

763. — Aucun bon à ordre ou au porteur ne peut être délivré sans être revêtu de la signature du délégué du Contrôleur central.

Cet agent certifie l'exactitude des bordereaux journaliers des bons émis et reste dépositaire des talons détachés de ces bons.

Les bons, présentés à l'échéance pour être remboursés, doivent être préalablement visés par le Contrôleur délégué, après avoir été rapprochés de leur talon. Le Contrôleur certifie l'exactitude des bordereaux journaliers des remboursements dressés par le Caissier [2].

Le Contrôleur délégué rapproche du carnet de Contrôle les situations journalières de Caisse et il certifie l'exactitude de ces documents.

Les fonctions du Contrôleur de la Caisse, en ce qui concerne l'émission des bons pour les fonds empruntés, sont plus spécialement rappelées au chapitre III du titre III.

764. — Les opérations de la Caisse sont en outre contrôlées au moyen de trois registres auxiliaires du grand livre, dans la forme indiquée au paragraphe VI du chapitre I.

Ces registres sont : le relevé du journal général de Caisse, le Registre du mouvement général des fonds empruntés et le Registre journal des fonds empruntés.

---

1. Règlement du 30 juin 1865, art. 159.
2. Règlement du 30 juin 1865, art. 161.

III. — Contrôle des engagements, renouvellements et dégagements.

765. — Les opérations d'engagements, de renouvellements et de dégagements sont contrôlées par le rapprochement des bordereaux récapitulatifs de ces diverses opérations établis par les magasins, avec ceux qui sont dressés à cet effet, à l'aide des bulletins journaliers transmis au Contrôleur central.

De plus, le Chef du Contrôle est tenu de vérifier fréquemment, sur les reconnaissances, les liquidations des capitaux, intérêts et droits perçus, (Service de la vérification) [1].

766. — Le Contrôle des opérations d'engagements est effectué dans les divisions du Chef-lieu par des employés placés sous les ordres du Chef des Engagements, dans les divisions des succursales, par des employés placés sous les ordres des Contrôleurs, et dans les Bureaux auxiliaires, par des employés placés sous les ordres des Chefs de ces bureaux.

Les fonctions de ces agents sont rappelées d'une manière générale au chapitre II (titre II).

767. — Le Contrôle des opérations de dégagements et de renouvellements est effectué par des employés placés sous les ordres du Chef de la Comptabilité chargé du Contrôle, et détachés dans les divisions, auprès des comptables dont ils ont mission de contrôler les opérations.

Les fonctions de ces agents sont rappelées d'une manière générale aux chapitres III et IV du titre II.

Les bulletins journaliers, fournis par les Commis-comptables au Caissier, sont remis par ce dernier au Chef des engagements pour la confection du bordereau récapitulatif à établir pour chaque nature d'opérations, dans la forme indiquée au paragraphe I du chapitre II (titre III) [2].

Ces bulletins ont été préalablement l'objet d'un appel contradictoire constaté par un visa de l'agent du Contrôle.

---

[1]. Règlement du 30 juin 1865, art. 162 et 163.
[2]. Ordre de service du 20 mai 1834.

768. — Les opérations d'engagements, de dégagements et de renouvellements sont contrôlées au moyen du registre auxiliaire du grand-livre servant à constater l'entrée et la sortie des nantissements, ainsi qu'il est indiqué au paragraphe VI du chapitre I, titre IV.

769. — Le Chef de la Comptabilité fait établir, chaque jour, par les soins du service des engagements, pour être joints au compte de gestion du Caissier, trois bulletins qui indiquent pour chaque Établissement le montant des opérations effectuées (engagements, dégagements, renouvellements).

Ces bulletins sont signés par le Chef des Engagements et par le Chef de la Comptabilité; ils sont visés par le Directeur.

IV. — Contrôle de la Caisse d'acomptes.

770. — Le contrôle de la Caisse d'acomptes s'effectue au moyen d'un carnet de Contrôle des versements; l'agent qui en est chargé vise les bulletins journaliers transmis au Caissier par le receveur de ladite Caisse [1].

771. — Les fonctions du Contrôleur de la Caisse d'acomptes sont décrites au chapitre V du titre II.

772. — Les opérations de la Caisse d'acomptes sont en outre contrôlées au moyen d'un registre auxiliaire du grand livre, ainsi qu'il est indiqué au paragraphe VI du chapitre I.

773. — Le Chef de la Comptabilité, chargé du Contrôle, fait dresser chaque jour, par les soins du service des engagements, pour être joints au compte de gestion du Caissier, des bulletins indiquant le montant des opérations d'acompte (versements — remboursements — intérêts liquidés).

Ces bulletins sont signés par le Chef des Engagements et par le Chef de la Comptabilité; ils sont visés par le Directeur.

---

[1]. Règlement du 30 juin 1865, art. 164.

V. — Contrôle des ventes.

774. — Le Chef du contrôle vérifie l'inscription, au rôle exécutoire, des nantissements susceptibles d'être vendus. Les rôles sont établis dans la forme indiquée au paragraphe VI du chapitre V ci-après.

Un agent du Contrôle doit toujours assister aux ventes; il tient le carnet de contrôle des ventes, sur lequel il inscrit la désignation et le prix d'adjudication de chaque gage, à mesure que la vente est effectuée.

Les fonctions de cet agent sont rappelées au chapitre VI du titre II [1].

775. — Le Contrôleur fait vérifier les décomptes portés sur le registre de liquidation de la vente par l'agent du Caissier. Il doit veiller à ce que le montant des déficits de vente, mis à la charge des appréciateurs, soit immédiatement versé.

Le Contrôleur fait viser, au moyen d'un timbre à date, les extraits du procès-verbal de vente qui doivent être transmis au Chef des magasins [2].

776. — Les opérations de la vente sont en outre contrôlées par le registre auxiliaire du grand-livre servant à constater l'entrée et la sortie des nantissements, ainsi qu'il est indiqué au paragraphe VI du chapitre I.

VI. — Contrôle des payements de bonis.

777. — Le Contrôle des payements de bonis est effectué par un agent dont les attributions sont indiquées au chapitre VII du titre II.

Les opérations de payement de bonis sont en outre contrôlées au moyen d'une récapitulation qui fait suite au Registre auxiliaire du grand-livre, ainsi qu'il est indiqué au paragraphe VI du chapitre I.

---

1. Au chef-lieu, cette vérification est confiée au Contrôleur du service du boni.
2. Règlement du 30 juin 1865, art. 165.

778. — Le Chef de la Comptabilité chargé du Contrôle vise chaque jour les bulletins des payements de bonis qui doivent être joints à l'appui du compte de gestion du Caissier et qui sont établis par le service du boni, dans la forme rappelée au paragraphe IV du chapitre VII (titre II).

Il est fait des copies des bulletins qui constatent les payements effectués, ainsi qu'il est dit au paragraphe IV du chapitre IV, titre IX (bonis payés, excédents de prêts, excédents d'avances).

Ces copies, jointes au compte de gestion du Caissier, sont signées par le Liquidateur du boni et par le Chef de la Comptabilité, chargé du Contrôle; elles sont visées par le Directeur.

779. — Indépendamment de ces contrôles permanents, le Chef de la Comptabilité peut procéder au récolement des reconnaissances déposées par les Commissionnaires et dont le Liquidateur du boni a pris charge.

Un procès-verbal constatant le résultat de ce récolement est dressé et remis avec un rapport au Directeur.

VII. — Contrôle des magasins.

780. — Le Contrôle des magasins pour les diverses opérations s'effectue à l'aide d'une situation journalière dressée au moyen des situations particulières transmises chaque jour par le Chef des magasins et par les Contrôleurs des succursales.

Cette situation indique d'une part le compte général, en articles et sommes, d'autre part le compte des articles de 1000 fr. et au-dessus (articles et sommes).

Chacun de ces comptes est divisé par établissements.

Au solde de la veille sont ajoutées les entrées comprenant les engagements effectifs et les engagements par renouvellements.

Du total, on retranche les sorties qui comprennent les dégagements effectifs, les dégagements par renouvellements et les ventes.

La différence ainsi obtenue donne chaque jour le solde en magasin. Cette situation indique en même temps et dans la même forme le mouvement des articles de 1000 fr. et au-dessus.

781. — Le contrôle des magasins s'effectue en outre au moyen du Registre auxiliaire du grand-livre, servant à constater l'entrée et la sortie des nantissements, dans la forme indiquée au paragraphe VI du chapitre I.

782. — Si le Chef du contrôle reçoit du Chef des magasins des bulletins de déclaration de perte de nantissements, il porte la désignation de ces articles sur le registre des nantissements perdus.

Ce registre est émargé de la sortie des articles, lorsque les objets sont postérieurement retrouvés ou lorsque leur valeur est définitivement mise à la charge du Chef des magasins, par suite de la liquidation annuelle.

783. — Les résultats des vérifications partielles des nantissements contenus dans les magasins, que le Chef du contrôle est tenu de faire au moins une fois par trimestre, sont constatés dans des procès-verbaux transmis au Directeur [1].

784. — Le Chef du contrôle, chargé d'opérer la liquidation des magasins, dresse et certifie l'état des justifications non produites par le comptable dans la forme indiquée au paragraphe VII, chapitre III [2].

VIII. — **Vérification des Caisses.** — **Constatation des malversations**.

785. — Le Chef du contrôle doit vérifier au moins une fois par mois la Caisse de chaque comptable.

Il dresse un procès-verbal pour chaque vérification; ce procès-verbal contient le bordereau des valeurs représentées et indique, s'il y a lieu, la différence entre cette somme et le solde constaté par les écritures.

Les procès-verbaux de vérification sont réunis, chaque

---

1. Règlement du 30 juin 1865, art. 169.
2. Règlement du 30 juin 1865, art. 167.

mois, dans un rapport adressé au Directeur et classés au Secrétariat général.

786. — Dans le cas où la surveillance journalière donnerait lieu à la constatation de malversations, déficits ou irrégularités graves, le vérificateur serait tenu, sous sa responsabilité, d'en instruire, sans aucun délai, le Directeur par un rapport sommaire.

Si, dans ce cas, il arrivait que le délai nécessaire pour instruire le Directeur pût mettre en péril la conservation des deniers de l'établissement, le représentant de l'Administration devrait suspendre provisoirement le comptable ; un procès-verbal serait dressé séance tenante et transmis aussitôt au Directeur avec le rapport sommaire des faits qui auraient motivé la suspension [1].

CHAPITRE V

VÉRIFICATION DES OPÉRATIONS — LIQUIDATION ET APUREMENT

1. — **Organisation du service de la Vérification.**

787. — Le service de la Vérification est placé sous la surveillance du Chef de la Comptabilité, chargé du contrôle [2].

Il est dirigé par un Sous-chef qui a sous ses ordres le Commis-principal et les Commis mentionneurs et vérificateurs ; des gagistes sont attachés à ce service pour l'intercalation des reconnaissances : ils remplissent en outre les fonctions de garçon de bureau.

788. — Le travail général comprend : La vérification

---

1. Règlement du 30 juin 1865, art. 159 et 160.
2. Délibération du Conseil d'administration du 14 avril 1847.

des opérations journalières effectuées dans les divisions ou dans les bureaux auxiliaires ;

Le redressement des erreurs d'écriture au moyen de bons de rectification ;

La réparation des omissions ou la rectification des erreurs commises sur les reconnaissances, soit dans le numérotage, soit dans l'énonciation du prêt ou de la date, soit dans la désignation des nantissements ;

La confection des rôles de vente et des rôles exécutoires ;

L'inscription sur les registres, en regard des articles engagés, des mentions de sortie par dégagements, par renouvellements ou par ventes ;

Le récolement des titres à l'aide desquels est constatée la libération du chef des magasins, et la création de duplicatas pour remplacer les titres adirés après dégagement, renouvellement ou vente ;

Le contrôle des nantissements à réclamer et des objets dits inconnus.

Enfin le Sous-chef de la Vérification tient un registre de contrôle de l'entrée et de la sortie des gages dits de quatre chiffres (prêts de 1000 fr. et au-dessus).

789. — Le bureau de la Vérification ne doit être fermé qu'après la clôture du service des magasins [1].

Un employé du bureau est désigné, chaque dimanche et jour de fête, pour faire les vérifications et rectifications nécessaires [2].

II. — Vérification des opérations de recettes. Intercalation des reconnaissances.

790. — Les Commis vérificateurs reçoivent chaque matin, du service des magasins, les feuilles de dégagement et de renouvellement des bureaux et divisions dont ils sont respectivement chargés, en même temps que les reconnaissances rentrées, classées par numéros de sortie.

Ils vérifient, au vu de ces reconnaissances, l'inscription

---

1. Ordre de service du 27 novembre 1843.
2. Ordre de service du 19 novembre 1847.

des dates et des prêts sur les feuilles de recette, la répartition des prêts par exercices, l'exactitude des droits perçus, les additions de chaque page, les reports aux récapitulations et les totaux généraux. Ils s'assurent que le nombre des articles est exact ou indiquent sur les feuilles les reconnaissances non représentées. Ils constatent que toutes les vérifications ont été faites par l'apposition d'un timbre portant un numéro spécial à chaque employé responsable et qui en demeure seul dépositaire [1].

791. — Les dégagements ou renouvellements effectués au Chef-lieu et dans les succursales étant contrôlés rigoureusement lors de chaque opération, la vérification ne porte que sur l'inscription des prêts, leur répartition par exercices dans les colonnes des registres de recettes et sur l'exactitude des additions, reports et totaux généraux. Cependant les décomptes des droits sont vérifiés à intervalles inégaux pour surveiller le bon fonctionnement du contrôle.

Les opérations des bureaux auxiliaires et particulièrement celles des bureaux où le contrôle ne peut s'exercer avec les mêmes garanties, en raison du personnel restreint, donnent lieu à une vérification très minutieuse.

792. — Les vérificateurs relèvent, jour par jour, les erreurs commises par les receveurs des divisions ou des bureaux auxiliaires.

Les erreurs au-dessus d'un franc sont signalées au Sous-chef de la vérification, chargé de les faire redresser par des bons de rectification.

Les vérificateurs tiennent, pour chaque bureau ou division, un relevé des erreurs commises, qui est remis à la fin de chaque trimestre au Chef de la comptabilité, chargé du contrôle.

Ce relevé comporte les indications suivantes :

Dégagements ou renouvellements (numéros et dates) —
Engagements ou renouvellements (numéros et dates) —

---

[1]. Ordre de service du 30 décembre 1847. — Ordre de service du 2 novembre 1882.

CHAP. V — VÉRIFICATION DES OPÉRATIONS 297

Nombre de quinzaines pour le calcul des droits — Capitaux rentrés (divisés par exercices) — Droits perçus (droits du Mont-de-Piété et droit de prisée) — Erreurs commises dans la perception des droits du Mont-de-Piété et dans la perception du droit de prisée (en plus ou en moins) — Erreurs d'addition (en plus ou en moins).

Le Sous-chef de la vérification indique, lorsqu'il y a lieu, en regard de chaque article, la date du redressement de l'erreur et le numéro d'ordre du bon de rectification.

793. — Après ces différentes vérifications, les titres rentrés sont l'objet d'un classement nouveau, par division et bureau auxiliaire, puis par numéro d'entrée.

Ce classement, effectué par les gagistes attachés à la Vérification, conformément à l'ordre de service du 2 novembre 1882, a pour but de faciliter l'inscription des mentions de sortie en regard de chaque inscription à l'entrée.

III. — Redressement des erreurs d'écritures. — Création et enregistrement des bons de rectification.

794. — Le Sous-chef de la vérification est chargé de suivre le redressement des erreurs d'écriture auxquelles peuvent donner lieu les opérations de recettes dans les divisions et dans les bureaux auxiliaires.

En conséquence, il établit des bons de rectification, dont il tient un enregistrement qui comporte les indications suivantes :

Numéros d'ordre — Indication des articles sur lesquels portent les erreurs (Divisions ou bureaux — Numéros — Dates — Prêts) — Nature des erreurs (Numéros et dates des dégagements ou renouvellements — Explications — Montant en plus ou en moins) — Responsabilité — Noms et domiciles des emprunteurs — Dates des lettres d'avis aux emprunteurs — Dates des rectifications — Émargements pour quittance.

Les bons de rectification sont soumis à la signature du Secrétaire général et au visa du Chef de la comptabilité, chargé du contrôle, du Caissier et du Chef des magasins.

La signature de ce dernier Chef de service n'est demandée qu'autant que le nantissement se trouve encore en magasin.

795. — Le Sous-chef de la vérification ne peut rester dépositaire des fonds provenant du redressement des erreurs.

En conséquence, lorsqu'il s'agit de rectifier une erreur commise au préjudice d'un emprunteur, la rectification ne doit être effectuée qu'en présence de l'intéressé, convoqué à cet effet.

Si une reconnaissance de renouvellement a été délivrée à tort, le porteur est invité à se munir de ce titre, dont le numéro est rappelé sur la lettre de convocation.

796. — Lorsqu'il y a lieu de procéder à l'annulation d'une opération de dégagement ou de renouvellement, soit par suite de la vente du nantissement, soit par suite d'adirement dudit nantissement, soit par suite de falsification de la reconnaissance, soit pour toute autre cause, les bons de rectification sont établis dans la forme indiquée aux chapitres III et IV du titre II.

La somme provenant de l'annulation est remise à l'intéressé contre décharge donnée au registre des bons de rectification.

S'il s'agit d'un renouvellement effectué à tort, la reconnaissance est reprise au porteur; ce titre est ensuite bâtonné et classé avec le bon de rectification. Le titre précédent est restitué, s'il y a lieu.

Après annulation, pour cause de falsification de reconnaissance, le titre falsifié est remis au service de l'Inspection, à toutes fins utiles.

797. — Lorsqu'il s'agit de procéder au redressement d'une erreur commise dans la perception des droits, le bon de rectification est ainsi libellé :

BON D'AUGMENTATION (OU DE DÉDUCTION)

Opération : DIVISION OU BUREAU — NUMÉRO — DATE — PRÊT.

A ajouter (ou à déduire) sur l'exercice 188..
Intérêts et droits..........
Droit de prisée...........
Total....

Bon à ajouter (ou à déduire) la somme de..... montant d'une erreur commise dans la perception des droits lors du dégagement (ou du renouvellement) de l'article sus-énoncé, effectué le.... sous le n°....

Il a été perçu..... au lieu de....

Le montant de cette augmentation (ou de cette déduction) sera immédiatement versé à la Caisse (ou entre les mains de l'intéressé).

Paris, le

S'il s'agit d'une déduction, la somme est versée entre les mains de l'intéressé, contre une décharge donnée au registre des bons de rectification.

798. — Lorsqu'il s'agit de procéder au redressement d'une erreur d'addition, le bon de rectification est ainsi libellé :

BON D'AUGMENTATION (OU DE DÉDUCTION)

Opération : COLONNE n° — (NUMÉRO DU DÉGAGEMENT OU DU RENOUVELLEMENT FIGURANT EN TÊTE DE LA COLONNE)

A ajouter (ou à déduire) sur l'exercice 188..
Erreur d'addition............

Bon à ajouter (ou à déduire) la somme de.... montant d'une erreur d'addition commise dans la colonne n°....

Le total de cette colonne a été inscrit pour.... au lieu de....

Le montant de cette augmentation (ou de cette déduction) sera immédiatement versé à la Caisse (ou entre les mains de l'intéressé).

Paris, le

S'il s'agit d'une déduction, la somme est versée entre les mains de l'employé qui a comblé le déficit apparent, contre sa décharge donnée au registre des bons de rectification.

799. — Lorsqu'il s'agit de procéder au redressement d'une erreur commise dans le nombre des articles, le bon de rectification est ainsi libellé :

BON D'AUGMENTATION (OU DE DIMINUTION)

Opération :
A ajouter (ou à diminuer) sur l'exercice 188..
... articles.

COLONNE N°

Bon à ajouter (ou à diminuer).... articles portés en moins (ou en trop) dans la colonne n°....

Le total de cette colonne a été inscrit pour.... articles, au lieu de....

Paris, le

800. — Lorsqu'il s'agit de procéder au redressement d'une transposition d'exercice, le bon de rectification est ainsi libellé :

BON DE RECTIFICATION

Opération :
A déduire sur l'exercice 188..
.. article.
Prêt........
Intérêts et droits........
Droit de prisée........
Ensemble..

A ajouter à l'exercice 188.
.. article.
Prêt........
Intérêts et droits........
Droit de prisée........
Ensemble..

DIVISION OU BUREAU — NUMÉRO — DATE — PRÊT

Bon à déduire la somme de...., montant du dégagement (ou du renouvellement) de l'article sus-énoncé, effectué le...., sous le numéro....

Cette somme a été portée dans la colonne de l'exercice.... au lieu de l'exercice....

Le montant de cette déduction sera immédiatement porté en augmentation au compte de l'exercice....

Paris, le

IV. — Rectification des titres.

801. — Les erreurs ou omissions commises par les employés chargés d'établir les reconnaissances, soit dans l'énonciation du prêt ou de la date d'émission du titre, soit dans la désignation du nantissement, soit dans le numérotage des titres, ne peuvent être rectifiées que par les Commis du service de la Vérification et à l'aide des registres d'engagement ou de renouvellement qui leur sont confiés.

CHAP. V — VÉRIFICATION DES OPÉRATIONS

Ces rectifications, faites à l'encre rouge sur les titres, sont signées par leurs auteurs.

Les commis-vérificateurs doivent apporter la plus grande circonspection dans cette partie du service, notamment lorsqu'il s'agit de nantissements dont la désignation et le prêt se reproduisent plusieurs fois dans une même journée, de manière à éviter que, par suite de fausses rectifications, des gages ne soient rendus pour d'autres.

En cas de doute, ils en réfèrent au Sous-chef de la vérification, qui s'assure de la nature de l'erreur, soit en faisant extraire les gages du magasin, soit en demandant des renseignements au bureau d'engagement.

V. — Mentions de sortie par dégagement, renouvellement ou vente.

802. — Les Commis du service de la Vérification sont chargés de porter, sur les registres d'engagement ou de renouvellement qui leur sont confiés, les mentions de sortie des nantissements, par dégagement, renouvellement ou vente.

Ces mentions, qui constituent un travail contradictoire avec celui du répertoire des magasins, sont inscrites au moyen des reconnaissances rentrées et des certificats de vente.

803. — Les titres dont il s'agit sont classés par divisions ou bureaux et par numéros d'engagement [1].

Les Commis-mentionneurs se reportent aux registres d'engagement ou de renouvellement et inscrivent dans les deux dernières colonnes, en regard de l'inscription de l'entrée, soit les numéros et les dates des remboursements portés sur les reconnaissances, soit les numéros et les dates des adjudications indiqués sur les certificats de vente.

Les mentions de vente sont portées à l'encre rouge, de sorte qu'aucune confusion n'est possible en ce qui concerne la nature des opérations de sortie, les numéros de la série

---

1. Ordre de service du 2 novembre 1882.

paire étant affectés aux dégagements et les numéros impairs aux renouvellements.

Les reconnaissances et les certificats de vente sont ensuite rendus au Chef des magasins, pour être classés et conservés à l'appui de sa gestion, au dépôt des reconnaissances [1].

VI. — Etablissement des rôles exécutoires et des rôles de vente.

804. — Les employés du service de la Vérification sont chargés, chacun pour les bureaux auxiliaires et les divisions dont il suit la liquidation, de dresser les rôles exécutoires et les rôles des nantissements à vendre.

805. — Les rôles exécutoires sont établis par mois d'entrée, dès la fin du treizième mois à partir de l'engagement. On indique, en regard du numéro de chaque division ou de la lettre de chaque bureau, les premiers et derniers numéros des engagements ou des renouvellements compris dans le mois à mettre en vente.

Cet état sommaire est placé à la suite d'une formule ainsi conçue, signée par le Directeur et visée par le Chef de la comptabilité :

« Le Directeur du Mont-de-Piété, soussigné, requiert qu'il
« plaise à M. le Président du tribunal de 1re instance du dépar-
« tement de la Seine, vu l'article 73 du Règlement général
« annexé au décret du 8 thermidor an XIII, déclarer exécutoire
« le présent rôle et ordonner la vente des objets y désignés qui
« n'auront pas été dégagés ou renouvelés au jour de l'ordon-
« nance à intervenir. »

Les rôles exécutoires sont ensuite remis à l'avoué de l'Administration pour être soumis à la signature du magistrat commis à l'effet d'ordonner la vente.

La formule de l'ordonnance du Président du tribunal est ainsi conçue :

---

1. Ordre de service du 2 novembre 1882.

CHAP. V — VÉRIFICATION DES OPÉRATIONS 303

« Nous, Président du Tribunal civil de 1re instance du dépar-
« tement de la Seine ;
« Vu les articles 54 et 71 du règlement annexé au décret du
« 8 thermidor an XIII, disant que les prêts du Mont-de-Piété sont
« accordés pour un an ; que les gages sont vendus à l'expiration
« de ce terme s'ils n'ont été dégagés ;
« Vu l'article 73 dudit règlement et la requête de M. le Direc-
« teur du Mont-de-Piété de Paris, tendant à faire vendre tous
« ceux des gages désignés dans l'état sommaire ci-dessus, qui
« ne sont pas dégagés ou renouvelés ;
« Considérant que ces dépôts ont plus d'une année de date ;

  « Ordonnons
« Que les nantissements désignés au présent rôle, qui ne sont
« pas dégagés ou dont l'engagement n'aura pas été renouvelé à
« ce jour, seront vendus au plus offrant et dernier enchérisseur,
« en la forme et de la manière prescrite par le règlement annexé
« au décret du 8 thermidor an XIII [1].
« Fait au Palais de justice, le . »

806. — Les rôles des nantissements à vendre sont dressés, en deux expéditions différentes, au fur et à mesure
des besoins de la vente ; ils comprennent les nantissements
engagés ou renouvelés en prenant successivement chaque
dizaine du mois en vente.

Les employés de la vérification relèvent sur les registres d'engagement et de renouvellement ceux des articles
compris dans la dizaine à mettre en vente et en regard
desquels il n'existe pas de mention de sortie.

Chaque rôle contient les indications suivantes :

Division ou bureau — Dizaine à mettre en vente — Numéros des engagements ou renouvellements — Désignation sommaire des gages — Prêts.

807. — Toutefois, la première expédition n'est dressée
que pour les engagements et les renouvellements accomplis directement dans les bureaux auxiliaires. Elle ne comprend que les nantissements ayant donné lieu à des prêts
de 16 francs et au-dessus et est destinée à établir les lettres
d'avis de vente à adresser aux intéressés. Elle est envoyée

---

[1]. Lettre du Président du Tribunal civil de 1re instance de la Seine du 20 juillet 1882.

dans les divers bureaux auxiliaires après que le service des magasins en a vérifié l'exactitude d'après ses répertoires, en supprimant les articles dégagés ou renouvelés et en rétablissant les articles omis.

Il n'est pas établi de rôle d'avis de vente pour les gages déposés ou renouvelés au Chef-lieu. Les lettres sont remplies, dans ce cas, par les employés du magasin, d'après les blancs de leurs répertoires, et transmises à l'Inspection, service chargé de l'envoi desdits avis.

808. — La seconde expédition, qui comprend tous les articles non mentionnés, est établie cinq jours après la première.

Elle est immédiatement remise au service des magasins pour servir à l'abatage des nantissements à livrer au dépôt des ventes.

809. — Indépendamment des rôles ci-dessus désignés, les employés de la Vérification dressent chaque mois des rôles de revision à l'effet de réclamer, pour être vendus, tous les gages non mentionnés dont le dépôt remonte à l'avant-dernier mois, désigné par le service des magasins comme entièrement livré au dépôt des ventes.

Ces rôles comportent les indications ci-après :

Numéros des engagements ou renouvellements — Désignation sommaire des gages — Prêts — Numéros de dégagement, de renouvellement ou de vente (à contrôler par le service de la Vérification) — Numéros des sursis (à contrôler par le service du Secrétariat) — Numéros des bons de greffe (à contrôler par le service de l'Inspection) — Visas de contrôle ou de réception.

Après avoir servi aux recherches dans les magasins, ces rôles sont remis au service de la Vérification, accompagnés des titres représentatifs des gages qui ne sont plus en case ou avec l'indication des motifs qui retardent la vente, pour chaque nantissement. Le magasin inscrit en outre, s'il y a lieu, les articles qu'une erreur ou une omission aurait exclus des rôles.

Le service de la Vérification s'assure alors :

1° Que les titres représentés sont régulièrement inscrits sur les registres des receveurs ou qu'ils figurent aux procès-verbaux de vente ;

CHAP. V — VÉRIFICATION DES OPÉRATIONS 305

2° Que les motifs allégués pour la conservation des gages sont légitimés par un sursis ou un litige ; à cet effet, tous visas nécessaires sont requis des services compétents.

Enfin, les causes des omissions ou des erreurs signalées par les magasins sont examinées.

810. — Après que ces vérifications ont eu lieu, les articles qu'aucun motif ne retient en magasin sont inscrits sur un rôle spécial pour être livrés à la vente. Le rôle ancien est conservé et tous les articles non liquidés sont reproduits en tête de chaque rôle mensuel de revision [1].

811. — Les rôles des ventes requises par les emprunteurs avant l'expiration du délai de quatorze mois sont établis par le service de l'Inspection, ainsi qu'il est dit au paragraphe II du chapitre II (titre VII). Après ce délai, ils sont établis par les soins du Sous-chef de la vérification.

VII. — Récolement des titres rentrés. — Apurement. — Création de duplicatas de titres adirés après remboursement.

812. — Le récolement des titres qui constatent la libération du Chef des magasins se fait par exercice et par division ou bureau auxiliaire.

Il a pour but de constater l'apurement des magasins ou de reconnaître et de signaler à l'Administration les causes qui ont empêché le Chef des magasins de se libérer complètement.

Ce travail est effectué par le Sous-chef et par le Commis-principal : le premier est chargé des divisions d'engagement ; le second, des bureaux auxiliaires.

813. — Les titres rentrés sont remis par le Chef des magasins, classés par divisions ou bureaux auxiliaires et par numéros d'engagement ou de renouvellement ; il en est donné récépissé au Comptable. La sortie des nantissements est alors constatée par la confrontation des registres et des titres revêtus du timbre de remboursement. Après ce

---

1. Ordre de service du 15 mai 1882.

rapprochement, les articles inscrits sur les registres sont pointés au crayon rouge.

814. — Dans le cas où le titre d'un article mentionné n'est pas représenté, l'agent chargé du récolement vérifie, au moyen du registre des dégagements, l'exactitude de la mention inscrite.

Cette exactitude reconnue, il s'assure que le titre n'est pas retenu par un litige dans un des services de l'Administration; il inscrit les titres manquants sur un registre spécial.

Le Sous-chef établit des duplicatas pour tenir lieu des reconnaissances ou des certificats de vente adirés.

Les duplicatas des certificats de vente sont contrôlés et visés par le liquidateur du boni.

815. — Le pointage des titres terminé, une revision générale est faite sur les registres d'entrée pour relever tous les articles dont la sortie n'est pas constatée. Un état de ces articles est dressé et transmis au Chef des magasins chargé de faire les recherches nécessaires.

816. — Le Sous-chef de la vérification dresse un rôle de vente supplémentaire, dit de revision, pour les articles retrouvés par suite de ces recherches.

Il dresse également un état des nantissements non mentionnés qui n'ont pu être retrouvés par le service des magasins et transmet cet état au Chef de la comptabilité chargé du contrôle.

VIII. — **Enregistrement des nantissements à réclamer et des objets dits inconnus.** — **Mouvement des nantissements dits de quatre chiffres (1000 francs et au-dessus).**

817. — Le Sous-chef de la vérification enregistre sur un carnet, dit des nantissements à réclamer, d'après la déclaration du Chef des magasins, les articles dont le dégagement a été payé et qui n'ont pas été délivrés aux intéressés.

Ce carnet comprend les indications suivantes :

Division ou bureau d'engagement — Numéro de la reconnaissance — Date du dégagement — Désignation sommaire du nantissement.

Trois autres colonnes sont réservées pour recevoir, lorsqu'il y a lieu, l'inscription de la date de la remise du nantissement à l'intéressé, la signature de ce dernier ou, selon le cas, la date de l'inscription du nantissement abandonné au répertoire des objets dits inconnus.

818. — Le Sous-chef de la vérification inscrit également sur un répertoire spécial, d'après la déclaration du Chef des magasins, les objets dont l'origine est incertaine, notamment les gages ou parties de gages dépourvus de bulletins, les débris, les pierres détachées, etc.

Le répertoire des objets dits inconnus indique, sous un numéro d'ordre pour chaque article, la date de l'enregistrement et la désignation des objets.

La date et le motif de la sortie sont indiqués dans la dernière colonne [1].

819. — Les nantissements dont le dégagement a été payé et qui n'ont pas été réclamés dans le délai de cinq ans sont inscrits d'office au registre des inconnus.

Après un délai de cinq ans au moins, les objets inconnus sont vendus pour le compte de l'Administration ; les objets susceptibles de détérioration, tels que lainages, objets de literie, etc., sont vendus dans un délai plus court.

820. — Le mouvement des articles, ayant donné lieu à des prêts de 1000 francs et au-dessus, est constaté par le Sous-chef de la vérification sur un carnet où sont inscrites l'entrée et la sortie de chaque nantissement de cette catégorie.

En fin de mois, un état récapitulant l'entrée et la sortie des nantissements de 1000 francs et au-dessus et faisant connaître le solde en magasin de ces gages (articles et sommes) est remis par le Sous-chef de la vérification au Chef de la comptabilité.

---

1. Règlement du 30 juin 1865, art. 168.

TITRE V

SERVICE DES MAGASINS
MANUTENTION

CHAPITRE PREMIER

CONDITIONS DE LA GESTION DU COMPTABLE

I. — **Remise du service.** — **Responsabilité.**

821. — La remise de service au Chef des magasins doit être faite par les soins du Directeur, assisté d'un Membre du Conseil de surveillance et du Chef de la comptabilité chargé du contrôle.

Cette remise est faite par l'ancien titulaire, l'intérimaire ou leurs ayants cause.

Elle est constatée par un procès-verbal en triple expédition dont l'une est remise au Comptable remplacé et la seconde au nouveau Chef des magasins; la troisième est conservée dans les archives du Mont-de-Piété.

Un extrait certifié dudit procès-verbal, en ce qui concerne la prise en charge par le Chef des magasins et la justification de la réalisation de son cautionnement, est remis au Caissier. Cette pièce doit être jointe au compte du Caissier pour servir au contrôle des garanties que nécessite la gestion des magasins [1].

822. — Tout déficit est constaté par un procès-verbal remis au Caissier, qui doit suivre le recouvrement des

---

1. Règlement du 30 juin 1865, art. 13.

sommes destinées à désintéresser le Mont-de-Piété. La responsabilité du Caissier n'est dégagée à cet égard que par le recouvrement des sommes mises à la charge du Chef des magasins ou par l'exonération de celui-ci prononcée par le Préfet, sauf sanction de la Cour des comptes.

823. — Le débet du Chef des magasins produit intérêt comme ceux des caissiers, par application des prescriptions des articles 368 et suivants du décret du 31 mai 1862. Le Caissier doit réclamer de l'Administration les justifications nécessaires pour établir ou vérifier le décompte de ces intérêts [1].

824. — En cas de vol commis dans les magasins, la responsabilité du Chef des magasins n'est dégagée que par la justification du cas de force majeure.

A moins d'empêchements dûment constatés, le Chef des magasins est tenu, sous peine d'être déclaré responsable, de faire à l'Administration du Mont-de-Piété, immédiatement et par écrit, la déclaration du vol commis.

Il doit déclarer de la même manière les tentatives de vol non suivies d'effet.

De son côté, le Directeur est tenu d'adresser dans les vingt-quatre heures un rapport au Préfet. Les faits doivent être portés dans le même délai à la connaissance du Procureur de la République.

Il est statué sur la responsabilité du Chef des magasins, en cas de vol, comme dans le cas de déficit de magasin [2].

825. — Toutes les réclamations relatives au service des magasins sont soumises au Directeur [3].

826. — Les règles générales concernant le Chef des magasins, comme comptable de la valeur des nantissements entrés dans les magasins, ses droits de surveillance et de vérification comme Chef de service, en ce qui concerne le personnel placé sous ses ordres et les dispositions relatives au versement d'un cautionnement, aux incompa-

---

1. Règlement du 30 juin 1865, art. 15. — Voir Annexe XIII, chapitre I, titre X.
2. Règlement du 30 juin 1865, art. 97.
3. Délibération du Conseil d'administration du 14 avril 1849.

tibilités et aux congés, sont rappelés au paragraphe VII du chapitre IV (titre I).

II. — Mesures relatives aux nantissements perdus ou avariés.

827. — Lorsqu'après recherches un nantissement ne peut être retrouvé, sa désignation doit être portée sur un bulletin qui est aussitôt transmis au Contrôle.

La valeur de ce nantissement est payée à l'emprunteur, suivant le règlement, par la Caisse du Mont-de-Piété ; mais, en raison de sa responsabilité à l'égard de tous les nantissements dont l'entrée en magasin a été constatée, le Chef des magasins est tenu de rembourser ultérieurement à l'Établissement les sommes payées pour perte dûment constatée de nantissement, sauf exonération prononcée par le Préfet, sur l'avis du Conseil de surveillance.

La liquidation des magasins fait constater chaque année le montant des sommes à payer à ce titre par le Chef des magasins ; néanmoins l'Administration du Mont-de-Piété a toujours le droit d'exiger du Garde-magasin le remboursement immédiat des sommes payées aux propriétaires de gages perdus [1].

828. — Les indemnités à accorder aux emprunteurs, lorsque leurs nantissements ont été perdus ou avariés, sont déterminées au paragraphe II du chapitre IV (titre VII).

829. — Lorsqu'un nantissement dont la valeur a été payée à un ayant droit est retrouvé dans les magasins, il en est donné avis à l'emprunteur. Si, dans le délai d'un mois à partir de cet avis, l'emprunteur ne s'est pas présenté, le nantissement est livré à la vente [2].

830. — Lorsqu'un nantissement renouvelé n'est pas trouvé dans la case où il devrait être placé, il en est fait mention sur le registre des nantissements en recherche, et,

---

1. Règlement du 30 juin 1865, art. 105.
2. Règlement du 30 juin 1865, art. 113.

à l'expiration du mois à partir de la date du renouvellement, avis est donné à l'emprunteur, pour lui faire part de l'état de choses et lui régler, sur sa demande, l'indemnité fixée par le règlement [1].

III. — Récolement des nantissements.

831. — Le récolement des nantissements consiste à s'assurer de l'existence dans les magasins de tous ceux qui sont inscrits au répertoire et dont la sortie n'a pas encore eu lieu. Toutefois, le récolement complet ne pouvant être effectué, il est procédé, par le Chef de la comptabilité chargé du contrôle, à un récolement partiel des gages, en présence du Chef des magasins.

Ce récolement porte sur diverses parties des magasins désignées par le Chef du contrôle, qui se borne à dresser un état d'un certain nombre de gages, désignés au hasard.

Les résultats du récolement sont constatés par un procès-verbal.

Si le récolement donne lieu de constater des manquants, le recouvrement de leur valeur est suivi par le Caissier d'après les prescriptions indiquées par les règlements [2].

832. — En cas de cessation des fonctions d'un garde-magasin, le récolement complet ne pouvant être effectué sans causer une interruption dans le service, l'Administration prescrit le récolement des nantissements précieux contenus dans le magasin à deux serrures; les autres nantissements sont pris en charge par le nouveau comptable, dans le procès-verbal de remise de service d'après les écritures, sauf son recours contre le Chef des magasins sortant de fonctions ou ses ayants cause; le cautionnement de ce dernier ne peut d'ailleurs lui être restitué qu'après la liquidation définitive et complète de sa gestion [3].

---

1. Ordre de service du 20 novembre 1849.
2. Règlement du 30 juin 1865, art. 111 et 112.
3. Règlement du 30 juin 1865, art. 112.

IV. — **Liquidation des magasins.** — **Nantissements retrouvés.** — **Nantissements mis à la charge du comptable.**

833. — La liquidation des magasins a lieu chaque année lorsque les opérations appartenant à un exercice sont entièrement terminées, c'est-à-dire lorsque, les délais stipulés dans les reconnaissances étant expirés, tous les nantissements engagés pendant l'année qui donne son nom à l'exercice et qui n'ont été l'objet ni d'un dégagement ni d'un renouvellement, ont été livrés à la vente.

La liquidation annuelle dont il s'agit est indépendante des récolements totaux ou partiels que l'administration jugerait à propos de prescrire à quelque époque que ce soit, aussi bien que de la liquidation qui doit avoir lieu au moment de la remise de service, en cas de changement de gestion [1].

834. — Pour effectuer la liquidation, le Chef des magasins doit, sous sa responsabilité personnelle, justifier de la sortie régulière de tous les nantissements dont il a pris charge à l'entrée. Cette justification s'opère par la production des reconnaissances et des certificats de vente; lorsque le Chef des magasins a, préalablement à la liquidation, remboursé les sommes payées pour perte de nantissements, il est suppléé auxdites pièces par des quittances du Caisser [2].

835. — La liquidation des magasins doit être présentée avant le 31 décembre de la seconde année qui suit celle du dépôt [3]. Elle est approuvée par un arrêté du Préfet après avis émis par le Conseil de surveillance et par le Conseil municipal [4].

836. — Les nantissements pour lesquels le Mont-de-Piété a été constitué gardien, comme ceux qui ont été

---

1. Règlement du 30 juin 1865, art. 109.
2. Règlement du 30 juin 1865, art. 109.
3. Arrêté préfectoral du 7 avril 1863.
4. Lois du 24 juin 1851 et du 24 juillet 1867, art. 17.

extraits des magasins par ordre de justice et qui n'ont pas été réintégrés à l'époque de la liquidation des magasins, sont, à ce moment, pour l'ordre des écritures, rattachés à l'exercice suivant et compris dans une liquidation postérieure [1]. A cet effet, il est créé des duplicatas au moyen desquels les renouvellements pour ordre sont effectués dans la forme indiquée au chapitre III du titre VII.

837. — Lorsqu'un nantissement égaré a été retrouvé et que la restitution ne peut être effectuée, la vente doit en être faite séparément sur un rôle spécial et le produit porté en recette au crédit du compte des *Nantissements remboursés* [2].

Si ce nantissement a été retrouvé avant la liquidation de l'exercice et, en tout cas, avant qu'il ait été statué sur la responsabilité du Chef des magasins, la décharge de ce comptable est opérée par le certificat de vente.

Si, au contraire, le nantissement n'est retrouvé qu'après que sa valeur a été remboursée par le Chef de magasins, le produit de la vente de l'objet est remis au comptable jusqu'à concurrence de la somme par lui payée ; le surplus ou le produit total de la vente, dans le cas d'exonération du Chef des magasins, est porté en recette à titre de *Produit de la vente de nantissements dont la valeur a été remboursée aux emprunteurs* [3].

838. — Les articles dont le Chef des magasins a pris charge à l'entrée et dont la sortie ne serait pas constatée par les pièces indiquées, doivent être relevés sur l'état des justifications non produites.

L'état est annexé à un procès-verbal destiné à constater le déficit et à fixer les sommes mises à la charge du Chef des magasins.

Cet agent est tenu de solder immédiatement les sommes mises à sa charge par ce procès-verbal : en conséquence, le Directeur transmet au Caissier un extrait dudit procès-verbal et le Caissier prend charge de ce débet pour en suivre le recouvrement.

---

1. Règlement du 30 juin 1835, art. 103.
2. Ordre de service du 3 mai 1832.
3. Règlement du 30 juin 1865, art. 113.

TITRE V — SERVICE DES MAGASINS

Lorsque le Chef des magasins se croit fondé à réclamer contre la mise à sa charge de tout ou partie des sommes constatées par le procès-verbal, il peut se pourvoir auprès du Préfet, qui statue, sauf recours, s'il y a lieu [1].

CHAPITRE II

TENUE DES REGISTRES

I. — **Journal.** — **Solde journalier.** — **Grand Livre auxiliaire.** — **Situation journalière et mensuelle.**

839. — Il est tenu un journal général des magasins qui doit présenter chaque jour le solde en nombre et en sommes de tous les nantissements existant dans les magasins.

Les indications à porter à ce journal général résultent des bordereaux récapitulatifs journaliers fournis par les magasiniers [2].

Le solde est donné, jour par jour, par l'addition, au solde de la veille, de l'entrée par engagements et par renouvellements. Du total, on retranche la sortie qui comprend les dégagements, les renouvellements et les ventes.

Une colonne est affectée aux opérations de chaque exercice en cours pour les articles et pour les sommes.

840. — Chaque jour le Chef des magasins remet au Directeur le bordereau de la situation journalière, établi à l'aide du registre ci-dessus indiqué et qui fait connaître les entrées et sorties de nantissements.

Le même bordereau énonce, à titre de renseignement, les articles de 1000 francs et au-dessus, compris dans le compte général.

---

1. Règlement du 30 juin 1865, art. 110.
2. Règlement du 30 juin 1865, art. 108.

841. — Des bordereaux récapitulatifs des opérations sont établis, à l'aide des bulletins remis au Chef des magasins, par les magasiniers, qui se sont assurés de la concordance des totaux avec les registres d'engagements, de renouvellements et de dégagements.

Ces pièces sont de plus l'objet d'un contrôle avec les documents fournis au Chef de la comptabilité.

Ces bordereaux sont au nombre de trois :

L'un présente les opérations par exercice, en articles et sommes, de l'entrée par engagements effectifs et par renouvellements.

Un autre présente de la même façon la sortie par dégagements effectifs.

Enfin le troisième, fourni au Chef des magasins par le Dépôt des ventes, indique de même la sortie par ventes.

Chacun de ces bordereaux donne le résultat des opérations par division et par bureau auxiliaire.

842. — A l'aide desdites pièces, l'employé chargé de la tenue du Registre auxiliaire du Grand-Livre-Journal des magasins transcrit jour par jour le résultat des opérations effectuées par chaque division ou bureau auxiliaire.

Le tracé du registre permet l'inscription de ce résultat, pour un mois, sur une seule feuille, pour chaque bureau auxiliaire ou division.

Chaque feuille comporte : d'une part, l'entrée par engagements effectifs et par renouvellements, divisée en articles et sommes; d'autre part, la sortie par renouvellements, dégagements et ventes, également divisée en articles et sommes pour chacun des exercices en cours.

A chaque fin de mois les opérations sont totalisées et additionnées avec le report des mois précédents.

Un appel de ces totaux a lieu également tous les mois avec la Comptabilité, à l'effet de constater si les résultats des registres de ce service, obtenus au moyen d'éléments d'origine différente, sont les mêmes que ceux des registres des magasins. Une récapitulation mensuelle est faite à la suite des feuilles consacrées à chacun des bureaux auxiliaires ou divisions; les opérations y sont inscrites par dates.

843. — Une situation mensuelle des magasins est établie au moyen du Grand-Livre-Journal.

Cette situation présente le solde en magasin, par exercice, pour chaque division ou bureau auxiliaire.

La partie supérieure du tableau indique le mouvement des articles et la partie inférieure celui des sommes.

Chacune de ces parties comprend quatre subdivisions réservées à chaque exercice en cours.

La première de ces subdivisions ne comporte que la mention du solde du mois précédent, pour l'exercice en instance de liquidation.

Les deux autres subdivisions présentent de même le solde du mois précédent pour chacun des exercices et le détail des opérations de sortie par renouvellements, dégagements ou ventes.

Ces opérations totalisées sont déduites du solde du mois précédent, et la différence indique le solde nouveau.

Enfin pour la quatrième subdivision, spéciale à l'exercice en cours, on ajoute au solde antérieur les opérations d'entrée par engagements et par renouvellements; de ce total sont déduites les opérations de sortie applicables audit exercice, pour obtenir le solde nouveau.

Une colonne est réservée à la droite du tableau pour le total des opérations de tous les bureaux auxiliaires ou divisions, par exercice.

Au verso de cet imprimé figurent : dans la partie gauche, les opérations des succursales présentées dans l'ordre ci-dessus indiqué; dans la partie droite, la récapitulation générale obtenue par l'addition des soldes de chaque exercice.

Un appel est fait avec la comptabilité, afin de constater la concordance de cette situation avec celle établie par ce service au moyen de documents d'origine différente.

II. — Nantissements dits inconnus et nantissements refusés.

844. — Le Chef des magasins a le devoir de transmettre au contrôle un bulletin pour chaque nantissement ou partie de nantissement d'une origine incertaine, soit par suite d'adirement du bulletin de prisée, soit par suite d'erreur ou de transposition des bulletins, soit pour toute autre cause. Il inscrit en même temps la désignation de ces objets sur un registre des nantissements dits inconnus.

Ces articles sont classés dans une partie distincte des magasins, en attendant que des réclamations ou des recherches ultérieures aient fait découvrir leur origine.

Si l'origine peut en être constatée, ils sont rendus aux réclamants ou ils reprennent leur place régulière dans les magasins. La mention de ces faits opère la décharge du registre.

Si l'origine ne peut être découverte, ces nantissements sont conservés pendant un délai égal à celui déterminé pour la prescription des bonis; à l'expiration de ce délai, ils sont vendus, et le produit en est encaissé à titre de *Produit de la vente de nantissements dont la valeur a été remboursée aux emprunteurs*.

845. — Les nantissements avariés, abandonnés par leurs propriétaires, doivent être sans délai livrés à la vente; leur produit est encaissé au même titre que celui des nantissements retrouvés et des nantissements inconnus[1].

III. — Nantissements à réclamer.

846. — Il peut arriver, au moment du dégagement, que l'emprunteur, après avoir payé sa dette, n'attende pas la remise de son nantissement ou ne se présente pas le même jour pour le réclamer; dans ce cas, le nantissement déjà extrait de sa case et dont la sortie est constatée au répertoire, doit être renfermé par les rendeurs dans une armoire spéciale à chaque nature de gage et inscrit par eux sur un registre à ce destiné[2].

Lorsqu'un gage de ce genre est réclamé, la sortie en est constatée par le Chef des magasins; la signature du ren-

---

1. Règlement du 30 juin 1865, art. 114 et 115. — Délibération du conseil d'administration du 14 avril 1849.
2. Règlement du 30 juin 1865, art. 106.

deur est apposée en regard de l'article, et le numéro d'appel, servant de décharge, est conservé et classé à son ordre.

Ceux de ces articles qui n'ont pas été restitués à leur propriétaire, sont inscrits sur un registre des nantissements à réclamer, tenu par le Commis-principal, et sont déposés dans un endroit particulier des magasins. La même inscription est faite sur un registre semblable par le Service de la Comptabilité.

Enfin si, après la liquidation de l'exercice auquel ils appartiennent, lesdits nantissements ne sont pas rendus, ils sont portés d'office sur le registre des nantissements inconnus auxquels ils sont joints et dont ils suivent le sort [1].

847. — Les nantissements frappés d'opposition dont le dégagement a été maintenu et pour la revendication desquels les intéressés ne se présentent pas dans un délai de six mois, sont inscrits sur le registre des nantissements à réclamer et déposés parmi ceux-ci.

Ces articles sont livrés à la vente dans les mêmes conditions que les autres nantissements à réclamer; le produit en est versé au crédit du compte des *dépôts divers* pour être tenu à la disposition des ayants droit jusqu'à la prescription trentenaire [2].

IV. — Nantissements en recherche.

848. — Ainsi qu'il est indiqué au paragraphe II du chapitre précédent, il est tenu un registre destiné à l'inscription des nantissements en recherche [3].

Ce registre comporte les indications suivantes :

Numéros d'ordre — Dates des inscriptions — Numéros des reconnaissances — Désignation sommaire des nantissements — Prêts — Estimations.

---

1. Ordre de service du 1er mars 1843.
2. Ordre de service du 1er avril 1881.
3. Délibération du conseil d'administration du 14 avril 1849.

Un bulletin relatant les mêmes renseignements est dressé et remis au Chef de la comptabilité.

Le registre des nantissements en recherche est complété par l'une des indications suivantes :

1° En cas d'insuccès des recherches :

Sommes remboursées aux ayants droit.

2° En cas de succès :

Dates auxquelles les nantissements ont été retrouvés — Dates de remise aux ayants droit.

3° Dans le cas où les nantissements ont été retrouvés après payement aux ayants droit des indemnités réglementaires :

Dates des ventes — Numéros des procès-verbaux de vente — Produit des ventes.

V. — Sursis accordés par la Direction.

849. — Chaque jour et dès le matin, le bureau des magasins reçoit du Service du Secrétariat général le bordereau des sursis accordés la veille.

Ce bordereau est transcrit sur un registre au moyen duquel les bulletins destinés à être apposés sur les gages sont dressés. Chaque bulletin fait connaître :

L'échéance du sursis — le numéro d'ordre — l'indication du nantissement (division ou bureau, numéro, date, prêt, désignation sommaire) — la date d'inscription du sursis.

850. — Les bulletins, signés par l'employé qui les a établis, sont remis aux Magasiniers-principaux, qui font inscrire sur le répertoire d'entrée, en regard des articles, le numéro d'ordre indiqué par le Secrétariat général [1].

Après l'apposition des bulletins sur les gages, les bordereaux sont remis au Service du Secrétariat général. Ils sont, au préalable, à titre de décharge, revêtus du visa des Magasiniers-principaux en regard de chacun des articles.

---

1. Règlement du 30 juin 1865, art. 84.

851. — Les sursis de chaque échéance sont inscrits sur des bulletins de couleurs différentes, savoir :

Blanc pour l'échéance du 30 juin ;
Rose pour l'échéance du 30 septembre ;
Vert pour l'échéance du 31 décembre ;
Jaune pour l'échéance du 31 mars.

Chaque nouveau sursis, sur un même gage, donne lieu à l'accomplissement des formalités remplies, lorsque cette faveur est accordée la première fois [1].

CHAPITRE III

MESURES D'ORDRE INTÉRIEUR

I. — Répartition des gages dans les magasins. — Composition et fonctions du personnel.

852. — Les nantissements sont classés d'après leur nature dans des magasins désignés sous le nom de *magasin des bijoux* et de *magasin des hardes et objets divers.*

Chacun de ces magasins est subdivisé en magasins particuliers qui correspondent aux divisions d'engagement et aux bureaux auxiliaires.

853. — Le magasin des bijoux renferme les nantissements précieux (bijoux, argenterie, etc.).

Il comprend un caveau, construit en sous-sol dans des conditions spéciales de sûreté, pour recevoir les gages de toute nature sur lesquels il a été prêté 500 francs et au-dessus.

Les articles de 500 à 999 francs et ceux de 1000 francs ou au-dessus (quatre chiffres) y sont placés séparément, ainsi qu'il est indiqué au paragraphe III ci-après.

---

1. Ordre de service du 24 juillet 1879.

854. — Le magasin des hardes et objets divers renferme les gages qui se composent d'objets autres que les bijoux et l'argenterie.

Les nantissements provenant des bureaux auxiliaires sont répartis, suivant leur nature, dans les deux magasins.

Le magasin des objets divers comprend le *petit magasin* dans lequel sont placés les gages consistant en dentelles, guipure, soie, etc., objets divers plaqués en argent, couverts en composition, lorgnettes et en général tous objets de petite dimension susceptibles de s'égarer ou de se détériorer au milieu des gages d'un volume plus considérable [1].

Enfin les objets lourds ou encombrants (étaux, tours, machines à coudre, etc.) sont placés au rez-de-chaussée.

855. — Outre ces divisions générales, il est réservé dans chaque magasin un endroit particulier pour les articles qui ont été l'objet d'un sursis, d'une revision ou d'une opposition et pour ceux qui sont à réclamer ou dits inconnus.

856. — Le personnel de chaque magasin comprend un Magasinier-principal assisté des Magasiniers, Aides-magasiniers et Gagistes nécessaires au fonctionnement du service.

857. — Les Magasiniers-principaux sont chargés de la surveillance du personnel de leur magasin. Ils enregistrent les bons de sortie des articles saisis, procèdent à la vérification des articles qui reviennent des greffes des tribunaux, s'occupent de préserver de la vente ceux qui ont été l'objet d'une demande de dégagement pendant leur séjour aux greffes, examinent les rôles de revision, enregistrent les sursis, délivrent des bons de retrait d'articles livrés au Dépôt des ventes et constatent la rentrée en magasin desdits articles.

Le Magasinier-principal des bijoux a aussi dans ses attributions la tenue des répertoires des prêts de 500 à 999 francs et de 1000 francs et au-dessus. (Bijoux et objets divers.)

Il est de plus chargé de leur placement et de l'application

---

1. Circulaire du 20 février 1880.

des bulletins de renouvellement, de sursis ou d'opposition sur lesdits gages.

858. — Les Magasiniers et Aides-magasiniers sont chargés notamment de l'enregistrement des articles aux répertoires d'entrée et au journal de sortie, du placement des gages, du contrôle des articles à leur sortie du magasin, de l'enregistrement des bons de sortie délivrés par la Direction, de la livraison des nantissements au Dépôt des ventes, de l'inscription des oppositions au carnet, de la délivrance des gages au public, de la revision des rôles, de la confection des lettres d'avis de vente.

Dans le Magasin des hardes et en raison de son étendue, un Magasinier par étage est chargé de la direction du travail.

859. — Les Gagistes ont pour fonctions spéciales le dégagement des articles, l'inscription des diverses mentions à porter aux répertoires, l'abatage des nantissements à livrer à la vente, la couture des bulletins de renouvellement, de sursis ou d'opposition.

II. — Surveillance des magasins.

860. — Pour circonscrire la responsabilité des employés chargés de la manutention des gages, aucune personne étrangère au service ne doit pénétrer dans quelque partie des magasins que ce soit [1].

A l'intérieur, l'accès des salles où sont placés les gages est interdit à tout employé des magasins qui n'y est pas appelé expressément par ses fonctions.

Le Magasinier de la division accompagne tout employé qui n'a pas qualité pour pénétrer dans les magasins et que les nécessités du service y appellent momentanément.

Ces mesures sont rigoureusement appliquées, notamment en ce qui concerne le magasin des bijoux.

Cette exclusion ne s'applique pas au Chef de magasins, au Sous-chef, au Commis-principal et aux Magasiniers-

---

[1]. Ordre de service du 28 juin 1831.

CHAP. III — MESURES D'ORDRE INTÉRIEUR 323

principaux, que les besoins de la surveillance générale appellent dans toutes les parties du service [1] et qui sont chargés d'accompagner les personnes autorisées exceptionnellement à visiter l'Établissement.

861. — Les Gagistes employés dans l'intérieur du magasin des bijoux à la manipulation des gages ne doivent, sous aucun prétexte, porter des mentions sur les répertoires, cette partie du service étant réservée d'une manière absolue aux Aides-magasiniers et Gagistes qui ne pénètrent pas dans les magasins où sont déposés les gages.

862. — Chaque jour, après la cessation du service, une ronde est faite dans les magasins de chaque division ou étage, par le Magasinier ou l'Aide-magasinier, assisté d'un gagiste de son service.

Le Magasinier doit visiter sans exception, avec son assistant, toutes les rues formées par les casiers et porter son attention sur tout ce qui peut intéresser l'ordre et la sûreté de sa division.

Il est tenu un registre sur lequel, chaque soir, les Magasiniers constatent leur visite en mentionnant leurs observations.

Le Chef des magasins doit faire connaître au Directeur, par des rapports particuliers, les faits qui méritent de lui être signalés, et, par des rapports mensuels, il lui donne l'assurance que toutes les mesures prescrites ont été ponctuellement exécutées [2].

863. — Le service de surveillance des magasins après la clôture des opérations du jour et le nettoyage des salles, est ainsi réglé :

Le Magasinier-principal de chaque magasin ne reçoit la signature des employés placés sous ses ordres qu'au moment précis de leur sortie et ne laisse pénétrer sous aucun prétexte un agent dont le départ a été ainsi constaté.

Il s'assure ensuite, par une ronde dans toutes les salles

---

1. Ordre de service du 10 mai 1882.
2. Ordre de service du 19 juin 1846.

où le public a accès, qu'aucun emprunteur n'a pu y demeurer.

Il est remplacé, en cas d'absence, dans cette partie de ses attributions, par un Magasinier spécialement désigné à cet effet.

Les Magasiniers-principaux ou leurs suppléants rendent compte de leur ronde au Chef, au Sous-chef ou au Commis-principal des magasins, seuls agents chargés d'assister chaque jour à la fermeture des issues de leur service et qui ne doivent se retirer qu'après être ainsi certains que personne ne reste plus à l'intérieur [1].

864. — Les Employés qui ont accès dans l'intérieur des magasins doivent, avant de commencer leur travail, échanger leurs vêtements contre ceux qui sont mis à leur disposition par l'Administration.

Cet échange a lieu, en présence d'un Magasinier spécialement désigné, dans des vestiaires établis à cet effet.

L'échange des vêtements a lieu, après la cessation du travail, en observant les mêmes règles [2].

865. — Le magasin des objets divers est divisé par étages.

Chaque étage, affecté aux nantissements d'un certain nombre de divisions ou de bureaux auxiliaires, est placé sous la surveillance d'un magasinier.

Cet agent, qui ne doit quitter le service que lorsque tous les autres employés sont partis, assiste au changement des vêtements, à l'arrivée et au départ. Il doit en outre faire une ronde, ainsi qu'il est prescrit ci-dessus [3].

III. — Mesures relatives aux nantissements dits de quatre chiffres (1000 francs et au-dessus).

866. — Pour les bijoux et autres objets précieux, il est établi, au-dessous des magasins, un caveau de sûreté, muni d'une porte à deux serrures, renfermant les nantis-

---

1. Ordre de service du 22 juin 1880.
2. Note de service du 13 juin 1879.
3. Note de service du 13 juin 1879.

sements qui ont été l'objet d'un prêt de 1000 francs ou au-dessus. Ce caveau n'est ouvert qu'en présence des dépositaires des deux clefs, qui ne peuvent se faire remplacer que sous leur responsabilité personnelle, par un délégué agréé de la Direction.

La clef d'une des serrures demeure entre les mains du Chef des magasins; la seconde clef est conservée par le Chef de la comptabilité, chargé du contrôle [1].

867. — Les nantissements ayant donné lieu à des prêts de 500 à 999 francs sont placés dans une partie distincte dudit caveau dont les clefs demeurent entre les mains du Magasinier-principal des bijoux, chargé des diverses opérations de manutention desdits gages.

868. — L'entrée et la sortie des nantissements qui ont été l'objet d'un prêt de 1000 francs et au-dessus, sont constatées au répertoire comme celles des nantissements ordinaires; elles sont de nouveau et pour ordre mentionnées par le Magasinier-principal des bijoux sur deux registres spéciaux [2].

L'un de ces registres indique, par entrée et sortie, le mouvement journalier des quatre chiffres.

A la réception d'un de ces nantissements, le Magasinier-principal inscrit à l'entrée la division, le numéro de l'engagement, la désignation sommaire, le prêt et le numéro de la case.

Lorsque ce nantissement est placé dans le caveau, le Chef des magasins et le Chef du contrôle ou leurs délégués apposent leur signature dans les deux dernières colonnes réservées aux visas.

Le dégagement de ces nantissements comporte à la sortie les mêmes inscriptions et visas qu'à l'entrée.

Le second registre sert de répertoire : l'entrée est constatée par les indications suivantes :

Division — Date — Numéro de l'engagement — Prêt — Désignation sommaire — Nombre de parties, s'il y a lieu — Numéro de la case.

---

1. Règlement du 30 juin 1865, art. 98.
2. Règlement du 30 juin 1865, art. 107.

Lors du dégagement, le Magasinier-principal inscrit en regard de l'article, dans les deux dernières colonnes réservées à la sortie, le numéro et la date de l'opération.

869. — Chaque jour, à l'aide du premier de ces registres, le Magasinier-principal fournit au Chef des magasins un bulletin indiquant, en articles et en sommes, le total de l'entrée et de la sortie des quatre chiffres.

A chaque fin de mois, il totalise les entrées et les sorties de ces nantissements et en établit le solde, en articles et sommes.

Il contrôle ensuite le résultat obtenu avec celui indiqué au registre du solde journalier tenu par le Commis-principal.

IV. — Oppositions. — Avis de vente.

870. — Il est tenu dans chaque magasin un carnet sur lequel sont inscrits jour par jour les nantissements frappés d'opposition.

A la réception d'un bulletin d'opposition, l'Aide-magasinier chargé de la tenue de ce carnet porte dans les colonnes à ce destinées le numéro d'ordre de l'opposition, la désignation de la division ou du bureau auxiliaire, la date et le numéro de l'engagement, le montant du prêt et, s'il y a lieu, le numéro de la case.

Il communique le bulletin au Gagiste chargé de la tenue du répertoire du bureau auquel appartient le nantissement frappé d'opposition. Ce Gagiste, après s'être assuré que le répertoire ne comporte aucune mention pour ledit article, y inscrit en marge le numéro d'opposition; il remet ensuite le bulletin à un dégageur. Celui-ci le coud sur le gage et, après avoir informé l'Aide-magasinier chargé des oppositions, de l'existence du gage en magasin, il appose sa signature sur le carnet, en regard de l'article.

L'Aide-magasinier donne à son tour avis à l'Inspection de la présence du gage en magasin en indiquant, s'il y a lieu, les numéros des oppositions antérieures.

871. — Si le nantissement est dégagé, l'agent des magasins en informe le Service de l'Inspection en inscrivant sur le bulletin d'opposition la mention : *Dégagé sous le n°*....

872. — Lorsqu'un article frappé d'opposition a été l'objet d'un renouvellement, l'Aide-magasinier communique la reconnaissance au préposé aux oppositions, qui, s'il n'y a pas eu main-levée, y inscrit ces mots : *Opposition maintenue*.

La mention du numéro d'opposition est transportée sur le répertoire nouveau établi pour les renouvellements.

Chaque jour, les inscriptions faites sur les carnets d'opposition sont visées par le préposé de l'Inspection après contrôle.

873. — Le service des magasins est chargé de reviser les rôles d'avis de vente dressés par la Vérification et prescrits au § VI du chapitre V, titre IV. Cette revision consiste à supprimer les articles sortis et à rétablir ceux qui auraient pu être omis.

Il est également chargé de remplir les lettres d'avis de vente des engagements et de tous les renouvellements effectués au Chef-lieu, d'après les blancs des répertoires.

Ces lettres sont transmises au Service de l'Inspection chargé de les adresser aux intéressés.

CHAPITRE IV

RÉCEPTION DES NANTISSEMENTS

I. — **Entrée des nantissements par engagements effectifs.** — **Répertoires.** — **Placement.**

874. — Tous les mouvements des nantissements dans les magasins sont constatés sur un répertoire spécial à chaque magasin et à chaque division ou bureau auxiliaire.

A mesure de leur entrée en magasin, les objets déposés

sont enregistrés audit répertoire au moyen des bulletins apposés sur les gages [1].

Le Magasinier de l'étage prend charge, en nombre et en sommes, des engagements et renouvellements de la journée, par l'inscription sur un carnet tenu à cet effet.

875. — Le contrôle des bijoux est fait avant le placement en magasin des nantissements de cette nature, de telle sorte que le placeur n'ait qu'à les déposer, par ordre de dates et de numéros, sur les rayons affectés à chaque division ou bureau auxiliaire.

Si le volume d'un de ces articles n'en permet pas le placement sur les rayons, la case où il est déposé est mentionnée au répertoire, en regard de l'article.

876. — Lorsque de nombreux vides ont été produits par les dégagements, les renouvellements ou les ventes, les gages restants sont refoulés les uns contre les autres en ayant soin de ne pas intervertir l'ordre des numéros et des dates, seul guide pour trouver les articles demandés.

877. — Le placement, dans le magasin des objets divers, a lieu sans qu'il soit tenu compte de l'ordre d'entrée des gages.

Les nantissements sont placés dans les vides produits par la sortie des nantissements précédemment emmagasinés.

Le numéro de la case est inscrit au répertoire, au moment du placement, sur l'indication de l'Aide-magasinier, en regard de chacun des articles entrés.

Cette inscription constitue, pour l'étage, une prise en charge.

La division des magasins par séries de numéros de cases permet de retrouver immédiatement la partie où se trouve un nantissement.

Au moment de la mise en case, les nantissements susceptibles de se détériorer sont revêtus d'étiquettes portant le mot : *Fragile*.

---

1. Règlement du 30 juin 1865, art. 99.

CHAP. IV. — RÉCEPTION DES NANTISSEMENTS 329

878. — En ce qui concerne les articles dont l'engagement a été immédiatement annulé et qui ne parviennent pas au magasin, la mention *Annulé* est portée au répertoire, en regard des numéros d'entrée, sur le vu des bons de déductions soumis au visa du Chef des magasins.

II. — **Entrée des nantissements provenant des bureaux auxiliaires. — Répertoires. — Placement.**

879. — L'entrée des nantissements provenant des bureaux auxiliaires est mentionnée sur deux répertoires distincts, l'un concernant les bijoux et l'autre les objets divers. Ces répertoires sont établis par les bureaux et remis aux magasins en même temps que les nantissements qu'ils comportent.

Toutefois, un nouveau répertoire est fait par le magasin des bijoux, au moyen des bulletins apposés sur les gages. Les résultats constatés doivent être les mêmes que ceux mentionnés sur les feuilles des répertoires transmises par les bureaux auxiliaires.

Ce nouveau répertoire n'est pas établi pour les objets divers, le contrôle de l'entrée s'effectuant au moment même de la mise en case, ainsi qu'il est dit au paragraphe précédent.

880. — Le placement des nantissements provenant des bureaux auxiliaires est effectué de la même manière que celui des objets engagés au Chef-lieu.

881. — Les articles dont le dégagement a été opéré au bureau auxiliaire, avant la transmission des gages au magasin, sont l'objet d'une mention de sortie sur le répertoire d'entrée.

Le bulletin du gage est représenté aux lieu et place de l'objet lui-même.

III. — **Entrée des nantissements par renouvellements. Répertoires. — Placement.**

882. — A la réception des reconnaissances renouvelées auxquelles sont joints les bulletins de renouvellement, ainsi qu'il est indiqué au paragraphe IV du chapitre IV (titre II), chaque magasin établit, pour chaque division ou bureau auxiliaire, un relevé, par numéros nouveaux, des articles renouvelés en regard desquels on indique les sommes. Le total de ce relevé est inscrit sur un bulletin remis au Chef des magasins.

883. — Les renouvellements comprenant une opération de sortie immédiatement suivie d'une opération d'entrée, le service des magasins, sur le vu des bulletins apposés sur les gages, établit un répertoire des nantissements renouvelés.

884. — Les numéros nouveaux sont portés sur les anciens répertoires en regard de l'indication d'entrée des nantissements. En même temps les numéros des cases sont inscrits d'après les répertoires sur les reconnaissances des gages dont le placement n'a pas été effectué en suivant l'ordre numérique.

Les nantissements sont extraits des cases et les bulletins de renouvellement sont cousus par-dessus les bulletins précédemment apposés.

L'employé chargé de cette partie du service a soin : 1° en ce qui concerne les bulletins d'opposition placés sur certains gages, soit de détruire ces bulletins, si les reconnaissances portent une mention de mainlevée ou si les opérations ont été faites au moyen de duplicatas, soit au contraire de ne pas recouvrir ces pièces en apposant les bulletins de renouvellement si les titres indiquent que les oppositions doivent être maintenues ; 2° en ce qui concerne les bulletins de sursis, de les détruire en apposant les bulletins de renouvellement.

885. — Lorsque les gages ont été revêtus des bulletins de renouvellement, ils sont de nouveau placés en case suivant le mode employé pour les engagements effectifs, c'est-à-dire avec indication, sur les nouveaux répertoires, des cases affectées à ceux des nantissements dont le placement n'a pas lieu par ordre de numéro et de date.

886. — Des mesures spéciales s'appliquent au contrôle des nantissements primitivement engagés dans les bureaux auxiliaires.

Les opérations de la petite série (1 à 29,999) sont contrôlées par le magasin des bijoux et celles de la grande série (30,001 et au-dessus) par le magasin des objets divers.

Ce travail préparatoire étant terminé, les reconnaissances sont classées par nature de gages (bijoux ou objets divers) et par numéro nouveau de renouvellement; elles sont ensuite dirigées sur leurs magasins respectifs. Un répertoire pour chaque bureau auxiliaire ou division est alors établi au moyen des reconnaissances [1].

L'apposition des bulletins de renouvellement et le nouveau placement ont lieu ainsi qu'il est indiqué ci-dessus.

CHAPITRE V

SORTIE DES NANTISSEMENTS

I. — Sortie par dégagements effectifs et par renouvellements. — Journal de sortie.

387. — Lorsqu'une reconnaissance est transmise aux magasins après payement de la somme due au Mont-de-Piété, un magasinier inscrit l'article sur le journal de sortie, qui comporte les indications suivantes :

Numéro du dégagement — Numéro de la reconnaissance — Date — Prêt remboursé (dans la colonne affectée à l'année d'émission du titre).

La reconnaissance est rapprochée du répertoire d'entrée sur lequel le numéro de dégagement est porté en regard de l'article [2]. En même temps, on indique, s'il y a lieu, sur la reconnaissance la case dans laquelle le gage est placé. Le titre est remis à un gagiste, dit « dégageur », qui extrait

---

1. Les lacunes dans les numéros des répertoires des bijoux sont nécessairement comblées par les numéros des répertoires des objets divers.
2. Règlement du 30 juin 1865, art. 102.

le nantissement du magasin et le remet, avec la reconnaissance, au Contrôleur de la sortie. Celui-ci s'assure que les indications du bulletin de prisée apposé sur le gage extrait, concordent avec celles de la reconnaissance qu'il vise.

888. — Le gage est remis, soit à l'aide-magasinier chargé d'en effectuer la délivrance dans la forme indiquée au paragraphe III ci-après, soit au facteur chargé de le transporter dans un bureau auxiliaire. Cet agent en prend charge dans la forme indiquée au paragraphe II du présent chapitre.

889. — Le total du journal de sortie est contrôlé chaque jour par les contrôleurs et receveurs des dégagements, qui doivent y apposer leur signature, constatant ainsi la parfaite concordance de ce total avec celui du registre particulier.

890. — Lorsqu'un numéro d'opposition est indiqué au répertoire en regard d'un article dont le dégagement est demandé ou lorsqu'il existe une mention de sortie par bon représentatif, ces indications sont portées sur la reconnaissance.

L'auteur du dégagement, appelé dans la salle de délivrance, est conduit au service de l'Inspection, qui demeure chargé de donner à la demande de l'intéressé la suite qu'elle comporte.

On agit de même lorsque l'Inspection a fait connaître, dans la forme indiquée au paragraphe IV, chapitre I, titre VI, son désir de voir l'auteur d'un dégagement.

891. — Les inscriptions portées au journal de sortie et les mentions de dégagement figurant au répertoire des magasins ne peuvent être annulées, en ce qui concerne les opérations effectuées dans le cours d'une même séance, que sur le vu des reconnaissances revêtues d'un bon à annuler signé, suivant le cas, par le Secrétaire général, par l'Inspecteur, par le Chef de la comptabilité, par le Sous-chef de la vérification, par le Commis-principal du service de l'Inspection ou par le préposé aux oppositions.

En ce qui concerne les opérations enregistrées dans une précédente séance, les annulations ne peuvent être effectuées que sur le vu d'un bon de déduction revêtu du visa du Chef des magasins et accompagné de la reconnaissance.

Dans tous les cas, il n'est procédé aux annulations que lorsque les mentions de dégagement portées sur les reconnaissances ont été oblitérées par les Commis-comptables, receveurs des dégagements.

Les annulations sont opérées sur les répertoires par un simple trait à la plume passé sur la mention de sortie ; la diminution des articles et des sommes à annuler s'effectue au journal de sortie, en fin de séance, sur les exercices dans lesquels les inscriptions de sortie ont précédemment figuré.

Les renouvellements comportant pour chaque article une sortie ou dégagement, immédiatement suivie d'une entrée ou rengagement, les mesures relatives à ces opérations sont indiquées, en ce qui concerne le service des magasins, au paragraphe III du précédent chapitre.

II. — Sortie par dégagements demandés dans les bureaux auxiliaires. — Remise aux facteurs.

892. — Les dispositions qui précèdent s'appliquent spécialement aux opérations de dégagement faites directement au Chef-lieu. Quant aux dégagements demandés dans les bureaux auxiliaires, ils ont lieu de la manière suivante :

Lors de la remise aux magasins des bordereaux de dégagements dressés par les bureaux auxiliaires et des reconnaissances y afférentes, conformément aux prescriptions du paragraphe III du chapitre VI, titre VIII, il est établi pour chacun de ces bureaux un journal de sortie semblable à celui des dégagements du Chef-lieu. Les totaux de ces deux feuilles sont rapprochés, et le résultat en est porté sur des bulletins remis au Chef des magasins.

De même que pour les renouvellements, chaque magasin conserve les reconnaissances qui lui sont propres et transmet les autres à qui de droit.

Un nouveau classement a lieu par numéros d'entrée pour chaque exercice, afin de rendre plus facile l'inscription de la mention de dégagement sur les différents répertoires.

893. — Après l'inscription des numéros des cases sur les reconnaissances, les dégagements sont effectués comme il est indiqué pour les opérations faites au Chef-lieu, et les nantissements sont, après avoir été contrôlés, renfermés dans des sacs ou des paniers cadenassés que l'on remet aux facteurs. Ces derniers doivent en surveiller le transport et en effectuer la remise aux divers bureaux auxiliaires dans la forme indiquée au paragraphe II du chapitre VIII (titre VIII).

Les articles qui ne peuvent être transportés dans des sacs, tels que les pendules, les candélabres, etc., sont placés à découvert dans les voitures affectées au service des bureaux auxiliaires.

894. — Les contrôleurs à la sortie rapprochent les reconnaissances des bordereaux de dégagement dressés par les bureaux auxiliaires.

Ils établissent et remettent aux facteurs des bulletins de voyage indiquant le nombre de bijoux, de sacs ou d'objets à découvert à déposer dans chaque bureau auxiliaire.

III. — Délivrance des nantissements aux ayants droit.

895. — Trois salles du Chef-lieu sont affectées à la délivrance des nantissements dégagés.

La couleur des bulletins d'appel indique aux intéressés la salle dans laquelle ils doivent attendre la remise de leurs gages, ainsi qu'il est rappelé au chapitre III du titre II.

896. — Les aides-magasiniers-rendeurs s'assurent, avant de délivrer un gage : 1° que les indications du bulletin d'appel, de la reconnaissance et du bulletin de prisée ou de renouvellement sont en parfaite concordance ; 2° que la reconnaissance est revêtue d'une mention de mainlevée ou que le dégagement a été opéré au moyen d'un duplicata, lorsqu'il s'agit d'un article accompagné d'un bulletin d'opposition ; 3° que la reconnaissance est revêtue d'un bon à rendre signé par l'un des Inspecteurs, lorsqu'il s'agit d'un article accompagné d'une note destinée à en faire surveiller le retrait.

CHAP. V — SORTIE DES NANTISSEMENTS 335

Ils doivent procéder à la vérification du contenu des gages d'après les désignations portées sur les reconnaissances.

Dans le cas de non-conformité des nantissements, ils en réfèrent au Chef des magasins ou à son représentant.

Lors du dégagement des nantissements cachetés, les employés chargés de rendre au public doivent, après avoir coupé le fil qui retient chaque bulletin et détaché le couvercle de chaque boîte, conserver intacts l'enveloppe et le cachet jusqu'à la prise de possession définitive des nantissements par les intéressés [1].

Ils apposent ensuite sur le bulletin de prisée, sur la reconnaissance et sur le bulletin d'appel un timbre portant un numéro qui leur est spécialement affecté et dont ils sont respectivement dépositaires.

Dans tous les cas, les boîtes à bijoux ou à mouvements de pendules doivent être conservées pour être remises au service du matériel.

897. — Sous aucun prétexte, les rendeurs ne doivent reprendre un gage ou une partie de gage lorsque l'auteur du retrait en a pris possession.

Les réclamations doivent être faites avant la prise de possession des nantissements. Si une réclamation tardive est produite ou s'il s'agit d'une restitution, la personne qui en est l'auteur est accompagnée auprès du Chef des magasins ou de l'Inspecteur.

Les rendeurs doivent avoir soin de visiter chaque jour les papiers ayant servi à l'emballage des gages et de remettre au Chef des magasins toutes les parties de nantissements qui peuvent s'y trouver.

898. — La délivrance des gages d'un prêt de 500 francs et au-dessus est faite par le Sous-chef ou par un employé spécialement désigné à cet effet [2].

899. — Dans le but de constater si la délivrance des gages se fait avec une rapidité suffisante, le Chef des maga-

---

1. Ordre de service du 3 août 1876.
2. Ordre de service du 14 janvier 1881.

sins fait relever d'heure en heure, dans les divisions de recettes, les numéros d'appel remis au public. Ces numéros sont inscrits sur un carnet qui permet d'apprécier les réclamations formulées par les intéressés.

IV. — Livraison des gages au dépôt des ventes.

900. — Chaque jour, le magasin livre au Dépôt des ventes les gages qui lui sont demandés par le chef de service.

Autant que possible, cette livraison est faite en suivant l'ordre numérique ou alphabétique des divisions d'engagement ou des bureaux auxiliaires.

901. — L'abatage des nantissements se fait au magasin à l'aide de rôles de vente remis à cet effet par le service de la Vérification.

Pour faciliter cette opération, le gagiste a soin d'indiquer, s'il y a lieu, en marge des rôles le numéro de la case où chaque article est déposé.

Avant le transport des articles au dépôt des ventes, l'aide-magasinier chargé de la livraison s'assure de leur conformité avec les inscriptions portées au rôle.

902. — Lorsque l'aide-magasinier s'aperçoit que des articles ont été omis sur les rôles de vente, il les extrait de leur case et les dépose dans une partie réservée aux nantissements dits « *en revision* ». Il porte ensuite aux répertoires, en regard de chaque article ainsi mis à part, le mot *Revision*.

Ces articles sont livrés à la vente au moyen de rôles spéciaux dressés par le service de la Vérification.

903. — L'examen des rôles de revision, dressés chaque mois par le service de la Vérification dans la forme indiquée au paragraphe VI du chapitre V (titre IV), est confié aux soins spéciaux et à la surveillance personnelle des magasiniers-principaux, sans le concours des employés occupés au placement ou au dégagement des articles [1].

---

1. Ordre de service du 15 mai 1882.

904. — Lorsque les bureaux auxiliaires ou divisions dont les gages doivent être livrés à la vente ont été désignés, le magasinier-principal de chaque magasin fait établir des bulletins par division ou bureau, indiquant à quelle dizaine appartiennent les gages à livrer et la date de leur remise au dépôt des ventes.

Ces bulletins sont distribués en nombre suffisant dans tous les services du Chef-lieu.

905. — La sortie des nantissements livrés au Dépôt des ventes est indiquée au répertoire par la lettre V; mais la décharge du Chef des magasins n'est régulièrement effectuée que par la rentrée des extraits du procès-verbal (certificats de vente) constatant la vente des objets. Les mentions, portées au répertoire des magasins au moyen des certificats de vente communiqués par le service du boni, sont inscrites à l'encre rouge, pour les distinguer des mentions de dégagement ou de renouvellement.

906. — Lorsque les livraisons des nantissements à la vente comprennent des articles frappés d'opposition, l'état en est notifié à l'Inspection et au Chef de la liquidation du boni.

Il est dressé trois bordereaux détaillés de ces nantissements, avec indication du numéro et de la date de chaque opposition.

Ces bordereaux, signés par le Chef des magasins, sont remis, l'un à l'Inspection, les deux autres au bureau du boni qui en conserve un exemplaire et renvoie l'autre, revêtu de la signature du Liquidateur du boni [1] au Chef des magasins.

V. — Sortie sur bons représentatifs délivrés par la Direction.

907. — Lorsqu'un nantissement doit être momentanément retiré des magasins pour une cause déterminée, le Chef des magasins ne peut délivrer ce nantissement que

---

1. Ordre de service du 29 mai 1849.

sur un ordre motivé du Directeur, donné sur un bulletin extrait d'un registre à souche [1].

Les bons de sortie sont imprimés sur papier de couleurs différentes, savoir : Rouge, pour les nantissements saisis par autorité de justice; Blanc, pour les nantissements demandés en communication par le service du Secrétariat général: Jaune, pour les nantissements demandés en communication par le service de l'Inspection.

908. — Le Chef des magasins n'est valablement déchargé de tout nantissement sorti du magasin pour une cause autre que celle de dégagement ou vente que par la représentation, aux lieu et place dudit gage, d'un bon représentatif.

909. — Lorsque le nantissement ainsi délivré est réintégré, le Chef des magasins rend le bulletin revêtu de sa signature pour décharge et avec indication de la date de la réintégration [2].

Les gages sortis pour cause de réappréciation doivent être réintégrés le jour même. Les gages demandés par l'Inspection (bons jaunes) doivent être réintégrés dans les trois jours de l'émission desdits bons; à défaut de réintégration ces bons sont soumis tous les trois jours au visa de l'Inspecteur.

Quant aux bons de greffe, ils sont l'objet d'un contrôle spécial indiqué au paragraphe III du chapitre IV (titre VII).

910. — Dans chaque magasin, le Contrôleur à la sortie inscrit les bons du Secrétariat général et ceux de l'Inspection sur un registre-répertoire des nantissements sortis sur bons représentatifs.

Il y mentionne la date de la sortie, le nom du signataire du bon, la division ou le bureau, la date et le numéro de l'engagement, la désignation sommaire de l'article et le montant du prêt.

Une dernière colonne est réservée pour l'inscription de la date de la rentrée en magasin.

---

1. Règlement du 30 juin 1865, art. 103.
2. Règlement du 30 juin 1865, art. 103.

L'enregistrement des bons de greffe est fait par les magasiniers-principaux sur un répertoire semblable au précédent.

CHAPITRE VI

DÉPOT DES TITRES RENTRÉS

I. — Réception, récolement et intercalation.

911. — Les reconnaissances et les extraits des procès-verbaux de vente, rentrés au magasin après les diverses formalités de contrôle, sont classés et conservés par ordre de date jusqu'à l'apurement de la comptabilité [1].

Les bons d'annulation d'engagements, joints aux reconnaissances oblitérées sont classés à leur ordre parmi les titres rentrés, après que les inscriptions nécessaires ont été faites sur les répertoires des magasins [2].

Des employés du magasin placés sous les ordres d'un magasinier, procèdent, chaque jour, au récolement des reconnaissances rentrées et des certificats de vente [3].

912. — Les feuilles du journal des recettes (dégagements et renouvellements) sont remises au magasinier qui fait classer les titres par numéros de sortie et s'assure par un pointage que tous les titres sont représentés.

Les certificats de vente lui sont remis avec un bordereau en indiquant le nombre.

Il prend note, s'il y a lieu, et après recherches dans les différents services, des titres manquants pour faire établir ultérieurement des duplicatas par le Sous-chef de la vérification.

---

1. Règlement du 30 juin 1865, art. 107.
2. Arrêté du Directeur du 1ᵉʳ mars 1882.
3. Ordre de service du 14 janvier 1845.

913. — Les reconnaissances revêtues d'une mention indiquant que le dégagement a été effectué sans perception de droits, en vertu de l'article 4 de l'arrêté du 1er mai 1882, sont communiquées chaque jour à l'Inspecteur qui appose son visa sur ces titres [1].

914. — Les reconnaissances, certificats de vente et feuilles du journal des recettes sont ensuite remis au service de la Vérification pour servir à l'inscription des mentions de sortie et aux différentes vérifications indiquées au chapitre V du titre IV.

Aucune reconnaissance, certificat de vente ou feuille du journal des recettes ne peuvent être extraits du dépôt des reconnaissances sans un bon contresigné par le Chef des magasins [2].

II. — Classement et conservation des titres.

915. — Après l'inscription des mentions de sortie sur les registres d'engagement ou de renouvellement, le service de la Vérification remet au service des magasins les reconnaissances et certificats de vente.

Ces titres sont alors classés :
1° Par exercice ;
2° Par division ou bureau auxiliaire ;
3° Par nature d'opération (engagements ou renouvellements) ;
4° Par numéro d'entrée.

Les certificats de vente sont intercalés au lieu et place des reconnaissances.

Les reconnaissances et les certificats de vente qui ne sont pas revêtus de l'empreinte du timbre constatant l'accomplissement des opérations de contrôle, sont renvoyés au service de la Vérification, à toutes fins utiles [3].

916. — S'il arrive qu'un des titres à conserver comme pièce de décharge ait été adiré, le Chef des magasins

---

1. Circulaire du 16 mai 1882.
2. Ordre de service du 14 janvier 1845.
3. Ordre de service du 2 novembre 1882.

adresse au Chef de la Comptabilité une demande pour obtenir un duplicata qui ne peut être délivré qu'après que l'on s'est assuré que le dégagement ou le renouvellement a réellement eu lieu [1].

917. — Après l'approbation de la liquidation des magasins par l'autorité supérieure, les titres relatifs à l'exercice liquidé sont remis au Matériel pour être détruits.

918. — Les feuilles d'engagement des commissionnaires sont également conservées au dépôt des reconnaissances où elles sont classées le lendemain du jour de l'engagement.

Elles sont consultées en cas de besoin, notamment au moment du retrait des gages.

CHAPITRE VII

DÉPÔT DES VENTES

I. — Dispositions générales. — Réception des gages.

919. — Le Dépôt des ventes sert de magasin provisoire aux nantissements qui, n'ayant pas été dégagés ou renouvelés, doivent être mis en adjudication.

Il est placé sous la direction et la surveillance d'un Chef de service. Son personnel est chargé de recevoir les nantissements à mettre en vente et d'en provoquer l'adjudication.

Ce personnel se compose d'employés aux écritures chargés de la tenue des registres et d'employés à la manutention chargés du placement et de la conservation des gages.

920. — Lors de la réception des gages, l'un des employés à la manutention donne décharge par un paragraphe apposé sur le rôle d'abattage en regard de chaque article.

---

1. Règlement du 30 juin 1865, art. 104.

Si, au cours de cette réception, il est constaté que l'emballage d'un gage n'est plus intact, avis en est donné au Chef du Dépôt qui fait procéder immédiatement à l'ouverture du nantissement et à la vérification de son contenu, en présence du Chef des magasins ou de son délégué.

Une décharge générale est donnée en toutes lettres, par le Commis-principal du Dépôt qui indique les numéros et prêts des articles manquants [1].

A mesure de leur réception, les nantissements sont placés sur des rayons, autant que possible par numéros d'engagement ou de renouvellement.

Chaque jour, les employés du Dépôt des ventes procèdent à la vérification des gages qui doivent figurer à la vacation du lendemain.

Ils signalent au Chef du Dépôt les articles non conformes aux désignations portées sur les bulletins.

921. — Lorsque certains articles déposés au Chef-lieu doivent être vendus dans une succursale, un tableau de vente spécial est dressé et copie en est faite pour servir de contrôle de réception audit établissement.

Ces gages sont transportés par les voitures des bureaux auxiliaires dépendant des succursales.

II. — **Examen des bijoux par le Contrôleur de la Monnaie. — Livraison des nantissements aux commissaires-priseurs. — Établissement des tableaux de vente.**

922. — Lorsque les bijoux ont été reconnus conformes à la désignation des bulletins de prisée, ils sont soumis, dans l'intérieur du Dépôt des ventes et en présence des employés, à l'examen d'un Contrôleur de la garantie délégué au Mont-de-Piété, qui après les avoir examinés, fixe par un fil une carte de couleur blanche à ceux d'entre eux qui doivent recevoir le contrôle de garantie.

Ceux qui sont déjà revêtus dudit contrôle sont distingués à l'aide d'une carte de couleur verte.

---

1. Arrêté du Directeur du 31 décembre 1885, art. 11.

923. — La livraison aux commissaires-priseurs des articles à mettre en vente a lieu au moyen de tableaux de vente dressés par les employés à la manutention qui groupent chaque jour les gages devant composer la vacation de chaque salle.

Un tableau distinct est dressé pour chaque catégorie de gages (bijoux et objets divers). Les indications ci-après sont portés pour chaque article en regard d'un numéro d'ordre d'une série de 1 à 300 :

Divisions ou bureaux — Numéros des engagements ou des renouvellements — Prêts.

III. — Tenue des registres — Répertoire. — Débets. Retraits. — Liquidation. — Visas.

924. — Le Commis-principal établit, à l'aide des rôles de vente, le répertoire des nantissements livrés au Dépôt.

Ce répertoire indique la date de la livraison et la division ou le bureau auxiliaire auquel appartiennent les articles livrés.

Les diverses colonnes comprennent : l'indication de la dizaine livrée et, pour l'entrée, les numéros des engagements ou renouvellements, les désignations sommaires et les prêts; la sortie se divise en articles rendus au magasin et en articles vendus : en regard des articles rendus on mentionne les numéros et dates des bons de retrait et les prêts; en regard des articles vendus, les numéros et dates de vente, et les prêts.

Le répertoire est totalisé chaque jour pour l'entrée. En ce qui concerne la sortie il est chaque mois soumis à une révision par le Commis-principal.

Après l'inscription des mentions omises, les articles en blanc sont représentés au Chef du service.

L'apurement, pour les dizaines dont la sortie a été complétée, est constaté par les additions des gages rendus et des gages vendus (articles et sommes) dont les totaux réunis doivent concorder avec ceux de l'entrée [1].

---

[1]. Arrêté du Directeur du 31 décembre 1885, art. 9.

925. — Le lendemain d'une vente, il est dressé, à l'aide du procès-verbal, un bordereau, qui comporte, en articles et sommes, l'indication des nantissements vendus, par division ou bureau auxiliaire, et par exercice.

Ce bordereau est remis au service des magasins pour servir à la comptabilité générale.

926. — Le résultat des ventes est également porté sur un registre qui indique, par jour et par exercice, le nombre des gages vendus en articles et en sommes.

A chaque fin de mois, les diverses colonnes de ce registre sont totalisées et le résultat est comparé avec celui du Grand-Livre-Journal des magasins.

927. — La comptabilité du dépôt des ventes comprend de plus la tenue de deux registres destinés à l'inscription du produit des adjudications et des mouvements de fonds qu'elles occasionnent.

Le premier de ces registres reçoit, jour par jour, la mention du résultat de la vente en articles et en sommes; une partie est réservée à l'inscription des versements effectués à la Caisse par les Commissaires-priseurs.

Tous les mois, ces diverses sommes sont totalisées et la différence entre le total du produit des adjudications et les versements effectués par les Commissaires-priseurs fait ressortir le solde des sommes dues par eux au dernier jour de chaque mois.

Le produit des adjudications est porté sur ce registre à l'aide des procès-verbaux de vente. Lorsque le Trésorier des Commissaires-priseurs effectue un versement, il adresse un bulletin au dépôt des ventes, pour servir aux inscriptions nécessaires.

Chaque versement doit représenter l'intégralité d'une ou de plusieurs vacations.

928. — Le même bulletin sert à la tenue du registre de situation journalière des ventes (Contrôle).

Ce registre reçoit, comme le précédent, l'inscription du produit des adjudications à ajouter au solde de la veille. Du total de ces deux sommes est retranché le chiffre indiqué sur le bulletin de versement; la différence repré-

CHAP. VII — DÉPÔT DES VENTES 345

sente la somme restant due par les Commissaires-priseurs.

Le solde constaté sur ces deux derniers registres est confronté le dernier jour de chaque mois.

929. — Une situation journalière indiquant le mouvement des débets est établie à l'aide du registre de situation des ventes et remise au Chef de la comptabilité, visée par le Trésorier des Commissaires-priseurs.

930. — Le retrait d'un article demandé au dépôt des ventes par le service des magasins ne peut avoir lieu que sur un bon signé par le chef des magasins ou son délégué.

Ce bon indique la division ou le bureau auxiliaire, le numéro de l'engagement, la désignation du nantissement, le prêt et le motif du retrait.

931. — Un registre spécial est destiné à l'inscription de ces bons. Une série de numéros d'ordre non interrompue, partant du 1er janvier de chaque année, leur est affectée. Ces numéros sont portés dans la 1re colonne du registre. Les autres colonnes sont réservées aux indications suivantes :

Divisions ou bureaux — Années et numéros d'engagements ou de renouvellements — Prêts — Désignations des nantissements — Opérations effectuées (numéros de dégagement, de renouvellement ou de sursis, dates de ces opérations).

Les bons de retrait revêtus du numéro d'ordre du registre des retraits sont classés par division ou bureau auxiliaire. Leur numéro d'ordre est porté comme mention de sortie en regard des articles qu'ils concernent sur le Répertoire des nantissements livrés au dépôt.

932. — La liquidation des nantissements livrés au dépôt des ventes s'opère par l'inscription au répertoire des numéros de vente et des numéros des bons de retrait ; cette inscription est faite comme il est dit ci-dessus.

Les indications à porter dans la partie de la sortie affectée aux articles vendus sont prises sur les bulletins de prisée desdits articles. A cet effet, ces bulletins sont remis chaque jour au dépôt par le contrôleur de la vente.

Après l'inscription desdites mentions au répertoire, les bulletins sont transmis au service du boni.

933. — La revision de cette liquidation a pour but de constater qu'aucun article porté sur le répertoire n'est resté sans mention de sortie, soit par retrait, soit par vente.

Le résultat de cette revision est remis au chef du Contrôle.

934. — Les employés du dépôt des ventes sont chargés de renseigner les emprunteurs sur l'époque de la vente des nantissements. Ils ont à apposer, au moyen d'un timbre à date, un visa sur les reconnaissances présentées à l'effet de constater que les nantissements y désignés ne sont pas encore vendus.

Le gage est revêtu d'une fiche sur laquelle est inscrite la date du visa.

L'article est conservé pendant trois jours pour permettre à l'emprunteur d'effectuer le dégagement ou le renouvellement.

TITRE VI

SERVICE DU SECRÉTARIAT GÉNÉRAL PERSONNEL ET MATÉRIEL

CHAPITRE PREMIER

PERSONNEL

I. — Organisation du service.

935. — Le service du Secrétariat général, placé sous la direction du Secrétaire général, comprend deux bureaux. Le premier est chargé de la correspondance avec les administrations et les emprunteurs, de la copie de tous les mémoires adressés au Conseil de surveillance par le Directeur, des projets d'avis à émettre par ledit Conseil et en général de l'expédition de toutes les pièces administratives (arrêtés, ordres de service ou notes du Directeur), de la copie des arrêtés provenant de la Préfecture de la Seine, etc., etc.

936. — Le second bureau a dans ses attributions l'entretien et la comptabilité du mobilier, les travaux de construction, les imprimés et fournitures de bureau, la surveillance des bâtiments d'exploitation ou de rapport, l'aménagement des locaux, les projets de baux, etc.

937. — Le bureau du personnel se compose d'un Chef et d'un Sous-chef dont les attributions générales sont

348   TITRE VI — SERVICE DU SECRÉTARIAT GÉNÉRAL

décrites au chapitre IV du titre I, de deux Commis-principaux et des employés nécessaires au fonctionnement du service. Le Sous-chef est spécialement chargé de la correspondance avec les emprunteurs ; les Commis-principaux et Commis sont chargés de la tenue des registres des bons de sortie, des absences des employés, des sursis, de la transcription des arrêtés et ordres de service du Directeur, de la copie des arrêtés préfectoraux concernant le personnel, de toutes les copies de lettres ou documents administratifs, de la transcription des procès-verbaux des séances du Conseil de surveillance, etc.

938. — Le bureau du Matériel se compose d'un Chef-comptable, dont les attributions sont indiquées d'une manière générale au paragraphe X du chapitre IV (titre I), d'un commis-principal, plus spécialement chargé des travaux d'architecture, d'employés aux écritures en nombre suffisant pour la tenue des registres, et d'un magasinier, dont l'emploi consiste à recevoir et à délivrer les objets de toute nature, les papiers, les imprimés, etc., nécessaires au fonctionnement des divers services de l'Administration.

II. — **Appel des Candidats**. — **Examens**.

939. — Les candidats aux emplois du Mont-de-Piété sont tenus de se faire inscrire au Secrétariat général, où il leur est délivré un extrait imprimé de l'arrêté du 4 mai 1847, qui règle les conditions d'admission [1].

Le registre d'inscription des demandes d'emploi comprend, sous un numéro d'ordre, la date de l'inscription de la demande, le nom du pétitionnaire, la date de la demande d'emploi, la nature de l'emploi demandé, enfin les noms et qualités des personnes qui, en recommandant le candidat à l'Administration, se portent garantes de sa moralité et de ses aptitudes.

940. — Il est établi, pour chaque candidat, un dossier dans lequel sont placées toutes les pièces qui le concernent.

---

1. Délibération du Conseil d'administration du 23 juin 1847.

Ce dossier comprend notamment :
1° La demande du candidat et les pièces qui peuvent être jointes à cette demande ;
2° Un état de renseignements indiquant :

Les nom et prénoms du candidat, la date et le lieu de sa naissance, sa qualité de célibataire, d'homme marié ou de veuf, le nombre d'enfants à sa charge, les diplômes qu'il possède, ses antécédents et recommandations, sa situation au point de vue du recrutement, son adresse et les diverses observations qu'il paraît utile de consigner.

941. — Les candidats aux emplois d'expéditionnaire ou de gagiste subissent un examen ayant pour objet de constater qu'ils réunissent les conditions exigées pour les emplois qu'ils sollicitent.

Ces conditions et les matières sur lesquelles portent les examens sont indiquées au paragraphe II du chapitre III (titre I).

942. — Avant d'être l'objet d'une proposition, les candidats aux emplois d'expéditionnaire ou de gagiste sont appelés, en qualité d'auxiliaires, à faire un stage à l'Administration.

Lorsqu'il y a lieu d'appeler, en qualité d'auxiliaires, des candidats aux emplois d'expéditionnaire ou de gagiste, le Chef du secrétariat prépare un ordre de service indiquant la date de l'entrée en fonctions et les noms et prénoms des intéressés désignés par le Directeur, sur la proposition du Secrétaire général.

Ampliation de cet ordre de service est adressée au Caissier-comptable, au Chef de la Comptabilité et à chacun des Chefs des services intéressés.

943. — Les propositions soumises au Préfet de la Seine, en ce qui concerne le personnel, doivent être accompagnées des dossiers des employés toutes les fois qu'il s'agit de nominations, d'avancement de grade, de mesures disciplinaires, de mises à la retraite ou d'allocations de quelque importance, soit à titre d'indemnité, soit à titre de secours.

Afin d'éviter toute chance d'erreur de transmission, les

documents communiqués sont adressés au Préfet sous pli fermé et avec la mention « *Confidentiel* »[1].

Les dossiers ne sont pas envoyés à l'appui des propositions d'avancement de classe.

944. — Les dossiers qu'il y a lieu de transmettre à la Préfecture de la Seine, pour accompagner des propositions de nominations, sont complétés par l'adjonction des pièces suivantes :

1° Notes signalétiques indiquant :

Les nom, prénoms, date et lieu de naissance de l'employé — la date de son entrée dans l'Administration, son temps de service, son grade et sa classe — sa position de famille, le nombre de ses enfants — sa position de fortune et ses charges — son degré d'instruction et les diplômes qu'il peut posséder — ses aptitudes spéciales; sa manière de servir (exactitude, zèle, activité, tenue) — ses décorations et distinctions honorifiques — ses titres divers étrangers à l'Administration et ses antécédents.

Les observations et propositions de son Chef de service, du Secrétaire général et du Directeur figurent également à la suite de ces notes ;

2° Un état des congés qui lui ont été accordés et de ses absences avec indication des motifs;

3° Un état des services militaires ou civils accomplis par l'employé antérieurement à son entrée dans l'Administration, avec indication de ceux de ces services qui sont rémunérés par une pension ou valables pour la retraite;

4° Un état des décisions et arrêtés concernant l'employé (extrait du registre matricule);

5° Une copie de son acte de naissance;

6° Un extrait de son casier judiciaire.

945. — Il est remis à chaque employé, lors de sa nomination ou de sa promotion à une classe ou à un grade supérieur, un extrait de l'arrêté préfectoral qui le concerne. Lors de la radiation, il est délivré, aux employés qui en font la demande, un certificat constatant le temps pendant lequel ils ont été attachés au Mont-de-Piété.

---

1. Lettre préfectorale du 11 avril 1879.

946. — Les employés admis à titre définitif sont inscrits sur un registre matricule tenu par le Chef du secrétariat.

Un registre est affecté aux employés aux écritures et un autre aux employés à la manutention.

Ce registre comprend d'une part les nom, prénoms, date et lieu de naissance de l'employé; d'autre part, les dates de ses nominations ou promotions et les traitements successivement alloués.

Les dates et motifs de radiation sont indiqués au bas de la case réservée à chaque employé.

947. — Les dossiers des candidats, de même que ceux des auxiliaires et ceux des employés nommés par le Préfet de la Seine, demeurent sous la garde du Secrétaire général.

Après la radiation d'un employé, son dossier est remis au Chef du secrétariat pour être classé, selon les cas, soit avec les dossiers des employés admis à la retraite, soit avec ceux des employés rayés des contrôles pour toute autre cause.

III. — Feuilles de présence. — Remplacement des absents.

948. — Les feuilles de présence des services du Chef-lieu sont réunies à neuf heures du matin par l'un des garçons de bureau de la Direction et remises au Secrétaire général, qui les conserve jusqu'à l'heure fixée pour la fermeture des bureaux.

949. — Les rapports sur les absences fournis par les Chefs de service sont remis chaque jour à midi au Chef du Secrétariat. Ces rapports indiquent les noms des employés absents et les causes des absences.

950. — Au moyen de ces rapports, le Chef du Secrétariat fait établir chaque jour, pour être remis au Directeur, un relevé des employés absents avec indication des motifs d'absence.

Ce relevé fait connaître, pour les employés malades, le jour où ils ont cessé leur service.

951. — Le Secrétaire général signe ce relevé et indique ceux des employés malades qu'il y a lieu de faire visiter par le médecin de l'Administration.

Le Chef du Secrétariat fait connaître au médecin, par lettre et au besoin par télégramme, les noms et adresses des employés ainsi désignés.

Les rapports fournis par le médecin sont reçus par le Secrétaire général, qui les fait classer aux dossiers des employés après les avoir soumis au Directeur.

952. — Le Secrétaire général désigne les employés qu'il y a lieu de distraire de certains bureaux en vue de pourvoir au remplacement des employés absents, lorsque les Chefs de service n'ont pas un personnel suffisant.

Le Chef du Secrétariat fait connaître les mutations ordonnées au moyen de notes de service adressées aux Chefs des bureaux intéressés.

953. — Il est tenu au Secrétariat général un registre sur lequel sont indiqués, pour chaque employé, les dates et les motifs de ses absences.

IV. — Liquidation des pensions de retraite.

954. — Pour obtenir l'admission à la retraite d'un employé, le Directeur sollicite du Préfet de la Seine un arrêté à cet effet.

A l'appui du rapport indiquant les titres invoqués et les articles du règlement sur lesquels s'appuie la proposition, sont joints : 1° la lettre de l'employé, si la demande d'admission émane de lui ; 2° un certificat du médecin attaché à l'Administration, dans le cas où la retraite n'est pas sollicitée pour ancienneté de services.

Après que cet arrêté a été obtenu, il est procédé à la liquidation des droits de l'employé.

955. — Les projets de liquidation de pension sont préparés par le Chef du Secrétariat.

Ils comprennent 1° : les états des services des employés établis d'après le registre matricule, avec l'indication de la durée des services en années, mois et jours ;

2° Les décomptes des pensions auxquelles les employés ont droit d'après les bases fixées par les règlements.

Ces pièces sont soumises au Chef de la comptabilité, qui en vérifie l'exactitude et y appose son visa.

Les projets de liquidation sont ensuite joints aux dossiers des employés et remis à l'un des membres du Conseil de surveillance, qui les examine et en fait rapport au Conseil.

956. — Après l'avis favorable du Conseil de surveillance, le Chef du secrétariat compose les dossiers qui doivent être transmis à la Préfecture de la Seine.

Chaque dossier comprend :

1° Un rapport du Directeur ;
2° Une copie de l'arrêté d'admission à la retraite ;
3° Un état des services de l'employé, certifié conforme aux registres du Mont-de-Piété ;
4° Une copie de son acte de naissance ;
5° Une copie de l'avis émis par le Conseil de surveillance ;
6° La demande de l'employé, s'il y a lieu ;
7° Un certificat du médecin de l'Administration constatant l'état de l'employé, si la proposition est faite pour l'une des causes énoncées aux articles 5 et 6 du décret du 25 juillet 1882.

Si l'employé compte des services militaires ou des services civils dans une autre administration ressortissant au Gouvernement ou à la Ville de Paris, il y a lieu de joindre au dossier un certificat émanant, soit de ces administrations, soit du ministère de la guerre, constatant la nature et la durée des services.

En cas d'inexactitude dans la transcription du nom ou des prénoms sur l'état des services ou sur l'acte de naissance, un acte de notoriété, établi en présence d'un magistrat et de deux témoins, est nécessaire.

Ces pièces sont énumérées dans un bordereau d'envoi.

957. — Pour les pensions des veuves ou des orphelins, les dossiers comprennent :

1° L'ampliation de l'arrêté fixant la pension de l'employé, s'il est décédé en jouissance de sa pension ;
2° L'acte de décès du titulaire de la pension ;

3° L'acte de mariage pour les veuves et l'acte de naissance pour les orphelins;

4° Un certificat de notoriété constatant qu'il n'y a pas eu séparation de corps entre les époux ou que la séparation a été prononcée à la demande de la femme.

Lorsqu'il s'agit de régler les droits de la veuve d'un pensionnaire, la liquidation s'établit directement au profit de la veuve et des orphelins sur la production du brevet de pension du mari et de la copie d'un avis favorable émis par le Conseil de surveillance.

Lorsqu'il y a lieu de liquider la pension de la veuve et des orphelins d'un employé décédé dans l'exercice de ses fonctions, la liquidation ne s'opère qu'après avoir obtenu du Préfet de la Seine un arrêté d'admission à pension en faveur des intéressés.

CHAPITRE II

CORRESPONDANCE ET OPÉRATIONS D'ORDRE

1. — Opérations par correspondance.

958. — L'Administration admet le public à effectuer par correspondance toutes les opérations qui se font au Mont-de-Piété.

La correspondance est centralisée au Secrétariat général pour le Chef-lieu et pour tous les bureaux auxiliaires qui en dépendent et au bureau du Contrôle de chaque succursale pour ces établissements et les bureaux qui y ressortissent.

959. — Les Chefs des bureaux auxiliaires transmettent aux services dont il s'agit les demandes d'opérations ou de renseignements qui leur sont adressées par le public.

Les titres et valeurs accompagnant les demandes sont joints à ces envois et enregistrés sur un carnet spécial [1].

---

1. Circulaire du 21 février 1882.

Le Chef du Secrétariat donne une décharge des pièces reçues, en regard de chaque envoi.

960. — Les lettres ouvertes et annotées par le Secrétaire général sont remises au service, accompagnées des pièces et valeurs vérifiées.

Les enveloppes sont également jointes aux dossiers ou classées par journées, de façon à être retrouvées facilement en cas de besoin [1].

961. — Il est tenu par l'un des Commis-principaux un registre d'entrée des lettres ou documents adressés à l'Administration.

Ces pièces reçoivent l'empreinte d'un timbre dans laquelle est inscrit un numéro d'une série commençant chaque année au 1er janvier et se continuant sans interruption jusqu'au 31 décembre.

Les reconnaissances qui doivent servir à des dégagements ou renouvellements sont également revêtues du timbre de la correspondance générale [2].

Le registre de correspondance est divisé en colonnes destinées à recevoir les indications suivantes, en regard de la case réservée à chaque lettre ou document :

Numéro d'entrée — Nom ou qualité de l'auteur de la lettre ou de l'arrêté — Date de la lettre ou de l'arrêté — Objet de la lettre ou de l'arrêté et service auquel l'affaire est renvoyée — Recettes — Dépenses — Titres et sommes non employés (à reporter) — Numéro d'ordre du registre des liquidations.

La colonne des recettes est ainsi subdivisée :

Titres reçus — Sommes reçues des correspondants — Recettes diverses (bonis, engagements, débours, etc.) — Total.

La colonne des dépenses est ainsi subdivisée :

Titres employés — Dégagements et renouvellements — Frais divers (affranchissements, emballages, etc.) — Reliquats — Total.

L'avant-dernière colonne est subdivisée pour recevoir séparément l'indication des titres et des sommes non employés dans la journée de leur inscription.

---

1. Note de service du 17 août 1882.
2. Note de service du 12 août 1885.

Enfin la dernière colonne est destinée à recevoir ultérieurement l'indication du numéro d'ordre du registre des liquidations.

962. — Les demandes d'opérations et les demandes de renseignements concernant le service des prêts ou celui des emprunts sont remises, après l'enregistrement, au Sous-chef du Secrétariat, qui est chargé de donner à ces demandes la suite qu'elles comportent.

Cet agent est également chargé de préparer les minutes des réponses qui sont expédiées par des employés sous ses ordres.

Les pièces relatives à des affaires qui ne peuvent être traitées au Secrétariat général sont renvoyées aux services compétents.

963. — En recevant la correspondance, le Sous-chef du Secrétariat s'assure :

1° Que toutes les lettres sont revêtues d'un numéro d'entrée ;

2° Que les titres et valeurs contenus dans ces lettres ont été exactement indiqués.

Il en extrait ensuite les demandes relatives à des opérations pouvant être effectuées dans la journée même, c'est-à-dire celles qui sont accompagnées des titres et des sommes suffisantes.

964. — Le Sous-chef réunit les reconnaissances et inscrit sur ces titres les décomptes des sommes à percevoir, comprenant les capitaux prêtés et les intérêts et droits dus au Mont-de-Piété ou simplement ces dernières sommes selon qu'il s'agit de dégagements ou de renouvellements à effectuer.

Ces décomptes sont établis dans la forme indiquée au paragraphe II du chapitre III (titre II).

Le coût de chaque dégagement et de chaque renouvellement est relevé sur un carnet où sont indiquées les opérations effectuées chaque jour.

Le Sous-chef indique sur chaque lettre le coût des opérations à effectuer.

Les mandats sont réunis et présentés à la Caisse, qui fait l'avance de leur montant.

965. — Les reconnaissances relatives aux dégagements et aux renouvellements à effectuer et les sommes nécessaires sont remises à un garçon de bureau qui suit ces opérations dans les divers services de l'Administration.

Les récépissés sont transmis aux Commissionnaires pour en obtenir l'échange contre les reconnaissances. Les lettres des intéressés sont communiquées, s'il y a lieu, pour la confrontation des signatures.

966. — Le Sous-chef prépare ensuite les réponses aux demandes d'opération en donnant à chaque correspondant le détail de l'emploi de la somme transmise.

Les dépenses qu'il y a lieu de faire pour un dégagement sont notamment les suivantes :

<small>Montant du dégagement — Prix d'une boîte ou de l'emballage, s'il y a lieu — Affranchissement de la lettre d'avis — Frais d'envoi — Valeur déclarée, lorsqu'il s'agit de bijoux expédiés par la poste.</small>

967. — Il appartient au Sous-chef de prendre l'intérêt des emprunteurs, notamment en fixant le prix des emballages à un chiffre en rapport avec les objets fournis, et de veiller à ce que toutes précautions utiles soient prises relativement à l'expédition des nantissements.

968. — Les frais d'envoi consistent dans la remise aux intermédiaires de sommes destinées à les indemniser des peines et dérangements que leur occasionnent les expéditions en dehors des heures de bureau, ainsi que de la fourniture des objets nécessaires à l'emballage.

969. — Le Sous-chef ajoute, s'il y a lieu, à ces dépenses, le reliquat disponible qui est joint à la lettre d'avis.

970. — Lorsque la somme transmise n'est pas suffisante pour effectuer un dégagement, les objets peuvent être expédiés par le chemin de fer, qui rembourse la somme avancée par l'Administration.

La somme à payer de ce fait, en sus du port, est alors indiquée sur la lettre d'avis et sur le colis, à la suite du mot : *Débours*.

971. — Les dépenses qu'il y a lieu de faire pour un renouvellement sont notamment les suivantes :

Montant du renouvellement — Affranchissement de la lettre de retour — Recommandation de cette lettre, si la somme transmise est suffisante.

Le reliquat est joint à la lettre d'envoi des nouveaux titres, s'il y a lieu.

Lorsqu'il s'agit d'un engagement demandé par correspondance, les pièces justificatives produites par l'emprunteur sont mentionnées au dossier, pour être consultées au besoin, le registre des engagements ne comportant dans ce cas que la mention : *Correspondance n°*... à la suite du nom de l'engagiste.

972. — Des formules imprimées pour le service de la correspondance et pour les réponses les plus usitées sont employées par le Secrétariat général.

Ces formules sont les suivantes :

— Demande de la somme nécessaire pour effectuer une opération (dégagement ou renouvellement).

— Envoi de nouvelles reconnaissances délivrées en renouvellement, avec détail de l'emploi d'une somme transmise.

— Avis d'expédition d'objets dégagés, avec le détail de l'emploi d'une somme transmise.

— Avis d'opposition pour cause de reconnaissance adirée, avec indication des formalités à remplir pour obtenir un duplicata.

— Avis de prorogation de la vente.

— Envoi de boni.

— Avis faisant connaître les conditions dans lesquelles l'Administration se charge des opérations par correspondance.

— Avis faisant connaître les conditions dans lesquelles l'Administration peut accorder des sursis.

— Demande d'une somme complémentaire pour effectuer une opération.

— Indication de l'époque de la mise en vente d'un ou de plusieurs articles désignés.

— Demande d'échange d'une reconnaissance contre un récépissé après confrontation de la signature (modèle pour les Commissionnaires).

— Demande d'envoi de titres pour effectuer une opération.

— Envoi d'un certificat à faire signer par un magistrat, en

présence de deux cautions, pour la délivrance d'un duplicata de reconnaissance adirée.

— Avis indiquant les formalités à remplir pour un engagement.

— Demande de renseignements complémentaires pour retrouver la trace d'objets engagés.

— Envoi de reconnaissance et de fonds provenant d'articles transmis pour être engagés.

— Convocation.

— Demande d'extrait de registre (pour les bureaux auxiliaires et les Commissionnaires).

973. — En fin de journée, les lettres expédiées sont remises au Commis-principal, qui indique au registre de correspondance, en détaillant leur emploi, les titres utilisés et les sommes dépensées. Ces mentions sont faites en regard des sommes transmises par les correspondants dans la même journée.

Les colonnes de la dépense et celles où sont inscrits les titres et les sommes non employés dans la journée même, donnent un total égal à celui des colonnes de l'entrée.

974. — Il est tenu en outre un registre de liquidation, du même modèle que le précédent, sur lequel le Commis-principal porte chaque jour en recette le nombre des titres et le montant des sommes qui n'ont pu être employés dans la journée de leur inscription; ces titres et sommes sont ajoutés au solde de la veille. D'autre part, il inscrit en dépense, et en les détaillant, les opérations effectuées dans une journée postérieure à celle de leur inscription au registre de correspondance.

Ces dépenses (titres et sommes), après avoir été totalisées, sont retranchées des recettes, de façon à obtenir chaque soir le solde à la charge du Sous-chef.

Les opérations inscrites sur le registre de liquidation sont numérotées à l'encre rouge. Le numéro d'ordre est rappelé sur le registre de correspondance en regard de chaque opération non apurée dans la journée de son inscription.

975. — Une vérification de caisse est faite, au moins une fois par mois, par le Chef de la Comptabilité, qui en dresse procès-verbal.

Les lettres, titres et valeurs qui n'ont pu être remis aux intéressés, soit par défaut d'adresse, soit par suite de retour, soit pour toute autre cause, sont classés dans un dossier spécial.

976. — Les sommes qui n'ont pu être rendues aux intéressés, sont, après un délai de trois années, versées à la Caisse au compte des *Dépôts divers*, où elles restent à la disposition des ayants droit jusqu'à la prescription trentenaire.

A cet effet, il est dressé par trimestre un état indiquant, en regard de chaque somme, le numéro du registre de correspondance, le nom et l'adresse de la personne qui a transmis les fonds.

Les reconnaissances et récépissés sont, avant le délai fixé pour la prescription des bonis, remis au service de l'Inspection pour servir à la perception et au versement à la Caisse des sommes revenant aux correspondants. Un état, contenant les indications portées sur les titres, est communiqué à l'Inspecteur, qui le rend après y avoir apposé sa signature pour décharge et après avoir fait indiquer le boni de chaque article, le numéro et la date du versement à la Caisse [1].

Les reconnaissances des articles vendus à perte sont jointes au dossier, de manière à pouvoir être représentées à toute réquisition.

977. — Lorsqu'il y a lieu de rembourser une somme dont le versement a été effectuée à la Caisse, un rapport motivé est adressé au Directeur. Sur le vu de ce rapport, le service de la comptabilité délivre à l'intéressé un mandat de payement de la somme restée en dépôt.

II. — Sursis à la vente.

978. — Il peut être accordé des sursis aux emprunteurs qui se trouvent, à l'échéance de leurs engagements, dans l'impossibilité soit de dégager leurs nantissements, soit d'effectuer le renouvellement.

---

1. Arrêté du Directeur du 13 février 1885.

Les sursis à la vente sont exclusivement accordés aux bureaux du Secrétariat général, pour le Chef-lieu, et à ceux du Contrôle, pour les succursales [1].

979. — Les nantissements composés de lainages ou d'objets de literie ne peuvent être l'objet de cette faveur.

Toutefois, les nantissements de cette nature peuvent être mis de côté pour un temps très court lorsque les intéressés font valoir des raisons suffisantes. Dans ce cas, ces nantissements sont inscrits sur un registre spécial dit des *Revisions*.

980. — Les sursis à la vente accordés aux emprunteurs dont la demande paraît justifiée ont quatre échéances déterminées, et la vente des gages qui bénéficient de cette faveur a lieu à l'expiration des échéances ci-après indiquées.

Les sursis demandés pendant les mois de janvier, février et mars sont accordés au 30 juin suivant.

Ceux demandés en avril, mai et juin sont accordés au 30 septembre suivant.

Ceux demandés en juillet, août et septembre sont accordés au 31 décembre suivant.

Ceux demandés en octobre, novembre et décembre sont accordés au 31 mars suivant [2].

981. — A moins de circonstances particulières dont l'appréciation appartient aux Chefs de service, les sursis ne peuvent être accordés que sur la présentation des reconnaissances; il en est de même s'il s'agit d'accorder un sursis pour un article engagé chez un Commissionnaire, lorsque l'échange de la reconnaissance n'a pas été effectué.

Les sursis accordés sont inscrits sur un registre où sont rappelés pour chaque article :

Le numéro d'ordre du sursis — le nom de la personne qui a sollicité cette faveur — sa demeure — l'indication du nantissement (division ou bureau, numéro, date, prêt, désignation sommaire) — l'échéance du sursis — les indications qu'il peut être utile de consigner (numéros d'opposition, saisies, etc.).

---

1. Ordre de service du 2 juillet 1861.
2. Ordre de service du 24 juillet 1879.

Le registre des revisions est semblable à celui des sursis.

982. — Lorsqu'il s'agit d'un article appartenant à une dizaine en vente, l'employé chargé du service des sursis fait apposer, sur la reconnaissance, un visa constatant que le gage n'est pas encore vendu.

Les visas du dépôt des ventes, constatés par un timbre spécial, ne sont valables que pour la journée.

En conséquence, l'employé chargé d'inscrire les sursis doit adresser chaque jour, au service des Magasins, des relevés indiquant les articles qu'il y a lieu de conserver.

Ces relevés donnent les indications nécessaires pour retrouver les gages.

983. — Lorsqu'à la requête des Commissionnaires, qui communiquent les demandes des intéressés, l'Administration consent à proroger la vente de nantissements non soumis à la réappréciation, ces intermédiaires sont responsables vis-à-vis d'elle des conséquences de cette faveur.

Si, à l'époque de la vente desdits articles, les droits à recouvrer par l'Administration absorbent totalement le prix d'adjudication, sans qu'il soit possible de leur rembourser leurs excédents d'avances ou toute somme quelconque leur revenant, les Commissionnaires ne peuvent exercer aucune revendication [1].

984. — Les nantissements ne peuvent être l'objet d'un second sursis qu'en raison de circonstances exceptionnelles et notamment lorsqu'il s'agit de gages donnant lieu à un litige.

III. — **Bons de sortie.** — **Réappréciation des nantissements.** — **Diminutions de prêts.** — **Augmentations de prêts.** — **Distraits.** — **Dégagements tardifs.**

985. — Un employé du Secrétariat général établit les bons de Direction nécessaires pour faire sortir les nantissements des magasins, dans les cas ci-après :

---

1. Circulaire du 15 avril 1873.

CHAP. II — CORRESPONDANCE ET OPÉRATIONS D'ORDRE

1° Lorsqu'un gage doit être réapprécié avant le renouvellement, soit à cause de sa nature (*châles et étoffes de laine ayant donné lieu à un prêt de 50 francs et au-dessus*), soit à cause de l'élévation du prêt (1000 *francs et au-dessus*) ;

2° Lorsque l'emprunteur désire diminuer sa dette en remboursant une partie du prêt et en payant les intérêts et droits échus (*diminution de prêt*) ;

3° Lorsque l'emprunteur n'a pas accepté lors du dépôt toute la somme que l'Administration pouvait prêter sur le nantissement (prêts requis) et qu'il désire recevoir le complément du prêt (*augmentation de prêt*) ;

4° Lorsque l'emprunteur désire distraire de son nantissement un ou plusieurs objets dont il offre de rembourser la valeur représentative (*distrait*) ;

5° Lorsqu'une personne, après la fermeture des bureaux de dégagement, a obtenu exceptionnellement de l'un des Chefs de service l'autorisation de retirer son nantissement (*dégagement tardif*).

986. — Les bons de sortie, extraits d'un registre à souche imprimé sur papier blanc, sont ainsi conçus :

Date. — N° d'ordre.

Le Directeur soussigné invite le Chef des magasins à lui délivrer le nantissement ci-après désigné et lui en donne décharge provisoire :

Division ou bureau — Numéro — Date — Prêt — Désignation sommaire — Motif de la sortie.

En l'absence du Directeur, les bons de sortie sont signés par le Secrétaire général ou par le Chef du Secrétariat.

987. — Ces bons ne sont valables que pendant quarante-huit heures.

En conséquence, l'employé chargé de leur délivrance doit faire réintégrer les nantissements ou faire passer les articles en recette, soit dans la séance où ils ont été extraits des magasins, soit dans la séance suivante.

988. — La souche du registre des bons de sortie contient les indications ci-après :

Numéros et dates des ordres — Numéros et désignation des gages — But du retrait — Dates des réintégrations ou des inscriptions en recette.

989. — Lorsqu'il s'agit d'une réappréciation à effectuer, le bon de sortie est remis, avec la reconnaissance, à l'un des garçons de bureau, chargé de suivre l'opération.

Cet employé, après avoir reçu le gage du service des magasins en échange du bon représentatif, se rend au service des Engagements, où le nantissement est soumis à l'un des Commissaires-priseurs, qui estime le gage à nouveau et confirme ou diminue le prêt primitif.

Lorsque le prêt est maintenu, le Commissaire-priseur appose un timbre portant la formule : *bon à renouveler (ou à rengager)*, qu'il date et signe.

Le garçon de bureau reporte aussitôt le nantissement au magasin et reprend le bon de sortie, qu'il rend au service du Secrétariat général.

Il remet ensuite la reconnaissance à l'intéressé, en lui faisant connaître que le renouvellement peut être effectué immédiatement et que la réappréciation est valable pendant un délai de deux mois.

990. — Dans le cas où la nouvelle estimation fait constater une dépréciation assez notable pour que le nantissement ne présente plus une garantie suffisante de la somme prêtée, le Commissaire-priseur indique en toutes lettres le chiffre du nouveau prêt à la suite de la formule : *Bon à rengager pour .... francs*, qu'il fait suivre de la date et de sa signature.

Le garçon de bureau laisse alors provisoirement le gage en dépôt au service des engagements et fait connaître à l'emprunteur la nouvelle appréciation.

Si l'emprunteur se trouve dans l'impossibilité de rembourser l'acompte demandé avec les intérêts et droits échus, la reconnaissance lui est remise.

Le garçon de bureau reprend ensuite le nantissement et le remet au magasin en échange du bon.

Si l'emprunteur consent à verser la somme demandée en sus des intérêts et droits échus, on opère comme il est dit ci-après pour les diminutions de prêt.

991. — Toute diminution du prêt donne lieu à un dégagement et à un engagement nouveau.

Les nom, profession et adresse du propriétaire du gage sont portés au registre des engagements, et, dans la colonne réservée à l'inscription des justifications, on inscrit la mention :

Diminution de prêt de l'article (Bureau ou Division — Numéro — Date — Prêt primitif).

Cette mention est reproduite sur le nouveau titre et sur le nouveau bulletin de prisée.

Le garçon de bureau remet ensuite la nouvelle reconnaissance à l'intéressé contre le payement : 1° de la différence entre l'ancien et le nouveau prêt; 2° des intérêts et droits échus.

La somme remise par le Service des engagements en conséquence du nouveau prêt, jointe à la somme versée par le propriétaire du gage, sert à passer l'article en recette. Sur le vu de la reconnaissance revêtue d'une mention et d'un timbre de remboursement, le Service des magasins restitue le bon de sortie.

Les diminutions de prêt, lorsqu'il s'agit de mesures générales et exceptionnelles, sont l'objet de dispositions spéciales réglées par des ordres de service.

992. — Lorsqu'il y a lieu de procéder à une augmentation du prêt, l'opération est effectuée de la même manière que lorsqu'il s'agit d'une diminution ; la différence entre le nouveau prêt et la somme nécessaire pour faire passer l'article en recette est remise à l'intéressé. Lorsqu'il s'agit d'un gage qui, en raison de sa nature ou de l'élévation du prêt (1000 francs ou au-dessus), doit être soumis à une réappréciation lors du renouvellement, l'augmentation de prêt ne peut être effectuée qu'après un nouvel examen du gage.

La mention à porter sur le registre des engagements, sur la nouvelle reconnaissance et sur le nouveau bulletin de prisée est ainsi conçue :

Augmentation de prêt de l'article (Division ou bureau — Numéro — Date — Prêt primitif).

993. — L'opération qui a pour but de distraire une partie de gage se fait dans la forme indiquée pour la diminution de prêt.

L'appréciation nouvelle porte sur les objets qui restent en magasin et non sur ceux qui doivent être remis à l'intéressé.

La mention à porter sur le registre des engagements, sur la nouvelle reconnaissance et sur le nouveau bulletin de prisée est ainsi conçue :

Distrait de l'article (Division ou bureau — Numéro — Date — Prêt primitif).

994. — Les opérations ci-dessus décrites ne sont accueillies que de la part des emprunteurs.

S'il s'agit de dépôts effectués dans les bureaux auxiliaires ou chez les Commissionnaires, les requérants doivent présenter des extraits du registre des engagements établissant leur qualité d'emprunteur.

Toutefois, en ce qui concerne les nantissements qui ont été l'objet d'un ou de plusieurs renouvellements, le Secrétariat doit accueillir la demande des intéressés, sans exiger la production d'un extrait de registre, mais après s'être reporté aux registres de renouvellement de la vérification.

995. — Lorsqu'il s'agit d'opérer un dégagement tardif, le nantissement est extrait des magasins et remis à l'intéressé contre le payement de la somme due au Mont-de-Piété.

Les intérêts et droits sont calculés à la date de la séance suivante, dans laquelle l'article doit être inscrit en recette.

La somme est conservée par l'employé chargé de la délivrance des bons, qui fait opérer régulièrement le dégagement et la rentrée du bon représentatif.

996. — Les bons rentrés sont conservés et classés par numéros d'ordre ; ils sont soumis au Chef du Secrétariat, qui appose son visa sur la souche en regard de chaque bon rentré.

Le Chef du Secrétariat s'assure ainsi que les articles sont réintégrés ou passés en recette dans les délais réglementaires.

CHAP. II — CORRESPONDANCE ET OPÉRATIONS D'ORDRE

IV. — Bons représentatifs des nantissements saisis par autorité de justice.

997. — Lorsqu'un magistrat requiert la remise d'un ou de plusieurs nantissements, le Service de l'Inspection communique au Secrétariat la réquisition adressée à l'Administration et la liste des nantissements saisis.

La réquisition est inscrite au registre d'entrée de la correspondance et remise ensuite au Service de l'Inspection.

998. — D'après la liste communiquée, un employé du Secrétariat établit des bons de sortie, même pour ceux des nantissements qui sont emmagasinés dans les succursales.

Les bons peuvent être collectifs, si les articles figurent dans une même réquisition et sont placés dans un même magasin.

999. — Les bons représentatifs des nantissements déposés aux greffes sont extraits d'un registre à souche imprimé sur papier rouge; le modèle est le même que celui des bons de sortie ordinaires.

La signature de ces bons appartient exclusivement au Directeur ou au Secrétaire général.

La série des numéros d'ordre de ces bons concorde avec celle du registre des dépôts aux greffes tenu à l'Inspection.

1000. — Lorsque la réintégration d'un ou de plusieurs gages a été effectuée, le Service de l'Inspection reprend aux magasins les bons représentatifs de ces nantissements.

Ces bons sont remis à l'employé du Secrétariat qui les a délivrés et qui les classe, après avoir inscrit sur la souche du carnet une mention de réintégration.

Tous les six mois, en janvier et en juillet, le Commis-principal du Service de l'Inspection procède, avec l'employé chargé de la délivrance des bons, à un appel contradictoire des nantissements déposés aux greffes, c'est-à-dire de ceux en regard desquels ne figure aucune mention de réintégration. Le contrôle des articles non réintégrés a lieu dans la forme indiquée au paragraphe III du chapitre IV (titre VII).

V. — Archives.

1001. — Les documents qui intéressent l'Administration du Mont-de-Piété sont conservés avec soin comme pièces d'archives.

Les pièces qu'il y a lieu notamment de déposer aux archives sont les suivantes :

Lois, décrets et règlements d'organisation concernant l'Établissement ou le personnel ;
Décrets approbatifs des budgets, comptes, acquisitions d'immeubles, etc. ;
Arrêts de la Cour des comptes concernant la gestion du Caissier ;
Jugements rendus en faveur de l'Administration ou contre elle ;
Avis du conseil municipal portant approbation des comptes du Caissier ;
Arrêtés préfectoraux ;
Lettres, notes et circulaires relatives à l'application des lois et règlements ;
Contrats d'achats d'immeubles et titres de propriété ;
Polices d'assurances et avenants ;
Procès-verbaux de clôture et de vérification de la Caisse et des Magasins ;
Procès-verbaux d'adjudications, marchés et cahiers des charges ;
Procès-verbaux de présentation des candidats aux emplois d'appréciateurs ;
Avis du Comité consultatif ;
Arrêtés du Directeur ;
Publications intéressant l'Administration.

1002. — Une série de numéros d'ordre, non interrompue depuis la réouverture du Mont-de-Piété en l'an V, est affectée aux documents déposés aux archives.

Le numéro est indiqué dans l'empreinte d'un timbre apposé sur chaque pièce. Une série précédente comprend les pièces déposées aux archives, de la création du Mont-de-Piété jusqu'à l'an IV.

1003. — Il est tenu, sous la surveillance du Secrétaire général, un enregistrement des pièces déposées aux archives.

Le numéro d'ordre apposé sur chaque document, la date des pièces et l'analyse sommaire sont portés sur le registre d'entrée des archives. En outre, un répertoire des archives et un répertoire des délibérations du Conseil de surveillance, divisés par services ou nature d'affaires, comprennent les pièces et délibérations importantes qu'il peut être utile de consulter.

VI. — Transmission des dossiers à la préfecture de la Seine.

1004. — Les pièces à adresser à la Préfecture de la Seine sont énumérées dans des bordereaux formant dossiers.

Un registre est destiné à recevoir l'inscription des dates d'envoi et de la nature des dossiers transmis aux fins d'approbation. Une colonne est réservée pour recevoir ultérieurement l'inscription de la date de rentrée de chaque dossier.

1005. — Les arrêtés pris par le Directeur qui doivent être soumis à l'approbation du Préfet de la Seine, sont adressés en double expédition.

L'une de ces expéditions est renvoyée à l'Administration, revêtue de la signature du Préfet; l'autre, visée par lui, est conservée à la Préfecture dans les archives du bureau compétent [1].

1006. — Trois exemplaires de tous les documents et publications que l'Administration fait imprimer ou auxquels elle souscrit, doivent être adressés au Préfet de la Seine (4e bureau du Cabinet — Bibliothèques) pour être transmis aux bibliothèques des deux Chambres et à la Bibliothèque nationale.

Cette obligation ne s'étend pas aux journaux, recueils, revues et publications périodiques auxquels l'Administration est abonnée.

Elle ne s'applique qu'aux publications dont l'Adminis-

---

[1]. Note préfectorale du 5 mars 1872.

tration acquerrait un grand nombre d'exemplaires, soit à titre d'encouragement, soit à raison de l'intérêt spécial qu'elle pourrait avoir à les propager et à les faire connaitre [1].

CHAPITRE III

BATIMENTS. — MATÉRIEL. — MOBILIER.

I. — **Adjudications et marchés.** — **Devis des travaux.**

1007. — Les travaux de construction, les travaux d'entretien des bâtiments et du mobilier, la fourniture des papiers, les travaux d'impression et de reliure, enfin le transport des nantissements entre les bureaux auxiliaires et les établissements pourvus de magasins, donnent lieu à des adjudications publiques.

Les clauses et conditions des cahiers des charges, les tarifs et tableaux y annexés; les affiches annonçant les adjudications et les insertions à faire dans les journaux spéciaux, sont rédigés par le Chef du matériel, en ce qui concerne les transports ou fournitures, ou par l'architecte de l'Administration, lorsqu'il s'agit de travaux, puis soumis au Secrétaire général.

Ils sont approuvés, avant l'affichage par le Préfet de la Seine, les premiers après avis du Conseil de surveillance; les autres, sur la présentation du Directeur des travaux de Paris.

1008. — Les dispositions relatives aux travaux et fournitures, aux adjudications et aux cahiers des charges contenues dans les articles 1020 et suivants de l'Instruction générale du 20 juin 1859, sont applicables au Mont-de-Piété [2].

---

1. Note préfectorale du 4 mars 1882.
2. Règlement du 30 juin 1865, art. 59. — Voir annexe XI, chapitre I, titre X.

1009. — Il est établi : 1° un cahier des charges générales des travaux d'architecture du Mont-de-Piété; 2° un cahier des charges spéciales pour l'entretien et l'appropriation des bâtiments; 3° un cahier des charges particulières à chaque nature de travaux.

L'adjudication des travaux d'entretien est divisée en dix lots, savoir :

1ᵉʳ lot — Terrasse et maçonnerie;
2ᵉ lot — Pavage et bitume;
3ᵉ lot — Couverture et plomberie;
4ᵉ lot — Menuiserie;
5ᵉ lot — Serrurerie;
6ᵉ lot — Fumisterie;
7ᵉ lot — Peinture et vitrerie;
8ᵉ lot — Plomberie et appareils à gaz;
9ᵉ lot — Charpente;
10ᵉ lot — Vidange.

Les travaux d'appropriation et d'installation de services, à exécuter dans un même établissement, sont confiés aux adjudicataires de l'entretien, dans la limite d'une dépense s'élevant, rabais déduits, savoir :

A la somme de 20 000 fr. pour les travaux de maçonnerie et à la somme de 8 000 fr. pour chacune des autres professions comprises dans les lots ci-dessus désignés.

Il est procédé à une adjudication spéciale pour ceux des lots qui excèdent les limites ci-dessus indiquées.

Cette adjudication est l'objet d'un cahier des charges particulières aux travaux à adjuger.

1010. — Dans aucun cas, les cahiers des charges des travaux d'architecture ne doivent contenir une clause interdisant le travail les dimanches et jours fériés [1].

1011. — Le prélèvement de 1 p. 100 en faveur des asiles nationaux de Vincennes et du Vésinet porte sur tous les travaux de construction effectués par adjudications, marchés amiables ou à prix de règlement; il est supporté par les entrepreneurs [2].

---

1. Lettre préfectorale du 20 décembre 1879.
2. Arrêté préfectoral du 1ᵉʳ septembre 1857.

L'Administration fait à cet effet les stipulations nécessaires dans les marchés qu'elle passe.

Le prélèvement ne s'applique pas aux fournitures.

1012. — Les devis des travaux à faire, dressés par l'architecte, indiquent les noms du Directeur du Mont-de-Piété, de l'architecte, de l'entrepreneur et du vérificateur; ils comprennent le détail des travaux (les mesures, poids, sommes et calculs énoncés suivant le système décimal); ils sont arrêtés en toutes lettres par l'architecte et le reviseur.

Ils sont établis pour tous les travaux de quelque importance. Le reviseur, après avoir appliqué les rabais souscrits, renvoie les pièces à l'Administration, qui soumet l'ensemble du projet au Conseil de surveillance.

L'avis du Conseil de surveillance porte : 1° sur l'approbation des devis ; 2° sur la mise en adjudication de ceux des travaux qui ne peuvent être exécutés par les entrepreneurs de l'entretien ; 3° sur l'imputation de la dépense.

1013. — Le dossier, comprenant, à l'appui du mémoire du Directeur, les plans et devis ainsi que la copie de l'avis du Conseil de surveillance, est transmis à la Préfecture de la Seine.

Par un arrêté, le Préfet approuve les plans et devis; il autorise en outre l'exécution, par les entrepreneurs adjudicataires de l'entretien, des travaux qui peuvent leur être confiés, et la mise en adjudication des autres travaux; enfin il fixe la dépense pour la partie des travaux dont l'exécution est autorisée et l'imputation d'ensemble. L'exécution des travaux qui ont donné lieu à une adjudication spéciale n'est autorisée et la dépense n'est fixée par un arrêté ultérieur qu'après l'approbation du procès-verbal dressé en Conseil de Préfecture.

En ce qui concerne l'imputation de la dépense, l'avis du Conseil municipal est demandé lorsqu'il s'agit de travaux neufs qui font généralement charge au crédit ouvert pour constructions, grosses réparations ou travaux d'appropriation.

Les procès-verbaux et arrêtés approbatifs de l'exécution des travaux sont soumis à la formalité de l'enregistrement aux frais de l'adjudicataire.

II. — Entretien des bâtiments et du matériel.

1014. — Les travaux d'entretien des bâtiments du Mont-de-Piété sont exécutés, sous la surveillance de l'architecte, par les entrepreneurs adjudicataires aux clauses et conditions de leurs marchés respectifs et du cahier des charges générales, après approbation des devis, s'il y a lieu.

1015. — Tout travail d'entretien ou de menue réparation ne peut être entrepris que sur un bon délivré par le Chef du matériel.

Toutefois, tout travail susceptible d'entraîner une dépense d'une certaine importance ne peut être entrepris que sur un devis estimatif détaillé, dressé par l'architecte et approuvé par le Directeur.

Tous les travaux qui n'ont pas été préalablement approuvés et autorisés par le Directeur restent à la charge des entrepreneurs, sauf leur recours contre les personnes qui auraient commandé lesdits travaux [1].

1016. — Les travaux exécutés par les entrepreneurs adjudicataires de l'entretien donnent lieu à l'établissement de bons d'attachement qui sont reconnus, selon leur importance et leur nature, par le Service du matériel, par l'architecte ou par le vérificateur.

1017. — Au moyen de ces bons d'attachement, il est établi des mémoires et des états de situation qui sont remis à l'Administration dans les délais prescrits par les cahiers des charges. Les noms du Directeur du Mont-de-Piété, de l'architecte, de l'entrepreneur et du vérificateur sont rappelés sur les mémoires. Le détail des travaux exécutés comprend les mesures, poids, sommes et calculs énoncés suivant le système décimal.

Les mémoires comportent deux colonnes destinées à recevoir, en regard de chaque article, les prix en demande et en règlement.

---

[1]. Ordre de service du 20 décembre 1833.

Ils sont certifiés par l'entrepreneur. Le Chef du matériel certifie l'exécution des travaux, sauf vérification et règlement.

L'architecte vise les mémoires, quant à la bonne exécution des travaux qui y sont détaillés.

Le vérificateur puis le reviseur arrêtent en toutes lettres la somme à laquelle s'élève chaque mémoire, après vérification ou revision et application des rabais souscrits. L'architecte vise de nouveau chaque mémoire, après le règlement du vérificateur et du reviseur.

L'entrepreneur constate son acceptation du règlement en indiquant en toutes lettres le montant du mémoire vérifié ou revisé.

Enfin, le Directeur appose en dernier lieu son visa sur chaque mémoire.

1018. — Les travaux d'entretien susceptibles d'entraîner une dépense de moins de 20 francs, exécutés par les soins des entrepreneurs adjudicataires de l'entretien, font l'objet de bons d'attachement qui indiquent le détail des réparations effectuées.

Ces bons sont certifiés par les Chefs des services où les travaux ont eu lieu; ils sont ensuite visés par le Chef du matériel, puis joints aux mémoires établis trimestriellement par les entrepreneurs.

III. — **Locaux occupés par l'Administration en dehors des établissements principaux. — Baux. — Installations. — Résiliations. — Remise en état des lieux. — Assurances.**

1019. — Le Chef du matériel est chargé, concurremment avec les Inspecteurs, de rechercher les locaux nécessaires, lorsqu'il s'agit de déplacer ou d'installer des bureaux auxiliaires.

1020. — Les clauses et conditions des projets de baux, pour les locaux à occuper par l'Administration en dehors des bâtiments du Chef-lieu et des succursales, sont rédigées par le Chef du matériel d'après les indications du Secrétaire général.

Chaque projet est fait en double expédition dont l'une est remise au propriétaire.

1021. — Après l'acceptation des conditions par le propriétaire, le projet est soumis au Conseil de surveillance pour avis.

Un arrêté d'approbation est ensuite sollicité du Préfet de la Seine, après intervention du Conseil municipal, si le bail excède neuf années.

Le projet de bail est remis au notaire de l'Administration avec une copie de l'arrêté approbatif, pour dresser l'acte définitif, lequel est enregistré gratis [1].

Les frais d'expédition de la grosse, remise au propriétaire, sont à la charge de l'Administration.

1022. — Lorsque les formalités ci-dessus indiquées ont été remplies, le Chef du matériel est chargé de faire exécuter les travaux nécessaires à l'installation du bureau auxiliaire.

Il est en outre chargé de faire opérer le déménagement des registres, meubles, etc., garnissant les locaux précédemment occupés par l'Administration et par le Chef du bureau.

1023. — Le Chef du matériel demeure également chargé de faire remettre en état lesdits locaux d'après les états des lieux et conformément aux clauses et conditions des baux expirés.

Il fait dresser par l'architecte de l'Administration des devis estimatifs soit des travaux d'installation à effectuer, soit des travaux de réparation à exécuter pour remise en état des locaux délaissés par le Mont-de-Piété.

Ces devis sont remis au Secrétaire général pour être soumis au Conseil de surveillance, appelé à donner son avis sur les travaux de cette nature.

Les travaux sont exécutés dans la forme ordinaire, à moins que l'Administration ne soit autorisée à traiter à forfait avec les propriétaires consentants.

---

1. Loi du 24 juin 1851.

1024. — Les projets de résiliation de baux, les projets de transaction pour remise en état de lieux abandonnés et généralement tous les actes concernant les locaux occupés par l'Administration en dehors des établissements principaux sont rédigés par le Chef du matériel, sous la surveillance et d'après les indications du Secrétaire général. Tous ces actes sont soumis à l'approbation de l'autorité supérieure.

1025. — Les locaux pris à bail par l'Administration sont assurés contre l'incendie en même temps que les nantissements qui y sont provisoirement déposés.

L'assurance garantit le mobilier industriel jusqu'à concurrence de 2000 fr. et les risques locatifs et de voisinage jusqu'à concurrence d'une somme qui varie suivant l'importance de la location.

Les polices sont préparées par un agent choisi par l'Administration et approuvées par arrêté préfectoral, après avis du Conseil de surveillance. En cas de transfèrement d'un bureau, l'avenant de la police est uniquement soumis à l'approbation du Préfet.

IV. Mobilier. — Inventaire. — Entrée et sortie. — Récolement.

1026. — Le Chef du matériel est chargé de la conservation du mobilier; il en est reponsable et doit en conséquence tenir un inventaire, constamment au courant, des objets mobiliers appartenant aux divers établissements et bureaux auxiliaires [1].

Cet inventaire est établi sur un registre, dit portatif, sur lequel chaque objet mobilier est indiqué dans une case où sont rappelés :

Le numéro d'entrée — la date de la prise en charge — la quantité — la désignation de l'objet mobilier — le prix — le local où l'objet est en service — le numéro de sortie, lorsque l'objet est mis hors de service ou qu'il est remplacé.

---

1. Règlement du 30 juin 1865, art. 16.

CHAP. III — BATIMENTS — MATÉRIEL — MOBILIER

1027. — Il est procédé chaque année au récolement du mobilier par le Chef du matériel et le Chef de la comptabilité délégué à cet effet par le Directeur [1].

L'opération de récolement du mobilier est constatée dans un procès-verbal qui indique en regard de chaque objet :

La situation lors de l'inventaire effectué le 31 décembre précédent (quantités et sommes) — l'entrée, pendant l'exercice courant, divisée en quantités et sommes pour le Chef-lieu, les succursales et les bureaux auxiliaires — le total de l'entrée (quantités et sommes) — la sortie, divisée comme l'entrée — le total de la sortie (quantités et sommes) — enfin la situation au jour du récolement (quantités et sommes).

1028. — Le mouvement des objets mobiliers, constaté le 31 décembre de chaque année par le procès-verbal de récolement, est résumé dans un compte-matière sur lequel le Conseil de surveillance est appelé à donner son avis; après quoi ce document est soumis à l'approbation du Préfet [2].

Le mouvement général du mobilier est constaté sur un registre indiquant :

La désignation des objets — l'entrée, comprenant l'inventaire au 31 décembre précédent, le nombre d'objets mobiliers reçus pendant l'exercice et le total de l'entrée — la sortie, comprenant une colonne pour chaque établissement principal et pour chaque bureau auxiliare — le total de la sortie — le reste en écritures à la fin de l'exercice — les différences en plus ou en moins avec les quantités reconnues en magasin.

1029. — Le Chef du matériel doit, en outre, pour la conservation des objets mobiliers, tenir les livres ci-après, savoir :

1° Deux livres à souche, l'un de bons et l'autre de récépissés de fournitures ;

2° Un journal général ou inventaire des objets mobiliers;

3° Un grand-livre, où chaque objet est inscrit avec rappel du numéro d'inventaire suivant sa destination [3].

---

1. Règlement du 30 juin 1865. art. 4.
2. Arrêté préfectoral du 18 octobre 1871.
3. Arrêté préfectoral du 18 octobre 1871.

Chaque objet, numéroté ou poinçonné, correspond à une inscription d'ordre et est coté pour sa valeur estimative.

Le livre journal continue, jour par jour, cet inventaire et constate, à sa date, chaque annulation ou sortie, chaque remplacement ou entrée.

Puis le grand-livre, en double expédition, permet de reporter à chaque établissement les annulations et remplacements du livre journal, de supprimer l'objet sorti, d'inscrire l'objet entré, d'annuler l'ancien prix et de reporter le nouveau.

1030. — Il est remis au fournisseur qui reçoit une commande, un bon numéroté où sont décrits les objets demandés; ce bon est extrait d'un registre sur la souche duquel figurent les mêmes indications.

Lors de la livraison, le fournisseur reçoit un récépissé de sa fourniture, extrait d'un registre sur la souche duquel la réception est consignée.

Le numéro et la désignation de la commande sont reproduits sur chacune de ces pièces; la souche de chaque registre indique en outre la destination de l'objet commandé.

CHAPITRE IV

MATÉRIEL

1. — **Impressions.** — **Inventaire.** — **Entrée et sortie.**

1031. — Les imprimés nécessaires au service du Mont-de-Piété sont faits par l'adjudicataire des travaux d'impressions aux clauses et conditions de son marché, qui contient une nomenclature des modèles mis en adjudication.

Le Service du matériel remet en compte à cet industriel les papiers nécessaires et lui indique les numéros des imprimés à tirer.

CHAP. IV — MATÉRIEL

Les modèles, conformes aux types annexés au cahier des charges, sont indiqués sous un numéro d'ordre dans une nomenclature des imprimés, également annexée au cahier des charges.

Cette nomenclature indique :

Les numéros des modèles — ceux des imprimés qui doivent être réglés — la désignation des modèles, classés par services — les formats et la désignation des papiers — le nombre d'exemplaires par feuille — le tableau du tarif d'après lequel doit être effectué le règlement — les quantités approximatives, nécessaires pendant une année — enfin ceux des imprimés qui doivent être tirés en couleur et ceux qui sont dits hors tarif.

1032. — La création de nouveaux modèles d'imprimés ne peut avoir lieu qu'avec l'autorisation du Secrétaire général.

A chaque nouveau tirage, les modèles sont communiqués aux Chefs des services intéressés, qui y apposent leurs visas, après avoir indiqué les modifications jugées nécessaires; ces modèles sont ensuite soumis au Secrétaire général [1].

Les bons à tirer sont donnés par le Directeur, qui indique la quantité d'exemplaires; sur le vu de la signature du Chef du matériel.

1033. — Les imprimés sont demandés par les divers services de l'Administration au moyen de bons d'économat, qui indiquent :

Le service ou bureau qui fait la demande — la date — la quantité d'exemplaires et la désignation du modèle, d'après le libellé porté à la nomenclature.

Ces bons, qui ne peuvent contenir qu'une seule espèce de demande, libellée conformément au texte de la nomenclature, sont signés par les Chefs de bureaux ou par leurs suppléants.

Les bons de demande d'imprimés sont reçus au matériel aux jours et heures fixés par les ordres de service [2].

---

1. Ordre de service du 8 décembre 1879.
2. Ordre de service du 3 mai 1862 fixant les mardis et vendredis, de 9 heures à 2 heures, pour ces livraisons.

1034. — Le mouvement général des imprimés est constaté sur un registre indiquant :

Les numéros des imprimés d'après la nomenclature — l'entrée, comprenant l'inventaire au 31 décembre précédent, le nombre d'exemplaires reçus pendant l'exercice et le total de l'entrée — la sortie, comprenant une colonne pour chaque établissement principal et pour chaque bureau auxiliaire — le total de la sortie — le reste en magasin à la fin de l'exercice.

1035. — Il est tenu en outre au matériel un registre qui fait connaître, pour chaque modèle, l'entrée et la sortie des imprimés.

L'entrée comprend les numéros des bons des papiers livrés à l'imprimeur, les quantités reçues de l'imprimerie, les prix d'unité et les sommes. La sortie comprend une colonne pour chaque établissement ou bureau auxiliaire, les totaux et les sommes.

1036. — Les reconnaissances, les bulletins de prisée et les bulletins de renouvellement, numérotés à l'imprimerie, font l'objet d'une comptabilité spéciale.

Les commandes sont faites au moyen d'un relevé des quantités nécessaires pour chaque bureau et chaque division, avec l'indication des numéros qui doivent figurer sur ces imprimés. Les entrées et les sorties sont constatées sur un registre.

1037. — Les imprimés de cette nature sont livrés en compte aux Chefs des divers services, ainsi qu'il est indiqué au paragraphe X du chapitre II (titre II).

A la fin de chaque mois, les Chefs de service sont tenus de justifier de l'emploi desdits imprimés. Le nombre des exemplaires employés, avec les exemplaires fautés et le reste non employé, doit faire nombre égal avec les livraisons du matériel.

Les chefs de service sont personnellement responsables, vis-à-vis de l'Administration, des différences en moins qui peuvent se produire dans le compte prescrit.

Les employés auxquels les exemplaires ont été livrés pour les besoins du travail, sont personnellement responsables vis-à-vis de leurs chefs respectifs des différences dont ceux-ci auraient à répondre à l'Administration.

1038. — A la fin de chaque mois, le Chef du matériel se fait remettre contre décharge, par les Chefs des différents services, les exemplaires non employés et devenus impropres aux opérations courantes pour une cause quelconque. Ces exemplaires sont accompagnés d'une situation qui fait connaître, pour chaque modèle, les quantités reçues, les quantités employées ou fautées et le solde disponible.

Le Chef du Matériel maintient au compte des Chefs de service les imprimés non représentés et ne donne décharge que des exemplaires fautés, qu'il fait enlever immédiatement et transporter aux vieux papiers.

Le dix de chaque mois, le Chef du matériel adresse au Secrétaire général un rapport dans lequel il est rendu compte, pour les imprimés de reconnaissances, de bulletins de prisée et de bulletins de renouvellements, des quantités employées, des exemplaires fautés et du reste en magasin. Ce rapport est préalablement soumis au visa du Chef de la comptabilité, chargé du contrôle, qui constate, au vu des opérations effectuées, l'exactitude des quantités énoncées [1].

1039. — Les imprimés, de même que les objets mobiliers, figurent dans un inventaire détaillé arrêté le 31 décembre de chaque année.

Les formules des bons de Caisse ne font pas partie de l'entreprise des impressions.

Ces formules sont tirées dans des conditions spéciales décrites au paragraphe III du chapitre III (titre III).

II. — Fournitures de bureau. — Papiers. — Reliures. Inventaire. — Entrée et sortie.

1040. — Les papiers et reliures sont livrés par les adjudicataires aux clauses et conditions de leurs marchés respectifs.

Le papier filigrané, destiné à l'impression des formules de bons de Caisse, ne fait pas partie de l'adjudication.

---

1. Ordre de service du 31 mai 1862.

Cette fourniture fait l'objet d'une adjudication restreinte particulière.

1041. — Aucune livraison de papier n'est acceptée par le Chef du matériel qu'après réception préalable par l'expert de l'Administration qui dresse procès-verbal à cet effet [1].

Chaque commande donne lieu à la délivrance d'un bon extrait du carnet à souche.

De même, chaque livraison donne lieu à la remise d'un récépissé détaché du carnet à souche.

1042. — Les fournitures de bureau et les papiers nécessaires aux divers services de l'Administration sont demandés au Matériel, comme les imprimés, au moyen de bons.

1043. — Le mouvement général des fournitures de bureau et des papiers employés en blanc par les services de l'Administration, est constaté par un registre qui indique :

L'entrée, comprenant les dates — les numéros du journal des récépissés — les quantités — les prix d'unité et les sommes ;

La sortie, comprenant une colonne pour chaque établissement principal et chaque bureau auxiliaire — les totaux — les prix d'unité et les sommes.

1044 — Le mouvement général des papiers livrés à l'impression est constaté par un registre indiquant, pour chaque sorte de papier, l'entrée et la sortie.

L'entrée comprend : les dates — les numéros du journal des récépissés — les quantités — les prix d'unités — les sommes.

La sortie comprend : les dates — les numéros des bons de sortie — les quantités — les numéros des imprimés à recevoir de l'imprimerie — les quantités d'exemplaires — les sommes.

1045. — Les fournitures de bureau et les papiers, de même que le mobilier et les imprimés, sont l'objet d'un inventaire détaillé, arrêté le 31 décembre de chaque année.

1046. — L'entreprise des reliures nécessaires au service du Mont-de-Piété est soumise à des conditions parti-

---

1. Ordre de service du 12 novembre 1849.

culières énoncées au cahier des charges et dont les principales sont les suivantes.

L'adjudicataire doit vérifier le classement et mettre en ordre les feuilles, avant la reliure. Les livraisons doivent être faites dans le délai maximum de vingt-quatre heures, après l'ordre donné, pour les registres d'un usage journalier (engagements, bonis, talons de Caisse, répertoires des engagements ou des magasins). Un délai de quarante-huit heures est accordé pour les autres registres.

Lorsqu'un travail de nuit est nécessaire, il ne donne droit à aucune indemnité.

Dans les cas où l'Administration juge que certaines pièces ne doivent pas être déplacées, l'adjudicataire est tenu d'envoyer des ouvriers connus et agréés pour faire le travail dans les locaux désignés à cet effet. Il fournit les presses et outils nécessaires sans augmentation sur les prix des tarifs.

Une livraison faite en dehors des délais prescrits peut donner lieu à une retenue de 3 p. 100 par jour de retard sur la totalité de la livraison. Les travaux hors tarif sont réglés par l'expert vérificateur et ne sont pas assujettis au rabais.

1047. — Les bureaux auxiliaires dépendant du Chef-lieu et les différents services de l'Administration font parvenir leurs registres au Matériel, qui les remet au relieur accompagnés des bons.

A leur rentrée, les registres sont immédiatement remis soit aux facteurs des bureaux auxiliaires, soit aux services intérieurs.

En ce qui concerne les succursales et les bureaux auxiliaires qui en dépendent, l'adjudicataire reçoit directement des Contrôleurs des succursales les documents à relier et les renvoie ensuite à ces agents. Les bons qui constatent le travail servent à établir les mémoires.

III. — **Frais généraux. — Habillement. — Vente des vieux papiers, registres et matériaux divers hors de service.**

1048. — Le Chef du matériel est chargé d'acquitter toutes les menues dépenses relatives à l'Administration du Mont-de-Piété.

Ces dépenses comprennent notamment :

Les frais de voiture des divers Chefs de service, occupés à l'extérieur ;

Les frais d'affranchissement des lettres ;

Le nettoyage des bureaux auxiliaires ;

Le transport des pièces comptables ;

L'achat d'ustensiles pour le nettoiement des bureaux ;

Les gages des concierges des immeubles occupés par l'Administration.

La réparation du linge.

1049. — Les menues dépenses d'économat sont inscrites sur des bulletins indiquant la somme payée et la nature de la dépense ; chaque bulletin porte l'acquit de la partie prenante.

Ces bulletins sont visés chaque mois par le Secrétaire général et relevés sur un état récapitulatif, vérifié par le Secrétaire général et visé par le Directeur. Ce relevé est joint au mandat de dépense ordonnancé au profit du Chef du matériel.

Cet agent reçoit du Caissier-comptable, à titre de provision, pour faire face à ce genre de dépenses, une somme fixée à 3 000 francs par l'ordre de service du 27 juin 1882.

1050. — Le tarif du prix du gaz de l'éclairage public est appliqué au Mont-de-Piété et aux établissements qui en dépendent [1].

1051. — Le Mont-de-Piété est exempt des droits de petite voirie pour les tableaux et lanternes faisant saillie sur la façade des bureaux auxiliaires [2].

1052. — Le Chef du matériel est chargé de fournir aux employés à la manutention et aux hommes de service l'uniforme réglementaire [3].

Cet uniforme se compose d'une veste de velours et d'un pantalon de même étoffe.

Le magasinier du matériel, les garçons de caisse, les

---

1. Lettre préfectorale du 8 février 1859.
2. Lettre du Préfet de police du 1er février 1858.
3. Ordre de service du 5 août 1852.

aides-magasiniers chargés d'accompagner les voitures, les garçons de bureau et les concierges reçoivent en outre un uniforme composé d'un habit en drap noir avec plaque et boutons argentés, d'un pantalon et d'une casquette de même étoffe.

Les habits et casquettes de ceux de ces employés qui ont rang d'aide-magasinier, sont ornés d'un galon d'argent. Un double galon d'argent orne l'uniforme de ceux de ces employés qui ont rang de magasinier.

Le magasinier du matériel, les garçons de caisse et les garçons de bureau reçoivent, tous les ans, un pantalon de drap, un pantalon de coutil et deux paires de chaussures ; tous les dix-huit mois une veste de velours et un gilet, et tous les deux ans un habit et une casquette de drap.

Les deux garçons de caisse du Chef-lieu, les deux garçons de caisse et les deux garçons de bureau des succursales reçoivent chacun un caban tous les quatre ans.

Deux cabans sont mis, tous les quatre ans, à la disposition des garçons de la Direction.

Les aides-magasiniers conducteurs des voitures reçoivent, par an, un pantalon de drap, un pantalon de coutil gris et un tablier ; tous les dix-huit mois, un gilet ; tous les deux ans, un habit et une casquette de drap ; tous les trois ans, une veste en velours, et tous les quatre ans, un caban de drap.

Les aides-magasiniers employés dans les magasins ou dans les bureaux auxiliaires et les gagistes titulaires ou auxiliaires reçoivent tous les deux ans un pantalon de travail en velours et tous les trois ans une veste de la même étoffe.

Les garçons de prisée, les couseurs, les emballeurs et les aides-magasiniers des bureaux auxiliaires reçoivent chaque année un tablier.

Les concierges reçoivent tous les ans un pantalon de drap et un pantalon de coutil ; tous les dix-huit mois, une veste en velours et un gilet ; tous les deux ans, un habit et une casquette de drap.

Les menuisiers, le feutier et les hommes de peine reçoivent, tous les ans, deux paires de chaussures, un pantalon et une veste de coutil bleu ; tous les deux ans, un pantalon de velours, et tous les trois ans, une veste de même étoffe.

Deux cabans sont mis, tous les quatre ans, à la disposition des hommes de peine du Chef-lieu.

Les hommes de peine des succursales reçoivent chacun un caban tous les quatre ans.

Les cabans des hommes de peine et des garçons de la Direction restent, même après quatre années de service, la propriété de l'Administration.

Les cochers des voitures affectées au transport des nantissements reçoivent, tous les ans, un pantalon de drap et un pantalon de coutil gris; tous les deux ans, une casquette en drap et une vareuse [1].

1053. — L'Administration fait mettre chaque semaine du linge à la disposition des employés.

La remise en a lieu le lundi, d'après une répartition arrêtée par le Chef du matériel.

1054. — Les vieux papiers et registres et les vieux matériaux sans emploi donnent lieu à une adjudication restreinte en raison des conditions spéciales imposées aux adjudicataires.

En conséquence, lorsque le stock des papiers et registres hors de service est assez considérable pour nécessiter la mise en vente, le Chef du matériel invite un certain nombre de fabricants à examiner les papiers et à remettre, sous pli cacheté, une soumission indiquant le prix qu'ils en offrent par 100 kilogrammes.

Le Chef du matériel ne doit s'adresser qu'à des fabricants honorables et possédant un outillage qui permette de détruire immédiatement, en présence d'un employé de l'Administration, les papiers et registres portant des noms d'emprunteurs.

1055. — Après avoir obtenu du Préfet de la Seine l'autorisation nécessaire pour procéder à l'adjudication restreinte, le Directeur reçoit les plis cachetés contenant les offres des soumissionnaires.

---

1. Arrêté du Directeur du 27 octobre 1884.

L'offre la plus avantageuse est accueillie par le Directeur assisté d'un Conseiller désigné à cet effet par le Conseil de surveillance, appelé ultérieurement à examiner l'adjudication.

Un arrêté du Directeur est ensuite soumis à l'approbation du Préfet de la Seine pour autoriser :

1° La vente des vieux papiers et registres au prix accepté par l'Administration et sous la condition de les réduire en pâte, en présence d'un employé de l'Administration ;

2° La mise en vente des vieux matériaux sans emploi, après annonces préalables et par le ministère d'un commissaire-priseur.

Le Chef du matériel demeure chargé d'assurer l'exécution de cet arrêté.

1056. — Les récépissés et registres des Commissionnaires sont vendus en même temps et dans les mêmes conditions que les registres et imprimés de l'Administration [1].

Il est tenu compte aux Commissionnaires, au prorata de leurs livraisons, du produit de la vente de ces papiers et registres.

A cet effet, le Matériel dresse un état des livraisons faites par ces intermédiaires avec indication du poids des papiers et registres.

IV. — Attributions des hommes de service. — Consignes des concierges et des postes militaires.

1057. — Les concierges sont placés sous les ordres directs du Chef du Matériel. Ceux des succursales reçoivent en outre les ordres des Contrôleurs.

Ils sont spécialement chargés de veiller à la sécurité de l'établissement dont la garde leur est confiée.

Après la fermeture des bureaux, ils sont dépositaires des clefs donnant accès dans les divers services de l'Administration.

Si un incendie vient à éclater après la fermeture des bureaux, ils préviennent immédiatement le poste des sapeurs-pompiers placé dans chaque établissement. Ils

---

[1]. Circulaire du 28 novembre 1850.

doivent en outre faire avertir immédiatement le Chef du matériel, le Directeur et le Secrétaire général.

1058. — Après quatre heures du soir, il est défendu aux concierges du Chef-lieu et des succursales de laisser entrer qui que ce soit dans les cours et bâtiments de ces établissements, sans une autorisation spéciale [1].

1059. — Les concierges sont chargés de faire deux rondes après la fermeture des bureaux, à l'effet de constater si les mesures prescrites pour parer aux dangers d'incendie sont bien observées.

Au Chef-lieu, chacun des concierges fait le service, par semaine, à tour de rôle.

La première de ces rondes a lieu à 5 heures et la deuxième à 9 heures. Les dimanches et jours de fête, ces rondes sont faites l'une à 3 heures et l'autre à 7 heures.

Dans la première de ces rondes, le concierge de service est accompagné seulement d'un pompier; dans la seconde, un garde municipal leur est adjoint en raison de l'heure plus avancée à laquelle elle a lieu [2].

1060. — L'exactitude de l'exécution des rondes est constatée au moyen d'appareils-contrôleurs.

Ces contrôleurs sont placés dans différentes parties de l'Administration, et les concierges les mettent en œuvre aux points fixés, en suivant l'itinéraire prescrit.

Chaque matin le Chef du matériel vérifie et classe les cartons extraits des appareils-contrôleurs, sur lesquels figurent les signes imprimés par ces appareils.

1061. — Indépendamment des dispositions ci-dessus rappelées, les concierges sont tenus de se conformer aux prescriptions de la consigne rédigée par le Chef du matériel et approuvée par le Secrétaire général.

Cette consigne, outre les mesures particulières à chaque établissement, contient notamment les recommandations suivantes :

---

1. Ordre de service du 3 mars 1858.
2. Ordre de service du 23 octobre 1848.

1° Les concierges doivent renseigner le public et sonner la cloche aux heures d'ouverture et de fermeture des bureaux.

2° Ils ne peuvent quitter l'Établissement sans en avoir obtenu la permission de leur chef; dans les succursales, en cas d'absence du Contrôleur, ils doivent s'adresser à l'Agent-comptable; dans aucun cas un concierge ne doit s'absenter en même temps que sa femme, ni confier la garde de sa loge à un étranger.

3° Après la fermeture de l'Établissement, les concierges doivent accrocher les chaînes qui permettent d'entr'ouvrir les portes en toute sécurité pour s'assurer de la qualité des visiteurs.

1062. — Des hommes de service sont chargés de nettoyer les bureaux de l'Administration, de faire les courses, etc.

Les garçons de bureau du Chef-lieu sont attachés à chacun des services ci-après désignés :

Direction — Secrétariat général — Inspection — Comptabilité — Engagements — Magasins.

Les garçons de bureau des succursales sont attachés au Service du contrôle.

Le nettoiement des bureaux des autres services et la distribution de l'eau sont effectués par les gagistes, à tour de rôle et par semaine.

Les garçons de bureau de la Direction, du Secrétariat général, de l'Inspection, de la Comptabilité et ceux des succursales sont chargés de suivre, dans les divers services de l'Administration, les opérations demandées par correspondance, de préparer les envois de nantissements à faire par le chemin de fer ou par la poste.

Ils sont en outre chargés de suivre les opérations relatives aux réappréciations, aux augmentations ou diminutions de prêts, aux distraits, aux dégagements tardifs, aux sursis, etc.

Ils procèdent chaque matin, à l'heure fixée par les règlements, à l'enlèvement des feuilles de présence.

Le garçon de bureau du Service des engagements est chargé notamment de suivre, dans les divisions, les opérations effectuées par les personnes qui s'adressent directement au Chef du service.

Le garçon de bureau du Service des magasins est chargé notamment de faire apposer des visas sur les reconnaissances relatives à des nantissements qui, par leur date, devraient être compris dans les rôles de vente, etc.

1063. — Le feutier doit arriver en hiver à 6 heures pour allumer les calorifères en commençant par ceux qui sont dans les caves. Il allume ensuite ceux de la salle des recettes et de la salle de délivrance, dont il est également chargé.

Il s'assure que les autres poêles, allumés par les gagistes de semaine dans les différents services, ne contiennent pas une trop grande quantité de combustible.

Durant les séances, il doit renouveler cette inspection et faire un rapport au Chef de matériel s'il s'aperçoit qu'un feu a été activé de manière à produire une température anormale.

L'entretien des feux cesse une heure avant la fermeture des bureaux. Le feutier doit alors vider complètement tous les poêles, à l'exception de ceux dont sont chargés les garçons de bureau.

Il est aussi chargé de surveiller la distribution du combustible faite par les hommes de peine, et il tient compte des quantités délivrées à chacun des services [1].

1064. — Les hommes de peine sont placés sous les ordres immédiats du Chef du matériel.

Ils arrivent à 7 heures du matin et partent à 5 heures du soir en toute saison, excepté les dimanches et jours de fête, où leur service finit à une heure de l'après-midi.

Ils sont tenus de nettoyer chaque jour les cours, les salles de délivrance, les couloirs, les escaliers où le public a accès, et certains bureaux qui leur sont désignés, enfin de distribuer le bois dans les bureaux suivant les besoins [2].

1065. — Deux menuisiers sont attachés au Matériel pour faire les réparations urgentes et notamment celles

---

1. Ordre de service du 14 octobre 1852.
2. Ordre de service du 29 juillet 1851.

qui ne pourraient être confiées sans inconvénient à des ouvriers étrangers, lorsqu'il est nécessaire de pénétrer dans les magasins [1].

1066. — Un agent, logé à proximité du Chef-lieu, est spécialement chargé de la surveillance et de l'entretien des appareils à incendie (prises d'eau, regards, garnitures, etc.).

Cet employé doit se tenir constamment à la disposition de l'Administration et du poste des pompiers en cas de sinistre ou d'accidents provenant de la rupture des appareils.

1067. — Un poste militaire dont le service est fait par la garde républicaine, et un poste de sapeurs-pompiers sont établis au Chef-lieu et dans chaque succursale.

La consigne du poste de la garde républicaine, rédigée par le Chef du matériel, est soumise à l'approbation du général commandant la place de Paris.

Cette consigne comporte notamment l'indication des emplacements qui doivent être occupés par des factionnaires ou par des plantons.

Elle fait également connaître au chef de poste qu'il doit se tenir, ainsi que le poste, à la disposition du Chef du matériel et du Chef de service de police pendant le jour; elle prescrit aussi que les concierges peuvent requérir leur assistance pendant la nuit.

Les objets mobiliers tels que lits de camp, tables, bancs, chaises, poêles, etc., nécessaires aux divers postes, sont la propriété de l'Administration. Celle-ci fournit également les capotes de guérite (trois par poste) dont il est fait usage pendant une partie de l'année. La remise en est effectuée à une époque déterminée par le général commandant la place.

Les objets de literie tels que matelas, couvertures et têtières sont fournis par une maison spéciale; leur location est à la charge du Mont-de-Piété.

---

1. Délibération du conseil d'administration du 26 décembre 1821. — Arrêté préfectoral du 20 décembre 1880.

TITRE VII

SERVICE DE L'INSPECTION
OPPOSITIONS

CHAPITRE PREMIER

SURVEILLANCE GÉNÉRALE DES OPÉRATIONS

1. — **Surveillance des opérations effectuées dans les bureaux auxiliaires et dans ceux de Commission.**

1068. — La surveillance et la vérification des opérations effectuées dans les succursales, dans les bureaux auxiliaires et dans les bureaux de Commission sont faites concurremment par un Inspecteur, par les Contrôleurs des succursales et par des Sous-Inspecteurs.

Les Inspecteurs prennent connaissance de toutes les parties du service [1].

1069. — En ce qui concerne les bureaux auxiliaires, ils s'assurent notamment :

1° Relativement aux engagements : que les pièces produites par les déposants sont suffisantes pour établir les qualités exigées par les règlements; que ces pièces sont enregistrées dans la forme prescrite; que les enregistrements des prêts de 16 fr. et au-dessus sont accompagnés de la signature des déposants et de celle des répondants, lors-

---

1. Règlement du 30 juin 1865, art. 175. — Ordre de service du 13 janvier 1852.

qu'il y a lieu; que les pouvoirs signés des emprunteurs qui ne sont pas venus en personne, sont conservés dans un ordre convenable; que des bulletins extraits d'un carnet à souche sont délivrés pour chaque prêt suspendu; que les fiches relatives aux engagements de marchandises neuves ou aux dépôts effectués par des personnes étrangères au quartier sont adressées régulièrement au service de l'Inspection;

2° En ce qui concerne les renouvellements : que les enregistrements sont effectués en présence des intéressés;

3° En ce qui concerne les dégagements : que les enregistrements sont effectués en présence des intéressés;

4° En ce qui concerne les payements de bonis : que les payements sont effectués avec le concours de deux employés du bureau; que les sommes payées sont constatées par l'émargement des parties prenantes ou par la signature de deux employés, lorsque l'intéressé ne sait signer;

5° En ce qui concerne la Caisse : que le journal de Caisse présente jour par jour les recettes et les dépenses en concordance parfaite avec les inscriptions des divers registres.

1070. — Enfin, d'une manière générale, les Inspecteurs s'assurent :

Que tous les registres sont régulièrement tenus, sans blancs ni lacunes; que les répertoires des noms des emprunteurs et des auteurs des renouvellements sont tenus à jour;

Que le tableau des formalités à remplir par les emprunteurs est placé dans le bureau de façon à être facilement consulté par le public;

Que les opérations sont faites avec une rapidité suffisante;

Que le public est accueilli avec égards;

Enfin, que toutes les prescriptions rappelées au titre VIII sont ponctuellement observées.

1071. — Les Inspecteurs se font représenter les reconnaissances et les sommes afférentes aux prêts suspendus non régularisés. Ils s'assurent que les bulletins rentrés sont classés avec ordre et que les prêts suspendus sont versés dans les délais prescrits et régulièrement portés en recette au livre de Caisse.

A cet effet, ils procèdent à un pointage des bulletins rentrés et constatent leur vérification sur le carnet des prêts suspendus, en indiquant les numéros des bulletins non représentés qui doivent être réclamés lors de l'inspection suivante.

1072. — Les Inspecteurs peuvent procéder à la vérification des Caisses, en arrêtant les comptes et en se faisant représenter les espèces. Dans le cas de constatation de déficits, irrégularités graves ou malversations, ils informent immédiatement le Directeur du résultat de leur inspection, par un rapport spécial, ainsi qu'il est indiqué au paragraphe VIII du chapitre IV (titre IV).

1073. — Les Inspecteurs se rendent compte de la manière dont les appréciateurs s'acquittent de leur mission. Ils consultent, dans ce but, les Chefs de bureau et examinent les registres matricules du boni.

S'ils constatent des pertes ou des bonis exagérés ou si les Chefs de bureau leur signalent des faits de nature à nuire au service, ils en rendent compte au Secrétaire général.

1074. — En ce qui concerne les bureaux de Commission, les Inspecteurs s'assurent notamment que les registres et répertoires sont régulièrement tenus ; que les pièces produites par les déposants sont suffisantes pour établir les qualités exigées par les règlements ; que le tableau des droits de commission à payer par les emprunteurs et celui des formalités à remplir pour les engagements sont placés de façon à pouvoir être facilement consultés par le public ; enfin que les emprunteurs sont reçus avec égards.

1075. — Les Inspecteurs rendent compte immédiatement au Secrétaire général de toutes les infractions ou de toutes les irrégularités qu'ils constatent au cours de leurs visites dans les bureaux auxiliaires ou dans les bureaux des Commissionnaires.

Ils indiquent, sur des carnets tenus pour chaque bureau, le résultat de leurs inspections et remettent au Secrétaire général des extraits relatifs aux faits d'une certaine importance.

CHAP. I — SURVEILLANCE GÉNÉRALE DES OPÉRATIONS 395

II. — Transport des nantissements provenant des bureaux auxiliaires.

1076. — Les nantissements provenant des bureaux auxiliaires sont transportés par l'adjudicataire des transports conformément aux clauses et conditions de son marché. Ces conditions sont notamment les suivantes :

1° Versement d'un cautionnement de douze mille francs productif d'intérêts à 3 p. 100 ;

2° Obligation d'effectuer le transport des gages au moyen de voitures conformes à la description figurant au cahier des charges ;

3° Obligation de faire agréer les cochers par le Directeur du Mont-de-Piété ;

4° Obligation de se conformer à l'itinéraire indiqué par l'Administration et aux changements apportés dans cet itinéraire [1].

---

[1]. L'itinéraire des voitures est actuellement ainsi fixé :

1re VOITURE

Bureaux T, Z et M. Chef-lieu, et retour par le même itinéraire.	12.300 m.
(De plus, une ou deux fois par semaine, du Chef-lieu à la Banque de France et retour)	1.500 m.

2e VOITURE

Bureaux Y, O, R, Chef-lieu, et retour par le même itinéraire	10.000 m.

3e VOITURE

Bureaux C et D. Chef-lieu, bureaux B et U. Chef-lieu, bureaux D et C	15.500 m.
(De plus, tous les vendredis, du Chef-lieu à l'annexe, rue Malher, et retour)	500 m.
(Tous les samedis, du Chef-lieu aux bureaux B et U et retour).	3.300 m.

4e VOITURE

Bureaux J, A, L, Chef-lieu, bureau E, Chef-lieu, bureaux L, A et J	14.600 m.
(De plus, tous les vendredis du Chef-lieu à l'annexe, rue Malher et retour)	500 m.
(Tous les samedis, du Chef-lieu au bureau E et retour)	2.900 m.

5e VOITURE

Bureau H. 1re succursale, bureaux H, I, V, 1re succursale	9.100 m.
(De plus, chaque vendredi, cette voiture vient au Chef-lieu et retourne à la 1re succursale)	2.500 m.
Le samedi le service est ainsi modifié : bureau H. 1re succursale, bureaux I, V, 1re succursale, bureaux H, I, V	5.800 m.

1077. — Les aides-magasiniers chargés d'accompagner les voitures qui transportent chaque jour les nantissements, sont placés sous les ordres directs de l'Inspecteur.

Ce Chef de service règle, de concert avec le Secrétaire général et le Chef du matériel, les modifications à apporter au parcours suivi par les voitures. Il donne aux aides-magasiniers les instructions utiles pour assurer le bon fonctionnement du service.

Les règles à observer par les facteurs sont rappelées au paragraphe II du chapitre VIII (titre VIII).

III. — Réception des déclarations de vol ou de perte. Réponses à la préfecture de police.

1078. — Les déclarations relatives aux objets volés ou perdus ne sont reçues qu'au bureau de l'Inspection. Elles sont enregistrées par un employé de ce service et signées par les réclamants. Si les objets n'ont pas été engagés, des mesures spéciales, indiquées aux paragraphes V, VI et VII ci-après, sont prises pour les reconnaître dans le cas où leur présentation aurait lieu ultérieurement. Le cas échéant, il en est donné avis aux réclamants [1].

1079. — Il est tenu un registre destiné à recevoir l'inscription des déclarations faites directement par le public et un autre registre destiné à recevoir l'inscription des déclarations transmises par la préfecture de police.

1080. — Les déclarations faites directement à l'Administration, soit verbalement, soit par lettres, sont dites *Plaintes du public;* elles sont enregistrées sous une série de numéros d'ordre de 1 à 2999 qui commence au 1er janvier de chaque année.

Après l'inscription de leurs déclarations, les intéressés sont

---

6ᵉ VOITURE

Bureaux N, S, 2ᵉ succursale, bureaux X, F, 2ᵉ succursale, bureaux S, N... 13.400 m.
(De plus, tous les vendredis, du bureau S au Chef-lieu et à la 2ᵉ succursale)... 3.000 m.

1. Règlement du 30 juin 1865, art. 71.

invités à déposer une plainte régulière chez le commissaire de police de leur quartier.

1081. — Les déclarations transmises par la préfecture de police, dites *Plaintes de la préfecture*, sont enregistrées sous une série de numéros d'ordre qui commence chaque année au numéro 3000.

1082. — Ces deux registres donnent les indications suivantes :

Numéros d'ordre des déclarations — Marques, numéros, noms ou devises portés sur les objets à rechercher, échantillons et croquis — Dates des vols ou des pertes — Noms et adresses des plaignants — Nombre et nature des objets à rechercher — Signatures des plaignants — Résultats positifs ou négatifs des recherches — Dates des réponses adressées à la préfecture de police.

Les lettres contenant les déclarations de vol ou de perte sont revêtues des numéros d'ordre sous lesquels elles ont été inscrites, puis classées dans des dossiers.

1083. — Les résultats positifs des recherches ordonnées par la préfecture de police sont signalés à cette administration par des lettres soumises à la signature du Directeur.

Ces lettres rappellent les indications portées sur la demande de mesures conservatoires (Division — Bureau — Section — Numéro de la lettre) ; elles font connaître les circonstances des dépôts, les noms, professions et adresses des déposants, enfin les résultats de l'enquête faite par l'agent de la préfecture de police attaché au Mont-de-Piété.

Les recherches négatives sont signalées au Préfet de police par un imprimé qui constate l'insuccès de ces recherches et rappelle les indications portées sur la demande de mesures conservatoires.

IV. — Service des fiches.

1084. — Dans le but d'assurer la moralité des engagements et l'exécution des prescriptions réglementaires, l'Administration a ordonné des mesures ayant pour but de centraliser, dans la mesure du possible, les opérations effectuées dans certaines conditions, notamment les dépôts faits par les individus qui, pour se soustraire à la production d'une patente ou pour tout autre motif, disperseraient leurs engagements.

Cette centralisation a lieu au moyen de fiches que les Contrôleurs des succursales, les Chefs des bureaux auxiliaires et les Commissionnaires établissent et adressent à l'Inspection dans les cinq jours qui suivent l'engagement. Ces fiches sont dressées dans les cas suivants :

Si les gages consistent en marchandises neuves (étoffes en pièce, montres non repassées, bijoux neufs, etc.), quels que soient d'ailleurs les quantités déposées et les prêts consentis ;

Si l'engagiste n'a pas son domicile dans le quartier où est situé le bureau ou s'il y fait de fréquentes opérations ;

Enfin, si l'engagement, sans donner lieu à l'application de l'article 49 du règlement général annexé au décret du 8 thermidor an XIII, paraît devoir être soumis à l'examen de l'Inspection [1].

Les fiches relatives aux engagements effectués au Chef-lieu sont établies par les employés de l'Inspection chargés de la confection des répertoires.

1085. — Ces fiches indiquent le nom, la profession et l'adresse du déposant, la lettre du bureau ou le numéro de la division d'engagement, le numéro et la date du dépôt, le prêt et la nature du gage [2].

Ces indications sont portées, sur chaque fiche, de la manière suivante, de façon à permettre, lorsqu'il y a lieu, l'inscription de nouveaux engagements. (Voir le tableau ci-contre.)

Les quantités et métrages doivent être indiqués sommairement avec la nature des gages.

Les Commissionnaires ne doivent adresser les fiches à

---

1. Ordre de service du 8 janvier 1872.
2. Ordre de service du 8 janvier 1872.

CHAP. I — SURVEILLANCE GÉNÉRALE DES OPÉRATIONS 399

l'Inspection que le surlendemain de l'engagement, lorsque les gages ont été présentés à l'Administration.

Ils indiquent alors, au-dessous du numéro de leur registre et de l'avance consentie par eux, la division d'engagement, le numéro, la date du dépôt et le prêt du Mont-de-Piété [1].

En ce qui concerne les marchandises neuves signalées par des fiches, il est fait exception pour la toile dite de ménage.

1086. — Lorsque les fiches établies par les divers bureaux ou divisions d'engagement ont été transmises au service de l'Inspection, il est procédé au classement de ces fiches et à l'examen des opérations signalées.

Les fiches sont d'abord divisées d'après la première lettre du nom de chaque déposant, puis elles sont remises aux employés chargés du classement définitif, de l'examen et de l'apurement.

Ceux-ci les intercalent alphabétiquement dans des casiers disposés à cet effet, parmi les fiches transmises précédemment.

S'ils s'aperçoivent qu'un même emprunteur a effectué plusieurs engagements, ils transcrivent sur la fiche la plus ancienne les désignations portées sur les plus récentes, qu'ils détruisent aussitôt.

Les employés chargés du classement des fiches signalent à l'Inspecteur ceux des dépôts qui attirent leur attention.

Ils portent principalement leur surveillance sur les indi-

---

1. Circulaire du 5 juillet 1880.

vidus qui effectuent des dépôts, le même jour, dans plusieurs bureaux.

1087. — Il est procédé au moins une fois par trimestre à l'apurement des fiches par l'élimination de celles qui se rapportent aux opérations les plus anciennes.

Les fiches ainsi extraites des casiers sont remises au service du Matériel, chargé d'en assurer la destruction en prenant toutes les garanties de discrétion.

L'apurement comprend, en ce qui concerne les marchandises neuves, les engagements antérieurs à l'époque de la vente et, en ce qui concerne les engagements effectués par des emprunteurs étrangers au quartier du bureau d'engagement, les nantissements remontant à plus de six mois.

Les dossiers qui ont été l'objet d'un examen ne sont pas détruits.

1088. — Les Inspecteurs procèdent à l'examen des dossiers de fiches qui leur sont soumis, convoquent s'il y a lieu les emprunteurs pour leur faire produire les justifications auxquelles ils ont pu se soustraire par la dispersion de leurs dépôts et leur interdisent, s'il y a lieu, de continuer à effectuer des engagements dans ces conditions.

Ils prescrivent en un mot toutes les mesures que leur suggèrent la nature et les circonstances des engagements faits en dehors des prescriptions réglementaires.

1089. — Les nantissements revendiqués par des tiers sont frappés d'opposition, et il est formé, pour chaque affaire, un dossier indiquant le nom de l'engagiste, le nom et l'adresse du plaignant, ainsi que la nature des objets reconnus. Un état des nantissements revendiqués est placé dans ce dossier, ainsi qu'une note de l'Agent de la Préfecture de police indiquant la suite donnée à l'affaire, les extraits de registre et généralement toutes les pièces qu'il peut être utile de consulter.

1090. — Lorsque les emprunteurs dont les dépôts sont signalés ne peuvent être retrouvés, les Inspecteurs font apposer des notes sur les gages à l'effet d'être informés de toute tentative de dégagement ultérieur.

Ces notes portent au recto la mention : « *Prévenir l'Inspecteur* », suivie de l'indication du nantissement (Division ou Bureau — Numéro — Date — Prêt — Nature du gage) ; au verso sont rappelés le nom et l'adresse du déposant.

V. — Relevés des numéros des montres engagées.

1091. — Les numéros placés auprès de la charnière du boîtier des montres sont soigneusement et visiblement consignés dans la marge extérieure des registres d'engagements (Contrôle et Caisse). Ces numéros sont ensuite recueillis par séries, sur une feuille spéciale adressée chaque jour à l'Inspection [1].

Les numéros des montres engagées dans les bureaux de Commission et au Chef-lieu sont relevés par les soins de l'employé de l'Inspection chargé des recherches relatives aux montres.

1092. — Au moyen des relevés des numéros des montres engagées, cet employé procède chaque jour aux recherches de celles qui sont signalées comme perdues ou volées.

Lorsque le numéro d'une montre perdue ou volée est signalé à l'Administration, l'employé chargé des recherches s'assure, en consultant les relevés des numéros précédemment transmis, que le bijou recherché n'a pas été déjà engagé. Il inscrit ensuite le numéro signalé sur une fiche qu'il place dans un tableau synoptique comprenant, par ordre, les numéros de toutes les montres à rechercher.

Le numéro d'ordre du registre des déclarations est rappelé en regard de chaque numéro de montre.

Chaque jour, il procède à un rapprochement entre les numéros des montres engagées et ceux qui figurent au tableau.

Lorsque le relevé comporte un numéro signalé, l'employé chargé des recherches établit une note sur laquelle il fait figurer le numéro de la plainte, le numéro de la montre, la date de l'engagement et l'indication du bureau.

---

1. Ordre de service du 8 janvier 1872.

Il se reporte ensuite au carnet d'inscription des déclarations et ajoute sur la note les renseignements qu'il possède sur la nature de la montre à rechercher (forme, grandeur, métal, signes particuliers).

1093. — Chaque note est rapprochée de la désignation portée au registre des engagements déposé au bureau de la Vérification, où figure, dans la marge extérieure, le numéro de la montre signalée.

Les notes qui indiquent des désignations différentes de celles du registre des engagements sont détruites; les autres sont complétées par l'addition du numéro de l'engagement et du prêt.

Les nantissements sont ensuite extraits des magasins au moyen de bons représentatifs détachés d'un registre à souche (papier jaune).

Les montres sont examinées pour constater s'il y a entière conformité avec celles décrites par les plaignants. Celles qui ne concordent pas avec les désignations données sont immédiatement réintégrées en magasin. Les autres sont conservées pour être représentées aux plaignants convoqués à cet effet.

1094. — Lorsqu'une montre a été reconnue, il est immédiatement établi un dossier, comprenant une déclaration de reconnaissance signée du plaignant, un extrait du registre des engagements en double expédition et, s'il y a lieu, la lettre de la Préfecture de police. Le dossier est alors transmis à l'Agent de la préfecture de police aux fins d'enquête.

La montre est réintégrée en magasin après avoir été frappée d'opposition.

Après avoir terminé son enquête, l'Agent de la Préfecture de police remet à l'Inspecteur le dossier auquel il joint un rapport indiquant la suite donnée à l'affaire.

S'il s'agit d'une plainte transmise par la Préfecture de police, l'Inspecteur rédige une réponse qui est soumise à la signature du Directeur. Les dossiers sont classés à l'appui des oppositions.

VI. — Echantillons des étoffes de prix.

1095. — Le Chef des engagements au Chef-lieu, les Contrôleurs des succursales, les Chefs des bureaux auxiliaires et les Commissionnaires prélèvent de petits échantillons des étoffes de prix présentées à l'engagement, telles que soieries, velours, tentures, etc., quels qu'en soient d'ailleurs la quantité et le prêt.

Sont considérées comme étoffes de prix celles qui sont susceptibles de donner lieu à un prêt minimum de un franc par mètre.

Chacun de ces échantillons doit être coupé dans la lisière de l'étoffe engagée et cousu dans l'une des cases des imprimés à ce destinés, à droite du numéro d'engagement ; la quantité de mètres doit y être également mentionnée.

L'indication du bureau et la période d'engagement sont consignées en tête des cartes d'échantillons qui sont envoyées à l'Inspection les 1er et 16 de chaque mois [1].

1096. — Au moyen des échantillons transmis par les bureaux d'engagement, un employé du service de l'Inspection procède chaque jour aux recherches des étoffes de prix signalées comme perdues ou volées.

A cet effet, lorsqu'un échantillon est déposé à l'appui d'une plainte, l'employé chargé des recherches, après avoir fait inscrire et signer ladite plainte sur l'un des registres des déclarations, s'assure, en consultant les cartes d'échantillons précédemment transmises, que l'étoffe signalée n'a pas été engagée.

Il colle ensuite l'échantillon remis à l'appui de la plainte sur un tableau synoptique ; le numéro de la plainte est reproduit en regard de chaque échantillon.

Chaque quinzaine, il est procédé à un rapprochement entre les échantillons des étoffes signalées comme perdues ou volées et ceux qui figurent sur les cartes transmises par les bureaux d'engagement.

Lorsqu'un relevé comprend un échantillon d'étoffe re-

---

[1]. Circulaires des 28 juillet et 4 octobre 1879.

cherchée, il est procédé, dans la même forme que lorsqu'il s'agit d'une montre, à la sortie du gage du magasin, à son examen et à la convocation du plaignant, s'il y a lieu.

Enfin il est dressé un état des nantissements reconnus, qui est joint à un dossier formé ainsi qu'il est dit au paragraphe V ci-dessus.

VII. — Objets revêtus de marques de propriété. Recherches diverses.

1097. — Les chiffres, noms, armoiries, devises, etc., en un mot tout signe de propriété gravé, brodé ou imprimé sur bijoux, argenterie, linge de prix, volumes, etc., sont soigneusement et visiblement consignés dans la marge extérieure des registres d'engagement (Contrôle et Caisse)[1].

Ces marques sont ensuite relevées sur un registre où, elles sont classées d'après l'ordre alphabétique dans des colonnes, afin de rendre les recherches plus faciles, plus rapides et plus sûres.

1098. — Les objets revêtus d'une marque de propriété qui ont été signalés comme perdus ou volés, soit directement, soit par la Préfecture de police, sont recherchés dans les bureaux d'engagement.

A cet effet, il est dressé chaque semaine, au service de l'Inspection, une liste des objets à rechercher qui indique, en regard de chaque article : le numéro de la plainte, la date du vol ou de la perte, le nombre et la nature des objets et enfin les marques de propriété indiquées.

Un exemplaire de cette liste est transmis à chaque bureau d'engagement.

1099. — En recevant cette liste, chaque Chef de bureau effectue les recherches, en prenant pour point de départ la date du vol ou de la perte et en relevant, sur le registre des marques et initiales, celles qui se rapportent aux indications de ladite liste.

Le Chef de bureau adresse à l'Inspecteur des extraits de

---

1. Ordre de service du 8 janvier 1872.

registre pour les engagements qui paraissent concorder avec les indications transmises; il rappelle les numéros de plainte.

Lorsque tous les articles signalés ont été recherchés, le Chef de bureau adresse une réponse définitive et conserve les notes à toutes fins utiles.

1100. — Ce même procédé est également employé pour les recherches de diverse nature que le service de l'Inspection est appelé à prescrire dans les bureaux d'engagement.

Dans certains cas figurent même des indications de noms et d'adresses; les recherches sont alors faites, s'il y a lieu, simultanément au moyen du registre des marques et numéros et à l'aide des répertoires des noms des emprunteurs.

Ces notes sont conservées après réponse dans la forme usitée pour les listes hebdomadaires.

1101. — Les demandes de recherches sont soumises à tous les employés du bureau, y compris l'aide-magasinier et l'assesseur, si la forme ou l'aspect de l'objet recherché sont les seuls indices fournis par le plaignant.

1102. — Un employé du service de l'Inspection est chargé de centraliser les résultats des recherches effectuées dans les divers bureaux du Mont-de-Piété.

Il est également chargé de compléter les recherches en ce qui concerne les engagements effectués au Chef-lieu.

Il fait extraire des magasins les nantissements qui se rapportent à des déclarations de perte ou de vol, convoque les plaignants et leur soumet les objets signalés.

Si les objets sont reconnus, il les fait réintégrer en magasin après les avoir fait frapper d'opposition et établit un dossier comprenant une déclaration de reconnaissance signée du plaignant, ainsi qu'il est indiqué au paragraphe V ci-dessus.

Enfin il remet à l'Inspecteur les résultats des recherches ordonnées pour des causes autres que les déclarations de vol ou de perte.

VIII. — Enregistrement des prêts de 500 fr. et au-dessus.

1103. — Il est tenu au service de l'Inspection un registre sur lequel sont inscrits les nantissements ayant donné lieu à des prêts de 500 francs et au-dessus.

Ces inscriptions sont faites au moyen d'extraits transmis par les divisions d'engagement, par les bureaux auxiliaires et par les Commissionnaires.

Lorsqu'un même emprunteur dépose dans un bureau d'engagement, le même jour, plusieurs lots qui donnent lieu à des prêts inférieurs à 500 francs, mais dont la réunion forme un total d'au moins 500 francs, ces nantissements doivent figurer sur ledit registre.

Le registre des prêts de 500 francs et au-dessus indique pour chaque article :

La division ou le bureau d'engagement — le numéro de l'engagement ou du renouvellement — le prêt — le nom, la profession et le domicile de l'emprunteur — la désignation sommaire du nantissement — enfin, s'il y a lieu, le nom, le numéro et l'avance du Commissionnaire.

Un répertoire alphabétique est tenu par l'employé chargé de l'enregistrement.

Les extraits de registre transmis par les divisions et bureaux sont classés dans l'ordre alphabétique des noms des emprunteurs.

1104. — L'employé chargé de l'enregistrement des prêts de 500 francs et du classement des extraits a le devoir de signaler à l'Inspecteur ceux des engagistes dont les soldes sont importants.

L'Inspecteur fait établir, lorsqu'il le juge nécessaire, la situation de ces déposants.

Ces comptes sont relevés sur un registre spécial au moyen des extraits de registre ; les mentions de dégagement, de renouvellement ou de vente sont portées en regard de chaque article, de façon à faire ressortir le solde en magasin.

CHAP. I — SURVEILLANCE GÉNÉRALE DES OPÉRATIONS 407

IX. — Interdictions d'engagement.

1105. — L'Administration se réserve le droit de refuser l'accès des bureaux d'engagement aux emprunteurs qui se livrent à des opérations irrégulières, soit en cherchant à écouler des marchandises par la vente des reconnaissances, soit en servant d'intermédiaires habituels à des tiers, soit en déposant des objets fabriqués dans le but de tromper l'appréciateur, soit enfin en dispersant leurs dépôts de façon à éluder les prescriptions réglementaires.

1106. — L'interdiction est portée à la connaissance des bureaux d'engagement par un ordre de service du Directeur.

Cette mesure n'est prise qu'après une enquête faite par l'Inspecteur, qui adresse un rapport au Directeur.

Une ampliation de l'ordre de service est adressée au Chef des engagements et aux Contrôleurs des succursales.

L'inspecteur donne avis aux bureaux auxiliaires et aux Commissionnaires, par un extrait de l'ordre de service, des noms et adresses des interdits.

Une liste des interdits est tenue à jour au service de l'Inspection et dans chaque division ou bureau d'engagement. Cette liste est placée dans la partie du bureau où le public n'a pas accès.

1107. — Lorsqu'il y a lieu de revenir sur une interdiction prononcée, un ordre de service du Directeur, rendu sur un rapport de l'Inspecteur, est communiqué à tous les services intéressés.

X. — Enquêtes relatives aux prêts suspendus. — Rapports au Préfet de police.

1108. — Les prêts suspendus non régularisés dont le versement est effectué à la Caisse, sont signalés au service de l'Inspection par une lettre d'avis indiquant le gage, le motif de la suspension, les nom, profession et adresse du déposant et tous les renseignements propres à éclairer l'Administration.

Pour les engagements effectués au Chef-lieu, le Chef de service communique les rapports de versement avant de les remettre à la Comptabilité.

Cette communication tient lieu de la lettre d'avis dont il est question ci-dessus.

1109. — Il est tenu, par le Commis-principal de l'Inspection, un registre sur lequel sont inscrits ces prêts suspendus, sous un numéro d'ordre.

Ce registre est divisé en deux parties, l'une comprenant toutes les indications portées sur les lettres d'avis transmises par les divers bureaux d'engagement, la seconde indiquant les résultats de l'enquête faite par l'Administration et les diverses mesures prises pour sauvegarder les droits des engagistes ou des tiers.

1110. — Le Commis-principal de l'Inspection, après avoir effectué l'inscription d'un article sur le registre des prêts suspendus, fait vérifier le domicile du déposant, si cette vérification n'a déjà été faite par les soins du Chef du bureau d'engagement.

Il dresse une note divisée en deux parties, l'une comprenant les indications portées sur la lettre d'avis de versement, la seconde destinée à l'inscription du résultat de la vérification de domicile.

Lorsque le domicile indiqué est reconnu exact, le déposant est invité à effectuer sans retard la régularisation de l'opération. En cas d'absence, une lettre de convocation émanant de l'Inspection est laissée au domicile.

La note est ensuite remise au Commis-principal, qui la classe, avec la lettre d'avis, sous le numéro d'ordre du prêt suspendu, après avoir inscrit sur son registre le résultat de l'enquête.

Le Commis-principal adresse des convocations aux engagistes domiciliés hors Paris. Mention de ces convocations est faite au registre des prêts suspendus, en regard de chaque article.

1111. — Lorsqu'il a été constaté que le déposant est inconnu au domicile indiqué par lui ou qu'il a quitté ce domicile sans faire connaître sa nouvelle adresse, mention en est faite au registre des prêts suspendus.

CHAP. I — SURVEILLANCE GÉNÉRALE DES OPÉRATIONS 409

Le Commis-principal fait rechercher parmi les fiches si d'autres engagements ont été effectués au même nom et à la même adresse.

Il fait ensuite extraire le nantissement du magasin au moyen d'un bon représentatif.

Si l'objet engagé porte une marque de propriété, il s'assure par le registre des plaintes que cet article n'a pas été réclamé.

Dans le cas contraire, il convoque le plaignant pour soumettre à son examen le gage abandonné.

Il recherche enfin par l'examen du gage (marque de fabrique, poinçon, etc.) si le propriétaire légitime ne peut en être retrouvé.

1112. — Lorsqu'un nantissement ayant donné lieu à un prêt suspendu est revendiqué par un tiers, le Commis-principal de l'Inspection adresse au bureau qui est détenteur de la reconnaissance une note destinée à être jointe à ce titre.

Cette note porte l'indication de l'article (Division ou Bureau — Numéro — Date — Prêt — Nature du gage) et le numéro d'ordre d'inscription au registre des prêts suspendus. A la suite de ces indications figure la formule suivante : *Ne pas régulariser sans une autorisation de l'Inspecteur.*

1113. — Conformément aux dispositions de l'article 49 du règlement général annexé au décret du 8 thermidor an XIII, le Commis-principal de l'Inspection prépare, pour chaque nantissement déposé par une personne qui n'a pu être retrouvée, un rapport au Préfet de police.

Ce rapport fait connaître dans quelles circonstances le dépôt a été effectué; il indique : le numéro d'inscription au registre des prêts suspendus ; les nom, profession et adresse d'après la déclaration du déposant ; la date et le lieu du dépôt; la désignation très détaillée du nantissement (au besoin un croquis est joint à ce rapport); le prêt offert et le numéro de l'engagement.

Enfin, il fait connaître les résultats de l'enquête faite par l'Administration, en indiquant s'il y a lieu les noms et adresses des personnes qui revendiquent la propriété du nantissement. Si d'autres engagements ont été effectués sous le même nom et à la même adresse, il en est également donné avis.

1114. — Les régularisations effectuées sont indiquées au registre des prêts suspendus sur le vu des avis transmis par les Chefs des bureaux auxiliaires ou des rapports communiqués par le Chef des engagements.

XI. — Répertoires des noms des emprunteurs.

1115. — Les répertoires des noms des emprunteurs, en ce qui concerne les engagements effectués au Chef-lieu (bijoux ou objets divers), et les répertoires des noms des auteurs des renouvellements opérés à cet établissement sont tenus au service de l'Inspection.

Les répertoires alphabétiques donnent, en regard de chaque nom, le numéro du folio du registre d'engagement ou de renouvellement et le prêt.

Les numéros de folios sont remplacés par la lettre du bureau auxiliaire pour les renouvellements (petite série) effectués au Chef-lieu.

Les noms précédés d'une particule doivent être répertoriés à deux endroits différents : à la lettre D et à la lettre qui commence le nom précédé de la particule.

1116. — Afin d'éviter des omissions, dont les conséquences pourraient être graves en cas de recherches ultérieures, les employés chargés de la tenue des répertoires doivent compter les noms inscrits, dont ils indiquent le nombre après chaque journée.

Ils s'assurent ensuite que ce nombre correspond à celui des dépôts constaté au bas du registre des engagements et recherchent les noms omis, lorsqu'il n'y a pas concordance entre les deux nombres.

CHAPITRE II

OPÉRATIONS D'ORDRE

I. — Avis de vente à adresser aux emprunteurs.

1117. — Il est donné avis aux emprunteurs, par lettre non affranchie, de la vente imminente des articles ayant donné lieu à des prêts de 16 francs et au-dessus.

La vente des autres nantissements n'est pas signalée aux intéressés, attendu que les indications de domicile données lors de l'engagement n'ont pu être contrôlées [1].

1118. — Le service des magasins remet aux employés chargés de la tenue des répertoires les lettres à adresser aux emprunteurs.

Les noms et adresses sont relevés par les employés de l'Inspection sur les registres d'engagement ou de renouvellement.

Les avis sont ensuite mis sous des enveloppes qui ne portent aucun signe extérieur d'origine.

II. — Réquisitions de vente. — Conditions. — Inscriptions. — Rôles.

1119. — Les réquisitions de vente sont accueillies au service de l'Inspection, en ce qui concerne les nantissements déposés soit au Chef-lieu, soit dans les bureaux auxiliaires ou de Commission qui en dépendent.

Conformément aux règlements, il ne peut être donné suite aux réquisitions des emprunteurs, lorsqu'il s'agit de marchandises neuves ou de commerce ou lorsque les engagements ne remontent pas à trois mois.

Les nantissements ayant donné lieu à des renouvelle-

---

1. Circulaire du 10 mars 1864.

ments peuvent être mis en vente, quelle que soit la date de la dernière opération.

1120. — Les réquisitions de vente ne peuvent être accueillies que de la part des emprunteurs ou des auteurs des renouvellements, sur la présentation des reconnaissances du Mont-de-Piété et d'un extrait du registre des engagements.

En ce qui concerne les engagements effectués chez les Commissionnaires, lorsque l'échange des titres n'a pas eu lieu, il ne peut être donné suite à la réquisition de vente de l'emprunteur qu'avec l'assentiment du Commissionnaire intéressé, qui doit à cet effet constater son acquiescement sur l'extrait de registre délivré.

L'employé chargé de recevoir les demandes des emprunteurs soumet à l'Inspecteur celles de ces demandes qui lui paraissent émaner de marchands.

1121. — Lorsqu'un emprunteur se présente pour requérir la vente de son nantissement, sa demande est inscrite sur un registre spécial, soit au moyen de l'extrait de registre dont il est porteur, soit au moyen des registres de l'établissement où le dépôt a été effectué.

Ce registre reçoit les indications suivantes :

Numéro d'ordre de la réquisition — Division ou bureau — Numéro de l'engagement ou du dernier renouvellement — Date — Prêt — Désignation sommaire — Nom, profession et domicile de l'emprunteur — Signature du requérant.

La signature du requérant est comparée avec celle qui est apposée sur l'extrait de registre ou sur le registre d'engagement.

En ce qui concerne les renouvellements, la qualité des requérants ne pouvant être contrôlée au moyen des registres et des signatures, il y a lieu d'exiger la production de pièces établissant l'identité des auteurs des derniers renouvellements.

L'extrait de registre reçoit ensuite l'inscription du numéro de la réquisition de vente pour être classé à son ordre parmi les pièces du dossier.

La formule ci-après est portée, au moyen d'un timbre,

sur la reconnaissance, qui est ensuite rendue à l'intéressé :

« L'emprunteur a requis la vente de son nantissement sous le n°.... le.... »

Le délai dans lequel la vente et la liquidation du boni peuvent être effectuées est indiqué à l'intéressé.

Aussitôt après l'inscription d'une réquisition de vente, un rôle spécial est dressé, puis transmis au service des Magasins, après avoir été revêtu de la signature de l'Inspecteur.

III. — Bonis rapportés par les commissionnaires et versés au compte des dépôts divers. — Remboursements aux intéressés.

1122. — Conformément à l'article 196 du règlement de comptabilité du 30 juin 1865, les Commissionnaires doivent rapporter à l'Administration les bonis qui ont été perçus par eux sur la réquisition des emprunteurs et que les intéressés ne sont pas venus ultérieurement réclamer.

A cet effet, le service de l'Inspection adresse chaque semestre une circulaire prescrivant aux commissionnaires de faire le versement de ces bonis.

Les Commissionnaires font parvenir à l'Administration leur registre de perception de bonis et un double bordereau des sommes rapportées par eux.

Ce registre et l'un des bordereaux sont renvoyés à chaque Commissionnaire après avoir été vérifiés et visés par l'Inspecteur.

Le second bordereau est remis au Commis-principal du service chargé de suivre l'opération.

1123. — Un état général est dressé pour être joint à un rapport au Directeur dans lequel l'Inspecteur demande l'autorisation de verser les sommes ainsi rapportées à la Caisse, au compte des *Dépôts divers*, où elles doivent être tenues à la disposition des ayants droit jusqu'à la prescription trentenaire.

Ce versement est effectué par les soins du Commis-principal, au moyen d'un mandat délivré par la Comptabilité.

Un dossier est formé pour chaque semestre, afin de pouvoir donner suite aux revendications qui pourraient se produire.

1124. — Lorsqu'un emprunteur se présente ultérieurement, muni du récépissé et du bulletin de boni délivré par un Commissionnaire, le Commis-principal de l'Inspection se reporte au dossier du semestre dans lequel le versement a été opéré.

Il établit ensuite un rapport au Directeur, dans lequel il indique le boni rapporté, le nom, la profession et l'adresse du réclamant, le nom du Commissionnaire, la date et le montant de la somme versée.

La Comptabilité fait ordonnancer un mandat de payement au profit de l'intéressé et y annexe le rapport.

Le Commis-principal indique sur le bordereau du Commissionnaire, en regard de la somme remboursée, la date du rapport adressé au Directeur.

IV. — **Erreurs de perception commises dans les bureaux auxiliaires.** — **Excédents ou déficits de Caisse.** — **Versements à la Caisse (Dépôts divers).** — **Remboursements aux ayants droit.**

1125. — Conformément aux dispositions d'un ordre de service du 2 avril 1875, les bureaux auxiliaires doivent relever sur un état trimestriel les erreurs de perception et les excédents ou déficits de Caisse.

Ces états sont adressés, avec les sommes provenant d'erreurs ou d'excédents, au Commis-principal du service de l'Inspection, qui en donne décharge.

1126. — Lorsque tous les bureaux auxiliaires ont adressé leur état — négatif, s'il y a lieu, — le Commis-principal établit un relevé desdites sommes. Ce relevé est joint à un rapport au Directeur dans lequel l'Inspecteur demande l'autorisation de verser ces sommes à la Caisse, au compte des *Dépôts divers*, où elles doivent rester à la disposition des ayants droit jusqu'à la prescription trentenaire.

Ce versement est effectué par les soins du Commis-principal au moyen d'un mandat délivré par le service de la Comptabilité.

Un dossier est formé pour chaque trimestre afin de pouvoir donner suite aux revendications ultérieures.

1127. — Lorsqu'une réclamation est formulée par le détenteur d'une reconnaissance, le Commis-principal se reporte au dossier du trimestre dans lequel l'excédent a été versé.

Si la réclamation paraît fondée et appuyée de preuves suffisantes, un rapport motivé est adressé au Directeur pour lui demander d'ordonnancer, au profit de l'intéressé, un mandat de payement.

Sur le vu de ce rapport, le service de la Comptabilité délivre à l'ayant droit un mandat au moyen duquel la Caisse rembourse la somme litigieuse.

Le Commis-principal indique sur le relevé, en regard de la somme remboursée, la date du rapport adressé au Directeur.

V. — Liquidation des bureaux de Commission. — Apurement de la gestion des Commissionnaires dont les bureaux sont supprimés.

1128. — Lorsqu'il y a lieu d'opérer la liquidation d'un bureau de commission, soit par suite du décès ou de la révocation du titulaire, soit pour toute autre cause, il est procédé, dans le but de sauvegarder les intérêts des emprunteurs, à la clôture des opérations, au récolement des reconnaissances composant le casier et à l'inventaire des nantissements existant chez cet intermédiaire. A cet effet, l'Inspecteur est désigné par un arrêté du Directeur fixant également le nombre d'employés qui doivent aider ce Chef de service dans l'accomplissement de sa mission.

Au cas où il rencontrerait des difficultés de la part d'un Commissionnaire ou de ses ayants droit, l'Inspecteur pourrait requérir l'assistance d'un Commissaire de police [1].

---

1. Voir annexe IX, chap. II, titre X.

1129. — L'Inspecteur clôt les registres en constatant par des arrêtés en toutes lettres le dernier numéro de chaque nature d'opérations.

Les reconnaissances existant au casier sont inscrites sur des bordereaux portant les indications ci-après :

Divisions d'engagement — Dates — Numéros — Prêts — Avances du Commissionnaire — Numéros d'enregistrement des articles chez le Commissionnaire.

Les colonnes relatives aux prêts et aux avances sont totalisées.

1130. — L'Inspecteur dresse un procès-verbal dans lequel sont constatées les opérations de clôture et de récolement.

Ce procès-verbal indique :

1° L'ordre en vertu duquel la liquidation est effectuée ;

2° Les noms des employés et des tiers qui ont assisté à la liquidation ;

3° La réquisition adressée au Commissionnaire ou à ses ayants cause d'avoir à assister aux opérations de clôture et de récolement ;

4° Les opérations de clôture des registres avec indication des derniers numéros ;

5° Les opérations de récolement indiquant le nombre de reconnaissances et les sommes représentées par ces titres (engagements, renouvellements et dégagements demandés) ;

6° L'inventaire des valeurs diverses (nantissements présentés à l'engagement, nantissements provenant de dégagements, nantissements dits inconnus, etc.) ;

7° Les fonds trouvés en caisse.

Le procès-verbal, clos et arrêté, est signé par l'Inspecteur et par le Commissionnaire ou ses ayants cause.

Mention du refus de ces derniers est faite, s'il y a lieu, au procès-verbal, qui est ensuite transmis au Secrétaire général.

1131. — Un employé est spécialement désigné par un ordre de service pour suivre la liquidation et l'apurement de la gestion du Commissionnaire dont le bureau est supprimé.

CHAP. II — OPÉRATIONS D'ORDRE 417

Les reconnaissances, les gages inventoriés et les registres sont en conséquence transportés au Chef-lieu.

1132. — L'employé chargé de suivre la liquidation effectue, dans la forme et les conditions prescrites par les règlements, soit l'échange des titres, soit la délivrance de bulletins de liquidation de boni. Il transmet au Secrétariat les demandes d'opérations qui lui sont adressées par correspondance.

Il adresse des lettres d'avis de vente aux intéressés, effectue les recherches qui sont demandées par les divers services de l'administration ou par les emprunteurs et délivre à ceux-ci, sur leur demande, des extraits de registre.

1133. — Il tient un registre de Caisse sur lequel il inscrit, soit en recette, soit en dépense, les mouvements de fonds de la liquidation dont il est chargé.

Le registre de Caisse comprend :
1° Pour les recettes :

La désignation des articles qui ont donné lieu à des avances supérieures aux prêts consentis par le Mont-de-Piété (Divisions — Numéros — Dates — Prêts) — les numéros d'enregistrement chez le Commissionnaire — les avances de cet agent — les différences entre les avances et les prêts — les droits de commission — les totaux des recettes.

2° Pour les dépenses :

La désignation des articles qui ont donné lieu à des avances inférieures aux prêts consentis par le Mont-de-Piété (Divisions — Numéros — Dates — Prêts) — les numéros d'enregistrement chez le Commissionnaire — les avances de cet agent — les différences entre les prêts et les avances — les commissions à déduire — les restes à payer.

1134. — Le montant des sommes produites par la liquidation est versé à la Caisse au moyen de mandats établis par le service de la Comptabilité.

Les sommes provenant de la liquidation sont ultérieurement remises aux ayants droit ou versées à la Caisse des Dépôts et Consignations, selon les cas.

VI. — **Statistique**.

1135. — Chaque jour, les divisions d'engagement et les bureaux auxiliaires font parvenir au bureau de l'Inspection un bulletin indiquant, en articles et en sommes, le montant des engagements effectués la veille.

Les Commissionnaires font parvenir un bulletin indiquant le montant des avances consenties par eux (articles et sommes).

Au moyen de ces bulletins, un employé du service de l'Inspection dresse chaque jour un relevé qui indique, par catégories (Divisions — Bureaux auxiliaires — Commissionnaires), les engagements effectués. Les totaux sont réunis, et la moyenne des prêts est indiquée en regard du montant des opérations effectuées dans chaque catégorie.

Ce relevé est soumis chaque jour au Directeur.

En fin de mois, une récapitulation des totaux de chaque catégorie est dressée, et la moyenne des prêts est indiquée en regard de chacune d'elles.

Les bulletins des Commissionnaires sont classés et conservés pour servir à dresser le tableau des avances faites par ces agents.

1136. — Un employé du service de l'Inspection est chargé de réunir les feuilles constatant les opérations des Commissionnaires, prescrites par l'ordre de service du 28 janvier 1840, et d'en relever, chaque mois, les résultats par nature d'opérations.

A la fin de chaque année, il est établi une récapitulation générale, de manière à présenter dans un même résumé, pour chaque Commissionnaire, en articles et en sommes, les engagements accomplis et ceux dits « rendus de suite », les renouvellements, les dégagements et les bonis perçus par l'entremise de ces intermédiaires. Ce résumé est dressé en double expédition; un exemplaire est remis au Chef de la comptabilité pour servir à établir le compte administratif.

1137. — Le Commis principal du service dresse de son côté un tableau des avances des Commissionnaires, au moyen des bulletins transmis chaque jour pour servir au relevé des engagements.

A la fin de chaque année, il établit une récapitulation de manière à présenter dans un même résumé, pour chaque Commissionnaire, en articles et en sommes, le montant des avances consenties par chacun d'eux.

1138. — Lorsqu'il y a lieu de dresser des états de statistique, soit des emprunteurs classés par professions, soit des séries de prêts, etc., l'Inspecteur est chargé de donner les instructions nécessaires aux divers services, aux bureaux auxiliaires et aux Commissionnaires. Il est chargé en outre de réunir les résultats adressés par les divers bureaux de l'Administration aux époques indiquées et de centraliser ces résultats ou de les faire parvenir au service où s'opère cette centralisation.

CHAPTRE III

OPPOSITIONS

I. — Conditions de l'acceptation des oppositions. Inscription des déclarations. — Compétence du préposé.

1139. — En cas de perte d'une reconnaissance, l'emprunteur peut en faire aussitôt la déclaration au service de l'Inspection (ou du Contrôle dans les succursales), qui est tenu de la recevoir et de faire inscrire l'opposition sur un registre spécial, dans la forme indiquée aux paragraphes ci-après [1].

1140. — L'emprunteur qui a perdu sa reconnaissance ne peut dégager le nantissement qui en était l'objet avant l'échéance du terme fixé par l'engagement, et lorsque, à l'expiration de ce terme, ledit emprunteur est admis soit

---

1. Règlement général annexé au décret du 8 thermidor an XIII, art. 61.

à retirer son nantissement, soit à retirer le boni résultant de la vente qui en a été faite, il est tenu d'en donner décharge spéciale avec cautionnement d'une personne domiciliée et reconnue solvable.

Les décharges spéciales requises dans les cas prévus ci-dessus sont simplement inscrites sur le registre des oppositions, lorsqu'elles ont pour objet des nantissements d'une valeur de 100 francs et au-dessous, et sont données par acte notarié, s'il s'agit de nantissements d'une valeur au-dessus de cette somme [1].

1141. — Les créanciers particuliers des emprunteurs peuvent être admis à former opposition à la délivrance des nantissements ou des bonis, dans les conditions énoncées au paragraphe VII ci-après [2].

1142. — L'Administration peut refuser d'accueillir toutes oppositions qui sont faites dans des termes vagues et qui ne contiennent point des désignations et renseignements suffisants pour prouver que les objets revendiqués sont en dépôt au Mont-de-Piété et pour donner la possibilité de les retrouver [3]. En conséquence, l'Inspecteur n'est tenu de viser et de donner suite aux demandes d'oppositions qu'autant qu'elles réunissent les conditions indiquées au paragraphe VII ci-après.

1143. — L'inscription des déclarations d'opposition aux dégagements et aux payements de bonis est faite par l'employé préposé, sur le registre à ce destiné, en observant l'ordre ci-après, indiqué par les colonnes dudit registre :

Numéros d'ordre des oppositions — Articles sur lesquels les oppositions sont formées (divisions ou bureaux, numéros, dates, prêts, désignations sommaires) — Noms des commissionnaires — Numéros des articles et avances — Noms, professions, domiciles et qualité des opposants — Motifs des oppositions.

La série des numéros d'ordre n'est pas renouvelée chaque année ; elle est continuée aussi longtemps que possible,

---

1. Règlement général annexé au décret du 8 thermidor an XIII, art. 68 et 69. — Règlement du 30 juin 1865, art. 70.
2. Règlement du 30 juin 1865, art. 96.
3. Délibération du Conseil d'administration du 13 avril 1778.

afin d'éviter les recherches qu'entraineraient inévitablement plusieurs séries.

Les indications relatives aux articles déposés chez les Commissionnaires (noms, numéros et avances) ne sont portées qu'autant que les récépissés n'ont pas été échangés contre les titres définitifs.

Le domicile des opposants, à inscrire au registre, est celui de la date de l'opposition et non celui de l'époque de l'engagement,

La qualité des opposants n'est indiquée que dans le cas où ces derniers ne sont pas les emprunteurs (tiers-porteur, héritier, créancier, plaignant, juge d'instruction, commissaire de police, etc.).

En ce qui concerne le motif des oppositions, la formule imprimée est modifiée suivant qu'il s'agit soit de titres perdus, volés, confiés, trouvés, détruits ou hors d'état, soit d'objets revendiqués ou reconnus, soit enfin de pièces à conviction.

Les déclarations d'opposition sont inscrites au fur et à mesure qu'elles se produisent, sans interligne et en occupant une case pour chaque article.

1144. — L'employé préposé aux oppositions est autorisé à donner suite :

1° Aux déclarations de perte, de vol ou de destruction de reconnaissances, si toutefois ces déclarations émanent des emprunteurs eux-mêmes, des représentants des emprunteurs munis de pouvoirs réguliers ou des héritiers des emprunteurs munis de pièces établissant leurs droits ;

2° Aux déclarations des personnes convoquées à l'Inspection pour reconnaître des montres recherchées en vertu de la circulaire générale du 8 janvier 1872.

3° Il est en outre autorisé à former opposition d'office au dégagement des articles désignés sur les titres trouvés qui sont déposés au bureau de l'Inspection.

1145. — Dans le premier cas, l'inscription a lieu soit sur le vu des registres de l'établissement, soit d'après un extrait de registre délivré par un bureau auxiliaire soit d'après un extrait de registre délivré par un Commissionnaire et *portant la mention de l'échange du récépissé.*

Les extraits de registre reçoivent ensuite l'indication du numéro d'opposition pour être classés à leur ordre parmi les pièces à l'appui.

Dans le second cas, l'inscription est faite d'après le bulletin de prisée, remis avec le gage, par l'employé chargé des recherches de montres. Le dossier de la recherche est classé à son ordre.

Dans le troisième cas, l'inscription est faite d'après le titre déposé. Un extrait de registre est ensuite demandé, s'il y a lieu, pour compléter les indications que doit recevoir le registre et pour convoquer le propriétaire du titre trouvé. Les reconnaissances et récépissés ainsi déposés sont ensuite classés au dossier provisoire des titres en dépôt. Si ces titres ont été adressés par un bureau auxiliaire ou par un commissionnaire, le préposé aux oppositions en donne décharge sur le carnet dont la tenue est prescrite par la circulaire du 24 février 1882. Il indique sur ce carnet le numéro d'opposition sous lequel le titre est classé.

1146. — Indépendamment des oppositions formées dans les conditions ci-dessus énoncées, le préposé est autorisé à accueillir les demandes d'opposition formées par des tiers, en se renfermant dans les limites qui sont indiquées au paragraphe VII ci-après. Ces dernières déclarations doivent toutefois être signalées à l'Inspecteur (au Contrôleur dans les succursales)[1].

II. — **Envoi des bulletins aux magasins ou au service du boni.** — **Délivrance des bulletins d'opposition au public.** — **Renseignements divers.**

1147. — Aussitôt après l'inscription au registre, le préposé aux oppositions adresse au magasin des bijoux ou à celui des objets divers, selon la nature du gage, un bulletin destiné à être cousu sur le nantissement.

Ce bulletin, établi d'après le registre des oppositions, est revêtu de la signature du préposé ; si l'opposition frappe un

---

1. Instruction du 30 décembre 1881.

article dont la vente a été effectuée, le bulletin est adressé au bureau du boni, qui renvoie aussitôt cette pièce avec l'indication de la somme disponible. Ce bulletin est ensuite classé.

1148. — Aussitôt que le magasin a fait connaître que le bulletin d'opposition est appliqué sur le gage, l'indication en est portée dans la 2ᵉ colonne du registre par la lettre B. (*opposition bonne*).

S'il s'agit d'un article vendu, le montant du boni à percevoir est indiqué dans la 12ᵉ colonne de la façon suivante : *Boni* : — *fr*.

Le préposé fait ensuite signer l'opposant dans la 10ᵉ colonne, en regard des articles ou des bonis revendiqués.

Si l'opposition est formée pour cause de reconnaissance adirée, la comparaison de la signature avec celle qui figure sur le registre d'engagement ou sur l'extrait de registre, permet au préposé de s'assurer qu'il est bien en présence de l'emprunteur.

Si l'opposition est demandée par un fondé de pouvoir, l'autorisation est classée à son ordre, et la signature est remplacée au registre par les lettres P. P. (*par pouvoir*).

De même si la déclaration est faite par correspondance, la signature est remplacée au registre par l'indication : $C^{ce} n^o$..., et la lettre du correspondant est également classée.

1149. — L'opposition étant alors définitive, le préposé délivre à l'opposant ou à son représentant un bulletin signé et établi d'après le registre.

Ce bulletin indique la date à laquelle l'opposant doit se présenter pour obtenir un duplicata, c'est-à-dire à l'expiration de l'année d'engagement. Si l'année d'engagement est expirée, cette date est remplacée par les mots : *de suite*.

Si l'opposition est demandée par correspondance, le numéro d'ordre est communiqué au Secrétariat, qui adresse à l'intéressé un avis remplaçant le bulletin. La date de la délivrance du bulletin ou de l'avis d'opposition est indiquée au registre dans la 11ᵉ colonne.

Si l'opposition est formée par ministère d'huissier, la copie (timbre bleu) est classée et l'original (timbre noir) est remis à l'huissier après avoir reçu la mention suivante, qui est signée par l'Inspecteur : *Vu et reçu copie le*.....

Il y a lieu de surseoir à la délivrance du bulletin lorsque l'opposition n'est pas régulièrement formée, soit que la signature de l'emprunteur n'ait pas été produite à l'appui de sa déclaration, soit que l'opposant n'ait pas complètement justifié de ses droits.

1150. — La 12e colonne du registre des oppositions est destinée à recevoir l'inscription :

1° Des noms, professions et domiciles des emprunteurs ou des auteurs des renouvellements, lorsque les oppositions ont été formées par des tiers ;

2° Des convocations adressées aux opposants ou à des tiers intéressés ;

3° Des sursis demandés d'office ;

4° Des noms, professions et adresses des personnes qui détiennent des titres relatifs à des articles frappés d'opposition ;

5° Des mentions indiquant que les oppositions peuvent être levées sur le vu des titres ;

6° Des indications relatives aux titres trouvés et déposés à la Préfecture de police (voie publique ou voitures, n°s de dépôt) ;

7° De la remise de lettres accréditant les opposants auprès du notaire de l'Administration ;

8° Des noms et adresses des huissiers pour les oppositions signifiées par eux ;

9° Des dénonciations et contre-dénonciations d'opposition ;

10° Des pièces sur le vu desquelles des oppositions ont été accueillies en faveur de tiers (jugements, intitulés d'inventaires, certificats de juges de paix, commissions rogatoires, ordonnances, etc.) ;

11° Et enfin l'inscription de toutes les indications qui peuvent éclairer l'Administration et qui ne trouveraient pas place dans les autres colonnes, notamment des tentatives de dégagement ou des renouvellements successifs [1].

III. — Dégagements effectués ou bonis perçus avant l'opposition. — Renouvellements successifs d'articles frappés d'opposition. — Oppositions faisant double emploi.

1151. — Lorsque le Magasin fait connaître qu'un nantissement sur lequel une opposition est demandée a été

---

1. Instruction du 30 décembre 1881.

dégagé, le bulletin qui devait être apposé sur le gage fait retour à l'Inspection.

Ce bulletin est présenté au bureau de la Vérification, qui contrôle le numéro de sortie indiqué par le Magasin et inscrit la date du dégagement.

Cette mention est visée par celui des employés de la Vérification chargé de la liquidation de la division ou du bureau auxiliaire indiqué sur le bulletin; elle est reproduite dans la 12ᵉ colonne du registre des oppositions, et le bulletin est classé à son ordre, pour décharge, au dossier de l'opposition.

S'il s'agit d'un boni perçu, le bulletin est également repris et classé: la mention de payement, inscrite sur ce bulletin par le Service du boni, est ainsi relevée dans la 12ᵉ colonne : *Boni... fr... touché le.....*

1152. — Les oppositions n'empêchent pas le renouvellement des articles qu'elles frappent; elles suivent ces articles sous les nouveaux numéros qui leur sont donnés, quels que soient d'ailleurs les auteurs des renouvellements.

Toutefois les oppositions ne sont valables que pendant trente ans. Après ce délai, elles doivent être renouvelées dans les formes prescrites par la loi.

Tous les matins le Service des magasins communique au préposé les reconnaissances des articles frappés d'opposition qui ont été la veille l'objet d'un renouvellement.

Les mentions de ces renouvellements (numéros et dates) sont portées au registre des oppositions dans la 12ᵉ colonne. Il y a lieu, en outre, d'indiquer à la suite de cette mention le bureau ou la division, lorsque le renouvellement est fait par rengagement.

L'indication : *Opposition maintenue*, est portée sur la reconnaissance, à moins qu'une mainlevée n'ait été donnée au registre.

1153. — Lorsque le Service des magasins ou le Service du boni fait connaître qu'un article se trouve déjà frappé d'opposition, l'indication : *Voir opposition nº....*, est portée au registre dans la 12ᵉ colonne, en regard de chaque inscription, afin de relier entre elles toutes les oppositions formées sur un même gage.

La première opposition subsiste seule au Magasin ou au service du Boni.

La mention des oppositions formées par des tiers est faite dans la 12e colonne, conformément aux indications du paragraphe précédent.

Le second bulletin est ensuite classé [1].

IV. — **Tentatives de dégagement ou de perception de boni concernant des articles frappés d'opposition. — Annulations. — Remboursements.**

1154. — Lorsqu'une tentative de dégagement d'un article frappé d'opposition est faite dans un bureau auxiliaire ou chez un Commissionnaire, la reconnaissance est remise par le Service des magasins au préposé aux oppositions, qui, à moins d'une mainlevée inscrite au registre, fait inviter l'auteur du dégagement à se présenter au bureau des oppositions dans le plus bref délai.

L'indication : *Dégagement à régulariser, n°... le....*, est portée dans la 12e colonne du registre, puis la reconnaissance est classée au dossier provisoire des titres en dépôt.

1155. — Si la tentative de dégagement a lieu à l'établissement où le gage est en dépôt, le Service des magasins fait conduire au bureau des oppositions la personne qui a présenté le titre.

L'employé des magasins chargé d'accompagner cette personne est porteur de la reconnaissance, en tête de laquelle se trouve reproduit le numéro de l'opposition.

1156. — Trois cas peuvent se présenter :

1° Le dégagement peut être effectué par l'opposant ou pour son compte.

2° Le dégagement peut être effectué par un tiers porteur de la reconnaissance qui justifie de la possession légitime de ce titre.

3° Le dégagement peut être effectué par un tiers porteur de la reconnaissance qui ne justifie pas de la légitime possession.

---

1. Instruction du 30 décembre 1881.

1157. — Premier cas. — Le préposé aux oppositions invite l'auteur du dégagement à lui remettre le bulletin qui a été délivré lors de l'opposition ou l'avis qui a été adressé par le Secrétariat, et à donner ou à produire une mainlevée de l'opposition.

A défaut de cette mainlevée immédiate, ou si le bulletin ou l'avis du Secrétariat n'est pas représenté, la reconnaissance est classée au dossier provisoire des titres en dépôt, et la mention : *Dégagement à régulariser n°... le....*, est inscrite dans la 12ᵉ colonne, en attendant que ladite mainlevée puisse être donnée dans la forme indiquée au paragraphe V ci-après.

1158. — Deuxième cas. — Lorsque l'indication du nom de l'opposant est fournie par l'auteur du dégagement, il y a présomption d'achat ou de cession régulière de la reconnaissance.

Si donc la mainlevée paraît devoir être facilement obtenue et que l'auteur du dégagement n'exige pas le remboursement immédiat des sommes versées au Mont-de-Piété, on opère dans la forme indiquée ci-dessus.

Si, au contraire, l'auteur du dégagement ne paraît pas avoir l'espoir d'obtenir la mainlevée de l'opposition, l'annulation de l'opération de dégagement est effectuée d'office et le remboursement de la somme versée a lieu dans la forme indiquée ci-après.

La mention suivante est portée dans la 12ᵉ colonne : *Tentative de dégagement, n°... le.....*

1159. — Troisième cas. — Lorsque l'auteur du dégagement ne peut indiquer le nom de l'opposant ou de l'emprunteur, il y a présomption de possession illicite ou irrégulière de la reconnaissance.

Le dégagement est immédiatement annulé et la somme est restituée à l'auteur du dégagement, dans la forme indiquée ci-après.

La mention suivante est portée dans la 12ᵉ colonne : *Tentative de dégagement, n°... le.....*

Si l'opposition a été motivée par le vol ou par la perte du titre ou du gage, les renseignements utiles sont communiqués par note au commissaire de police aux fins d'enquête.

428 TITRE VII — SERVICE DE L'INSPECTION

Toutefois, l'intervention de ce magistrat n'est sollicitée que si l'Administration a pu s'assurer de l'exactitude de la déclaration de l'opposant.

1160. — Dans les trois cas ci-dessus spécifiés, s'il s'agit d'une tentative faite pour percevoir un boni, l'indication en est portée dans la 12ᵉ colonne de la manière suivante : *Tentative de perception de boni, le.....*

De plus, les nom, profession et adresse du détenteur du titre sont indiqués dans la même colonne.

1161. — Lorsqu'il y a lieu de procéder à l'annulation d'un dégagement effectué dans la même séance, le bulletin d'appel est retiré des mains de la personne qui tente le dégagement et remis, avec la reconnaissance, à l'employé du Magasin pour obtenir du Service des recettes le remboursement de la somme versée.

La reconnaissance est revêtue préalablement de la mention suivante, signée par le préposé aux oppositions : *A annuler pour cause d'opposition, le.....*

Cet employé doit également inscrire l'opération au registre des remboursements avant d'envoyer reprendre le montant du dégagement au Service des recettes.

Le registre des remboursements comprend :

Le numéro d'ordre du remboursement — la désignation de l'article (division ou bureau, numéro, date, prêt) — la date et le numéro de l'opération à annuler — le motif de l'annulation et le numéro de l'opposition — le nom de la partie prenante, sa demeure — la date du remboursement — la somme remboursée — l'émargement de la partie prenante pour quittance.

L'inscription : *Remboursement nº...*, est portée dans la 12ᵉ colonne du registre des oppositions.

Cette inscription a pour but de constater toutes les tentatives de dégagement qui peuvent être effectuées et de faire connaître, s'il y a lieu, dans quelles mains se trouvent les reconnaissances relatives aux objets frappés d'opposition.

1162. — Lorsque l'employé des magasins rapporte la somme versée pour le dégagement, cette somme est remise à l'intéressé sur sa décharge donnée au registre des remboursements dans la colonne : *Émargement.*

CHAP. III — OPPOSITIONS

La reconnaissance est ensuite remise au porteur ou classée au dossier provisoire des titres en dépôt, selon que l'auteur du dégagement a pu ou non justifier de la légitime possession de ce titre.

Si la reconnaissance est conservée, l'indication : *Titre classé*, est portée dans la 12ᵉ colonne, en regard de l'article.

Lorsque le tiers porteur d'une reconnaissance ne consent pas à déposer le titre frappé d'opposition, le Chef du service prend les mesures nécessaires pour s'assurer de son identité.

1163. — Lorsque l'annulation d'un dégagement n'a pu être effectuée dans la même séance, soit que cette dernière opération ait eu lieu dans un bureau auxiliaire ou chez un Commissionnaire, soit que l'auteur du dégagement n'ait pas répondu à l'appel de son numéro, soit enfin que l'heure avancée n'ait pas permis d'effectuer cette opération immédiatement, on établit un bon de déduction qui porte un numéro d'ordre correspondant à celui du registre des remboursements.

Cette pièce est revêtue des signatures du Secrétaire général, du Caissier, du Chef de la comptabilité et du Garde-magasin.

Cette dernière signature n'est demandée qu'autant que le gage existe encore en magasin.

La reconnaissance est revêtue de la mention suivante, signée par l'Inspecteur : *A annuler par bon de déduction n°... pour cause d'opposition, le.....*

Le bon de déduction, la reconnaissance et le bulletin d'appel sont présentés au bureau des recettes pour obtenir le remboursement, qui est effectué dans la forme ci-dessus indiquée [1].

V. — Mainlevées. — Délivrance de duplicatas pour cause de reconnaissances adirées. — Cautions.

1164. — Les mainlevées ne peuvent être données que par les opposants ; elles ne sont acceptées qu'autant que le

---

[1]. Instruction du 30 décembre 1881.

bulletin d'opposition ou la lettre d'avis du Secrétariat est rapporté.

En cas de perte de ce bulletin ou de cette lettre, la caution d'une personne reconnue solvable et domiciliée à Paris est exigée.

Au moment de la mainlevée, soit que les titres originaux aient été représentés, soit qu'il y ait lieu de délivrer des duplicatas, l'inscription est faite de la manière suivante, dans les colonnes disposées à cet effet :

Dates des mainlevées ou de la délivrance des duplicatas — Signatures des opposants pour décharge (au-dessous de la formule : Bon pour mainlevée de l'opposition) — Motifs des mainlevées (R. R. : reconnaissances retrouvées ; D. D. : duplicatas délivrés).

La signature de l'opposant peut être donnée soit sur le registre des oppositions, soit au dos du bulletin, de la lettre d'avis du Secrétariat, ou même sur une feuille de papier libre.

Dans ce dernier cas, le pouvoir présenté reçoit l'inscription du numéro d'opposition, pour être classé à son ordre, et la signature est remplacée au registre par les lettres P. P. (*par pouvoir*).

La comparaison de cette signature avec celle portée dans la 10ᵉ colonne permet au préposé de s'assurer que la main levée est bien donnée par l'opposant.

Si la signature donnée ou produite pour décharge n'est pas conforme à celle de l'opposition, on sursoit à la mainlevée jusqu'à la production d'une décharge régulière. En cas de doute, on exige de la personne qui requiert la mainlevée une preuve d'identité et de domicile.

Aussitôt que la mainlevée a été inscrite au registre, le préposé aux oppositions porte sur la reconnaissance, au moyen d'un timbre, la formule ci-après, suivie de sa signature : *Opposition levée le.....*

Le titre est ensuite remis au porteur.

1165. — Les mainlevées d'opposition par ministère d'huissier peuvent consister dans la remise pure et simple de l'original qui porte le visa indiqué au paragraphe II du présent chapitre.

Si l'opposition signifiée par ministère d'huissier s'applique à des articles déposés dans une Succursale, avis de la mainlevée est transmis au Contrôleur par lettre de l'Inspecteur.

1166. — Aux termes de l'article 68 du règlement général annexé au décret du 8 thermidor an XIII, les duplicatas pour cause de reconnaissances adirées ne sont délivrés qu'à l'expiration de l'année d'engagement, aux opposants ou à leurs ayants droit et sous la caution d'une personne solvable et domiciliée à Paris.

Avant de procéder à l'inscription de la mainlevée, le préposé fait connaître à la caution l'étendue de la responsabilité qui lui incombe par suite de son intervention.

Les renseignements relatifs aux cautions sont enregistrés de la manière suivante dans les colonnes disposées à cet effet :

Noms, professions et adresses — Pièces présentées comme preuves de solvabilité — Signatures (au-dessous de la formule : Bon pour cautionnement).

1167. — La solvabilité de la caution s'établit suffisamment par la présentation de l'une des pièces ci-après désignées :

1° Patente de l'année [1] ;

2° Avertissement des contributions accompagné d'une pièce authentique revêtue de la signature ;

3° Quittance des contributions accompagnée d'une pièce portant la signature ;

4° Titre nominatif de rente ;

5° Acte de vente enregistré d'une propriété ou d'un fonds de commerce ;

6° Permis d'ouverture d'un débit de boissons accompagné d'une pièce portant la signature ;

7° Bail enregistré énonçant la qualité de propriétaire de la caution ;

---

[1]. Les brocanteurs et les artisans en échoppe obtenant parfois une patente au moyen d'une contribution peu élevée, la caution de ces commerçants n'est admise qu'autant qu'ils présentent, à l'appui de leur patente, l'avertissement des contributions établissant qu'ils payent une taxe au moins égale au prêt de l'article pour lequel ils se portent garants.

8° Police d'assurance de l'année indiquant que le porteur est assuré, soit pour la valeur de marchandises en magasin, soit pour la valeur d'un matériel industriel ou commercial.

Les pièces autres que celles qui viennent d'être énumérées doivent être soumises à l'Inspecteur, qui apprécie.

1168. — La caution peut être produite devant un commissaire de police ou devant un maire.

Ce magistrat délivre alors, sous la responsabilité de deux personnes solvables et domiciliées, un certificat spécial constatant que l'intéressé est connu comme incapable de faire une fausse déclaration dans le but de s'approprier ce qui ne lui appartiendrait pas.

L'enregistrement de cette pièce est fait de la façon suivante : *Certificat*.

Cette pièce reçoit ensuite l'inscription du numéro d'opposition pour être classée.

1169. — La délivrance d'un duplicata, lorsque l'opposition frappe un article vendu dont l'engagement a eu lieu dans un bureau auxiliaire, est remise à huitaine.

Dans l'intervalle, le service du boni avise le bureau auxiliaire d'avoir à refuser le payement du boni sur présentation de l'original [1].

VI. — Délivrance de duplicatas pour causes diverses.

1170. — La délivrance de duplicatas peut être nécessitée soit pour une opération d'ordre (art. 103 du règlement du 30 juin 1865), soit pour une restitution à faire à un tiers ; elle peut être également demandée soit en vertu d'une autorisation du procureur de la République, soit en vertu d'un jugement. La caution est alors remplacée par l'une des mentions suivantes : *Autorisation du procureur de la République en date du*..... — *Jugement du Tribunal de*..... *en date du*.....

Ces pièces sont classées aux dossiers des oppositions.

---

1. Instruction du 30 décembre 1881.

1171. — A défaut d'autorisation de justice, les duplicatas exceptionnellement délivrés aux intéressés sont créés sous leur responsabilité et, s'il est nécessaire, sous celle d'une caution agréée.

La caution appose également sa signature sur le registre des oppositions au-dessous de la mention suivante :

Délivré à M. X... sous la caution de M. X..., qui s'engage solidairement avec l'intéressé à garantir l'Administration contre tous événements ultérieurs pouvant résulter de la non-représentation du titre original.

1172. — La délivrance d'un duplicata, pour remplacer un titre original hors d'état, peut avoir lieu immédiatement, quelle que soit la date du dépôt, lorsque les parties essentielles de la reconnaissance sont représentées, c'est-à-dire lorsqu'il existe l'indication de la division ou la lettre du bureau, le numéro d'engagement, le prêt et l'une des signatures.

1173. — Dans le cas contraire, le duplicata ne peut être délivré que sur le vu d'un extrait de registre ne laissant aucun doute sur l'identité du gage.

Il y a lieu d'attendre l'expiration de l'année d'engagement, pour délivrer le duplicata, lorsque les débris du titre ne permettent pas de déterminer sûrement le nantissement et surtout lorsque les parties manquantes pourraient faciliter une seconde réclamation.

1174. — L'article 43 du règlement du 16 mars 1824 dispose que lorsqu'un Commissionnaire a adiré une reconnaissance, il peut obtenir un duplicata contre le dépôt d'une somme égale au prêt mentionné sur le titre perdu.

Le duplicata est délivré sur la demande écrite du Commissionnaire, accompagnée de la somme à déposer.

Le versement est effectué à la Caisse par les soins du préposé aux oppositions au moyen d'un mandat créé par le Service de la comptabilité.

Il est pris note de ces dépôts sur un registre tenu à l'Inspection. Le récépissé de la Caisse est remis au Commissionnaire pour servir au remboursement ultérieur.

1175. — Les reconnaissances retrouvées et rapportées par les Commissionnaires sont oblitérées et conservées aux dossiers des oppositions.

Les remboursements des sommes déposées par les Commissionnaires sont effectués au moyen de mandats établis par le Service de la comptabilité, sur la représentation du récépissé à souche délivré par la Caisse et de la reconnaissance ou, à défaut de ce dernier titre, après le délai de trois années à partir de l'engagement [1].

VII. — **Dispositions relatives aux oppositions formées par des tiers.** — **Prêts au-dessus de cent francs.** — **Oppositions d'office.**

1176. — Lorsqu'une opposition, suffisamment motivée et signifiée par ministère d'huissier, s'applique à un article désigné comme ayant été déposé par une personne dénommée dans l'acte, l'Administration est tenue d'accepter cette opposition, lors même que l'engagement aurait été renouvelé par un tiers [2].

L'opposition doit, dans tous les cas, viser et énoncer les numéros et la nature des nantissements qu'il s'agit d'arrêter; cette mesure ne peut procéder qu'en vertu d'un titre ou, à défaut de titre, en vertu d'une ordonnance du juge; elle ne peut, en aucun cas, embrasser l'avenir d'une façon éventuelle; elle doit avoir pour objet un gage déterminé et indiqué avec une précision suffisante pour éviter toute confusion [3].

1177. — Aux termes de l'article 569 du Code de procédure civile, le Mont-de-Piété ne peut être assigné en déclaration affirmative, c'est-à-dire appelé devant le tribunal pour y déclarer quelles valeurs il a dans les mains. Après la contre-dénonciation de l'opposition et la validation par jugement, l'Administration doit délivrer un certificat constatant ce qui est dû à la partie saisie.

---

1. Instruction du 30 décembre 1881.
2. Code de procédure civile, art. 557 et suivants.
3. Voir annexe V, chapitre I, titre X.

1178. — Les oppositions ainsi que les mainlevées par ministère d'huissier ne peuvent être accueillies qu'au Chef-lieu de l'Administration, même si les oppositions frappent des gages emmagasinés dans les succursales. Dans ce cas, l'opposition est mise dans la même forme que s'il s'agissait de gages déposés au Chef-lieu ; avis est donné au Contrôleur de la succursale, qui en accuse réception. La mention suivante est inscrite au registre des oppositions : *Avis au Contrôleur de la... succursale, le......* Le numéro d'opposition à la succursale est ultérieurement indiqué après cette mention.

1179. — Les oppositions ne peuvent être accueillies de la part d'un syndic de faillite que sur la présentation d'une pièce établissant sa qualité.

En l'absence du consentement des emprunteurs, des duplicatas ne peuvent être délivrés à des tiers (syndics de faillite ou créanciers) que sur la présentation d'un jugement ou d'une ordonnance du Président du tribunal des Référés autorisant cette délivrance.

De même les mainlevées ne peuvent être accueillies de la part de tiers que sur le vu d'un jugement ou d'une ordonnance du Président du tribunal des Référés.

L'inscription de ces jugements ou ordonnances est faite dans les colonnes réservées à l'inscription des cautions.

1180. — Les oppositions ne peuvent être accueillies de la part des héritiers des emprunteurs que sur le vu de pièces établissant leurs droits et faisant connaître le nombre des héritiers (intitulés d'inventaire, certificats de juges de paix, etc.).

1181. — Conformément aux dispositions de l'article 69 du règlement général annexé au décret du 8 thermidor an XIII, les décharges spéciales relatives à des articles au-dessus de cent francs doivent être données par acte notarié.

En conséquence, lorsque l'Inspecteur a agréé la caution présentée par l'opposant, une lettre pour le notaire de l'Administration est remise à ce dernier.

La délivrance de cette lettre, qui porte l'indication de la caution et des papiers fournis par elle, est constatée au registre de la manière suivante : *Lettre pour le notaire remise le*.....

Cette disposition n'est applicable aux articles vendus qu'après avis de l'Inspecteur et en raison de l'importance du boni.

La décharge donnée par acte notarié peut comprendre plusieurs prêts au-dessus de cent francs.

1182. — Lorsqu'il s'agit de redresser une transposition de reconnaissances d'engagement ou de renouvellement, les deux articles sur lesquels porte cette transposition sont frappés d'opposition à la demande du Chef du service intéressé.

L'opposition qui frappe l'article dont la reconnaissance a été délivrée par erreur a pour but d'empêcher le porteur de retirer le nantissement.

L'opposition qui frappe le second article a pour but de permettre le classement, parmi les titres en dépôt, de la reconnaissance qui n'a pu être délivrée, et de recevoir décharge lorsque l'opération est redressée. S'il y a lieu d'obtenir le remboursement d'une somme versée en trop à un emprunteur, l'indication en est portée dans la 12e colonne du registre.

1183. — L'Inspecteur est chargé de convoquer le porteur du titre indûment délivré et de faire toutes les démarches nécessaires.

L'emprunteur dessaisi de sa reconnaissance reçoit un bulletin d'opposition au moyen duquel un duplicata peut lui être délivré, sur sa demande et sous la responsabilité de l'auteur de l'erreur.

Il est procédé de la même manière s'il s'agit d'une transposition de nantissement effectuée lors d'un dégagement.

En ce qui concerne les erreurs commises au préjudice des employés du Mont-de-Piété, les oppositions ne sont accueillies que sur une autorisation de l'Inspecteur d'après l'avis du Chef de service [1].

---

1. Instruction du 30 décembre 1881.

VIII. — Classement des pièces à l'appui des oppositions. — Répertoires. — Enregistrement et apurement des titres en dépôt.

1184. — Toutes les pièces sans exception, relatives aux oppositions, doivent être revêtues du numéro d'ordre du registre et classées.

Les dossiers d'opposition sont mis en liasse et successivement déposés dans les archives du service.

1185. — Le répertoire est établi sur l'imprimé qui sert pour les engagements; il comprend les noms des opposants et ceux des auteurs des engagements.

1186. — L'inscription des titres en dépôt est faite sur un registre divisé en deux parties (entrée et sortie).

Les inscriptions à l'entrée comprennent :

Les numéros d'ordre sous lesquels les titres sont déposés — la désignation de ces titres (bureaux, divisions ou noms des Commissionnaires, numéros, dates, prêts, désignations sommaires) — les motifs des dépôts (reconnaissances ou récépissés trouvés, opérations à régulariser, reconnaissances conservées après dégagements annulés, titres provenant de transpositions) — les numéros des oppositions.

Les numéros d'ordre du registre des titres en dépôt sont reproduits à l'encre rouge en tête des reconnaissances.

Après cette inscription, exclusivement confiée au Commis-principal de l'Inspection, les titres qui portent la mention d'un dégagement ou d'un renouvellement non annulé sont classés par bureau, par exercice et par date, dans un dossier spécial dit des *Opérations à régulariser*.

Les autres titres, notamment ceux qui ont été conservés après annulation de dégagement ou de renouvellement, sont classés au carton des titres en dépôt.

Ce classement a lieu d'après le numéro d'opposition.

Les inscriptions à la sortie, faites exclusivement par le commis-principal des oppositions, comprennent :

Les noms des parties prenantes — leurs demeures — leurs qualités (emprunteurs ou tiers porteurs) — les dates de remise des titres.

1187. — La restitution des titres trouvés et déposés est faite aux ayants-droit, après justifications suffisantes, contre la remise des lettres de convocation qui leur ont été adressées.

1188. — Le Commis-principal de l'Inspection et celui des oppositions procèdent deux fois par an, en avril et en octobre, au récolement des titres en dépôt.

Le contrôle a lieu au moyen d'un pointage qui permet de constater si le nombre des titres existants correspond exactement aux lacunes qui subsistent dans la seconde partie du registre des titres en dépôt.

1189. — L'Inspecteur procède trimestriellement à l'élimination des titres qui doivent être atteints par la prescription dans le trimestre suivant.

Ces titres sont inscrits dans la première partie d'un état, remis avec les reconnaissances au service du boni, qui indique dans la deuxième partie dudit état les sommes disponibles. Un mandat, comprenant le montant des bonis inscrits sur cet état, est dressé pour opérer le versement de l'ensemble de ces bonis au compte des dépôts divers, où ils sont tenus à la disposition des ayants-droit jusqu'à la prescription trentenaire. Mention de ce versement est faite à l'encre rouge sur le registre des titres en dépôt.

Les reconnaissances des articles vendus à perte sont classées de manière à pouvoir être représentées à toute réquisition [1].

IX. — Opérations à régulariser. — Remboursements après versement à la Caisse. — Remise aux opposants des articles dont le dégagement a été tenté par des inconnus.

1190. — Les opérations à régulariser comprennent deux catégories distinctes :

1re Catégorie. — *Dégagements maintenus concernant des articles frappés d'opposition et non réclamés par les auteurs des dégagements.*

---

[1]. Arrêté du Directeur du 13 février 1885.

Aux termes de l'ordre de service du 1er avril 1881, les nantissements de cette catégorie sont inscrits, dans un délai de six mois, sur le registre des nantissements à réclamer et déposés parmi ceux-ci.

Ces articles sont livrés à la vente dans les mêmes délais que les autres nantissements à réclamer, et le produit en est versé au crédit du compte des *Dépôts divers* pour être tenu à la disposition des ayants-droit jusqu'à la prescription trentenaire.

En conséquence, les reconnaissances relatives à ces articles sont maintenues au dossier des opérations à régulariser jusqu'à la liquidation des exercices auxquels appartiennent les articles y mentionnés.

Lors de la liquidation des magasins, ces titres sont remis au Sous-chef de la vérification contre décharge au registre des titres en dépôt.

2e Catégorie. — *Renouvellements ou dégagements effectués sur titres originaux postérieurement à des dégagements ou renouvellements effectués au moyen de duplicatas.*

Les auteurs de ces opérations sont invités à rapporter les titres indûment délivrés ou les bulletins d'appel.

S'ils se présentent, les opérations sont annulées, selon les cas, dans l'une des formes indiquées au paragraphe IV du présent chapitre.

Les anciennes reconnaissances, oblitérées, leur sont rendues. Les nouvelles reconnaissances, s'il s'agit de renouvellements, sont bâtonnées et conservées au dossier des oppositions.

Si au contraire les auteurs des opérations ne se présentent pas dans un délai de trois mois, lesdites opérations sont annulées d'office par les soins du Commis-principal au moyen de bons de déduction.

Les sommes provenant de ces déductions sont versées à la Caisse au compte des *Dépôts divers* pour être tenues à la disposition des ayants-droit jusqu'à la prescription trentenaire.

Le versement est effectué au moyen d'un mandat accompagné d'un rapport de l'Inspecteur (ou du Contrôleur).

1191. — Les bons de déduction sont inscrits sur le registre des remboursements, et la mention : *Versé à la Caisse le...*, remplace, sur ce registre, les indications relatives à la partie prenante.

L'indication : *Remboursement n°...*, est portée au registre des oppositions dans la 12° colonne.

1192. — Après l'opération du versement, les reconnaissances sont bâtonnées et classées au dossier des oppositions; mention de ce classement est faite au registre des titres en dépôt.

Les formules d'annulation et les indications portées sur les divers registres sont faites à l'encre rouge.

1193. — Jusqu'au 1er avril 1881, il a été procédé à l'annulation des dégagements effectués sur des articles frappés d'opposition par des personnes qui ne se sont pas présentées dans un délai de trois mois, et au versement à la Caisse des sommes provenant de ces annulations.

Lorsque l'auteur d'un dégagement annulé dans ces conditions se présente muni du bulletin d'appel ou du duplicata de dégagement, on ordonnance, à son profit, un mandat appuyé d'un rapport de l'Inspecteur, à l'effet de retirer du compte *Dépôts divers* la somme réclamée.

La reconnaissance est remise à l'intéressé ou conservée aux titres en dépôt, selon les cas, conformément aux dispositions rappelées au paragraphe IV.

On procède de la même manière au remboursement des sommes qui ont été versées à la Caisse, après annulation de renouvellement ou de dégagement, effectués sur titres originaux, pour des articles antérieurement retirés ou renouvelés au moyen de duplicatas.

Il est également établi un rapport motivé, et la reconnaissance est oblitérée avant d'être remise à l'ayant-droit.

1194. — Lorsqu'à l'expiration de l'année d'engagement un opposant réclame un duplicata et que le gage a été, de la part d'un tiers resté inconnu, l'objet d'une tentative de dégagement, la remise du nantissement est renvoyée à deux mois. Après ce délai, l'opposant est substitué à l'auteur du dégagement, c'est-à-dire que le gage lui est remis contre le versement d'une somme égale à celle déposée par l'inconnu.

Cette somme est ensuite versée à la Caisse, au compte des *Dépôts divers*, dans la forme indiquée ci-dessus, au moyen d'un mandat que le service de la comptabilité délivre sur le vu d'un rapport de l'Inspecteur [1].

X. — **Articles frappés d'opposition livrés à la vente. Sursis.** — **Dispositions générales.**

1195. — Lorsqu'un article frappé d'opposition se trouve sur le point d'être livré à la vente, le service des Magasins en prévient l'Inspecteur en l'inscrivant sur un carnet spécial. Ce carnet reçoit la désignation de l'article (Bureau ou Division — Numéro — Date — Prêt) et le numéro de l'opposition. Une colonne est réservée pour la signature du préposé et pour les observations.

Le préposé aux oppositions demeure toutefois chargé de sauvegarder, par des mesures régulières, ceux des nantissements qui doivent être maintenus en magasin.

A cet effet, il est tenu au bureau des oppositions un carnet sur lequel sont inscrits les articles à préserver de la vente. La signature de l'employé du Secrétariat général constate l'inscription du sursis et sert de décharge au préposé.

Les articles frappés d'opposition pour cause de reconnaissances adirées, ainsi que ceux qui se rapportent à des titres trouvés, ne sont l'objet d'aucune mesure conservatoire en ce qui concerne la vente.

1196. — Toutes les communications relatives à des articles reconnus ou revendiqués par des tiers et frappés d'opposition sont soumises à l'Inspecteur, qui ordonne les mesures utiles.

1197. — Il est expressément recommandé au Commis-principal préposé aux oppositions :

1° De se renfermer strictement dans les limites qui lui

---

1. Instruction du 30 décembre 1881.

sont assignées par les règlements pour l'acceptation des oppositions, les mainlevées et la délivrance des duplicatas;

2° De conduire auprès de l'Inspecteur toute personne qui élèverait une contestation au sujet de l'interprétation des règlements ou instructions;

3° De signaler à son Chef les tentatives de dégagement, de perception de boni, les renouvellements ou la mise en vente de tous les articles qui ont été frappés d'opposition pour une cause autre que celle de reconnaissance adirée ou de reconnaissance trouvée;

4° De signaler les articles frappés d'opposition qui ont été l'objet de plusieurs renouvellements successifs;

5° De veiller à ce que les recherches relatives aux objets engagés ou renouvelés dans l'Etablissement soient faites avec le plus grand soin;

6° De tenir la main à ce que les résultats positifs ou négatifs de ces recherches soient inscrits sur un carnet spécial;

7° De ne pas délivrer de duplicatas pour les articles engagés chez les Commissionnaires sans vérifier si les récépissés ont été échangés, afin d'assurer la rentrée des sommes dues aux Commissionnaires pour droits ou excédents d'avance [1].

1198. — Les noms des employés chargés du service des oppositions sont inscrits sur deux états, dont l'un est remis au service des magasins et l'autre au service de la liquidation du boni.

CHAPITRE IV

AFFAIRES LITIGIEUSES

I. — **Examen des réclamations.** — **Redressement des erreurs.** — **Assignations au tribunal de paix ou au tribunal des référés.**

1199. — L'Inspecteur est chargé de l'examen de toutes les réclamations formulées.

---

[1]. Instruction du 30 décembre 1881.

Toutefois, les réclamations qui ne concernent pas directement son service sont par lui soumises au Secrétaire général.

1200. — L'Inspecteur est également chargé de redresser les erreurs matérielles commises dans les divers bureaux du Mont-de-Piété :

Erreurs de matière, de poids ou de métrage; transpositions de gages, de reconnaissances, de bulletins ou de numéros d'appel; nantissements mal rendus; erreurs de perception ou de décompte, etc.

1201. — Le redressement des erreurs, en ce qui concerne la comptabilité, incombe au service de la Vérification.

En conséquence, lorsqu'il s'agit d'une erreur de perception ou de décompte, l'Inspecteur n'intervient que dans le but de faire rembourser la somme en litige.

1202. — En ce qui concerne les erreurs de matière, de désignation, de poids ou de métrage, l'Inspecteur intervient auprès des emprunteurs pour faire opérer, s'il est possible, le dégagement des nantissements.

1203. — En ce qui concerne les transpositions de nantissements ou de reconnaissances et les gages mal rendus, l'Inspecteur doit opérer les échanges en évitant autant que possible de causer des déplacements aux intéressés.

Il prend d'ailleurs toutes les mesures nécessaires pour sauvegarder les intérêts des personnes lésées, notamment en faisant frapper d'opposition les gages relatifs à des reconnaissances indûment délivrées.

1204. — Toutes les erreurs, de quelque nature et de quelque importance qu'elles soient, sont consignées sur un registre divisé en deux parties, dont l'une comprend :

L'indication des nantissements sur lesquels porte l'erreur commise (divisions ou bureaux, numéros, dates, prêts, désignations sommaires) — la nature de l'erreur — le nom et l'adresse de la personne auprès de laquelle il y a lieu de poursuivre le redressement de ladite erreur.

La seconde partie de ce registre est destinée à recevoir l'inscription des diverses mesures prises par l'Administration et enfin, lorsqu'il y a lieu, la date de l'opération de redressement.

1205. — Les assignations au tribunal de paix, en ce qui touche aux opérations de prêt du Mont-de-Piété, sont visées par l'Inspecteur.

En ce qui concerne les assignations au tribunal des référés, l'Inspecteur est chargé de prévenir l'avoué du Mont-de-Piété, auquel il fournit tous les renseignements utiles.

Il est également chargé de prendre copie de tous les jugements qui intéressent l'Administration, en vertu d'une autorisation du parquet du 23 avril 1881 [1].

II. — Nantissements revendiqués. — Restitutions.

1206. — Lorsqu'un nantissement sur lequel il a été accordé un prêt par le Mont-de-Piété est revendiqué pour cause de vol ou pour toute autre cause, le réclamant est tenu, pour s'en faire accorder la remise :

1° De justifier, dans les formes légales, de son droit de propriété sur l'objet réclamé ;

2° De rembourser, tant en principal qu'intérêts et droits, la somme pour laquelle ledit objet a été laissé en nantissement, sauf d'ailleurs au réclamant à exercer son recours contre le déposant, l'emprunteur et le répondant, le tout sans préjudice du recours contre le Directeur ou autres employés, en cas de fraude, dol ou négligence dans l'exécution de l'article 47 du règlement du 8 thermidor an XIII [2].

1207. — Lorsqu'un nantissement revendiqué est rendu à son propriétaire en échange de la reconnaissance représentée, cette restitution est constatée par une décharge spéciale reçue au registre des oppositions en regard de la mention de l'article [3].

---

1. Archives du Mont-de-Piété, n° 8091.
2. Règlement général annexé au décret du 8 thermidor an XIII, art. 70. - Voir annexe XII, chapitre I, titre X.
3. Règlement du 30 juin 1865, art. 71.

CHAP. IV — AFFAIRES LITIGIEUSES 445

1208. — A défaut de représentation des reconnaissances, les justifications légales consistent dans la production, soit d'un jugement ordonnant la délivrance des gages litigieux, soit d'une autorisation de restitution délivrée par le parquet du tribunal qui a jugé l'affaire.

Des duplicatas sont alors créés dans la forme indiquée au paragraphe VI du chapitre précédent.

1209. — Lorsqu'un nantissement revendiqué a été déposé par un emprunteur qui n'a pu être retrouvé, à défaut d'un jugement ou d'une autorisation du parquet, l'Administration peut effectuer la restitution sous la caution d'une personne solvable et domiciliée qui se porte garante de ladite restitution, tant envers l'Administration qu'envers les tiers porteurs des reconnaissances.

1210. — Lorsqu'il s'agit d'un nantissement ayant donné lieu à un prêt suspendu, l'Inspecteur fait connaître, par un rapport au Directeur, les circonstances dans lesquelles le dépôt a été effectué, les revendications exercées et les conditions de la restitution opérée.

III. — **Nantissements saisis par autorité de justice. — Enregistrements. — Réintégrations. — Situations semestrielles.**

1211. — Les nantissements saisis en vertu d'une commission rogatoire ou d'une ordonnance d'un juge d'instruction, de même que ceux qui sont demandés en communication par le Procureur de la République, etc., sont inscrits sur le registre des nantissements déposés aux greffes.

Ce registre, tenu par le Commis-principal de l'Inspection, reçoit les inscriptions suivantes :

Sortie des nantissements (numéros d'ordre des affaires, numéros des bons de sortie, dates) — Nantissements saisis (divisions ou bureaux, numéros, dates, prêts, désignations détaillées) — Commissionnaires par l'entremise desquels les engagements ont été effectués (noms, numéros, avances) — Noms des affaires — Numéros des greffes — Noms des juges d'instruction — Noms des commissaires de police — Dates de la réintégration des gages.

1212. — Les nantissements saisis sont enregistrés sous une série de numéros d'ordre non interrompue, qui correspond à celle des bons de sortie créés par le service du Secrétariat général.

Ces bons étant établis collectivement, il y a lieu, en procédant à l'enregistrement, de classer les nantissements par magasin et par établissement, lorsque la saisie comprend des gages emmagasinés dans les succursales.

La liste des nantissements à extraire des magasins ou les titres transmis sont communiqués, avec les pièces à l'appui, au service du Secrétariat général chargé de l'émission des bons de sortie, ainsi qu'il est indiqué au paragraphe IV du chapitre II (titre VI).

1213. — Les gages extraits des Magasins sont remis au Commis-principal de l'Inspection, qui établit, pour chacun d'eux, une fiche de couleur rouge rappelant :

La date de la sortie — le numéro de la saisie — celui du bon de sortie et celui du greffe — le nom du juge d'instruction — le nom de l'affaire — le nantissement saisi (division ou bureau, numéro, date, prêt, désignation détaillée).

Ces fiches, signées par le Commis-principal, sont revêtues d'une formule imprimée ainsi conçue :

« Objets saisis sous la réserve des droits de l'Administration conformément à l'article 70 du règlement général annexé au décret du 8 thermidor an XIII, et ne devant, aux termes dudit article, être remis au réclamant qu'après le remboursement, en principal et intérêts, de la somme due au Mont-de-Piété. »

Pour les saisies opérées directement par les juges d'instruction, les fiches désignées ci-dessus sont scellées aux gages par les soins du service de l'Inspection.

Lorsqu'un nantissement comprend plusieurs parties, il est établi une fiche pour chaque objet ; le nombre des parties est alors indiqué en tête de chaque fiche. En outre, des fiches spéciales sur carte blanche sont remises au greffe correctionnel pour accompagner les gages expédiés dans les parquets de province.

Ces fiches sont ainsi conçues :

Avis important. — Aussitôt après la solution de l'affaire, les gages devront être renvoyés au parquet de Paris pour être réintégrés dans les magasins du Mont-de-Piété (circulaire ministérielle du 30 mai 1861) [1].

1214. — Lorsque des gages sont saisis directement à l'une des succursales, les Contrôleurs émettent des bons provisoires, en la forme ordinaire, pour autoriser la sortie des nantissements de l'Établissement dépositaire. La saisie est ensuite signalée au service de l'Inspection, qui, après l'inscription des nantissements au registre des dépôts aux greffes, fait remplacer les bons provisoires par les bons spéciaux créés au Secrétariat général [2].

Les gages saisis ne devant pas sortir sans être accompagnés de fiches indiquant les réserves de l'Administration, les Commis-principaux des succursales sont chargés, dans ce cas, de la confection des fiches.

1215. — A mesure des réintégrations, le Commis-principal de l'Inspection indique la date de rentrée en regard des articles saisis.

Il fait remettre ces nantissements au Magasin ou à la Succursale d'où ils émanent, en échange des bons représentatifs qu'il renvoie au Secrétariat général.

1216. — Il est établi chaque semestre, en janvier et en juillet, par les soins du Commis-principal de l'Inspection, une situation destinée à recueillir les visas des greffiers dépositaires des gages, ainsi que ceux du Chef des magasins et des Agents-comptables, détenteurs des bons représentatifs.

Le Chef des magasins et les Agents-comptables indiquent les numéros et les dates des bons qu'ils ont entre les mains et qui ne figureraient pas sur ladite situation ou déclarent, suivant le cas, que tous les gages représentés dans leur magasin par des bons de greffe y sont inscrits sans omission [3].

Cette situation, soumise au visa du Secrétaire général,

---

1. Voir annexe XII, chapitre I, titre X.
2. Ordre de service du 6 décembre 1876.
3. Ordre de service du 6 décembre 1876.

est conservée par l'Inspecteur, qui indique dans la colonne d'observations, sur le vu des bons représentatifs, les réintégrations ultérieures.

IV. — Liquidations diverses.

1217. — Les reconnaissances et les récépissés déposés par le receveur de l'Administration des domaines sont l'objet d'une liquidation opérée par les soins de l'un des Sous-Inspecteurs.

A cet effet, les titres dont il s'agit sont inscrits sur un registre spécial indiquant sous un numéro d'ordre pour chaque titre :

Les récépissés déposés (noms des Commissionnaires, numéros, dates, nature des commissions) — les reconnaissances déposées (divisions ou bureaux, numéros, dates) — les avances des Commissionnaires — les prêts du Mont-de-Piété — les sommes dues par les Commissionnaires — celles à prélever pour commissions ou différences — les sommes payées pour dégagements — les bonis — les sommes revenant aux Domaines.

1218. — Les récépissés sont échangés contre les reconnaissances, après qu'ils ont été revêtus de la formule : *Bon à échanger pour l'Administration des Domaines.*

Cette formule est datée et signée par l'Inspecteur.

Les reconnaissances ou les bordereaux de liquidation de boni délivrés par les Commissionnaires sont ensuite inscrits en regard des récépissés correspondants, et les sommes dues pour commissions ou excédents d'avances sont portées dans la colonne à ce destinée.

1219. — Au moyen des reconnaissances, on procède à l'inscription des articles au registre des réquisitions de vente et à la confection des rôles de vente.

Les reconnaissances et bordereaux sont ensuite remis, avec un relevé, au service de la liquidation du boni, qui effectue le décompte des sommes disponibles et verse entre les mains du Sous-Inspecteur le montant des bonis.

1220. — Les bonis sont inscrits sur le registre de liquidation en regard de chaque article, et les sommes revenant aux Domaines, déduction faite de celles à remettre aux Commissionnaires, sont portées dans la dernière colonne, qui est totalisée.

Le montant de chaque état de liquidation est constaté par un arrêté en toutes lettres, certifié par l'Inspecteur et visé pour décharge par le Receveur de l'Administration des Domaines. Les relevés sont conservés à titre de décharge par le Sous-Inspecteur.

1221. — Des états de liquidation sont établis dans la même forme, sur un registre séparé, pour les titres déposés par le Receveur du service des aliénés du département de la Seine.

1222. — Les liquidations pour les Commissaires-priseurs chargés de ventes judiciaires (successions en déshérence ou autres) sont opérées par les soins du Commis-principal de l'Inspection, qui inscrit les titres déposés sur un registre semblable à celui désigné ci-dessus.

Ces liquidations comportent généralement le dégagement de ceux des nantissements qui sont encore en magasin.

Les sommes nécessaires sont versées entre les mains du Commis-principal, qui fait opérer, dans les divers services de l'Administration, les dégagements ou la perception des bonis.

Le Commis-principal établit ensuite le compte de chaque état de liquidation, en faisant figurer d'une part les sommes reçues, c'est-à-dire les fonds remis pour dégagement, les bonis perçus et les excédents de prêt; d'autre part, les sommes payées pour commissions ou excédents d'avance et celles payées pour le dégagement des articles. Le reliquat disponible est remis avec les nantissements au porteur des titres, qui en donne décharge.

1223. — Les reconnaissances déposées par les liquidateurs nommés par la justice sont l'objet d'une liquidation suivie dans la forme indiquée ci-dessus.

Toutefois le registre du liquidateur est remplacé par une seconde expédition du bordereau de dépôt, dressée par le porteur des titres et conservée par le Mont-de-Piété.

V. — Communication de renseignements relatifs aux opérations.

1224. — Les Inspecteurs ne doivent communiquer les registres de l'Administration ou délivrer des extraits faisant connaître les noms et adresses des emprunteurs qu'à des magistrats de l'ordre administratif ou judiciaire ou sur une autorisation expresse de ces magistrats.

A cet effet et pour mettre l'Administration à l'abri de toute réclamation, ils doivent se faire délivrer une réquisition indiquant les renseignements demandés et, s'il est possible, le nom de l'affaire.

Les réquisitions sont ensuite classées et conservées avec soin.

TITRE VIII

SERVICES EXTÉRIEURS
SUCCURSALES ET BUREAUX AUXILIAIRES

CHAPITRE PREMIER

DISPOSITIONS GÉNÉRALES CONCERNANT LES SUCCURSALES

I. — Nature des opérations.

1225. — Les succursales sont des établissements pourvus de services administratifs et de magasins destinés à recevoir les nantissements déposés dans l'établissement même et dans certains bureaux auxiliaires qui y sont rattachés.

Les succursales sont, comme toutes les parties du Mont-de-Piété, placées sous les ordres immédiats et sous la surveillance du Directeur, du Secrétaire général et des Inspecteurs [1].

1226. — Toutes les opérations relatives au prêt sur nantissement, au contrôle et à la manutention des gages s'exécutent dans les succursales de la même manière qu'au Chef-lieu ; en conséquence, toutes les dispositions prescrites à cet égard sont communes à ces établissements, sauf les exceptions indiquées aux chapitres ci-après.

Chaque succursale apure et consomme les opérations

---

1. Règlement du 30 juin 1865, art. 175 et 183.

qu'elle a commencées. L'emprunteur doit s'adresser, pour les renouvellements et dégagements ou pour recevoir le boni après les ventes, à la succursale qui a reçu les nantissements; néanmoins, les nantissements reçus aux succursales peuvent être transportés et rester emmagasinés au Chef-lieu, jusqu'à dégagement ou vente [1].

1227. — Les dépôts effectués dans les bureaux ressortissant aux succursales peuvent être, dans ces derniers établissements, l'objet des mêmes opérations de dégagement, de renouvellement et de perception de boni que celles effectuées au Chef-lieu par les bureaux qui en dépendent.

1228. — Les succursales du Mont-de-Piété sont au nombre de deux.

La première a été établie, en 1800, rue Vivienne et transférée, en 1813, rue Bonaparte, n° 16 [2].

La seconde succursale a été édifiée en 1861; elle est située rue Servan, n° 2 [3].

II. — **Organisation du service.**

1229. — La surveillance des opérations concernant le Service des prêts et le Contrôle sont concurremment et alternativement confiés à des Chefs de service et aux Sous-Inspecteurs.

Ces agents, qui prennent le titre de Contrôleurs, sont également chargés de surveiller les opérations des bureaux auxiliaires dépendant de l'établissement [4].

Les fonctions des Contrôleurs des succursales sont définies au paragraphe VIII du chapitre IV (titre I).

1230. — Les opérations des succursales et des bureaux auxiliaires qui en dépendent sont contrôlées, à mesure de leur exécution, par le Chef du contrôle, dans la forme déterminée pour les opérations du Chef-lieu, sans préjudice

---

1. Règlement général annexé au décret du 8 thermidor an XIII, art. 100 et 101.
2. Les bureaux auxiliaires B, I et V sont rattachés à cette succursale.
3. Les bureaux F, N, S et X sont rattachés à cette succursale.
4. Ordre de service du 29 janvier 1880.

des vérifications spéciales de caisse que doit opérer, au moins une fois par mois, le Contrôleur de la succursale, délégué à cet effet par le Chef de la comptabilité chargé du Contrôle central.

Les registres des engagements, des dégagements et des renouvellements, ceux qui concernent les acomptes, ainsi que le payement des bonis et toutes les pièces relatives à ces opérations, sont tenus dans les succursales suivant les formes et d'après les modèles prescrits pour l'établissement principal. Tous ces registres et pièces doivent porter l'indication de la succursale qu'ils concernent.

Chaque succursale emploie pour ses opérations les mêmes séries de numéros d'ordre que les services du Chef-lieu [1].

CHAPITRE II

OPÉRATIONS CONCERNANT LE SERVICE DES PRÊTS. CONTROLE.

1. — Engagements.

1231. — Les conditions générales du prêt sont les mêmes pour les engagements effectués dans les succursales que pour ceux effectués au Chef-lieu.

L'appréciation étant faite dans les succursales par des Commissaires-priseurs, le maximum et le minimum des prêts qui peuvent être consentis dans ces établissements sont les mêmes que ceux fixés pour l'établissement central.

1232. — Les bureaux d'engagement sont ouverts tous les jours, dimanches et jours de fête exceptés, de neuf heures à quatre heures.

1233. — Tous les objets qui sont reçus en nantissement

---

1. Règlement du 30 juin 1865, art. 180 et 182.

au Chef-lieu peuvent être également reçus dans les succursales; de plus, la 2e succursale peut recevoir un certain nombre de meubles, lorsque l'espace disponible dans les magasins le permet. Les matelas et lits de plume sont également reçus dans ce dernier établissement.

1234. — Les opérations d'engagement sont effectuées dans l'ordre et d'après les principes rappelés au chapitre II du titre II.

1235. — Les numéros des montres engagées, qui sont consignés dans la marge extérieure du registre des engagements, sont recueillis par séries, sur des relevés qui sont transmis chaque jour au Service de l'Inspection.

1236. — Les prêts suspendus dont le versement est effectué à la Caisse sont signalés à l'Inspecteur par une lettre faisant connaître, s'il est possible, les motifs de la suspension et les conditions dans lesquelles elle a été effectuée. Les régularisations sont également signalées par lettre à l'Inspection.

Les rapports de prêts suspendus, annexés aux mandats de versement, sont remis avec les fonds à l'Agent-comptable de la succursale, qui les fait parvenir au Caissier, après les avoir fait figurer en recette sur le journal et sur la feuille de Caisse. Ces mandats sont inscrits sur les registres tenus au Contrôle, ainsi qu'il est indiqué au paragraphe IV ci-après.

Les rapports de régularisation, annexés aux mandats de payement, sont également remis à l'Agent-comptable, qui délivre aux ayants droit le montant des prêts; cet agent fait ensuite parvenir ces pièces au Chef-lieu, après avoir porté en dépense les sommes qui y figurent; les reconnaissances sont délivrées par le Contrôleur.

1237. — Les bons d'annulation d'engagement, dans les cas prévus par l'arrêté du 1er mai 1882, sont revêtus du visa du Contrôleur agissant comme délégué du Chef de la comptabilité, chargé du Contrôle, et de l'Agent-comptable agissant à la fois comme Sous-caissier et comme Garde-magasins.

La signature du Secrétaire général n'est demandée qu'après l'accomplissement de l'opération d'annulation.

1238. — Les bulletins récapitulatifs des opérations sont remis par les Contrôleurs des divisions d'engagement au Contrôleur ; ceux dressés par les Commis-comptables sont remis à l'Agent-comptable.

1239. — Le Contrôleur, remplissant les fonctions de Chef des engagements, doit être consulté dans les cas non prévus par les règlements ou lorsqu'un emprunteur élève une contestation au sujet de l'application desdits règlements et des instructions données par l'Administration.

II. — Dégagements et renouvellements. — Versements d'acomptes.

1240. — Les dégagements et les renouvellements sont effectués dans les succursales d'après l'ordre et les principes indiqués aux chapitres III, IV et V du titre II.

1241. — Les bons de déduction, d'augmentation ou de rectification sont exécutoires, en cas d'urgence, dès qu'ils sont revêtus de la signature du Contrôleur agissant comme délégué du Chef de la comptabilité et de celle de l'Agent-comptable agissant comme Sous-caissier et comme Garde-magasins. La signature du Secrétaire général est ensuite demandée.

Toutefois, lorsqu'il s'agit d'une opération qui peut être différée sans inconvénient, il y a lieu de soumettre le bon de rectification à la signature du Secrétaire général avant de donner suite au redressement d'écritures.

1242. — De même qu'au Chef-lieu, les renouvellements effectués dans les succursales sont inscrits sous les numéros impairs de la petite série (1 à 29999), la grande série (30001 et au-dessus) restant affectée aux renouvellements opérés dans les bureaux auxiliaires.

1243. — Les bordereaux récapitulatifs des opérations de recette sont remis, savoir : ceux dressés par les Contrôleurs des divisions de dégagement ou de renouvellement, au Contrôleur de la succursale ; ceux dressés par les Commis-comptables-receveurs, à l'Agent-comptable.

III. — **Ventes.** — **Liquidation et payement du boni.**

1244. — Les ventes sont effectuées dans les succursales sous les mêmes conditions et dans les mêmes formes qu'au Chef-lieu.

Les vacations ont lieu aux jours indiqués par affiches et ordres de service [1].

1245. — Les nantissements emmagasinés au Chef-lieu peuvent être mis en adjudication dans les succursales et réciproquement, soit lorsque la vente de l'établissement détenteur est trop chargée, soit lorsque la nature des nantissements permet d'espérer une vente plus fructueuse dans un établissement que dans un autre.

Il est dressé un procès-verbal séparé, qui est transmis, avec le produit de la vente, à l'établissement d'où proviennent les gages et auquel incombe le payement du boni.

1246. — Dans les succursales, il n'est pas fait de copie du registre matricule du boni. Le registre original, pendant le laps de temps accordé pour la réclamation du boni, sert à l'émargement du payement effectué par la Caisse. Il est ensuite transmis au bureau de liquidation.

L'émargement des payements sur le registre matricule a lieu ainsi qu'il suit :

Le payeur porte sur le registre la date du payement; le Contrôleur, immédiatement après la séance, complète la mention, au vu des reconnaissances rentrées, en rem-

---

1. Les ventes sont actuellement ainsi réglées :

1re SUCCURSALE

Mercredis. — Montres, argenterie et bijoux.
Jeudis. — Métrages, hardes et linge.
Dernier mardi de chaque mois. — Pendules, livres, hardes, bric-à-brac.

2e SUCCURSALE

Lundis. — Argenterie et bijoux.
Mardis. — Hardes et linge.
Mercredis. — Métrages.
Vendredis. — Montres, argenterie et bijoux.
Samedis. — Métrages, hardes et linge.
Dernier jeudi de chaque mois. — Meubles, pendules, matelas, bric-à-brac, livres, hardes, pianos et machines à coudre.

CHAP. II — SERVICE DES PRÊTS   457

plissant sur le registre le numéro du payement et l'indication de la somme comptée pour boni.

Après cet émargement, les reconnaissances sont, par ce même Contrôleur, transmises au bureau de liquidation, au Chef-lieu, accompagnées de leur bordereau.

Cette pièce, revêtue du visa du Sous-chef comptable de la liquidation du boni, est ensuite remise à la Comptabilité pour le service des écritures [1].

Le Commis-principal du Contrôle s'assure chaque jour de l'exactitude des bonis payés en comparant les sommes portées sur les reconnaissances avec celles inscrites sur le registre matricule [2].

IV. — Contrôle des opérations. — Vérification. — Situation journalière de la Caisse et des magasins.

1247. — L'inscription des mentions de sortie sur les registres d'engagement et de renouvellement, la vérification des opérations de recette, le redressement des erreurs d'écriture au moyen de bons de rectification, le récolement des reconnaissances, l'apurement des magasins, l'établissement des rôles de vente et des rôles exécutoires ont lieu, sous la direction du Contrôleur, dans la forme et d'après les principes rappelés au chapitre V du titre IV.

1248. — Les Contrôleurs tiennent un registre de contrôle de la Caisse et des magasins.

Ce registre, divisé en deux parties, fait connaître pour la Caisse :

1° En ce qui concerne les recettes :

Le solde en caisse constaté la veille au soir — les capitaux et droits rentrés par renouvellements et par dégagements — les produits de la vente — les versements effectués à la Caisse d'acomptes — les dépôts divers — les prêts suspendus — les nantissements remboursés — les recettes diverses — les mouvements de fonds avec le Chef-lieu et les bureaux auxiliaires.

---

1. Ordre de service du 11 octobre 1865.
2. Ordre de service du 11 juillet 1883.

2° En ce qui concerne les dépenses :

Les capitaux sortis par engagements — les sommes employées par la Caisse d'acomptes — les sommes payées pour boni — les dépôts remboursés — les prêts régularisés après suspension — les nantissements remboursés — les dépenses diverses — les mouvements de fonds avec le Chef-lieu et les bureaux auxiliaires.

Les recettes et les dépenses sont totalisées.

La différence entre les recettes et les dépenses donne le solde en caisse, qui est reporté en tête de la journée suivante.

1249. — Au moyen des bulletins qui leur sont transmis par les Comptables des divisions, les Contrôleurs font établir la 2ᵉ partie du registre de situation de la Caisse et du magasin.

Cette situation est dressée dans la forme indiquée pour le registre auxiliaire du grand-livre journal des magasins, au paragraphe I du chapitre II (titre V).

Une colonne est réservée à la droite du tableau pour indiquer le mouvement des articles de 1000 fr. et au-dessus, qui sont compris dans le compte général.

La situation des débets est également indiquée au-dessous de ce tableau.

1250. — Une situation de la Caisse et des magasins, établie au moyen de ce registre, est adressée chaque jour au Chef de la comptabilité.

En ce qui concerne la Caisse, cette situation énonce sommairement le solde en Caisse de la veille au soir, les recettes et les dépenses du jour et le restant en Caisse.

En ce qui concerne le magasin, la situation fait connaître le solde en magasin constaté la veille, auquel sont ajoutées les entrées par engagements effectifs et par renouvellements. Du total de ces nombres sont retranchées les sorties, de manière à présenter le solde en magasin à la date de la situation.

Les articles de 1000 fr. et au-dessus, compris dans le compte général, sont indiqués, pour mémoire, dans un tableau séparé.

1251. — Il est également tenu deux registres servant à

l'inscription des mandats de recettes et de dépenses émis par l'établissement et s'appliquant aux opérations de prêt.

1252. — Un registre d'inscription des sommes versées au compte des *Dépôts divers (Prêts suspendus)* est tenu au Contrôle; les opérations de cette nature sont inscrites sous un numéro d'ordre d'une série spéciale à chaque établissement. Ces différents registres sont semblables à ceux en usage au Chef-lieu.

V. — Correspondance. — Économat. — Oppositions. — Saisies.

1253. — Les Contrôleurs des succursales sont chargés de donner suite aux demandes d'opérations ou de renseignements qui leur sont adressées par correspondance.

A cet effet, ils se conforment aux règles indiquées au paragraphe I du chapitre II (titre VI). Des formules imprimées semblables à celles employées au Chef-lieu sont mises à leur disposition.

1254. — Les bons d'économat sont établis et signés par le Contrôleur, même lorsqu'ils ont pour objet des demandes émanant du service des magasins.

1255. — Il est établi dans chaque succursale, sous la garde et la responsabilité du Contrôleur, un dépôt des fournitures et imprimés journellement employés pour le service de l'établissement. Ces fournitures proviennent de livraisons faites par le Matériel, sur bons mensuels délivrés par les Contrôleurs, chargés de la répartition entre les services de l'établissement.

1256. — Les oppositions pour cause de reconnaissances adirées sont accueillies dans les succursales d'après les principes rappelés au chapitre III (titre VII).

Les employés du service du Contrôle se conforment également pour la délivrance des duplicatas, l'annulation des opérations, la conservation des titres, etc., aux règles tracées pour le service des oppositions au Chef-lieu.

1257. — Les revendications pour cause de vol ou pour toute autre cause et les réclamations sont suivies par les

Contrôleurs, qui, selon les cas, en rendent compte au Secrétaire général.

1258. — Lorsqu'un magistrat (juge d'instruction ou commissaire de police) s'adresse directement à une succursale pour saisir un nantissement qui s'y trouve en dépôt, le Contrôleur fait extraire ledit nantissement du magasin au moyen d'un bon provisoire.

Ce nantissement est ensuite remis, avec une fiche rappelant que la saisie est opérée sous réserve des droits de l'Administration, au magistrat, qui en donne décharge.

La saisie opérée est ensuite signalée au bureau de l'Inspection chargé de faire établir par le Secrétariat général et de transmettre à la succursale un bon extrait du carnet spécial aux gages saisis. Ce bon est échangé aussitôt contre le bon provisoire.

1259. — Lorsqu'un gage doit être extrait du magasin, soit pour réappréciation, soit pour être adressé en communication au service de l'Inspection, soit pour toute autre cause, le Contrôleur établit un bon de sortie dans la forme prescrite au paragraphe III du chapitre II (titre VI).

Les nantissements adressés en communication à l'Inspection, sur la demande de ce service, sont inscrits sur un carnet qui accompagne les gages. La signature de l'un des Inspecteurs ou du Commis-principal constate la réception desdits gages. La réintégration s'opère dans une forme analogue.

CHAPITRE III

CAISSE ET MAGASINS

I. — Organisation du service.

1260. — Les Agents-comptables des succursales remplissent les fonctions de Sous-caissiers sous la surveillance et la responsabilité du Caissier du Mont-de-Piété.

CHAP. III — CAISSE ET MAGASINS 461

Ils remplissent en outre les fonctions de Gardes-magasins sous la surveillance du Contrôleur central [1].

En cette double qualité, ils sont assujettis à un cautionnement; les obligations et la responsabilité qui incombent aux Comptables de l'Établissement central leur sont également applicables.

1261. — Ils ont sous leurs ordres : 1° les commis-comptables de l'établissement, un employé aux écritures et les garçons de caisse; 2° un magasinier-principal, les magasiniers, aide-magasiniers et gagistes chargés des écritures pour le service des magasins et de la manutention des nantissements.

Leurs attributions sont rappelées d'une manière générale au paragraphe IX du chapitre IV (titre I).

II. — Service de la Caisse. — Centralisation des opérations. — Recettes et dépenses. — Mouvement des fonds.

1262. — En qualité de Sous-caissiers, les Agents-comptables des succursales sont chargés d'assurer le service financier de l'Établissement auquel ils sont attachés et celui des bureaux qui y ressortissent.

Ils font remettre chaque matin et, s'il y a lieu, dans le courant de la journée, aux payeurs des divisions d'engagement et au payeur du boni, les sommes nécessaires pour la séance.

Ils font rentrer chaque soir dans la Caisse :

1° Le reliquat des sommes confiées aux payeurs des divisions d'engagement ou de boni;

2° Les sommes relatives aux prêts suspendus dans le cours de la séance;

3° Les sommes rentrées par dégagements et renouvellements;

4° Le produit des ventes effectuées.

1263. — Les Agents-comptables tiennent un journal de Caisse semblable à celui employé par les Chefs des bureaux

---

[1]. Règlement du 30 juin 1865, art. 181 et 184.

auxiliaires (paragraphe I du chapitre VII, titre VIII), présentant toutes les opérations de recette et de dépense qu'ils effectuent.

Ce journal est additionné à la fin de chaque journée, et les comptables en font ressortir le solde.

Les versements effectués à la Caisse centrale y sont portés en dépense, et les fonds reçus de cette caisse y sont portés en recette [1].

Les mouvements de fonds avec les bureaux auxiliaires dépendant de l'Etablissement sont également portés au journal de Caisse, soit en recette, soit en dépense.

Les sommes reçues du Chef-lieu ou des bureaux auxiliaires donnent lieu à la délivrance de récépissés extraits d'un carnet à souche.

1264. — Au moyen des bulletins transmis par les Commis-comptables des divisions d'engagement, de recette ou de payement du boni, les Agents-comptables établissent chaque jour un bordereau des recettes et dépenses indiquant les opérations effectuées dans l'établissement.

Ce bordereau, visé par le Contrôleur, est transmis au Caissier, qui en fait figurer les résultats sur l'état de dépouillement journalier pour servir à la tenue de ses écritures.

III. — Service des magasins. — Manutention.

1265. — Les prescriptions qui régissent les magasins de l'Établissement central sont applicables aux magasins des succursales, qui sont soumis aux vérifications trimestrielles des Contrôleurs [2].

Ces vérifications ont lieu dans la forme rappelée au paragraphe VII du chapitre IV (titre IV).

1266. — En qualité de Gardes-magasins, les Agents-comptables des succursales sont soumis aux mêmes obligations que le Chef des magasins au Chef-lieu.

L'entrée et la sortie des nantissements ont lieu sous leur responsabilité.

---

1. Règlement du 30 juin 1865, art. 181.
2. Règlement du 30 juin 1865, art. 184.

La conservation desdits nantissements leur incombe également, et il leur appartient de prescrire toutes les mesures d'ordre intérieur qu'ils peuvent juger utiles pour en prévenir le dépérissement et la disparition. En conséquence, les prescriptions relatives à l'échange des vêtements, aux rondes et visites, après la fermeture des bureaux, ont lieu ainsi qu'il est indiqué au chapitre III du titre V.

En l'absence de l'Agent-comptable, le Magasinier-principal rend compte de sa visite au Contrôleur [1].

1267. — Les Agents-comptables font tenir un Registre auxiliaire du Grand-Livre-Journal des magasins dans la forme indiquée au paragraphe I du chapitre II (titre V). Ce registre est établi au moyen des bulletins remis par les commis-comptables et des feuilles de Caisse des bureaux auxiliaires. Ces pièces sont rapprochées des bulletins fournis chaque jour par les Magasiniers.

1268. — En ce qui concerne les gages extraits des magasins pour être déposés aux greffes, les Agents-comptables ne sont valablement déchargés que par la représentation, au lieu et place de ces gages, des bons émanant du service du Secrétariat général [2].

1269. — Les Agents-comptables des succursales ne doivent payer aucune indemnité pour nantissement adiré, avarié ou incomplet sans en avoir obtenu l'autorisation du Directeur, qui ordonnance à cet effet un mandat de payement dans la forme indiquée au paragraphe III du chapitre II (titre IV) [3].

---

1. Ordre de service du 22 juin 1880.
2. Ordre de service du 6 décembre 1876.
3. Ordre de service du 23 octobre 1854.

CHAPITRE IV

ANNEXE DU MONT-DE-PIÉTÉ — MAGASINS DES OBJETS DE LITERIE

I. — Organisation du service.

1270. — L'annexe, située rue Malher, n° 9, est un établissement pourvu de magasins et ouvert au public pour les opérations d'engagement et de dégagement des matelas, lits de plume, couvertures, oreillers, édredons, traversins, pièces de toile, glaces, étaux, machines à coudre et généralement de tous objets encombrants autres que les meubles.

1271. — Le personnel de cet établissement se compose d'un Commis-comptable, auquel incombe la direction du service sous la responsabilité du Chef des magasins, d'un employé aux écritures et de deux employés à la manutention.

Le Commis-comptable est logé dans l'établissement.

Un assesseur, agent des Commissaires-priseurs, apprécie les objets offerts en nantissement.

II. — Opérations concernant le service des prêts.

1272. — Les bureaux de l'annexe sont ouverts tous les jours, de neuf heures à quatre heures, pour les opérations d'engagement et de dégagement.

Les dimanches et jours fériés, les bureaux ne sont ouverts que de neuf heures à midi, pour les opérations de dégagement seulement.

1273. — Les opérations d'engagement et de dégagement sont effectuées dans la forme et d'après les principes rappelés aux chapitres II et III (titre II).

CHAP. IV. — ANNEXE DU MONT-DE-PIÉTÉ 465

1274. — La plus grande partie des nantissements déposés dans les magasins de l'annexe ne pouvant, en raison de leur nature, être l'objet de renouvellements, ce service n'existe pas.

En conséquence, lorsqu'un article peut être conservé, à l'expiration de l'année d'engagement, on opère par voie de dégagement effectif immédiatement suivi d'un rengagement.

1275. — En raison de la proximité du Chef-lieu, il n'est pas effectué de payement de bonis à l'annexe. Ces payements sont faits à l'Établissement central.

1276. — Tous les nantissements reçus à l'annexe sont revêtus, en sus du bulletin de prisée, d'un double de ce bulletin sur papier parcheminé, afin de prévenir la difficulté des recherches au milieu de gages identiques, lorsqu'un bulletin vient à se détacher d'un article.

1277. — Le Commis-comptable chargé de la direction de l'annexe reçoit chaque matin de la Caisse du Chef-lieu les fonds nécessaires; il remet chaque soir le reliquat de la somme confiée et les fonds rentrés par dégagement.

En conséquence, il n'est pas tenu de Journal de Caisse. Le Commis-comptable adresse chaque jour au Caissier les différentes pièces de comptabilité exigées des comptables des divisions d'engagement et de dégagement du Chef-lieu.

1278. — Un Commis-contrôleur dresse de son côté toutes les pièces de contrôle indiquées aux chapitres II et III du titre II.

1279. — La situation du magasin de l'annexe, comprenant l'entrée, la sortie et le solde, est adressée chaque jour par le Commis-comptable au Chef des magasins, qui en fait figurer les résultats dans ses écritures.

CHAPITRE V

DISPOSITIONS GÉNÉRALES
CONCERNANT LES BUREAUX AUXILIAIRES

I. — Organisation des bureaux auxiliaires.

1280. — Les bureaux auxiliaires sont des établissements pourvus de services administratifs où sont accueillies les demandes d'engagements, de dégagements, de renouvellements et de payements de bonis.

Les nantissements provenant de ces bureaux sont emmagasinés soit au Chef-lieu, soit à l'une des succursales.

1281. — Les bureaux auxiliaires sont établis dans des locaux pris à bail par l'Administration et appropriés au service ; ils sont répartis dans les divers quartiers de Paris, selon les besoins de la population.

La création, la suppression ou le déplacement d'un bureau auxiliaire ne peut avoir lieu qu'après avis du Conseil de surveillance [1].

---

[1]. Les bureaux auxiliaires sont actuellement au nombre de vingt-deux, savoir :

1° BUREAUX RATTACHÉS AU CHEF-LIEU

A. — Rue Delaborde, n° 13.
B. — Rue des Bernardins, n° 44.
C. — Rue de Buffault, n° 2.
D. — Rue du Faubourg-Saint-Denis, n° 10.
E. — Rue de Malte, n° 36.
J. — Rue Brey, n° 19.
K. — Rue des Blancs-Manteaux, n° 22.
L. — Rue de Chabanais, n° 2.
M. — Rue Montmartre, n° 65.
O. — Rue de Flandre, n° 10.
R. — Rue du Faubourg-Saint-Martin, n° 122.
T. — Avenue de Clichy, n° 54.
U. — Avenue des Gobelins, n° 59.
Y. — Rue Stéphenson, n° 21.
Z. — Rue Fromentin, n° 4.

2° BUREAUX RATTACHÉS A LA 1re SUCCURSALE

H. — Rue du Vieux-Colombier, n° 23.
I. — Rue du Château, n° 163.
V. — Rue Roussin, n° 83.

3° BUREAUX RATTACHÉS A LA 2e SUCCURSALE

F. — Rue du Faubourg-Saint-Antoine, n° 21.
N. — Rue des Pyrénées, n° 362.
S. — Rue Saint-Maur, n° 160.
X. — Rue de Charenton, n° 251.

Le bureau auxiliaire K, établi dans les bâtiments du Chef-lieu, n'est ouvert au public qu'à partir de 3 heures du soir.

1282. — Les chefs des bureaux auxiliaires sont logés, aux frais de l'Administration, dans des appartements situés dans la même maison que leur bureau.

Ils payent les impôts des portes et fenêtres de leur appartement.

Ces impôts ne sont pas dus pour le local même du bureau[1].

II. — Composition du personnel. — Attributions.

1283. — Les bureaux auxiliaires sont dirigés par des agents responsables ayant rang de Sous-chefs. Ces agents sont installés dans leurs fonctions par l'Inspecteur délégué à cet effet et assisté du Chef de la comptabilité, qui dresse procès-verbal de remise du service, des valeurs et du mobilier.

Ils exercent une surveillance générale sur les opérations du bureau placé sous leur direction; ils s'occupent plus spécialement des engagements, ainsi qu'il est indiqué au paragraphe II du chapitre suivant.

1284. — En cas d'absence de l'assesseur, ils assurent le service en faisant eux-mêmes l'appréciation pour le compte des Commissaires-priseurs, jusqu'à ce que ceux-ci aient pourvu au remplacement de leur agent.

1285. — Les Chefs des bureaux auxiliaires ont sous leurs ordres des employés aux écritures, dont le nombre varie selon l'importance des opérations du bureau.

L'employé le plus élevé en grade et, à grade égal, le plus ancien, supplée le Chef de bureau en cas d'absence de courte durée. Un gérant intérimaire est désigné par un ordre de service en cas d'absence par congé ou maladie.

L'installation du gérant donne lieu à un procès-verbal de remise du service et des valeurs. Le Chef de bureau reste toutefois responsable de la gestion de son suppléant; mention en est faite au procès-verbal. La réinstallation du comptable s'effectue dans la même forme.

---

1. Loi du 4 frimaire an VII. — Circulaire du 27 avril 1864.

1286. — A chaque bureau auxiliaire est attaché un Agent des magasins, ayant rang d'Aide-magasinier, sous la surveillance et la responsabilité du Chef des magasins; cet agent assiste aux opérations; il reconnaît l'identité des gages reçus, et, par ce fait, il en prend charge au nom du Chef des magasins; en conséquence, celui-ci devient responsable desdits nantissements aussitôt que le prêt est effectué [1]

1287. — Cet employé est en outre chargé de nettoyer les bureaux et la salle d'attente du public; il procède à l'ouverture et à la fermeture du bureau.

Lorsque le nombre des opérations d'un bureau auxiliaire est trop considérable pour que l'aide-magasinier puisse assurer le fonctionnement du service, il lui est adjoint un gagiste, soit d'une manière permanente, soit seulement pour la soirée.

Le gagiste est plus spécialement chargé du nettoyage des bureaux et de l'emballage des hardes et objets divers présentés à l'engagement.

1288. — L'indemnité accordée aux employés des bureaux auxiliaires, pour le service du soir, n'est pas soumise à la retenue de 5 p. 100, exercée sur les appointements au profit de la Caisse des retraites; elle n'est pas décomptée dans la liquidation de la pension de retraite [2].

Les Chefs des bureaux auxiliaires ne reçoivent pas d'indemnité pour le service du soir.

Le logement et le chauffage, qui leur sont fournis par l'Administration, sont considérés comme une rétribution de ce travail.

Il reçoivent chaque année, selon l'importance des opérations, une somme destinée à les indemniser des déficits de caisse auxquels ils sont exposés.

Ces différentes indemnités, dont les premières sont fixées chaque année, pour chaque bureau, par un arrêté du Directeur, sont détaillées au paragraphe III du chapitre III, titre I.

---

1. Règlement du 30 juin 1865. art. 186.
2. Arrêté du Conseil d'administration du 9 octobre 1839, approuvée par le Pair de France, Préfet de la Seine.

CHAP. V — BUREAUX AUXILIAIRES 469

III. — Service de l'appréciation.

1289. — Le service de l'appréciation est fait dans les bureaux auxiliaires, sous la responsabilité des Commissaires-priseurs, par des agents choisis et rétribués par eux.

1290. — En cas d'absence des assesseurs, les Chefs des bureaux auxiliaires ou les employés qui les remplacent estiment les objets offerts en nantissements, ainsi qu'il est dit au paragraphe précédent; mais cette manière de procéder, adoptée dans le but de faciliter le service, n'a pas pour effet d'interrompre la responsabilité des Commissaires-priseurs. En conséquence, les assesseurs doivent se faire représenter les nantissements reçus en leur absence.

1291. — Les engagements effectués dans les bureaux auxiliaires sont vérifiés par les Commissaires-priseurs à des époques indéterminées.

A cet effet, ces agents sont autorisés à se rendre dans les bureaux auxiliaires, aux heures indiquées pour le public, à se faire représenter des objets reçus dans la journée et à procéder à des vérifications.

Ils sont également autorisés à se présenter chaque jour au service des magasins et à désigner, d'après les feuilles des engagements, ceux des gages qu'ils désirent examiner pour se rendre compte de la manière d'opérer de leurs agents.

1292. — Les Chefs des bureaux auxiliaires s'assurent du bon fonctionnement de l'appréciation; ils rendent compte à l'Inspecteur des réclamations présentées par les emprunteurs qui n'auraient pu obtenir satisfaction.

IV. — Heures d'ouverture des bureaux. — Heures de sortie des employés. — Service des dimanches et fêtes.

1293. — Les bureaux auxiliaires sont ouverts au public tous les jours, dimanches et fêtes exceptés, de neuf heures du matin à huit heures du soir, pour les opérations d'engagement, de renouvellement et de payement de bonis.

Les dimanches et jours de fête, les bureaux auxiliaires ne sont ouverts que de neuf heures à midi pour les demandes de dégagement, de renouvellement et de payement de bonis.

1294. — Les Chefs des bureaux auxiliaires sont autorisés à s'absenter deux fois par jour, pendant une heure, pour prendre leurs repas.

Les autres employés sont autorisés à s'absenter, à tour de rôle, pendant une heure et demie [1].

1295. — Les Chefs des bureaux règlent, de concert avec l'Inspecteur, les heures de sortie des employés de manière à assurer le fonctionnement du service, et notamment de façon que leurs heures de repas ne coïncident pas avec celles de l'employé le plus élevé en grade.

1296. — Dans aucun cas et sous aucun prétexte les bureaux auxiliaires ne doivent être laissés à la garde d'un seul employé [2].

Lorsqu'un employé d'un bureau auxiliaire s'absente, le Chef du bureau doit en donner avis à l'Inspecteur le jour même du départ de cet agent [3].

1297. — Les avis relatifs à la rentrée des employés des bureaux auxiliaires qui ont obtenu soit une permission, soit un congé, sont adressés à l'Inspecteur le matin même de la rentrée desdits employés.

Les Chefs des bureaux auxiliaires ne doivent jamais quitter leur bureau, sous quelque prétexte que ce soit, sans en avoir préalablement informé l'Inspecteur [4].

1298. — Les Chefs des bureaux auxiliaires rendent compte à l'Inspecteur des citations adressées à eux-mêmes ou à leurs employés, d'avoir à comparaître devant les juges d'instruction ou devant les tribunaux pour témoigner dans des affaires qui peuvent intéresser l'Administration; ils in-

---

1. Circulaire du 29 juin 1865.
2. Circulaire du 9 mai 1860.
3. Circulaire du 16 février 1875.
4. Circulaire du 3 août 1880.

diquent : 1° le nom de la personne citée ; 2° la date du jour où elle doit répondre à la citation ; 3° le nom de l'affaire [1].

1299. — Pour le service des dimanches et jours fériés, les Chefs des bureaux auxiliaires commandent deux employés à tour de rôle. Les Chefs de bureau et les Aides-magasiniers ou Gagistes concourent à ce service, mais ces derniers ne doivent pas s'immiscer dans les opérations de comptabilité.

CHAPITRE VI

OPÉRATIONS CONCERNANT LE SERVICE DES PRÊTS

I. — Dispositions générales.

1300. — Les conditions générales du prêt sur nantissement sont les mêmes dans les bureaux auxiliaires qu'au Chef-lieu et dans les succursales.

Toutefois l'ordre des opérations se trouve nécessairement modifié, tant par suite du nombre restreint des employés que par suite de l'obligation où se trouvent les bureaux d'envoyer chaque jour les nantissements dans les magasins de l'établissement auquel ils sont rattachés.

En conséquence, les dispositions rappelées au titre II sont communes aux bureaux auxiliaires, sauf les exceptions indiquées aux paragraphes ci-après.

II. — Engagements.

1301. — Aucun nantissement ne peut donner lieu, dans un bureau auxiliaire, à un prêt supérieur à 500 francs [2].

---

1. Circulaire du 7 mars 1880.
2. Décret du 12 août 1863.

1302. — Lorsqu'un objet est présenté à l'engagement, le Chef de bureau le reçoit des mains du déposant, auquel il remet un numéro d'ordre reproduisant la finale du numéro qui doit être apposé sur le gage; ce numéro correspond également à celui de l'acte de dépôt.

1303. — Le Chef de bureau soumet ensuite l'objet à l'appréciateur, qui procède à l'estimation. Le prêt offert est indiqué à l'emprunteur.

En cas de refus, le gage est immédiatement remis à l'intéressé.

1304. — Lorsque le prêt est accepté, le Chef de bureau établit, sous la dictée de l'assesseur, le bulletin de prisée.

Ce bulletin, dressé dans la forme indiquée au paragraphe II du chapitre II (titre II), est soumis à la signature de l'appréciateur.

1305. — Le Chef de bureau inscrit ensuite l'article sur le registre des engagements (Journal du payeur), puis remet le montant du prêt, avec le bulletin et la reconnaissance à établir, au Contrôleur des engagements.

1306. — Cet employé expédie la reconnaissance d'après le bulletin de prisée, en se conformant à cet égard aux règles rappelées au paragraphe III du chapitre II (titre II).

1307. — Il procède ensuite à la rédaction de l'acte de dépôt, en inscrivant, s'il y a lieu, les justifications produites dans la forme indiquée aux paragraphes IV et V du chapitre II (titre II).

1308. — Il effectue la remise du prêt et de la reconnaissance, après avoir retiré des mains de l'emprunteur le numéro d'ordre précédemment délivré.

1309. — Lorsqu'il y a lieu de suspendre le payement d'un prêt, le Contrôleur des engagements et le Chef du bureau se conforment aux instructions rappelées au paragraphe VII du chapitre II (titre II).

1310. — Pour effectuer le versement d'un prêt suspendu au compte des *Dépôts divers*, le Chef de bureau adresse un

CHAP. VI — OPÉRATIONS DU SERVICE DES PRÊTS 473

rapport au Chef de la comptabilité le jour même où il fait figurer la somme en recette au livre de Caisse.

Il donne en même temps connaissance du versement à l'Inspecteur par une lettre dans laquelle il consigne tous les renseignements utiles.

1311. — Lorsqu'après un versement au compte des *Dépôts divers* l'emprunteur se présente pour régulariser l'engagement, le Chef du bureau inscrit les pièces justificatives réglementaires et établit un mandat de payement dans la forme indiquée au paragraphe VII du chapitre II (titre IV).

La somme prêtée est remise à l'intéressé contre son acquit sur le mandat de payement, adressé au Chef de la comptabilité avec rapport à l'appui.

Les régularisations opérées après versement doivent être immédiatement signalées par lettre au service de l'Inspection.

1312. — A la fin de chaque mois, les reconnaissances des prêts supendus pendant l'avant-dernier mois sont adressées au bureau de la comptabilité ou à la succursale dont relève le bureau.

Ces envois sont consignés sur le carnet de correspondance, ainsi qu'il est indiqué au paragraphe V du chapitre IX ci-après. Les reconnaissances doivent en outre être accompagnées d'un bordereau d'envoi destiné au service de la comptabilité.

Lorsqu'un emprunteur se présente pour régulariser une opération suspendue, après l'envoi de la reconnaissance, le payement n'en peut être effectué que le lendemain dans la forme ordinaire, ce délai permettant de réclamer le titre envoyé [1].

1313. — S'il s'agit d'annuler un engagement, il est procédé dans la forme indiquée au paragraphe VIII du chapitre II (titre II).

1314. — La récapitulation des opérations d'engagement faite au bas des registres (Contrôle et Caisse) est

---

1. Ordre de service du 3 octobre 1872.

l'objet, en fin de séance, d'un appel contradictoire destiné à en reconnaître la parfaite concordance.

Les résultats sont ensuite transcrits au journal de Caisse et sur la situation de Caisse, ainsi qu'il est indiqué au chapitre ci-après.

1315. — Les règles relatives à la comptabilité des reconnaissances et bulletins numérotés sont les mêmes pour les bureaux auxiliaires que pour le Chef-lieu.

1316. — Ne peuvent pas être reçus à l'engagement dans les bureaux auxiliaires :

1° Les objets énumérés au paragraphe II du chapitre II (titre II) ;

2° Les objets trop volumineux (meubles, matelas, sommiers, lits de plume, etc.) ;

3° Les objets fragiles, susceptibles de se détériorer pendant le transport (glaces, tableaux, pendules en albâtre ou en onyx, verreries, cristaux, porcelaines, faïences, etc.) [1] ;

4° Les lampes et les objets susceptibles de détériorer les autres gages.

1317. — Si des détériorations ou accidents se produisent au cours de l'examen des objets présentés à l'engagement ou lors de leur emballage, les chefs de bureau doivent envoyer ces articles au magasin, comme les autres, et adresser en même temps à l'Inspecteur une lettre d'avis lui faisant connaître les circonstances dans lesquelles l'avarie a eu lieu et le nom de l'employé auquel elle est imputable [2].

1318. — Il est tenu dans chaque bureau auxiliaire un répertoire alphabétique des noms de certains emprunteurs qui peuvent être considérés comme formant la clientèle habituelle du bureau.

Ce répertoire comprend les noms et adresses des emprunteurs, les pièces justificatives produites et les signatures des intéressés.

1319. — Les emprunteurs inscrits au répertoire sont

---

1. Circulaire du 15 mars 1871.
2. Circulaire du 16 août 1880.

dispensés d'apporter des pièces justificatives chaque fois qu'ils se présentent.

Pour les emprunteurs qui figurent sur ce registre, l'inscription des pièces justificatives est remplacée au registre des engagements par le mot : *Répertoire*.

Les Chefs de bureau sont seuls juges des inscriptions au Répertoire qu'il convient d'autoriser, sauf aux intéressés à en référer à l'Inspecteur en cas de refus.

1320. — Les Chefs de bureau veillent à ce que les inscriptions portées au Répertoire soient renouvelées au moins une fois par an, pour ce qui concerne le domicile.

En conséquence, dès les premiers engagements de chaque année, ces emprunteurs sont invités à produire de nouveau les pièces justificatives nécessaires.

1321. — Lorsqu'il s'agit d'un emprunteur qui engage ordinairement des marchandises neuves, il y a lieu d'exiger chaque année, vers le mois d'avril, la présentation de la patente renouvelée.

1322. — En fin de séance, les Chefs des bureaux auxiliaires font dresser et collationner avec les gages les deux répertoires des magasins comprenant les articles reçus en dépôt le jour même [1].

Le premier est spécial aux bijoux et à l'argenterie; le second, aux hardes et objets divers.

Les pendules, candélabres flambeaux et bronzes divers reçus dans les bureaux auxiliaires dépendant du Chef-lieu sont inscrits sur les répertoires du magasin des objets divers [2].

Les bureaux dépendant des succursales inscrivent ces objets sur le répertoire du magasin des bijoux.

1323. — Les articles qu'il y a lieu de classer au petit magasin sont notamment les suivants : boîtes à musique, à couteaux et à compas, petits instruments de musique, instruments de chirurgie, dentelles, lorgnettes, éventails, réveils, couverts en composition, cannes, parapluies, om-

---

1. Circulaire du 1er octobre 1885.
2. Circulaire du 15 septembre 1879.

brelles et petits bronzes. On les indique sur le répertoire par la mention P. M. [1].

1324. — On indique également sur le répertoire :
1° Les malles, valises, boîtes, etc., qui servent à l'emballage des nantissements ;
2° Le nombre des parties d'un gage ;
3° Le numéro de dégagement des articles qui ont été rendus au bureau dans la journée même du dépôt.

III. — Dégagements.

1325. — La délivrance des objets dégagés ne peut avoir lieu, dans les bureaux auxiliaires, que le lendemain du jour où les dégagements ont été effectués.

Les objets demandés en dégagement le samedi ou la veille d'un jour férié peuvent être délivrés soit le jour même, soit seulement le surlendemain, selon que la demande a été faite avant ou après l'heure fixée pour le service supplémentaire dont il est question à la fin du présent paragraphe.

1326. — Lorsqu'une reconnaissance est présentée au dégagement, le Commis chargé de ce service s'assure qu'elle a été émise par le bureau, puis il établit le décompte de la somme à payer, en faisant connaître au porteur le jour et l'heure auxquels le gage pourra lui être remis.

Il transcrit ensuite les indications portées sur la reconnaissance et le décompte de la somme à percevoir, sur le registre des dégagements (Journal des recettes).

1327. — Le Commis-receveur des dégagements se conforme, pour le décompte des sommes à percevoir et pour l'inscription au journal des dégagements, aux règles indiquées aux paragraphes II et III du chapitre III (titre II).

Il remet ensuite la reconnaissance au Contrôleur des dégagements, qui vérifie le décompte et inscrit l'article au registre de Contrôle.

---

1. Circulaire du 28 mars 1866.

1328. — Le Commis-receveur, après avoir reçu le montant des capitaux et intérêts, remet au porteur un bulletin-bordereau sur lequel sont indiquées les sommes perçues, en regard des articles dont le dégagement est demandé.

Les sommes perçues sont additionnées si le bordereau comprend plusieurs articles.

1329. — Les nantissements faisant partie de la dizaine descendue à la vente ne peuvent être dégagés qu'à l'établissement dépositaire du gage [1].

1330. — Lorsque, par exception, les Chefs des bureaux auxiliaires jugent convenable de se charger du dégagement d'un nantissement engagé dans un autre bureau, ils doivent faire parvenir à l'Inspection ou au Contrôle de la succursale dont relève le bureau, soit par le facteur, soit par un employé, la reconnaissance revêtue de leur signature avec les fonds versés [2].

Si le dégagement a pour objet un nantissement déposé au Chef-lieu, l'opération se fait comme pour les dégagements du bureau même, et les fonds reçus sont inscrits au registre et à la feuille de Caisse en regard de la mention : *Fonds reçus du Caissier*.

S'il s'agit d'un bureau dépendant d'une succursale, l'inscription en recette n'a lieu que sur la feuille de Caisse du lendemain.

Les reconnaissances de ces opérations dites : *dégagements étrangers*, accompagnées d'un bordereau spécial, sont le lendemain inscrites en recette sur les registres de dégagement du Chef-lieu ou de la succursale.

1331. — Les employés des bureaux auxiliaires se conforment, pour les annulations de dégagements et pour les redressements d'écritures, aux dispositions rappelées aux paragraphes V et VI du chapitre III (titre II).

1332. — Les pièces de fausse monnaie présentées par le public doivent être cisaillées et rendues en cet état au por-

---

1. Circulaire du 19 août 1872.
2. Circulaire du 24 février 1875.

teur. Les intéressés qui s'opposent à l'exécution de cette mesure sont conduits chez le Commissaire de police.

Cette dernière façon de procéder n'est applicable dans les bureaux auxiliaires qu'autant que le personnel y est assez nombreux pour permettre le déplacement d'un employé.

1333. — Le total des dégagements effectués chaque jour, en articles et en sommes, après avoir été constaté contradictoirement par le Commis-receveur et le Contrôleur, est inscrit sur le journal de Caisse et sur la feuille de Caisse, ainsi qu'il est indiqué au paragraphe I du chapitre ci-après.

1334. — En fin de journée, les reconnaissances des articles demandés en dégagement sont classées par numéros d'engagement ou de renouvellement, pour chaque exercice, puis par nature de gages (bijoux et objets divers).

Un bordereau est ensuite dressé pour les bijoux et un autre pour les objets divers.

Après l'inscription sur les bordereaux, les reconnaissances sont de nouveau classées par numéros de dégagement. Elles sont remises aux magasins le lendemain matin, ainsi qu'il est indiqué au paragraphe VII du chapitre IX ci-après.

1335. — Lorsque le porteur d'une reconnaissance demande le dégagement de son nantissement le jour même de l'engagement, les droits sont perçus dans la forme ordinaire et le gage est remis à l'intéressé.

La reconnaissance est jointe à celles qui figurent sur les bordereaux de dégagement, et le numéro de dégagement est porté au répertoire des magasins, auquel est joint le bulletin de prisée.

Si le dégagement a lieu le lendemain matin, le bulletin est remis au facteur au lieu et place du gage retiré. Les mentions de sortie sont inscrites dans les services, sur le vu des pièces comptables.

1336. — Lorsque le facteur chargé d'accompagner la voiture a remis au bureau les nantissements demandés en dégagement, le Commis-receveur s'occupe immédiatement de les reconnaître, et il constate sa vérification par un visa apposé sur les bordereaux de dégagement, en regard de chaque article.

Cette vérification s'effectue en présence du facteur.

1337. — Lorsque l'auteur d'un dégagement présente le lendemain le bordereau qui lui a été remis au moment du payement, les gages correspondants lui sont immédiatement délivrés après confrontation des numéros, dates, prêts et désignations portés sur ledit bordereau et sur les bulletins de prisée qui accompagnent les nantissements. L'employé qui effectue la délivrance d'un gage se conforme aux prescriptions du paragraphe III du chapitre V (titre V); il appose son paraphe sur le bordereau, qui doit être classé avec le bulletin de prisée. Ces pièces sont conservées pendant trois ans.

1338. — Si des détériorations ou avaries se produisent au moment de la délivrance d'un gage ou si un nantissement est transmis en mauvais état par le magasin et que, par suite, la personne qui dégage refuse d'en prendre livraison, le Chef du bureau renvoie l'article et en informe l'Inspecteur, en faisant connaître, s'il y a lieu, le nom de l'auteur des avaries [1].

1339. — La délivrance d'un nantissement dont le dégagement a été demandé dans un bureau auxiliaire ne peut avoir lieu au Chef-lieu ou dans la succursale, sur la présentation du bulletin remis à l'intéressé par ledit bureau.

En conséquence, lorsque l'auteur d'une demande de dégagement ne peut attendre la remise de son gage par le bureau même, l'opération doit être annulée et le titre rendu à son propriétaire [2].

1340. — En cas de perte d'un bulletin de dégagement, la délivrance du nantissement ne peut être effectuée que sur la remise d'un certificat d'un commissaire de police attestant, sous la responsabilité de deux personnes solvables et domiciliées, que le requérant est incapable de faire une

---

1. Circulaire du 16 août 1880.
2. Circulaire du 3 août 1880.

fausse déclaration dans le but de s'approprier ce qui ne lui appartiendrait pas.

1341. — A cet effet, lorsqu'une personne déclare avoir perdu son bulletin de dégagement, il lui est immédiatement délivré un extrait de registre qui doit servir à établir le certificat nécessaire.

Si cette personne n'est pas l'auteur de l'engagement, mais qu'elle soit reconnue pour avoir versé les fonds du dégagement, l'extrait qui lui est délivré ne porte que l'indication du bureau, le numéro de la reconnaissance, la date, le montant du prêt et la nature du gage. Cette pièce est en outre revêtue de la mention suivante : *Délivré à M...., auteur du dégagement de l'article sus-énoncé.*

Dans ce cas, la remise n'a lieu qu'après le délai de trois jours.

1342. — Afin d'empêcher la délivrance du nantissement à une personne autre que le légitime propriétaire, le Chef du bureau fait aussitôt apposer sur ledit nantissement une fiche portant l'indication suivante : « *Opposition provisoire à la requête de M......, rue......, pour cause de bulletin de dégagement adiré.* »

Cette fiche, revêtue de la signature de l'intéressé, est maintenue sur le nantissement jusqu'à la délivrance.

1343. — Un service supplémentaire fonctionne pour les dégagements demandés le samedi matin et la veille des fêtes.

Les reconnaissances reçues, jusqu'à une heure qui varie selon l'éloignement de chaque bureau, sont réunies et inscrites sur les bordereaux de dégagements. Ces pièces sont ensuite portées par l'aide-magasinier au bureau auxiliaire le plus rapproché dans la direction de l'Établissement dépositaire des gages.

L'aide-magasinier de ce dernier bureau porte alors les pièces dont il s'agit avec celles de son bureau comme il est dit ci-dessus, et ainsi de suite jusqu'au bureau le plus rapproché de l'Établissement central où s'effectue la remise des bordereaux et reconnaissances entre les mains du Chef des magasins.

CHAP. VI — OPÉRATIONS DU SERVICE DES PRÊTS 481

Le facteur chargé d'accompagner la voiture prend les gages désignés sur ces reconnaissances en même temps que ceux qui ont été demandés la veille dans les conditions ordinaires.

IV. — Renouvellements.

1344. — Les renouvellements sont opérés dans les bureaux auxiliaires de la même manière et aux mêmes conditions qu'à l'Établissement central. Les numéros d'ordre des renouvellements effectués dans lesdits bureaux commencent à 30 001 [1].

1345. — Lorsqu'une reconnaissance est présentée au renouvellement, le Commis chargé de cette partie du service s'assure que le titre émane du bureau et qu'il ne comprend aucun objet de nature à être soumis à une nouvelle appréciation.

1346. — Il établit ensuite le décompte des droits à payer par l'auteur du renouvellement, puis il inscrit l'article sur le registre des dégagements par renouvellements. Ce registre porte les indications suivantes :

Numéros des dégagements (qui correspondent aux numéros des nouvelles reconnaissances à établir) — Noms des auteurs des renouvellements — Demeures — Numéros des anciennes reconnaissances — Dates — Désignations sommaires des nantissements — Montant des prêts (divisés par exercice) — Droits du Mont-de-Piété — Droit de prisée (divisé par exercice).

1347. — Le Commis chargé des renouvellements remet ensuite la reconnaissance au Contrôleur, qui vérifie le décompte des droits à percevoir et inscrit l'article sur le journal du Contrôle. Ce journal est tenu dans la même forme que celui du Chef-lieu.

1348. — Le Commis-receveur des renouvellements perçoit les droits dus, puis il établit d'après l'ancienne reconnaissance un nouveau titre qu'il remet à l'intéressé.

---

1. Règlement du 30 juin 1865, art. 180.

1349. — Les personnes qui présentent des reconnaissances d'articles qui, pour être renouvelés, doivent être soumis à une réappréciation, sont invitées à s'adresser au Chef-lieu ou à la succursale dont dépendent les bureaux [1].

1350. — Les nantissements faisant partie de la dizaine descendue à la vente ne peuvent être l'objet d'un renouvellement qu'à l'Établissement dépositaire du gage [2].

1351. — Aussitôt qu'un renouvellement a été effectué, le Commis chargé de ce service établit le nouveau bulletin destiné à être cousu sur le nantissement.

Ce bulletin est fixé à la droite de la reconnaissance, au-dessous de la signature du Chef du bureau, de manière à permettre au service des magasins de porter dans la case réservée à cet effet l'indication utile pour retrouver le gage [3].

Les reconnaissances, accompagnées des bulletins de renouvellement, sont transmises chaque matin à l'Établissement dépositaire des gages avec les feuilles du journal de Contrôle, ainsi qu'il est indiqué au paragraphe VII du chapitre IX ci-après.

1352. — Les Chefs des bureaux auxiliaires sont autorisés à effectuer les renouvellements des articles engagés à l'établissement dont dépend leur bureau.

Ils doivent alors procéder par voie de rengagement, au moyen d'un dégagement effectif immédiatement suivi d'un engagement.

Les fonds de l'engagement sont remis par le Chef du bureau au Commis receveur pour former avec les droits payés par l'auteur du renouvellement le montant de la recette.

L'indication ci-après est portée sur le registre des engagements, sur celui des dégagements, sur la reconnaissance et sur le bulletin de prisée :

Rengagement de l'article : (Division — Numéro — Date — Prêt.)

---

1. Ordre de service du 20 octobre 1840.
2. Circulaire du 19 août 1872.
3. Circulaire du 24 septembre 1872.

Le bulletin de prisée est joint à la reconnaissance et soumis à l'assesseur, qui inscrit l'article sur le carnet de prisée et vise le bulletin; ces deux pièces sont transmises au lieu et place du nantissement qu'elles représentent.

On procède alors pour l'encaissement des fonds dans la forme indiquée au paragraphe III ci-dessus pour les dégagements dits étrangers.

1353. — Les commis-receveurs des renouvellements et les contrôleurs se conforment pour les décomptes des droits, pour les inscriptions sur les divers registres, pour la confection des nouveaux titres et pour les annulations et redressements d'écritures aux règles indiquées au chapitre IV du titre II.

1354. — Les résultats des diverses additions, pour les opérations de renouvellement, sont appelés contradictoirement en fin de journée. Les deux employés qui ont concouru à cet appel apposent leur signature sur les feuilles transmises à l'Administration.

Le chiffre des prêts des articles renouvelés, bien que ne figurant que pour ordre, est également appelé contradictoirement.

L'énonciation à haute voix des sommes reçues ou dépensées est faite par ceux des employés qui sont préposés au maniement des espèces [1].

1355. — Les résultats de chaque journée sont portés sur le journal et sur la situation de caisse, ainsi qu'il est indiqué au paragraphe I du chapitre ci-après.

V. — Payement des bonis.

1356. — Aussitôt que le Chef d'un bureau auxiliaire reçoit un extrait du registre-matricule du boni, il fait porter sur le registre des engagements ou sur celui des renouvellements, en regard des articles indiqués sur ledit extrait, le numéro d'ordre de la vente.

Cette mention, faite à l'encre rouge, permet de retrou-

---

1. Circulaire du 13 octobre 1880.

ver le décompte du boni, lorsque l'intéressé se présente pour le percevoir.

Les articles sont pointés sur l'extrait du registre matricule à mesure que les mentions sont portées sur le registre des engagements.

1357. — Lorsqu'une reconnaissance est présentée pour la perception d'un boni, l'employé recherche au registre des engagements la mention du numéro du registre matricule.

Il établit alors le décompte sur le titre, en prenant les chiffres portés au registre matricule, vérifie le décompte et effectue le payement s'il y a concordance.

1358. — Le payeur mentionne dans la colonne d'observations la date du payement.

Il inscrit ensuite l'article sur le registre de payement du boni, qui comprend :

Le numéro d'ordre du payement — les nom et adresse de la partie prenante — la désignation de la reconnaissance (numéro — date — prêt) — la somme payée — et, s'il y a lieu, le total des bonis à payer — enfin l'émargement pour quittance.

1359. — Le Chef de bureau ou, en son absence, un employé autre que celui qui a établi le décompte, remet ensuite à l'intéressé la somme qui lui revient, contre sa décharge donnée au registre de payement dans la colonne : *Émargement*.

Le payement d'un boni doit toujours avoir lieu en présence de deux employés; si la partie prenante ne sait signer, ces deux employés apposent leur visa sur le registre de payement.

1360. — On indique sur chaque reconnaissance la somme payée, la date et le numéro d'ordre du payement. Les reconnaissances sont ensuite envoyées au liquidateur du boni, accompagnées d'un bordereau indiquant les sommes payées, divisées par exercice.

1361. — Les payements de bonis sont portés sur le journal et sur la feuille de Caisse, ainsi qu'il est indiqué au paragraphe I du chapitre ci-après.

1362. — Le total des sommes payées pour bonis est relevé, jour par jour, sur un bordereau de contrôle, qui est totalisé et envoyé au liquidateur du boni à la fin de chaque mois.

Ce bordereau indique pour chaque journée, par exercice, le nombre d'articles et les sommes payées.

1363. — Dans le cas où un boni ne peut être payé, le Chef du bureau en indique la cause au dos de la reconnaissance et date cette mention [1].

1364. — Lorsqu'un Chef de bureau reçoit un avis d'opposition relatif à un boni, il en fait immédiatement mention sur le registre-matricule, en regard de l'article, par l'inscription : *Opposition n°....*

Cette mention, ainsi que celles de même nature qui auraient pu être portées sur ledit registre avant son envoi, a pour effet d'empêcher le payement du boni, qui ne peut avoir lieu qu'à l'Établissement où le gage est déposé, même lorsqu'un duplicata a été délivré ou lorsque le titre original est revêtu d'une indication de mainlevée [2].

CHAPITRE VII

COMPTABILITÉ ET CAISSE

1. — Journal de Caisse.

1365. — Les Chefs des bureaux auxiliaires portent chaque jour sur le journal de Caisse, d'après les divers registres, le montant des opérations effectuées (articles et sommes), ainsi que les mouvements de fonds avec la Caisse centrale, les recettes et dépenses diverses, etc. [3].

---

1. Circulaire du 8 mai 1866.
2. Circulaire du 19 décembre 1864.
3. Règlement du 30 juin 1865, art. 181.

Le journal de Caisse est divisé en cinq parties.

La première partie, comprenant le détail des opérations, permet de diviser par exercice les renouvellements, les dégagements, le droit de prisée perçu pour les renouvellements, le droit de prisée perçu pour les dégagements et les bonis payés.

Ces divers totaux sont portés en bloc dans les colonnes des 2e, 3e et 4e parties.

La deuxième partie comprend, pour mémoire, les renouvellements (articles et sommes).

La troisième partie, comprenant les recettes, est ainsi divisée :

Dégagements (articles et sommes) — Droits du Mont-de-Piété (renouvellements et dégagements) — Droit de prisée (renouvellements et dégagements) — Prêts suspendus versés — Fonds reçus du Caissier — Recettes diverses — Total.

La quatrième partie, comprenant les dépenses, est ainsi divisée :

Engagements (articles et sommes) — Bonis payés (articles et sommes — Prêts suspendus régularisés — Fonds versés au Caissier — Dépenses diverses — Total.

La cinquième partie est destinée à faire ressortir la différence entre la recette et la dépense, c'est-à-dire le solde en caisse.

1366. — Les nombres indiquant les articles et les sommes pour les renouvellements et les articles pour les dégagements, les engagements et les bonis payés, sont inscrits à l'encre rouge, de manière à rendre plus faciles les additions transversales qui, dans chaque partie, ne doivent comprendre que les chiffres à l'encre noire, c'est-à-dire les recettes et les dépenses effectives.

Les résultats portés dans les colonnes des 2e, 3e et 4e parties sont additionnés chaque jour.

Les totaux, ajoutés de journée en journée, ne sont arrêtés définitivement que le 30 décembre de chaque année.

1367. — Les opérations d'engagement, de dégagement ou de renouvellement annulées pour une cause quelconque après l'inscription sur les registres destinés à constater ces opérations, sont indiquées sur une feuille réservée au commencement du livre de Caisse. Le Chef de la comptabilité contrôle, au moyen de ces indications et du numérotage, le nombre des opérations effectuées.

Les numéros d'ordre sont reproduits sur les bons d'annulation dressés, lorsqu'il y a lieu, dans la forme indiquée aux chapitres II, III et IV du titre II.

II. — Bordereau journalier des opérations.

1368. — Chaque jour les Chefs des bureaux auxiliaires dressent, d'après le journal de Caisse, une situation qu'ils envoient directement au Caissier [1].

Cette pièce reproduit exactement les inscriptions portées au journal de Caisse.

1369. — Les bureaux dépendant des succursales dressent cette situation en double expédition dont l'une est adressée à l'Agent-comptable.

III. — Mouvement des fonds.

1370. — Les chefs des bureaux auxiliaires sont chargés de payer les appointements et les indemnités des employés de leur service.

Chaque mois, un état d'émargement est dressé pour recevoir la signature de chaque partie prenante, en regard des sommes par elle reçues.

Cet état est ensuite transmis au service de la Caisse.

1371. — Le maximum du solde en Caisse dans les bureaux auxiliaires est fixé à 10 000 francs.

Toutefois, le Chef du bureau C est autorisé à conserver un solde de 25 000 francs, en raison de l'importance des opérations de son bureau et pour satisfaire aux demandes d'espèces qui pourraient lui être adressées par ses collègues après les heures d'ouverture de la Caisse du Chef-lieu et de celles des succursales [2].

---

1. Règlement du 30 juin 1865, art. 181.
2. Ordre de service du 12 mars 1862.

Les fonds reçus ou versés donnent lieu, par celui qui reçoit, à la délivrance d'un récépissé extrait d'un carnet à souche.

1372. — En outre, les fonds demandés par les bureaux auxiliaires à la Caisse centrale ou aux succursales sont inscrits soit à la Caisse, soit au bureau, sur un carnet spécial remis au facteur et sur lequel sont apposées les signatures pour la décharge de cet agent.

Les mêmes prescriptions s'appliquent aux échanges. Les fonds sont, pendant le transport par la voiture, renfermés dans un coffret dont le facteur a seul la clef.

Au moment de la remise des fonds par le préposé du comptoir, le facteur vérifie le nombre des billets et le poids des sacs et rouleaux; la même vérification est faite sous ses yeux dans le bureau auxiliaire à l'instant de la livraison [1].

Si, ultérieurement, lors de la vérification du contenu d'un sac, un déficit est constaté, le Chef du bureau renvoie le contenu intégral et le sac, en y joignant l'étiquette qui indique le poids, de manière à permettre à la Caisse centrale les recherches et réclamations utiles.

1373. — Les chefs des bureaux auxiliaires doivent s'assurer chaque soir de la concordance entre le solde constaté par le journal de Caisse et les espèces.

A cet effet, ils se font remettre par les Commis-receveurs des dégagements et renouvellements le montant de la recette de chaque jour.

1374. — Les Chefs de bureau doivent immédiatement combler les déficits qu'ils constatent. Quant aux excédents, ils sont recueillis et inscrits sur un état spécial, ainsi qu'il est indiqué au paragraphe IV du chapitre IX ci-après.

1375. — Les prêts suspendus, dont le versement n'a pas encore été effectué, sont reversés chaque soir dans la Caisse des engagements.

1376. — La Caisse de chaque bureau auxiliaire est soumise, au moins une fois par mois, à une vérification du

---

[1]. Circulaire du 15 mai 1879.

Chef de la comptabilité, qui se fait représenter les espèces à découvert.

Cet agent vérifie de même les bulletins des prêts suspendus rentrés après régularisation et les fonds des prêts non encore régularisés.

La vérification est constatée au journal de Caisse par un arrêté du solde, en toutes lettres.

CHAPITRE VIII

EMBALLAGE ET TRANSPORT DES NANTISSEMENTS

I. — Fonctions de l'aide-magasinier. — Emballage des nantissements.

1377. — L'agent des magasins est chargé de l'emballage des nantissements dans les boîtes ou enveloppes. Il se conforme à cet égard aux dispositions rappelées au paragraphe XI du chapitre II (titre II).

1378. — Chaque jour les nantissements reçus sont réunis en paniers ou sacs cadenassés et transportés dans les magasins, accompagnés de bulletins de voyage; les nantissements que leur nature ou leur volume empêche d'être renfermés sont l'objet d'une désignation spéciale au bulletin de voyage. Ces bulletins sont déchargés, après la réception des objets, par la signature du garde-magasin ou de son délégué [1].

1379. — Les aides-magasiniers des bureaux auxiliaires remettent chaque matin au facteur chargé du transport des gages trois bulletins de voyage établis de la manière suivante :

1° Un bulletin indiquant le nombre des boîtes destinées au magasin des bijoux;

---

[1]. Règlement du 30 juin 1865, art. 186.

2° Un bulletin des gages envoyés au petit magasin;

3° Un bulletin indiquant le nombre des sacs remis à la voiture et celui des gages transportés à découvert, mais ne figurant pas sur les deux premiers bulletins, c'est-à-dire des gages destinés au magasin des objets divers, qui n'ont pu être enfermés dans les sacs [1].

1380. — Les aides-magasiniers sont chargés en outre :

1° De porter lesdits nantissements à la voiture qui doit les emmener aux magasins;

2° De prendre ceux qui sont rapportés par ladite voiture, par suite de dégagements demandés la veille;

3° De nettoyer et entretenir en bon état de propreté les bureaux et les abords;

4° De fermer et d'ouvrir lesdits bureaux aux heures indiquées par les règlements.

A cet effet, les aides-magasiniers doivent être rendus à leur poste à huit heures du matin. Ils ne peuvent quitter leur travail que lorsque tous les nantissements ont été emballés.

II. — Transport des nantissements. — Fonctions des facteurs chargés d'accompagner les voitures.

1381. — Les bureaux auxiliaires, n'ayant point de magasin, transmettent chaque jour au magasin du Chef-lieu, ou à celui de la succursale dont ils dépendent, les nantissements qu'ils ont reçus du public et ils en reçoivent ceux dont le dégagement a été demandé.

Il est interdit de conserver dans les bureaux auxiliaires aucun nantissement; les effets engagés doivent être transportés aux magasins dans les vingt-quatre heures de leur engagement.

Il est également interdit de retirer des magasins les nantissements autrement que pour le dégagement effectif et contre la remise des reconnaissances aux gardes-magasins [2].

1382. — Le transport des nantissements s'effectue par

---

1. Circulaire du 13 décembre 1876.
2. Règlement du 30 juin 1865, art. 185.

CHAP. VIII — EMBALLAGE ET TRANSPORT DES NANTISSEMENTS

les soins et sous la responsabilité d'un agent ayant rang d'aide-magasinier, placé sous les ordres de l'Inspecteur.

Des précautions spéciales sont prises dans le but de prévenir la disparition ou la détérioration des objets à transporter.

En conséquence, les aides-magasiniers-facteurs doivent se conformer strictement aux instructions données par l'Administration et qui sont rappelées ci-après.

1383. — La voiture est amenée le matin, à huit heures et demie, devant le premier des bureaux qu'elle dessert.

Le facteur a le devoir de veiller à ce que le cocher de la voiture accomplisse son service avec exactitude et convenance.

1384. — A son arrivée au bureau, le facteur reconnaît le nombre des gages-bijoux qui sont extraits des armoires en présence du chef du bureau, détenteur des clefs. Le facteur compte également les sacs et les gages à découvert; ces différentes indications sont consignées sur des bulletins de voyage où se trouve également inscrit le nombre des parties de nantissement.

1385. — Pour le chargement des gages dans les voitures, les facteurs sont autorisés, surtout dans les bureaux situés à étage, à prêter leur concours à l'aide-magasinier pour descendre et monter les sacs ou les différents gages à découvert, mais il est expressément enjoint que la porte de la voiture soit toujours soigneusement fermée avec la clef dont chaque facteur est seul détenteur.

Les bijoux sont ensuite placés dans un panier destiné à cet usage et divisé en deux compartiments, dont chacun est fermé par un cadenas. Une clef de ce cadenas restant toujours déposée au bureau, et l'autre étant à la disposition du service des magasins, le panier ne peut plus être ouvert qu'au lieu de dépôt pour la réception des bijoux.

Le facteur transporte à la voiture le panier à bijoux, qu'il ne doit jamais quitter, et reçoit ensuite des mains de l'aide-magasinier du bureau les sacs et les différents objets mentionnés sur les bulletins de voyage.

1386. — Après que la voiture a été ainsi chargée dans chaque bureau, le facteur, dès son arrivée au lieu de dépôt, prévient le magasin, et un gagiste est aussitôt mis à sa disposition pour le déchargement des sacs et des nantissements apportés.

Le facteur est également autorisé à prêter son concours à l'agent des magasins sous la même condition de fermeture à clef de la voiture.

1387. — Aussitôt que les bijoux, les sacs et les nantissements à découvert ont été reconnus et qu'un visa a été apposé à titre de décharge sur les bulletins de voyage en présence du facteur, celui-ci reconnaît le nombre des bijoux, sacs et gages qu'il doit transporter dans les bureaux auxiliaires. Ce chargement, de même que le déchargement dans les bureaux, s'accomplit dans les mêmes conditions que les livraisons du matin.

Les gages qui n'ont pu être délivrés pour cause de recherche ou d'opposition sont l'objet d'une indication portée par le magasin dans la colonne des observations des bordereaux de demande, où les gages manquants sont également signalés, s'il y a lieu, par le bureau destinataire.

Le facteur ne peut quitter le bureau auxiliaire qu'après que, sous ses yeux, un visa a été apposé, pour chaque article, sur lesdits bordereaux, par l'employé préposé à la réception des gages.

1388. — Le facteur est responsable de tout ce qui peut se produire dans l'intérieur de la voiture. Il a, en conséquence, le devoir : 1° de s'assurer que les livraisons qui lui sont faites sont conformes aux mentions des bulletins de voyage ; 2° de placer avec le plus grand soin les gages dans la voiture, afin de prévenir toute détérioration ; 3° enfin de prendre charge avec régularité ou de se faire donner décharge régulière des bijoux, sacs ou gages à découvert. Il a les mêmes précautions à prendre pour la remise et l'échange des fonds [1].

---

1. Circulaire du 15 mai 1879.

CHAPITRE IX

MESURES D'ORDRE

I. — Transcription des ordres de service.

1389. — Les Chefs des bureaux auxiliaires tiennent un registre destiné à la transcription des ordres de service, notes et communications diverses émanant de l'Administration.

Ce registre doit toujours être à la disposition du personnel; les Chefs des bureaux veillent à ce que les employés nouveaux prennent connaissance de toutes les prescriptions qui s'y trouvent consignées, et se mettent en état de répondre aux questions que les Inspecteurs peuvent leur adresser dans le cours de leurs visites [1].

1390. — Les noms des personnes auxquelles les engagements sont interdits sont inscrits, par ordre alphabétique, sur un tableau placé à la portée des employés du bureau, mais de façon toutefois à ne pas être aperçu par le public.

II. — Tenue des répertoires. — Lettres d'avis de vente. — Délivrance des extraits de registre pour oppositions.

1391. — Les répertoires des noms des emprunteurs sont tenus par les Contrôleurs des engagements et par les Contrôleurs des renouvellements. Ils doivent être constamment à jour et sont représentés, à chaque visite, aux Inspecteurs, qui y apposent leur visa.

1392. — Au moyen des rôles des nantissements à vendre qui leur sont transmis par le service des magasins, les Chefs des bureaux auxiliaires adressent aux emprunteurs

---

1. Circulaire du 21 octobre 1880.

et aux auteurs de renouvellements des lettres d'avis de vente pour les articles de 16 fr. et au-dessus.

La date de l'envoi des lettres est indiquée sur les rôles de vente, qui sont conservés par les bureaux auxiliaires pendant deux ans.

Une indication est également portée, au registre des engagements ou à celui des renouvellements, en regard des noms des personnes auxquelles des avis de vente ont été adressés.

1393. — Lorsqu'un emprunteur fait une déclaration de perte de reconnaissance, le Chef de bureau recherche, au moyen du répertoire, l'article qui motive la réclamation.

Ces recherches ne peuvent être effectuées qu'à la demande des emprunteurs ou de leurs mandataires porteurs d'un pouvoir.

Si, en raison de l'insuffisance des renseignements ou pour toute autre cause, il ne peut être donné satisfaction immédiate au réclamant, la demande est inscrite sur un carnet spécial et la communication des résultats est remise au lendemain, pour dernier délai.

1394. — Lorsque l'article a été retrouvé, le Chef de bureau établit un extrait de registre portant les indications suivantes :

Lettre du bureau — Numéro de l'engagement ou du renouvellement — Date — Prêt — Désignation détaillée du nantissement — Nom, profession et demeure de l'emprunteur — Justifications produites.

Une mention indique en outre si le dépôt a été effectué par l'emprunteur lui-même ou par un fondé de pouvoir.

Le Chef de bureau fait ensuite signer cette pièce par l'intéressé, même s'il s'agit d'un prêt inférieur à 16 fr.

Il compare la signature apposée sur le registre des engagements ou sur le pouvoir avec celle dudit extrait et s'assure ainsi que le réclamant est bien l'emprunteur.

Cette formalité donne au réclamant la facilité de se faire représenter par un mandataire au bureau des oppositions.

Lorsque la recherche a été faite sur la présentation d'un pouvoir de l'emprunteur, le Chef de bureau joint ce pouvoir

CHAP. IX — MESURES D'ORDRE 495

à l'extrait de registre, sur lequel il porte l'indication suivante : *Pouvoir ci-joint.*

Enfin l'extrait est signé par le Chef de bureau qui le délivre à l'intéressé, en recommandant à ce dernier de se présenter sans retard, pour former opposition, à l'établissement où le nantissement est emmagasiné. La délivrance d'un extrait de registre et le motif de cette délivrance sont indiqués au registre, en regard de chaque article.

III. — Articles dits inconnus et gages non réclamés. — Reconnaissances et objets trouvés.

1395. — Lorsqu'une reconnaissance a été remise et une somme payée pour le dégagement, si l'effet n'est pas réclamé par l'ayant-droit dans un délai de six mois, il doit être renvoyé au magasin pour y être conservé à titre de nantissement non réclamé [1].

Les parties de nantissement qui n'auraient pas été réclamées et qui n'auraient pu être rendues à leurs légitimes propriétaires, les objets dont l'origine est incertaine, tels que débris d'or ou d'argent, pierres détachées, etc., doivent également être envoyés au magasin avec les nantissements non réclamés.

La date d'envoi de ces objets est fixée, tous les six mois, par une circulaire du service de l'Inspection.

1396. — La transmission a lieu au moyen du carnet de correspondance, ainsi qu'il est prescrit au paragraphe V ci-après. Un bordereau est en outre dressé pour servir à la réception, par le service des magasins, des objets envoyés.

1397. — Les objets et valeurs qui sont trouvés dans la partie du bureau réservée au public sont déposés chez le commissaire de police du quartier. Le reçu délivré par ce magistrat est conservé par le Chef du bureau, qui en rend compte à l'Inspecteur.

---

1. Règlement du 30 juin 1865, art. 185.

1398. — Les reconnaissances déposées dans les bureaux auxiliaires, pour quelque motif que ce soit, de même que celles qui seraient trouvées par les employés, sont envoyées, à mesure des dépôts, au bureau de l'Inspection.

Ces envois ont lieu au moyen du carnet de correspondance, ainsi qu'il est prescrit au paragraphe V ci-après[1].

IV. — Erreurs de perception. — Excédents ou déficits de Caisse.

1399. — Toutes les erreurs de perception qui peuvent se produire dans les opérations quelles qu'elles soient, et dont la constatation n'est faite qu'après le départ des intéressés, doivent être inscrites sur un carnet destiné à recevoir les décharges des parties prenantes au moment du remboursement.

Les excédents constatés dans la Caisse des engagements ou dans celle des dégagements et renouvellements, ainsi que les sommes qui seraient abandonnées ou oubliées par le public sur le comptoir du bureau, sont également portés sur ledit carnet.

1400. — Les sommes en regard desquelles ne figure aucune décharge sont recueillies sur un état trimestriel que chaque Chef de bureau adresse à l'Inspection un mois après l'échéance de chaque trimestre, avec les fonds indiqués au total de cet état.

Ces fonds sont versés au compte des *Dépôts divers*.

Les compensations entre les trop et les moins-perçus sont absolument interdites, les erreurs de perception en moins restant à la charge des comptables[2].

1401. — Les déficits constatés dans la caisse sont indiqués, à titre de renseignement, sur ledit état trimestriel.

Les sommes sont portées dans la colonne : *Erreurs d'addition (en moins)*, en regard des dates auxquelles les déficits ont été constatés[3].

---

1. Circulaire du 5 novembre 1875.
2. Circulaire du 2 avril 1875.
3. Circulaire du 9 février 1882.

CHAP. IX — MESURES D'ORDRE 497

V. — Transmission des nantissements et titres litigieux, des valeurs, lettres, etc.

1402. — Il est interdit aux Chefs des bureaux auxiliaires de faire des opérations par correspondance avec le public.

En conséquence, les lettres qui leur sont adressées avec des titres et des valeurs, sont envoyées au Secrétariat général au moyen d'un carnet sur lequel sont consignées les pièces et valeurs transmises.

La signature du Chef ou du Sous-chef du Secrétariat portée en regard de chaque envoi tient lieu de décharge.

Si un mandat établi au nom d'un Chef de bureau auxiliaire est joint à une lettre, cet agent le présente à la poste pour recevoir la somme y mentionnée, qui est ensuite transmise au Secrétariat général.

1403. — Ce carnet sert également à transmettre les nantissements, titres et sommes à remettre aux autres services.

Ces envois concernent notamment : les nantissements refusés par les auteurs des dégagements; les nantissements détériorés qui doivent être réparés soit pour le compte de l'Administration, soit pour le compte des auteurs des détériorations; les sommes provenant d'erreurs de perception ou d'excédents de Caisse; les sommes à transmettre à des remplaçants pour indemnités allouées pour le travail du soir; les reconnaissances et récépissés trouvés sur la voie publique et déposés dans les bureaux.

Décharge est donnée en regard de chaque article par l'Inspecteur ou par son délégué.

1404. — Les Chefs de bureau joignent à chaque envoi de nantissement une lettre indiquant, selon les cas, les motifs de refus de gages par les intéressés ou les circonstances dans lesquelles la détérioration des gages s'est produite.

1405. — L'état de versement, prescrit par la circulaire du 2 avril 1875, est joint aux sommes provenant d'erreurs de perception ou d'excédents de caisse.

498   TITRE VIII — SERVICES EXTÉRIEURS

1406. — Les reconnaissances trouvées, dont le dépôt est effectué dans les bureaux qui ont émis ces titres, sont accompagnées d'un extrait de registre faisant connaître les nom, profession et adresse des déposants [1].

1407. — Le carnet de correspondance sert également à envoyer les reconnaissances de prêts suspendus au service de la comptabilité, ainsi qu'il est dit au paragraphe II du chapitre VI.

Décharge est donnée par le Chef de la comptabilité ou par son délégué.

VI. — **Exécution des recherches prescrites par l'Administration.** — **Communications à la justice.** — **Saisies.**

1408. — Toutes les recherches demandées, soit par le public, soit par l'Administration, sont enregistrées sur un carnet où le résultat, quel qu'il soit, est également noté. Cette inscription comprend l'étendue des recherches et les dates de réception et de réponse.

Chaque inscription est signée par l'auteur de la recherche et visée par le Chef [2].

1409. — Les recherches sont effectuées, suivant leur nature, soit au moyen des répertoires des noms des emprunteurs, soit au moyen du répertoire des initiales, soit enfin au moyen des registres d'engagement, lorsqu'il s'agit d'objets non revêtus de signes particuliers et qu'il y a lieu de rechercher par leur désignation.

Dans ce dernier cas, il peut être utile de communiquer la demande de recherche à tout le personnel du bureau, y compris l'aide-magasinier et l'assesseur.

1410. — Les Chefs des bureaux auxiliaires communiquent le résultat des recherches au service qui les a demandées.

En cas d'insuccès, les Chefs de bureau renvoient la lettre de demande, sur laquelle ils portent l'indication suivante : *Recherches infructueuses.*

---

1. Circulaire du 24 février 1882.
2. Circulaire du 21 octobre 1880.

1411. — Les extraits de registre sont adressés sans délai et directement à l'Inspection, avec l'indication du numéro porté soit en tête et à l'angle de la lettre de demande, soit en regard de l'article figurant sur une liste [1].

Les extraits de registre indiquent les papiers fournis au moment de l'engagement [2].

Ces pièces sont toujours adressées sous enveloppe au Chef de service qui en fait la demande [3].

1412. — Les demandes de recherches ou d'extraits de registre ne peuvent émaner que du Secrétaire général, de l'Inspecteur ou de leurs délégués.

Pour les bureaux dépendant des succursales, les demandes de recherches ou d'extraits de registre peuvent émaner, en outre, des contrôleurs des succursales ou de leurs délégués.

En conséquence, lorsqu'un chef de service a besoin d'un renseignement sur un engagement effectué dans un bureau auxiliaire, il doit faire signer la demande par l'un desdits agents.

1413. — Les Chefs des bureaux auxiliaires communiquent leurs registres ou délivrent des extraits aux magistrats qui en font la demande.

Ils se font, dans ce cas, remettre une réquisition qu'ils conservent ou dont ils prennent copie.

1414. — Lorsqu'un magistrat se présente pour procéder à la saisie d'un nantissement encore en dépôt dans un bureau auxiliaire, le Chef dudit bureau, si le magistrat ne peut se transporter au Chef-Lieu, se fait délivrer une réquisition dans laquelle il est constaté que la saisie est effectuée sous réserve des droits de l'Administration.

Il transmet sans retard la réquisition au service de l'Inspection avec l'indication du nom du Commissaire de police, de celui de l'affaire et, s'il est possible, de celui du Juge d'Instruction.

---

1. Circulaire du 21 octobre 1880.
2. Circulaire du 1er décembre 1868.
3. Circulaire du 7 septembre 1847.

VII. — Transport du portefeuille.

1415. — Chaque soir les Chefs des bureaux auxiliaires placent dans un portefeuille qui est transporté le lendemain matin à l'Établissement dont dépend le bureau :

1° Les feuilles de répertoire des magasins pour les objets engagés ;

2° Les feuilles du registre des engagements (journal du payeur) ;

3° Les feuilles du journal des recettes (dégagements effectifs) et les reconnaissances, accompagnées de bordereaux comprenant les articles dont le dégagement est demandé ;

4° Les reconnaissances et les bordereaux de dégagements étrangers ;

5° Les feuilles du Journal du Contrôle des renouvellements et les anciennes reconnaissances renouvelées, accompagnées des nouveaux bulletins de prisée.

Ces diverses pièces sont remises au service des magasins.

6° Les bordereaux de contrôle de payements de bonis, accompagnés des reconnaissances (Liquidateur du boni) ;

7° Le bordereau des opérations journalières (Caissier) ;

8° Le relevé des numéros des montres engagées, les fiches dont l'établissement est prescrit par la circulaire du 8 janvier 1872, les avis de versement ou de régularisation de prêts suspendus, le relevé des engagements effectués, en articles et en sommes (Inspecteur) ;

9° Les mandats de versement et les mandats de payement de prêts suspendus (Chef de la comptabilité).

Le portefeuille est apporté, chaque jour, par un employé du service des magasins rétribué à cet effet ; il est rapporté au bureau par le facteur avec les nantissements dégagés.

1416. — Après la fermeture des bureaux, les clefs des armoires renfermant les bijoux sont placées dans le coffre-fort. Les autres gages doivent être mis dans les sacs cadenassés servant au transport, sauf ceux qui doivent être livrés au magasin à découvert. Les Chefs des bureaux doivent veiller avec soin à ce que les sacs soient toujours en

CHAP. IX. — MESURES D'ORDRE 501

nombre suffisant, afin que les objets dégagés restant au bureau puissent, en cas de besoin, y être renfermés [1].

Dans tous les bureaux, des paniers munis de cadenas doivent être tenus disponibles, pour servir, en cas d'incendie, à renfermer et transporter les bijoux existants dans les armoires des engagements et des dégagements.

Chaque soir, en fin de journée, les fonds existants dans les Caisses des bureaux doivent être placés dans le coffre-fort ; un coffre transportable doit toujours être à la disposition du Chef de bureau.

Si un sinistre venait à se produire dans le local même du bureau, le Chef devrait au plus tôt procéder à l'enlèvement des espèces, des bijoux, puis des autres gages dans la mesure du possible, les placer d'abord hors d'atteinte, puis aviser à leur transport au moyen d'une voiture fermée, en requérant, pour lui venir en aide, les officiers ou agents chargés d'organiser le service d'ordre.

Si le sinistre venait à éclater dans l'immeuble ou dans un immeuble voisin d'où le feu pourrait se communiquer, le Chef pourrait, au préalable et selon les circonstances, aviser aux moyens de transport avec le même concours que ci-dessus.

Quel que soit le cas, le Chef de bureau, après avoir mis en sûreté les gages et les espèces dans le bureau auxiliaire le plus rapproché ou, si l'éloignement est trop grand, dans le poste de police le plus à proximité, doit revenir à son bureau.

---

1. Ordre de service du 14 mai 1886.

VIII. — Tableau des pièces à fournir aux divers services de l'Administration.

SERVICES AUXQUELS LES PIÈCES DOIVENT ÊTRE ENVOYÉES	PIÈCES A FOURNIR	DÉLAIS ACCORDÉS POUR L'ENVOI DES PIÈCES	RÈGLEMENTS, ORDRES DE SERVICE OU CIRCULAIRES QUI ONT PRESCRIT L'ENVOI DES PIÈCES
	1417. — Chaque jour.		
Caisse.	Bordereau des opérations journalières (situation de caisse) *.	Lendemain.	Règlement du 30 juin 1865.
	Montant des engagements effectués *.	Id.	Ordre du 8 janvier 1872.
	Numéros des montres engagées *.	Id.	Id.
Inspection.	Fiches pour les marchandises neuves.	1ᵉ jour.	Ordre du 10 janvier 1872.
	Fiches pour les étrangers au quartier.	Id.	Id.
	Relevés des prêts de 500 fr.	Lendemain.	Délibération du 11 décembre 1844.
	Registre des engagements (journal du payeur) *.	Id.	Règlement du 30 juin 1865.
	Répertoire des magasins.	Id.	Id.
	Journal des recettes (dégagements effectifs) *.	Id.	Id.
Magasins.	Reconnaissances d'articles dégagés (avec bordereaux) *.	Id.	Id.
	Journal du contrôle des renouvellements *.	Id.	Id.
	Reconnaissances d'articles renouvelés (avec bulletins) *.	Id.	Id.
Boni.	Bordereaux de contrôle des payements de bonis (avec reconnaissances) *.	Id.	Id.
	1418. — Chaque quinzaine.		
Inspection.	Relevé des échantillons des étoffes de prix engagées *.	3 et 18 de chaque mois.	Circulaire du 28 juillet 1879.
	1419. — Chaque mois.		
Caisse.	État d'émargement des appointements et indemnités *.	1ᵉʳ de chaque mois.	
Comptabilité.	Reconnaissances relatives aux prêts suspendus pendant l'avant-dernier mois *.	5 de chaque mois.	Circulaire du 3 octobre 1872.

* Pièces qui doivent toujours être fournies, même lorsque les résultats sont négatifs.

CHAP. IX. — MESURES D'ORDRE 503

SERVICES AUXQUELS LES PIÈCES DOIVENT ÊTRE ENVOYÉES	PIÈCES A FOURNIR	DÉLAIS ACCORDÉS POUR L'ENVOI DES PIÈCES	RÈGLEMENTS, ORDRES DE SERVICE OU CIRCULAIRES QUI ONT PRESCRIT L'ENVOI DES PIÈCES
Boni.	Bordereau de contrôle des payements effectués *.	3 de chaque mois.	
Économat.	Compte rendu de l'emploi des imprimés de reconnaissances et bulletins de prisée *.	5 de chaque mois.	Ordre de service du 30 novembre 1879.
1420. — Chaque trimestre.			
Secrétariat.	Adresses des employés (1)*.	20 du premier mois de chaque trimestre.	
Inspection.	État des erreurs de perception et excédents de caisse *.	1er jour du second mois de chaque trimestre.	Circulaire du 2 avril 1865.
1421. — Chaque semestre.			
Magasins.	Nantissements à réclamer *.	Fixé par circulaire.	Règlement du 30 juin 1865.
	Nantissements inconnus *.	Id.	
1422. — Chaque année.			
Inspection.	Copie des résultats de l'année d'après le journal de caisse *.	3 janvier.	

1) Les nouvelles adresses doivent également être indiquées à chaque changement de domicile.
* Pièces qui doivent toujours être fournies, même lorsque les résultats sont négatifs.

TITRE IX

SERVICE DES COMMISSIONNAIRES [1]

CHAPITRE PREMIER

CONDITIONS GÉNÉRALES DE LA GESTION DES COMMISSIONNAIRES

I. — Qualité des Commissionnaires.

1423. — Les Commissionnaires auprès du Mont-de-Piété sont des agents que les particuliers peuvent employer comme intermédiaires entre eux et cet établissement.

Moyennant une rétribution dont la quotité est fixée par le règlement qui détermine les conditions de la gestion, les commissionnaires reçoivent du public les objets présentés en nantissement; ils effectuent pour le compte des parties les engagements, les dégagements et les renouvellements, et ils peuvent être chargés de percevoir pour les ayants-droit, sur leur réquisition, les bonis résultant des ventes.

Le règlement du Mont-de-Piété détermine également le mode de nomination des Commissionnaires, les cautionnements qu'ils doivent fournir et les conditions sous lesquelles ils doivent exercer leur ministère.

---

[1]. Les dispositions qui suivent sont rappelées dans ce volume parce qu'il embrasse l'ensemble de tous les services du Mont-de-Piété. Celles relatives à la nomination de ces agents intermédiaires auraient pu ne pas y être relatées, attendu qu'il a été décidé par différentes délibérations que les bureaux de commission seraient supprimés par voie d'extinction.

Les Commissionnaires exigent de toutes les personnes qui sollicitent leur entremise, les mêmes justifications qu'elles auraient à produire au Mont-de-Piété [1].

1424. — Les Commissionnaires ne doivent jamais perdre de vue qu'ils ne sont point prêteurs sur gages ; que leurs fonctions, dans leur domicile, se réduisent uniquement à accepter les différentes commissions que l'on veut bien leur donner, à en rendre compte à leurs commettants quand elles sont remplies et, dans l'intérieur du Mont-de-Piété, à suivre avec fidélité et exactitude les opérations que les commissions dont ils ont été chargés entraînent ; enfin à faire dans les bureaux de cet établissement tout ce que les particuliers auraient fait, s'ils y étaient venus eux-mêmes [2].

II. — Conditions d'admission. — Stage.

1425. — Les Commissionnaires sont nommés par le Préfet de la Seine, qui choisit parmi les trois candidats présentés par le Directeur. Aucune personne n'est admise à remplir ces fonctions qu'après avoir donné, tant sur sa capacité que sur sa moralité, les justifications les plus propres à déterminer le choix de l'administration.

Toutes les personnes qui réunissent ces conditions sont aptes à être nommées Commissionnaires au Mont-de-Piété, même les filles, les femmes veuves et les femmes mariées, en justifiant, pour ces dernières, de l'autorisation de leurs maris [3].

1426. — Toute personne, pour obtenir un bureau de Commissionnaire, est tenue de produire un certificat de l'Inspecteur constatant qu'elle a travaillé assidûment pendant une année chez un Commissionnaire au Mont-de-Piété de Paris et rempli les divers emplois du bureau.

A cet effet, il est tenu au bureau de l'Inspection un

---

1. Règlement du 30 juin 1865, art. 187.
2. Délibération du Conseil d'Administration approuvée le 16 mars 1824, art. 6.
3. Délibération du Conseil d'Administration approuvée le 16 mars 1824, art. 1 et 2.

registre où sont inscrites, par ordre de dates, les déclarations des personnes qui veulent être admises à faire leur stage et celles des Commissionnaires qui consentent à les recevoir à ce titre dans leurs bureaux.

Cette déclaration ne peut être suppléée par aucune autre espèce de preuve et elle doit être renouvelée chaque fois que le stagiaire veut changer de bureau ; faute de quoi, sa présence dans un autre bureau, quelle qu'en soit la durée, ne lui est pas comptée [1].

1427. — Aucun Commissionnaire ne peut entrer en fonctions qu'après avoir prêté serment, entre les mains du Directeur, de bien et fidèlement s'acquitter de ses devoirs, d'exécuter les règlements et d'obéir aux ordres qui lui sont donnés au nom de l'Administration ; en outre, le Commissionnaire fournit, avant son entrée en fonctions, le cautionnement qu'il est tenu de consigner [2].

III. — Incompatibilités. — Interdiction de trafiquer.

1428. — Il est interdit aux Commissionnaires au Mont-de-Piété de remplir, en dehors de l'Administration, aucun emploi qui les empêcherait de gérer en personne leurs bureaux et, sauf le cas de maladie ou d'absence motivée, de se faire remplacer par leurs agents ou des personnes de leur famille.

En cas d'infraction à cette règle, constatée par l'Inspecteur, il en est fait rapport au Directeur, qui statue conformément aux dispositions de l'article 63 du règlement approuvé le 16 mars 1824.

1429. — Il est expressément défendu aux Commissionnaires, sous peine de révocation, de s'entremêler directement ou indirectement dans le commerce ou la vente d'aucun nantissement ni d'aucune reconnaissance d'effets engagés au Mont-de-Piété, que l'engagement desdits objets ait été fait par leur ministère ou non et quand bien même

---

1. Délibération du Conseil d'Administration du 4 août 1847, approuvée le même jour.
2. Délibération du Conseil d'Administration approuvée le 16 mars 1824, art. 5.

la présentation du nantissement n'aurait pas été suivie d'engagement [1].

1430. — Il est également défendu aux Commissionnaires de solliciter, dans l'intérieur du Mont-de-Piété, aucun particulier de les employer; en conséquence, ils ne peuvent, dans ledit établissement, se charger d'aucune opération, pas même sous le prétexte que leur service serait gratuit ni même sous celui qu'il leur eût été offert volontairement de s'en charger, le tout sous peine de suspension et même de destitution [2].

IV. — Remplacements par intérim. — Fixation du domicile.

1431. — Dans le cas de légitime empêchement de la part des Commissionnaires, dont ils sont tenus de justifier au Directeur, il leur est permis de faire agréer un représentant pour effectuer les opérations dont ils sont chargés au Mont-de-Piété et pour signer en leur nom; ils sont alors tenus d'indiquer, par écrit, au Directeur le nom de la personne qui doit les remplacer et de la lui présenter. Ils signent une déclaration par laquelle ils répondent entièrement et demeurent garants de tous les actes du suppléant agréé. Les pouvoirs ainsi donnés par les Commissionnaires ne peuvent être retirés que par une révocation expresse signifiée au bureau de l'Inspection [3].

1432. — Il est défendu aux Commissionnaires, sous peine de destitution, de céder leur bureau de Commission [4].

1433. — Chaque Commissionnaire est tenu d'établir son bureau dans le quartier qui lui est assigné par l'Administration. Si quelque circonstance l'oblige à changer de domicile, il ne peut transférer son bureau dans un nouveau local qu'en vertu d'une autorisation spéciale [5].

---

1. Délibération du Conseil d'Administration approuvée le 16 mars 1824, art. 9.
2. Délibération du Conseil d'Administration approuvée le 16 mars 1824, art. 8.
3. Délibération du Conseil d'Administration approuvée le 16 mars 1824, art. 7, et délibération du 20 décembre 1826.
4. Délibération du Conseil d'Administration du 20 décembre 1826.
5. Délibération du Conseil d'Administration approuvée le 16 mars 1824, art. 4.

1434. — Les personnes désignées pour faire la Commission au Mont-de-Piété s'annoncent publiquement par un tableau qu'elles sont tenues de mettre au-dessus de la porte de leur domicile et portant ces mots : *Commissionnaire au Mont-de-Piété, nommé par l'administration* [1].

Cette inscription doit être faite sur un tableau fond blanc avec lettres noires, dites capitales romaines, d'un corps entièrement identique et n'excédant pas 25 centimètres de hauteur au maximum ; elle ne doit, dans aucun cas, contenir d'abréviation et est disposée conformément aux indications ci-dessous, selon l'emplacement :

Commissionnaire au Mont-de-Piété, nommé par l'Administration.

ou bien :

*Commissionnaire au Mont-de-Piété,
nommé par l'Administration.*

Les lanternes indicatrices des bureaux de Commissionnaires ont une largeur de 55 centimètres sur 35 centimètres de hauteur.

Elles sont établies en verre blanc dépoli et portent en toutes lettres, d'égale hauteur et disposées comme ci-dessous, les mots :

*Commissionnaire
au
Mont-de-Piété.*

Toutes inscriptions, même en langue étrangère, autres que celles indiquées ci-dessus, sont absolument interdites.

Les commissionnaires doivent se conformer pour l'établissement des tableaux et des lanternes aux règlements de police sur la voirie [2].

V. — Droits alloués.

1435. — Les Commissionnaires sont autorisés à percevoir, pour les peines et les soins qu'ils prennent à remplir

---

1. Délibération du Conseil d'Administration approuvée le 10 mars 1824, art. 5.
2. Circulaire du 31 octobre 1856.

CHAP. I — GESTION DES COMMISSIONNAIRES 509

les différentes commissions dont ils ont été chargés, les droits ci-après, savoir :

Pour les *engagements*, deux centimes pour franc de la somme prêtée par le Mont-de-Piété ;

Pour les *renouvellements*, également deux centimes pour franc du montant du prêt du Mont-de-Piété ;

Pour les *dégagements*, un centime pour franc du montant du prêt ;

Pour les *recouvrements de bonis*, un centime pour franc de chaque somme qu'ils perçoivent [1].

1436. — Les Commissionnaires ne peuvent prétendre ni exiger, sous prétexte d'intérêt ou d'indemnité d'avances et pour quelque cause que ce soit, d'autres droits que ceux ci-dessus indiqués [2].

Néanmoins, lorsque dans les dix jours du dépôt l'emprunteur n'a pas effectué l'échange du récépissé provisoire délivré par le Commissionnaire contre la reconnaissance du Mont-de-Piété, ils sont autorisés à percevoir des intérêts *d'un demi pour cent* par mois sur la somme dont ils restent en avance, par suite de l'infériorité du prêt consenti par l'administration, sans pouvoir jamais prétendre, relativement à cet excédent d'avance, à aucune autre indemnité ni commission [3].

La liquidation des sommes dues soit aux emprunteurs, soit aux Commissionnaires sur les objets vendus, est faite immédiatement après le quatorzième mois, de manière à ce qu'elle soit terminée et que les emprunteurs puissent être remboursés de leurs bonis et les Commissionnaires de leurs avances dans le quinzième mois de la date de chaque engagement. On ajoute à chaque somme due aux Commissionnaires par suite d'excédent de l'avance sur le prêt quatorze mois d'intérêts, sur le pied de *demi pour cent* par mois, à compter du jour de chaque engagement [4].

---

1. Délibération du Conseil d'Administration approuvée le 16 mars 1824, art. 51.
2. Délibération du Conseil d'Administration approuvée le 16 mars 1824, art. 52.
3. Délibération du Conseil d'Administration du 7 avril 1841, approuvée le 10 décembre suivant.
4. Délibération du Conseil d'Administration du 18 février 1846, approuvée le 2) mars suivant, art. 1.

1437. — Lorsque, sur la demande de l'emprunteur ou de tout autre, l'Administration consent à accorder un sursis à la vente des objets engagés, les intérêts alloués aux Commissionnaires et courus pendant ce sursis sont ajoutés à ceux dus pour les quatorze premiers mois, si toutefois le montant de l'adjudication permet ce prélèvement [1].

1438. — Le tarif des droits accordés aux Commissionnaires, pour leurs peines et soins, doit être affiché dans leurs bureaux, de manière à être vu et lu facilement.

1439. — Les Commissionnaires sont tenus de faire mention, sur les registres, reconnaissances et récépissés, des droits perçus pour chaque article.

Il leur est expressément enjoint de donner à chaque particulier un bordereau justificatif des droits qu'il a payés pour chaque nature d'opérations faites par leur entremise [2].

Toutefois, les droits pour dégagements opérés en vertu de commissions données au dos des récépissés, ainsi qu'il est dit à l'article 12 du règlement approuvé le 16 mars 1824, ne sont mentionnés que sur lesdits récépissés, sur les bordereaux de dégagement et sur les reconnaissances [3].

1440. — Les droits sus-énoncés sont toujours déterminés par le montant de la somme qui a été prêtée dans les bureaux du Mont-de-Piété, sans qu'on puisse jamais prendre pour base de leur fixation les sommes dont les Commissionnaires peuvent être en avance sur les prêts [4].

Néanmoins, la commission est déterminée d'après l'avance du Commissionnaire, lorsqu'il s'agit d'un nantissement dont le dégagement est demandé avant que l'engagement n'ait été effectué au Mont-de-Piété.

---

1. Délibération du Conseil d'Administration du 18 février 1846, approuvée le 30 mars suivant, art. 2.
2. Délibération du Conseil d'Administration approuvée le 16 mars 1824, art. 56 à 58.
3. Délibération du Conseil d'Administration du 7 avril 1841, approuvée le 10 septembre suivant.
4. Délibération du Conseil d'Administration approuvée le 16 mars 1824, art. 54.

VI. — Responsabilité.

1441. — Les Commissionnaires sont personnellement responsables, de droit et de fait, de tous événements résultant de leurs commissions, sauf leur recours contre qui il appartient [1].

Ils ne peuvent intenter aucune poursuite judiciaire contre les emprunteurs sans en avoir préalablement obtenu l'autorisation de l'Administration, et ce, sous les peines portées à l'article 63 du règlement approuvé le 16 mars 1824, pour violation des devoirs imposés aux Commissionnaires [2].

1442. — En cas de perte ou d'avarie de nantissements par le fait des Commissionnaires, ces agents sont tenus, envers les emprunteurs, aux dédommagements dont serait tenu le Mont-de-Piété si la perte ou l'avarie était imputable à l'Administration de l'Etablissement [3].

Les Commissionnaires sont également responsables envers les emprunteurs des faits de leurs agents, et notamment des pertes, avaries ou erreurs que peuvent commettre les facteurs chargés du transport des nantissements.

1443. — Le minimum des prêts à effectuer par le Mont-de-Piété étant fixé à trois francs, lorsqu'un nantissement apporté par un Commissionnaire ne paraît pas susceptible de donner lieu à un prêt de pareille somme, quelle que soit l'avance faite, ledit nantissement est néanmoins engagé sous la responsabilité du Commissionnaire, qui demeure garant envers les Commissaires-priseurs de la perte que peut entraîner la vente de l'article [4].

---

1. Délibération du Conseil d'Administration approuvée le 16 mars 1824, art. 10. (Voir annexe X, chapitre II, titre X.)
2. Délibération du Conseil d'Administration du 13 mai 1846.
3. Règlement du 30 juin 1865, art. 191. — Il y a lieu, toutefois, de remarquer que le tribunal de la Seine, appelé à régler une indemnité calculée dans ces termes et non acceptée par l'intéressé, par un jugement du 20 avril 1838, antérieur il est vrai aux dispositions ci-dessus rappelées, a prononcé que, dans le cas de perte ou d'avarie d'un nantissement par le fait d'un Commissionnaire ou de ses agents, les règles du droit commun sont seules applicables. (Voir annexe X, chapitre II, titre X.)
4. Délibération du Conseil d'Administration du 2 février 1807.

1444. — Les Commissionnaires sont tenus de conserver le secret le plus absolu sur les noms des personnes qui ont eu recours à leur ministère.

Ils ne doivent communiquer leurs registres ou en délivrer des extraits qu'au Directeur, au Secrétaire général et à l'Inspecteur, ainsi qu'aux magistrats qui en feraient la demande.

Dans ce dernier cas, ils doivent se faire délivrer une réquisition qu'ils conservent afin de se mettre à couvert vis-à-vis des intéressés.

Ils sont responsables de toutes les indiscrétions commises par leurs agents.

VII. — **Cautionnements.**

1445. — Pour répondre des événements de sa gestion, tant envers l'Administration qu'envers le public, chacun des Commissionnaires au Mont-de-Piété est assujetti à un cautionnement qui est versé dans la Caisse du Mont-de-Piété et porte intérêt au taux de 3 p. 100 fixé pour les cautionnements dont cette caisse est dépositaire [1].

La quotité de ce cautionnement est uniformément fixée à 8000 francs [2].

1446. — Si, par l'événement de répétitions formées contre un Commissionnaire, le montant de son cautionnement se trouve entamé, cet agent est tenu de rétablir, dans le délai fixe de huit jours, les sommes qui en ont été distraites. Dans le cas où le cautionnement n'aurait pas été rétabli dans le délai ci-dessus déterminé, le Commissionnaire serait suspendu de droit, et il ne pourrait être admis à reprendre ses fonctions qu'après y avoir été de nouveau autorisé par l'Administration et avoir complété son cautionnement.

1447. — Dans le cas de décès ou de cessation de fonctions soit volontaire, soit forcée d'un Commissionnaire, le

---

1. Délibération du Conseil d'Administration approuvée le 16 mars 1824, art. 59 et 60.
2. Arrêté préfectoral du 31 octobre 1868.

montant de son cautionnement ne peut être remis, à luimême ou à ses héritiers et ayants-cause, que dans les six mois qui suivent la liquidation de sa gestion [1].

Le remboursement des cautionnements a lieu, pour les Commissionnaires, après l'approbation de la liquidation du boni pour l'année dans laquelle ces agents ont cessé leurs fonctions.

VIII. — Mesures disciplinaires.

1448. — Les peines encourues par les Commissionnaires en raison de la violation de leurs devoirs ou de la responsabilité à laquelle ils sont assujettis, sont :

1° Pour les objets avariés ou perdus, le remboursement et les indemnités déterminées par les articles 66 et 67 du règlement général d'organisation du Mont-de-Piété annexé au décret du 8 thermidor an XIII, sauf acceptation de l'emprunteur ;

2° Le dégagement, sans bourse délier, au profit des parties lésées, des dépôts indûment reçus [2] ;

3° L'amende fixée par le Directeur [3] ;

4° La suspension pour un temps plus ou moins long ;

5° La destitution ou révocation [4].

1449. — Les indemnités pour objets avariés ou perdus étant déterminées par le Règlement général précité, peuvent être réglées par l'Inspecteur, chargé de la surveillance des Commissionnaires, sauf appel au Directeur.

1450. — Le dégagement sans bourse délier, ainsi que l'amende, sont ordonnés par le Directeur, sauf approbation du Préfet de la Seine [5].

Tout Commissionnaire qui a contrevenu aux ordres qui lui ont été donnés ou aux défenses qui lui ont été faites au nom de l'Administration, pour assurer l'ordre et la régu-

---

1. Délibération du Conseil d'Administration, approuvée le 16 mars 1824, art. 61 et 62.
2. Délibération du Conseil d'Administration approuvée le 16 mars 1824, art. 63.
3. Délibération du Conseil d'Administration du 4 août 1847, art. 1.
4. Délibération du Conseil d'Administration, approuvée le 16 mars 1824, art. 63.
5. Délibération du Conseil d'Administration, approuvée le 16 mars 1824, art. 64.

larité du service, est passible d'une amende qui ne peut être moindre de *vingt-cinq francs* ni excéder *mille francs*[1]. Le produit de ces amendes est versé au compte Mont-de-Piété.

1451. — La suspension provisoire est ordonnée par le Directeur; elle peut durer un mois pendant lequel le Directeur en réfère au Préfet.

Le Préfet de la Seine prononce la suspension pour un temps déterminé ou la destitution absolue, après un rapport du Directeur et examen des charges contre les Commissionnaires qui ont encouru cette peine[2].

1452. — Toutes les fois que le Directeur est dans le cas de prononcer contre un Commissionnaire la suspension provisoire, aux termes de l'article 64 du Règlement du 16 mars 1824, il peut placer près de ce Commissionnaire un préposé spécial choisi parmi les employés de l'Administration.

Ce préposé est installé dans le bureau du Commissionnaire par l'un des Inspecteurs, qui arrête préalablement tous les registres destinés à inscrire les opérations et constate dans un procès-verbal le numéro du dernier article après lequel, sur chaque registre, sont continuées les diverses commissions données par le public. Ces commissions sont effectuées par le Commissionnaire et ses propres employés, dans les limites ordinaires de sa responsabilité.

1453. — Le préposé spécial est chargé d'assister, au nom de l'Administration, à toutes les opérations qui ont lieu pendant la durée de la suspension prononcée par le Directeur.

Chaque jour, à la fin de la séance, il paraphe les registres et dresse un bordereau sommaire des opérations du bureau, énonçant, par quotité d'articles et par sommes, les engagements, renouvellements, dégagements et perceptions de boni; ce bordereau contient l'évaluation des droits afférents à chaque nature d'opérations, conformément aux

---

1. Délibération du Conseil d'Administration du 4 août 1847, art. 1 et 2.
2. Délibération du Conseil d'Administration, approuvée le 16 mars 1824, art. 64.

règlements administratifs; il est dressé en double expédition, dont l'une est envoyée à l'Administration et l'autre laissée au Commissionnaire.

1454. — Les bordereaux des opérations journalières et des droits y relatifs sont, après avoir été vérifiés et visés par l'Inspecteur, remis au Directeur qui ordonne le versement à la Caisse du montant desdits droits, dont il est fait écriture au compte *Mont-de-Piété*.

Dans les droits ci-dessus relatés sont compris ceux dus pour la commission d'engagement, à quelque époque que puisse ultérieurement avoir lieu la remise de la reconnaissance du Mont-de-Piété, en échange du récépissé provisoire, aussi bien que les droits immédiatement perçus sur les renouvellements, les dégagements et les payements de bonis.

1455. — Sur les versements prescrits ci-dessus, il est alloué au préposé spécial une indemnité de cinq francs par jour en raison du surcroît de travail que lui impose la mission dont il est chargé.

1456. — Dans le cours de l'exercice de ses fonctions, le préposé spécial est chargé de signaler par écrit les abus ou les motifs de plainte qui parviendraient à sa connaissance.

1457. — L'expiration de la suspension est mentionnée sur les registres par l'Inspecteur, qui constate les numéros des derniers articles soumis aux retenues et à partir desquels le Commissionnaire rentre dans le libre exercice de ses fonctions [1].

---

1. Délibération du Conseil d'Administration du 11 avril 1838, approuvée le 24 août suivant.

CHAPITRE II

OPÉRATIONS CONCERNANT LE SERVICE DES PRÊTS

I. — **Dispositions générales.**

1458. — Quatre registres servent aux Commissionnaires à constater leurs opérations, savoir :

1° Registre des engagements ;
2° Registre des dégagements ;
3° Registre des renouvellements ;
4° Registre de payement des bonis.

Ces registres sont cotés et paraphés par l'Inspecteur du Mont-de-Piété.

Les Commissionnaires doivent représenter à toute réquisition leurs registres et toutes pièces quelconques relatives à leurs opérations et à leur comptabilité, soit au Directeur ou aux Inspecteurs du Mont-de-Piété, soit à tout agent supérieur ou fonctionnaire investi du droit de surveillance ou de vérification sur le service du Mont-de-Piété.

Aucun registre épuisé ni aucune pièce ou document anciens ne peuvent être détruits sans une autorisation spéciale de l'Administration, qui peut décider que les registres et autres documents des Commissionnaires seront déposés dans ses archives après un certain temps [1].

1459. — Les Commissionnaires font de suite et sans laisser aucun blanc entre chaque article, pour quelque cause que ce soit, leurs enregistrements par ordre de numéros successifs, et ils ont soin de porter exactement sur leurs registres toutes les opérations qu'ils effectuent au Mont-de-Piété, même celles qui auraient pour cause un engagement personnel [2].

Les Commissionnaires doivent avoir soin de remplir

---

1. Règlement du 30 juin 1865, art. 188.
2. Délibération du Conseil d'Administration, approuvée le 16 mars 1824, art. 16.

CHAP. II — OPÉRATIONS 517

exactement toutes les indications données par le texte imprimé dont le modèle a été admis par l'Administration [1].

1460. — Ils font signer sur leurs registres, article par article, par les emprunteurs, toutes les commissions qu'ils reçoivent, quel qu'en soit l'objet, et dans les conditions prescrites par les règlements. Si lesdits emprunteurs ne savent pas signer, il en est fait mention [2].

1461. — Les Commissionnaires sont tenus d'avoir un livre de Caisse où sont portés, jour par jour, les résultats des opérations de chaque journée.

Ce livre doit être représenté aux Inspecteurs à toute réquisition [3].

1462. — Ils font établir des répertoires alphabétiques de tous les noms des emprunteurs qui figurent sur leurs registres d'engagement et de renouvellement.

Ces répertoires, qui sont à la charge des Commissionnaires, ainsi que tous les autres registres nécessaires à leur gestion, sont dressés conformément au modèle en usage dans les bureaux administratifs [4].

1463. — Les engagements qui se font au Mont-de-Piété par le ministère des Commissionnaires ne peuvent s'opérer que dans les bureaux qui sont indiqués, même lorsqu'il s'agit de nantissements qui sont leur propriété personnelle [5].

1464. — En présentant les nantissements au Mont-de-Piété, ils ne doivent diviser aucun article enregistré sur leurs livres sous un seul numéro, ni en réunir plusieurs, de telle sorte que le nombre des engagements effectués au Mont-de-Piété corresponde toujours exactement au nombre de nantissements par eux reçus [6].

---

1. Délibération du Conseil d'Administration, approuvée le 16 mars 1824, art. 15.
2. Délibération du Conseil d'Administration, approuvée le 16 mars 1824, art. 12.
3. Délibération du Conseil d'Administration du 26 mai 1849, approuvée le 16 juin suivant.
4. Ordre de service du 26 mars 1855. — Délibération du Conseil d'Administration, approuvée le 16 mars 1824, art. 50.
5. Délibération du Conseil d'Administration, approuvée le 16 mars 1824, art. 21.
6. Délibération du Conseil d'Administration, approuvée le 16 mars 1824, art. 23.

1465. — Il est défendu aux Commissionnaires, sous peine de destitution, de faire aucun engagement quelconque, renouvellement ou dégagement, et de recevoir aucune somme provenant de boni sans une réquisition précise et sans avoir préalablement inscrit la commission sur leurs registres [1].

1466. — Les Commissionnaires ne sont admis à opérer aucun renouvellement ni dégagement, non plus qu'à percevoir aucun boni, lorsque les reconnaissances qu'ils présentent ne portent pas leurs noms et l'indication du numéro sous lequel ils les ont inscrites sur leurs registres [2].

1467. — Les bureaux des Commissionnaires sont ouverts, chaque jour, de 8 heures du matin à 8 heures du soir.

Toutefois les dimanches et fêtes, les Commissionnaires ne peuvent accueillir que les demandes de dégagement, de renouvellement ou de perception de boni et jusqu'à midi seulement.

Toute infraction à cette dernière disposition pourrait entraîner contre le Commissionnaire qui s'en rendrait coupable l'application d'une mesure disciplinaire.

1468. — Les Commissionnaires envoient chaque jour au Mont-de-Piété, aux heures indiquées, un agent agréé par l'Administration et chargé de suivre les diverses opérations demandées par le public [3].

1469. — Ils sont tenus d'adresser chaque mois, au bureau de l'Inspecteur, un relevé des opérations effectuées par leur entremise.

Les relevés mensuels, qui doivent être transmis dans la première huitaine de chaque mois, indiquent :

Le montant des avances en articles et en sommes — Le total des prêts consentis par le Mont-de-Piété — Le montant des renouvellements et celui des dégagements en articles et en sommes — Les excédents d'avances — Les excédents de prêts — Les nantissements rendus avant l'engagement (pour mémoire) [4].

---

1. Délibération du Conseil d'Administration, approuvée le 16 mars 1824, art. 11.
2. Délibération du Conseil d'Administration, approuvée le 16 mars 1824, art. 30.
3. Délibération du Conseil d'Administration, approuvée le 16 mars 1824, art. 22.
4. Circulaire du 23 janvier 1882.

II. — Engagements.

1470. — Lorsque les particuliers présentent des objets à engager aux Commissionnaires, ceux-ci, après en avoir fait une estimation provisoire, remettent à l'emprunteur une avance calculée sur le montant approximatif du prêt à accorder par le Mont-de-Piété [1].

1471. — L'engagement provisoire est immédiatement constaté sur le registre des engagements. Ce registre reçoit une série non interrompue de numéros d'ordre du 1er janvier au 31 décembre [2]; il est divisé en six parties, qui portent les indications suivantes :

1º Numéros d'enregistrement des articles — Désignation des nantissements — Sommes avancées.
2ᵉ Noms des emprunteurs — Professions et adresses — Justifications produites — Signatures des déposants ou répondants.
3º Engagements au Mont-de-Piété (Divisions, Dates, Numéros des reconnaissances, Prêts).
4º Sortie des reconnaissances (Dates, Motifs).
5º Liquidation générale du boni (Sommes reçues, Sommes versées).
6º Mentions prescrites par les articles 20, 35 et 43 du règlement approuvé le 16 mars 1824.

Pour faciliter le service, les Commissionnaires sont autorisés à ouvrir deux registres d'engagements à la fois; ils inscrivent alors les opérations par journée en affectant l'un d'eux aux numéros de la série paire et l'autre à ceux de la série impaire.

1472. — Les Commissionnaires sont tenus de remettre, à chacun de ceux qui les ont chargés de faire des engagements au Mont-de-Piété, un récépissé signé d'eux, contenant copie de leur enregistrement. Ce récépissé porte en marge, par forme d'avis, l'indication des droits alloués aux Commissionnaires pour chaque espèce d'opération. Les

---

1. Règlement du 30 juin 1865, art. 189.
2. Règlement du 30 juin 1865, art. 189.

Commissionnaires se conforment, pour ce récépissé, au modèle arrêté par l'Administration [1].

1473. — Ils ne peuvent, dans aucun cas, se dispenser de dresser ce récépissé; lorsque l'emprunteur refuse de prendre cette pièce, mention du refus est faite au registre des engagements, en regard de l'article [2]. Le récépissé est ensuite transmis au bureau de l'Inspection, ainsi qu'il est indiqué au paragraphe III du chapitre III ci-après.

1474. — Les Commissionnaires ne peuvent se charger de commissions d'engagement que pour des personnes connues et domiciliées ou assistées d'un répondant connu et domicilié [3].

L'identité des déposants et leur qualité de domicilié s'établissent de la manière indiquée et au moyen des pièces énumérées au paragraphe V du chapitre II (titre II).

1475. — Les prescriptions générales rappelées au chapitre II du titre III, relatives aux précautions à prendre en ce qui concerne l'acceptation des dépôts, à l'enregistrement des pièces justificatives, à la réception des marchandises ou objets de commerce et à l'interdiction d'accepter les dépôts d'incapables ou d'intermédiaires, sont communes aux Commissionnaires [4].

Ces agents ne doivent accepter en nantissement aucun des objets énumérés au paragraphe II du chapitre précité.

1476. — Ils sont autorisés à tenir un répertoire des emprunteurs qui ont produit des pièces justificatives à l'appui d'actes de dépôt. Ledit répertoire est tenu conformément aux règles indiquées au paragraphe II du chapitre VI (titre VIII).

Le mot « *Répertoire* » remplace alors sur le registre des engagements l'indication des justifications produites.

Ce répertoire peut également être tenu sous la forme de fiches mobiles.

---

1. Délibération du Conseil d'Administration, approuvée le 16 mars 1824, art. 19.
2. Délibération du Conseil d'Administration, approuvée le 16 mars 1824, art. 20.
3. Délibération du Conseil d'Administration, approuvée le 16 mars 1824, art. 10.
4. Délibération du Conseil d'Administration, approuvée le 16 mars 1824, art. 13 et 19.

1477. — Les Commissionnaires conservent, par ordre de date et par ordre d'opération, tous les pouvoirs signés des emprunteurs, afin qu'en tout temps lesdits Commissionnaires soient en état d'en justifier et que l'on puisse toujours y avoir recours au besoin, notamment lorsqu'il y a lieu de procéder à l'échange des récépissés provisoires contre les titres définitifs [1].

1478. — Il est absolument interdit aux Commissionnaires de recevoir en nantissement des objets présentés par des personnes à leurs gages, agissant comme intermédiaires [2].

1479. — Les Commissionnaires ne gardent par devers eux aucun des objets qui leur ont été confiés; ces objets doivent être déposés au Mont-de-Piété dans les vingt-quatre heures de leur engagement provisoire.

En effectuant ce dépôt, les Commissionnaires produisent un bordereau rappelant les indications de leur registre des engagements [3].

1480. — Ils sont tenus de faire présenter, avec les nantissements à engager au Mont-de-Piété, autant de feuilles qu'il y a de divisions dans lesquelles les nantissements sont appréciés et engagés suivant la nature des effets.

Ces feuilles portent en tête le nom du Commissionnaire et la date du jour où les nantissements ont été envoyés au Mont-de-Piété; elles sont signées et certifiées conformes aux registres par le Commissionnaire [4].

1481. — Les articles de métrage, les nantissements composés d'un certain nombre d'objets de même nature, ainsi que les gages ayant donné lieu à des avances importantes, sont portés sur des bordereaux spéciaux [5].

Le total des articles et des avances des Commissionnaires est fait sur chacun de ces bordereaux [6].

---

1. Délibération du Conseil d'Administration, approuvée le 16 mars 1824, art. 12.
2. Circulaire du 6 avril 1847.
3. Règlement du 30 juin 1865, art. 190.
4. Délibération du Conseil d'Administration, approuvée le 16 mars 1824, art. 26 et 27.
5. Circulaire du 26 novembre 1852.
6. Circulaire du 15 mai 1850.

1482. — Les Commissionnaires mentionnent sur leurs bordereaux d'engagement, dans la colonne d'observations, le total, en articles et en sommes, des nantissements retirés sur les dépôts de la veille avant l'engagement au Mont-de-Piété [1].

1483. — Les objets présentés au Mont-de-Piété par les Commissionnaires y sont estimés par les agents chargés de la prisée, de la même manière que les objets présentés par le public.

1484. — Les nantissements apportés par les Commissionnaires doivent être enfermés dans des enveloppes suffisantes pour les garantir de toute avarie.

A cet effet, ils sont autorisés à percevoir, au moment du dépôt, la somme de 0 fr. 05 pour chaque boîte à bijoux fournie par eux.

1485. — Chaque nantissement est accompagné d'un bulletin portant le nom du Commissionnaire, le numéro de son registre d'engagement et l'avance faite par lui [2].

Les bulletins des bijoux engagés chez les Commissionnaires sont collés sur les boîtes dans lesquelles ils les envoient à l'Administration [3].

1486. — Les bijoux qui donnent lieu à une avance de 200 fr. et au-dessus sont, après emballage, revêtus du cachet du Commissionnaire. Ce n'est qu'au moment où l'article est présenté au Commissaire-priseur que ce cachet est rompu [4]; les pierres détachées et les bijoux garnis d'émaux sont enfermés et cachetés à part, dans la boîte contenant l'ensemble du gage.

1487. — Les reconnaissances constatant les engagements ou les renouvellements sont remises chaque jour aux représentants des Commissionnaires intéressés; ces agents vérifient le nombre des titres qui leur sont remis, et cette vérification décharge le préposé de l'Administration.

---

1. Circulaire du 1er février 1849.
2. Règlement du 30 juin 1865, art. 191.
3. Circulaire du 8 octobre 1852.
4. Circulaire du 18 février 1880.

1488. — Les Commissionnaires adressent chaque matin au service de l'Inspection un état des nantissements présentés à l'engagement comprenant, en articles et en sommes, les opérations faites la veille.

III. — Échange des récépissés provisoires contre les titres définitifs.

1489. — Au moyen des reconnaissances qui leur sont remises par l'Administration et qui sont tenues à la disposition des ayants-droit en échange des récépissés provisoires [1], les Commissionnaires procèdent à l'inscription, sur leur registre d'engagement, en regard de chaque article, des mentions composant la 3ᵉ partie dudit registre.

1490. — En procédant à cet émargement, ils indiquent au bas de chaque reconnaissance le numéro de leur enregistrement; ils s'assurent en même temps que les désignations portées sur les titres sont conformes aux gages par eux remis. En cas de désaccord avec le service des engagements, ils produisent immédiatement leurs réclamations.

1491. — Ils avisent sans délai les intéressés lorsque des nantissements ont donné lieu à des prêts supérieurs aux avances faites par eux.

1492. — En attendant le retrait par les ayants-droit, les reconnaissances sont classées par numéros d'enregistrement et forment le *Casier*.

1493. — Il est défendu aux Commissionnaires de retenir aucune reconnaissance ni aucune somme provenant d'opérations dont ils ont été chargés; ils doivent les remettre aux propriétaires *à leur première réquisition* [2].

Tout retard apporté par eux aux demandes présentées à ce sujet par les emprunteurs engage formellement leur responsabilité.

---

1. Règlement du 30 juin 1865, art. 189.
2. Délibération du Conseil d'Administration, approuvée le 16 mars 1824, art. 34.

1494. — Les opérations d'échange des récépissés provisoires d'engagement contre les reconnaissances donnent lieu :

1° A la confrontation de la signature portée au dos du récépissé, s'il s'agit d'une avance supérieure à 16 fr., ou simplement à l'indication verbale, par le requérant, du nom de l'emprunteur, s'il s'agit d'un prêt inférieur à cette somme ;

2° A la perception de la commission d'engagement calculée à raison de 2 p. 100 sur le montant du prêt du Mont-de-Piété ;

3° *En cas d'excédent de l'avance sur le prêt*, à la perception de la différence, augmentée des intérêts de ladite différence, à raison de 1/2 p. 100 par mois ; cet intérêt n'est toutefois exigible et ne commence à courir qu'après un délai de dix jours à compter de l'engagement ;

4° *En cas d'excédent du prêt du Mont-de-Piété sur l'avance*, à la remise de cette différence entre les mains de l'intéressé ;

5° A la constatation sur la reconnaissance, dans la case à ce destinée, soit de la somme perçue, soit de la somme remise ;

6° A l'inscription, sur le registre des engagements, d'une mention de sortie du titre, en regard de l'article.

1495. — L'échange des récépissés de renouvellement contre les reconnaissances ne donne lieu à aucune perception de droits, les frais de renouvellement étant perçus au moment de la demande d'opération et, s'il y a lieu, en même temps que les droits de commission d'engagement.

L'opération est simplement constatée par la mention portée au registre des renouvellements, dans la colonne à ce destinée.

1496. — Les Commissionnaires sont tenus de mettre en ordre, jour par jour, les récépissés échangés, de les garder soigneusement et de les représenter, soit au Directeur, soit aux Inspecteurs, toutes les fois qu'ils en sont requis. Ces pièces ne peuvent être détruites que dans la quatrième année de leur date [1].

---

1. Délibération du Conseil d'Administration, approuvée le 16 mars 1824, art. 21.

1497. — Lorsque l'échange est demandé par une personne autre que l'emprunteur, les Commissionnaires ne peuvent donner suite à la demande de l'intéressé que sur le vu d'une autorisation de l'Inspecteur, inscrite au dos du récépissé.

La remise de la reconnaissance peut avoir lieu également, en l'absence du récépissé, sur le vu d'une autorisation de l'Inspecteur; la mention suivante est alors portée au bas de ladite autorisation : *La présente autorisation tient lieu de récépissé*.

IV. — Dégagements.

1498. — Toute demande de dégagement faite à un Commissionnaire est inscrite immédiatement sur son registre des dégagements et signée par l'emprunteur; si celui-ci est illettré, le Commissionnaire en porte la mention sur le registre qui porte les indications suivantes :

1° Numéros d'ordre — Désignation des reconnaissances (divisions, numéros, dates, désignations sommaires);

2° Sommes reçues pour opérer les dégagements (prêts, différences, droits du Mont-de-Piété, intérêts des différences, commissions, totaux);

3° Noms et demeures des requérants — Signatures;

4° Réception des nantissements (dates et signatures);

5° Indication des rengagements.

1499. — Le commissionnaire perçoit la somme due au Mont-de-Piété, augmentée de ses droits de commission. En échange de cette somme et de la reconnaissance, il délivre à la partie un récépissé provisoire qui lui est ultérieurement rendu contre le nantissement dégagé.

1500. — Le Commissionnaire est tenu de déposer au Mont-de-Piété, dans les vingt-quatre heures, la reconnaissance ainsi que la somme qui lui a été consignée; ce dépôt est constaté sur un bordereau. Le nantissement dont il a obtenu le dégagement est tenu par lui à la disposition de son propriétaire [1].

---

1. Règlement du 30 juin 1865, art. 192.

TITRE IX — SERVICE DES COMMISSIONNAIRES

1501. — Sont dispensées de l'inscription sur le registre des dégagements toutes les commissions relatives à des reconnaissances existant encore au *Casier*, mais après l'accomplissement des formalités prescrites pour l'échange (confrontation de signatures, émargement de sortie, etc.)[1].

1502. — Les reconnaissances relatives à des articles dont le dégagement est demandé sont inscrites sur des bordereaux où figurent les numéros d'enregistrement du Commissionnaire, les numéros d'enregistrement au Mont-de-Piété, les prêts et les droits à acquitter à l'Administration.

1503. — Les Commissionnaires peuvent, sur la demande des intéressés, effectuer le dégagement d'un ou de plusieurs articles sans percevoir le montant desdits dégagements ou en percevant seulement les frais dus, en se réservant de faire le recouvrement des capitaux ou du reliquat au moment de la délivrance des gages.

Si, dans les huit jours qui suivent les opérations effectuées dans ces conditions, les intéressés ne se sont pas présentés, les Commissionnaires sont autorisés à rengager les objets restés en souffrance. Il est alors procédé ainsi qu'il est indiqué au paragraphe V ci-après.

1504. — Lorsque les Commissionnaires ont à retirer des nantissements figurant sur les bordereaux d'engagements, ils en adressent la demande à l'Inspecteur en lui faisant représenter par leur facteur les feuilles sur lesquelles se trouvent portés lesdits nantissements, en regard desquels est inscrite la mention : *Retiré*[2].

1505. — Il n'y a pas lieu de percevoir de droits pour le Mont-de-Piété, lorsqu'un nantissement est dégagé avant d'avoir été présenté au service des engagements, à l'Administration.

La commission est alors perçue d'après l'avance, et la mention : *Rendu de suite*, est portée sur le registre des engagements, en regard de l'article.

---

1. Délibération du Conseil d'Administration du 7 avril 1841, approuvée le 10 décembre suivant.
2. Circulaire du 23 juillet 1846.

1506. — Les facteurs des Commissionnaires reçoivent, de 10 à 11 heures, les dégagements demandés par les bordereaux déposés le matin à 7 heures précises [1].

Les Commissionnaires qui désirent obtenir des dégagements en dehors et après l'envoi de leurs feuilles, doivent en faire connaître les motifs à l'Inspecteur, qui les apprécie et accorde ou refuse, suivant les circonstances, les dégagements demandés [2].

1507. — Les Commissionnaires ne sont pas admis à se faire délivrer des nantissements par le Mont-de-Piété les dimanches et jours de fête [3].

En conséquence, les dégagements qui leur sont demandés le samedi et le dimanche ne peuvent être passés en écriture à l'Administration, et la délivrance des gages ne peut avoir lieu que le lundi. De même, les nantissements demandés la veille d'un jour de fête ou ledit jour ne peuvent être délivrés que le lendemain.

Toutefois, lorsqu'il y a urgence, les Commissionnaires peuvent obtenir la délivrance de quelques articles.

1508. — Les reconnaissances des articles dégagés dans ces conditions sont soumises à la signature du Chef de service, auquel un bordereau est remis.

Il en est de même pour les dégagements urgents demandés pendant la semaine, au cours de la séance. Les reconnaissances, accompagnées d'un bordereau, sont soumises à la signature de l'Inspecteur, avant l'heure fixée par ce chef de service.

1509. — Les bordereaux de dégagements, à leur retour de l'Administration, sont soigneusement conservés et classés par les Commissionnaires.

V. — Renouvellements. — Rengagements.

1510. — Les demandes de renouvellements sont immédiatement inscrites au registre à ce destiné et signées par

---

1. Circulaire du 30 août 1850.
2. Délibération du Conseil d'Administration du 1ᵉʳ mars 1801, approuvée le 21 du même mois.
3. Ordre de service du 15 mars 1855.

les parties; lorsque celles-ci ne savent pas signer, mention en est faite au registre, qui porte les indications suivantes :

1° Numéros d'ordre — Numéros d'enregistrement primitif chez le Commissionnaire;

2° Désignation des reconnaissances à renouveler (divisions, numéros, dates, prêts, désignations);

3° Noms et demeures des requérants — Sommes perçues — Signatures des requérants;

4° Nouvelles reconnaissances du Mont-de-Piété (divisions, numéros, dates, prêts);

5° Sortie des reconnaissances (Dates, Motifs).

1511. — Lorsque les renouvellements concernent des reconnaissances dont l'échange n'a pas été effectué, la sortie des anciens titres est constatée, au registre des engagements, en regard de chaque article, après l'accomplissement des formalités prescrites pour l'échange (confrontation de signatures, etc.).

1512. — Les Commissionnaires perçoivent les droits dus au Mont-de-Piété, augmentés de leurs droits de commission. Ils délivrent à la partie un récépissé à échanger ultérieurement contre la nouvelle reconnaissance [1].

1513. — Ils sont tenus de déposer au Mont-de-Piété, dans les vingt-quatre heures, la somme qui leur a été consignée, ainsi que l'ancienne reconnaissance; ce dépôt est constaté sur un bordereau indiquant, sous un numéro d'ordre pour chaque article :

Le numéro d'enregistrement — Le numéro de la reconnaissance — Le nombre de quinzaines pour la perception des droits — Le prêt (pour mémoire) — Les droits du Mont-de-Piété — Le droit de prisée.

1514. — Les renouvellements étant opérés, les Commissionnaires tiennent à la disposition des parties les nouvelles reconnaissances [2].

Ces titres, en attendant le retrait par les ayants-droit,

---

1. Règlement du 30 juin 1865, art. 193.
2. Règlement du 30 juin 1865, art. 193.

sont placés au *Casier*, après avoir été revêtus du numéro d'enregistrement et après avoir servi à l'inscription des mentions formant la 4ᵉ partie du registre des renouvellements.

1515. — Il est absolument interdit aux Commissionnaires de procéder à une opération de renouvellement en l'absence du récépissé.

Si le temps restant à courir avant la mise en vente d'un article n'est pas suffisant pour permettre à l'intéressé, soit de rentrer en possession de son titre, soit de faire les démarches pour obtenir un acte de déclaration de perte, ainsi qu'il est indiqué au paragraphe II du chapitre ci-après, le Commissionnaire demande un sursis à la vente [1].

1516. — Si la demande de renouvellement concerne des articles sujets à réappréciation, les Commissionnaires s'assurent, au préalable, que le prêt ne doit pas être réduit. A cet effet, ils communiquent les reconnaissances au service du Secrétariat général.

1517. — Si, par suite de la nouvelle appréciation, il y a lieu de réduire le prêt, la somme nécessaire est réclamée à l'intéressé et il est procédé par voie de dégagement et de rengagement.

Il ne doit, dans ce cas, être perçu aucune commission de renouvellement. Le seul droit à percevoir est celui de l'engagement primitif, s'il s'agit d'un premier renouvellement.

1518. — Lorsqu'après le versement des droits, les intéressés ne se sont pas présentés dans un délai de huit jours, les Commissionnaires sont obligés de rengager les nantissements.

Ces opérations sont faites aux frais et risques des emprunteurs et les récépissés nouveaux sont tenus à leur disposition.

Les articles sont inscrits au registre des engagements sous un nouveau numéro. Mention de l'ancien numéro d'enregistrement est portée en regard de l'article.

---

1. Circulaire du 25 avril 1882.

Les articles rengagés sont inscrits sur un bordereau spécial ; ils sont présentés aux divisions d'engagement au jour fixé pour chaque Commissionnaire par le Chef des engagements.

VI. — Rapports avec le service de la liquidation du boni.

1519. — Lorsque des reconnaissances d'engagement n'ont pas été retirées, en échange des récépissés provisoires, par les emprunteurs ou leurs ayants-cause, ces reconnaissances sont déposées par les Commissionnaires entre les mains du liquidateur du boni, après l'expiration du délai fixé pour la vente des nantissements.

Néanmoins l'Administration peut toujours prescrire le dépôt des reconnaissances toutes les fois qu'elle le juge convenable.

1520. — La demande des reconnaissances des articles à liquider est faite aux Commissionnaires sur des bordereaux qui leur sont adressés par le bureau du boni.

Les Commissionnaires trouvent sur ces bordereaux le détail des engagements au Mont-de-Piété et les numéros sous lesquels les articles ont été inscrits dans leur bureau [1].

Ceux des articles dont la vente a produit un boni sont indiqués par la lettre B placée dans la colonne d'observations ; pour les autres, le résultat de la liquidation est indiqué par l'un des mots *Perte* ou *Balance*.

1521. — Les Commissionnaires complètent les bordereaux en y ajoutant les avances, après vérification sur leurs registres. Ils établissent ensuite le décompte dont chaque article se trouve grevé pour avances et commissions. Le total de ce débit doit être porté sur chaque reconnaissance dans la case disposée à cet effet [2].

Les articles dont les reconnaissances ont été retirées par les ayants-droit sont rayés sur les bordereaux par les Commissionnaires.

---

1. Ordre de service du 28 juillet 1846.
2. Ordre de service du 28 juillet 1846.

1522. — Lorsque les prêts du Mont-de-Piété excèdent leurs avances, les Commissionnaires établissent sur les bordereaux le compte de ces excédents, déduction faite de la commission d'engagement. Le chiffre de la somme à rapporter est également inscrit sur les reconnaissances dans la case à ce destinée.

Les Commissionnaires font une copie intégrale de ces bordereaux, qui doivent être déposés en double expédition ; l'une des expéditions leur est renvoyée certifiée par le Chef comptable de la liquidation du boni, avec énonciation en toutes lettres des sommes comptées pour chaque article ; l'autre reste à l'Administration comme pièce justificative de dépôt.

Toutes les reconnaissances déposées portent la griffe du Commissionnaire.

1523. — Les Commissionnaires font remettre par leurs facteurs, chaque matin à leur arrivée, toutes les reconnaissances demandées la veille. Ils doivent indiquer la date de sortie des reconnaissances antérieurement délivrées.

1524. — Les reconnaissances de renouvellement pour lesquelles les Commissionnaires n'ont rien à réclamer, sont par eux portées sur des bordereaux dressés en double expédition dans la dizaine qui suit la vente des nantissements ; le Chef de la liquidation en donne reçu sur le bordereau qui leur est renvoyé.

1525. — Les Commissionnaires ne conservent dans leur casier aucune reconnaissance surannée. Si un article a échappé à la vente, soit par omission au rôle, soit par toute autre cause, ils dressent, dans le mois qui suit la vente des articles de même date, un bordereau en double expédition ; une de ces expéditions leur est renvoyée signée par le Chef de la liquidation et l'autre est conservée au boni [1].

1526. — Les Commissionnaires mentionnent sur leurs registres d'engagement, dans les colonnes réservées à la

---

1. Ordre de service du 28 juillet 1846.

sortie, les dates et les numéros de vente d'après les bordereaux, ainsi que la somme reçue ou rapportée par eux : ils indiquent seulement sur leur registre de renouvellement la date et le numéro du dépôt au Mont-de-Piété [1].

1527. — Pour faciliter la liquidation du boni, dans le cas d'excédents de prêt sur les avances des Commissionnaires, ces derniers remettent à leur facteur le montant de ces excédents pour en effectuer le remboursement à l'Administration, le jour même de la présentation des titres au bureau du boni [2].

1528. — Le mode de liquidation des sommes revenant aux Commissionnaires ou aux emprunteurs est indiqué au paragraphe IV du chapitre IV ci-après.

VII. — Perception et payement des bonis.

1529. — Les demandes de payements de bonis sont inscrites et signées sur le registre à ce destiné ; si le réclamant ne sait pas signer, mention en est faite sur ledit registre, qui porte les indications suivantes :

1° Enregistrement (numéros d'ordre et dates).
2° Désignation des reconnaissances déposées par les requérants (divisions, numéros, dates, prêts, anciens numéros d'enregistrement, avances).
3° Noms et demeures des requérants — Signatures pour autorisation.
4° Liquidation des bonis (numéros de vente, montant des bonis, commissions, différences et intérêts à déduire, net à payer).
5° Réception par les requérants (dates, sommes, signatures pour décharge).
6° Versements au Mont-de-Piété des sommes non retirées (dates, sommes).

En échange de la reconnaissance, le Commissionnaire remet à la partie un récépissé provisoire.

---

1. Ordre de service du 28 juillet 1846.
2. Circulaire du 15 octobre 1849.

CHAP. II — OPÉRATIONS 533

1530. — Dans les vingt-quatre heures, le Commissionnaire présente au bureau du Boni la reconnaissance et un bordereau en double expédition. La reconnaissance étant retenue au Mont-de-Piété pour l'apurement, les employés de cet établissement remplissent la seconde partie du bordereau. Une des expéditions, ainsi complétée et certifiée, est remise au Commissionnaire, la seconde expédition est conservée au Mont-de-Piété [1].

1531. — En effectuant le payement des bonis, le Commissionnaire complète les indications à porter sur son registre ; il conserve le récépissé provisoire qu'il avait délivré au réclamant, et se fait donner, sur ledit registre, par la partie prenante, l'acquit de la somme payée.

Lorsque le réclamant est illettré, le payement doit être constaté par la signature de deux témoins [2].

1532. — Chaque jour, les Commissionnaires transmettent au bureau de la Liquidation, accompagnées de bordereaux, les reconnaissances applicables aux bonis dont ils sont chargés de suivre l'encaissement.

La remise de ces sommes leur est faite dans la forme indiquée au paragraphe IV du chapitre IV ci-après.

1533. — Lorsque le porteur d'un récépissé se présente pour retirer une reconnaissance après la vente du gage, le Commissionnaire, ayant été désintéressé par l'Administration, n'a rien à percevoir ; il délivre à l'ayant-droit un bulletin de liquidation portant toutes les indications utiles.

Pour un renouvellement, il n'y a pas lieu à décompte, mais le bulletin de liquidation est toujours délivré ; il énonce la date du dépôt de la reconnaissance [3].

1534. — En délivrant le bulletin de liquidation, le Commissionnaire ne retient pas le récépissé d'engagement.

Le bulletin de liquidation porte, outre le timbre du bureau, la signature du Commissionnaire et une mention apparente indiquant que cette pièce n'a aucune valeur sé-

---

1. Règlement du 30 juin 1865, art. 194.
2. Règlement du 30 juin 1865, art. 194.
3. Ordre de service du 28 juillet 1846.

parée du récépissé, au dos duquel la date de la remise du bulletin est indiquée [1].

En remettant les pièces dont il s'agit, le Commissionnaire prévient l'intéresé que les payements de bonis ne peuvent être effectués les dimanches et jours fériés [2].

1535. — Ces pièces sont présentées par les ayants-droit au bureau du boni, où le payement est effectué dans la forme indiquée au paragraphe IV du chapitre IV ci-après.

1536. — Lorsqu'il y a perte sur un article vendu, les Commissionnaires ne peuvent délivrer de bulletin de liquidation [3].

1537. — Les Commissionnaires sont responsables des sommes que l'Administration peut avoir comptées indûment par suite des renseignements inexacts qu'ils auraient fournis [4].

1538. — Dans le cas où les emprunteurs porteurs des récépissés provisoires chargent les Commissionnaires de retirer leurs bonis, ces derniers doivent toujours dresser les bulletins de liquidation en les accompagnant de bordereaux énonciatifs de la demande [5].

Ils indiquent alors sur chaque bulletin de liquidation le numéro d'inscription de l'article à leur registre des réquisitions de bonis, sur lequel ils se font donner une décharge, ainsi qu'il est dit ci-dessus.

VIII. — Compensations.

1539. — Il est interdit aux Commissionnaires d'exiger de l'emprunteur qui demande à échanger le récépissé provisoire contre la reconnaissance, non seulement qu'il se libère de l'obligation spéciale que ce gage garantit, mais aussi de toutes celles qui se rapportent à d'autres opéra-

---

1. Ordre de service du 20 janvier 1876.
2. Circulaire du 25 janvier 1882.
3. Circulaire du 19 novembre 1853.
4. Ordre de service du 28 juillet 1846.
5. Ordre de service du 28 juillet 1846.

tions pour lesquelles il pourrait être le débiteur du Commissionnaire.

Les Commissionnaires sont tenus, sur l'offre de les désintéresser, relativement à un seul emprunt, de délivrer à l'emprunteur la reconnaissance du Mont-de-Piété qui lui est nécessaire pour se faire restituer par cet Établissement le nantissement donné en dépôt [1].

1540. — Néanmoins, lorsqu'un Commissionnaire qui a, dans la même année, contracté plusieurs emprunts séparés, pour une même personne, ne se trouve point couvert de ses avances par la vente de l'un des gages fournis par ce dernier, il a la faculté de s'en faire payer sur le produit des autres gages.

1541. — Cette liquidation des avances et des intérêts y afférents par voie de compensation, a lieu aussitôt après la clôture de l'exercice dans lequel la vente de chaque nantissement a été opérée; mais le remboursement, qui s'en effectue dans les cas ordinaires immédiatement après leur liquidation, ne s'opère qu'après la prescription des bonis, sur les capitaux à en provenir [2].

A cet effet, les Commissionnaires adressent au service de l'Inspection des états de compensation dans les deux mois qui suivent la prescription des bonis d'un exercice. Passé ce délai, ces états ne sont plus admis [3].

CHAPITRE III

MESURES D'ORDRE

I. — Gages saisis. — Citations en justice.

1542. — Toutes les fois que, par autorité de justice, des saisies sont faites entre les mains des Commissionnaires,

---

1. Décision ministérielle du 30 mars 1846.
2. Décision ministérielle du 30 mars 1846.
3. Ordre de service du 28 juillet 1846.

soit de nantissements avant leur engagement au Mont-de-Piété ou après leur dégagement, soit de reconnaissances, les Commissionnaires sont tenus d'en donner sur-le-champ avis à l'Inspecteur [1].

1543. — Ils doivent également donner avis, à ce Chef de service, des citations adressées à eux-mêmes ou à leurs employés d'avoir à comparaître devant les juges d'instruction ou devant les tribunaux, pour témoigner dans des affaires qui peuvent intéresser l'Administration [2].

II. — Reconnaissances et récépissés adirés. Oppositions.

1544. — Les Commissionnaires qui ont adiré les reconnaissances dont ils sont comptables, sont tenus de déposer, à la caisse du Mont-de-Piété, une somme égale au prêt, pour servir de garantie des événements qui peuvent résulter de la non-représentation de ces titres. Ces dépôts, reçus en vertu d'un mandat ordonnancé à cet effet, donnent lieu, par la Caisse, à la délivrance de reçus extraits d'un registre à souche.

Des duplicatas sont ensuite délivrés aux Commissionnaires dans la forme indiquée au paragraphe VI du chapitre III (titre VII).

1545. — Le remboursement des dépôts s'effectue également au moyen d'un mandat, aussitôt que les reconnaissances sont rapportées ou lorsque se sont écoulées, à partir de la date de l'engagement au Mont-de-Piété, les trois années après lesquelles a lieu la prescription du boni [3].

Les reçus délivrés par la Caisse sont rapportés dans tous les cas.

1546. — En cas d'adirement de récépissés, les ayants-droit sont admis à former opposition à la délivrance des reconnaissances correspondantes.

---

1. Délibération du Conseil d'Administration, approuvée le 16 mars 1824, art. 46.
2. Circulaire du 7 mars 1880.
3. Délibération du Conseil d'Administration, approuvée le 16 mars 1824, art. 43.

Cette mesure conservatoire consiste simplement dans l'inscription du mot : *Opposition*, sur le registre d'engagement ou de renouvellement, en regard de chaque article, et sur chaque reconnaissance.

Il est délivré aux opposants un bulletin indiquant le nom du Commissionnaire, les numéros des récépissés perdus, les dates et les avances.

1547. — Lorsque des emprunteurs viennent réclamer des reconnaissances, sans rapporter les récépissés provisoires, déclarés adirés, les Commissionnaires ne peuvent, quelle que soit la cause alléguée, délivrer les reconnaissances du Mont-de-Piété aux réclamants, sans que ceux-ci produisent une déclaration par eux faite devant un commissaire de police de la ville de Paris, constatant la perte desdits récépissés [1]. Ces actes sont dressés en présence de deux personnes solvables, qui certifient connaître les requérants comme incapables de faire de fausses déclarations dans le but de s'approprier ce qui ne leur appartiendrait pas.

1548. — Les Commissionnaires classent ces actes parmi les récépissés rentrés, pour en justifier et les représenter au besoin; ils en font mention sur leurs registres d'engagements, en marge de chaque article, sans que cela les dispense de prendre sur lesdits registres, et en les faisant signer par les parties prenantes, les décharges requises [2].

1549. — Si le Commissionnaire apprend avant la délivrance de la reconnaissance que la déclaration de perte du récépissé est fausse, il en fait mention en regard de l'opposition pour empêcher la remise du titre, et il en donne avis à l'Inspecteur à toutes fins utiles [3].

III. — **Nantissements, Bonis et Titres à rapporter.**

1550. — Les effets qui, ayant été dégagés par un Commissionnaire, n'auraient pas été réclamés par les intéressés

---

1. Délibération du Conseil d'Administration, approuvée le 16 mars 1824, art. 44.
2. Délibération du Conseil d'Administration, approuvée le 16 mars 1824, art. 45.
3. Circulaire du 24 septembre 1867.

dans un délai de huit jours à partir du dégagement, doivent être rapportés au Mont-de-Piété, où ils sont conservés à titre de nantissements à réclamer. Les Commissionnaires font mention de ce dépôt en marge de leur registre des dégagements, en y relatant la date et le numéro du dépôt [1].

1551. — A la fin de chaque trimestre, les Commissionnaires sont tenus de rapporter au Mont-de-Piété le montant des bonis qui leur ont été remis et que les réclamants ne sont pas venus percevoir à leur bureau pendant le trimestre précédent. Ce versement est accompagné d'un bordereau en double expédition; l'une de ces expéditions, portant l'accusé de réception des sommes versées, est rendue au Commissionnaire.

1552. — Les sommes ainsi rapportées sont versées au compte des *Dépôts divers* et conservées à ce titre jusqu'à la réclamation des ayants-droit.

La prescription imposée par le règlement aux bonis périmés n'est pas applicable aux bonis reversés à la Caisse du Mont-de-Piété : ils sont considérés comme dépôts et ne sont sujets qu'à la prescription trentenaire [2].

1553. — Immédiatement après le dépôt de ces sommes, les Commissionnaires font mention sur leurs registres, en regard de chaque article, de la date à laquelle le versement a été effectué.

1554. — Nonobstant les délais ci-dessus indiqués, l'Administration peut ordonner ces dépôts toutes les fois qu'elle le juge utile.

1555. — Les bonis versés à la Caisse par les Commissionnaires, à titre de *Dépôts divers*, sont payés au Chef-lieu, par l'entremise de l'Inspection.

Lorsqu'une réclamation relative à ces bonis est produite, le Commissionnaire délivre au réclamant un bulletin de boni relatant le numéro de la division d'engagement, les

---

1. Règlement du 30 juin 1865, art. 192.
2. Règlement du 30 juin 1865, art. 196.

CHAP. III — MESURES D'ORDRE 539

numéros de ses registres d'engagement et de boni et la date du versement à la Caisse.

Les bonis rapportés étant tenus à la disposition des intéressés jusqu'à la prescription trentenaire, les Commissionnaires conservent leurs registres pour faire droit aux demandes qui peuvent leur être adressées [1].

1556. — Les Commissionnaires qui, pour un motif quelconque, ont été contraints de conserver à leur bureau un récépissé d'engagement ou de renouvellement, sont tenus de mettre, en regard de l'inscription au registre, la mention prescrite par l'article 20 du règlement de 1824.

Les récépissés ainsi conservés sont envoyés au bureau de l'Inspection, avec un bordereau dressé en double expédition, en même temps que les reconnaissances correspondantes sont transmises au bureau du boni [2].

IV. — **Surveillance des opérations. — Fiches. — Échantillons. — Prêts de 500 fr. et au-dessus.**

1557. — Les Commissionnaires se conforment pour l'accomplissement des opérations d'engagement aux mesures prescrites pour les bureaux de l'Administration.

1558. — Ils adressent au service de l'Inspection, dans les délais indiqués au tableau des pièces à produire par les bureaux auxiliaires :

1° Les fiches relatives aux engagements de marchandises neuves et aux dépôts effectués par des emprunteurs étrangers à leur quartier;

2° Des échantillons levés dans la lisière des étoffes de prix présentées à l'engagement;

3° Des extraits de registre pour les engagements ayant donné lieu à des prêts de 500 fr. ou au-dessus.

1559. — Les fiches établies par les Commissionnaires ne doivent être adressées à l'Administration que lors-

---

1. Circulaire du 14 août 1867.
2. Ordre de service du 20 janvier 1876.

qu'elles ont été complétées par l'indication de la division, du numéro de l'engagement et du montant du prêt.

Pour les coupons, les fiches doivent indiquer la nature et le métrage de l'étoffe [1].

1560. — Les Commissionnaires envoient les extraits des opérations de 500 francs ou au-dessus le lendemain du jour du dépôt des articles à l'Administration.

Ils mentionnent les noms, professions et adresses des emprunteurs, ainsi que les justifications produites par eux.

Les numéros des divisions et des engagements, les dates et les prêts du Mont-de-Piété sont également indiqués sur lesdits extraits [2].

Les renouvellements des prêts de 500 francs et au-dessus donnent lieu comme les engagements de pareilles sommes à l'envoi d'extraits de registre à l'Inspection [3].

V. — Recherches. — Délivrance des extraits de registre.

1561. — Les Commissionnaires se conforment pour l'exécution des recherches demandées, soit par le public, soit par l'Administration, pour la transmission des résultats desdites recherches et pour la délivrance des extraits de registre, aux instructions données aux bureaux auxiliaires. (Chapitre IX, titre VIII.)

1562. — Ils font gratuitement les recherches qui leur sont ordonnées dans l'intérêt des emprunteurs, et délivrent sans frais, dans la forme arrêtée par l'Administration, les extraits de registre nécessaires aux engagistes qui ont perdu des reconnaissances du Mont-de-Piété [4].

1563. — Chaque fois qu'un Commissionnaire renvoie un emprunteur à l'Administration, pour une cause quelconque, il lui délivre un extrait du registre d'engagement pour faciliter les démarches de l'intéressé [5].

---

1 Circulaire du 5 juillet 1880.
2. Circulaire du 4 avril 1865.
3. Circulaire du 12 octobre 1852.
4. Délibération du Conseil d'Administration, approuvée le 16 mars 1824, art. 53.
5. Circulaire du 7 juin 1871.

CHAPITRE IV

ACCOMPLISSEMENT DANS LES BUREAUX DE L'ADMINISTRATION DES OPÉRATIONS PAR COMMISSIONNAIRES

1. — Service des engagements.

1564. — Les engagements présentés par les Commissionnaires sont reçus dans la même forme et donnent lieu aux mêmes écritures que ceux qui sont effectués directement par le public, sauf cette modification que, sur les registres, les diverses mentions relatives aux emprunteurs sont remplacées par l'indication du nom des Commissionnaires et du numéro d'ordre de leurs registres particuliers [1].

1565. — Chaque matin, les Commissionnaires font déposer, par leur facteur, dans les divisions qui leur sont assignées, les nantissements engagés.

Ces nantissements sont inscrits par les Commissionnaires sur des bordereaux qui sont remis au garçon de prisée chargé de la réception des objets.

1566. — Ces bordereaux comprennent six colonnes destinées aux inscriptions suivantes :

Numéros d'enregistrement des articles chez les Commissionnaires — Désignation des nantissements — Avances des Commissionnaires — Numéros des engagements au Mont-de-Piété — Prêts du Mont-de-Piété — Observations.

1567. — Après l'accomplissement des engagements, les bordereaux sont réunis et remis au dépôt des reconnaissances pour y être conservés [2].

1568. — Le garçon de prisée établit chaque matin et

---

1. Règlement du 30 juin 1865, art. 65.
2. Délibération du Conseil d'Administration du 13 décembre 1786.

remet au Chef des engagements un état récapitulatif des nantissements déposés par les Commissionnaires.

Cet état indique, par chaque Commissionnaire, pour les dépôts du jour et pour l'arriéré, le nombre de bijoux, de gros paquets, de petits paquets, d'objets à soumettre au métrage, enfin les objets dits bric-à-brac.

1569. — Les pièces de tissus sont remises à un employé à la manutention chargé de les mesurer.

Les nantissements autres que les bijoux ou l'argenterie, comprenant un grand nombre d'objets de même nature, sont également remis à cet employé pour être comptés.

Un bulletin de mesurage indiquant les quantités constatées, la désignation et le nombre de parties, est joint au gage mesuré, qui est ensuite remis à l'appréciateur.

1570. — Les nantissements ayant donné lieu à une avance importante et qui figurent sur un bordereau spécial sont remis directement au Chef des engagements.

1571. — A moins d'une autorisation spéciale, il est interdit d'admettre à l'engagement, dans le cours de la journée, sur la présentation des Commissionnaires, des nantissements autres que ceux qui ont été reconnus par les gagistes avant l'heure d'ouverture des bureaux [1].

1572. — L'appréciation des gages des Commissionnaires est faite par un Commissaire-priseur.

Le bulletin de prisée est établi dans la même forme que pour les engagements directs; il porte en outre l'indication du nom du Commissionnaire, le numéro d'enregistrement de l'article et le montant de l'avance.

1573. — Le bulletiniste indique sur les feuilles remises par les Commissionnaires les numéros des engagements du Mont-de-Piété ainsi que les prêts consentis.

1574. — Il signale dans la colonne d'observations les objets manquants, ainsi que les différences de désignation et les défectuosités résultant, soit d'un accident survenu

---

[1]. Ordre de service du 21 avril 1858.

CHAP. IV — OPÉRATIONS PAR COMMISSIONNAIRES 543

dans le transport, soit d'une omission dans la rédaction par le Commissionnaire.

Il est immédiatement donné avis au représentant du Commissionnaire des observations de cette nature et celui-ci appose son visa sur la feuille, en regard de l'article. Avis est donné le jour même au Commissionnaire.

1575. — Les bulletins des Commissionnaires sont joints aux gages, ainsi que les bulletins de mesurage, lorsqu'il y a lieu.

1576. — Les reconnaissances à remettre aux Commissionnaires sont expédiées sur les mêmes formules que celles qui sont délivrées pour les engagements directs.

De même que les bulletins de prisée, elles comportent en plus l'indication du nom du Commissionnaire, le numéro de son enregistrement et le montant de son avance.

1577. — Ces reconnaissances sont copiées sur les bulletins de prisée établis sous la dictée des Commissaires-priseurs. Lesdits bulletins font seuls foi de l'état des nantissements [1].

1578. — Les opérations d'engagement des articles déposés chez les Commissionnaires étant effectuées sous la responsabilité de ces agents, il n'y a pas lieu de tenir, au Mont-de-Piété, le registre des actes de dépôt.

Les articles sont simplement inscrits par le Contrôleur sur un registre conforme au modèle dont se sert le Payeur dans les divisions d'engagements directs.

Les noms des Commissionnaires, leur numéro d'enregistrement et le montant de leur avance sont indiqués, sur ledit registre, en regard de chaque article.

1579. — En fin de page, le Commis-enregistreur procède à l'addition des prêts et en appelle le total avec le Commissaire-priseur qui de son côté a procédé à la même opération [2].

1580. — A la fin de chaque séance, le Commis-enregis-

---

1. Ordre de service du 16 décembre 1850.
2. Ordre de service du 27 juin 1831.

treur délivre au Payeur des Commissionnaires un bon indiquant, pour chacun de ces agents, la somme à payer pour les engagements de la journée.

1581. — Les reconnaissances à délivrer à chaque Commissionnaire sont réunies, et chaque liasse est revêtue d'une indication faisant connaître le nombre de titres et le montant des prêts qu'ils représentent. Ces titres sont ensuite remis au Payeur des Commissionnaires qui les délivre, en arrêtant le compte journalier de chaque intermédiaire.

1582. — Le Commis-enregistreur établit ensuite une récapitulation indiquant, pour chaque Commissionnaire, le nombre d'articles, les sommes et la division des gages en bijoux ou objets divers.

1583. — Les nantissements faisant l'objet de prêts suspendus chez les Commissionnaires sont présentés par eux à l'engagement huit jours après la remise faite par les emprunteurs.

Ces nantissements sont accompagnés de feuilles particulières, faites en double expédition pour chaque nantissement, indiquant la date et le numéro du dépôt chez le Commissionnaire, la désignation du nantissement, les nom, profession et demeure du déposant, ainsi que l'avance offerte.

1584. — Les articles sont soumis à l'appréciation et engagés aux noms des déposants et des Commissionnaires dans les divisions du public ; il est fait pour chaque article un bulletin et une reconnaissance comme pour les prêts ordinaires. Le bulletin suit le nantissement dans les magasins et la reconnaissance est jointe au rapport adressé au Directeur par le Chef des engagements. Ces deux pièces sont conservées à la Comptabilité.

Le Directeur, sur le vu de ce rapport, ordonnance la recette à faire au crédit du compte *Dépôts divers* (*Prêts suspendus*).

1585. — Le Commis-principal des engagements inscrit, sur les feuilles présentées par les Commissionnaires, la date et le numéro de l'engagement, ainsi que le montant du prêt accordé par le Mont-de-Piété. L'une de ces feuilles est remise au Commissionnaire après avoir été visée par l'Inspecteur, qui fait, s'il y a lieu, rapport au Préfet de Police aux termes du règlement.

L'autre feuille est considérée comme bordereau d'engagement et jointe aux autres bordereaux, conservés par le Magasin au dépôt des reconnaissances.

1586. — Si, après que l'engagement d'un prêt suspendu a été inscrit, le déposant se présente pour produire les justifications réglementaires, le Commissionnaire en fait mention sur son registre et lui délivre le montant du prêt consenti par l'Administration.

1587. — Pour obtenir le remboursement de la somme avancée, le Commissionnaire déclare au bas du duplicata de la feuille d'engagement que les justifications requises par le règlement ont été produites et demande en conséquence que remise du prêt lui soit faite.

Cette feuille est présentée par lui au Chef des engagements, qui la vise ainsi : *Engagement consommé.*

1588. — Le Chef des engagements adresse ensuite au Directeur un rapport par lequel il fait connaître que les justifications requises ont été faites.

Il joint à ce rapport la feuille d'engagement remise par le Commissionnaire pour être annexée au mandat de payement.

Le Caissier délivre au Commissionnaire la reconnaissance et le montant du prêt consenti par l'Administration.

1589. — Le Chef des engagements inscrit sur un registre tous les prêts suspendus présentés par les Commissionnaires ; il fait mention sur ce registre de la date de la régularisation du prêt et de la sortie de la reconnaissance [1].

1590. — Les engagements qui ont donné lieu à la suspension du prêt et qui n'ont pas été régularisés dans les quatorze mois à dater du jour du dépôt, sont soumis aux mêmes conditions que les engagements ordinaires et livrés à la vente à leur ordre.

---

1. Ordre de service du 15 décembre 1835.

II. — Service des dégagements.

1591. — Les dégagements effectués par l'entremise des Commissionnaires sont constatés au Mont-de-Piété de la même manière que ceux faits directement par le public [1].

A cet effet et pour satisfaire aux exigences du service, les Contrôleurs des dégagements et les Commis-comptables-receveurs sont tenus, avant l'heure où le public est admis dans les bureaux, de passer écriture de toutes les demandes de dégagement présentées par lesdits Commissionnaires.

1592. — Les Receveurs et les Contrôleurs veillent à ce que les reconnaissances présentées au dégagement par les Commissionnaires soient revêtues du timbre spécial par l'employé de la Caisse [2].

1593. — Après que les inscriptions ont été effectuées, le Commis-comptable-receveur de chaque division arrête le compte de chacun des Commissionnaires pour fixer la somme à réclamer.

Les résultats de ce compte, conformes dans le détail et dans l'ensemble à ceux obtenus par l'employé du Contrôle, sont consignés sur un bulletin récapitulatif transmis chaque jour à la Caisse, au plus tard à midi [3].

1594. — Les différences avec les bordereaux des Commissionnaires, soit en ce qui concerne le calcul des droits, soit en ce qui concerne les erreurs d'autre nature, sont consignées d'une façon apparente sur lesdits bordereaux.

1595. — Les reconnaissances, revêtues du timbre de remboursement, sont ensuite remises au service des magasins pour la délivrance des gages.

III. — Service des renouvellements.

1596. — Les renouvellements demandés par les Commissionnaires sont reçus dans la même forme et donnent

---

1. Règlement du 30 juin 1865, art. 72.
2. Ordre de service du 9 janvier 1850.
3. Ordres de service des 4 juillet 1831 et 10 mars 1855.

lieu aux mêmes écritures que ceux qui sont effectués directement par le public, sauf cette modification que sur les registres les noms et adresses des emprunteurs sont remplacés par l'indication des noms des Commissionnaires et des numéros d'ordre de leurs registres particuliers; la même indication est portée sur la nouvelle reconnaissance.

1597. — Les Contrôleurs et les Receveurs des divisions de renouvellement sont tenus, comme ceux des divisions de dégagement, d'effectuer avant l'heure où le public est admis dans les bureaux, toutes les opérations de renouvellement demandées par les Commissionnaires.

1598. — Dans chaque division, le Receveur dresse un bulletin récapitulatif des sommes dues par les Commissionnaires; ce bulletin doit être transmis à la Caisse chaque jour avant midi.

1599. — Le compte des sommes à réclamer des Commissionnaires donne lieu aux mêmes opérations de vérification et de contrôle que pour les dégagements.

1600. — Les reconnaissances nouvelles sont réunies par liasses et remises au Payeur des Commissionnaires, qui en fait la délivrance. Chaque liasse porte la mention du nombre des titres qu'elle contient.

IV. — Service de la liquidation du boni.

1601. — Au moyen des reconnaissances et des bordereaux transmis par les Commissionnaires, le décompte du boni est établi, sur chaque titre, dans la même forme que lorsqu'il s'agit d'un engagement direct.

1602. — La somme à payer au Commissionnaire est indiquée au-dessous du boni de manière à faire ressortir le net à payer aux ayants-droit.

Lorsque la somme prêtée par le Mont-de-Piété est supérieure à l'avance du Commissionnaire, on ajoute au boni l'excédent rapporté par cet agent.

1603. — Ces opérations faites, les titres sont remis à un employé qui, d'après les décomptes portés sur les reconnaissances, établit les 6ᵉ, 7ᵉ, 8ᵉ et 12ᵉ subdivisions du registre matricule.

1604. — Le Payeur du boni inscrit ces reconnaissances sur le journal des payements faits aux Commissionnaires par prélèvement sur le boni, en indiquant au bas de chaque titre le numéro de payement.

1605. — Ce numéro sert au classement des reconnaissances dans un casier d'où elles sont extraites au fur et à mesure que les intéressés se présentent munis de bulletins de liquidation.

La sortie de ces titres est indiquée sur le journal des payements faits aux Commissionnaires, qui sert ainsi à constater le mouvement des reconnaissances prises en charge par le Liquidateur.

1606. — Les avances dues aux Commissionnaires par les emprunteurs sont liquidées après le quatorzième mois de l'engagement.

1607. — L'intérêt d'un 1/2 p. 100 par mois du montant de leurs avances, accordé aux Commissionnaires, ne leur est alloué que pour les quatorze mois dont se compose la durée des engagements, à moins que l'emprunteur n'ait obtenu un sursis pour opérer son remboursement; dans ce cas, il est dû aux Commissionnaires, outre l'intérêt de quatorze mois, celui qui a couru pendant la durée du sursis [1].

1608. — Les sommes dues aux Commissionnaires par les emprunteurs, après avoir été inscrites sur le registre matricule, en regard des reconnaissances non réclamées et rapportées par les Commissionnaires, sont payées à ces agents par prélèvement sur les bonis et contre leur acquit [2].

1609. — Il est établi pour chaque article un bulletin indiquant le montant de l'adjudication, le décompte des sommes dues à l'Administration, le boni, le payement fait

---

1. Décision ministérielle du 30 mars 1846.
2. Règlement du 30 juin 1865, art. 94.

CHAP. IV — OPÉRATIONS PAR COMMISSIONNAIRES   549

au Commissionnaire par prélèvement sur ce boni et le restant net à payer à l'emprunteur.

La somme payée au Commissionnaire est portée en toutes lettres dans l'arrêté de ce bulletin; le numéro du journal des payements et la date sont également indiqués.

1610. — Les dates des payements et les numéros d'ordre sont indiqués, en regard de chaque article, sur le journal des payements faits aux Commissionnaires et dans les deux premières colonnes de la 7ᵉ subdivision du registre matricule.

1611. — Après déduction de la commission d'engagement, les sommes restant dues aux emprunteurs par suite d'excédent de prêt, sont versées par ces derniers entre les mains du Liquidateur du boni.

Mention des sommes ainsi rapportées est faite au registre matricule.

A cet effet, il est établi, pour chaque article, sur une formule imprimée en rouge, un bulletin de versement indiquant le prêt la somme avancée, la différence entre ces deux sommes, la commission à déduire et l'excédent versé par le Commissionnaire.

1612. — Il est également tenu un compte des sommes rapportées par les Commissionnaires, provenant d'excédents de prêts du Mont-de-Piété sur leurs avances.

Ce compte, divisé en recettes et en dépenses, fait ressortir, en regard de chaque article, d'une part les sommes reçues (divisées par exercice), d'autre part les sommes payées aux ayants-droit (également divisées par exercice).

1613. — Lorsque des nantissements ayant donné lieu à la suspension du payement des avances ont été vendus, la liquidation du boni a lieu dans la même forme que lorsqu'il s'agit d'opérations ordinaires.

En conséquence, les duplicatas tenant lieu de reconnaissances restés chez les Commissionnaires sont envoyés à l'Administration, en même temps que les autres titres.

Le liquidateur du boni dresse, d'après ces duplicatas, le

bordereau des sommes dues aux Commissionnaires à raison des prêts suspendus qui y sont mentionnés [1].

1614. — Sur le vu des états de compensation fournis, ainsi qu'il est indiqué au paragraphe VIII du chapitre II, le liquidateur fait indiquer, dans la 10e subdivision du registre matricule et en regard de chaque article, les sommes revenant aux Commissionnaires.

Ces sommes sont ensuite remises à ces agents contre leur acquit donné sur un état joint à un mandat ordonnancé par le Directeur.

1615. — Lorsqu'un bulletin de liquidation délivré par un Commissionnaire et accompagné du récépissé est présenté, le Liquidateur retire du casier la reconnaissance correspondante sur laquelle se trouve établi le décompte faisant ressortir le net à payer à l'ayant-droit.

Ce titre est revêtu de la signature du Liquidateur qui le remet au Contrôleur en conservant le bulletin de liquidation.

Le Contrôleur indique à haute voix le net restant à payer à l'intéressé en lui remettant le titre, qui est présenté au Commis-comptable-payeur.

1616. — Le Payeur inscrit au registre matricule les payements effectués, en portant dans la 9a subdivision les dates et numéros de payement et les sommes payées; il inscrit également, lorsqu'il y a lieu, dans la 12e subdivision dudit registre, les sommes payées aux ayants-droit, provenant d'excédents des prêts du Mont-de-Piété sur les avances des Commissionnaires.

1617. — Les reconnaissances et les bulletins de liquidation sont revêtus de la mention indiquant la somme payée pour boni (en toutes lettres) et le numéro de payement.

Ces pièces sont conservées et classées à l'appui de la gestion du Liquidateur du boni.

1618. — Les récépissés sont renvoyés aux Commissionnaires dans les trois jours qui suivent le payement des bonis.

---

[1]. Ordre de service du 15 décembre 1835.

CHAP. IV — OPÉRATIONS PAR COMMISSIONNAIRES 551

Il n'est pas fait de payements sur bulletins de liquidation les dimanches et jours de fête [1].

V. — Service des magasins.

1619. — Les nantissements dégagés par l'entremise des Commissionnaires sont remis à leurs agents dans une salle spéciale [2].

1620. — Le Rendeur lit la désignation inscrite sur les reconnaissances; les agents des Commissionnaires examinent si les gages qui leur sont rendus sont conformes à cette désignation et à celle du bulletin qu'ils ont sous les yeux.

Ils apposent ensuite, sur chacune des reconnaissances, un timbre portant une initiale spéciale à chacun d'eux; ce timbre sert de décharge au Rendeur et garantit l'Administration contre toute réclamation ultérieure de la part des Commissionnaires.

VI. — Payeur des Commissionnaires.

1621. — Un agent spécial, placé sous les ordres du Caissier, est chargé de faire chaque jour le compte des Commissionnaires et de remettre à chacun d'eux ou de recevoir de leurs mains, selon les cas, la différence entre le montant des engagements et celui des dégagements et renouvellements effectués par leur entremise. Cet agent est en outre chargé de délivrer les reconnaissances d'engagement et de renouvellement.

1622. — Au moyen des bons délivrés aux facteurs des Commissionnaires, ainsi qu'il est dit au paragraphe I du présent chapitre, le Payeur établit chaque jour un bordereau général des engagements effectués par l'entremise de ces agents.

Ledit bordereau comporte autant de colonnes qu'il existe

---

1. Ordre de service du 20 janvier 1876.
2. Délibération du Conseil d'Administration du 23 avril 1783.

de Commissionnaires attachés à l'Établissement, de manière à présenter pour chacun d'eux, en regard des différentes divisions d'engagement, le montant des opérations.

1623. — Avec les bordereaux récapitulatifs établis par les Commis-comptables des divisions de recette, le Payeur des Commissionnaires dresse chaque jour un bordereau général des dégagements et renouvellements effectués par l'entremise de ces agents.

Ledit bordereau comprend également autant de colonnes qu'il existe de Commissionnaires attachés à l'Établissement. Les capitaux et droits dus pour les dégagements et les droits dus pour les renouvellements sont totalisés.

1624. — Le Payeur établit ensuite la différence entre les engagements qui représentent le crédit des Commissionnaires, et les dégagements et renouvellements qui représentent leur débit. Il remet à chaque Commissionnaire la somme qui lui revient ou reçoit celle qui est due à l'Administration.

1625. — Le Payeur établit deux bulletins pour chaque Commissionnaire.

L'un, sur imprimé en noir, indique en toutes lettres le montant des prêts consentis sur les nantissements présentés à l'engagement ; il est signé par l'agent du Commissionnaire et conservé par le Payeur.

L'autre, sur imprimé en rouge, indique en toutes lettres le montant des dégagements et renouvellements effectués ; il est signé par le Caissier et remis au Commissionnaire intéressé.

1626. — Il est interdit au Payeur des Commissionnaires de conserver comme espèces en caisse des bordereaux de sommes restant à payer par lesdits Commissionnaires. Cet agent doit exiger chaque jour le payement des différences entre les engagements et les dégagements demandés [1].

---

1. Ordre de service du 6 février 1858.

CHAP. IV — OPÉRATIONS PAR COMMISSIONNAIRES

VII. — Récapitulation des opérations.

1627. — Les opérations faites par l'entremise des Commissionnaires sont relevées journellement par les Commis-comptables des divisions d'engagement ou de recettes, sur des feuilles dressées dans l'ordre alphabétique des noms des Commissionnaires.

Ces opérations sont, à la fin de chaque journée, inscrites sur lesdites feuilles dans les colonnes respectives des Commissionnaires et additionnées transversalement dans la dernière colonne, qui est intitulée : *Total par journée*.

Lesdites feuilles sont signées par les Comptables chargés de les établir et qui conservent les éléments de leur travail.

Les feuilles sont remises le 6 de chaque mois, au plus tard, aux Chefs de service et par ces derniers transmises à l'Inspecteur [1].

1628. — Le Liquidateur du boni établit chaque jour, pour être remis au Chef de la comptabilité, chargé du contrôle :

1° Un bulletin indiquant les payements faits entre les mains des Commissionnaires par prélèvement sur le boni ;

2° Un bulletin indiquant les sommes payées aux ayants-droit provenant des excédents de prêts sur les avances des Commissionnaires ;

3° Un bulletin indiquant les sommes rapportées par les Commissionnaires provenant des excédents de prêts du Mont-de-Piété sur leurs avances.

Sur chacun de ces bulletins les sommes sont divisées par exercice.

1629. — De son côté, le Contrôleur du boni établit chaque jour pour être remis au Chef de la comptabilité :

1° Un bulletin des sommes payées aux ayants-droit provenant des excédents de prêts du Mont-de-Piété sur les avances des Commissionnaires ;

2° Un relevé des payements faits aux Commissionnaires par prélèvement sur les bonis ;

---

[1]. Ordre de service du 28 janvier 1840.

3° Un relevé des sommes rapportées par les Commissionnaires provenant des excédents de prêts sur leurs avances.

Les sommes qui figurent sur ces relevés sont divisées par exercice.

1630. — Le Payeur du boni établit chaque mois :

1° Un bordereau des payements faits aux Commissionnaires pour leurs droits et excédents d'avance ;

2° Un bordereau des payements faits au public pour excédents de prêts du Mont-de-Piété sur les avances des Commissionnaires.

Ces bordereaux sont remis au service de la Comptabilité.

TITRE X

ANNEXES

CHAPITRE PREMIER

LOIS, DÉCRETS, RÈGLEMENTS ET CIRCULAIRES APPLICABLES AUX MONTS-DE-PIÉTÉ.

(Extraits.)

I. — **Arrêté consulaire du 8 floréal an X, relatif à la responsabilité des comptables publics.**

1631. — Tout receveur, caissier, dépositaire, percepteur ou préposé quelconque chargé de deniers publics, ne pourra obtenir de décharge d'aucun vol, s'il n'est justifié qu'il est l'effet d'une force majeure, et que le dépositaire, outre les précautions ordinaires, avait eu celle de coucher ou de faire coucher un homme sûr dans le lieu où il tenait ses fonds et, en outre, si c'était au rez-de-chaussée, de le tenir solidement grillé. (Art. 1er.)

II. — **Arrêté du Gouvernement du 16 germinal an XII, relatif aux cautionnements des comptables des établissements de bienfaisance.**

1632. — Article 1er. — Les Receveurs des hôpitaux et autres établissements de charité qui reçoivent des appointements ou taxations, fourniront, sur la fixation qui en sera arrêtée par les Préfets, un cautionnement en numéraire, qui ne pourra excéder le douzième des diverses parties de recettes qui leur sont confiées, et ne pourra être au-dessous de cinq cents francs.

Ces cautionnements seront versés dans la caisse du Mont-de-Piété de la ville où est l'hospice ; et, s'il n'y a pas de Mont-de-Piété dans la ville, dans celle d'un des Monts-de-Piété du département, indiqué par le Préfet ; ou, s'il n'y a pas de Mont-de-Piété dans le département, dans la caisse du Mont-de-Piété des hôpitaux de Paris.

Les Monts-de-Piété dans la caisse desquels les fonds seront versés, en payeront chaque année l'intérêt, au taux moyen des emprunts faits dans l'année par chaque établissement.

Ils seront tenus de justifier, dans un mois, aux Préfets de leurs départements, de l'exécution de cette disposition; faute de quoi ils pourront être remplacés.

Art. 2. — Chaque administration de Mont-de-Piété transmettra dans trois mois, au Ministre de l'Intérieur, l'état des cautionnements versés dans sa caisse en vertu de l'article précédent; et elle ne pourra en rembourser le montant qu'en vertu d'une décision spéciale du Ministre, si ce n'est en cas de mort ou démission du Receveur, et après reddition et approbation de ses comptes devant et par qui de droit.

Art. 3. — S'il s'établit un Mont-de-Piété dans une ville ou dans un département dont les Receveurs des hospices auraient versé les fonds à un autre Mont-de-Piété, les Administrateurs de ce dernier en feront faire le versement au nouvel établissement dans lequel ils devront être déposés aux termes de l'article 1er.

III. — Loi du 16 pluviôse an XII, relative à la clôture et à la fermeture des maisons de prêts sur gages.

1633. — Article 1er. — Aucune maison de prêt sur nantissement ne pourra être établie qu'au profit des pauvres et avec l'autorisation du Gouvernement.

Art. 2. — Tous les établissements de ce genre, actuellement existants, qui, dans six mois, à compter de la promulgation de la présente loi, n'auront pas été autorisés comme il est dit en l'article premier, seront tenus de cesser de faire des prêts sur nantissements et d'opérer leur liquidation dans l'année qui suivra.

Art. 3. — Les contrevenants seront poursuivis devant les tribunaux de police correctionnelle, et condamnés, au profit des pauvres, à une amende, payable par corps, qui ne pourra être au-dessous de cinq cents francs, ni au-dessus de trois mille francs. La peine pourra être double en cas de récidive.

Art. 4. — Le tribunal prononcera en outre, dans tous les cas, la confiscation des effets donnés en nantissement.

IV. — Lois des 25 nivôse et 6 ventôse an XIII, relatives aux cautionnements des comptables publics.

1634. — Article 1er. — Les cautionnements fournis par les agents de change, les courtiers de commerce, les avoués, greffiers, huissiers et les commissaires-priseurs, sont, comme ceux des notaires (art. 33 de la loi du 25 vent. an XI), affectés, par premier privilège, à la garantie des condamnations qui pourraient être prononcées contre eux par suite de l'exercice de leurs fonctions; par second privilège, au remboursement des fonds qui leur auraient été prêtés pour tout ou partie de leur cautionnement, et subsidiairement, au payement, dans l'ordre ordinaire, des créances particulières qui seraient exigibles.

1635. — Article 1ᵉʳ. — Les articles 1, 2 et 4 de la loi du 25 nivôse dernier, relative aux cautionnements fournis par les notaires, avoués et autres, s'appliqueront aux cautionnements des receveurs généraux et particuliers, et de tous les autres comptables publics, ou préposés des administrations.

Art. 2. — Les prêteurs des sommes employées auxdits cautionnements jouiront du privilège de second ordre, institué par l'article 1ᵉʳ de la loi du 25 nivôse dernier, en se conformant aux articles 2 et 4 de la même loi.

V. — **Décret du 18 août 1807, relatif aux saisies-arrêts.**

1636. — Article 1ᵉʳ. — Indépendamment des formalités communes à tous les exploits, tout exploit de saisie-arrêt ou opposition entre les mains des receveurs, dépositaires ou administrateurs de caisses ou de deniers publics, en cette qualité, exprimera clairement les noms et qualités de la partie saisie; il contiendra, en outre, la désignation de l'objet saisi.

Art. 2. — L'exploit énoncera pareillement la somme pour laquelle la saisie-arrêt ou opposition est faite; et il sera fourni avec copie de l'exploit, auxdits receveurs, caissiers ou administrateurs, copie ou extrait en forme du titre du saisissant.

Art. 3. — A défaut, par le saisissant, de remplir les formalités prescrites par les articles 1 et 2 ci-dessus, la saisie-arrêt sera regardée comme non avenue.

Art. 4. — La saisie-arrêt ou opposition n'aura d'effet que jusqu'à concurrence de la somme portée en l'exploit.

Art. 5. — La saisie-arrêt ou opposition formée entre les mains des receveurs, dépositaires ou administrateurs de caisses ou de deniers publics, en cette qualité ne sera point valable, si l'exploit n'est fait à la personne préposée pour le recevoir, et s'il n'est visé par elle, sur l'original, ou, en cas de refus, par le procureur impérial près le tribunal de première Instance de leur résidence, lequel en donnera de suite avis aux chefs des administrations respectives.

Art. 6. — Les receveurs, dépositaires ou administrateurs sont tenus de délivrer, sur la demande du saisissant, un certificat qui tiendra lieu, en ce qui les concerne, de tous autres actes et formalités prescrits à l'égard des tiers saisis, par le titre VII du livre V du Code de procédure civile.

S'il n'est rien dû au saisi, le certificat l'énoncera.

Si la somme due au saisi est liquide, le certificat en déclarera le montant.

Si elle n'est pas liquide, le certificat l'exprimera.

Art. 7. — Dans le cas où il serait survenu des saisies-arrêts ou oppositions sur la même partie ou pour le même objet, les receveurs, dépositaires ou administrateurs seront tenus, dans les certificats qui leur seront demandés, de faire mention desdites saisies-arrêts ou oppositions, et de désigner les noms et élection de domicile des saisissants, et les causes desdites saisies-arrêts ou oppositions.

Art. 8. — S'il survient de nouvelles saisies-arrêts ou oppositions depuis la délivrance d'un certificat, les receveurs, dépositaires ou administrateurs seront tenus, sur la demande qui leur en sera faite, d'en fournir un extrait contenant pareillement les noms et élection de domicile des saisissants, et les causes desdites saisies-arrêts ou oppositions.

Art. 9. — Tout receveur, dépositaire ou administrateur de caisses ou deniers publics, entre les mains duquel il existera une saisie-arrêt ou opposition sur une partie prenante, ne pourra vider ses mains sans le consentement des parties intéressées, ou sans y être autorisé par justice.

VI. — **Loi du 10 septembre 1807.**

(Code de commerce.)

1637. — Art. 152. — Si celui qui a perdu la lettre de change, qu'elle soit acceptée ou non, ne peut représenter la seconde, troisième, quatrième, etc., il peut demander le payement de la lettre de change perdue, et l'obtenir par l'ordonnance du juge, en justifiant de sa propriété par ses livres et en donnant caution.

Art. 155. — L'engagement de la caution, mentionné dans l'article 152, est éteint après trois ans, si pendant ce temps il n'y a eu ni demandes ni poursuites juridiques.

VII. — **Ordonnance du 28 avril 1832.**

(Code pénal.)

1638. — Art. 411. — Ceux qui auront établi ou tenu des maisons de prêt sur gages ou nantissement sans autorisation légale, ou qui, ayant une autorisation, n'auront pas tenu un registre conforme aux règlements, contenant de suite, sans aucun blanc ni interligne, les sommes ou les objets prêtés, les noms, domiciles et professions des emprunteurs, la nature, la qualité, la valeur des objets mis en nantissement, seront punis d'un emprisonnement de quinze jours au moins, de trois mois au plus et d'une amende de 100 francs à 2000 francs.

VIII. — **Convention du 2 octobre 1833, entre l'Administration et les Commissaires-priseurs, pour le renouvellement des engagements sans nouvel examen des gages.**

1639. — Entre les soussignés :

M. Martin Laffite, Directeur du Mont-de-Piété, agissant au nom de l'Administration, d'une part :

CHAP. I — LOIS APPLICABLES AU MONT-DE-PIÉTÉ 559

Et MM. les Commissaires-priseurs, appréciateurs attachés à ladite Administration, d'autre part;
Il a été dit et convenu :
Article 1er. — Au moyen du droit d'appréciation qui est acquis auxdits appréciateurs sur tous les réengagements par renouvellement, la garantie qu'ils ont contractée envers l'Administration par le bulletin de l'engagement primitif, ne sera point interrompue par le fait du renouvellement et continuera à avoir son plein et entier effet sans qu'il soit besoin que leur signature soit apposée sur le bulletin de réengagement.
Art. 2. — Les renouvellements des engagements primitivement contractés en présence de MM. les Commissaires-priseurs, continueront à être faits par les employés de l'Administration; MM. les Commissaires-priseurs demeureront responsables par le seul fait de l'appréciation primitive, sauf les modifications portées en l'article suivant.
Art. 3. — Les nantissements composés de bijoux, diamants et d'autres objets dont le prêt s'élèverait à mille francs et au-dessus; de châles de cachemire cachetés; d'objets en laine qui auront donné lieu à un prêt de cinquante francs et au-dessus, ne pourront pas être renouvelés sans être soumis à une nouvelle appréciation qui entraînera la signature du bulletin de renouvellement; les engagements de matelas et de couvertures de laine ne seront point admis à être renouvelés.

IX. — **Loi du 18 juillet 1837, relative à l'administration municipale.**

1640. — ....
Art. 21. — Le Conseil municipal est toujours appelé à donner son avis sur les objets suivants :...
4° L'acceptation des dons et legs faits aux établissements de charité et de bienfaisance..
....
6° Les budgets et les comptes des établissements de charité et de bienfaisance...
....
Art. 30..
Sont obligatoires les dépenses suivantes :.....................................
9° Les pensions des employés municipaux [1]....................................
....
Art. 34. — Les crédits qui pourraient être reconnus nécessaires après le règlement du budget sont délibérés conformément aux articles précédents (30 à 33) et autorisés par le Ministre.
Toutefois les crédits supplémentaires pour dépenses urgentes pourront être approuvés par le Préfet.
....

---

1. C'est le Conseil municipal qui fixe le montant de la pension, et le Préfet qui autorise, s'il y a lieu, cette pension. (Décret du 25 mars 1852 modifié. Tableau A, n° 44.)

560   TITRE X — ANNEXES

Art. 68. — Les comptables qui n'auront pas présenté leurs comptes dans les délais prescrits par les règlements pourront être condamnés par l'autorité chargée de les juger à une amende de
....
50 francs à 500 francs..... par mois de retard....................
Ces amendes seront attribuées aux..... établissements que concernent les comptes en retard.
Elles seront assimilées aux débets des comptables, et le recouvrement pourra en être suivi par corps, conformément aux articles 8 et 9 de la loi du 17 avril 1832.

X. — Décret du 25 mars 1852, relatif à la décentralisation administrative.

1641. — Article 1er. — Les préfets..... statueront désormais sur toutes les autres affaires départementales et communales, qui, jusqu'à ce jour, exigeaient la décision du chef de l'État ou du Ministre de l'Intérieur et dont la nomenclature est fixée par le tableau A ci-annexé..
Art. 4. — Les Préfets statueront, également sans l'autorisation du Ministre des Travaux publics, mais sur l'avis ou la proposition des ingénieurs en chef, et conformément aux instructions ministérielles, sur tous les objets mentionnés dans le tableau D ci-annexé.
....
Art. 6. — Les Préfets rendront compte de leurs actes aux Ministres compétents dans les formes et pour les objets déterminés par les instructions que ces Ministres leur adresseront.
Ceux de ces actes qui seraient contraires aux lois et règlements, ou qui donneraient lieu aux réclamations des parties intéressées, pourront être annulés ou réformés par les ministres compétents.
....

TABLEAU A.

....
....
44° Pensions de retraite aux employés et agents des communes et établissements charitables;..
48° Aliénations, acquisitions, échanges, partages de biens de toute nature, quelle qu'en soit la valeur; — 49° Dons et legs de toutes sortes de biens, lorsqu'il n'y a pas réclamation des familles; — 50° Transactions sur toutes sortes de biens, quelle qu'en soit la valeur; — 51° Baux à donner ou à prendre, quelle qu'en soit la durée;..
55° Approbation des marchés passés de gré à gré; — 56° Approbation des plans de devis de travaux, quel qu'en soit le montant...
67° Enfin tous les autres objets d'administration départementale, communale et d'assistance publique, sauf les exceptions ci-après :
....
n. Organisation des caisses de retraite ou de tout autre mode

de rémunération ou de secours, en faveur des employés des préfectures, et des autres services départementaux;..................
   v. Legs, lorsqu'il y a réclamation de la famille..................
....
....

Tableau D.

....

14° Approbation des prix supplémentaires pour des parties d'ouvrages non prévues aux devis, dans le cas où il ne doit résulter de l'exécution de ces ouvrages aucune augmentation dans la dépense; — 15° Approbation, dans la limite des crédits ouverts, des dépenses dont la nomenclature suit : — a. Acquisition de terrains, d'immeubles, etc., dont le prix ne dépasse pas vingt-cinq mille francs; — b. Indemnités mobilières; — c. Indemnités pour dommages; — d. Frais accessoires aux acquisitions d'immeubles, aux indemnités mobilières et aux dommages ci-dessus désignés; — e. Loyers de magasins, terrains, etc.; — f. Secours aux ouvriers réformés, blessés, etc., dans les limites déterminées par les instructions; — 16° Approbation de la répartition rectifiée des fonds d'entretien et des décomptes définitifs des entreprises, quand il n'y a pas d'augmentation sur les dépenses autorisées; — 17° Autorisation de la main-levée des hypothèques prises sur les biens des adjudicataires ou de leurs cautions, et du remboursement des cautionnements après la réception définitive des travaux..................

XI. — Instruction générale du 20 juin 1859, relative à la comptabilité des établissements de bienfaisance.

Observation générale.

1642. — Les articles ou parties d'articles de l'Instruction générale sont reproduits textuellement; pour en faire l'application à la comptabilité des Monts-de-Piété, il convient de remarquer que les prescriptions relatives aux *Receveurs municipaux* ou d'hospices doivent être appliquées aux *Caissiers des Monts-de-Piété;* que celles qui concernent les *Maires* sont applicables aux *Ordonnateurs* ou aux *Présidents des Conseils d'administration*, et qu'enfin presque partout où l'intervention des *Conseils municipaux* est mentionnée, il s'agit pour les Monts-de-Piété des délibérations de leurs *Conseils d'administration*.

Au surplus, en rapprochant les articles cités de l'Instruction générale de ceux du règlement sur la comptabilité des Monts-de-Piété, on pourra toujours facilement reconnaître les modifications de cette nature dont il doit être tenu compte.

Fonds placés au Trésor.

1643. — 756. —... Les Monts-de-Piété... sont admis à placer leurs fonds au Trésor *avec intérêts.*

Ils versent à cet effet, aux Receveurs des finances, qui leur en délivrent des récépissés à talon, toutes les sommes *excédant les besoins de leur service et s'élevant à 100 francs au moins*. Des sommes inférieures peuvent toutefois être placées soit d'office, soit par suite de liquidations administratives.

....

758. — Enfin il peut être effectué au Trésor public même, au profit des communes ou établissements, des versements qui proviennent, soit de recouvrements faits à Paris pour leur compte, soit de la liquidation des cautionnements des Receveurs municipaux en débet.

Le Caissier du Trésor en délivre des récépissés au nom des Receveurs généraux des départements dont les communes et établissements font partie.

....

761. — Lorsque les besoins du service exigent qu'une partie ou la totalité des fonds placés soit remboursée par le Trésor, le Receveur de chaque commune ou établissement en présente la demande à l'Ordonnateur.....

Les Sous-préfets peuvent autoriser.....

Les Préfets autorisent le remboursement des sommes..... *quelle qu'en soit la quotité*, en observant seulement de n'autoriser le retrait que des sommes qui doivent être immédiatement appliquées à des dépenses régulières.

....

Formation des budgets.

1644. — 811. — Les recettes et les dépenses..... ne peuvent être faites qu'en vertu du budget de chaque exercice ou d'autorisations supplémentaires.

813. — L'exercice commence le 1ᵉʳ janvier et finit le 31 décembre de l'année qui lui donne son nom.

Néanmoins, il est accordé, pour en compléter les opérations, un délai qui est fixé au *31 mars de l'année suivante;* à cette époque, l'exercice est clos définitivement.

814. — Aussitôt après la clôture de la session des Conseils municipaux, les budgets proposés doivent être envoyés aux Sous-préfets, qui les transmettent sans retard aux Préfets avec leur avis.

....

Au moyen de ces dispositions, tous les budgets communaux doivent être remis, à la fin de chaque année, pour l'exercice qui va s'ouvrir, aux Receveurs municipaux chargés de les exécuter. Ils leur parviennent par l'entremise des Receveurs des finances.

816. — S'il arrivait que le budget d'un exercice ne fût pas approuvé et remis au Receveur municipal avant l'ouverture de cet exercice, les recettes et les dépenses ordinaires continueraient à être faites, jusqu'à l'approbation de ce budget, conformément à celui de l'année précédente.

En conséquence et sans aucune décision de l'autorité qui règle le budget, le Maire peut délivrer et le Receveur payer des mandats

pour ces sortes de dépenses..... jusqu'au moment où le budget est réglé.
....

817. — Les crédits qui peuvent être reconnus nécessaires après le règlement du budget sont délibérés par le Conseil municipal et approuvés par le Préfet.....

818. — Les dépenses proposées dans le budget d'une commune peuvent être rejetées ou réduites par..... l'arrêté du Préfet qui règle ce budget.

819. — Les Conseils municipaux peuvent porter au budget un crédit pour dépenses imprévues. La somme inscrite pour ce crédit ne peut être réduite ou rejetée qu'autant que les revenus ordinaires, après avoir satisfait à toutes les dépenses obligatoires, ne permettraient pas d'y faire face ou qu'elle excéderait le dixième des recettes ordinaires.

Le crédit pour dépenses imprévues est employé par le Maire, avec l'approbation du Préfet pour les communes de l'arrondissement du chef-lieu, et des Sous-préfets pour les communes des autres arrondissements.

Dans les communes autres que le chef-lieu de département ou d'arrondissement, le Maire peut employer le montant de ce crédit aux dépenses urgentes, sans approbation préalable, à la charge d'en informer immédiatement le Sous-préfet, et d'en rendre compte au Conseil municipal dans la première session ordinaire qui suit la dépense effectuée.

Le fonds pour dépenses imprévues ne peut être employé à payer des dépenses qui auraient été faites pendant un exercice autre que celui pour lequel le fonds a été alloué, non plus que des dépenses rejetées du projet de budget.

En général, aucune dépense dont l'objet sort de la classe de celles qui s'effectuent habituellement en vertu des lois et règlements généraux, ne doit avoir lieu sur ce fonds, à moins d'une autorisation spéciale de l'autorité qui règle le budget.

822. — Les Receveurs municipaux doivent recevoir, indépendamment des budgets, une expédition en forme de tous les baux, contrats, jugements, déclarations, *titres nouvels* et autres..... concernant les revenus dont la perception leur est confiée, et ils sont autorisés à demander, au besoin, que les originaux de ces divers actes leur soient remis sur leur récépissé ; ces documents, ainsi que les budgets eux-mêmes, leur parviennent par l'entremise des Receveurs des finances.....

Lorsque des actes notariés, tels que ceux d'acquisition, de vente, d'échange, doivent être soumis à l'approbation préfectorale, le notaire délivre, à titre de document destiné à l'administration, une copie sur papier libre, au vu de laquelle l'approbation est donnée par un arrêté séparé qui est annexé à la minute.

Règlement des budgets des exercices clos.

1645. — 823. — Dans la session où les conseils municipaux délibèrent sur le budget du prochain exercice, *et avant cette délibération*, il est procédé au règlement définitif du budget de l'exercice clos.

824. — A cet effet, lorsque l'époque de la clôture de l'exercice est arrivée, le Maire dresse, de concert avec le Receveur municipal, un état (mod. 217) des dépenses faites au 31 décembre précédent et qui n'ont pas été payées, soit parce que les entrepreneurs ou fournisseurs n'ont pas produit en temps utile les pièces nécessaires pour la liquidation de leurs créances, soit parce qu'ils n'ont pas réclamé, avant la clôture de l'exercice, le payement des mandats qui leur ont été délivrés. Il invite, au besoin, les premiers à lui présenter leurs mémoires dans le plus bref délai possible, et après examen et règlement, ou sauf règlement, s'il y a lieu, il inscrit le montant de ces mémoires dans la colonne des *droits constatés;* il y porte, en outre, le montant des autres sommes dues par la commune au 31 décembre et représentant le prix des *services faits* pendant l'année expirée. La colonne suivante indique le montant des *payements* effectués pour ces dépenses pendant toute la durée de l'exercice, et les différences entre les chiffres de ces deux colonnes sont portées dans la colonne des *crédits réservés ou restes à payer* à reporter à l'exercice suivant. Enfin le Maire fait ressortir dans une dernière colonne le montant des *crédits ou portions de crédits* qui, déductions faites des parties employées, soit en payements matériellement effectués dans le délai de l'exercice, soit en sommes réservées pour restes à payer, demeurent *définitivement annulés,* faute par l'administration d'en avoir fait l'application dans l'année du budget.

L'état doit être certifié conforme aux écritures, tant par le Receveur que par le Maire, sous leur garantie et leur responsabilité respectives. Il demeure entre les mains du Receveur municipal, qui est provisoirement autorisé à solder, sur les fonds de sa caisse, les restes à payer constatés, sans pouvoir toutefois dépasser la limite des crédits ouverts au budget primitif pour l'article de dépense sur lequel porte le reste à payer.

825. — A la même époque du 31 mars, le Maire et le Receveur dressent de concert un état (mod. 218) des *restes à recouvrer* sur l'exercice expiré. Cet état, qui doit être mis sous les yeux du Conseil municipal et dont le Receveur conserve un double, n'est que le relevé des articles de recette de l'état de situation (art. 827) qui offrent une différence entre la colonne intitulée *fixation définitive* et celle du total des *recettes effectuées.*

....

Le droit du Receveur municipal est, au surplus, d'être à jour au 31 mars pour tous les recouvrements qu'il a dû faire dans le cours de l'exercice, et aucun retard provenant de son fait ne saurait être toléré.

826. — Le Maire prépare en même temps le compte de l'exercice clos, qui doit comprendre, en recette et en dépense, toutes les opérations faites sur cet exercice, jusqu'à l'époque de la clôture. Il joint à ce compte en dernier tous les développements et les explications qui doivent en former la partie morale.

827. — Le Receveur municipal établit de son côté, d'après ses écritures, dans les quinze jours qui suivent l'époque de la clôture

de l'exercice, un état de situation de l'exercice clos (modèle 220). Cet état est remis par le Receveur au Maire, pour être joint, comme pièce justificative, au compte administratif et aux autres pièces relatives au règlement de l'exercice.

828. — Au moyen de ces documents, réunis au budget de l'exercice et aux titres de recette, tels que contrats de vente, baux, etc., que le Receveur doit représenter, le Maire prépare le procès-verbal de *règlement définitif*, qu'il soumet, avec toutes les pièces justificatives, à la délibération du Conseil municipal.

829. — Le Conseil municipal procède au *règlement définitif* ainsi qu'il suit : En ce qui concerne les recettes, le Conseil ramène les évaluations du budget au chiffre des produits réels résultant des titres définitifs; il rapproche ensuite les recouvrements faits de la somme des produits constatés, afin de reconnaître s'il y a balance entre eux ou s'il reste encore des parties à recouvrer; dans ce dernier cas..... il admet, s'il y a lieu, le reliquat en non-valeurs, ou il en prescrit le report à l'exercice suivant, soit que le recouvrement puisse encore en être obtenu, soit que le reliquat doive être mis à la charge du Receveur. Les sommes admises en non-valeurs sont déduites du montant des produits constatés ainsi que des sommes reportées à l'exercice suivant; mais, à l'égard de ces dernières, il doit être fait mention de l'obligation imposée au Receveur de les comprendre dans son prochain compte. Dans aucun cas, cependant, le Conseil n'apporte de modifications au chiffre des comptes présentés.

En ce qui concerne les *dépenses*, le Conseil rapproche les payements du montant des crédits alloués par le budget ou par des autorisations supplémentaires; il fixe les excédents de crédits et il détermine s'ils proviennent : de dépenses effectives restées inférieures aux crédits présumés ou de dépenses non-entreprises dans le courant de la première année de l'exercice; de dépenses faites mais non liquidées ou mandatées à l'époque de la clôture de l'exercice; ou enfin de dépenses mandatées, mais pour lesquelles les mandats n'avaient pas été payés à la même époque. Le Conseil prononce l'annulation de ces excédents de crédits.

830. — Les crédits ou portions de crédits qui sont applicables à des dépenses *faites* dans le courant de la première année de l'exercice, mais non soldées à la date de la clôture de cet exercice, sont reportés de plein droit, et sans nouvelle allocation, au budget de l'exercice courant, où ils font l'objet d'un chapitre spécial sur lequel le payement des dépenses est imputé.

831. — Les crédits ou portions de crédits relatifs à des dépenses non *entreprises* pendant la première année de l'exercice ne peuvent être reportés au budget de l'exercice suivant qu'autant qu'ils ont été alloués de nouveau par l'autorité supérieure, sur le vote du Conseil municipal. Ils sont reportés à la section 2 du chapitre des *dépenses supplémentaires*, comme étant la reproduction des crédits annulés au budget précédent.

832. — Les *restes à payer* qui n'auraient pas été régulièrement constatés à la fin de l'exercice, et dont les crédits n'auraient pas été par conséquent nominativement reportés au budget courant, ne

peuvent, non plus, être acquittés qu'au moyen de crédits supplémentaires.

833. — Les crédits reportés de droit, pour restes à payer, de l'exercice clos à l'exercice suivant, doivent être employés dans les délais fixés pour ce dernier exercice : faute de quoi ils ne pourraient plus revivre qu'en vertu de nouveaux crédits autorisés dans les formes prescrites.

834. — Tous les crédits additionnels autorisés, hors budget, pour des dépenses effectuées depuis le 1er janvier jusqu'au 31 décembre d'une année, doivent être rattachés au budget de cette année. Au moment du règlement définitif de l'exercice clos, ils sont rattachés à cet exercice et classés au chapitre des dépenses supplémentaires, après la section du *report des restes à payer*.

835. — S'il arrive que des payements faits sur un article au budget aient excédé le crédit ouvert, cet excédent doit être maintenu dans le compte de l'exercice clos ; mais, comme il est à la charge du Receveur qui a indûment payé, le Conseil fait mention de l'obligation imposée à ce comptable de s'en charger en recette dans son prochain compte.

836. — Le Conseil municipal, après avoir arrêté le chiffre total des recettes et des dépenses de l'exercice clos, détermine l'excédent définitif applicable aux ressources de l'exercice suivant.

Lorsqu'au lieu d'un excédent de recettes, il existe un excédent de dépenses qui ne provient pas de payements irréguliers et n'est pas dès lors de nature à être mis à la charge du Receveur, aucune opération spéciale n'est faite à cet égard ; le procès-verbal du règlement définitif de l'exercice clos doit seulement le constater.

837. — Le Conseil municipal consigne les résultats de son examen dans une délibération.....

Lorsque, dans les communes dont le revenu est de peu d'importance, les opérations de l'exercice sont terminées aux époques de clôture, sans qu'il existe ni *restes à payer* ni *restes à recouvrer*, le Conseil municipal mentionne cette circonstance dans sa délibération, et cette mention tient lieu de toute autre justification.

838. — Le compte d'administration mentionné à l'article 826 doit être soumis à l'approbation du Préfet et lui être transmis en double expédition, appuyé de l'état de situation de l'exercice clos, formé par le Receveur (art. 827) ; ce même envoi comprend le budget supplémentaire de l'exercice courant, en deux expéditions, l'état des restes à payer et enfin les délibérations du Conseil municipal relatives à ces objets.

Le procès-verbal de règlement définitif des budgets, les délibérations des Conseils municipaux, les observations des Maires et celles des Préfets doivent être disposés dans l'ordre des articles des budgets eux-mêmes.

839. — Les recettes et les dépenses relatives aux restes à recouvrer et aux restes à payer constatés lors de la clôture des exercices, ainsi que les recettes et les dépenses nouvelles autorisées dans le courant d'un exercice, donnent lieu à des chapitres additionnels au budget..... ou *budgets supplémentaires* (mod. 222).

Timbre des quittances.

1646. — 843. — Lorsque la recette excède 10 francs ou lorsque, n'excédant pas 10 francs, elle a pour objet soit un acompte, soit un payement final sur une plus forte somme, la quittance doit être timbrée.....

844. — Sont toutefois exempte de timbre, même pour des sommes supérieures à 10 francs..... 1° les quittances délivrées aux Receveurs des finances..... pour le payement de..... arrérages de rentes sur l'État..... et intérêts de fonds placés au Trésor ; 2° les quittances apposées sur les mandats de remboursements de fonds placés au Trésor, les quittances délivrées aux.....agents pour retenues sur leurs traitements.....

846. — S'il s'élève, au reste, quelques difficultés au sujet du timbre des quittances et pièces de comptabilité, les Receveurs municipaux doivent en référer au Receveur des finances de leur arrondissement, qui se concerte, par l'entremise du Receveur général, avec le Directeur de l'enregistrement et des domaines du département et leur fait connaître la décision intervenue.

847. — Le prix du timbre des quittances est à la charge de la partie versante ; si elle se refuse à le payer, la recette..... est inscrite seulement sur le livre à souche..... dont la quittance est *biffée sans être détachée* ; il n'est fourni aucun reçu, ni quittance à la partie versante : mais elle conserve le droit de prendre, d'après l'indication du Receveur, le numéro de l'article du registre où le payement est inscrit.

Conservation des biens et revenus.

1647. — 849. — Les Maires sont chargés de la conservation et de l'administration des propriétés communales, et il leur appartient de faire, en conséquence, tous actes conservatoires de leurs droits.

Néanmoins, les Receveurs municipaux assistent à toutes les adjudications qui ont lieu pour le compte des communes. Ils sont tenus de faire, sous leur responsabilité personnelle, toutes les diligences nécessaires pour la perception des revenus, legs et donations, et autres ressources ; de faire, contre les débiteurs en retard de payer, et à la requête des Maires, les exploits, significations, poursuites et commandements nécessaires ; d'avertir les administrateurs de l'expiration des baux, d'empêcher les prescriptions ; de veiller à la conservation des domaines, droits, privilèges et hypothèques ; de requérir à cet effet l'inscription au bureau des hypothèques de tous les titres qui en sont susceptibles ; enfin, de tenir registre de ces inscriptions et autres poursuites et diligences.

Pour justifier de l'accomplissement de ces obligations, ils doivent produire, avec leurs comptes de gestion (2ᵉ année de l'exercice), un état (mod. 223) des propriétés foncières productives ou non productives de revenus, ainsi que des rentes ou créances qui composent l'actif des communes ou établissements. Cet état doit indiquer la nature des titres, leur date et celle des inscriptions hypothécaires prises pour leur conservation ; il doit donner des renseignements concernant les baux, les titres de créances, les constitutions de rentes sur particuliers et les inscriptions de rentes sur l'État; il doit, en outre, s'il y a des procédures entamées, faire connaître sommairement la situation où elles se trouvent; enfin, il est accompagné d'un tableau (mod. n° 223 *bis*) qui présente pour chacun des articles ci-après : *Loyers de maisons, fermages des terres, rentes sur l'État, rentes sur particuliers, créances diverses*..... d'abord, la comparaison du produit de l'exercice courant avec celui de l'exercice qui précède; en second lieu, la décomposition de la différence d'après les éléments de l'article, et l'explication détaillée des causes, c'est-à-dire des mutations qui l'ont fait naître. A l'appui des augmentations et des diminutions de produit, les Receveurs doivent fournir les baux et résiliations de baux, les actes de vente ou d'achat, les décomptes et certificats, et autres pièces justificatives des mutations, ou indiquer à quels comptes ces pièces auraient été rattachées. Au lieu des pièces elles-mêmes, lorsqu'il y a nécessité de les conserver, les Receveurs peuvent en fournir des copies ou des extraits dûment certifiés.

L'état et le tableau annexe, ainsi établis, sont certifiés conformes par le Receveur et visés par le Maire ou le Président de la commission administrative, qui y joint ses observations.....

Poursuites.

1648. — 850. — Les poursuites à exercer contre les débiteurs en retard ont deux premiers degrés, que les Receveurs municipaux, porteurs de titres exécutoires, peuvent employer :

Le *commandement* par ministère d'huissier, à la requête du maire;

La *saisie-exécution* des meubles, en observant les formalités prescrites par le Code de procédure.

Après ce dernier acte de poursuite, le Receveur informe le Maire « qu'il a fait procéder à la saisie-exécution; que, par le procès-« verbal de cette saisie, en date du......, la vente a été, conformément « au Code de procédure, indiquée pour le..... du mois de..... et qu'à « moins d'ordres contraires de sa part, il passera outre à la vente ».

Si le Receveur ne reçoit pas d'ordre de sursis, il passe outre à la vente.

Si le Maire juge au contraire qu'il y a lieu de surseoir, il doit en donner l'ordre écrit au Receveur, qui suspend alors ses poursuites.

Lorsque le sursis doit se prolonger pendant un temps assez long, le Maire demande au Préfet l'autorisation de réunir le Conseil municipal pour lui en référer; la délibération du Conseil est ensuite soumise à l'approbation de cet administrateur.

Les Receveurs municipaux sont tenus de donner avis, dans les vingt-quatre heures, au Préfet du département et au Receveur des finances sous la surveillance duquel ils sont placés, des ordres de sursis qu'ils ont reçus des Maires.

Lorsqu'il y a lieu de procéder à des poursuites judiciaires autres que celles dont il vient d'être parlé, ces poursuites sont exer-

CHAP. I — LOIS APPLICABLES AU MONT-DE-PIÉTÉ 569

cées par les Maires, avec l'autorisation du Conseil de préfecture. Le Maire peut, néanmoins, sans autorisation préalable, intenter toute action possessoire ou y défendre, et faire tous actes conservatoires ou interruptifs de déchéance. La commune peut aussi, sans autorisation, défendre aux oppositions dans le cas prévu par l'article 852. Enfin le maire peut, en vertu d'une délibération du conseil municipal, se pourvoir devant le conseil d'État contre le refus d'autorisation, et il n'a pas besoin d'être autorisé pour défendre aux appels formés contre la commune.

La *saisie-arrêt* étant un acte purement conservatoire, le Receveur est compétent pour y faire procéder sans autorisation, mais il doit en donner immédiatement connaissance au Maire, afin que ce fonctionnaire puisse examiner s'il convient de dénoncer la saisie avec assignation en validité, et demander l'autorisation de se présenter devant le tribunal.

852. — Toutes les recettes municipales pour lesquelles les lois et règlements n'ont pas prescrit un mode spécial de recouvrement s'effectuent sur des états dressés par le Maire. Ces états sont exécutoires après qu'ils ont été visés par le Sous-préfet. Les oppositions, lorsque la matière est de la compétence des tribunaux ordinaires, sont jugées comme affaires sommaires, et la commune peut y défendre sans autorisation au Conseil de préfecture.

Lorsque les créances à recouvrer sont déjà constatées par un titre exécutoire, tel qu'un jugement ou un acte notarié, le Maire n'a pas à dresser l'état indiqué ci-dessus; la poursuite se fait en vertu de l'acte même.

Revenus des maisons; usines et biens ruraux.

1649. — 854. — Les maisons, usines, prés et autres biens ruraux possédés par les communes doivent autant que possible être affermés.....

(Note. — Pour les Monts-de-Piété, le principe est essentiellement différent; l'unique but de leur institution étant d'effectuer des prêts sur gage, ils doivent conserver ou rendre toujours disponibles tous leurs capitaux; ils ne peuvent en conséquence posséder des propriétés rurales que temporairement; s'il leur était légué ou donné des biens ruraux, ils devraient être tenus de les aliéner promptement; en aucun cas ils ne doivent en acquérir. On s'abstiendra donc de donner ici les règles relatives à la gestion de ces biens.)

Rentes sur particuliers.

1650. — 860. — Le revenu qui résulte pour les communes des rentes foncières dues par des particuliers est établi par les titres constitutifs qui engagent les particuliers envers les communes. Le recouvrement doit être poursuivi contre les débiteurs d'après les règles ordinaires.

Le débiteur peut être contraint au rachat s'il cesse de remplir ses obligations pendant deux ans. Lorsque la rente est quérable, il doit préalablement avoir été mis en demeure.

Rentes sur l'État.

1651. — 861. — Les communes peuvent être propriétaires de rentes sur l'État.....

(Note. — L'observation placée à l'art. 854, relativement aux biens ruraux, est applicable aux rentes sur l'État.)

Remboursement des capitaux.

1652. — 953. — Le remboursement des capitaux placés sur des particuliers peut être fait aux communes quand les débiteurs le proposent; mais ceux-ci doivent, un mois d'avance, remettre aux Maires une demande en deux expéditions, qui sont adressées au Préfet, l'une est envoyée au Maire après approbation, l'autre est transmise au Receveur général, qui l'envoie aux Receveurs municipaux par l'intermédiaire du Receveur particulier des finances.

Les Receveurs municipaux doivent refuser les remboursements si ces formalités n'ont pas été remplies.

Pour les petites rentes, pour celles qui offrent peu de garantie, et pour celles dont la perception est difficile, les remboursements peuvent être acceptés sous la déduction d'un cinquième du capital; mais ces remboursements doivent être autorisés par un arrêté du Préfet.

....

Payements par anticipation.

1653. — 954. — Tout adjudicataire ou acquéreur de biens communaux, meubles ou immeubles, qui veut se libérer par anticipation, ne peut le faire valablement qu'en opérant son versement à la caisse du Receveur des finances de l'arrondissement. Il lui en est délivré un récépissé à talon à titre de placement au Trésor pour le compte de la commune créancière. Une déclaration de versement est immédiatement transmise au Receveur municipal, avec invitation de faire recette de la somme perçue au compte de la commune, et dépense à titre de placement au Trésor. Le récépissé remis à la partie versante est ensuite échangé par elle contre une quittance à souche du Receveur municipal.

Crédits.

1654. — 981. — Les crédits en vertu desquels les dépenses des communes doivent être acquittées, sont ouverts dans les budgets dont la formation a été indiquée à l'article 811. Du reste, ces crédits ne constituent que de simples prévisions; l'ouverture qui en est faite ne donne pas le droit de faire la dépense à laquelle ils s'appliquent, lorsque cette dépense exige par elle-même une autorisation spéciale.

982. — Chaque crédit doit servir exclusivement à la dépense pour laquelle il a été ouvert. Les administrations locales ne peuvent en changer la destination sans une décision de l'autorité compétente.

983. — Lorsque, dans le cours d'un exercice, les crédits ouverts au budget sont reconnus insuffisants, ou lorsqu'il doit être pourvu

CHAP. I — LOIS APPLICABLES AU MONT-DE-PIÉTÉ 571

à des dépenses non prévues lors de la formation de ce budget, les crédits supplémentaires doivent aussi être ouverts par des décisions spéciales.

984. — Les crédits ainsi accordés pour un exercice sont affectés au payement des dépenses qui résultent de services faits dans l'année qui donne son nom à l'exercice. Ils restent ouverts jusqu'au 31 mars de l'année suivante; mais ce délai n'est accordé que pour compléter le payement des dépenses auxquelles ils ont été affectés.

Les crédits ou portions de crédits qui n'ont pas reçu leur emploi à la clôture de l'exercice, sont annulés ou réservés, suivant les règles prescrites aux art. 824, 830, 831 et 988.

Ordonnancement.

1655. — 986. — Aucune dépense ne peut être acquittée par les Receveurs municipaux, si elle n'a été préalablement ordonnancée sur un crédit régulièrement ouvert.

987. — ..... Les ordonnances ou mandats doivent énoncer l'exercice et le crédit auxquels ils s'appliquent. Ils sont délivrés au profit et au nom des créanciers directs des communes.

Si les Maires refusaient d'ordonnancer une dépense régulièrement autorisée et liquidée, il serait prononcé par le Préfet en Conseil de préfecture. L'arrêté du Préfet tiendrait lieu de mandat du Maire.

988. — Aucune dépense ne peut être ordonnancée passé le 15 du mois de la clôture de l'exercice, et les mandats non payés dans les quinze jours suivants sont annulés, sauf réordonnancement s'il y a lieu, avec imputation sur les reliquats de l'exercice clos.

Payements.

1656. — 998. — Les Receveurs municipaux, ne pouvant, ainsi qu'il est dit à l'article 986, acquitter aucune dépense si elle n'a été préalablement ordonnancée sur un crédit régulièrement ouvert, les mandats des Maires ordonnateurs doivent, pour justifier de la réalité de la dette et valider le payement, être appuyés de toutes les pièces voulues par les règlements.....

Tout payement qui serait effectué sans l'accomplissement de ces formalités resterait à la charge du comptable.

999. — En conséquence, les Receveurs municipaux sont autorisés à refuser le payement des mandats qui ne seraient pas accompagnés des justifications prescrites.

Le refus de payement est d'ailleurs soumis aux règles suivantes.

1000. — Les Receveurs municipaux ne peuvent refuser ou retarder le payement des mandats que dans les seuls cas :

Où la somme ordonnancée ne porterait pas sur un crédit ouvert, ou excéderait ce crédit;

Où les pièces produites seraient insuffisantes ou irrégulières;

Où il y aurait opposition dûment signifiée entre les mains du comptable, contre le payement réclamé;

Enfin où, par suite de retards dans le recouvrement des revenus, il y aurait insuffisance de fonds dans la caisse communale.

1001. — Tout refus ou retard de payement doit être motivé dans une déclaration écrite, délivrée immédiatement par le Receveur municipal au porteur du mandat, lequel se retire devant le Maire pour que ce dernier avise aux mesures à prendre ou à provoquer.

1002. — Le Receveur qui aurait indûment refusé ou retardé un payement ou qui n'aurait pas délivré au porteur du mandat la déclaration motivée de son refus, serait responsable des dommages qui pourraient en résulter, et encourrait, en outre, selon la gravité des cas, la perte de son emploi.

1003. — Les comptables n'ont point qualité pour apprécier le mérite des faits auxquels se rapportent les pièces à l'appui de chaque mandat. Il suffit, pour garantir leur responsabilité, qu'elles soient visées, et par conséquent attestées par l'ordonnateur.

Si cependant un comptable s'apercevait ou avait de suffisantes raisons de croire que l'ordonnateur a été trompé, il devrait, nonobstant l'apparente régularité des pièces, suspendre le payement et avertir l'ordonnateur sans aucun retard ; mais, si ce dernier lui donne alors l'ordre de payer, il doit s'y conformer immédiatement.

1004. — D'après la règle établie aux articles 984 et 988, les Receveurs municipaux doivent refuser le payement des mandats qui leur seraient présentés après l'époque fixée pour la clôture de l'exercice ; ces mandats sont annulés sauf réordonnancement ultérieur.

1005. — Les parties prenantes doivent dater elles-mêmes leurs quittances et y désigner la commune où le payement a lieu.

Les Receveurs municipaux sont tenus de veiller à l'accomplissement de cette formalité, et de la remplir eux-mêmes si les parties prenantes sont illettrées.

Lorsque le porteur d'un mandat n'excédant pas 150 francs ne sait pas signer, le Receveur municipal peut effectuer le payement en présence de deux témoins qui signent avec lui, sur le mandat, la déclaration faite par la partie prenante. Si le mandat excède 150 francs, la quittance doit être donnée devant notaire.....

1006. — Les Receveurs municipaux doivent, pour s'assurer de l'identité des parties prenantes, prendre les précautions indiquées à l'article 661.

(*Extrait de l'art. 661*..... soit en faisant signer en leur présence, soit en exigeant la justification des signatures qui ne leur seraient pas suffisamment connues.)

1008. — Les quittances des parties prenantes, pour les payements effectués par les Receveurs municipaux, doivent être timbrées, sauf toutefois les exceptions qui vont être spécifiées.

1009. — Les quittances des sommes de 10 francs et au-dessous, lorsqu'elles n'ont pas pour objet un acompte ou un payement final sur une plus forte somme.

Sont également exemptes de timbre..... (Les exemptions de timbre sont spécifiées dans le règlement sur la comptabilité des Monts-de-Piété.)

1011. — Il est interdit de mettre sur la même feuille plusieurs quittances sujettes au timbre.....

1012. — Les mandats de payement ne sont assujettis au timbre, quand il s'agit d'une dépense excédant 10 francs, qu'à raison de

CHAP. I — LOIS APPLICABLES AU MONT-DE-PIÉTÉ

l'acquit qui est mis au bas: en conséquence, ils cessent de l'être si, indépendamment de cet acquit, lequel du reste doit toujours être donné pour ordre, les factures ou mémoires sont quittancés par les parties prenantes, ou si la quittance est fournie sur une feuille timbrée distincte.

1013. — Les mandats pour le payement du prix de fournitures ou de travaux doivent être appuyés de la facture du fournisseur, et cette facture doit être timbrée; toutefois les Maires peuvent, pour les dépenses non excédant 10 francs, dispenser les créanciers de produire une facture ou un mémoire timbré; mais alors le détail des fournitures doit être énoncé dans le corps des mandats; à défaut de cette énonciation, le Receveur est tenu d'exiger la facture timbrée. Si la quittance est apposée sur la facture, il n'est dû qu'un seul droit de timbre pour la facture et le mandat.

1014. — Lorsqu'il s'agit de travaux en régie, le détail des fournitures ou travaux ne pouvant être donné dans les mandats délivrés au nom des régisseurs, rien ne s'oppose à ce qu'il soit suppléé aux mémoires des objets fournis ou des travaux exécutés, quand il s'agit de sommes non excédant 10 francs, par des quittances, sur papier libre, des fournisseurs et ouvriers, contenant ce détail.

1015. — Le droit de timbre est exigé pour toutes les conventions formant titre entre les communes et les particuliers, telles que les actes portant transmission de propriété, d'usufruit ou de jouissance..... les actes de bail ou de loyer; les adjudications ou marchés de toute nature, aux enchères ou au rabais, ou sur soumissions, et cautionnements relatifs à ces actes.

Sont également soumis au timbre les certificats de propriété, les procès-verbaux d'expertise, les cahiers des charges, les affiches de toute espèce, les certificats de vie des pensionnaires..... à moins qu'il ne s'agisse de pensionnaires sur fonds de retenues dont l'indigence est constatée...; les mandats ou effets à échéance ou à vue, les mémoires de frais ou honoraires, enfin les diverses pièces indiquées comme sujettes au timbre dans les tableaux..... (des pièces justificatives à fournir).

1016. — Les plans et devis peuvent n'être présentés au timbre extraordinaire, ou au visa pour timbre, qu'après l'approbation de l'autorité compétente, sauf le payement de l'amende, s'il était procédé à l'adjudication des travaux avant que les plans et devis approuvés eussent été timbrés. Les feuilles de papier destinées aux marchés et procès-verbaux d'adjudication peuvent être admises au visa pour timbre en débet sous la condition que les adjudicataires acquitteront simultanément les droits de timbre et d'enregistrement.

Lorsque des actes notariés, tels que ceux d'acquisition, de vente, d'échange, doivent être soumis à l'approbation préfectorale, le notaire délivre, à titre de document destiné à l'administration, une copie sur papier libre, au vu de laquelle l'approbation est donnée par un arrêté séparé, dont une expédition est annexée à la minute. Cette expédition est également affranchie du timbre.

Il en est de même des arrêtés des Préfets portant autorisation d'acquisition, de vente, d'acceptation de dons et legs, etc.

1017. — Lorsque les communes n'ont pas pris les mesures convenables pour faire payer les frais du timbre par qui de droit, elles doivent faire porter ces frais dans leurs budgets, comme les autres frais d'administration, l'article 1248 du Code Napoléon mettant les frais du payement à la charge du débiteur.

Constructions, réparations, travaux, fournitures, adjudications.

1657. — 1020. — Les constructions, les grosses réparations et les travaux de toute nature ne peuvent avoir lieu qu'après que les projets ou devis ont été soumis au Préfet et approuvés par lui.

1021. — Toutes les entreprises pour travaux et fournitures au nom des communes sont faites avec concurrence et publicité, sauf les exceptions ci-après :

1022. — Les administrations locales peuvent faire exécuter sur les crédits ouverts à leur budget, et sans autorisation préalable, les travaux de réparation ordinaire et de simple entretien dont la dépense n'excède pas 300 francs [1] ; il peut être traité de gré à gré, sauf approbation par le Préfet, pour les autres travaux et fournitures dont la valeur n'excède pas 3000 francs ; il peut également, sous la même condition, être traité de gré à gré à quelque somme que s'élèvent les travaux et fournitures : 1° pour les objets dont la fabrication est exclusivement attribuée à des porteurs de brevets d'invention ou d'importation ; 2° pour les objets qui n'ont qu'un possesseur unique ; pour les ouvrages et les objets d'art et de précision dont l'exécution ne peut être confiée qu'à des artistes éprouvés ; 3° pour les exploitations, fabrications et fournitures qui ne seraient faites qu'à titre d'essai ; 4° pour les matières et denrées qui, à raison de leur nature particulière et de la spécialité de l'emploi auquel elles sont destinées, doivent être achetées et choisies sur les lieux de production, ou livrées, sans intermédiaires, par les producteurs eux-mêmes ; 5° pour les fournitures ou travaux qui n'auraient été l'objet d'aucune offre aux adjudications, ou à l'égard

---

1. Une circulaire préfectorale du 22 janvier 1880, contenant des instructions pour l'exécution du règlement sur la Comptabilité de la Ville de Paris, interprète de la manière suivante la limitation des dépenses qui peuvent être effectuées sans autorisations spéciales :

« Cette disposition n'a pas pour objet d'apporter des entraves à l'exécution de menus travaux et à la fourniture de menus objets par un même tâcheron ou un même fournisseur, alors même que, dans un délai de quelques jours, les travaux exécutés ou les fournitures faites s'élèveraient à une somme supérieure à 1000 francs. Les mémoires de 1000 francs et au-dessous peuvent être successivement présentés par les mêmes personnes, soit séparément, soit récapitulés sur un même état, pourvu qu'ils se rapportent à de menus ouvrages ou à des fournitures dont le peu d'importance ne saurait comporter ni adjudication ni même de marché de gré à gré et que les dates différentes auxquelles les travaux et fournitures ont été réellement faits soient exactement indiquées.

« Ce que le règlement a voulu éviter, c'est que, par l'élévation du chiffre ou par la multiplication du nombre des mémoires, on puisse arriver à éluder l'obligation de recourir aux adjudications et aux marchés. »

desquels il n'aurait été proposé que des prix inacceptables, sans toutefois que l'administration puisse jamais dépasser le maximum arrêté conformément à l'article 1025 ; 6° pour les fournitures et travaux qui, dans les cas imprévus et d'une urgence absolue et dûment constatée, ne pourraient pas subir les délais de l'adjudication sans qu'il en résultât un préjudice réel pour la commune.

Les adjudications publiques relatives à des fournitures, à des travaux, à des exploitations ou à des fabrications qui ne pourraient être, sans inconvénient, livrés à la concurrence illimitée, peuvent être soumises à des restrictions qui n'admettent à concourir que des personnes reconnues capables par l'administration, et produisant les titres justificatifs exigés par le cahier des charges.

1023. — Les cahiers des charges déterminent la nature et l'importance des garanties que les fournisseurs ou entrepreneurs ont à produire, soit pour être admis aux adjudications, soit pour répondre de l'exécution de leurs engagements. Ils règlent aussi l'action que l'administration pourra exercer sur ces garanties, en cas d'inexécution de ces engagements.

Il est toujours nécessairement stipulé que tous les ouvrages exécutés par les entrepreneurs, en dehors des autorisations régulières, demeurent à la charge personnelle de ces derniers, sans répétition contre les communes. Les Receveurs municipaux seraient responsables des payements qu'ils effectueraient pour des travaux non autorisés.

1024. — L'avis des adjudications à passer est publié, sauf les cas d'urgence, un mois à l'avance, par la voie des affiches et par tous les moyens ordinaires de publicité. Cet avis fait connaitre : le lieu où l'on peut prendre connaissance du cahier des charges ; les autorités chargées de procéder à l'adjudication ; le lieu, le jour et l'heure fixés pour l'adjudication.

....

1025. — Les soumissions doivent toujours être remises cachetées en séance publique. Un maximum de prix, ou un minimum de rabais arrêté d'avance par l'autorité qui procède à l'adjudication, doit être déposé cacheté, sur le bureau, à l'ouverture de la séance.

Dans le cas où plusieurs soumissionnaires ont offert le même prix, il est procédé, séance tenante, à une adjudication entre ces soumissionnaires seulement, soit sur de nouvelles soumissions, soit à extinction des feux.

Les résultats de chaque adjudication sont constatés par un procès-verbal relatant toutes les circonstances de l'opération.

Les adjudications sont toujours subordonnées à l'approbation du Préfet, et ne sont valables et définitives à l'égard des communes qu'après cette approbation.

1026. — Les cautionnements à fournir par les adjudicataires, conformément aux dispositions de l'article 1023, doivent être réalisés à la diligence des Receveurs des communes, auxquels il est remis, à cet effet, une copie et, s'il est nécessaire, une expédition en forme du procès-verbal d'adjudication et du cahier des charges.

Les cautionnements peuvent être faits en numéraire, en immeubles ou en inscription de rentes sur l'État, suivant que le cahier des charges l'aura déterminé.

Les cautionnements en numéraire sont versés à la Caisse des dépôts et consignations. Toutefois, les fonds sont remis provisoirement au Receveur municipal, qui en délivre quittance à souche, les porte à un compte..... et en fait le versement dans le plus court délai possible à la recette des finances; il lui en est remis un récépissé au nom de l'adjudicataire, avec mention que ce récépissé est destiné à remplacer la quittance à souche : une déclaration, tenant lieu de duplicata du récépissé, sert au Receveur municipal de justification de son versement.

Les intérêts des cautionnements sont servis par la Caisse des dépôts, à partir du soixante et unième jour de la date du versement à titre de consignation..... et réglés au 31 décembre de chaque année.

Lorsque les cautionnements sont réalisés en immeubles, l'inscription doit être prise au nom des communes intéressées; il doit être stipulé que les immeubles sont libres de tous privilèges et hypothèques, et le Receveur veille à ce qu'il en soit régulièrement justifié.

Quant aux cautionnements en inscription de rentes sur l'État, les actes d'affectation sont passés soit avec le Directeur de l'enregistrement, soit avec l'agent judiciaire du Trésor.................
....

Ils restituent les dépôts sur l'attestation, qu'ils se font remettre par l'autorité qui a présidé à l'adjudication, que les soumissionnaires qui les avaient faits ne sont pas devenus adjudicataires; quant aux dépôts à convertir en cautionnements, s'il s'agit de dépôts en numéraire, ils en font l'application au compte de la Caisse des dépôts et consignations, et, pour les inscriptions de rentes, ils les remettent aux Receveurs municipaux, qui leur en donnent une reconnaissance et qui restent chargés de provoquer l'acte définitif de cautionnement, comme si les dépôts eussent été primitivement faits entre leurs mains, conformément à l'article 1026.

1027. — Indépendamment des cautionnements définitifs que doivent fournir les adjudicataires, les soumissionnaires peuvent, comme il est expliqué à l'article 1023, être astreints, par les cahiers des charges, au versement d'un dépôt provisoire, qui leur est rendu après l'adjudication, s'ils ne sont pas déclarés adjudicataires; les Receveurs des communes et établissements de bienfaisance reçoivent ces dépôts, les constatent au compte..... en opèrent le remboursement, ou font convertir en cautionnements définitifs ceux qui ont été versés par les soumissionnaires devenus adjudicataires..... Les actes de dépôt sont passés avec les Maires.

1028. — Lorsque les adjudications doivent être passées au chef-lieu d'arrondissement..... le cahier des charges stipule que les dépôts de garantie et les cautionnements seront versés directement, pour le compte des communes, à la caisse du Receveur des finances..
....

CHAP. I — LOIS APPLICABLES AU MONT-DE-PIÉTÉ

1029. — Avant le jour de chaque adjudication, une expédition du cahier des charges doit être adressée par l'administration locale au Receveur des finances de l'arrondissement, afin que ce comptable puisse veiller à ce que les fonds des cautionnements lui soient versés immédiatement à titre de consignation, conformément aux dispositions qui précèdent, ou à ce que les inscriptions de rentes lui soient remises en dépôt, s'il juge cette mesure utile à sa responsabilité.

Assimilation du service des établissements de bienfaisance au service communal.

1658. — 1046. — Les règles de la comptabilité des communes s'appliquent aux établissements de bienfaisance, en ce qui concerne la durée et la division des exercices, la spécialité et la clôture des crédits, la perception des revenus, l'ordonnancement et le payement des dépenses, et, par suite, la formation des budgets ainsi que le mode d'écritures et de comptes..

1048. — Le budget des recettes et des dépenses à effectuer pour chaque exercice est délibéré par les commissions administratives dans leur session annuelle du mois d'avril, afin que les budgets des établissements auxquels les communes fournissent des subventions sur leurs octrois ou sur toute autre branche de leurs revenus, puissent être soumis aux Conseils municipaux, dont la session a lieu du 1er au 15 mai, et que ces Conseils puissent délibérer sur les subventions à accorder par les communes. Le conseil municipal est toujours appelé à donner son avis sur les budgets et les comptes des établissements de charité et de bienfaisance, même lorsque la commune ne leur fournit aucune subvention.

....

1054. — Les Receveurs des établissements de bienfaisance recouvrent les divers produits aux échéances déterminées par les titres de perception et par les règlements administratifs; et attendu que les..... ou autres établissements charitables sont, sauf quelques exceptions, créés par la loi sous l'empire du droit commun pour la perception de leurs revenus, les receveurs doivent, comme on l'a dit..... au sujet des revenus des communes, veiller à la conservation des domaines, droits, privilèges et hypothèques, requérir à cet effet les inscriptions nécessaires, et en tenir registre.

Les recettes des établissements pour lesquels les lois et règlements n'ont pas prescrit un mode spécial de recouvrement s'effectuent sur des états dressés par le Maire, sur la proposition de la commission administrative. Les états sont exécutoires après qu'ils ont été visés par le Sous-préfet. (Voir l'art. 852.)..................

1055. — Les Receveurs ne peuvent donner main-levée des oppositions formées pour la conservation des droits..... ni consentir des radiations, changements ou limitations d'inscriptions hypothécaires qui n'auraient pas été ordonnées par les tribunaux ou autorisées par les conseils de préfecture.

Enfin les Receveurs d'établissements publics délivrent quittance de toutes les sommes qu'ils recouvrent, en se conformant aux règles tracées..... (pour les communes)..... et ils doivent exercer, selon le mode prescrit dans le même chapitre, les poursuites nécessaires contre les débiteurs en retard.

Recouvrement de rentes par l'entremise des Percepteurs.

1659. — 1059. — Lorsque des particuliers débiteurs de rentes en argent envers les..... établissements de bienfaisance, résident dans un arrondissement autre que celui où les établissements sont situés, les Percepteurs des communes où habitent les débiteurs sont chargés d'effectuer les recouvrements pour le compte des établissements créanciers. Ces comptables peuvent, dans les mêmes circonstances, être chargés du recouvrement de toute autre créance appartenant à des..... établissements charitables.

A cet effet, les Receveurs..... font parvenir au Receveur général de leur département, par l'entremise des commissions administratives, les titres de recettes à opérer pour leur compte....................

Les quittances que les Receveurs d'hospices donnent, lorsque les sommes recouvrées pour leur compte leur sont payées, sont exemptes du droit de timbre, ce droit devant être exigé pour les quittances à délivrer aux débiteurs lorsqu'ils se libèrent entre les mains des Percepteurs.

1061. — Les Percepteurs n'ont besoin d'aucune procuration des Receveurs d'hospices pour recouvrer les rentes et créances dues à ces établissements.

Ils ont qualité pour poursuivre et libérer les débiteurs. Quand ceux-ci le demandent, ils ne peuvent leur refuser une quittance notariée dont les termes devront préalablement être approuvés par la commission administrative de l'établissement intéressé.

Acceptation de dons et legs.

1072. — Les délibérations des commissions administratives ayant pour objet l'acceptation des dons et legs sont soumises à l'avis du Conseil municipal, et suivent, quant aux autorisations, les mêmes règles que les délibérations de ce conseil (art. 946).

•••

Revenus extraordinaires.

1660. — 1081 — ..... Les revenus extraordinaires des établissements de bienfaisance..... se composent de produits analogues aux revenus extraordinaires des communes.

Les règles d'après lesquelles les droits des communes sont constatés et réalisés sont entièrement applicables aux établissements de bienfaisance..... seulement les délibérations des commissions administratives concernant les échanges et les aliénations de propriétés, les actions judiciaires, les transactions..... les acceptations de dons et legs, sont soumises au Conseil municipal, et elles suivent, quant aux autorisations, les mêmes règles que celles de ce Conseil............

Recettes accidentelles.

1661. — 1082. — Les Receveurs de ces établissements peuvent être forcés en recette, par suite de l'examen des comptes annuels, de sommes provenant de restes à recouvrer non susceptibles d'être admis en non-valeurs, de rejet de dépenses ou d'erreurs commises au préjudice des établissements. Ils doivent, suivant le cas, s'en charger dans leur comptabilité à titre de recettes accidentelles ou de complément de recouvrement des articles de recette non soldés dans les comptes.

Crédits.

1662. — 1084. — Les crédits en vertu desquels les dépenses des établissements doivent être acquittées sont ouverts dans les budgets.....

Chaque crédit doit servir à la dépense pour laquelle il est ouvert; les administrateurs ne peuvent en changer la destination sans une décision du Préfet.

Lorsque les crédits ouverts par le budget d'un exercice sont reconnus insuffisants ou lorsqu'il est nécessaire de pourvoir à des dépenses non prévues lors de la formation de ce budget, des crédits supplémentaires doivent également être ouverts par des décisions spéciales du Préfet.

Ordonnancement.

1663 — 1085. — Aucune dépense ne peut être acquittée par les receveurs des.... établissements, si elle n'a été préalablement ordonnancée sur un crédit régulièrement ouvert.

Un des membres de la commission administrative est chargé des fonctions d'ordonnateur.

Les mandats doivent être délivrés au profit et au nom des créanciers directs de l'établissement.

Paiement.

1664. — 1086. — Les règles qui ont été tracées..... pour le payement des dépenses des communes, sont applicables au payement des dépenses des établissements de bienfaisance.

....

Fonds de retraites ou de pensions.

1665. — 1096. — Les sommes provenant des retenues exercées, en vertu d'autorisations légales, sur les traitements des employés des.... administrations et établissements publics, pour former des fonds de pensions ou caisse de retraites, doivent être versées à la Caisse des dépôts et consignations par les Receveurs des communes et établissements.

Les Receveurs sont tenus de faire ce versement aussitôt après que les retenues ont été exercées, ou au moins tous les mois, et ils en sont libérés par un récépissé du Caissier de la Caisse des dépôts, ou des préposés de cette caisse dans le département.

Il en est de même des produits accidentels que les Receveurs seraient autorisés à retenir ou à percevoir pour former un premier fonds de retraite ou le compléter.

Les bordereaux qui sont remis aux préposés de la Caisse des dépôts, lors de chaque versement, doivent faire connaître l'origine, la nature et la quotité de chacun des produits versés.

La Caisse des dépôts ouvre à chaque commune ou établissement un compte de fonds de retraites, qu'elle crédite des sommes qui lui appartiennent; et celles de ces sommes qui restent au crédit du compte à la fin de chaque trimestre, après la remise du payement des pensions, sont employées en achat d'inscriptions de rentes sur l'État, dont les arrérages sont perçus par la même caisse au nom de l'établissement, et accroissent d'autant le fonds destiné aux pensions dont il est chargé.

1097. — Cette caisse tient à la disposition des communes ou établissements les fonds non employés, ainsi que les inscriptions de rentes acquises; et lorsque les sommes restant en caisse sont insuffisantes pour subvenir au payement des pensions, la caisse, sur la demande des administrations, fait procéder à la vente des rentes jusqu'à concurrence de la somme nécessaire.

1098. — Dès que la Caisse des dépôts a employé les fonds de retenues à l'acquisition de rentes sur l'État au nom de chaque commune ou établissement propriétaire, ou qu'en cas d'insuffisance de fonds, elle a fait vendre des rentes, elle en donne avis au maire qui le communique au Receveur, afin qu'il constate ces opérations sur ses livres.

Ce comptable constate de même, mais sans avis préalable de la Caisse des dépôts, le recouvrement des arrérages de rentes que cette Caisse perçoit chaque semestre.

1099. — Le paiement des pensions ou retraites a lieu tous les trois mois, et s'effectue, pour les pensionnaires domiciliés dans la commune de la résidence du Receveur municipal, sur des mandats payables par ce comptable et dont l'envoi doit être fait par le Maire, à la Caisse des dépôts et consignations, qui autorise le Receveur des finances à en verser le montant au Receveur municipal contre une quittance à souche.

Lorsque des pensions doivent être payées ailleurs que dans la commune, le Maire envoie à la Caisse des dépôts, au lieu de mandat, des états indiquant les noms, prénoms et résidence des pensionnaires, la somme à payer à chacun d'eux et les justifications à produire. La Caisse des dépôts adresse aussitôt aux Receveurs généraux des départements où résident les ayants droit l'autorisation d'acquitter les pensions, et dès que les quittances des pensionnaires lui ont été envoyées, elle les fait parvenir au Receveur municipal, qui fait à la fois recette et dépense de leur montant. La quittance à souche est immédiatement envoyée à la Caisse des dépôts.

1100. — Dans le courant du mois de février de chaque année, la Caisse des dépôts adresse une copie de son compte courant à chaque administration. Ce compte est communiqué au Receveur, qui le vérifie en le rapprochant de celui qu'il tient lui-même, et en fait une copie pour la produire à l'appui de son compte de gestion.

1101. — Les pensions de retraite sont incessibles et insaisissables, sur quelque caisse qu'elles soient payées, si ce n'est jusqu'à concurrence d'un cinquième pour des créances privilégiées, aux termes de l'article 2101 du Code Napoléon et d'un tiers dans les cas prévus par les articles 203, 205, 206, 207 et 214 du même Code.

Recettes faites avant l'ouverture de l'exercice.

1666. — 1109. — Il peut arriver que quelques débiteurs des communes ou des établissements de bienfaisance demandent à se libérer par anticipation, avant l'ouverture de l'exercice auquel les produits appartiennent.

Ces payements sont considérés comme des opérations hors budget, et sont constatés à un compte spécial. A l'époque de l'ouverture de l'exercice, le montant en est transporté au compte qu'ils concernent.

Payement d'intérêts de cautionnements des Receveurs spéciaux d'établissements de bienfaisance.

1667. — 1168. — Les cautionnements en numéraire des Receveurs spéciaux des établissements de bienfaisance sont, comme on le voit à l'article 1231, versés dans les caisses des Monts-de-Piété.

Le payement des intérêts dus aux titulaires sur ces cautionnements s'effectue par l'entremise des Receveurs des finances d'après le mode indiqué ci-après.

1169. — Les administrations des Monts-de-Piété dépositaires des cautionnements font, chaque année, dresser un état des Receveurs à qui les intérêts sont dus, et en ordonnancent le montant au profit des ayants droit. Le Caissier du Mont-de-Piété fait de cet état des extraits séparés pour chacun des Receveurs résidant hors de l'arrondissement où est situé le Mont-de-Piété, et les remet au Receveur des finances de sa résidence, à qui il verse, en même temps, la somme nécessaire au payement des intérêts........................
....

1171. — Lorsque le Receveur général a réuni les pièces justificatives des payements faits dans le département pour le compte d'un même Mont-de-Piété, il les transmet au Caissier de cet établissement, et il en retire une reconnaissance, qui sert à justifier la dépense portée au débit des Receveurs d'établissements de bienfaisance.

1172. — Si, par suite de décès ou de toute autre cause, la totalité des sommes portées dans les décomptes d'intérêts n'a pas été payée, le Receveur général joint aux pièces constatant les payements, pour la portion non employée des fonds qui auraient été versés, un mandat à l'ordre du Caissier du Mont-de-Piété, sur le Receveur de sa résidence; il porte ce mandat au compte courant des Receveurs d'hospices, et il le fait comprendre dans la reconnaissance ci-dessus mentionnée.

1231.. — Les Receveurs spéciaux des établissements de bienfaisance ont la faculté de faire leurs cautionnements partie en immeubles et partie en rentes sur l'État........................

Les cautionnements ne peuvent être réalisés en numéraire qu'avec l'autorisation du Préfet; le versement en est fait, dans ce cas, aux caisses des Monts-de-Piété.

Unité de caisse.

1668. — 1270. — Chaque comptable ne doit avoir qu'une seule caisse dans laquelle sont réunis tous les fonds appartenant aux divers services dont il est chargé. Il serait déclaré en déficit des fonds qui n'existeraient pas dans cette caisse unique.

Examen des comptes de gestion par les Receveurs des finances.

1669. — 1302. — Les comptes de gestion que les percepteurs-receveurs des communes et des établissements de bienfaisance sont tenus de présenter chaque année, doivent être vérifiés par les Receveurs des finances, avant leur présentation aux Conseils municipaux et aux commissions administratives, afin que ces Receveurs puissent s'assurer qu'ils sont le relevé fidèle de toutes les recettes et les dépenses qui ont dû être effectuées, et que ces recettes et ces dépenses sont appuyées des justifications prescrites.

En conséquence, les Receveurs des communes et des établissements charitables sont tenus de transmettre la minute timbrée de leurs comptes au Receveur des finances de leur arrondissement, dans les deux premiers mois de l'année, et, en tout cas, un mois au moins avant l'époque où ces comptes doivent être soumis aux Conseils municipaux, et d'y joindre les pièces justificatives à l'appui, ainsi que les livres au moyen desquels les comptes ont été formés. Si les comptes et pièces n'étaient pas parvenus dans le délai indiqué ci-dessus, le Receveur des finances devrait les envoyer chercher par un exprès, aux frais du retardataire; il pourrait même le faire dès la fin du mois de février, s'il le jugeait nécessaire........

Les Receveurs des finances peuvent, trois mois après la clôture de chaque exercice, se faire remettre la première partie des comptes de gestion avec les pièces à l'appui, afin d'en faire l'examen.

1303. — Le Receveur des finances consigne à l'encre rouge, sur les minutes des comptes et en regard de chaque article, ou au moyen d'un renvoi, sur une feuille distincte, les observations résultant de l'examen prescrit par l'article précédent. Plus tard, lorsque les Receveurs municipaux apportent au chef-lieu d'arrondissement, pour en faire l'envoi, les expéditions non timbrées destinées à la Cour des comptes ou au Conseil de préfecture, avec les pièces justificatives à l'appui, ils présentent préalablement à la recette particulière ces expéditions, les pièces et les minutes des comptes, précédemment vérifiées; à l'aide de ces documents, le Receveur des finances s'assure s'il a été fait droit à ses observations; dans le cas contraire, il reproduit sur les expéditions celles auxquelles il n'aurait pas été satisfait et à l'égard desquelles il ne serait pas fourni des explications admissibles..............................
....

1304. — Il peut arriver que les erreurs relevées par cette vérification préparatoire du Receveur des finances donnent lieu de rectifier le solde des écritures établi au 31 décembre par le procès-verbal de clôture des registres.

Dans ce cas, ce Receveur exprime, sur le procès-verbal même, ou au besoin sur une feuille qu'il y annexe, les motifs des rectifications opérées et de l'augmentation ou de la diminution que doit éprouver, par suite, le solde de caisse au 31 décembre.

Il dresse un bordereau qui présente la situation du Receveur de la commune ou de l'établissement rectifiée à cette même date, et le remet au comptable, pour servir, avec le procès-verbal de clôture des registres, à justifier dans le compte de gestion le solde ou excédent de recette qui en est le résultat.

....

Surveillance des Receveurs des finances.

1670. — 1317. — Les Receveurs généraux et particuliers des finances sont chargés de surveiller les caisses et la tenue des écritures des Receveurs spéciaux des communes et des établissements de bienfaisance situés dans leur arrondissement, et généralement toutes les parties du service confié à ces comptables.

Ils doivent vérifier à domicile, une fois par trimestre, la caisse et la comptabilité de ces Receveurs, sans préjudice des autres vérifications que le Receveur surveillant peut faire toutes les fois qu'il le juge à propos. Les Receveurs peuvent néanmoins se dispenser de se transporter aussi fréquemment chez un comptable dont le service aurait été reconnu complètement régulier dans une vérification précédente.

En l'absence du comptable à vérifier, les Receveurs des finances peuvent prendre les mesures indiquées au 4e alinéa de l'article 1309. (*Extrait de l'art. 1309....* Lorsque l'agent vérificateur ne trouve pas le comptable à son domicile, il peut apposer son cachet sur la caisse jusqu'au moment où il opérera la vérification du service. En cas d'absence constatée du comptable, il peut, en présence du Maire, faire ouvrir la caisse et procéder à la vérification.)

Les résultats des vérifications faites chez les Receveurs spéciaux doivent être constatés par des procès-verbaux, sur lesquels l'agent vérifié consigne ses réponses et explications; si le Receveur municipal ne veut pas profiter de cette faculté, la mention de son refus est faite au procès-verbal, et elle est signée par lui..............

....

1319. — Les Receveurs municipaux doivent s'adresser au Receveur des finances de leur arrondissement pour faire lever les difficultés qu'ils peuvent rencontrer dans l'exécution ou l'interprétation des règlements et instructions..............................

....

1321. — Lorsque les Receveurs des finances ont constaté des irrégularités graves dans la gestion d'un Receveur spécial, ils peuvent provoquer auprès du maire sa suspension et son remplacement par un gérant provisoire, ou, en cas d'urgence, y pourvoir d'office sous leur responsabilité, sauf à rendre compte immédiatement de ces mesures au Préfet du département.

Les Inspecteurs spéciaux préposés par le ministère de l'Intérieur à la surveillance des établissements charitables peuvent aussi, en cas de déficit, suspendre le comptable et requérir la remise du service à un gérant intérimaire, et, en cas d'absence, prendre les mesures indiquées au 4e alinéa de l'article 1309; mais ils doivent en informer le receveur des finances de l'arrondissement.

1322. — Les Inspecteurs des finances ont le droit de vérifier la gestion des receveurs spéciaux sans qu'il soit besoin d'autorisations préalables; ils peuvent les suspendre de leurs fonctions.......

Commis nommé d'office pour la reddition des comptes.

1671. — **1336.** — Dans le cas où l'ex-receveur serait hors d'état de former et de présenter ses comptes dans le délai indiqué à l'article 1546, et n'aurait pas désigné un fondé de pouvoirs pour remplir cette obligation, le Préfet ou le Sous-préfet, sur la proposition du Receveur des finances, nomme un commis d'office.

La rétribution due à ce commis est à la charge de l'ex-receveur; elle est indépendante des amendes qui seraient prononcées par le Conseil de préfecture ou la Cour des comptes, conformément à l'article 68 de la loi du 18 juillet 1836 et à l'article 1546 précité. Cette rétribution est réglée de gré à gré entre le commis d'office et l'ex-receveur ou ses représentants; en cas de contestation, il est statué par le Préfet sur la proposition du Receveur d'arrondissement. Si l'ex-receveur se refuse au payement de la somme mise à sa charge, ou s'il est insolvable, cette somme devient un débet du comptable; le Receveur des finances doit le couvrir, et il en poursuit le remboursement par les voies indiquées aux articles 1313, 1314 et 1315.

Le nouveau titulaire peut remplir les fonctions de commis d'office.

Comptabilité en partie double.

1672. — **1440.** — La méthode des écritures en partie double consiste à employer, pour la description de chaque opération, deux agents ou comptes, dont l'un est débité et l'autre crédité. En effet, chaque opération de comptabilité est nécessairement composée et met deux intérêts en opposition; le fait qui dégage l'un oblige l'autre, et, dès lors, il existe toujours, pour une même opération, un agent débiteur et un agent créditeur; celui qui doit, reçoit ou a reçu, est débiteur; celui à qui il est dû, qui paye ou a payé, est créditeur............

Ainsi, lorsqu'une recette a eu lieu, le comptable débite la caisse ou le compte de Portefeuille qui reçoit, ou le compte de l'agent par lequel la recette a été opérée, et il crédite ou le compte des produits représentant le redevable qui a payé, ou le compte de trésorerie représentant l'agent qui a versé les fonds, ou le compte du correspondant auquel appartient la somme reçue.

De même, lorsqu'un payement a été effectué, le Receveur crédite le compte de la valeur remise en payement, ou le compte de l'agent qui a payé, et il débite ou le compte de dépense représentant le créancier qui reçoit, ou le compte de trésorerie représentant l'agent auquel les fonds sont versés, ou le compte du correspondant qui doit la somme payée...

Les articles par lesquels les comptes sont débités ou crédités sont inscrits sur un journal, dans l'ordre chronologique des opérations; toute opération, de quelque nature qu'elle soit, doit être décrite avec toutes ses circonstances, au moment même où elle a lieu, si elle se passe au bureau du Receveur, ou dès qu'elle est connue du comptable, si elle s'est passée chez un de ses subordonnés ou correspondants; en aucun cas, l'enregistrement des opérations d'une journée ne doit être remis au lendemain, et les soldes matériels de caisse et de portefeuille doivent être comparés chaque jour avec les résultats des écritures.

Le montant des articles est rapporté jour par jour sur un grand-livre, où les comptes sont ouverts par nature d'opérations. Les comptes du grand-livre additionnés chaque fois qu'il s'agit de connaître la situation des services, les totaux en sont portés sur un relevé appelé balance, où tous les comptes se trouvent indiqués et classés; les opérations constatées au débit d'un ou de plusieurs comptes étant portées simultanément et pour une somme pareille au crédit d'autres comptes, il doit toujours exister une équation parfaite entre les totaux des débits des divers comptes réunis et les totaux des crédits : cette équation prouve l'exactitude de la balance. Les soldes débiteurs et créditeurs, ou, en d'autres termes, les excédents des débits sur les crédits, ou des crédits sur les débits que les comptes peuvent présenter, sont portés dans les colonnes spéciales de la balance ; ces soldes, qui doivent également se balancer entre eux, font connaître la situation de l'actif et du passif du comptable.

Les comptes du grand-livre qui exigent des développements particuliers donnent lieu à la tenue de livres auxiliaires. Les opérations des recettes générales, étant très multipliées, nécessitent, en outre, des livres élémentaires ou de premières écritures, où les recouvrements et les payements sont inscrits avec détail pour être constatés au journal, seulement à la fin de chaque journée.

Tels sont les principes généraux de la comptabilité en partie double prescrits aux Receveurs des finances.

Les Receveurs spéciaux des communes et des établissements de bienfaisance et les Caissiers des caisses d'épargne, qui, de même que les receveurs des finances, ont un journal général et un grand-livre et dressent une balance des comptes qui y sont ouverts, tiennent, comme ces derniers comptables, leurs écritures en partie double.

....

Les deux systèmes d'écritures reposent, d'ailleurs, sur ce principe : que le comptable doit décrire tout ce qui se fait et rien que ce qui se fait; qu'il doit constater les opérations à mesure qu'elles ont lieu, sans lacune, surcharge, ni rature ; que, conséquemment, les écritures faites ne peuvent jamais éprouver d'altération, et que, si des erreurs ont été commises, elles doivent être rectifiées par de nouvelles écritures.

....

Livres de détail.

1673. — **1458.** — Les livres de détail destinés à la constatation, par nature de recette et de dépense, des opérations qui sont effectuées en exécution des budgets des communes et des établissements de bienfaisance, sont tenus par exercice, c'est-à-dire qu'ils servent à l'enregistrement des recettes et des dépenses propres à chaque exercice, non seulement pendant l'année qui donne son nom à cet exercice, mais encore pendant la partie de l'année suivante, qui est accordée pour en compléter les opérations.

Il s'ensuit que les receveurs, ayant à opérer, dans le cours de chaque année, les recettes et les dépenses de l'exercice qui commence, et celles de l'exercice qui achève sa période, doivent tenir concurremment ouverts, au nom de chaque commune ou établissement, les livres de détail de ces deux exercices.

....

1459. — A mesure que le Receveur a effectué une recette....., et que, suivant les dispositions de la section précédente, il a délivré à la partie versante une quittance détachée de son journal à souche, il constate immédiatement cette recette à l'article du livre de détail auquel elle se rapporte; de même, chaque payement que le Receveur opère entre les mains des créanciers des communes ou établissements est constaté en dépense à l'article correspondant du livre de détail auquel la dépense appartient.

....

Clôture des registres au 31 décembre de chaque année.

1674. — **1518.** — Les dispositions rappelées dans les sections précédentes ont fait connaître que les divers registres des Percepteurs-receveurs des communes et établissements publics doivent être arrêtés au 31 décembre de chaque année.

Cette opération exige l'intervention des Maires des communes, des administrateurs des établissements publics et des Receveurs des finances.

1519. — Les Maires des communes où résident les Percepteurs sont appelés à constater l'existence, au 31 décembre, des valeurs matérielles qui représentent l'excédent des recettes sur les dépenses de chaque commune et établissement, ainsi que de chacun des services dont les comptables sont chargés, et à procéder à la clôture des registres.

Ces fonctionnaires, assistés d'un membre du Conseil municipal, dressent, à cet effet, un procès-verbal, et font établir, à l'appui, un bordereau de situation sommaire au 31 décembre : ils transmettent les deux pièces au Sous-préfet de l'arrondissement.

Une ampliation de ce procès-verbal et du bordereau est remise au comptable pour lui servir à justifier l'excédent de recette qui résulte de son compte de gestion pour chaque commune. Une autre ampliation des mêmes pièces est envoyée au Receveur des finances.

L'ordonnateur des dépenses de chaque hospice ou bureau de bienfaisance, dont le service n'est pas confié à un Percepteur, procède de même à la clôture des registres de l'établissement, et constate par un procès-verbal, dont ampliation est remise au Receveur, l'existence des valeurs qui représentent l'excédent des recettes au 31 décembre.

Un cadre établi au bas de la formule du procès-verbal présente la situation des avances dont les pièces justificatives figurent comme valeur de portefeuille, et l'indication des causes de retard qui existeraient dans la rentrée de ces avances.

1520. — Lorsqu'ensuite les Receveurs des finances se font représenter tous les registres des Percepteurs (Receveurs) pour procéder à l'examen préparatoire des comptes de gestion, ils s'assurent que les résultats des bordereaux, dressés à la date du 31 décembre, sont d'accord avec les résultats des écritures et avec les soldes matériels constatés par les procès-verbaux de clôture des registres.

Les différences qui seraient reconnues entre les résultats des procès-verbaux et ceux des écritures devraient être rectifiées ainsi qu'on l'a dit à l'article 1304.

....

Comptes de gestion.

1675. — 1530. — Les Receveurs des communes et établissements de bienfaisance sont tenus de rendre, chaque année, un compte de gestion pour leurs opérations de l'année précédente.

Lorsqu'un compte est présenté par une personne autre que le Receveur ou le préposé que l'administration aurait commis d'office à sa reddition (art. 1336), le signataire du compte doit justifier de la procuration spéciale à lui donnée par le Receveur, et si celui-ci est décédé ou hors d'état de donner sa procuration, par ses héritiers ou ayants cause, lesquels auraient eux-mêmes à justifier de leurs qualités. Le commis d'office est tenu de produire sa commission ou une copie de cet acte dûment certifiée.....

1531. — Le terme de la période pendant laquelle les recettes et les dépenses de chaque exercice doivent être exécutées est fixé au 31 mars de la seconde année de l'exercice, ainsi qu'il a été dit à l'article 813.

La première année donne son nom à l'exercice.

Les trois mois de la seconde sont accordés pour en compléter les faits. Il s'ensuit que les Receveurs ont à faire concurremment, dans le cours de chaque année, les opérations complémentaires de l'exercice qui achève sa période et les opérations de l'exercice qui a commencé avec l'année courante.

En conséquence, leur compte de gestion annuelle doit être divisé de manière à présenter : d'une part, le compte final de l'exercice qui a achevé sa période ; de l'autre, le compte partiel de l'exercice dont les douze premiers mois sont écoulés.

Ce compte présente aussi, dans une partie distincte, les recettes et les payements que les Receveurs sont appelés à faire pour les divers services qui ne sont pas de nature à affecter les budgets des communes et des établissements.

1532. — La première page des comptes des Receveurs spéciaux

d'établissements de bienfaisance doit contenir..... une déclaration du comptable, signée par lui et désignant la nature de son cautionnement, l'époque de sa réalisation, et, s'il s'agit d'un cautionnement en immeubles, la date des inscriptions hypothécaires prises dans l'intérêt des établissements dont le comptable gère les revenus. Cette déclaration doit être certifiée par le Receveur des finances.

1533. — Les budgets, formant la base des comptes de gestion, puisque ces derniers n'en sont que l'exécution, doivent y être transcrits littéralement ; toutefois, lorsque des sommes sont allouées par le budget supplémentaire en augmentation des crédits ouverts par le budget primitif, elles sont placées sur la même ligne que ces crédits, auxquels on renvoie par les mots : *voir article*....., inscrits dans la colonne affectée au budget supplémentaire, à l'endroit même où serait portée chacune de ces sommes, s'il s'agissait de crédits purs et simples. Une annotation mise dans la colonne d'observations, en regard du crédit primitif, renvoie en outre à l'article où se trouve le crédit supplémentaire. Enfin les légers excédents de dépense qu'on doit imputer sur le crédit des dépenses imprévues, afin d'éviter l'ouverture de crédits supplémentaires, sont indiqués dans la colonne d'observations, en regard des articles où ils se sont produits.....

1534. — Les articles des trois parties du compte reçoivent une seule série de numéros, qui commence au premier article de la recette de la première partie et se continue jusqu'au dernier article de la dépense de la troisième partie. Une colonne spéciale y est affectée.

1535. — Les comptes de gestion, ainsi divisés et disposés, ont pour point de départ le solde des valeurs restant en caisse ou en portefeuille au commencement de l'année et celui des avances à recouvrer.

Ils présentent les recettes et les dépenses de l'année, dans des chapitres et articles correspondant à chacun des comptes particuliers ouverts, soit sur les livres de détail, pour les opérations relatives au budget, soit sur... pour les opérations étrangères à ce budget.

Et ils ont pour résultat le montant des valeurs et pièces justificatives qui représentent l'excédent de recette au 31 décembre.

1536. — Dans la première partie du compte de gestion destinée aux opérations de l'exercice terminé, le Receveur doit se charger en recette de tous les revenus qui étaient à recouvrer d'après le budget, ou les autorisations supplémentaires, sauf les exceptions indiquées à l'article suivant.

Ces revenus se composent de revenus fixes et de revenus éventuels.

Les premiers sont ceux dont la perception est faite en vertu de baux et actes d'adjudications, qui rectifient les fixations provisoires du budget, et c'est du montant de ces titres définitifs que les receveurs sont tenus de se charger en recette.

Les revenus de la seconde espèce sont ceux pour lesquels il n'existe qu'une évaluation au budget, et ne peuvent être définitive-

CHAP. I — LOIS APPLICABLES AU MONT-DE-PIÉTÉ 589

ment connus qu'en fin d'exercice. Les Receveurs doivent réclamer de l'autorité administrative des certificats qui établissent les produits réels de chacun de ces revenus, et ces certificats, devenant ainsi titres définitifs, les Receveurs se chargent des sommes qui y sont portées.

1537. — Les Receveurs ne sont pas dans l'obligation de faire recette, dans leurs comptes, de la portion de revenus qui, par des circonstances imprévues et exceptionnelles, dont ils justifieraient, n'auraient pu être recouvrés pendant le cours de l'exercice, et seraient cependant susceptibles de l'être dans l'exercice suivant : tels sont, par exemple, les produits dont le recouvrement peut dépendre d'une procédure judiciaire, d'une succession non liquidée ou de tout autre cas de force majeure.

Les Receveurs font ressortir ces articles comme restes à recouvrer; ils mentionnent dans la colonne d'observations les pièces justificatives des causes de retard, et, sur le vu de ces pièces, l'autorité chargée de juger le compte rappelle, dans son arrêt, l'obligation qui est imposée au Receveur d'en poursuivre la rentrée comme d'un produit applicable à l'exercice suivant et de s'en charger dans le prochain compte.

Quant aux restes à recouvrer dont les Receveurs demanderaient l'admission en non-valeurs, en justifiant, dans les formes voulues par les règlements, notamment par l'arrêté du 6 messidor an X, de l'insolvabilité des débiteurs, ou de la caducité des créances, il est procédé de la manière suivante : lorsque le Conseil municipal ou la commission administrative a, dans une délibération spéciale, proposé l'admission en non-valeur d'une partie ou de la totalité des restes à recouvrer dont la rentrée ne peut pas être opérée, et lorsque la délibération a été approuvée par le Préfet, le Receveur, en vertu de cette décision, déduit, dans son prochain compte, les sommes irrécouvrables du montant de celles qui sont à inscrire dans la colonne destinée à présenter le montant définitif des titres et actes justificatifs de recettes; il indique en outre, dans une colonne spéciale, le montant des non-valeurs ainsi constatées afin que le Conseil de préfecture ou la Cour des comptes puisse, au moyen de cette indication, faire pour chaque non-valeur l'application des pièces produites, et inscrire avec certitude, dans son arrêté ou arrêt, la disposition nécessaire pour déduire définitivement de l'actif la somme reconnue irrécouvrable.

L'arrêté préfectoral d'annulation approuvant la délibération du Conseil municipal ou de la commission administrative qui a proposé l'admission en non-valeur est pris au vu : 1º de toutes les pièces produites par le Receveur pour établir l'insolvabilité du débiteur et l'impossibilité du recouvrement; 2º de l'avis du Sous-préfet sur l'objet de la demande. Cet arrêté a, au surplus, uniquement pour but de faire provisoirement disparaître de l'actif de la commune ou de l'établissement les créances jugées absolument irrécouvrables, et non pas de dégager entièrement la responsabilité du Receveur; la Cour des comptes et le Conseil de préfecture, à qui il appartient d'apurer définitivement les comptes des Receveurs municipaux et d'établissements de bienfaisance, conservent le droit de forcer ces comptables en recette, quand ils n'ont pas fourni toutes les justifications nécessaires à leur décharge.

....

1538. — La première partie du compte de gestion doit rappeler les opérations de recettes et de dépenses faites dans l'année précédente sur l'exercice clos; de telle sorte que, ces opérations étant réunies à celles qui ont eu lieu sur le même exercice pendant l'année pour laquelle le compte est rendu, on puisse faire ressortir :

1º Les restes à recouvrer qui doivent être reportés à l'exercice suivant, en exécution de l'ordonnance royale du 1er mars 1835;

2º Les excédents de crédit à annuler ou à reporter, conformément à la même ordonnance;

3º Le reliquat définitif de l'exercice terminé, qui doit être comparé avec le résultat du compte d'administration rendu pour ce même exercice.

1539. — La seconde partie du compte de gestion, destinée aux opérations de l'exercice dont les douze premiers mois sont écoulés, doit présenter :

1º Les recettes et les dépenses à effectuer d'après les budgets primitif et supplémentaire, ou les autorisations spéciales ;

2º Les recettes et les dépenses faites dans l'année pour laquelle le compte est rendu.

1540. — Les recettes et les dépenses effectuées par les Receveurs pour les divers services exécutés en dehors des budgets doivent composer la troisième partie de leur compte de gestion. Ces services ont ordinairement pour objet :

....

Les fonds de retraite des employés des Communes et des établissements de bienfaisance;

Les dépôts en garantie et cautionnements pour adjudications et marchés;

Les recettes faites avant l'ouverture de l'exercice.

....

1541. — Les Receveurs, après avoir établi chaque partie de leur compte, en forment le résultat général.

A cet effet, ils rapportent dans le cadre qui termine le modèle :

1º Le total des recettes faites pendant l'année sur chacun des exercices dont les opérations sont présentées dans les deux premières parties du compte, ainsi que les recettes effectuées sur les divers services qui font l'objet de la troisième partie du compte ;

2º Le total des dépenses acquittées, également pendant l'année, sur les mêmes exercices et pour les mêmes services;

3º L'excédent des recettes de l'année précédente, qui est présenté en tête du compte comme premier article.

Les Receveurs forment ensuite le total général de la recette et de la dépense, et font ressortir l'excédent des recettes au 31 décembre, en présentant d'une manière distincte le solde relatif aux services exécutés hors budget, et celui qui représente les fonds appartenant à la commune ou à l'établissement.

Cet excédent doit être justifié : 1° par le procès-verbal de vérification de caisse dressé à la même époque du 31 décembre (art. 1519 et 1551); 2° par..... la balance des comptes du grand-livre (à laquelle est annexé un état présentant..... le développement des comptes relatifs aux services hors budgets).

1542. — Les comptes de gestion doivent être appuyés des pièces justificatives de la recette et de la dépense qui sont déterminées par les lois et règlements..... et les pièces, classées par chapitres et articles, doivent être détaillées dans des inventaires ou bordereaux qui sont joints au compte.

Lorsqu'un article, soit de la recette, soit de la dépense, est justifié par plusieurs pièces, elles doivent être récapitulées sur une fiche, ou au moins en marge de la première de ces pièces.

Chaque pièce justificative, tant de la recette que de la dépense, doit d'ailleurs être revêtue du numéro d'ordre de l'article du compte auquel elle se rapporte.

....

1543. — La seconde partie du compte se composant uniquement des opérations partielles d'un exercice qui ne sera clos que l'année suivante ne peut donner lieu à un règlement définitif.

Il suit de là :

En ce qui touche les justifications de la recette, que les Receveurs doivent conserver entre leurs mains les titres de perception, et qu'ils n'ont à joindre au compte de cette première année qu'un état général;

Et, quant à la dépense, que les pièces qu'il aurait été impossible d'établir pour le compte de la première année de l'exercice (telles que les procès-verbaux de réception de travaux non terminés) ne doivent être également produites qu'avec le compte final, sauf à en fournir les extraits avec le compte de la première année;

Enfin que, quand une recette ou une dépense est échelonnée sur plusieurs années, la production du titre original ne doit avoir lieu qu'avec le compte de l'année pendant laquelle l'opération a été définitivement consommée. Jusque-là, les Receveurs fournissent, avec le compte final du premier exercice, des copies ou extraits des titres, lesquels sont exempts de timbre, à la condition qu'ils portent la mention expresse que l'expédition en due forme est retenue par le Receveur afin de suivre l'opération, et qu'elle sera jointe au compte de l'année pendant laquelle l'opération sera terminée; ils désignent, dans les comptes suivants, le compte auquel sont joints les extraits ou copies; en ce qui concerne la recette, ils produisent, avec le compte final de chaque exercice, un certificat du Maire ou de la commission administrative indiquant la somme qui était à recouvrer pour l'exercice. Ce certificat peut être collectif lorsqu'il y a plusieurs titres de même nature.

Les titres originaux sont pour les comptables, non les minutes des baux, procès-verbaux d'adjudication et autres contrats, lesquelles doivent rester déposées aux archives des mairies ou établissements de bienfaisance, mais les expéditions en forme de ces actes qui, aux termes de l'article 822, sont délivrées aux Receveurs.

1545. – Chaque Receveur, n'étant comptable que des actes de sa gestion personnelle, doit, en cas de mutation, rendre compte séparément des faits qui le concernent; en conséquence, lorsque la mutation s'opère dans le cours d'une année, le compte de cette année doit être divisé suivant la durée de la gestion de chacun des titulaires.

1546. — Le compte du Receveur remplacé doit avoir, pour premier article, l'excédent des recettes de son compte de l'année précédente, et, pour dernier résultat, le montant des valeurs qui représentent l'excédent des recettes au jour de la cessation de ses fonctions. Il comprend toutes les opérations faites par lui, pendant ce laps de temps, sur les deux exercices ouverts. Le nouveau Receveur doit rester dépositaire des divers titres nécessaires pour suivre la rentrée des restes à recouvrer; l'ex-Receveur n'est tenu de produire que les justifications indiquées au cinquième alinéa de l'article 1543, sauf à fournir ultérieurement les autres justifications qui seraient exigées.

Quant aux justifications de la dépense, le Receveur se conforme aux règles tracées plus haut au sujet des comptes de gestion annuelle.

Les comptes d'un Receveur remplacé doivent être rendus dans les trois mois qui suivent la cessation de ses fonctions, conformément aux dispositions de l'article 1er du chapitre II de la loi du 28 pluviôse an III, et sous les peines dont il est parlé à l'article 1556.

1547. — Le premier compte à rendre par le nouveau Receveur doit avoir, pour premier article, le solde ou excédent de recette résultant de la gestion de son prédécesseur, et justifié par le procès-verbal qui a constaté la remise du service, solde qui sera reporté à la fin du compte pour faire ressortir l'excédent total de recettes au 31 décembre de l'année pour laquelle le compte est rendu.

Le Receveur n'est tenu de se charger en recette et en dépense, dans son compte, que des sommes qu'il a lui-même reçues et dépensées; mais il ne doit pas moins y rappeler toutes les opérations antérieures, afin de pouvoir présenter la situation complète des deux exercices au 31 décembre.

....

1550. — Les comptes doivent être dressés en double expédition. La minute destinée au comptable est soumise au droit de timbre, lequel est à la charge des communes et établissements.

Ils doivent être affirmés sincères et véritables tant en recette qu'en dépense, sous les peines de droit, et être datés et signés par le comptable ou ses ayants cause. Ils doivent en outre être paraphés sur chaque feuillet et ne point offrir d'interligne; les renvois et ratures doivent être approuvés et signés par le comptable.

Après la présentation d'un compte, il ne peut y être fait aucun changement.

....

1552. — Les Receveurs justiciables de la Cour des comptes doivent, aussitôt après leur installation, et sans attendre la présentation de leur premier compte, adresser au Procureur général près cette Cour des copies certifiées par le Maire, et visées par le Préfet, ou le Sous-préfet, de l'arrêté ou du décret de leur nomination, du certificat d'inscription de leur cautionnement, de l'acte de prestation de leur serment et du procès-verbal de leur installation.

Lorsque le compte d'une commune ou d'un établissement est rendu pour la première fois à la Cour des comptes, le Receveur doit, en outre, produire un état certifié par le Maire de la commune ou par l'administration de l'établissement, indiquant d'une manière claire et distincte le montant des recettes, tant ordinaires qu'extraordinaires, effectuées pour les trois exercices qui ont précédé l'année à laquelle le compte se rapporte.

1553. — Lorsqu'un comptable a été remplacé dans l'année qui donne son nom au compte qu'il présente, et qu'il désire obtenir, par l'arrêt ou l'arrêté à intervenir sur cette portion de gestion, sa décharge, et par suite le remboursement de son cautionnement, il doit produire :

1° Une copie en forme du procès-verbal de la remise de service à son successeur, et une déclaration de ce dernier qu'il consent à demeurer chargé de la suite des recettes et dépenses, ainsi que du reliquat qui lui aurait été versé ;

2° Un certificat en bonne forme du Maire de la commune ou des administrateurs de l'établissement, constatant qu'ils n'ont pas de reprises à exercer contre lui, notamment à l'égard des obligations que lui imposait l'article 1er de l'arrêté du gouvernement du 19 vendémiaire an XII, concernant la conservation des biens des communes ou établissements, et les poursuites à exercer pour la perception des revenus.

Si le comptable n'a été remplacé que dans l'année qui suit celle dont il rend compte, et s'il allègue n'avoir fait aucune opération de recette ni de dépense entre la clôture de son compte et la date de son remplacement, il doit produire, indépendamment des pièces mentionnées ci-dessus, un certificat négatif des autorités locales, visé par le Préfet, et un semblable certificat du Receveur des finances de l'arrondissement, visé par le Receveur général.

1554. — Les comptes des Receveurs des communes et des établissements de bienfaisance doivent, conformément aux articles 1302 à 1304, être préalablement vérifiés par les Receveurs des finances, qui les visent et y joignent leurs observations, s'il y a lieu, selon ce qui est réglé à l'article 1303.

Les comptes doivent ensuite, avant leur présentation à l'autorité chargée de les juger, être soumis à l'examen des Conseils municipaux et des commissions administratives.

A cet effet, une des expéditions du compte de chaque année, non sujette au timbre, est remise au Maire avant la fin du premier trimestre de l'année suivante, et ce fonctionnaire la soumet au Conseil.

Pendant le temps de cet examen, le Receveur tient ses pièces à la disposition des membres du Conseil ou de la commission, pour les lui communiquer lui-même s'il y a lieu; et, dans le cas où il devrait laisser provisoirement entre les mains du Maire une partie des pièces, ce fonctionnaire lui en délivrerait un bordereau détaillé et dûment certifié. Aussitôt que la délibération du Conseil a été prise, le Receveur retire une ampliation de cet acte et du compte d'administration, ainsi que les pièces dont il se serait momentanément dessaisi; il réunit ces éléments aux autres justifications qu'il doit produire et les adresse, avec une expédition du compte, au greffier en chef de la Cour des comptes, ou au Conseil de préfecture, selon que le jugement du compte appartient à l'une ou à l'autre de ces autorités.

Il lui est donné décharge de cette présentation, qui doit toujours avoir lieu avant le 1er juillet de l'année qui suit celle pour laquelle le compte est rendu.

Si, malgré les démarches réitérées, le Receveur n'avait pu obtenir la remise de la délibération, il ne devrait pas moins adresser son compte à l'autorité chargée de le juger, sauf à y joindre, au sujet de cette lacune, les déclarations et attestations nécessaires.

Le Receveur doit donner avis au Procureur général près la Cour des comptes de l'envoi qu'il fait de son compte au greffier en chef de cette Cour.

1556. — En cas de retard dans la présentation de leurs comptes, les Receveurs des communes et des établissements de bienfaisance peuvent, sans préjudice des poursuites autorisées par les lois et ordonnances, être condamnés, par l'autorité chargée de les juger, à une amende de dix francs à cent francs, par chaque mois de retard, pour les Receveurs justiciables des Conseils de préfecture, et de cinquante francs à cinq cents francs, également par mois de retard, pour ceux qui sont justiciables de la Cour des comptes. Ces amendes sont attribuées aux communes ou établissements que concernent les comptes en retard : elles sont assimilées aux débets des comptables, et le recouvrement peut en être poursuivi par corps, conformément aux articles 8 et 9 de la loi du 17 avril 1832.

1557. — Les comptes présentés dans les délais prescrits ci-dessus doivent être jugés avant l'époque fixée pour la présentation des comptes de l'année suivante.

....

Les augmentations de recette et les diminutions de dépense donnent lieu au versement en numéraire dans la caisse de la commune ou de l'établissement des sommes mises à la charge du Receveur.

Les diminutions de recette et les augmentations de dépense peuvent donner lieu à des payements sur la caisse municipale ou hospitalière, et les comptables sont autorisés à se pourvoir à cet effet auprès des autorités administratives.

Au moyen de ces dispositions, l'arrêt rendu sur chaque compte rappelle le résultat général de la situation du receveur, pour des sommes parfaitement conformes à celles qui sont constatées au compte rendu : il le charge de rapporter ce résultat au compte de la gestion subséquente, pour en former le premier article, et par cette mention nécessaire il lie invariablement les comptes les uns aux autres.

....

1558. — Les arrêts ou arrêtés rendus sur les comptes des Receveurs des communes et établissements de bienfaisance sont notifiés, savoir :

Par lettres chargées du Greffier en chef de la Cour des Comptes, aux Receveurs justiciables de cette cour;

Par les Préfets, aux Receveurs justiciables des Conseils de préfecture.

Pour cette dernière classe de comptables, deux expéditions sont adressées au Maire.... Les Maires inscrivent sur ces deux expéditions une déclaration ainsi conçue : « Vu et notifié le présent arrêté de compte à M.   , Receveur de   , par nous, Maire de la commune de   , en exécution de l'article 2 de l'ordonnance du 28 décembre 1830. » L'une des expéditions, accompagnée de la déclaration de notification datée et signée par le Maire, est remise par ce fonctionnaire au Receveur, qui en donne un récépissé daté et signé..

La deuxième expédition de l'arrêté de compte, également revêtue de la déclaration de notification, est déposée à la mairie avec le récépissé du comptable.

....

1559. — Les arrêts de la Cour des comptes sont notifiés un mois au plus tard après qu'ils ont été rendus.

Les expéditions des arrêtés de Conseil de préfecture doivent être adressées aux Maires dans la quinzaine de la date des arrêtés. Les Maires doivent en faire la notification aux Receveurs dans le délai de huit jours à dater de la réception des expéditions.

Si le comptable est absent et son domicile inconnu, et s'il n'a pas de fondé de pouvoir qui le représente, ou s'il est décédé et qu'il n'ait pas laissé d'héritiers connus, ou encore s'il refuse de délivrer récépissé de l'arrêté, la notification doit être faite à ses frais, par un huissier, dans les formes tracées par l'article 68 du code de procédure civile. L'original de l'exploit est déposé aux archives de la mairie.

Si le comptable est en fuite et a subi une condamnation par contumace, les notifications sont faites, pendant la durée du séquestre, au directeur des domaines du domicile du condamné.

Les dispositions des deux alinéas précédents sont applicables aux arrêts de la Cour des comptes.

S'il arrive que les autorités aient négligé de procéder à la notification, les parties intéressées peuvent requérir une expédition de l'arrêté de compte et le signifier par huissier. Les frais de l'exploit sont alors à la charge des administrateurs qui auraient dû faire la notification.

Ces expéditions d'arrêts et d'arrêtés signifiés administrativement sont exemptes du droit de timbre.

....

Lorsque le comptable à qui des arrêtés du Conseil de préfecture doivent être notifiés a changé de résidence, ces arrêtés, au lieu d'être adressés au Maire, sont envoyés au Receveur général pour être transmis, par ses soins, au receveur des finances de la nouvelle résidence du receveur municipal. Une déclaration analogue à celle prescrite par l'article 1558 est inscrite par le Receveur particulier sur chacune des deux ampliations de chaque arrêté ; après quoi, l'une d'elles est remise au comptable; l'autre, revêtue de son récépissé, est envoyée au Préfet, par l'entremise du Receveur général, pour être déposée à la mairie de la commune intéressée. Ces dispositions doivent être exécutées dans le délai de quinze jours à partir de la date de la réception des arrêtés par le Receveur général, lorsque le receveur municipal n'a pas changé de département, et dans le délai d'un mois au cas contraire.

La forme administrative qui vient d'être indiquée peut aussi être employée pour les notifications à faire aux héritiers d'un comptable hors de sa dernière résidence, lorsqu'ils sont connus.

1560. — Les charges ou injonctions que les arrêts ou arrêtés imposent aux comptables doivent être exécutées dans le délai de deux mois à partir du jour de la notification.

A l'expiration de ce délai, les pièces et les explications destinées à satisfaire aux charges ou injonctions sont adressées à l'autorité qui a jugé le compte. Cet envoi est accompagné d'un état présentant dans des colonnes distinctes : 1° la copie textuelle des injonctions ; 2° les réponses ou explications du comptable et l'indication des pièces produites.

Ces pièces et l'état, en double expédition, sont préalablement soumis au Receveur des finances, qui vise l'une des expéditions et conserve l'autre.

Les comptables n'étant admis à discuter ni en personne, ni par ministère d'avocat les articles de leurs comptes, il en résulte qu'à défaut de débat contradictoire, le premier arrêt ou arrêté rendu sur un compte est toujours provisoire.

S'il n'a pas été exécuté ou contredit dans le délai de deux mois, l'autorité dont il émane peut rendre à l'expiration de ce délai un arrêt ou arrêté définitif qui met à la charge du comptable, par des forcements de recettes ou des rejets de dépenses, qu'elle prononce, les sommes ou une partie des sommes qui ont fait l'objet des charges ou injonctions contenues dans le premier arrêt.

Le montant du débet ainsi constaté doit être versé en capital et intérêts immédiatement après la notification de l'arrêt définitif.

Lorsque le débet est supérieur à 300 francs, la contrainte par corps peut être prononcée par l'arrêt définitif, lequel en détermine la durée.

....

Pourvois et revisions.

1676. — 1565. — Les arrêtés des conseils de préfecture et les arrêts de la Cour des comptes peuvent être attaqués :

1° Par la voie du pourvoi devant la juridiction supérieure;

2° Par la voie de la revision devant les premiers juges.

1566. — Les comptables, les administrations locales (Maires et Commissions administratives) et les Ministères de l'intérieur et des finances peuvent se pourvoir contre les arrêtés ou arrêts définitifs devant une juridiction supérieure, dans les cas et selon les formes déterminés par les articles 1567, 1568 et 1569.

Les pourvois en appel devant la Cour des comptes, contre les arrêtés définitifs de règlements de compte pris par les Conseils de préfecture, doivent être formés dans les trois mois de la notification de ces arrêtés.

1567. — A cet effet, l'appelant rédige, sur papier timbré, une requête motivée en double original. L'un des doubles est remis dans le délai ci-dessus indiqué, sous peine de nullité, à la partie adverse, qui doit en donner récépissé daté; si elle refuse, ou si elle est absente, la signification lui est faite par huissier, à ses frais........ S'il s'agit d'un pourvoi formé par le Receveur d'une commune ou d'un établissement charitable, le Maire ou l'Adjoint a qualité pour recevoir la copie de la requête et en donner récépissé; mais, si la notification avait lieu par ministère d'huissier, il deviendrait nécessaire de se conformer aux dispositions de l'article 69 du code de procédure civile : l'Adjoint n'aurait pas alors qualité pour recevoir la signification en remplacement du Maire. Si ce dernier fonctionnaire était absent, il faudrait, aux termes du paragraphe 5 de l'article précité, que la copie fût laissée soit au Juge de paix, soit au Procureur impérial qui viserait l'original.

L'appelant doit adresser l'autre double de l'original de la requête à la Cour des comptes, en y joignant : 1° l'expédition de l'arrêté de compte qui lui a été précédemment notifiée, et portant mention de cette notification, afin de constater si l'appelant est encore dans les délais du pourvoi; 2° le récépissé de la partie adverse à qui la requête a été notifiée, ou l'original de la signification qui lui a été faite par huissier, afin qu'il soit constaté que cette partie a connaissance du pourvoi, et qu'elle a été, par conséquent, suffisamment avertie de produire, s'il y a lieu, les observations sur la recevabilité de la requête.

Les pièces doivent parvenir à la Cour, au plus tard, dans le mois qui suit l'expiration du délai du pourvoi.

Toutefois, la transmission des pièces, dans le délai ci-dessus prescrit, ne suffit pas pour faire admettre un pourvoi qui n'aurait pas été signifié à la partie adverse dans les trois mois accordés à partir de la notification des arrêtés de compte. Cette signification à la partie adverse peut seule interrompre la prescription de trois mois, à laquelle est soumise la faculté de se pourvoir.

1568. — La Cour, après un examen sommaire de la requête, juge s'il ne s'élève aucune fin de non-recevoir contre le pourvoi.........
.... Enfin elle déclare s'il y a ou non lieu de prononcer la recevabilité du pourvoi. Dans le premier cas, elle rend un arrêt d'admission qui donne à l'appelant, ainsi qu'à sa partie adverse, un délai de deux mois pour produire les pièces nécessaires au jugement du fond du pourvoi.
....

Faute de productions suffisantes de la part de la partie poursuivante dans le délai réglé ci-dessus, la requête est rayée du rôle, à moins que, sur la demande des parties intéressées, la Cour ne consente à accorder un second délai dont elle détermine la durée. La requête rayée du rôle ne peut plus être reproduite, sauf, toutefois, le cas où le délai de trois mois accordé pour le pourvoi ne serait pas encore expiré ; mais il faudrait alors recommencer tous les actes nécessaires à la régularité du pourvoi, et la première procédure serait comme non avenue.

1569. — Il ne peut être formé de pourvoi devant le Conseil d'État, contre les arrêts de la Cour des comptes, que pour violation des formes ou de la loi. Ce pourvoi doit être introduit dans les trois mois de la notification de l'arrêt, conformément au règlement sur le contentieux du Conseil d'État.

1570. — Les comptables, les administrations locales et les Ministres de l'intérieur et des finances peuvent demander, devant les premiers juges, la revision des arrêts ou arrêtés définitifs, mais seulement pour les cas énoncés à l'article 14 de la loi du 16 septembre 1807, c'est-à-dire pour erreurs, omissions, faux ou double emploi reconnus par la vérification d'autres comptes, et à raison de pièces justificatives recouvrées depuis l'arrêt ou l'arrêté.

La Cour des comptes, soit d'office, soit sur la réquisition du Procureur général, et le Conseil de préfecture, sur la réquisition des Préfets, peuvent aussi procéder, dans les mêmes cas, à la revision des arrêts ou arrêtés définitifs qu'ils ont rendus.

1571. — Les lois et règlements n'ont point fixé de délai au delà duquel toute demande en revision dût cesser d'être admise. (Il n'existe à cet égard que la prescription légale de trente ans.).......

1572. — Les demandes en revision sont soumises aux mêmes règles que les pourvois, en ce qui concerne la notification de la demande à la partie adverse, et la reddition de deux arrêts ou arrêtés statuant l'un sur l'admission de cette demande, l'autre sur le fond.

Lorsqu'il s'agit d'un arrêt de la Cour des comptes, la demande du Comptable ou des administrateurs doit être adressée au premier Président avec un récépissé de la partie adverse, constatant que la demande en revision lui a été signifiée.

S'il s'agit de la revision d'un arrêté de Conseil de préfecture, la demande est adressée au Préfet, qui en accuse réception, après l'avoir fait enregistrer au secrétariat général de la préfecture ; cet administrateur demeure chargé de saisir le Conseil de préfecture de la réclamation.

Recours devant une juridiction supérieure.

1677. — 1573. — Dans le cas où les demandes en revision par les premiers juges sont rejetées, ou s'il y a contestation sur l'arrêt de revision comme sur les résultats de l'arrêt primitif, les parties intéressées ont le droit de recours en appel, c'est-à-dire :

Que les Receveurs justiciables du Conseil de préfecture peuvent se pourvoir devant la Cour des comptes,

Et que le pourvoi des Receveurs justiciables de cette Cour contre ses arrêts doit être porté devant le Conseil d'État, lorsqu'ils se croient fondés à attaquer l'arrêt de la cour pour violation des formes ou de la loi. (Art. 1569.)

1571. — Les pourvois ainsi que les demandes en revision ne sont pas suspensifs, aux termes de l'avis du Conseil d'État du 9 février 1808. Toutefois, l'autorité saisie du pourvoi ou de la demande en revision peut, si elle le juge convenable, accorder un sursis.

....

Écriture de rectification.

1678. — 1708. — Ainsi qu'on l'a dit à l'art. 1440, il ne doit jamais être fait ni rature ni surcharge dans les articles passés au journal.

Lorsqu'une erreur est reconnue dans un article, elle doit être rectifiée par un article contraire, qui en détruit l'effet dans les deux comptes qu'elle affecte.

Le compte qui a été débité à tort doit être crédité, et celui qui a été crédité doit être débité.

Ces articles de redressement se passent au journal comme une opération ordinaire, et ils sont inscrits sur le grand-livre, tant dans la colonne des contre-parties que dans celle du total des articles.

Il doit être fait, à la suite du libellé des articles où une rectification est ainsi constatée, la mention suivante : contre-partie au compte débité, ou contre-partie au compte crédité.

Lorsqu'il s'agit de reconnaître le montant net des opérations constatées au débit ou au crédit d'un compte, les articles de contre-partie portés tant au débit qu'au crédit, dans les colonnes spéciales réservées pour cet objet au grand-livre, doivent être additionnés, et le total doit être déduit du débit et du crédit du compte.

Le montant réuni des contre-parties du débit et du crédit est déduit à la fois sur le débit et sur le crédit du compte, attendu que le côté de ce compte qui était erroné doit être nécessairement réduit du montant de la contre-partie constatée de l'autre côté du compte pour rectifier l'erreur, et que cette même contre-partie, qui n'est qu'une opération d'ordre, ne peut être maintenue comme une opération réelle du côté du compte où elle a été constatée.

Les articles de contre-partie sont passés non seulement lorsqu'il s'agit de rectifier une erreur commise dans les écritures, mais encore pour toute modification et tout changement d'imputation à opérer pour quelque motif que ce soit.

1711. — Une rectification ou un changement d'imputation de recette ou de dépense ne peuvent, toutefois, être constatés par contre-partie que lorsqu'ils ont rapport aux opérations d'une gestion non terminée.

S'ils concernent des opérations comprises dans les écritures d'une gestion terminée........ (le receveur en réfère au Receveur des finances de son arrondissement)........

Extrait du tableau des justifications à produire à l'appui des comptes de gestion.

1679. — (Recettes extraordinaires.) — § 30. — Produits de ventes de meubles et d'immeubles. — Ampliation de l'arrêté du Préfet qui a autorisé la vente, en vertu du décret du 25 mars 1852 (§ 41 du tableau A).

Copie des procès-verbaux d'adjudication ou autres actes qui ont déterminé le prix et les conditions des ventes (T), quand elle est produite avec le compte final, et non timbrée lorsqu'il s'agit d'une justification provisoire. S'il s'agit d'un prix productif d'intérêt, décompte de la recette en capital et intérêts.

§ 31. — Legs et donations. — Ampliation des décrets ou des arrêtés du préfet qui ont autorisé l'acceptation des dons et legs, en vertu de la loi du 18 juillet 1837, article 48, et du décret du 25 mars 1852, § 42 et V du tableau A; extrait certifié des inventaires, partages ou actes de ventes établissant les droits de la commune, quand ce n'est pas une somme fixe qui a été léguée (T).

§ 32. — Produit de l'amortissement des rentes sur particuliers. — Décompte dûment arrêté, indiquant la rente annuelle, le taux, l'échéance, le capital et la date de l'amortissement (T).

Ampliation de l'arrêté préfectoral d'autorisation, lorsque les remboursements ont été faits sous la déduction d'un cinquième du capital, en vertu de l'instruction du Ministère de l'intérieur du 24 septembre 1825.

§ 37. — Recettes accidentelles et imprévues. — Titres (timbrés ou non timbrés, suivant le cas) qui constituent les produits et états, dûment arrêtés, qui en déterminent le montant.

(Service hors budget. Recettes.)

§ 38. — Fonds de retraites (retenues sur traitements). — Pour la première fois, ampliation ou extrait des décisions qui déterminent les retenues; état nominatif annuel, arrêté par le Maire, des employés qui ont subi les retenues, et indiquant, avec le chiffre des traitements, le montant et la nature de ces retenues.

(Semestres de rentes). — État certifié par le maire, indiquant les numéros et le montant des inscriptions.

(Recettes accidentelles.) — Titres qui constituent les produits, timbrés ou non timbrés, suivant le cas (voir le § 31 quand il s'agit de legs et donations,) et états dûment arrêtés, qui en déterminent le montant.

Copie du compte remis par la Caisse des dépôts.

XII. — Circulaire ministérielle du 30 mai 1861, relative à la restitution des objets engagés dans les Monts-de-Piété.

1680. — Monsieur le Procureur général, j'apprends que, très fréquemment, des objets mis en gage dans les Monts-de-Piété sont saisis dans ces établissements comme pièces à conviction et que, la procédure terminée, ils sont remis, soit aux propriétaires au préjudice desquels ils ont été détournés et engagés, soit à l'administration des domaines qui en opère la vente.

Lorsque des objets ont été engagés dans un Mont-de-Piété, selon les formalités prescrites par les règlements, la justice ne peut en ordonner la remise aux propriétaires que sous la réserve expresse des droits de l'administration à laquelle ils ont été donnés en nantissement.

C'est là une règle de notre droit civil que les magistrats ne doivent pas laisser enfreindre, et je vous prie de vouloir bien adresser à tous vos substituts des instructions propres à en assurer l'exécution.

XIII. — Décret du 31 mai 1862, relatif aux conditions générales de la gestion des comptables publics.

1681. — Art. 17. — Les fonctions d'administrateur et d'ordonnateur sont incompatibles avec celles de comptable.

Art. 18. — L'emploi de comptable est incompatible avec l'exercice d'une profession, d'un commerce ou d'une industrie quelconque.

Les incompatibilités spéciales propres à chaque nature de fonctions sont déterminées par les règlements particuliers des différents services.

Art. — 19. Il est interdit aux comptables de prendre intérêt dans les adjudications, marchés, fournitures et travaux concernant les services de recettes ou de dépenses qu'ils effectuent.

Art. 20. — Aucun titulaire d'un emploi de comptable de deniers publics ne peut être installé ni entrer en exercice qu'après avoir justifié, dans les formes et devant les autorités déterminées par les lois et règlements, de l'acte de sa nomination, de sa prestation de serment et de la réalisation de son cautionnement.

Art. 21. — Chaque comptable ne doit avoir qu'une seule caisse, dans laquelle sont réunis tous les fonds appartenant à ses divers services. Il est responsable des deniers publics qui y sont déposés. En cas de vol ou de perte de fonds résultant de force majeure, il est statué sur sa demande en décharge, par une décision ministérielle, sauf recours au Conseil d'État.

Art. 22. — Les écritures et les livres des comptables des deniers publics sont arrêtés le 31 décembre de chaque année, ou à l'époque de la cessation des fonctions, par les agents administratifs désignés à cet effet.

La situation de leur caisse et de leur portefeuille est vérifiée aux mêmes époques et constatée par un procès-verbal.

Art. 23. — Les comptes sont rendus et jugés par gestion, avec la distinction, pour les opérations budgétaires, des exercices auxquels ces opérations se rattachent.

Ils présentent :

1° La situation des comptables au commencement de la gestion;

2° Les recettes et dépenses de toute nature effectuées dans le cours de cette gestion;

3° La situation des comptables à la fin de la gestion, avec l'indication des valeurs en caisse et en portefeuille composant leur reliquat.

Lorsque les comptes de gestion sont présentés en plusieurs parties, la dernière doit résumer l'ensemble de la gestion.

....

Art. 24. — Chaque comptable n'est responsable que de sa gestion personnelle.

En cas de mutation, le compte de l'année est divisé suivant la durée de la gestion des différents titulaires, et chacun d'eux rend séparément, à l'autorité chargée de le juger, le compte des opérations qui le concernent..

Art. 25. — Toute personne autre que le comptable qui, sans autorisation légale, se serait ingérée dans le maniement des deniers publics, est, par ce seul fait, constituée comptable, sans préjudice des poursuites prévues par l'article 258 du Code pénal, comme s'étant immiscée sans titre dans des fonctions publiques.

Les gestions occultes sont soumises aux mêmes juridictions et entraînent la même responsabilité que les gestions patentes et régulières.

....

1682. — Art. 322. — Chaque comptable principal est responsable des recettes et des dépenses de ses subordonnés qu'il a rattachées à sa gestion personnelle.

Toutefois, cette responsabilité ne s'étend pas à la portion des recettes des comptables inférieurs dont il n'a pas dépendu du comptable principal de faire effectuer le versement ou l'emploi.

Art. 323. — Lorsque des irrégularités sont constatées dans le service d'un comptable subordonné, le comptable supérieur prend ou provoque envers lui les mesures prescrites par les règlements; il est même autorisé à le suspendre immédiatement de ses fonctions et à le faire remplacer par un gérant provisoire à sa nomination, en donnant avis de ces dispositions à l'autorité administrative.

....

Art. 327. — Lorsque les comptables ont soldé de leurs deniers personnels, aux termes des articles 320, 325 et 326, les droits dus par les redevables ou débiteurs, ils demeurent subrogés à tous les droits du Trésor public, conformément aux dispositions du Code civil.

Les comptables supérieurs qui, en exécution des articles 322, 337 et 338, ont payé les déficits ou débets de leurs subordonnés, sont également subrogés à tous les droits du Trésor sur le cautionnement, la personne et les biens du comptable débiteur.

....

1683. — Art. 368. — Les débets avoués par les comptables, lors de la présentation de leurs comptes, ou constatés, soit administrativement, soit judiciairement, produisent intérêt à cinq pour cent l'an, au profit de l'État, à partir du jour où le versement aurait dû être effectué.

Cette disposition s'exécute ainsi qu'il suit :

Si les débets proviennent de soustractions de valeurs, ou d'omissions de recette, ou d'un déficit quelconque dans la caisse, les intérêts courent à dater du jour où les fonds ont été détournés de leur destination par les comptables.

S'ils proviennent d'erreurs de calcul qui ne peuvent être considérées comme des infidélités, les intérêts ne courent qu'à dater du jour de la notification de l'acte qui en a constaté le montant.

S'ils ont pour cause l'inadmission ou la non-production de pièces justificatives, dont l'irrégularité ou l'omission engage la responsabilité des comptables, les intérêts ne commencent à courir que du jour où ces comptables ont été mis en demeure d'y pourvoir.

Pour les débets constatés à la suite de circonstances de force majeure, les intérêts ne courent que du moment où le montant en a été mis par l'administration à la charge des comptables.

Art. 369. — Les débets définitivement constatés au profit du Trésor par les divers ministères sont notifiés au Ministre des finances dans le délai de quinze jours qui suit la liquidation.

Il ne peut être procédé à aucune revision de la liquidation lorsque les débets résultent des comptes acceptés par la partie ou définitivement réglés par les décisions administratives ayant acquis l'autorité de la chose jugée.

Art. 370. — Aucune remise totale ou partielle de débet ne peut être accordée à titre gracieux que par l'Empereur, en vertu d'un décret publié au Moniteur, sur le rapport du Ministre liquidateur, et sur l'avis du Ministre des finances et du Conseil d'État.

Art. 371. — Un état des remises des débets accordées à titre gracieux dans le cours de l'exercice est annexé à la loi de règlement définitif dudit exercice.

....

1684. — Art. 427. — Les Conseils de préfecture dans chaque département sont chargés de l'apurement des comptes des revenus des communes, des hospices et des autres établissements de bienfaisance, des associations syndicales et des économes des écoles normales primaires, dont le jugement n'est pas déféré à la Cour des comptes; ils jugent aussi tous autres comptes qui leur sont régulièrement attribués.

1685. — Art. 503. — Aucune dépense ne peut être acquittée si elle n'a été préalablement ordonnancée par le Maire sur un crédit régulièrement ouvert. Tout mandat ou ordonnance doit énoncer l'exercice et le crédit auxquels la dépense s'applique, et être accompagné, pour la constatation de la dette et la régularité du payement, des pièces indiquées par les règlements.

Art. 504. — Les Maires demeurent chargés, sous leur responsabilité, de la remise aux ayants droit des mandats qu'ils délivrent sur la Caisse municipale.

Art. 505. — Le Maire peut seul délivrer des mandats; s'il refusait d'ordonnancer une dépense régulièrement autorisée et liquide, il serait prononcé par le Préfet en conseil de préfecture.

L'arrêté du Préfet tiendrait lieu du mandat du Maire.

....

1686. — Art. 518. — Les Receveurs municipaux sont tenus de faire, sous leur responsabilité personnelle, toutes les diligences nécessaires pour la perception des revenus, legs et donations, et autres ressources affectées aux communes; de faire faire contre les débiteurs en retard de payer, et à la requête des Maires, les exploits, significations, poursuites et commandements nécessaires, d'avertir les administrateurs de l'expiration des baux; d'empêcher les prescriptions; de veiller à la conservation des domaines, des droits, privilèges et hypothèques; de requérir, à cet effet, l'inscription au bureau des hypothèques de tous les titres qui en sont susceptibles; enfin, de tenir registre de ces inscriptions et autres poursuites et diligences.

Art. 519. — Les Receveurs des communes doivent, en conséquence, joindre à leurs comptes, comme pièce justificative, un état des propriétés foncières, des rentes et des créances mobilières composant l'actif de ces communes. Cet état doit indiquer la nature des titres, leur date et celle des inscriptions hypothécaires prises pour leur conservation, et, s'il y a des procédures entamées, la situation où elles se trouvent.

Cet état, certifié conforme par le Receveur, doit être visé par le Maire, qui y joint des observations s'il y a lieu. Les certificats de quitus ne sont délivrés aux comptables, à l'effet de remboursement de cautionnement, qu'après qu'il a été reconnu, par l'autorité qui juge les comptes, qu'ils ont satisfait aux obligations imposées par l'arrêté du 29 vendémiaire an XII, pour la conservation des biens et des créances appartenant aux communes.

Art. 520. — Les Receveurs municipaux ne peuvent se refuser à acquitter les mandats ou ordonnances, ni en retarder le payement, que dans les seuls cas :

Où la somme ordonnancée ne porterait pas sur un crédit ouvert ou l'excéderait;

Où les pièces produites seraient insuffisantes ou irrégulières;

Où il y aurait eu opposition, dûment signifiée, contre le payement réclamé, entre les mains du comptable.

Tout refus, tout retard doit être motivé dans une déclaration immédiatement délivrée par le Receveur au porteur du mandat, lequel se retire devant le Maire, pour que celui-ci avise aux mesures à prendre ou à provoquer.

Tout Receveur qui aurait indûment refusé ou retardé un payement régulier, ou qui n'aurait pas délivré au porteur du mandat la déclaration motivée de son refus, est responsable des dommages qui pourraient en résulter, et encourt, en outre, selon la gravité des cas, la perte de son emploi.

....

1687. — Art. 526. — Les comptes des Receveurs des communes doivent être présentés à l'autorité chargée de les juger, avant le 1er juillet de l'année qui suit celle pour laquelle ils sont rendus.

Ceux de ces comptes qui doivent être jugés par la Cour des comptes lui sont transmis directement, avec les pièces à l'appui et avec les observations dont les Receveurs des finances les ont reconnus susceptibles, deux mois au plus tard après l'examen des Conseils municipaux. Les autres doivent être jugés dans l'année, conformément aux règlements.

....

Art. 529. — Les comptes des communes dont les revenus ordinaires, précédemment inférieurs à trente mille francs, se seront élevés à cette somme pendant trois exercices consécutifs, sont mis, par les Préfets, sous la juridiction de la Cour des comptes. Les arrêtés pris à cet effet doivent être immédiatement transmis aux Ministères de l'Intérieur et des finances, ainsi qu'au Procureur général de la Cour des comptes, chargé de requérir cette Cour de prononcer un arrêt attributif de juridiction.

Art. 530. — Les communes et les comptables peuvent se pourvoir par appel devant la Cour des comptes contre tout arrêté de compte définitif rendu par les Conseils de préfecture.

....

1688. — Art. 544. — Le Receveur des finances reçoit directement du Préfet les rôles d'impositions, taxes et cotisations locales, après qu'ils ont été rendus exécutoires, et il les transmet aux comptables chargés d'en effectuer le recouvrement.

La même marche est suivie pour la transmission aux Receveurs des communes des budgets et autorisations supplémentaires de dépenses, ainsi que des baux, actes et autres titres de perception.

Le Préfet donne avis aux Maires des communes de l'envoi de ces documents.

Le Receveur des finances vérifie les comptes annuels des Receveurs des communes avant leur transmission aux Conseils municipaux et tient la main à l'exécution des arrêts de la Cour des comptes et des arrêtés des Conseils de préfecture intervenus sur ces comptes, dont le Préfet doit lui adresser des copies ou extraits.

....

1689. — Art. 560. — Les comptes des Receveurs sont soumis à l'examen de la commission administrative et aux délibérations du Conseil municipal.

Art. 561. — Les dispositions concernant la juridiction des Conseils de préfecture et de la Cour des comptes sur les comptes des Receveurs municipaux sont applicables aux comptes des Receveurs des hospices et autres établissements de bienfaisance.

Art. 562. — Les dispositions de l'article 526 du présent décret sont applicables aux comptes des hospices et des établissements de bienfaisance.

....

1690. — Art. 570. — Les Monts-de-Piété sont également assimilés, quant aux règles de la comptabilité, aux établissements de bienfaisance.

Art. 578. — Les Monts-de-Piété prêtent sur nantissement, moyennant intérêt.

Ces établissements sont administrés, sous l'autorité du Ministre de l'intérieur et des Préfets, et sous la surveillance de l'autorité municipale et de conseils dont les fonctions sont gratuites, par un Directeur responsable.

Art. 579. — Un Caissier est chargé de faire les recettes et d'acquitter les dépenses.

Art. 580. — Les budgets et les comptes de gestion sont soumis aux Conseils municipaux.

Art. — 581. Les décrets d'institution de chacun de ces établissements déterminent leur organisation et les conditions particulières de leur gestion.

XIV. — Arrêté ministériel du 20 juillet 1863, relatif à l'emploi des timbres mobiles par les comptables publics.

1691. — Article 1er. — Sont autorisés, conformément à l'article 1er susvisé du décret du 29 octobre 1862, à apposer des timbres mobiles sur les quittances et récépissés qu'ils délivrent et sur les acquits et quittances qui leur sont donnés en leur qualité.

....

1º Les Receveurs des établissements de bienfaisance ;

....

L'application des timbres mobiles sur tous actes ou écrits autres que ceux désignés ci-dessus est expressément interdite à ces fonctionnaires.

....

Art. 2. — Les griffes dont les Receveurs de l'enregistrement, des domaines et du timbre et les fonctionnaires indiqués au précédent article feront usage, pour annuler les timbres mobiles de dimension qu'ils auront apposés, conformément à l'article 1er du décret du 29 octobre 1862, seront conformes aux modèles ci-joints.

Elles seront appliquées à l'encre grasse et de manière qu'une partie de leur empreinte soit imprimée sur la feuille de papier de chaque côté du timbre mobile.

....

Art. 4. — Les fonctionnaires ci-dessus désignés prendront dans les bureaux de l'enregistrement les timbres mobiles qui leur seront nécessaires ; ils en payeront le prix comptant, et les comprendront comme numéraire dans leur situation de caisse.

Art. 5. — Les infractions aux dispositions de l'article 1er du décret du 29 octobre 1862, et à celles du présent arrêté, pourront donner lieu, indépendamment des amendes et de la responsabilité édictées en cas de contravention, à l'application des peines disciplinaires autorisées par les lois et règlements.

Art. 6. — Les frais d'achat et d'entretien des griffes et des tampons, ceux de fourniture de l'encre grasse et toutes autres dépenses relatives à l'oblitération des timbres mobiles sont à la charge des Receveurs de l'enregistrement des domaines et du timbre et des fonctionnaires autorisés à les suppléer.

CHAP. I — LOIS APPLICABLES AU MONT-DE-PIÉTÉ

XV. — Loi du 8 juin 1864, déterminant le mode de fixation des cautionnements des comptables des Monts-de-Piété.

1692. — Art. 25...
Le chiffre des cautionnements des Caissiers et des Gardes-magasins des Monts-de-Piété sera déterminé : 1° pour les Caissiers, par la moyenne du montant des prêts sur nantissements effectués pendant les trois dernières années; 2° pour les Gardes-magasins, par la moyenne des prêts représentés par les nantissements existant en magasin au 31 décembre des trois dernières années.
Le cautionnement s'élèvera, savoir :
A 10 p. 100 sur les premiers 100,000 francs ;
A 3 p. 100 sur les 400,000 francs suivants ;
A 1 p. 100 sur le million suivant ;
A 20 c. p. 100 sur toute somme excédant les premiers 1,500,000 francs.
Le montant du cautionnement ne pourra être inférieur à 1000 francs.
Lorsqu'il s'agira d'un Mont-de-Piété de nouvelle création, le chiffre des cautionnements sera provisoirement fixé par le Préfet, sur l'avis du Conseil d'administration.

1693. — Monsieur le Préfet, la loi de finances du 8 juin 1864 renferme, article 25, les dispositions suivantes :
« Art. 25...
....
Relativement aux Monts-de-Piété, l'inspection générale avait constaté depuis longtemps que la nature spéciale de ces établissements ne permettait pas d'y introduire les règles adoptées pour la fixation des cautionnements des Receveurs des communes et des hospices, et une commission avait été chargée, sous la présidence d'un conseiller maître à la Cour des comptes, de rechercher les bases qui pourraient servir à fixer le chiffre du cautionnement des Caissiers et des Gardes-magasins. Les conclusions de cette commission sont reproduites par l'article 25 de la loi du 8 juin 1864.
Le nouveau tarif est destiné à tous les Monts-de-Piété sans distinction, mais il y a lieu d'en ajourner l'application jusqu'à l'époque de la mutation des titulaires actuels, à moins qu'ils n'en réclament eux-mêmes le bénéfice ou qu'ils n'aient pas fourni de cautionnement.

XVI. — Décret du 11 décembre 1864, relatif aux incompatibilités des fonctions de Directeur, de Caissier et de Garde-magasin.

1694. — Article 1er. — Sont incompatibles, dans un Mont-de-Piété, les fonctions de Garde-magasin avec celles de Directeur et celles de Caissier.
Art. 2. — Les Directeurs des Monts-de-Piété ne pourront remplir les fonctions de Caissier qu'en vertu d'une disposition statutaire.
Art. 3. — Les Directeurs des Monts-de-Piété, qui, sans être en même temps Caissiers, sont tenus, en vertu des statuts, à fournir un cautionnement, cessent d'être astreints à cette obligation.

Art. 4. — Les statuts et règlements des Monts-de-Piété sont abrogés en ce qu'ils ont de contraire au présent décret.

1695. — Monsieur le Préfet, l'inspection générale des établissements de bienfaisance a signalé plusieurs fois à mon attention les inconvénients graves qui résultent, dans les Monts-de-Piété, de la réunion des fonctions de Garde-magasin avec celles de Directeur et de Caissier. Elle m'a proposé, dans l'intérêt du contrôle de la gestion des établissements, de l'interdire d'une manière absolue, et de ne tolérer, par exception, la réunion des emplois de Directeur et de Caissier qu'autant que l'importance des Monts-de-Piété n'en comportait pas la séparation. Elle a, en même temps, exprimé le vœu que les Directeurs qui ne sont pas chargés du service de la caisse soient exonérés de tout cautionnement, car il lui semble trop rigoureux d'astreindre à cette obligation des agents qui n'ont aucun maniement de fonds.

Les propositions de l'inspection générale m'ont paru bien motivées, et j'ai soumis à l'examen du Conseil d'État un projet de règlement d'administration publique destiné à y donner suite..........

....

Vous prendrez, monsieur le Préfet, les mesures nécessaires pour assurer l'exécution immédiate de ce décret, qui s'applique à tous les Monts-de-Piété sans distinction.

XVII. — Loi du 24 juillet 1867, relative aux attributions des Conseils municipaux.

....
....

1696. — Art. 15. — Les budgets des villes et des établissements de bienfaisance ayant trois millions au moins de revenus sont soumis à l'approbation du chef de l'État, sur la proposition du Ministre de l'intérieur.

....

Art. 17. — Les dispositions de la présente loi et celles de la loi du 18 juillet 1837 et du décret du 25 mars 1852, qui sont encore en vigueur, sont applicables à l'administration de la ville de Paris et de la ville de Lyon.

....

Il n'est pas dérogé aux dispositions spéciales concernant l'organisation des administrations de l'Assistance publique, du Mont-de-Piété et de l'Octroi de Paris.

....

XVIII. — Décret du 31 janvier 1872, relatif à la constitution des cautionnements en rentes sur l'État français.

1697. — Article 1er. — Les rentes sur l'État français de toute nature affectées à des cautionnements provisoires ou définitifs envers le

CHAP. I — LOIS APPLICABLES AU MONT-DE-PIÉTÉ   609

Trésor ou les administrations publiques seront calculées à l'avenir, savoir :

1° Pour les dépôts provisoires des soumissionnaires de travaux ou fournitures, au cours moyen de la veille du jour où le dépôt des rentes sera effectué ;

2° Pour les cautionnements des comptables, au cours moyen du jour de la nomination, et pour les cautionnements des adjudications de fournitures ou entreprises, au cours moyen du jour de l'approbation du marché ou de l'adjudication ;

3° Pour les autres cautionnements que les parties auront été admises à constituer en rentes sur l'État, au cours moyen du jour de la décision ou de l'arrêté qui les aura autorisées à fournir des garanties de cette nature.

Art. 2. — Sont abrogées les dispositions de l'ordonnance du 19 juin 1825 en ce qu'elles ont de contraire au présent décret, sans préjudice de ce qui a été réglé par la loi du 8 juin 1864, en ce qui concerne les cautionnements en rentes des conservateurs des hypothèques.

XIX. — **Loi du 15 juin 1872, relative aux titres au porteur.**

1698. — Article 1er. — Le propriétaire de titres au porteur qui en est dépossédé par quelque événement que ce soit, peut se faire restituer contre cette perte, dans la mesure et sous les conditions déterminées dans la présente loi.

Art. 2. — Le propriétaire dépossédé fera notifier par huissier à l'établissement débiteur un acte indiquant : le nombre, la nature, la valeur nominale, le numéro et, s'il y a lieu, la série des titres.

Il devra aussi, autant que possible, énoncer :

1° L'époque et le lieu où il est devenu propriétaire ainsi que le mode de son acquisition ;

2° L'époque et le lieu où il a reçu les derniers intérêts ou dividendes ;

3° Les circonstances qui ont accompagné sa dépossession.

Le même acte contiendra une élection de domicile dans la commune du siège de l'établissement débiteur.

Cette notification emportera opposition au payement tant du capital que des intérêts ou dividendes échus ou à échoir.

Art. 3. — Lorsqu'il se sera écoulé une année depuis l'opposition sans qu'elle ait été contredite, et que, dans cet intervalle, deux termes au moins d'intérêts ou de dividendes auront été mis en distribution, l'opposant pourra se pourvoir auprès du Président du tribunal civil du lieu de son domicile, afin d'obtenir l'autorisation de toucher les intérêts ou dividendes échus ou à échoir, au fur et à mesure de leur exigibilité, et même le capital des titres frappés d'opposition dans le cas où ledit capital serait ou deviendrait exigible.

Art. 4. — Si le Président accorde l'autorisation, l'opposant devra, pour toucher les intérêts ou dividendes, fournir une caution solvable dont l'engagement s'étendra au montant des annuités exigibles et de plus à une valeur double de la dernière annuité échue. Après deux ans écoulés depuis l'autorisation sans que l'opposition ait été contredite, la caution sera de plein droit déchargée.

Si l'opposant ne veut ou ne peut fournir la caution requise, il pourra, sur le vu de l'autorisation, exiger de la compagnie le dépôt à la Caisse des dépôts et consignations des intérêts ou dividendes échus et de ceux à échoir, au fur et à mesure de leur exigibilité. Après deux ans écoulés depuis l'autorisation, sans que l'opposition ait été contredite, l'opposant pourra retirer de la Caisse des dépôts et consignations les sommes ainsi déposées, et percevoir librement les intérêts et dividendes à échoir, au fur et à mesure de leur exigibilité.

Art. 5. — Si le capital des titres frappés d'opposition est devenu exigible, l'opposant qui aura obtenu l'autorisation ci-dessus pourra en toucher le montant à charge de fournir caution. Il pourra, s'il le préfère, exiger de la compagnie que le montant dudit capital soit déposé à la Caisse des dépôts et consignations.

Lorsqu'il se sera écoulé dix ans depuis l'époque de l'exigibilité et cinq ans au moins à partir de l'autorisation sans que l'opposition ait été contredite, la caution sera déchargée, et, s'il y a eu dépôt, l'opposant pourra retirer de la Caisse des dépôts et consignations les sommes en faisant l'objet.

Art. 6. — La solvabilité de la caution à fournir en vertu des dispositions des articles précédents sera appréciée comme en matière commerciale. S'il s'élève des difficultés, il sera statué en référé par le Président du tribunal du domicile de l'établissement débiteur.

Il sera loisible à l'opposant de fournir un nantissement au lieu et place d'une caution. Ce nantissement pourra être constitué en titres de rente sur l'État. Il sera restitué à l'expiration des délais fixés pour la libération de la caution.

Art. 7. — En cas de refus de l'autorisation dont il est parlé en l'article 3, l'opposant pourra saisir, par voie de requête, le tribunal civil de son domicile, lequel statuera après avoir entendu le ministère public. Le jugement obtenu dudit tribunal produira les effets attachés à l'ordonnance d'autorisation.

....

Art. 9. — Les payements faits à l'opposant suivant les règles ci-dessus posées libèrent l'établissement débiteur envers tout tiers porteur qui se présenterait ultérieurement. Le tiers porteur au préjudice duquel lesdits payements auraient été faits conserve seulement une action personnelle contre l'opposant qui aurait formé son opposition sans cause.

Art. 10. — Si, avant que la libération de l'établissement débiteur soit accomplie, il se présente un tiers porteur des titres frappés d'opposition, ledit établissement doit provisoirement retenir ces titres contre un récépissé remis au tiers porteur; il doit de plus avertir l'opposant, par lettre chargée, de la présentation du titre, en lui faisant connaître le nom et l'adresse du tiers porteur. Les effets de l'opposition restent alors suspendus jusqu'à ce que la justice ait prononcé entre l'opposant et le tiers porteur.

....

Art. 15. — Lorsqu'il se sera écoulé dix ans depuis l'autorisation obtenue par l'opposant, conformément à l'article 3, et que pendant le même laps de temps l'opposition aura été publiée sans que personne se soit présenté pour recevoir les intérêts ou dividendes, l'opposant pourra exiger de l'établissement débiteur qu'il lui soit remis un titre semblable et subrogé au premier. Ce titre devra porter le même numéro que le titre originaire avec la mention qu'il est délivré par duplicata.

Le titre délivré en duplicata conférera les mêmes droits que le titre primitif et sera négociable dans les mêmes conditions.

....

Dans le cas du présent article, le titre primitif sera frappé de déchéance, et le tiers porteur qui le représentera après la remise du nouveau titre à l'opposant n'aura qu'une action personnelle contre celui-ci au cas où l'opposition aurait été faite sans droit.

L'opposant qui réclamera de l'établissement un duplicata payera les frais qu'il occasionnera.

....

Art. 16. — Les dispositions de la présente loi sont applicables aux titres au porteur émis par les départements, les communes et les établissements publics.

....

XX. — Loi du 29 juin 1872, relative à un impôt sur le revenu des valeurs mobilières.

1699. — Article 1er. — Indépendamment des droits de timbre et de transmission établis par les lois existantes, il est établi à partir du 1er juillet 1872 une taxe annuelle et obligatoire :

1°...

2° Sur les arrérages et intérêts annuels des emprunts et obligations des départements, communes et établissements publics ;

3°...

Art. 2. — Le revenu est déterminé :

1°...

2° Pour les obligations ou emprunts, par l'intérêt ou le revenu distribué dans l'année ;

3°...

Art. 3. — La quotité de la taxe établie par la présente loi est fixée à trois pour cent du revenu des valeurs spécifiées en l'article 1er.

Le montant en est avancé, sauf leur recours, par les sociétés, compagnies, entreprises, villes, départements ou établissements publics.

....

Art. 4...

Un règlement d'administration publique déterminera les époques de payement de la taxe, ainsi que toutes les autres mesures nécessaires pour l'exécution de la présente loi.

Art. 5. — Chaque contravention aux dispositions qui précèdent et à celles du règlement d'administration publique qui sera fait pour leur exécution, sera punie conformément à l'article 10 de la loi du 23 juin 1857.

Le recouvrement de la taxe sur le revenu sera suivi, et les instances seront introduites et jugées comme en matière d'enregistrement.

XXI. — **Décret du 7 juin 1875**, relatif aux acquisitions d'immeubles par les établissements publics.

1700. — Les présidents des commissions administratives ou des conseils d'administration des hospices et autres établissements publics de bienfaisance peuvent, s'ils sont autorisés à cet effet par délibérations de ces commissions ou conseils, approuvées par le Préfet, se dispenser de remplir les formalités de la purge des hypothèques lorsqu'il s'agit d'acquisitions d'immeubles faites à l'amiable ou en vertu de la loi du 3 mai 1841 sur l'expropriation pour cause d'utilité publique, et dont le prix n'excède pas 500 francs.

XXII. — **Décret du 11 juin 1881**, relatif aux pensions de retraite des employés de la Préfecture de la Seine et des administrations annexes.

....

1701. — Art. 1er. — Les pensions de retraite des employés de la Préfecture de la Seine, des administrations annexes (Assistance publique, Octroi, Mont-de-Piété) et de la Préfecture de police qui auront été nommés en exécution des lois des 24 juillet 1873 et 22 juin 1878 seront, lorsque ces employés ne jouiront pas d'une pension militaire, mises pour partie à la charge de l'État.

Art. 2. — La part contributive de l'État est fixée, lors de la liquidation, d'après la durée des services militaires de l'employé et à la quotité qui est déterminée par le deuxième paragraphe de l'article 8 de la loi du 9 juin 1853, sans toutefois pouvoir être supérieure à la rémunération des services militaires telle qu'elle est réglée par les statuts de la caisse de retraites dont l'intéressé est tributaire.

En ce qui concerne les pensions et secours accordés aux veuves et orphelins, la part contributive de l'État est égale au tiers de celle qui aurait été fixée pour le mari ou pour le père.

Lorsque ce dernier a été titulaire d'une pension militaire, la part contributive est due, si les services dans les armées de terre ou de mer figurent dans le décompte de la pension liquidée au profit de la veuve ou des orphelins, par la caisse spéciale.

Art. 3. — La part contributive de l'État est imputée : sur les fonds généraux du Trésor, en ce qui concerne les services dans l'armée de terre ; sur les fonds de la caisse des invalides de la marine, en ce qui concerne les services dans l'armée de mer.

Art. 4. — Les pensions qui font l'objet du présent règlement sont liquidées conformément aux statuts de la caisse de retraites intéressée.

....

Art. 6. — Les pensions sont servies par les caisses spéciales. Les avances qu'elles font pour la part contributive afférente aux services militaires leur sont remboursées chaque année, par le Trésor public et la caisse des invalides de la marine.

....

XXIII. — **Loi du 23 juillet 1881, relative aux pensions de retraite des anciens militaires.**

....

1702. — Art. 13. ....
La pension est liquidée sur le grade dont le militaire est titulaire depuis deux années consécutives précédant immédiatement l'admission à la retraite et dans le cas contraire sur le grade inférieur.
....

Art. 25. — Le tarif joint à la loi du 18 août 1879 sur les pensions de retraite est remplacé par le tarif annexé à la présente loi.......
....
Nouveau tarif remplaçant le tarif annexé à la loi du 18 août 1879 sur les pensions des sous-officiers, caporaux ou brigadiers et soldats de l'armée de terre.

Adjudant,	à 25 ans de service..............	1000 francs.	
Sergent-major,	—	900	—
Sergent,	—	800	—
Caporal,	—	700	—
Soldat,	—	600	—

CHAPITRE II

JURISPRUDENCE
JUGEMENTS ET ARRÊTS

I. — **Administration générale.**

Mont-de-Piété de Paris.— Inutilité d'une autorisation préalable pour agir ou défendre en justice.

1703. — La nécessité d'une autorisation préalable pour agir ou défendre en justice est une exception exorbitante qui ne peut être admise ou suppléée par induction. Elle est par sa nature hors du droit commun, et elle doit être écartée lorsqu'elle n'est pas écrite textuellement dans une loi spéciale.

Il résulte des lois administratives auxquelles le Mont-de-Piété de

Paris doit se conformer pour plaider, spécialement du décret du 24 mars 1852, que le Directeur représente cet Établissement en justice, soit en demandant, soit en défendant, que le Conseil de surveillance est appelé à donner son avis sur les actions judiciaires et les transactions et qu'il n'y a pas de texte qui lui impose la nécessité de se pourvoir en outre d'une autorisation préalable de l'autorité administrative.

(Rejet d'un pourvoi formé par le sieur W... contre un arrêt de la Cour d'appel de Paris [1].)

Mont-de-Piété de Paris. — Demande d'autorisation pour ester en justice. — Non-lieu à statuer.

1704. — A la différence des établissements publics, aucun texte de loi n'impose aux établissements d'utilité publique, notamment au Mont-de-Piété de Paris, l'obligation de se pourvoir d'une autorisation du Conseil de préfecture pour ester en justice.

(Arrêt déclarant qu'il n'y a lieu à statuer sur une demande formée par le Préfet de la Seine aux fins d'autoriser le Mont-de-Piété à poursuivre devant les tribunaux une instance engagée au sujet de la mitoyenneté du mur d'une tour appartenant à un sieur B... Affaire de la tour dite de Philippe-Auguste [2].)

II. — Monopole du prêt sur gages.

Tenue d'une maison de prêt sur gages. — Habitudes d'usure.

1705. — Les tribunaux ont le devoir et le droit de rechercher le véritable caractère des conventions, quelles que soient les qualifications qu'on leur donne (dans l'espèce, des ventes à réméré).

Lorsqu'il est constant que des personnes en déposant leurs reconnaissances entre les mains d'un tiers ou de ses préposés n'ont pas voulu les aliéner définitivement, mais que, précisément pour conserver les objets engagés, elles ont voulu faire un second emprunt en offrant en nantissement les titres mêmes, ces faits constituent de la part du prêteur le délit d'ouverture non autorisée d'une maison de prêts sur gages.

Lorsque les qualifications et les formes employées par le prêteur, dans les conditions verbales ou écrites, n'ont eu pour but que de déguiser des perceptions usuraires, ces agissements constituent le délit prévu par les lois des 3 septembre 1807 et 19 décembre 1850.

(Condamnation d'un sieur N... à 10,000 francs d'amende pour tenue d'une maison de prêt sur gages et habitudes d'usure [3].)

---

1. Juridiction civile. — Cour de cassation (audience du 18 décembre 1866). — Présidence de M. Troplong, premier président.
2. Juridiction administrative. — Conseil de préfecture de la Seine (séance du 26 avril 1880). — Présidence de M. Aubin.
3. Tribunal correctionnel de la Seine (7e ch.). — Présidence de M. Gérin (audience du 6 août 1874).

Tenue de maisons non autorisées de prêts sur gages. — Monts-de-Piété. — Interdiction de prêter sur des gages incorporels. — Prêts habituels à d'anciens militaires. — Dépôt de leurs titres de pension ou brevets de légionnaires. — Fait non prévu par l'article 411 du Code pénal.

1706. — L'article 411 du Code pénal, qui prohibe la tenue de maisons de prêts sur gages non autorisées, n'a été édicté qu'en vue de protéger les Monts-de-Piété, lesquels, d'après la loi du 24 messidor an XII, d'après celle du 24 juin 1851 et d'après tous leurs règlements, ne peuvent recevoir que des gages corporels et non des gages incorporels, tels que des titres de toute nature. Par suite, l'article précité du Code pénal ne prévoit pas le fait de prêter habituellement des sommes d'argent à d'anciens militaires, sur dépôt de leurs titres de pension ou de leurs brevets de légionnaires.

(Annulation, sur le pourvoi de M..., d'un arrêt rendu par la Cour d'appel d'Alger, le 19 novembre 1875, qui le condamnait à un mois de prison, 1000 francs d'amende, etc. [1].)

Prêt sur reconnaissances du Mont-de-Piété. — Application de l'article 411 du Code pénal.

1707. — Le prêt sur reconnaissances du Mont-de-Piété constitue un prêt sur gages et tombe sous l'application de l'article 411 du Code pénal, qui punit d'emprisonnement et d'amende ceux qui auront établi ou tenu des maisons de prêts sur gages ou nantissements sans autorisation légale ou qui, ayant une autorisation, n'auront pas tenu un registre conforme aux règlements.

(Rejet du pourvoi formé par un sieur C... contre un arrêt de la Cour de Paris, en date du 18 novembre 1875 [2].)

Tenue d'une maison de prêts sur gages. — Habitudes d'usure.

1708. — Si le Code civil a autorisé le prêt sur gage, et si la loi du 23 mai 1863, dans l'intérêt du commerce, a fait disparaître les formalités auxquelles il était soumis, les prescriptions de l'article 411 du Code pénal qui interdisent le prêt sur gage n'ont pas été abrogées; les tribunaux sont chargés d'apprécier les circonstances dans lesquelles ont lieu les prêts et si l'établissement incriminé vend, achète et fait sérieusement le commerce, ou s'il n'a au contraire qu'un seul but, une seule destination : « le prêt sur gage ».

Jugement condamnant un sieur V... à quinze jours d'emprisonnement, à 10,000 francs d'amende et aux dépens.
Ledit jugement confirmé en appel, le 29 janvier 1879, par adoption des motifs des premiers juges, mais déchargeant le sieur V...

---

1. Juridiction criminelle. — Cour de cassation (audience du 1er avril 1876).
2. Juridiction criminelle. — Cour de cassation (audience du 19 mai 1876). — Présidence de M. de Carnières.

de la peine de quinze jours d'emprisonnement, en raison des circonstances atténuantes [1].)

Tenue de maisons de prêts sur gages. — Habitudes d'usure. — Achat et vente de reconnaissances du Mont-de-Piété. — Prêts déguisés.

1709. — Jugement condamnant le sieur S... à deux mois de prison et 5000 francs d'amende; le sieur D..., à un mois de prison et 2000 francs d'amende; les sieurs D... et P..., chacun à 2000 francs d'amende, et le sieur G..., à 1000 francs d'amende [2].

Commerce des diamants. — Consignation de marchandises par des commissionnaires et des courtiers. — Prévention de complicité, d'abus de confiance, de tenue d'une maison de prêts sur gages non autorisée et d'usure habituelle. — Acquittement.

1710. — La loi du 28 mai 1858, relative aux négociations concernant les marchandises déposées dans les magasins généraux, et celle du 13 mai 1863, modifient le Code de commerce dans ses dispositions relatives aux gages et aux commissionnaires.

L'économie et la tendance de ces deux lois sont caractérisées dans l'exposé des motifs, où il est dit « que l'effet de la loi serait de permettre à tout le monde de prêter sur gages aux commerçants, sans péril, et par conséquent de vulgariser les nantissements ».

Toutefois les dispositions de ces lois ne changent pas les prescriptions de l'article 411 du Code pénal (tenue de maison de prêt sur gage ou nantissement civil sans autorisation légale), attendu que l'article 91 de la loi de 1863 limite expressément les prêts au gage constitué soit par un commerçant, soit par un individu non commerçant, pour un acte de commerce.

(Jugement relaxant le sieur P... des fins de la poursuite exercée contre lui et condamnant les demandeurs aux dépens [3].)

Maisons de prêts sur gages. — Lois des 28 mars 1858 et 13 mai 1863. — Opérations entachées de fraude. — Warrants. — Prêts sur nantissement.

1711. — Si les lois des 28 mars 1858 et 13 mai 1863 ont eu pour but et effet, ainsi que cela résulte de leur texte et des travaux préparatoires qui ont précédé leur vote, de faciliter la circulation des warrants, d'en faire un moyen de crédit et de venir en aide aux commerçants qui se trouveraient momentanément dans la gêne, elles

---

1. Juridiction criminelle. — Tribunal de 1re instance du département de la Seine. — Police correctionnelle (audience du 18 décembre 1878). — Présidence de M. Thiroin.

2. Juridiction criminelle. — Tribunal correctionnel de la Seine (11e chambre, audiences des 21 décembre 1880 et 4 janvier 1881). — Présidence de M. Mulle.

3. Juridiction civile. — Tribunal correctionnel de la Seine (8e chambre), audiences des 25 janvier, 8 février, 1er-29 mars et 19 avril 1882). — Présidence de M. Cadet de Vaux.

n'ont pourtant porté aucune atteinte aux dispositions de l'article 411 du Code pénal, qui interdit la tenue d'une maison de prêts sur gages sans autorisation.

Cet article reste applicable, alors même que le prévenu, se conformant en apparence aux lois précitées de 1858 et de 1863, n'a fait que des opérations constituant en réalité des prêts sur gages ou nantissements.

Conséquemment, fait une juste et légale application de l'article 411 du Code pénal, l'arrêt qui déclare en fait que le prévenu s'est fait une spécialité de prêts sur nantissement; que ces prêts étaient faits soit à des commerçants qui déposaient le plus souvent des marchandises qui ne leur appartenaient pas, soit à des hommes du monde, étrangers à tout négoce et pour qui l'engagement de marchandises achetées dans des conditions équivoques n'était qu'un moyen désespéré de subvenir à leurs dissipations.

Ces constatations sont souveraines et justifient l'application de l'article 411 du Code pénal.

Ce ne sont pas là, en effet, les opérations qu'ont en vue les lois de 1858 et 1863, c'est-à-dire le nantissement offert par des commerçants dont le but, en escomptant les warrants à eux délivrés, est de leur permettre d'étendre leurs affaires en multipliant leurs affaires commerciales.

(Rejet du pourvoi formé par le sieur P... contre un arrêt rendu à son préjudice par la chambre des appels correctionnels de la Cour de Paris, le 8 mars 1883 [1].)

III. — **Droits de timbre et d'enregistrement.** — **Contributions.**

Contribution foncière. — Exemption. — Mont-de-Piété. — Bâtiment particulier.

1712. — La maison donnée à bail par un propriétaire pour le service d'un Mont-de-Piété n'est pas exempte de la contribution foncière; ce n'est pas là, en effet, une propriété consacrée à un service public et non productive de revenus.

(Décision par laquelle est rejetée la requête présentée par les administrateurs du Mont-de-Piété du Havre [2].)

Valeurs mobilières. — Bons de caisse du Mont-de-Piété. — Application de la taxe de 3 p. 100.

1713. — Le Mont-de-Piété de Paris est un établissement public, et si, par sa destination, il constitue en même temps un établissement d'utilité publique, ce caractère ne saurait le soustraire à

---

1. Juridiction criminelle. — Cour de cassation (chambre criminelle). — Présidence de M. le président Baudoin (audiences des 18, 19 et 24 janvier 1884).
2. Juridiction administrative. — Conseil d'État (séance du 7 juin 1855). — Présidence de M. Plichon.

l'application de la loi du 29 juin 1872, qui frappe sans distinction tous les établissements publics, quelle que soit leur nature.

Les dispositions du décret du 8 thermidor an XIII et de la loi du 24 juin 1851, qui exemptent des droits de timbre et d'enregistrement les obligations, reconnaissances et tous actes concernant l'administration du Mont-de-Piété, ne peuvent être étendues à l'impôt établi par la loi précitée, qui ne constitue ni un droit de timbre, ni un droit d'enregistrement, mais une sorte d'impôt direct établi sur le revenu de certains titres d'emprunt ou d'obligation.

(Rejet du pourvoi formé par l'Administration du Mont-de-Piété contre un arrêt de la Cour d'appel de Paris [1].)

Enregistrement. — Reconnaissances du Mont-de-Piété. — Adjudication par-devant notaire. — Exécution d'une ordonnance du président du tribunal.

1714. — L'adjudication par-devant notaire de reconnaissances du Mont-de-Piété entraîne la perception sur le prix d'un droit proportionnel de 2 p. 100, augmenté du montant des prêts consentis.

Peu importe qu'en vertu d'une ordonnance du président du tribunal l'adjudication ait été autorisée devant un notaire.

L'article 8 de la loi du 24 juin 1851, qui exempte du timbre et de l'enregistrement les reconnaissances du Mont-de-Piété, n'est pas applicable aux cessions des reconnaissances consenties par les emprunteurs à des tiers. Ces cessions restent soumises aux règles ordinaires des lois fiscales.

(Rejet de la demande d'un sieur M..., adjudicataire de reconnaissances des Monts-de-Piété, tendant à attribuer à ce genre de titres le caractère de droits incorporels à raison de leur adjudication devant notaire et des clauses du cahier des charges relatives à la non-garantie de la validité des reconnaissances et de la valeur des objets engagés [2].)

IV. — Engagements.

Engagement d'objets volés. — Constatation de l'identité de l'emprunteur. — Responsabilité du Mont-de-Piété.

1715. — La comparaison de la signature apposée sur le registre des engagements avec celle qui figure sur une pièce constatant l'identité de l'emprunteur (dans l'espèce, une carte de sûreté) est une garantie suffisante pour autoriser le prêt et mettre le déposant à l'abri de tout soupçon.

Le Mont-de-Piété et les Commissionnaires qui effectuent un prêt dans ces conditions sont exempts de tout reproche de négligence.

(Jugement rejetant la demande par laquelle le général D... d'H... demandait la restitution, sans bourse délier, de diverses pièces d'ar-

---

1. Juridiction civile. — Cour de cassation (audience du 3 avril 1878).
2. Juridiction civile. — Tribunal de la Seine (2e ch.). — Présidence de M. Casenave (audience du 1er avril 1881).

genterie à lui soustraites et engagées; ledit jugement le condamnant en outre aux dépens [1].)

(Dans le même sens : Arrêt de la cour royale de Paris, du 17 août 1827.)

Responsabilité du Mont-de-Piété et de ses agents en cas d'engagement d'objets volés. — Responsabilité des Commissionnaires.

1716. — Le recours réservé au réclamant dans le cas où il y aurait eu négligence de l'exécution de l'article 47 du règlement général annexé au décret du 8 thermidor an XIII, ne peut atteindre que le Directeur ou autres employés personnellement, mais non l'Administration du Mont-de-Piété.

Les déposants ne sont ni connus, ni domiciliés dans le sens de l'article 47 précité, lorsqu'on n'a pu retrouver leur trace, et les Commissionnaires doivent être déclarés responsables des engagements reçus dans ces conditions.

(Jugement déclarant le sieur T... non recevable dans sa demande formée contre l'administration du Mont-de-Piété, contre le Directeur et ses agents.

Ledit jugement condamne en outre le sieur D..., commissionnaire, à payer au sieur T... la somme de 600 francs à titre de dommages-intérêts [2].)

Possession. — Meuble. — Vol. — Mont-de-Piété. — Revendication. — Prêt. — Remboursement.

1717. — Des objets mobiliers peuvent être revendiqués contre le Mont-de-Piété auquel ils ont été remis en gage, sans que le réclamant soit tenu de rembourser à cet établissement la somme prêtée au déposant, nonobstant tout règlement contraire, s'il est établi qu'il y a eu de la part du Mont-de-Piété faute ou imprudence à recevoir ces objets.

(Arrêt de la cour de cassation rendu sur le pourvoi formé par le sieur G..., directeur du Mont-de-Piété de Bergues, ledit arrêt confirmant celui de la cour de Douai qui condamnait G... à restituer au sieur C..., sans remboursement, des objets à lui volés et engagés au Mont-de-Piété de Bergues [3].)

Responsabilité. — Mont-de-Piété. — Faute. — Vol. — Nantissement. Règlements administratifs. — Inobservation. — Commissionnaires.

1718. — Le Mont-de-Piété, lorsque l'inobservation par ses agents des prescriptions réglementaires concernant la constatation de l'identité des déposants a favorisé l'engagement d'objets détournés, est responsable du préjudice qui en est résulté pour le propriétaire.

---

1. Juridiction civile. — Tribunal de 1re instance du département de la Seine (audience du 29 avril 1807).

2. Juridiction civile. — Tribunal de 1re instance du département de la Seine (audience du 6 février 1834).

3. Juridiction civile. — Cour de cassation. — Chambre des requêtes (audience du 21 juillet 1857). — Présidence de M. d'Oms.

Sauf aux juges, dans le cas où celui-ci a à se reprocher un défaut de surveillance, à faire retomber à sa charge une partie de la responsabilité de ces détournements. Mais le Mont-de-Piété ne répond pas des dépôts irréguliers reçus par les Commissionnaires qui sont, non ses agents, mais les mandataires des déposants; en pareil cas, le propriétaire ne peut actionner que les Commissionnaires eux-mêmes.

(Jugement condamnant le Mont-de-Piété de Paris et divers Commissionnaires à des dommages-intérêts envers le sieur F...; ledit jugement confirmé en appel [1].)

Règlements intérieurs du Mont-de-Piété. — Responsabilité. — Faillite.

1719. — La responsabilité d'un Mont-de-Piété ne peut être engagée envers les tiers par des actes qui ne constitueraient que des infractions à des règlements établis par son Conseil d'administration, ou même par l'autorité publique pour régir le fonctionnement intérieur de l'établissement.

Les prêts consentis par le Mont-de-Piété de Paris, conformément aux articles 47 et 49 du décret du 8 thermidor an XIII, à un emprunteur connu et domicilié et dont on ne conteste pas la légitime possession et le droit de disposition à l'égard des effets par lui apportés en nantissement, ne peuvent être critiqués par des tiers, ni servir de base à une action en dommages-intérêts dirigée contre l'établissement prêteur et fondée sur une faute prétendue, consistant dans l'élévation du chiffre de ces prêts et sa trop grande facilité à les consentir.

(Cassation d'un arrêt de la cour de Paris, en date du 18 novembre 1872, rendu au profit de M. D..., syndic de la faillite S... [2].)

Mont-de-Piété. — Faillite. — Prêts imprudents. — Responsabilité.

1720. — Aucun article de loi n'impose au Mont-de-Piété le devoir de s'immiscer dans le secret de la fortune ou du crédit des négociants et de se rendre compte de leur situation commerciale par un contrôle aussi dangereux qu'impossible à exercer.

Il ne faut pas confondre les règles administratives qui gouvernent le régime intérieur du Mont-de-Piété ou les instructions données à ses préposés et employés dans l'intérêt d'une bonne gestion avec les règlements d'administration publique dont la violation peut concerner les tiers et léser leurs droits.

En pareille matière, les fautes ne se présument pas et doivent être légalement prouvées par les demandeurs.

Si l'article 70 du décret organique du 8 thermidor an XIII autorise, dans certains cas spécifiés, le recours contre le Directeur ou

---

1. Juridiction civile. — Cour d'appel de Paris (audience du 26 décembre 1871). — Présidence de M. Rohault de Fleury.
2. Juridiction civile. — Cour de cassation (audience du 12 janvier 1875). — Présidence de M. Devienne, premier président.

autres employés, en cas de fraude, dol ou négligence de l'exécution de l'article 47 et des règlements, ce n'est qu'autant que cette inexécution pourra intéresser les tiers, en cas de vol ou d'illégitimité de la possession des objets déposés par des individus dont l'identité et le domicile sont inconnus.

La multiplicité des prêts autorisés par la loi ne peut constituer une faute légale, à la charge de l'établissement, dès qu'il ne lui est imputé ni collusion frauduleuse, ni négligence dans l'exécution des règlements organiques.

(Arrêt faisant droit à l'appel interjeté par le Directeur du Mont-de-Piété, d'un jugement rendu par le tribunal civil de la Seine le 30 août 1871, et condamnant aux dépens le sieur D..., syndic de la faillite S... [1].)

V. — Garantie des nantissements.

Nantissement non représenté lors du dégagement. — Demandes d'indemnité par l'emprunteur. — Interprétation de l'article 66 du règlement annexé au décret du 8 thermidor an XIII.

1721. — L'article 66 du décret du 8 thermidor an XIII doit être entendu et appliqué dans le sens juridique des expressions qui y sont employées; il faut se garder d'en exagérer la portée; il fait partie d'une loi d'exception.

Statuant sur une matière analogue et s'expliquant sur l'application de l'article 14 de la loi du 5 nivôse an V, la Cour de cassation a défini la signification du mot *perte*, lequel ne se réfère qu'à des faits purement accidentels.

Lorsqu'il résulte des déclarations de l'administration du Mont-de-Piété que les objets réclamés ont été par erreur remis à une époque qu'elle détermine à une autre personne que le déposant, cette disposition des objets déposés ne peut être qualifiée de perte.

Elle constitue une faute engageant vis-à-vis du Mont-de-Piété la responsabilité de son préposé, auteur du fait dommageable, et celle de l'Administration vis-à-vis du déposant, aux termes des articles 1382 et suivants du Code civil.

(Jugement condamnant le Mont-de-Piété à payer à un sieur C... une indemnité de 90 francs au lieu de celle de 22 fr. 50, offerte par l'Administration [2].)

Nantissement non représenté lors du dégagement. — Demande d'indemnité par l'emprunteur. — Interprétation de l'article 66 du règlement annexé au décret du 8 thermidor an XIII.

1722. — La nature comme les effets du contrat qui intervient entre le Mont-de-Piété et les emprunteurs sont réglés par le décret du 8 thermidor an XIII.

---

1. Juridiction civile. — Cour d'appel de Rouen (audience du 29 juillet 1875). — Présidence de M. Neveu-Lemaire, premier président.
2. Tribunal de paix du 4ᵉ arrondissement (audience du 26 juin 1863).

L'article 66 prévoit le cas où l'effet donné en nantissement est perdu et ne peut être rendu à son propriétaire.

L'erreur seule, dégagée de tous faits de négligence ou imprudence grave, ayant eu pour conséquence la remise du gage entre les mains d'une autre personne que le déposant, et, par suite, l'impossibilité pour le Mont-de-Piété d'en effectuer la remise, est réellement une perte dans le sens de l'article précité.

Le prix d'estimation fixé lors du dépôt, avec augmentation d'un quart en sus, serait presque toujours une suffisante et juste réparation du dommage dont la responsabilité incomberait à l'Administration du Mont-de-Piété par l'application qui lui serait faite des articles 1382 et suivants du Code civil.

(Jugement infirmant la sentence prononcée par le tribunal de paix en faveur du sieur C..., le 26 juin 1863 [1].)

Engagement d'un châle au Mont-de-Piété. — Piqûres de vers. — Responsabilité. — Estimation. — Preuve. — Chiffre du prêt. — Dépens.

1723. — Quand un châle, déposé en nantissement dans les magasins du Mont-de-Piété, y a été détérioré par des piqûres de vers, l'Administration, pour dégager sa responsabilité, doit établir que la détérioration n'est pas imputable à une faute de ses agents, mais est le résultat d'un vice propre à l'objet engagé, résultat qu'elle n'aurait pu ni prévenir ni empêcher.

L'étendue de la responsabilité du Mont-de-Piété étant, dans ce cas, fixée par l'article 67 du règlement du 8 termidor an XIII, si le chiffre de l'estimation originaire dont parle cet article ne figure ni sur les livres de l'Administration, ni sur les pièces relatives à l'engagement, et si ce chiffre est resté en blanc à la suite de la mention imprimée qui se trouve sur la reconnaissance représentée par l'emprunteur, il appartient aux juges d'apprécier, d'après les documents produits, la valeur du nantissement au jour de l'engagement.

Bien que, d'après les statuts qui régissent le Mont-de-Piété, les prêts ne puissent dépasser, suivant la nature des objets déposés en nantissement, soit les quatre cinquièmes de leur valeur au poids, soit les deux tiers du prix de leur estimation, le chiffre du prêt ne suffit pas à établir le chiffre de l'estimation.

Les articles 2082 du Code civil et 63-65 du règlement du 8 thermidor an XIII ne mettent pas obstacle à ce que le Mont-de-Piété, condamné à payer une indemnité à l'emprunteur sous la déduction, en principal et accessoires, du prêt à lui consenti, supporte les dépens du procès.

(Jugement condamnant l'Administration du Mont-de-Piété à payer à la demoiselle D... la somme de 600 francs, pour valeur du châle dont il s'agit, sous déduction de celle de 300 francs prêtée, ensemble des intérêts et frais accessoires d'engagement [2].)

---

1. Juridiction civile. — Tribunal de 1re instance (audience du 17 mars 1864). — Présidence de M. de Ponton d'Amécourt.

2. Juridiction civile. — Tribunal de 1re instance du département de la Seine

Nantissement vendu à tort. — Cas assimilé à la perte du gage. — Indemnité basée sur l'article 66 du règlement annexé au décret du 8 thermidor an XIII.

1724. — En droit, le sens de l'article 66 du décret du 8 thermidor an XIII a été fixé par la jurisprudence, et il s'étend à tous les cas où l'Administration ne peut rendre à son propriétaire l'objet donné en nantissement, sauf le cas de fraude, toujours excepté, et celui de négligence ou d'imprudence grave.

Cet article a eu pour but et doit avoir pour effet de garantir l'Administration contre les suites d'erreurs à peu près inévitables.

Si la loi a fixé la quotité des dommages-intérêts pour le cas d'une erreur entraînant la perte totale de l'objet, on ne comprendrait pas que le sacrifice imposé à l'Administration fût aggravé dans le cas d'une faute plus légère ayant pour conséquence la vente de l'objet donné en nantissement.

(Rejet de la demande d'une demoiselle S... tendant à obtenir une indemnité de 70 francs pour non-représentation de boucles d'oreilles déposées au Mont-de-Piété pour un prêt de 7 francs et vendues par erreur [1].)

Montre et chaîne déposées en nantissement au Mont-de-Piété. — Non-représentation par l'Administration des objets déposés en gage. — Demande en dommages-intérêts. — Fixation réglementaire de l'indemnité. — Application de l'article 66 du décret du 8 thermidor an XIII.

1725. — La nature et les effets du contrat intervenu entre le Mont-de-Piété et les emprunteurs sont réglés par le décret du 8 thermidor an XIII.

Aux termes de l'article 66 de ce décret, lorsqu'un effet donné en nantissement est perdu et ne peut être rendu à son propriétaire, la valeur doit lui être payée au prix d'estimation fixé lors du dépôt avec l'augmentation d'un quart en sus à titre d'indemnité.

Le but de cette disposition a été de mettre le Mont-de-Piété à l'abri des conséquences des pertes nombreuses devant nécessairement résulter des confusions possibles, à raison du grand nombre d'objets de même nature pouvant être engagés.

Les emprunteurs savent d'avance à quoi ils s'exposent en contractant sous l'empire d'une législation spéciale.

L'impossibilité pour le Mont-de-Piété d'effectuer la remise d'un objet, par suite d'une erreur dégagée de tous faits de négligence ou d'imprudence grave est réellement une perte dans le sens de l'article de loi précité.

(chambre des vacations, audience du 21 octobre 1864). — Présidence de M. Cassemiche.

1. Tribunal de paix du 4e arrondissement (audience du 18 octobre 1867).

(Jugement déclarant le sieur B... mal fondé dans sa demande de dommages-intérêts et donnant acte à l'Administration du Mont-de-Piété de son offre de payer l'indemnité réglementaire [1].)

VI. — Boni.

Dette. — Reconnaissances du Mont-de-Piété données en garantie. Défaut de renouvellement. — Bonis non réclamés. — Responsabilité.

1726. — Le créancier qui a reçu en garantie de sa créance des reconnaissances du Mont-de-Piété n'est pas responsable du défaut de renouvellement de ce nantissement; mais, en cas de vente par le Mont-de-Piété des objets déposés, ce créancier est responsable de la perte du boni produit par cette vente, s'il l'a laissé périmer.

(Jugement condamnant le sieur T... à payer à la veuve L... une somme de 136 fr. 20, avec intérêts, sauf compensation avec sa créance [2].)

Droit aux bonis. — Tiers porteurs. — Prescription.

1727. — Il résulte du texte du règlement général annexé au décret du 8 thermidor an XIII qu'il suffit d'être porteur d'une reconnaissance pour avoir droit d'exiger le payement du boni. L'administration, sauf le cas d'opposition, n'a pas à rechercher comment une reconnaissance est arrivée entre les mains de celui qui la représente, et à quel titre il la détient.

La mise sous séquestre de reconnaissances du Mont-de-Piété ne peut être une cause d'interruption de la prescription prononcée par l'article 98 du règlement précité, puisque les parties sont représentées par le séquestre judiciaire nommé précisément dans le but de sauvegarder les droits qui peuvent être attachés auxdites reconnaissances.

(Délibération par laquelle le comité consultatif émet l'avis qu'il y a lieu de repousser la demande formée par le sieur P..., marchand de reconnaissances, aux fins d'être relevé de la prescription [3].)

VII. — Emprunt.

Bons de caisse au porteur. — Échange contre des bons nominatifs.

1728. — Le Mont-de-Piété ne peut être obligé à changer la nature de bons émis et à transformer en bons nominatifs des bons au porteur, lorsque ces derniers titres ne sont pas rentrés à sa Caisse.

---

1. Juridiction civile. — Tribunal de 1re instance du département de la Seine (audience du 27 mars 1873). — Présidence de M. Collette de Baudicour.
2. Juridiction civile. — Tribunal de 1re instance du département de la Seine (audience du 30 janvier 1879). — Présidence de M. Bruneau.
3. Comité consultatif du Mont-de-Piété de Paris (séance du 9 mai 1881).

(Arrêt réformant en cette partie, sur l'appel par le Mont-de-Piété, un jugement du tribunal de première instance du département de la Seine qui décidait que l'Administration serait tenue d'échanger contre des valeurs nominales des bons au porteur détenus par la dame C... et revendiqués par le chef de la communauté [1].)

Bon du Mont-de-Piété adiré. — Caution. — Application des articles 152 et 155 du Code de commerce.

1729. — L'Administration ne peut rembourser le montant d'un bon de caisse en l'absence dudit bon que sous la garantie d'une caution, laquelle ne sera déchargée qu'après trois ans à partir de la date du jugement, conformément aux articles 152 et 155 du Code de commerce, si mieux n'aime le demandeur laisser ladite somme pendant trois ans en dépôt à la caisse du Mont-de-Piété.

(Jugement repoussant les conclusions présentées par un sieur P... et le condamnant aux dépens [2].)

Bons de Caisse. — Défaut de présentation à l'échéance. — Intérêts.

1730. — Les reconnaissances de placements d'argent sur le Mont-de-Piété ne sont pas génératrices d'intérêts.

Lorsque ces intérêts ne sont pas réglés annuellement en coupons au porteur, le créancier ou ses ayants droit ne peuvent réclamer que le montant du bon délivré et les intérêts dus à l'échéance dudit bon.

(Jugement rejetant la demande formée par les héritiers d'un sieur B......, musicien de la garde impériale, disparu en 1812 et déclaré absent, ladite demande présentée en 1824, tendant au remboursement du capital et des intérêts courus à partir de l'année 1811, époque du versement. — Ce jugement a été confirmé par la cour d'appel le 4 février 1836 [3].)

Faux. — Écriture authentique. — Bons de caisse. — Endossement.

1731. — Si les bons délivrés par le Mont-de-Piété, conformément à ses statuts, ont le caractère d'actes publics et authentiques, il n'en est pas de même de l'endossement destiné à en assurer la négociation et la transmission entre les tiers, lequel n'a que le caractère d'acte privé.

Dès lors l'altération d'un tel endossement est à tort qualifié de faux en écriture authentique, alors que le bon n'a été altéré dans aucun de ses éléments.

---

1. Juridiction civile. — Cours d'appel de Paris (audiece du 15 mai 1829).
2. Juridiction civile. — Tribunal de 1re instance du département de la Seine (audience du 6 février 1834). — Présidence de M. Debelleyme.
3. Juridiction civile. — Tribunal de première instance du département de la Seine (audience du 14 novembre 1834).

(Arrêt cassant une ordonnance par laquelle la nommée S... V..., femme S..., avait été renvoyée devant la cour d'assises pour falsification de l'endos d'un bon émis par le Mont-de-Piété [1].)

Billet de caisse adiré. — Caution. — Obligation de la caution.

1732. — En cas d'adirement d'un billet de caisse, le Mont-de-Piété n'a d'autre droit et d'autre intérêt que d'exiger que des précautions soient prises pour qu'il ne soit pas obligé de payer deux fois.

Les mesures conservatoires prescrites par la loi du 15 juin 1872, relativement aux titres au porteur émis par un établissement public, sont seules applicables au cas d'adirement d'un billet de caisse du Mont-de-Piété.

Aux termes de l'article 5 de ladite loi, lorsque le capital du titre frappé d'opposition est devenu exigible, l'opposant ne peut en toucher le montant qu'à la charge d'un cautionnement, ou, à défaut de cautionnement, de dépôt à la Caisse des consignations.

La caution à fournir n'est déchargée et le dépôt ne peut être retiré par l'opposant qu'après dix ans à partir de l'exigibilité du bon au porteur.

(Jugement ordonnant le payement par l'administration du Mont-de-Piété du montant d'un billet adiré par le sieur H..., à la charge par ce dernier de fournir bonne et valable caution, ou d'en verser le montant à la Caisse des consignations en principal et intérêts [2].)

VIII. — Oppositions.

Possession. — Meuble incorporel. — Titre au porteur. — Faillite. Cessation de payements. — Acte onéreux.

1733. — La règle qu'*en fait de meuble, possession vaut titre*, cède notamment à l'égard des meubles incorporels, tels que des titres au porteur ou des reconnaissances du Mont-de-Piété devant la preuve de la mauvaise foi du détenteur de ces titres.

En tout cas, lorsque des marchandises ont été engagées au Mont-de-Piété par un failli postérieurement à l'époque où l'ouverture de la faillite a été reportée, les syndics sont admis à revendiquer ces reconnaissances entre les mains de celui qui en a obtenu la cession de la part du failli avec connaissance de la cessation des payements.

(Arrêt rendu sur l'appel d'un sieur A..., confirmant un jugement qui l'a déclaré illégalement détenteur des reconnaissances délivrées par le Mont-de-Piété de Marseille à un sieur M... [3].)

---

1. Juridiction criminelle. — Cour d'appel de Paris (audience du 3 mars 1864). — Présidence de M. Vaïsse.
2. Juridiction civile. — Tribunal de 1re instance du département de la Seine (1re chambre, audience du 9 février 1882). — Présidence de M. Casenave.
3. Juridiction civile. — Cour d'appel d'Aix (audience du 4 juin 1845). — Présidence de M. Lerouge.

Saisie-arrêt. — Titre authentique ou jugement. — Opposition.

1734. — Le tiers saisi qui, appelé en cause avant le jugement de validité, conclut au fond, se rend non recevable à invoquer ensuite les dispositions de l'article 568 du Code de procédure civile d'après lesquelles il ne peut être assigné en déclaration affirmative s'il n'y a titre authentique ou jugement validant la saisie.

Est valable la saisie-arrêt formée entre les mains du Mont-de-Piété sans désignation des numéros de dépôt des objets, alors surtout qu'il s'agit de bonis, dont le nombre restreint permet plus aisément les recherches.

Bien que les règlements du Mont-de-Piété indiquent, comme pouvant former opposition, l'emprunteur ou déposant, sans ajouter son créancier, ce silence ne peut être interprété comme une abrogation des règles générales de droit et par suite l'opposition formée par ce créancier doit être accueillie.

(Arrêt déclarant bonne et valable la saisie-arrêt formée par une dame Q... sur les bonis pouvant provenir de la vente des objets déposés par une dame L... et déboutant l'Administration du Mont-de-Piété de Paris des exceptions par elle articulées [1].)

Vente d'objets engagés au Mont-de-Piété. — Remise du boni au déposant. — Frais dus au Commissionnaire. — Payement fait sans représentation du titre. — Caution. — Obligation de la caution.

1735. — La personne qui se porte caution d'un déposant au Mont-de-Piété, à l'effet de permettre le remboursement d'un boni sans la représentation du titre d'engagement, cautionne par là même le Mont-de-Piété à l'égard des sommes dues au Commissionnaire et que celui-ci réclame à l'Administration.

(Jugement qui condamne les sieurs L... et B..., cautions du sieur de B..., à rembourser à l'Administration la somme de 512 francs, montant des droits dus à un Commissionnaire [2].)

Dégagement par un tiers de nantissements frappés d'opposition. — Irresponsabilité du Mont-de-Piété, l'opposition ayant été mise à tort.

1736. — Pour qu'il y ait responsabilité du Mont-de-Piété envers l'auteur de l'opposition, il ne suffit pas que remise de l'objet engagé ait été faite à un tiers; il faut encore qu'il soit établi que l'opposition avait une base sérieuse et que la remise a causé à l'opposant un préjudice réel et constant.

Lorsqu'il existe une opposition, le Mont-de-Piété serait fondé à refuser au porteur de la reconnaissance la remise de l'objet aussi

---

1. Juridiction civile. — Cour d'appel de Paris (audience du 19 janvier 1867). — Présidence de M. Devienne, premier président.
2. Juridiction civile. — Tribunal de 1re instance du département de la Seine (1re chambre, audience du 17 juillet 1869). — Présidence de M. Collette de Baudicour.

longtemps qu'il n'y a pas eu décharge ou mainlevée de l'opposition, ou qu'un jugement n'est pas intervenu sur ladite opposition.

Dans la pratique et pour éviter aux parties des frais hors de proportion avec la valeur des objets engagés, l'Administration n'exige pas toujours l'intervention et la production d'un jugement. Toutefois s'il n'y a eu ni mainlevée ni jugement, la remise n'est faite par le Mont-de-Piété qu'en engageant sa responsabilité au cas où il viendrait à être reconnu que la remise des objets s'est effectuée à tort ou légèrement. Il y a lieu, dans tous les cas, d'examiner le mérite de l'opposition. Lorsqu'il résulte des explications des parties, des circonstances et des documents de la cause, qu'à l'époque où l'opposition a été formée, l'emprunteur était débiteur envers le détenteur des reconnaissances, et qu'il est établi et démontré que lesdites reconnaissances ont été données en payement à un créancier, l'opposition n'est pas fondée et, en refusant de s'y arrêter, l'Administration du Mont-de-Piété ne cause aucun préjudice et n'encourt aucune responsabilité.

(Rejet de la demande d'un sieur D... tendant à obtenir une indemnité de 200 francs, représentant le prix d'objets engagés par lui au Mont-de-Piété et dont cette Administration s'est dessaisie nonobstant l'opposition formée par ledit D... à la délivrance du nantissement [1].)

IX. — Commissaires-priseurs.

Acte administratif. — Administration du Mont-de-Piété. — Commissaires-priseurs. — Compétence.

1737. — Il ne peut être statué sur les contestations entre l'Administration d'un Mont-de-Piété et les Commissaires-priseurs attachés à cet établissement sans interpréter, restreindre ou modifier divers actes du gouvernement ou de l'Administration, notamment les ordonnances et règlements en vertu desquels les appréciateurs remplissent leurs fonctions. Par suite, l'appréciation du mérite de ces actes administratifs ne peut appartenir à l'autorité judiciaire.

(Décision visant et confirmant un arrêté de conflit pris par le Préfet du Finistère, et considérant comme non avenue une assignation donnée contre le sieur D..., Directeur du Mont-de-Piété de Brest, ainsi qu'un jugement du tribunal de cette ville en date du 8 juin 1837 [2].)

Vente aux enchères. — Commissaire-priseur. — Mise en vente. — Criée par l'expert et le crieur. — Enchère. — Retrait des objets par l'officier-vendeur après enchère. — Responsabilité.

1738. — Les lois spéciales sur les ventes aux enchères publiques ne contiennent aucune dérogation aux principes fondamentaux de la vente telle qu'elle est réglée par le Code civil.

---

1. Tribunal de paix du 4e arrondissement (audience du 29 janvier 1873).
2. Juridiction administrative. — Conseil d'État (séance du 19 août 1837), M. Vivien, rapporteur.

En conséquence, tant que la mise à prix d'une chose mobilière exposée en vente n'est pas couverte, le vendeur ou le Commissaire-priseur, son mandataire, peut retirer l'objet mis en vente; il n'y a dans ce cas qu'une proposition non acceptée.

Mais aussitôt qu'une enchère a couvert la mise à prix, il y a entre le vendeur et le premier enchérisseur vente parfaite, sous la condition que la première enchère ne sera pas couverte.

Quand un second enchérisseur se manifeste, le premier accord est résolu au profit de ce second enchérisseur et ainsi de suite; mais le vendeur s'est trouvé irrévocablement dessaisi du droit de revenir sur sa proposition et n'a plus d'autre moyen de rentrer dans sa propriété qu'en se mettant lui-même au nombre des enchérisseurs.

Tout ce que les experts et crieurs qui aident et assistent le Commissaire-priseur dans les opérations de la vente font par ses ordres et en sa présence, engage la responsabilité de ce dernier.

(Jugement autorisant un sieur B... à prouver par témoins les faits reprochés au sieur B..., Commissaire-priseur, qui aurait retiré de la vente un objet ayant donné lieu à une enchère [1].)

X. — Commissionnaires.

Commissionnaires. — Règlements. — Inobservation.

1739. — Les Commissionnaires au Mont-de-Piété sont constamment assujettis aux règlements de police.

En effet, si l'on se reporte aux lettres patentes du 9 décembre 1777 qui ont institué le Mont-de-Piété de Paris, on voit que l'article 17 autorise le Lieutenant général de police et les administrateurs à faire de concert tels règlements qu'il appartiendra concernant l'entrée et la sortie des gages, la conservation d'iceux, la tenue des registres, etc. En exécution de cette disposition, un règlement de police du 6 septembre 1779 a enjoint aux Commissionnaires de ne se charger d'aucunes opérations que pour des personnes connues et domiciliées ou assistées d'un garant connu et domicilié, sous peine d'être rendues responsables de tous événements résultant de leurs commissions, règlement qui a nécessairement rendu les Commissionnaires au Mont-de-Piété passibles des peines de police déterminées par les lois générales.

Il est évident que toutes ces dispositions placent les Commissionnaires au Mont-de-Piété dans une position différente de celle où se trouve l'Administration générale.

Il y a lieu, dès lors, de leur appliquer l'ordonnance de police du 14 thermidor an XIII qui enjoint aux prêteurs sur gages de s'assurer que la propriété des objets offerts en nantissement réside dans la personne de l'emprunteur.

---

1. Juridiction civile. — Tribunal de 1re instance du département de la Seine (7e chambre, audience du 9 février 1882). — Présidence de M. Beautemps-Beaupré.

(Jugement rendu sur renvoi prononcé par arrêt de la Cour d'appel, condamnant les femmes L..., D... et C... à 15 francs d'amende chacune, pour contravention aux articles 47 et 48 du décret du 8 thermidor an XIII [1].)

Objets volés et engagés au Mont-de-Piété. — Commissionnaires. — Responsabilité.

1740. — L'Administration du Mont-de-Piété n'est pas responsable des faits de négligence qui peuvent être imputés aux Commissionnaires.

Spécialement, l'individu qui réclame comme propriétaire la restitution d'un objet volé déposé au Mont-de-Piété ne peut refuser de rembourser le montant de la somme prêtée en prétendant que le Commissionnaire par l'entremise duquel le prêt sur gage a eu lieu a négligé de s'assurer du domicile du déposant. Il ne peut, dans ce cas, exercer son recours que contre le Commissionnaire.

(Jugement rejetant la requête du sieur X... sur les observations de M. Denormandie, avoué du Mont-de-Piété [2].)

Commissionnaires au Mont-de-Piété. — Question relative à la responsabilité des objets perdus.

1741. — L'Administration du Mont-de-Piété n'est pas responsable des objets perdus par les Commisionnaires au Mont-de-Piété ou par leurs préposés, après le retrait des objets engagés. Le règlement du 28 juillet 1824 ne peut être opposé à des tiers et n'a pas force de loi à leur égard.

Les principes du droit commun sont seuls applicables lorsqu'il s'agit d'un fait qui s'est accompli hors de l'Administration du Mont-de-Piété et par une personne dont elle ne peut être en aucun cas responsable à l'égard de l'emprunteur.

(Jugement qui condamne la dame M... à payer au sieur I... une indemnité à fixer sur le rapport d'experts [3].)

Commissionnaires. — Avances. — Remboursement.

1742. — Le Commissionnaire, étant le mandataire de l'emprunteur, a droit, aux termes de l'article 2001 du Code civil, non seulement au remboursement de ses avances, mais encore aux intérêts produits par les sommes avancées.

(Jugement condamnant la dame A...-L... à rembourser au commissionnaire D... la somme principale de 1900 francs, montant

---

1. Juridiction correctionnelle. — Tribunal de la Seine (audience du 31 octobre 1821).
2. Juridiction civile. — Tribunal de première instance du département de la Seine (audience du 11 novembre 1836).
3. Juridiction civile. — Tribunal de 1re instance du département [de la Seine (8e chambre, audience du 26 avril 1838). — Présidence de M. Pinondel.

d'excédents d'avances, plus les intérêts produits par cette somme; ledit jugement confirmé en appel [1].)

Commissionnaires. — Achalandage. — Transport. — Fonctionnaire public. — Serment. — Autorisation.

1743. — L'établissement de Commissionnaire au Mont-de-Piété peut, comme un fonds de commerce, être cédé par le titulaire moyennant un prix, et pour la validité d'une telle cession, il suffit que le cessionnaire soit agréé par l'Administration.

Le Commissionnaire au Mont-de-Piété est, bien qu'autorisé par le gouvernement et astreint au serment, un simple intermédiaire entre l'administration et les citoyens, dont le ministère n'est point obligatoire; ce n'est point un préposé de l'État.

(Arrêt rendu sur l'appel interjeté par B... et autres d'un jugement qui les condamnait à restituer à P... et autres le prix représentant la clientèle, l'achalandage, etc., des bureaux de commission par eux cédés, ledit arrêt les déchargeant des condamnations prononcées contre eux [2].)

Vente. — Commissionnaire au Mont-de-Piété. — Cession. — Obligation. — Cause licite.

1744. — Si les Commissionnaires au Mont-de-Piété de Paris, nommés par le Préfet de la Seine, ne sont investis d'aucun droit de présentation, et si, dès lors, il ne leur est pas permis de traiter de leur remplacement, le contrat par lequel ils cèdent le matériel et le bail de leur bureau, la suite de leurs affaires commerciales et leur clientèle est licite et obligatoire, sauf le droit réservé à l'Administration d'y donner ou d'y refuser son approbation.

Arrêt rejetant la requête formée par le sieur F... contre un arrêt de la Cour d'appel de Paris qui infirmait un jugement du tribunal civil. Ce jugement déclarait nulle la cession d'un bureau de commission faite par le sieur P... [3].)

Commissionnaire au Mont-de-Piété. — Fonctionnaire. — Faux.

1745. — Les Commissionnaires au Mont-de-Piété ne sont point des fonctionnaires publics, mais de simples intermédiaires entre l'Administration et les particuliers, dont le ministère n'est pas obligatoire.

Par suite, le fait, par l'individu qui se sert de l'entremise d'un commissionnaire, de se faire inscrire sur son registre sous un nom autre que le sien, ne constitue pas un faux en écriture publique; il

---

1. Juridiction civile. — Cour d'appel de Paris (audience du 22 août 1842). Présidence de M. Séguier.
2. Juridiction civile. — Cour d'appel de Paris (audience du 10 août 1850). — Présidence de M. Poultier.
3. Juridiction civile. — Cour de cassation (audience du 2 août 1852). — Présidence de M. Mesnard.

ne constitue même un faux en écriture privée qu'autant que le déclarant a signé du faux nom, par lui donné, les mentions du registre du commissionnaire.

(Arrêt annulant une ordonnance de mise en accusation prononcée contre un sieur M... pour faux en écriture authentique ; ledit arrêt ordonnant sa mise en accusation pour faux en écriture de commerce [1].)

Qualité des commissionnaires. — Droits de l'administration. Mesures administratives. — Fermeture d'un bureau.

1746. — Les Commissionnaires au Mont-de-Piété de Paris n'ont pas une existence légale et indépendante dont les conditions puissent relever de la juridiction ordinaire. Agents de l'administration, en même temps qu'intermédiaires entre elle et le public, ils ne vivent que de l'investiture de l'administration et en vertu de règlements administratifs qui placent leurs conditions d'existence et leurs opérations dans une dépendance directe et absolue de l'Administration.

Cette situation résulte incontestablement :

1° Du décret du 8 thermidor an XIII ;

2° D'une délibération du Conseil d'Administration du Mont-de-Piété du 24 thermidor an XIII ;

3° D'un arrêté du Ministre de l'intérieur du 11 brumaire an XIV ;

4° Des règlements d'administration délibérés par le Conseil du Mont-de-Piété et approuvés par le Ministre de l'intérieur les 16 mars 1824 et 24 août 1838.

Cette situation ne saurait avoir été en rien modifiée par la loi du 24 juin 1851, et la promesse d'une réglementation ultérieure contenue dans cette loi ne peut pas avoir pour effet de changer les conditions d'existence des Commissionnaires.

En conséquence, la fermeture et la liquidation d'un bureau dont le titulaire est décédé constituent un ensemble de mesures administratives dont l'appréciation échappe aux tribunaux ordinaires.

(Délibération par laquelle le Comité consultatif émet l'avis qu'il y a lieu, sur la demande introduite par le sieur M..., agissant comme administrateur provisoire des biens et des affaires de la succession du sieur P..., de décliner la compétence du Tribunal civil [2].)

Commissionnaire décédé. — Inventaire administratif.

1747. — Les Commissionnaires ne sont en réalité que des intermédiaires entre l'Administration du Mont-de-Piété et les particuliers.

L'Administration est censée propriétaire, jusqu'à ce qu'il en ait été autrement ordonné, des registres, papiers et documents sur lesquels les opérations du bureau sont journellement constatées.

---

1. Juridiction criminelle. — Cour d'appel de Paris (audience du 31 décembre 1852). — Présidence de M. Lassis.

2. Comité consultatif du Mont-de-Piété (séance du 9 décembre 1861).

(Ordonnance de référé intervenue à la suite du décès du sieur T..... et autorisant :

1° La levée des scellés et l'inventaire des pièces et valeurs composant la succession en présence de l'un des héritiers dûment appelé ;

2° La remise entre les mains du Directeur du Mont-de-Piété, représenté par un de ses agents, de tous registres, reconnaissances, nantissements, sommes et valeurs, le tout afférent au bureau du Commissionnaire et à l'exception seulement des effets et valeurs formant la propriété personnelle du défunt.

Faute par le représentant T..... de commencer l'inventaire dans le délai de trois jours, l'ordonnance autorisait le Directeur du Mont-de-Piété à faire procéder, en ce qui le concerne, à un inventaire administratif.

Ladite ordonnance exécutoire par provision, sur minute, avant enregistrement, nonobstant appel [1].)

Commissionnaires. — Décès. — Mesures administratives. Compétence.

1748. — Le Directeur du Mont-de-Piété a le droit, lors du décès d'un Commissionnaire audit Mont-de-Piété, de faire procéder à un inventaire et de faire transporter à l'Administration centrale les livres, effets, papiers et valeurs relatifs aux opérations d'engagement.

Et les tribunaux civils sont incompétents pour connaître de la réclamation formée par les héritiers contre une telle mesure.

(Jugement par lequel le tribunal civil de la Seine se déclare incompétent au sujet d'une instance intentée au Mont-de-Piété de Paris par un sieur M....., administrateur provisoire de la succession P..... ; ledit jugement confirmé en appel et en cassation [2].)

Commissionnaires au Mont-de-Piété. — Qualité. — Responsabilité des actes de ces agents.

1749. — Sous la législation actuelle, les Commissionnaires au Mont-de-Piété ne sont, pas plus qu'ils ne l'étaient avant le décret de l'an XIII, les préposés de cette administration.

L'autorisation, le cautionnement et le serment sont des garanties qui leur sont imposées dans l'intérêt du public, mais sans changer leur véritable caractère, celui de simples intermédiaires non forcés, de mandataires de l'emprunteur et non de l'établissement prêteur.

Le Mont-de-Piété n'est pas responsable envers les emprunteurs des faits des commissionnaires [3].

---

1. Juridiction civile. — Tribunal de 1re instance du département de la Seine (Chambre des référés, audience du 5 novembre 1862).
2. Juridiction civile. — Cour d'appel de Paris (audience du 29 décembre 1862). — Présidence de M. Devienne, premier président.
3. Juridiction civile. — Tribunal de 1re instance du département de la Seine (audience du 2 décembre 1864).

Engagement au Mont-de-Piété de diamants et bijoux achetés à crédit. — *Demande en responsabilité contre le Commissionnaire du Mont-de-Piété et en payement de 200,000 francs de dommages-intérêts.* — *Production de pièces établissant suffisamment la notoriété.* — *Marchandises neuves ayant perdu le caractère d'objets de commerce.*

1750. — Aux termes de l'article 10 du règlement du 28 juillet 1824, les Commissionnaires au Mont-de-Piété doivent, lorsque des engagements leur sont proposés par des étrangers, exiger la présentation d'un permis de séjour ou d'un passeport, et, toutes les fois qu'ils le jugeront convenable, l'assistance d'un répondant connu et domicilié.

Aucune faute, soit générale, soit professionnelle, n'est imputable au Commissionnaire au Mont-de-Piété qui, sur la justification à lui faite par un emprunteur étranger d'un passeport régulier, s'est dispensé, à raison de la notoriété entourant cet emprunteur, de requérir l'assistance d'un répondant.

Il en est ainsi alors même que l'emprunteur, qui ne serait parvenu qu'à force d'audace et de manœuvres habilement combinées à tromper la confiance des personnes les plus honorables, aurait commis de nombreuses escroqueries.

De ce que les choses engagées dans ces conditions sont des bijoux achetés et restés en grande partie impayés, il ne résulte pas que le Commissionnaire au Mont-de-Piété eût dû, aux termes de l'article 10 précité, exiger de l'emprunteur une patente en règle, comme s'il s'était agi de marchandises ou objets de commerce.

Ne sauraient, en effet, être considérés comme tels, des bijoux qui avaient perdu le caractère de marchandises neuves ou d'objets de commerce, en passant par une vente régulière des mains du marchand vendeur dans celles de son acheteur.

(Rejet de la demande formée par M. B..., bijoutier-joaillier, contre M. P..., commissionnaire au Mont-de-Piété. [Aff. M...] [1].)

Révocation d'un Commissionnaire au Mont-de-Piété. — *Demande d'annulation de l'arrêté du Préfet de la Seine.* — *Rejet.*

1751. — Le décret du 24 mars 1852 ayant placé l'administration du Mont-de-Piété sous l'autorité du Préfet de la Seine et du Ministre de l'intérieur, et le Conseil de surveillance, institué par ledit décret pour contrôler la gestion des intérêts financiers de cet établissement, n'étant appelé, aux termes de l'article 7 qui a réglé ses attributions, à donner son avis sur aucune question concernant le personnel, le Préfet de la Seine n'a pas à prendre cet avis lorsqu'il prononce la révocation d'un commissionnaire.

Aucune disposition de loi ou de décret n'a limitativement déter-

---

[1]. Juridiction civile. — Tribunal de 1re instance du département de la Seine (1re chambre, audience du 6 décembre 1878). — Présidence de M. Aubépin.

miné les cas dans lesquels l'Administration du Mont-de-Piété peut prononcer la révocation de l'autorisation qu'elle accorde aux titulaires des bureaux de commission.

(Décision rejetant la requête du sieur A..., ex-commissionnaire au Mont-de-Piété, tendant à l'annulation, comme entaché d'excès de pouvoirs, de l'arrêté par lequel le Préfet de la Seine avait prononcé sa révocation [1].)

Inscription sur les registres de l'opération et récépissé provisoire. — Vente des objets engagés. — Boni. — Tiers porteur du récépissé. — Endos du déposant. — Demande en payement du boni. — Nature du récépissé provisoire. — Règlements du Mont-de-Piété obligatoires.

1752. — Le récépissé provisoire délivré en conformité des règlements d'administration publique qui régissent le Mont-de-Piété et les bureaux des commissionnaires, ne peut constituer, en dehors des règlements en vigueur, un titre entre les mains du tiers détenteur.

(Jugement déclarant le sieur S... non recevable dans sa demande en remise, par le sieur P..., commissionnaire, de la somme de 1158 francs, montant d'un boni sur lequel ledit commissionnaire a exercé une compensation, en vertu de la délibération du Conseil d'administration du 18 février 1846 [2].)

XI. — Affaires diverses.

Reconnaissances du Mont-de-Piété. — Tiers porteur.

1753. — La remise d'une reconnaissance à un tiers ne donne à ce dernier aucun droit personnel, et il n'est que le représentant du déposant.

(Jugement déboutant le sieur C... de sa demande en restitution de la somme versée par lui pour le dégagement d'un objet engagé comme matière d'or et ultérieurement reconnu comme étant en cuivre [3].)

Comptable de deniers publics. — Responsabilité. — L'ancien économe du lycée Louis-le-Grand.

1754. — L'arrêt de la Cour des comptes, qui déclare débiteur d'une certaine somme le comptable de deniers publics, ne fait pas obstacle à ce que celui-ci se pourvoie devant le Conseil d'État.

---

1. Juridiction administrative. — Conseil d'État (section du contentieux, séance du 26 novembre 1880). — Présidence de M. Ed. Laferrière.
2. Juridiction civile. — Tribunal de 1re instance du département de la Seine (7e chambre, audience du 2 février 1886). — Présidence de M. Feuilloley.
3. Juridiction civile. — Tribunal de 1re instance du département de la Seine (audience du 9 mars 1838).

par application de l'article 21 du décret du 31 mai 1862, pour obtenir la décharge de sa responsabilité.

Est responsable aux termes de l'arrêté consulaire du 8 floréal an X, et ne peut obtenir décharge d'aucun vol, le comptable de deniers publics qui n'établit pas à son profit le cas de force majeure.

(Pourvoi du sieur S..., ancien économe du lycée Louis-le-Grand, contre une décision du Ministre de l'instruction publique et des beaux-arts, en date du 8 octobre 1874, qui l'a déclaré responsable du vol commis à la caisse de ce lycée, le 19 mars précédent, et qui a mis à sa charge le payement de différentes sommes s'élevant ensemble à 72,939 fr. 61 cent. [1].)

---

1. Juridiction administrative. — Conseil d'État (statuant au contentieux). — Présidence de M. Andral, vice-président du conseil d'État (séances des 3 et 10 novembre 1876).

TABLE DES MATIÈRES

Tableau chronologique des Chefs de l'Administration du Mont-de-Piété, des Membres des Conseils d'Administration et de Surveillance et des Directeurs, avec indication des principaux faits, depuis la fondation de l'Établissement, en 1777.................. vi

Notice historique... xix

TITRE Ier. — **Administration générale.**

CHAPITRE Ier. — Organisation.

I. — But du Mont-de-Piété. — Assimilation aux établissements de bienfaisance................................. 1
II. — Privilèges. — Monopole du prêt sur nantissements. — Exemption des droits de timbre et d'enregistrement. 2
III. — Établissements du Mont-de-Piété. — Chef-lieu. — Succursales. — Bureaux auxiliaires..................... 3

CHAPITRE II. — Conseil de surveillance.

I. — Composition. — Nomination. — Renouvellement...... 4
II. — Attributions. — Président. — Secrétaire. — Réunions. 5

CHAPITRE III. — Personnel de l'administration.

I. — Composition du cadre. — Hiérarchie des emplois. — Traitements.. 7
II. — Conditions d'admission. — Nominations. — Employés auxiliaires.. 9
III. — Indemnités diverses. — Rétribution des travaux extraordinaires. — Habillement........................... 11
IV. — Heures d'arrivée et de départ. — Absences............ 13
V. — Mesures disciplinaires................................. 15
VI. — Cautionnements....................................... 16
VII. — Responsabilité des Employés en général et particulièrement des Comptables................................ 19
VIII. — Caisse d'Épargne et de Prévoyance des Employés...... 20

CHAPITRE IV. — Attribution du personnel de l'Administration.

 I. — Directeur... 20
 II. — Secrétaire général................................. 22
 III. — Caissier-comptable............................... 23
 IV. — Inspecteur des Bureaux auxiliaires et de commission... 25
 V. — Chef de la Comptabilité, chargé du Contrôle....... 27
 VI. — Chef des Engagements............................ 29
 VII. — Chef des Magasins................................ 30
 VIII. — Contrôleurs des Succursales..................... 32
 IX. — Agents-comptables des Succursales............... 34
 X. — Chef du Matériel................................... 35
 XI. — Chef du Dépôt des ventes........................ 36
 XII. — Chef du Secrétariat.............................. 36
 XIII. — Sous-chefs....................................... 37
 XIV. — Dispositions communes aux Chefs de service et aux Employés.. 41

CHAPITRE V. — Comité consultatif et agents auxiliaires.

 I. — Composition et attributions du Comité consultatif.. 44
 II. — Notaire.. 45
 III. — Médecin... 46
 IV. — Architecte. — Vérificateurs. — Reviseurs........ 46
 V. — Inspecteur de police............................... 49

CHAPITRE VI. — Commissaires-priseurs-appréciateurs.

 I. — Composition du personnel pour l'appréciation...... 49
 II. — Nominations...................................... 50
 III. — Attributions..................................... 50
 IV. — Rétribution...................................... 51
 V. — Responsabilité.................................... 52

CHAPITRE VII. — Pensions de retraite et secours.

 I. — Composition du fonds des pensions................ 54
 II. — Liquidation des pensions.......................... 55
 III. — Droits à la retraite. — Déchéance................ 55
 IV. — Pensions des veuves et orphelins................. 57
 V. — Décompte des pensions........................... 57
 VI. — Secours aux employés, aux veuves et orphelins d'employés. — Legs Deluard..................... 58

TITRE II. — Opérations concernant le prêt direct.

CHAPITRE Ier. — Conditions du prêt.

 I. — Fixation des prêts. — Maximum et minimum...... 61
 II. — Durée de l'engagement. — Droit au boni.......... 62
 III. — Garantie des nantissements. — Indemnités pour gages perdus ou avariés............................ 6

IV. — Reconnaissance d'engagement....................	64
V. — Intérêts et droits des prêts.....................	64

CHAPITRE II. — ENGAGEMENTS.

I. — Dispositions générales. — Ordre des opérations.....	65
II. — Appréciation des nantissements. — Fixation des prêts. — Établissement des bulletins de prisée. — Fonctions des bulletinistes et des garçons de prisée...	66
III. — Expédition des reconnaissances. — Fonctions des Reconnaissanciers	71
IV. — Rédaction des actes de dépôt. — Fonctions des Contrôleurs..	72
V. — Justifications à fournir par les emprunteurs. — Preuves d'identité et de domicile. — Mesures relatives aux marchandises neuves................	75
VI. — Règlement des prêts. — Délivrance des reconnaissances. — Fonctions des Commis-comptables-payeurs..	81
VII. — Suspension des prêts. — Versements au compte des dépôts divers. — Régularisations................	82
VIII. — Annulations d'engagements. — Dégagements sans perception de droits. — Bons d'annulation.......	85
IX. — Récapitulation des opérations d'engagement.......	87
X. — Comptabilité des reconnaissances et des bulletins de prisée...	88
XI. — Emballage des nantissements. — Fonctions des couseurs et emballeurs. — Remise des gages aux magasins......................................	89

CHAPITRE III. — DÉGAGEMENTS.

I. — Conditions du dégagement. — Ordre des opérations.	92
II. — Décompte des capitaux, intérêts et droits. — Fonctions des Contrôleurs.............................	93
III. — Écritures relatives aux dégagements. — Récapitulation des opérations.............................	96
IV. — Perception des capitaux et droits. — Fonctions des Commis-comptables-receveurs	99
V. — Annulations de dégagements. — Bons de déduction...	101
VI. — Redressement d'écritures. — Bons de rectification.	103
VII. — Mesures relatives aux dégagements gratuits.......	105

CHAPITRE IV. — RENOUVELLEMENTS.

I. — Conditions du renouvellement. — Ordre des opérations...	106
II. — Décompte des intérêts et droits..................	108
III. — Inscriptions au journal des engagements par renouvellement. — Fonctions des Contrôleurs..........	110

TABLE DES MATIÈRES

- IV. — Expédition des reconnaissances et des bulletins de renouvellement. — Fonctions des Reconnaissanciers et des Aides-magasiniers.................. 111
- V. — Perception des intérêts et droits. — Fonctions des Commis-comptables-receveurs.................. 112
- VI. — Récapitulation des opérations.................. 113
- VII. — Annulations de renouvellements. — Bons de déduction et de rectification.................. 114
- VIII. — Réappréciation des gages.................. 117

CHAPITRE V. — ACOMPTES.

- I. — Conditions des versements.................. 119
- II. — Délivrance des livrets d'acomptes.................. 120
- III. — Emploi des acomptes.................. 120
- IV. — Écritures relatives aux acomptes. — Récapitulation des opérations.................. 121

CHAPITRE VI. — VENTES.

- I. — Conditions des ventes. — Ordre des opérations.... 123
- II. — Livraison des gages aux Commissaires-priseurs. — Prise en charge. — Retraits.................. 126
- III. — Enchères publiques. — Établissement de la 1re partie des procès-verbaux de vente.................. 128
- IV. — Contrôle des ventes. — Fonctions des Contrôleurs.. 130
- V. — Livraison des gages aux acquéreurs. — Perception des droits de la garantie du Contrôle.................. 133
- VI. — Débets.................. 134
- VII. — Versement du produit des ventes.................. 135

CHAPITRE VII. — LIQUIDATION DU BONI.

- I. — Liquidation du produit des ventes. — Établissement des certificats de vente et de la deuxième partie des procès-verbaux.................. 136
- II. — Établissement du registre matricule (1re partie) et du registre du Contrôle. — Extraits du registre matricule.................. 138
- III. — Payements aux ayants droit (2e partie du registre matricule). — Fonctions du Contrôleur et du Commis-comptable-payeur.................. 140
- IV. — Récapitulation des opérations. — Centralisation des payements effectués dans les Succursales et les Bureaux auxiliaires.................. 143
- V. — Mesures relatives aux oppositions aux payements de bonis.................. 143
- VI. — Annulations de payements de bonis. — Rectifications.................. 145
- VII. — Mesures relatives aux bonis provenant d'articles qui ont donné lieu à des prêts suspendus.................. 146
- VIII. — Liquidation des bonis prescrits. — Apurement de la gestion du Comptable.................. 146

TITRE III. — Service de la Caisse. — Emprunt.

CHAPITRE Ier. — Condition de la gestion du Comptable.

- I. — Remise du service. — Responsabilité. — Débets. — Cas d'absence.................................... 149
- II. — Unité de Caisse. — Vérification.................. 150
- III. — Comptabilité. — Compte rendu des opérations. — Oppositions.. 151
- IV. — Responsabilité et devoirs du Caissier en ce qui concerne les recouvrements à effectuer.............. 152
- V. — Délivrance de quittances timbrées ou exemptes de timbres... 153
- VI. — Personnel de la Caisse. — Mesures d'ordre. — Gardes de nuit....................................... 155

CHAPITRE II. — Écritures de la Caisse. — Contrôle.

- I. — Dépouillement des opérations..................... 156
- II. — Livre de Caisse. — Journal général à souche des recettes. — Situation journalière de la Caisse..... 157
- III. — Bordereau général des recettes et des dépenses..... 158
- IV. — Livre de détail.................................. 158
- V. — Journal général de la Caisse. — Grand-livre....... 159
- VI. — Registres divers. — (Dépôts. — Prêts suspendus. — Bons adirés. — Cautionnements.) — Journaux à souche des récépissés de cautionnements........... 160
- VII. — Écritures d'ordre relatives aux revenus du Mont-de-Piété. — Gestion des propriétés immobilières..... 162
- VIII. — Écritures d'ordre relatives aux revenus provenant de rentes sur l'État, sur particuliers et autres valeurs mobilières. — Subventions et secours annuels. 163
- IX. — Fonctions du Contrôleur de la Caisse. — Brouillard du journal du Contrôle. — Journal et Carnet du contrôle de la Caisse............................. 164

CHAPITRE III. — Emprunts sur bons a ordre ou au porteur.

- I. — Conditions et garantie des emprunts. — Cas d'adirement des bons de Caisse........................... 167
- II. — Intérêts des emprunts. — Fixation du taux. — Décompte.. 169
- III. — Entrée et sortie des formules de bons de Caisse.... 170
- IV. — Réception des placements. — Émission des bons de Caisse au porteur ou à ordre...................... 171
- V. — Détail de l'émission des bons de Caisse. — Bordereaux journaliers. — Échéanciers. — Bordereaux mensuels. — Répertoires........................... 173
- VI. — Renouvellements. — Remboursements. — Bordereaux journaliers.................................. 175
- VII. — Mesures relatives aux bons adirés ou détériorés.... 177

CHAPITRE IV. — Mouvement des capitaux de roulement.

I. — Caisse à trois serrures. — Remise des fonds au Caissier. — Situation de Caisse................... 178
II. — Comptoir de la Caisse. — Fonctions du préposé. — Remise des fonds aux divers comptables......... 180
III. — Recettes et dépenses. — Justifications à produire à l'appui des payements........................ 181
IV. — Placement au Trésor des capitaux disponibles...... 183

CHAPITRE V. — Comptes de gestion.

I. — Formation des comptes de gestion................. 185
II. — Comptes rendus par d'autres personnes que le comptable intéressé.............................. 187
III. — Justifications à produire. — Arrêts. — Injonctions et poursuites. — Appels. — Pourvois et demandes en revision............................ 188
IV. — Nomenclature des pièces justificatives à produire à l'appui des recettes et des dépenses............. 192

TITRE IV. — Service de la Comptabilité. — Contrôle.

CHAPITRE Iᵉʳ. — Comptabilité. — Tenue des écritures.

I. — Écritures en partie double. — Registres à tenir. — Rectifications d'écritures........................ 213
II. — Brouillard des premières écritures. — Journal général.. 214
III. — Grand-livre...................................... 215
IV. — Correspondance des divers comptes du Grand-livre entre eux.. 221
V. — Balance des comptes du Grand-livre. — Compte administratif mensuel. — Clôture des registres et des opérations.................................. 231
VI. — Registres auxiliaires du Grand-livre............. 233
VII. — Sommiers des cautionnements en espèces......... 236
VIII. — Sommiers des dépôts en garantie de bons adirés et des placements temporaires..................... 239
IX. — Registres et sommiers des dépôts divers, des prêts suspendus et des pensions sur fonds de retenues. 240
X. — Registres d'ordre................................ 243

CHAPITRE II. — Ordonnancements.

I. — Dispositions générales............................ 245
II. — Délivrance des mandats. — Registres d'ordonnancement.. 248
III. — Nantissements remboursés........................ 249
IV. — Cautionnements en espèces....................... 251
V. — Dépôts en garantie de remboursement de bons adirés. — Placements temporaires................. 255

VI. — Dépôts divers.................................... 257
VII. — Prêts suspendus................................. 259
VIII. — Appointements des employés. — Indemnités........ 260
IX. — Frais généraux de régie.......................... 262
X. — Mandats divers................................... 262
XI. — Pensions sur fonds de retenues................... 265

CHAPITRE III. — BUDGETS ET COMPTES.

I. — Ressources et revenus du Mont-de-Piété. — Classification des recettes et dépenses.................... 267
II. — Budget ordinaire................................. 270
III. — Budget supplémentaire (chapitres additionnels). — Crédits de régularisation......................... 272
IV. — Compte administratif............................. 274
V. — Compte du Caissier................................ 278
VI. — Présentation et approbation des budgets et comptes. 279
VII. — Liquidation des Magasins......................... 281
VIII. — Liquidation du Boni............................. 284
IX. — Liquidation du droit de prisée................... 285
X. — Présentation et approbation des comptes de liquidation... 285

CHAPITRE IV. — CONTRÔLE DES OPÉRATIONS.

I. — Contrôle général.................................. 287
II. — Contrôle de la Caisse et des emprunts............. 287
III. — Contrôle des engagements, renouvellements et dégagements.. 289
IV. — Contrôle de la Caisse d'acomptes................. 290
V. — Contrôle des ventes............................... 291
VI. — Contrôle des payements de bonis.................. 291
VII. — Contrôle des Magasins............................ 292
VIII. — Vérification des Caisses. — Constatation des malversations... 293

CHAPITRE V. — VÉRIFICATION DES OPÉRATIONS. — LIQUIDATION ET APUREMENT.

I. — Organisation du service de la Vérification......... 294
II. — Vérification des opérations de recettes. — Intercalation des reconnaissances............................. 295
III. — Redressement des erreurs d'écritures. — Création et enregistrement des bons de rectification.......... 297
IV. — Rectification des titres......................... 300
V. — Mentions de sortie par dégagement, renouvellement ou vente... 301
VI. — Établissement des rôles exécutoires et des rôles de vente.. 302
VII. — Récolement des titres rentrés. — Apurement. — Création de duplicatas de titres adirés après remboursement... 305
VIII. — Enregistrement des nantissements à réclamer et des

objets dits inconnus. — Mouvement des nantissements dits de quatre chiffres (1000 francs et au-dessus)............. 306

TITRE V. — Service des Magasins. — Manutention.

CHAPITRE Ier. — Conditions de la gestion du Comptable.

I. — Remise du service. — Responsabilité............. 308
II. — Mesures relatives aux nantissements perdus ou avariés....... 310
III. — Récolement des nantissements..................... 311
IV. — Liquidation des magasins. — Nantissements retrouvés. — Nantissements mis à la charge du Comptable... 312

CHAPITRE II. — Tenue des registres.

I. — Journal. — Solde journalier. — Grand-livre auxiliaire. — Situation journalière et mensuelle........ 314
II. — Nantissements dits inconnus et nantissements refusés.. 316
III. — Nantissements à réclamer......................... 317
IV. — Nantissements en recherche....................... 318
V. — Sursis accordés par la Direction.................. 319

CHAPITRE III. — Mesures d'ordre intérieur.

I. — Répartition des gages dans les Magasins. — Composition et fonctions du personnel................. 320
II. — Surveillance des Magasins........................ 322
III. — Mesures relatives aux nantissements dits de quatre chiffres (1000 francs et au-dessus)............... 324
IV. — Oppositions. — Avis de vente................... 326

CHAPITRE IV. — Réception des nantissements.

I. — Entrée des nantissements par engagements effectifs. — Répertoires. — Placement..................... 327
II. — Entrée des nantissements provenant des Bureaux auxiliaires. — Répertoires. — Placement........ 329
III. — Entrée des nantissements par renouvellements. — Répertoires. — Placement... 329

CHAPITRE V. — Sortie des nantissements.

I. — Sortie par dégagements effectifs et par renouvellements. — Journal de sortie...................... 331
II. — Sortie par dégagements demandés dans les bureaux auxiliaires. — Remise aux facteurs................ 333
III. — Délivrance des nantissements aux ayants droit...... 334
IV. — Livraison des gages au Dépôt des ventes.......... 336
V. — Sortie sur bons représentatifs délivrés par la Direction... 337

TABLE DES MATIÈRES

CHAPITRE VI. — Dépôt des titres rentrés.

I. — Réception, récolement et intercalation.............. 339
II. — Classement et conservation des titres.............. 340

CHAPITRE VII. — Dépôt des ventes.

I. — Dispositions générales. — Réception des gages..... 341
II. — Examen des bijoux par le Contrôleur de la Monnaie. — Livraison des nantissements aux Commissaires-priseurs. — Établissement des tableaux de vente. 342
III. — Tenue des registres. — Répertoire. — Débets. — Retraits. — Liquidation. — Visas................. 343

TITRE VI. — Service du Secrétariat général. — Personnel et Matériel.

CHAPITRE Ier. — Personnel.

I. — Organisation du service........................... 347
II. — Appel des candidats. — Examens................. 348
III. — Feuilles de présence. — Remplacement des absents. 351
IV. — Liquidation des pensions de retraite.............. 352

CHAPITRE II. — Correspondance et opérations d'ordre.

I. — Opérations par correspondance...... 354
II. — Sursis à la vente................................ 360
III. — Bons de sortie. — Réappréciation des nantissements. — Diminutions de prêts. — Augmentations de prêts. — Distraits. — Dégagements tardifs.... 362
IV. — Bons représentatifs des nantissements saisis par autorité de justice............................. 367
V. — Archives.. 368
VI. — Transmission des dossiers à la Préfecture de la Seine.. 369

CHAPITRE III. — Batiments. — Matériel. — Mobilier.

I. — Adjudications et marchés. — Devis des travaux.... 370
II. — Entretien des bâtiments et du matériel............. 373
III. — Locaux occupés par l'Administration en dehors des établissements principaux. — Baux. — Installations. — Résiliations. — Remise en état des lieux. — Assurances............................. 374
IV. — Mobilier. — Inventaire. — Entrée et sortie. — Récolement... 376

CHAPITRE IV. — Matériel.

I. — Impressions. — Inventaire. — Entrée et sortie...... 378
II. — Fournitures de bureau. — Papiers. — Reliures. — Inventaire. — Entrée et sortie.................... 381

TABLE DES MATIÈRES

   III. — Frais généraux. — Habillement. — Vente des vieux papiers, registres et matériaux divers hors de service... 383
   IV. — Attribution des hommes de service. — Consignes des concierges et des postes militaires............. 387

TITRE VII. — Service de l'Inspection. — Oppositions.

CHAPITRE Ier. — Surveillance générale des opérations.

   I. — Surveillance des opérations effectuées dans les Bureaux auxiliaires et dans ceux de commission.... 392
   II. — Transport des nantissements provenant des Bureaux auxiliaires... 395
   III. — Réception des déclarations de vol ou de perte. — Réponses à la Préfecture de police................ 396
   IV. — Service des fiches...................................... 397
   V. — Relevés des numéros des montres engagées........ 401
   VI. — Échantillons des étoffes de prix..................... 403
   VII. — Objets revêtus de marques de propriété. — Recherches diverses.. 404
 VIII. — Enregistrement des prêts de 500 francs et au-dessus. 405
   IX. — Interdictions d'engagement........................... 407
   X. — Enquêtes relatives aux prêts suspendus. — Rapports au Préfet de police.. 407
   XI. — Répertoires des noms des emprunteurs............. 410

CHAPITRE II. — Opérations d'ordre.

   I. — Avis de vente à adresser aux emprunteurs.......... 411
   II. — Réquisition de vente. — Conditions. — Inscriptions. — Rôles.. 411
   III. — Bonis rapportés par les Commissionnaires et versés au compte des dépôts divers. — Remboursements aux intéressés... 413
   IV. — Erreurs de perception commises dans les Bureaux auxiliaires. — Excédents ou déficits de Caisse. — Versements à la Caisse (Dépôts divers). — Remboursements aux ayants droit..................... 414
   V. — Liquidation des Bureaux de commission. — Apurement de la gestion des Commissionnaires dont les bureaux sont supprimés................................ 415
   VI. — Statistique... 418

CHAPITRE III. — Oppositions.

   I. — Conditions de l'acceptation des oppositions. — Inscription des déclarations. — Compétence du préposé.. 419
   II. — Envoi des bulletins aux Magasins ou au service du boni. — Délivrance des bulletins d'opposition au public. — Renseignements divers.................... 422

III. — Dégagements effectués ou bonis perçus avant l'opposition. — Renouvellements successifs d'articles frappés d'opposition. — Oppositions faisant double emploi.. 424
IV. — Tentatives de dégagement ou de perception de boni concernant des articles frappés d'opposition. — Annulations. — Remboursement................ 426
V. — Mainlevées. — Délivrance de duplicatas pour cause de reconnaissances adirées. — Cautions........... 429
VI. — Délivrance de duplicatas pour causes diverses...... 432
VII. — Dispositions relatives aux oppositions formées par des tiers. — Prêts au-dessus de cent francs. — Oppositions d'office............................ 434
VIII. — Classement des pièces à l'appui des oppositions. — Répertoires. — Enregistrement et apurement des titres en dépôt............................... 437
IX. — Opérations à régulariser. — Remboursements après versement à la Caisse. — Remise aux opposants des articles dont le dégagement a été tenté par des inconnus.................................. 438
X. — Articles frappés d'opposition livrés à la vente. — Sursis. — Dispositions générales................ 441

CHAPITRE IV. — Affaires litigieuses.

I. — Examen des réclamations. — Redressement des erreurs. — Assignations au tribunal de paix ou au tribunal des référés.............................. 442
II. — Nantissements revendiqués. — Restitutions........ 444
III. — Nantissements saisis par autorité de justice. — Enregistrements. — Réintégrations. — Situations semestrielles....................................... 445
IV. — Liquidations diverses............................ 448
V. — Communication de renseignements relatifs aux opérations... 450

TITRE VIII. — **Services extérieurs. — Succursales et Bureaux auxiliaires.**

CHAPITRE Ier. — Dispositions générales concernant les Succursales.

I. — Nature des opérations............................ 451
II. — Organisation du service.......................... 452

CHAPITRE II. — Opérations concernant le service des prêts. Contrôle.

I. — Engagements.................................... 453
II. — Dégagements et renouvellements. — Versements d'acomptes..................................... 455
III. — Ventes. — Liquidation et payement du Boni....... 456

IV. — Contrôle des opérations. — Vérification. — Situation journalière de la Caisse et des Magasins.......... 457
V. — Correspondance. — Économat. — Oppositions. — Saisies.. 459

CHAPITRE III. — Caisse et Magasins.

I. — Organisation du service............................ 460
II. — Service de la Caisse. — Centralisation des opérations. — Recettes et dépenses. — Mouvement des fonds.. 461
III. — Service des Magasins. — Manutention............. 462

CHAPITRE IV. — Annexe du Mont-de-Piété. — Magasin des objets de literie.

I. — Organisation du service............................ 464
II. — Opérations concernant le service des prêts.......... 464

CHAPITRE V. — Dispositions générales concernant les Bureaux auxiliaires.

I. — Organisation des Bureaux auxiliaires............... 466
II. — Composition du personnel. — Attributions......... 467
II. — Service de l'appréciation......................... 469
IV. — Heures d'ouverture des Bureaux. — Heures de sortie des employés. — Service des dimanches et fêtes.. 469

CHAPITRE VI. — Opérations concernant le service des prêts.

I. — Dispositions générales............................. 471
II. — Engagements..................................... 471
III. — Dégagements.................................... 476
IV. — Renouvellements................................. 481
V. — Payement des bonis.............................. 483

CHAPITRE VII. — Comptabilité et Caisse.

I. — Journal de Caisse................................. 485
II. — Bordereau journalier des opérations................ 487
III. — Mouvement des fonds............................ 487

CHAPITRE VIII. — Emballage et transport des nantissements.

I. — Fonctions de l'Aide-magasinier. — Emballage des nantissements... 489
II. — Transport des nantissements. — Fonctions des facteurs chargés d'accompagner les voitures......... 490

CHAPITRE IX. — Mesures d'ordre.

I. — Transcription des ordres de service................. 493
II. — Tenue des répertoires. — Lettres d'avis de vente. — Délivrance des extraits de registre pour oppositions.. 493

III. — Articles dits inconnus et gages non réclamés. — Reconnaissances et objets trouvés.................. 495
IV. — Erreurs de perception. — Excédents ou déficits de Caisse.. 496
V. — Transmission des nantissements et titres litigieux, des valeurs, lettres, etc.......................... 497
VI. — Exécution des recherches prescrites par l'Administration. — Communications à la justice. — Saisies. 498
VII. — Transport du portefeuille........................ 500
VIII. — Tableau des pièces à fournir aux divers services de l'Administration................................. 502

TITRE IX. — Service des Commissionnaires.

CHAPITRE Ier. — Conditions générales de la gestion des Commissionnaires.
  I. — Qualité des Commissionnaires.................. 504
  II. — Conditions d'admission. — Stage.............. 505
  III. — Incompatibilités. — Interdiction de trafiquer........ 506
  IV. — Remplacements par intérim. — Fixation du domicile.. 507
  V. — Droits alloués............................... 508
  VI. — Responsabilité.............................. 511
  VII. — Cautionnements............................. 512
  VIII. — Mesures disciplinaires..................... 513

CHAPITRE II. — Opérations concernant le service des Prêts.
  I. — Dispositions générales....................... 516
  II. — Engagements................................. 519
  III. — Échange des récépissés provisoires contre les titres définitifs.................................... 523
  IV. — Dégagements................................. 525
  V. — Renouvellements. — Rengagements............... 527
  VI. — Rapports avec le service de la liquidation du Boni.. 530
  VII. — Perception et payement des bonis............ 532
  VIII. — Compensations............................. 534

CHAPITRE III. — Mesures d'ordre.
  I. — Gages saisis. — Citations en justice......... 535
  II. — Reconnaissances ou récépissés adirés. — Oppositions.. 536
  III. — Nantissements. — Bonis et titres à rapporter...... 537
  IV. — Surveillance des opérations. — Fiches. — Échantillons. — Prêts de 500 francs et au-dessus........ 539
  V. — Recherches. — Délivrance des extraits de registre.. 540

CHAPITRE IV. — Accomplissement dans les bureaux de l'Administration des opérations par Commissionnaires.
  I. — Service des Engagements..................... 541
  II. — Service des Dégagements.................... 546

III. — Service des Renouvellements...................... 546
IV. — Service de la liquidation du Boni................. 547
V. — Service des Magasins............................. 551
VI. — Payeurs des Commissionnaires..................... 551
VII. — Récapitulation des opérations..................... 553

TITRE X. — Annexes.

CHAPITRE Ier. — Lois, décrets, règlements et circulaires applicables aux Monts-de-Piété.

I. — Arrêté consulaire du 8 floréal an X, relatif à la responsabilité des comptables publics............... 555
II. — Arrêté du gouvernement du 16 germinal an XII, relatif aux cautionnements des comptables des établissements de bienfaisance...................... 555
III. — Loi du 16 pluviôse an XII, relative à la clôture et à la fermeture des maisons de prêts sur gages...... 556
IV. — Lois des 25 nivôse et 6 ventôse an XIII, relatives aux cautionnements des comptables publics........... 556
V. — Décret du 18 août 1807, relatif aux saisies-arrêts..... 557
VI. — Loi du 10 septembre 1807 (Code de commerce)...... 558
VII. — Ordonnance du 28 avril 1832 (Code pénal).......... 558
VIII. — Convention du 2 octobre 1833, entre l'Administration et les commissaires-priseurs, pour le renouvellement des engagements sans nouvel examen des gages.. 558
IX. — Loi du 18 juillet 1837, relative à l'administration municipale...................................... 559
X. — Décret du 25 mars 1852, relatif à la décentralisation administrative................................... 560
XI. — Instruction générale du 20 juin 1859, relative à la comptabilité des établissements de bienfaisance... 561
XII. — Circulaire ministérielle du 30 mai 1861, relative à la restitution des objets engagés dans les Monts-de-Piété.. 600
XIII. — Décret du 31 mai 1862, relatif aux conditions générales de la gestion des comptables publics........ 601
XIV. — Arrêté ministériel du 20 juillet 1863, relatif à l'emploi des timbres mobiles par les comptables publics... 606
XV. — Loi du 8 juin 1864, déterminant le mode de fixation des cautionnements des comptables des Monts-de-Piété.. 607
XVI. — Décret du 11 décembre 1864, relatif aux incompatibilités des fonctions de Directeur, de Caissier et de Garde-magasin.................................. 607
XVII. — Loi du 24 juillet 1867, relative aux attributions des Conseils municipaux.............................. 608

XVIII. —	Décret du 31 janvier 1872, relatif à la constitution des cautionnements en rentes sur l'État français. 608
XIX. —	Loi du 15 juin 1872, relative aux titres au porteur... 609
XX. —	Loi du 29 juin 1872, relative à un impôt sur le revenu des valeurs mobilières..................... 611
XXI. —	Décret du 7 juin 1875, relatif aux acquisitions d'immeubles par les établissements publics........... 612
XXII. —	Décret du 11 juin 1881, relatif aux pensions de retraite des employés de la Préfecture de la Seine et des administrations annexes................. 612
XXIII. —	Loi du 23 juillet 1881, relative aux pensions de retraite des anciens militaires................ 613

CHAPITRE II. — Jurisprudence. — Jugements et arrêts.

I. —	Administration générale...................... 613
II. —	Monopole du prêt sur gages................... 614
III. —	Droits de timbre et d'enregistrement. — Contributions.. 617
IV. —	Engagements................................ 618
V. —	Garantie des nantissements................. 621
VI. —	Boni.. 624
VII. —	Emprunt.................................... 624
VIII. —	Oppositions................................ 626
IX. —	Commissaires-priseurs....................... 628
X. —	Commissionnaires........................... 629
XI. —	Affaires diverses............................ 635

FIN DE LA TABLE DES MATIÈRES.

RÉPERTOIRE ALPHABÉTIQUE

A

Abatage des gages (voir Nantissements à vendre).
Abréviations, 198, 201.
Absences des assesseurs, 1284, 1290.
— des Chefs et Sous-chefs, 102, 826, 1285, 1294.
— des Commissionnaires, 1428.
— des Employés, 34, 41 65, 93, 116, 146, 944, 949, 953, 1294.
— du Caissier 438.
— par congés ou permissions, 38, 1297.
— pour cause de maladie, 37, 42, 117, 951.
Accidents donnant droit à pension, 151, 159.
Acomptes employés, 344.
— remboursés, 342.
— reçus, 340, 343, 344, 347.
— versés, 340, 343, 542.
Acquits des appointements, 535, 1419.
— des bons de Caisse, 514.
— des mandats, 534, 638, 1641.
Acquisitions ou Aliénations d'immeubles, 562, 1641, 1701.
Actes de dépôt de gages, 203, 219.
— de notoriété, 956.
— de propriété, 20, 114, 562.
— notariés, 114, 1140, 1181.
Actif du Mont-de-Piété, 554, 604.
Actions judiciaires, 20, 62, 1704, 1705.
Adirement (voir Bons de Caisse adirés et reconnaissances adirées).
Adjudications des nantissements (voir Ventes).

Adjudications de travaux et fournitures, 20, 91, 121, 1007, 1013, 1657.
— d'immeubles, 477, 1657.
— restreintes, 1054.
— spéciales, 1009.
Administration générale, 1, 6, 10, 11, 1704, 1738, 1749.
— supérieure, 4, 12, 14, 1640, 1641, 1690.
Admission des Candidats, 25, 93, 116, 939.
Adresses (voir Domiciles).
Affaires contentieuses, 65.
Affichage des adjudications de travaux et fournitures, 1007.
— des ventes, 354, 356.
Agents-comptables (voir Attributions, Cautionnements, Responsabilité, Traitements).
Agréé au Tribunal de commerce, 112.
Aides-magasiniers (voir Attributions et Traitements).
Aliénations d'immeubles (voir Acquisitions).
Amendes aux Employés, 40.
— aux Commissionnaires, 561, 1448, 1450.
— aux Comptables, 1640.
Annexe (voir Magasin de literie).
Annulations d'adjudications, 376, 378, 425.
— de dégagements, 284, 625, 796, 891, 1158, 1161, 1256, 1331, 1367.
— d'engagements, 185, 208, 235, 878, 1314, 1367.
— de renouvellements, 326,

625, 796, 1190, 1256, 1353, 1367.
Annulations de payements de bonis, 421, 424.
Appels, pourvois et demandes en revision (voir Injonctions et Poursuites).
Appointements et gages (voir Acquits, Payements, Traitements).
Appréciation des gages, 134, 170, 180, 185, 188, 1073, 1231, 1271, 1284, 1290, 1303, 1483, 1572, 1639, 1724.
— nouvelle, 137, 141, 310, 313, 336, 985, 989, 1259, 1289, 1345, 1349, 1516, 1639.
— vérifiée, 136, 1291.
Approbation (voir Budgets et Comptes de gestion).
Appropriation des bâtiments (voir Travaux).
Apurement (voir Liquidation, Récolement).
Architecte (voir Attributions, Honoraires).
Archives du Mont-de-Piété, 19, 65, 93, 434, 1001, 1458.
Armes à feu, 195.
Armoiries, chiffres, noms, devises, etc., 210, 216, 1097.
Arrêtés du Directeur, 60, 1005.
Arrêts de la Cour des Comptes, 559.
Asiles nationaux, 542, 561, 562, 701, 1011.
Assesseurs (voir Attributions).
Assignations devant les Tribunaux, 1205, 1298, 1503, 1704, 1705.
Assimilation de l'Administration, 2, 5, 1642, 1658, 1690.
Assurance contre l'incendie, 176, 178.
Attribution des bénéfices, 562, 1025.
Attributions de l'architecte, 120, 1007, 1012, 1014, 1017, 1023.
— de l'Inspecteur, 71, 129, 281, 335, 1019, 1078, 1077, 1088, 1090, 1094, 1102, 1104, 1106, 1120, 1122, 1128, 1135, 1138, 1139, 1146, 1149, 1165, 1167, 1181, 1183, 1189, 1190, 1195, 1199, 1216, 1224, 1225, 1259, 1283, 1292, 1295, 1319, 1338, 1382, 1391, 1403, 1412, 1426, 1428, 1444, 1449, 1452, 1454, 1457, 1458, 1461, 1496, 1504, 1506, 1508, 1512, 1549, 1585, 1627.
Attributions des Agents-comptables, 90, 1216, 1236, 1241, 1243, 1260, 1262, 1265.
— des Aides-magasiniers, 856, 858, 861, 870, 877, 896, 902, 1286, 1343, 1377, 1382.
— des Assesseurs, 131, 1271, 1284, 1289, 1303, 1352.
— des Bulletinistes, 190, 202, 320, 1573.
— des Chefs de Bureaux auxiliaires, 101, 689, 1283, 1290, 1292, 1295, 1302, 1309, 1330, 1338, 1342, 1352, 1356, 1359, 1363, 1365, 1368, 1370, 1384, 1389, 1392, 1397, 1400, 1402, 1408, 1413.
— des Commissaires-priseurs, 134, 170, 180, 338, 357, 362, 364, 371, 382, 389, 394, 661, 989, 1231, 1291, 1483, 1579, 1738.
— des Commissionnaires, 1423, 1427, 1428, 1431, 1436, 1444, 1458, 1470, 1489, 1498, 1510, 1519, 1529, 1539, 1542, 1544, 1550, 1557, 1561, 1565.
— des Concierges, 106, 453, 1057.
— des Contrôleurs (voir Contrôleur à la sortie, etc.).
— des Contrôleurs des Succursales, 86, 1068, 1214, 1229,

RÉPERTOIRE ALPHABÉTIQUE 655

1236, 1241. 1243, 1247, 1253, 1264, 1265, 1412.

Attributions des Couseurs et Emballeurs, 246.
— des Dégageurs, 859, 887.
— des Employés en général, 58, 102.
— des Facteurs, 888, 893, 1077, 1336, 1343 1372, 1382.
— des Gagistes, 856, 859, 861, 901, 1287.
— des Garçons de bureaux, 965, 989. 1062.
— des Garçons de Caisse, 282, 323.
— des Garçons de prisée, 188, 1565. 1268.
— des Gardes de nuit, 452, 1631.
— des Hommes de peine, 1064.
— des Magasiniers principaux, 857, 863, 867, 903, 1266.
— des Menuisiers, 1065.
— des Payeurs (voir Payeurs des Comsionnaires, etc.).
— des Placeurs 858.
— des Receveurs, (voir Receveurs des acomptes, etc.).
— des Reconnaissanciers, 192, 199, 319.
— des Rendeurs, 888, 896, 1620.
— des Reviseurs, 426 1012, 1017.
— des Sous-Inspecteurs, 96, 1068, 1217, 1229, 1413.
— des Vérificateurs, 124, 1016.
— du Caissier, 67, 224, 238, 286, 294, 312, 328, 423, 433, 439, 444, 446, 452, 459, 490, 500, 507, 509, 518, 523, 524, 533, 537, 556, 604, 651, 670, 733, 794, 831, 838. 942, 1164, 1260, 1264, 1588, 1621,

1625, 1642, 1681, 1690.

Attributions du Chef de la Comptabilité 73, 238, 258, 286, 294, 312, 328, 415, 423, 426, 430, 434, 440, 462, 490, 500, 509, 511, 518, 524, 547, 556, 604, 649, 651, 695, 710, 755, 760, 762, 765, 770, 773, 774, 777, 779, 780, 785, 787, 794, 821, 831, 866, 975, 1027, 1038, 1164, 1230, 1260, 1283. 1310, 1367, 1376, 1407. 1628.
— du Chef des Engagements, 77, 232. 244. 312. 319. 766, 1568. 1570, 1584, 1587.
— du Chef des Magasins, 81, 238, 281. 286, 294, 328, 794, 821, 866, 911, 1164, 1216, 1271, 1279, 1286, 1378.
— du Chef du Dépôt des ventes, 92, 365, 387, 919, 924, 959.
— du Chef du matériel, 91, 938, 1007, 1015, 1019, 1026, 1032. 1041, 1048, 1052, 1077.
— du Chef du Secrétariat, 93, 942, 949, 955, 959, 996, 1402.
— du Comité consultatif, 112.
— du Conseil de Surveillance, 4. 12, 16, 20, 63, 113, 130, 138, 148, 175, 182, 434, 440, 442, 494, 523, 551, 744, 758, 821, 827, 955, 1007, 1012, 1021, 1023, 1055, 1281, 1612, 1690, 1701.
— du Directeur, 4, 17, 19, 22, 50, 58, 113, 130, 133, 138, 166, 175, 182, 316, 352, 431, 434, 438, 440, 494, 500, 509, 518,

523, 524, 533, 537, 547, 556, 636, 651, 694, 755, 769, 773, 778, 794, 821, 824, 944, 999, 1007, 1015, 1017, 1027, 1032, 1049, 1225, 1269, 1425, 1428, 1431, 1444, 1449, 1454, 1458, 1496, 1584, 1588, 1614, 1642, 1690, 1701.

Attributions du Feutier, 1063.
— du Liquidateur du boni, 98, 396, 415, 417, 423, 426, 430, 1246, 1360, 1519, 1522, 1524, 1611, 1613, 1615, 1628.
— du Médecin, 116, 951.
— du Notaire, 114, 1021, 1181.
— du Préposé aux oppositions, 1144, 1147, 1151, 1154, 1164, 1170.
— du Secrétaire général, 17, 65, 133, 238, 286, 294, 328, 430, 794, 935, 942, 944, 948, 951, 960, 986, 999, 1003, 1007, 1020, 1023, 1032, 1049, 1077, 1164, 1199, 1216, 1225, 1237, 1241, 1413, 1444.
— du Sous-chef de la Caisse, 95, 499, 501, 510, 513.
— du Sous-chef de la Comptabilité, 97.
— du Sous-chef de la Vérification, 99, 289, 297, 332, 788, 811, 812, 817, 1190.
— du Sous-chef des Magasins, 100, 897.
— du Sous-chef du Secrétariat, 94, 937, 962, 975, 1402.

Augmentation de prêt, 985, 992.
Autorisation d'échange des récépissés, 1497.
— d'ester en justice, 1704, 1705.
— de restitution de gages, 1170, 1179, 1208.

Auxiliaires (voir Personnel auxiliaire).
Avances des Commissionnaires, 1470, 1743.
Avancement des Employés, 22, 65.
Avaries voir Nantissements remboursés, perdus ou avariés).
Avis de vente, 72, 807, 873, 1117, 1392.
Avis du Conseil de Surveillance, 18, 56.
Avocats du Mont-de-Piété, 112.
Avoués du Mont-de-Piété, 112, 805, 1205.

B

Balance de la Caisse, 465, 468, 551.
— d'entrée, 571, 577.
— de sortie, 571, 577.
— du Grand-Livre, 468, 565, 569, 604, 606.
Balance générale, 569, 737.
Baux approuvés, 114, 447, 1021, 1641.
— proposés, 91, 1020.
— résiliés, 1024.
Bénéfices du Mont-de-Piété, 2, 144.
Bijoux (voir Magasins, Nantissements).
Boîtes à bijoux, 248, 896, 1484.
Bonis des prêts suspendus, 426, 625, 630, 686, 1613.
— frappés d'opposition, 416, 1147, 1364, 1637.
— liquidés, 394, 402, 561, 562.
— payés, 407, 413, 416, 421, 1246, 1275, 1280, 1336, 1529, 1535, 1555, 1608, 1617.
— prescrits, 175, 342, 402, 428, 1189, 1552, 1727.
— rapportés par les Commissionnaires, 687, 1122, 1551, 1602, 1628.
— réclamés après opposition, 1160.
— versés au compte des Dépôts, 1189.
Bons d'annulation et de déduction, 235, 237, 286, 290, 328, 331, 423, 891, 911, 1163, 1190, 1237, 1241, 1367.
— d'attachement, 1016.
— de commande, 91, 1029, 1036, 1041.
— d'Économat, 1033, 1042, 1234.
— de demandes de fonds, 1372.

Bons de greffe, 809, 997, 1212, 1214, 1258, 1268.
— de rectification, 89, 289, 294, 297, 334, 425, 430, 788, 793, 794, 1241, 1247.
— de retrait, 857.
— représentatifs de gages, 93, 907, 930, 985, 996, 998, 1093, 1096, 1102, 1111, 1214, 1258.
— représentatifs de titres, 106.

Bons de Caisse adirés ou détériorés, 471, 493, 519, 1637, 1698, 1730, 1733.
— à ordre ou au porteur, 447, 481, 489, 492, 496, 497, 503, 508, 513, 519, 1039, 1040, 1698, 1700, 1714, 1729.
— escomptés, 496.
— falsifiés, 1732.
— fautés, 500.

Bordereaux adirés, 1340.
— de Caisse, 1264, 1417.
— de débet, 385, 388, 390.
— de dégagements, 1328, 1337, 1340.
— de dépôt de reconnaissance, 412.
— de payements de bonis, 415, 1417, 1419, 1629.
— de placements, 502, 507.
— des avances, 1137.
— des bons remboursés, 518.
— des bonis rapportés, 1122, 1551.
— des certificats de vente, 912.
— des dégagements, 276, 454, 456, 767, 841, 894, 1243, 1334, 1593, 1623, 1626, 1627.
— des demandes de bonis, 1520, 1530, 1538.
— des demandes de dégagements, 1334, 1502, 1508.
— des demandes de renouvellements, 1513.
— des droits perçus, 279, 1439.
— des engagements, 241, 454, 455, 765, 768, 1135, 1238, 1415, 1417, 1488, 1565, 1582, 1622, 1627.

Bordereaux des entrées et sorties, 839.
— des erreurs ou déficits, 1125, 1374, 1400, 1405, 1420.
— des gages présentés par les Commissionnaires, 1568.
— des nantissements à engager, 1480, 1566, 1570.
— des nantissements à vendre, 923.
— des nantissements vendus, 925.
— des opérations journalières, 454, 1417, 1469.
— des opérations par Commissionnaires, 1453, 1488.
— des oppositions aux dégagements, 906.
— des pièces justificatives, 547, 551, 555.
— des placements, 481, 508, 517.
— des recettes et dépenses, 462, 466, 1264.
— des reconnaissances à déposer, 1520, 1524, 1530.
— des renouvellements, 454, 458, 767, 841, 1243, 1598, 1623, 1627.
— des sursis, 982.
— des titres à liquider, 1219.
— des ventes et bonis, 841, 1362.
— journaliers des avances, 1136, 1488.

Brouillard des premières écritures, 564, 568, 608.
— du Contrôle de Caisse, 481, 487, 509.

Budget ordinaire, 20, 63, 74, 551, 721, 743, 1640, 1644, 1688, 1696.
— supplémentaire, 20, 63, 74, 551, 728, 742, 743, 1640, 1644, 1645, 1688, 1690, 1696.

Bulletinistes (voir Attributions).
Bulletins adirés, 1340.

Bulletins d'appel, 272, 277, 291, 299, 895, 899.
— de débet, 385, 388, 390.
— de décompte du Boni, 1609.
— de dégagement, 1328, 1337, 1340.
— de dépôt de reconnaissances, 412.
— de la Caisse d'acomptes, 280, 323, 345.
— de liquidation de Boni, 1533, 1538, 1555, 1605, 1615, 1617.
— de menues dépenses, 1049.
— de mesurage, 188, 1569, 1575.
— d'engagement chez les Commissionnaires, 1485.
— de payements de Boni, 410, 415, 1417, 1419, 1629.
— de placements, 502, 507.
— de prêts suspendus, 228, 1071.
— de prisée et de renouvellement, 186, 190, 198, 241, 248, 250, 310, 403, 883, 1276, 1304, 1351, 1485, 1572, 1575, 1577.
— de sursis, 849, 884.
— de ventes, 466, 904.
— de voyages, 253, 894, 1378, 1384, 1387.
— des droits perçus, 279, 1439.
— des nantissements livrés à la vente, 266, 315, 904.
— d'opposition, 416, 870, 884, 1147, 1164, 1546.
Bureaux auxiliaires, 10, 13, 29, 34, 136, 406, 417, 1068, 1225, 1227, 1280.
But et qualification du Mont-de-Piété, 1, 1691, 1705.

C

Cachetage des nantissements, 247, 367.
Cachet des Commissaires-priseurs, 247, 367.
— des Commissionnaires, 1486.
Cadre des emplois, 21.

Cahiers des charges, 20, 91, 121, 1007, 1013, 1031.
Caisse à trois serrures, 63, 67, 75, 497, 524.
— d'épargne, 57, 561, 562, 623.
— des Dépôts et Consignations, 147, 536.
— unique, 439, 1668, 1681.
Caisses (voir Emballage des nantissements).
Caissier central du Trésor, 434, 438, 537, 539.
— intérimaire, 434, 438, 548, 1671.
— comptable (voir Attributions, Cautionnements, Indemnités, Responsabilité, Traitements).
Carnet (voir Registres, Répertoires)
Cartons (voir Emballage des nantissements).
Casier des Commissionnaires, 1492, 1514.
— du Boni, 1605.
— judiciaire, 944.
Cautionnements à rembourser, 53, 474, 561, 562, 673, 832, 1447.
— attaqués, 47, 1446.
— convertis, 474, 674.
— de divers fonctionnaires, 664, 1697.
— des Commissionnaires, 473, 1423, 1427, 1445, 1697.
— des Comptables, 24, 46, 49, 53, 68, 83, 473, 550, 561, 562, 821, 826, 832, 1260, 1632, 1634, 1635, 1681, 1692, 1697.
— des locataires, 665, 1697.
— des soumissionnaires et adjudicataires, 473, 613, 665, 1697.
— des Sous-comptables, 46, 53, 436, 473, 561, 562, 612, 664, 666, 1634, 1635, 1697.
— versés, 1634, 1635.
— frappés d'opposition, 48, 1636.
Cautions pour Bons de Caisse adirés, 106, 493, 519, 522, 1698, 1730, 1733.
— pour échange de récépissés, 1547.

RÉPERTOIRE ALPHABÉTIQUE

Cautions pour engagements, 106, 213, 218, 221.
— pour remise de duplicatas de reconnaissances, 106, 1140, 1164, 1166, 1171, 1181, 1209, 1736.
Caveau (voir Magasin des 4 chiffres).
Centralisation des opérations, 413, 1084, 1103.
— des recherches, 1102.
Certificat de notoriété, 956.
— de propriété, 644, 1547.
— de vente, 395, 802, 814, 905.
— médical, 116, 954, 956.
— pour titre adiré, 1168, 1340, 1547.
Cession des Bureaux de Commission, 1432.
Chapitres additionnels (voir Budget supplémentaire).
Charges de l'Établissement, 562, 717, 719, 723, 725, 732.
Chauffage, 1063, 1288.
Chef-lieu du Mont-de-Piété, 10.
Chefs de la Comptabilité, de Bureaux auxiliaires, des Engagements, des Magasins, du Secrétariat, du Matériel, du Dépôt des ventes (voir Attributions, Cautionnements, Indemnités, et Traitements).
Chiffres (voir Armoiries).
Circulaires pour bonis rapportés, 1122.
— pour recherches, 1098, 1408.
Citations (voir Assignations).
Classement des Employés, 21.
— des fiches, 1086.
— des titres rentrés, 793, 803, 892, 911, 915, 1196.
— des pièces à l'appui des oppositions, 1184.
Clôture des Bureaux de Commission, 1128, 1747, 1748, 1749, 1752.
— des registres, 606, 1129, 1674.
Comité consultatif (voir Attributions, Composition).
Commis.
Commis-comptables. ⎫
Commis principaux. ⎬ (Voir Attributions, Traitements).
⎭

Commissaires-priseurs (voir Attributions, Honoraires, Personnel, Responsabilité).
Commissionnaires au Mont-de-Piété (voir Attributions, Intérêts et Droits, Qualité, Responsabilité).
— médaillés, 223.
Commissions (voir Intérêts et Droits des prêts).
Communication des noms des emprunteurs, 1224, 1413, 1444.
Compensations des Commissionnaires, 429, 754, 1539, 1614.
— interdites, 1400.
Composition du Conseil de Surveillance, 14.
— du Comité consultatif, 112.
Comptabilité de la Caisse, 444.
— des Imprimés, 79, 202, 1036, 1419.
— des Reconnaissances et Bulletins, 241, 319, 1315.
— en partie double, 563, 567, 568, 1672.
— Matière, 91, 1028.
Comptables (voir Cautionnements, Indemnités, Responsabilité).
Compte administratif annuel, 20, 63, 74, 551, 727, 728, 733, 743, 1136, 1640, 1645, 1696.
— mensuel, 605.
Compte. *Asiles nationaux*, 576, 602.
— *Avances pour droit de prisée*, 571, 575, 581, 584, 596, 756.
— *Balance d'entrée*, 574, 577.
— *Balance de sortie*, 574, 577.
— *Bonis à liquider*, 430, 571, 575, 587, 596, 754.
— *Caisse*, 571, 576, 579.
— *Caisse des Dépôts et Consignations*, 575, 597.
— *Capital*, 574, 584.
— *Cautionnements*, 571, 576, 591, 595, 686, 703.
— *Commissions et Excédents d'avances*, 575, 588, 754.
— *Déficit de magasin ou de mobilier*, 571.
— *Dépôts divers*, 427, 431, 571, 575, 589, 592, 595, 603,

624, 630, 676, 686, 687, 703, 754, 847, 976, 1123, 1126, 1189, 1190, 1310, 1400, 1552, 1584.

Compte. *Dotation des pensions*, 575, 597.
— *Emprunt sur bons à ordre ou au porteur*, 574, 575, 585, 676, 703.
— *Excédents de prêt sur les avances*, 575, 589, 592, 754.
— *Fondation Deluard*, 576, 601, 706.
— *Fonds de retraite*, 574, 575, 597.
— *Frais d'actes et de procédure*, 571.
— *Intérêts et Droits divers*, 571, 574, 575, 580, 584, 590, 595.
— *Mont-de-Piété*, 571, 574, 575, 581, 583, 595, 603, 627, 631, 703, 705, 737, 752, 756, 759, 1450, 1454.
— *Nantissements remboursés*, 571, 575, 581, 584, 752, 759, 837, 844.
— *Prêts sur nantissements*, 571, 575, 586, 596, 752.
— *Rente 4 1/2 p. 100*, 600.
— *Restes à payer*, 571, 575, 584, 592, 603, 703.
— *Trésor public*, 571, 576, 580, 595.
— *Ventes*, 571, 575, 582, 586, 595, 596.
— *Versements d'acomptes*, 571, 576, 590, 595.

Compte de gestion, 20, 63, 74, 442, 541, 548, 550, 741, 743, 821, 1640, 1669, 1675, 1681, 1683, 1689.

Compte du Caissier (voir Compte de gestion).

Compte rendu de l'emploi des Imprimés (voir Comptabilité des Imprimés).

Comptes courants, 563, 571, 593, 595.
— d'avances à recouvrer, 563, 584.
— de placements, 563, 574, 580.
— de produits et dépenses effectués, 563, 571.
— de valeurs, 563, 571.

Comptes d'opérations financières, 563, 571.
— d'ordre et de transition, 563, 571, 594.

Concierges (voir Attributions).

Conditions d'admission aux emplois, 24.
— des dégagements, 255.
— des emprunts, 488.
— des prêts, 170, 173, 176, 181, 182, 1226, 1231, 1300.
— des renouvellements, 303, 1344.
— des ventes, 352, 1244.
— des versements d'acomptes, 340.

Congés (voir Absences).

Conseil de surveillance (voir Attributions, Composition, Nominations).

Consignes des Concierges, 1057, 1061.
— des Gardes républicains, 1059, 1067.
— des Pompiers, 453, 1059.

Constructions et grosses réparations (voir Immeubles).

Contentieux (voir Affaires contentieuses).

Contre-dénonciations d'opposition (voir Dénonciations d'opposition).

Contre-parties, 567.

Contributions directes, 9, 562, 1282, 1713.

Contrôle de la Caisse, 75, 762.
— de la Caisse d'acomptes, 770.
— des Dégagements, 765, 767, 791.
— des Emprunts, 763.
— des Engagements, 765, 768.
— des Magasins, 780.
— des Opérations, 563, 760, 762, 765, 770, 774, 777, 780, 1230.
— des Payements de bonis, 777, 1362.
— des Prêts de 500 francs et de 1000 francs, 788, 820, 840, 857.
— des Renouvellements, 765, 767, 791, 1599.
— des Ventes, 374, 774, 925.

RÉPERTOIRE ALPHABÉTIQUE 661

Contrôleur à la sortie, 887, 894, 901, 910.
— central, 73.
— de la Caisse, 460, 481, 490, 505, 508, 511, 513, 762.
— de la Caisse d'acomptes, 347, 31, 770.
— de la Garantie, 360, 385, 922.
— des Dégagements, 258, 269, 285, 293, 299, 765, 889, 1243, 1326, 1333, 1591.
— des Engagements, 203, 213, 228, 235, 239, 76 . 1305, 1391, 1579, 1582.
— des Renouvellements, 312, 316, 324, 326, 347, 765, 1243, 1347, 1353, 1391, 1597.
— des rondes, 1060.
— des Ventes, 364, 374, 387, 774.
— du Boni, 407, 1246, 1615. 1629.
Contrôleurs des Succursales (voir Attributions).
Convocations du Conseil de Surveillance, 19.
Correspondance avec les emprunteurs, 87, 93, 958, 1253, 1402.
— générale, 65.
Cour des Comptes, 51, 53, 415, 442, 822.
Couseurs-Emballeurs (voir Attributions).
Créances du Mont-de-Piété, 557, 1647.
Crédits de régularisation, 732, 743, 1640, 1645.
— d'ordre, 727.
— ouverts, 1654, 1662.
— reportés, 731, 743, 1645.
— réservés, 730, 743, 1645.
— supplémentaires, 730, 1640.
Crieurs aux Ventes, 135, 357, 371, 380, 1739.

D

Débets à recouvrer, 47, 56, 546, 838, 1640, 1683.
— des Comptables, 435, 734, 823, 1640, 1683, 1755.

Débets des Ventes, 362, 388, 391.
Décès des Commissionnaires, 1447, 1747, 1748, 1749.
Décharges pour oppositions, 1140, 1164.
— spéciales, 114, 1140, 1181, 1207, 1548.
Déchéance du droit à pension, 153.
Décisions du Conseil de Surveillance, 16.
Déclarations affirmatives, 1177.
— de vol ou de perte, 1078, 1092, 1096, 1139.
Décompte des appointements, 694.
— des intérêts et droits, 183, 257, 258, 310, 312, 317, 398, 407, 1326, 1346, 1353, 1357, 1440, 1607.
— des intérêts d'acomptes, 341.
— des pensions, 147, 157, 955.
— du Boni, 402, 407, 1601.
— du droit de prisée, 183, 259.
Décorations, 195.
Déficits à recouvrer, 47, 56, 436, 546, 561, 822, 831, 838.
— d'adjudication, 393, 399, 408, 431.
— des Comptables, 74, 283, 297, 323, 334, 436, 546, 786, 822, 1072, 1125, 1374, 1399, 1401, 1755.
Dégagements annulés, 72, 1159, 1190, 1339.
— après opposition, 1154, 1161, 1197.
— à régulariser, 1154, 1157, 1186, 1190, 1193.
— d'urgence, 1506.
— étrangers, 261, 1330, 1413.
— gratuits, 298.
— par Commissionnaires, 1498, 1591.
— par correspondance, 268, 964.
— partiels, 985, 993.
— sans perception des droits, 235, 913, 1448, 1450, 1503.
— supplémentaires, 1343.
— tardifs, 985, 995.
Dégageurs (voir Attributions).
Délivrance des duplicatas, 1164, 1172.

Délivrance des gages, 257. 888.895, 1325, 1335, 1337, 1506, 1595, 1619.
— des prêts de 500 francs et au-dessus, 100, 898.
— des reconnaissances, 225, 322.
Demandes en revision (voir Injonctions et Poursuites).
— d'emplois, 93.
Démarches autorisées, 60.
— interdites, 281.
Démissions (voir Nominations et Radiations).
Dénonciations et contre-dénonciations d'oppositions, 1150, 1177.
Dépenses arriérées, 730, 743.
— effectives, 530, 533, 717, 719, 1664, 1683.
— extraordinaires, 562, 717, 719, 723, 726.
— hors budget, 562.
— imprévues, 562.
— nouvelles, 730.
— ordinaires, 533, 562, 717, 723, 726.
Déplacement des Bureaux auxiliaires, 1281.
Dépôt des Ventes (voir Services).
Dépôts de titres, 106, 911, 1256, 1312, 1567.
— divers, 230, 232, 561, 562, 685.
— en garantie, 542, 561, 562, 625, 686, 1174, 1544.
— pour bons adirés, 520, 561, 562, 621, 675.
Désignation des gages, 190.
Destitution (voir Révocation).
Détournements (voir Malversations).
Devis des travaux, 121, 643, 1042, 1015, 1023.
— revisés, 126.
— vérifiés, 124.
Devises (voir Armoiries).
Diminution de prêt, 137, 307, 338, 985, 991, 1317.
Directeur (voir Attributions, Indemnités, Nominations, Responsabilité, Traitements).
Distrait (voir Dégagements partiels).
Domicile des Commissionnaires, 1433.
— des Employés, 44, 1120.

Domicile des emprunteurs (voir Justifications).
— des opposants, 1143.
Dons et Legs, 20, 168. 561, 702, 706, 1640, 1641, 1659.
Dossiers des Employés, 65, 93, 940, 943.
Droit de Contrôle, 361, 385.
— d'Enregistrement, 450, 549, 642, 645, 1013, 1021, 1715.
— de petite voirie, 1051.
— de prisée, 20, 138, 183, 259, 262, 561, 562, 702, 707.
— des prêts (voir Intérêts et Droits).
— de timbre, 8, 446, 480, 534, 638, 1715.
— de vente, 20, 139, 358.
Duplicatas de reconnaissances, 72, 88, 335, 419, 836, 1140, 1166, 1169, 1170, 1256, 1544.
— de titres rentrés, 788, 814, 916.
Durée de l'engagement, 173.

E

Échange des récépissés, 1143, 1145, 1197, 1218, 1477, 1489, 1533.
— d'immeubles, 562.
Échantillons des étoffes de prix, 1095, 1417, 1558.
Échéances des Bons de Caisse, 489, 494.
— des sursis, 851, 980.
Échéancier des placements, 506, 510, 513.
Économat (voir Services).
Écrins voir Emballage des nantissements).
Écritures à redresser, 99, 334, 425, 430, 1247, 1331, 1678.
— d'ordre, 466, 475, 478, 1678.
— en partie double, 563, 567, 568, 1672.
Effets d'uniformes, 195.
— en cours de confection, 195.
Emballage des nantissements, 190, 191, 243, 1286, 1324, 1377, 1484.
Emballeurs (voir Attributions).
Émission (voir Bons de Caisse, Reconnaissances).
Emmagasinage (voir Entrée des nantissements).

Employés (voir Attributions, Indemnités, Logement, Responsabilité, Traitements).
Emprunt sur Bons de Caisse, 3, 20, 95, 433, 488, 494, 497, 501, 508, 513, 519, 561, 562, 676, 1729.
Emprunteurs illettrés, 219, 1460, 1498, 1510, 1529, 1531.
— incapables, 208, 221, 223, 235, 1475.
— interdits, 235, 1105.
— militaires, 222.
— patentés, 220.
Enchères publiques (voir Ventes).
Engagements annulés, 235, 878.
— à signaler, 1084, 1099.
— interdits, 45, 1105.
— par Commissionnaires, 1459, 1470, 1557, 1564.
— par correspondance, 971.
— secrets, 64, 209.
Enquêtes, 72, 129, 1108, 1310.
Enregistrement des procès-verbaux de vente, 373.
Entrée des nantissements, 245, 253, 748, 853, 874, 879, 882, 1266, 1280.
Entretien des appareils contre l'incendie, 1066.
— des bâtiments, 20, 66, 89, 91, 120, 562, 701, 1009, 1013, 1044, 1657.
— du mobilier, 91, 1014.
Enveloppes des gages (voir Emballage des nantissements).
Envoi des dossiers, 1004.
— des fonds litigieux, 1103.
— des nantissements, 967, 1396.
— des publications, 1006.
— des titres et valeurs, 959, 971, 975, 1398, 1402.
Erreurs à redresser, 60, 62, 72, 89, 96, 292, 788, 792, 794, 1183, 1200.
— d'écritures, 99, 285, 292, 327, 334, 425, 430, 567, 792, 794.
— de décompte, 293, 425, 1594.
— de perception, 72, 625, 687, 792, 797, 1125, 1183, 1200, 1399, 1403, 1405, 1420.
— de désignation, de matière, de métrage ou de poids, 377, 1200, 1202, 1574.
Escompte (voir Bons de Caisse escomptés).
Estimation (voir Appréciation, Prêts).
Établissements (voir Bureaux auxiliaires, Chef-lieu, Succursales).
États (voir Bordereaux, Bulletins, Récapitulation, Relevés).
Étoffes de prix (voir Echantillons).
Examens pour l'admission, 26, 28, 116, 941.
Excédents d'avances sur les prêts, 402, 432, 1436, 1491, 1606, 1628.
— de Caisse, 72, 283, 323, 334, 625, 687, 1125, 1374, 1399, 1403, 1405, 1420.
— de prêts sur les avances, 402, 431, 1491, 1494, 1522, 1527, 1602, 1611, 1616, 1628.
— de recettes ou de dépenses, 70, 729, 742.
Exemptions (voir Contributions, Droit de timbre).
Exonération des Commissaires-priseurs, 141.
— des Comptables et Sous-comptables, 56, 751, 822, 827, 837.
Expéditionnaires (voir Attributions, Traitements).
Extraits du registre des Engagements, 212, 994, 1103, 1344, 1394, 1406, 1411, 1558, 1560, 1561.
— du registre du Boni, 406, 417, 1356.

F

Facteurs des Bureaux auxiliaires, 888, 893, 1077, 1372, 1382.
— des Commissionnaires, 1468, 1506, 1565, 1619, 1622.
Falsifications (voir Bons de Caisse, Reconnaissances falsifiées).
Fausse monnaie (voir Monnaie fausse).
Femmes mariées, 208, 221, 235.

Fermeture d'un Bureau de Commission (voir Liquidation).
Feuilles de Caisse (voir Situations de Caisse).
— de présence, 36, 863, 948.
Feutier (voir Attributions.)
Fiches d'engagements à signaler, 1084, 1111, 1415, 1417, 1558.
— de parties, 197, 251, 1213, 1276.
— du Contrôle de garantie, 360.
— pour gages saisis, 1243, 1258.
Fixation des cautionnements, 50, 1632, 1692.
— des droits de vente, 358.
— des indemnités, 1723.
— des intérêts et droits, 20,
— des prêts, 171, 189.
Folle enchère (voir Vente à folle enchère).
Fonctions (voir Attributions).
Fondation Deluard (voir Dons et Legs).
Fondé de pouvoir du Caissier, 70, 438, 548, 1671.
Fonds de Caisse, 278, 282, 1371, 1416.
— de roulement, 3.
— des pensions, 144, 147, 542, 561, 562, 1665.
— d'exploitation, 3, 488.
Formation des budgets, 721, 728, 1644.
— des comptes de gestion, 541, 741.
Formules (voir Imprimés des Bons de Caisse).
Fournitures de bureaux, 1042, 1255, 1657.
Fourrures, 195.
Frais d'actes et de procédure, 562, 1021.
— généraux, 182, 562, 640, 700, 1048.
— de vacations (voir Droits de vente).

G

Gages (voir Nantissements).
Gages (voir Traitements).
Gagistes (voir Attributions, Traitements).
Ganterie, 195.
Garantie des emprunts, 488.

Garantie des nantissements, 176, 1722.
Garçons de bureaux, de caisse, de prisée (voir Attributions).
Garde républicaine (voir Consigne).
Gardes de nuit (voir Attributions, Indemnités).
Gardes-magasins (voir Chef des Magasins et Agents-comptables).
Gaz, 1050.
Gestion des Comptables (voir Comptes de gestion).
— des immeubles, 476.
Glaces, 339.
Grande série (voir Numéros de la grande série).
Grand-Livre de la Caisse 463, 467.
— de la Comptabilité, 430, 467, 563, 569, 570, 577, 604, 607.
— du Matériel, 1029.
Gratuité des fonctions de membre du Conseil de Surveillance, 14.
Grosses réparations (voir Réparations).

H

Habillement uniforme, 31, 864, 1052
Hardes (voir Magasins, Nantissements).
Héritiers des créanciers, 644.
— des emprunteurs, 1180.
— des pensionnaires, 712.
— du Caissier, 549.
Heures d'arrivée et de départ, 34, 1380, 1591, 1597.
— des repas, 109, 1294.
— d'ouverture des bureaux, 184, 256, 311, 356, 373, 492, 789, 1058, 1232, 1272, 1281, 1293, 1380, 1467.
Hiérarchie des emplois, 21.
Hommes de peine, hommes de service (voir Attributions, Traitements).
Honoraires de l'Architecte, 123, 699.
— de l'Avoué au Tribunal, 113, 699.
— des Agréés, 113.
— des Avocats, 113.
— des Commissaires-priseurs, 138, 358.
— des Reviseurs, 127.
— des Vérificateurs 125.

RÉPERTOIRE ALPHABÉTIQUE 665

Honoraires du Médecin, 119, 699.
— du Notaire, 115.

I

Identité (voir Justifications).
Immeubles acquis ou échangés, 562, 1701.
— à gérer, 476, 552, 557.
— construits ou réparés, 562, 701, 1007, 1657.
— des Succursales, 1228.
— d'exploitation, 9, 10, 1647.
— hypothéqués, 177.
Impôts, 1282.
Imprimés commandés, 91, 1032.
— des Bons de Caisse, 489, 497, 503, 1040.
— en compte, 202, 1036, 1419.
— inventoriés, 1039, 1255.
— mis en adjudication, 1007, 1031.
— nouveaux, 1032.
— numérotés, 187, 202, 242, 1036, 1345.
Incapables (voir Emprunteurs).
Incendie (voir Mesures contre l'incendie).
Incompatibilité entre diverses fonctions, 58, 68, 83, 108, 826, 1428, 1681, 1694.
Inconnus (voir Nantissements inconnus).
Indemnités à l'Inspecteur de police, 129, 629.
— au Directeur, 29, 561, 562, 699.
— aux Chefs et Employés, 29, 561, 562, 698, 1288, 1370, 1403, 1455.
— pour erreurs, 40, 62, 1442.
— pour gages perdus ou avariés, 84, 179, 306, 561, 562, 635, 660, 747, 750, 828, 1269, 1442, 1448, 1722.
Indiscrétions (voir Secret des engagements).
Infirmités donnant droit à pension, 152, 160.
Infractions aux lois du prêt sur gages, 7, 1706.

Inhumations (voir Secours pour inhumations).
Initiales (voir Armoiries).
Injonctions, poursuites, pourvois et revisions, 412, 445, 559, 838, 1648, 1676, 1687.
Inspecteur (voir Attributions, Traitements).
Inspecteurs de police, 129, 1083, 1094.
— de Caisses municipales, 5, 440.
— des Établissements de bienfaisance, 5, 51.
— des finances, 5, 51, 1670.
Inspection (voir Services).
Instruction gén. du 20 juin 1859, 439, 441, 445, 448, 463, 468, 477, 478, 534, 537, 541, 545, 548, 550, 553, 559, 563, 566, 604, 606, 636, 650, 664, 721, 727, 728, 733, 1008.
Insuffisance de fonds, 285, 327.
Intercalation des Titres (voir Classement, Récolement).
Interdiction d'engager, 106, 235, 1105, 1390, 1478.
— de prêter sur gages ou reconnaissances, 6.
— de trafiquer, 106, 1429, 1681.
Intérêts des acomptes, 341, 344.
— des cautionnements, 52, 562, 613, 668, 1445, 1667.
— des dépôts de garantie, 521, 562.
— des emprunts, 20, 494, 503, 506, 508, 513, 562.
— des fonds placés au Trésor, 537, 561.
Intérêts et Droits à payer au Mont-de-Piété, 20, 138, 182, 259, 313, 397, 407, 561, 562, 791, 797, 1499, 1512.
— à payer aux Commissionnaires, 1435, 1439, 1453, 1494, 1499, 1512, 1517, 1607, 1736.
Intermédiaires (voir Commissionnaires).
Inventaires (voir Procès-verbaux, Récolement).
Itinéraires des voitures, 1076.

J

Jetons de présence, 113.
Journal de Caisse, 460, 462, 463, 465, 486, 1263, 1310, 1314, 1335, 1355, 1364, 1365, 1368, 1373, 1376, 1422.
— des Acomptes, 350.
— des Emprunts, 503, 508, 514, 520.
— des Fonds empruntés (Contrôle), 505, 510, 513, 634, 764.
— des Magasins, 839.
— des Objets mobiliers, 1029.
— de Sortie, 887, 889, 891, 892.
— des Recettes, 269, 317, 473, 1417.
— du Contrôle de Caisse, 481, 483.
— général, 563, 566, 568, 604.
Jugement des comptes de gestion, 442, 539, 1687.
Justifications à produire à la Cour des Comptes, 63, 433, 442, 509, 515, 517, 523, 534, 547, 550, 561, 562, 606, 637, 630, 821, 823, 1084, 1679.
— de domicile, 78, 206, 213, 217, 234, 1069, 1074, 1088, 1307, 1311, 1318, 1320, 1423, 1474, 1586.
— de solvabilité, 1167.
— d'identité, 78, 206, 213, 216, 234, 1069, 1074, 1088, 1307, 1311, 1318, 1423, 1474, 1586, 1716, 1751.
— du droit de propriété, 1206, 1208, 1307, 1423, 1586.
— insuffisantes, 101.
— non produites, 76, 235, 784, 815, 838.
— pour engagements, 71, 87, 205, 213, 216, 234, 1307, 1311, 1319, 1423, 1474.
— pour oppositions, 1143, 1184.
— pour versements d'acomptes, 343, 561, 562.

L

Lainages à réapprécier, 137, 336, 985, 1639.

Lainages détériorés, 176, 1724.
— mis en vente, 819, 979.
Lanternes et tableaux des Bureaux auxiliaires, 1051.
— des Commissionnaires, 1434.
Legs Deluard (voir Dons et Legs).
Lettres d'avis de ventes (voir Avis de ventes).
Limite d'âge, 25.
Linge malpropre ou mouillé, 195.
— mis à la disposition des Employés, 1053.
Liquidateur du Boni (voir Attributions, Cautionnements, Responsabilité, Traitements).
Liquidation des Bureaux de Commission, 72, 561, 562, 1128, 1747, 1748, 1749.
— des Magasins, 20, 74, 76, 82, 89, 99, 746, 757, 784, 788, 812, 827, 833, 1190, 1247, 1644.
— des Pensions, 147, 157, 954.
— du Boni, 20, 63, 74, 175, 394, 428, 753, 757, 1528, 1532, 1601, 1644.
— du droit de prisée, 74, 755, 757.
— du produit des ventes, 394, 402.
— judiciaires, 72.
— pour des tiers, 1221, 1222.
— pour le Domaine, 72, 1217.
Literie à rengager, 339, 1639.
— déposée, 1233, 1270, 1272.
Livraison des gages à la vente, 85, 364, 900, 905.
— aux acquéreurs, 384, 389.
— aux Magasins (voir Entrée des nantissements).
Livres (voir Registres).
Livrets d'acomptes, 343, 348.
— de la Caisse d'épargne, 57.
Locaux pris à bail, 13, 114, 447, 1021, 1281.
Logement des Employés, 9, 29, 1271, 1282, 1288.
Loyers à payer, 562.
— à percevoir, 476, 561, 702, 704, 1647.

RÉPERTOIRE ALPHABÉTIQUE

M

Magasiniers (voir Attributions, Traitements).
— principaux, (voir Attributions, Traitements).
Magasins de la literie, 1270, 1272.
— des bijoux, 852.
— des hardes, 852, 854.
— des objets de petit volume, 854, 1324, 1379.
— des quatre chiffres, 76, 84, 89, 90, 853, 866.
Mainlevées (voir Oppositions levées).
Maladies (voir Absences).
Mal rendu (voir Nantissements).
Malversations constatées, 74, 153, 786, 824, 1072.
Mandataires (voir Fondé de pouvoirs, Héritiers).
Mandats de dépense ou de payement, 533, 554, 636, 638, 651, 656, 662, 668, 672, 676, 681, 683, 687, 691, 695, 700, 707, 1175, 1236, 1311, 1415, 1545, 1588, 1614, 1685.
— de dépôt, 232, 1174.
— de recette ou de versement, 533, 554, 636, 651, 657, 663, 667, 676, 685, 688, 695, 703, 1189, 1190, 1236, 1445, 1544, 1685.
— postaux, 964, 1402.
Manutention (voir Entrée des nantissements, Magasins, Sortie des nantissements).
Marchandises neuves, 173, 208, 220, 1084, 1119, 1324, 1475, 1558, 1751.
Marchés (voir Adjudications des travaux et Fournitures).
Marques de propriété (voir Armoiries, Devises, Initiales, Numéros des montres).
Matelas (voir Nantissements).
Matériel (voir Economat).
Maximum et Minimum des acomptes, 340.
— des enchères, 359.
— des pensions, 155, 158.
— des perceptions, 265.
— des placements, 491.
— des placements au Trésor, 537.

Maximum et minimum des prêts, 172, 191, 1231, 1301, 1413.
— des soldes en Caisse, 1371.
Médecin (voir Attributions, Honoraires).
Mémoires des travaux, 1017.
Mentions de dépôt des titres, 1526, 1550, 1553, 1556.
— d'engagement, 1490, 1514.
— de payement de bonis, 402, 411, 422, 424, 1357.
— de réception des gages, 874, 879, 882.
— de réintégration, 909.
— de remboursement, 1127.
— de rengagement, 1518.
— des droits perçus, 1439.
— de sortie des gages, 89, 99, 788, 802, 817, 846, 848, 861, 868, 884, 887, 891, 905, 1151, 1247, 1335, 1548.
— de sortie des titres, 1494, 1511, 1514, 1523, 1605.
— des retraits de la vente, 931.
— de vente, 924, 1247, 1356, 1526.
— d'opposition, 1364.
Menues dépenses, 640, 1048.
Menuisiers (voir Attributions).
Mesurage des nantissements, 188, 1481, 1569.
Mesures conservatoires, 445.
— contre l'incendie, 1066, 1415.
— de précaution, 453, 862, 1059, 1067, 1266, 1475.
— disciplinaires, 40, 60, 65, 453, 943, 1448.
Meubles (voir Nantissements).
Militaires (voir Emprunteurs).
Minimun (voir Maximum et Minimum).
Mineurs, 208, 221, 235.
Mobilier (voir Entretien, Récolement).
Monnaie étrangère, 280, 323.
— fausse, 280, 323, 1332.
Monopole du prêt sur gages, 6, 1633, 1638, 1706.
Montres recherchées, 1092.

Mouvement des fonds, 90, 439, 524, 529, 533, 537, 743, 1262, 1277, 1365, 1370.
Mutations dans le personnel, 65, 694, 952.

N

Nantissements à découvert, 893, 1378, 1384.
— à réclamer, 788, 817, 846, 855, 1190, 1395, 1421, 1550.
— à vendre, 266, 364, 806, 808, 901, 919, 1195, 1329, 1350, 1590.
— bijoux, 852, 875, 1322, 1379, 1384.
— cachetés, 247, 896, 1486.
— composés, 196.
— contrôlés et non contrôlés, 360, 385.
— chiffrés, 210.
— dégagés de suite, 1335, 1440, 1482, 1504.
— de petit volume, 854.
— dispersés, 220, 1084, 1096.
— dits de quatre chiffres, 84, 247, 336, 788, 820, 985.
— émaillés, 247, 1486.
— encombrants, 854, 1233, 1270, 1316, 1378.
— en recherche, 830, 848.
— en revision, 855, 902, 979.
— fragiles, 877, 1316.
— frappés d'opposition, 847, 855, 870, 890, 906, 1089, 1093, 1096, 1102, 1139, 1147, 1151, 1154, 1164, 1176, 1190, 1195, 1256, 1387, 1636.
— hardes, 250, 852, 877, 1322, 1379, 1384.
— incomplets, 364, 370, 377, 897, 1395, 1574.
— inconnus, 76, 561, 562, 788, 817, 844, 855, 897, 1395, 1421.

Nantissements incorporels, 1707, 1734.
— mal rendus, 1200, 1203.
— matelas, 1233, 1270.
— meubles, 1233.
— non conformes à la désignation, 378, 896, 920.
— pendules, 1322.
— perdus ou avariés, 85, 142, 176, 179, 306, 365, 370, 655, 660, 782, 827, 843, 1317, 1338, 1403, 1412, 1448, 1574, 1722, 1742.
— refusés, 846, 1403.
— remboursés, 655, 657, 663.
— rentrés de la vente, 370.
— retirés de la vente, 369, 381, 930.
— retrouvés, 663, 752, 829, 837.
— revendiqués, 1089, 1093, 1096, 1102, 1113, 1196, 1206.
— saisis, 72, 809, 836, 907, 997, 1211, 1258, 1268, 1414, 1542, 1680.
— vendus à perte, 1536.
Nettoiement des Bureaux, 254, 453, 1062, 1287, 1380.
— des cours, escaliers, etc., 1064.
Nomenclature des Imprimés, 1031.
— des pièces justificatives, 553, 557, 561, 562.
Nominations et Radiations des Commissaires-priseurs, 132.
— des Commissionnaires, 1423, 1425.
— des Employés, 22, 24, 40, 60, 132, 149, 153, 943.
— des membres du Conseil de Surveillance, 14.
— du Directeur, 24.
Non-valeurs, 546.
Notaire (voir Attributions, Honoraires).

Numéros d'appel des dégagements (voir Bulletins d'appel).
— d'appel des engagements, 188, 205, 1302.
— de la grande série, 886, 1242, 1344.
— de la petite série, 309, 886, 1242.
— des cases, 887, 893, 901.
— des dégagements, 269.
— des engagements, 187, 1471.
— des montres, 198, 210, 246, 1091, 1097, 1235.
— des renouvellements, 305, 1242.
— manuscrits, 202.

Numérotage des Imprimés (voir Imprimés numérotés).

O

Objets fragiles, 1316.
— hors de service, 561, 705.
— neufs (voir Marchandises neuves).
— non admis à l'engagement, 195, 208, 1316, 1475.
— reconnus, 1089, 1094, 1096, 1102, 1716.
— trouvés, 195, 1397.

Opérations (voir Bonis, Correspondance, Dégagements, Emprunt, Engagements, Renouvellements, Services, Ventes).
— financières, 561, 562, 713, 717, 723, 727, 728.

Oppositions à la vente, 356, 377.
— après dégagement, 1151, 1344, 1734.
— au payement de bons, 503, 510, 522, 561, 562, 1636, 1698.
— au payement du Boni, 356, 416, 1147, 1364, 1636, 1734, 1736.
— aux cautionnements, 48, 1636.
— aux payements de traitements, etc., 443, 561, 562, 686, 1636.
— dénoncées et contre-dénoncées, 1150.
— d'office, 335, 1144, 1172, 1182, 1203, 1207.

Oppositions faisant double emploi, 1153.
— judiciaires, 88, 1149, 1165, 1176, 1636.
— levées, 896, 1140, 1150, 1157, 1164, 1178, 1364.
— levées par actes notariés, 114, 115, 1140, 1181.
— maintenues, 1152.
— par correspondance, 1148.
— par des tiers, 1089, 1094, 1096, 1141, 1146, 1150, 1153, 1176, 1196.
— prescrites, 1152.
— provisoires, 1090, 1342.
— refusées, 1142.
— sur les gages, 72, 88, 420, 847, 870, 890, 906, 1139, 1147, 1151, 1154, 1164, 1176, 1184, 1190, 1195, 1256, 1387, 1636, 1734.
— sur les reconnaissances, 1546, 1636.

Ordonnance de référé, 1179.

Ordonnancements des Appointements, 535, 694.
— des Dépôts de garantie, 521, 677.
— des Dépôts divers, 685.
— des Frais de régie, 700.
— des Indemnités, 655.
— des Intérêts de bons adirés, 521.
— des Intérêts de cautionnements, 664, 668.
— des Loyers, 702, 704.
— des Pensions, 709.
— des Placements temporaires, 679.
— des Prêts suspendus, 688.
— des Secours, 163.
— des Sommes prescrites, 702.
— divers, 63, 74, 533, 636, 651, 655, 682, 702, 1642, 1655, 1663, 1681, 1685.
— du Droit de prisée, 702, 707.

Ordre de service, 60, 942.
— des opérations, 185, 257, 310, 363, 1234, 1300.
— du jour, 19.

Organisation des Bureaux auxiliaires, 1280, 1283, 1289, 1293.
— des Succursales, 10, 12, 1225, 1229.

Organisation du Mont-de-Piété, 1, 6, 10, 1690.
Orphelins (voir Pensions, Secours).
Ouverture des Bureaux (voir Heures d'ouverture).

P

Paniers à bijoux, 489, 497, 893, 1378, 1385, 4416.
Papiers filigranés, 1040.
— livrés à l'Administration, 1041.
— livrés à l'Impression, 1031, 1035.
— mis en adjudication, 1007.
Parties de nantissements, 190, 196, 251, 1324, 1384.
Passif du Mont-de-Piété, 604, 735.
Payements des Appointements, 535, 694, 1370, 1419.
— des Bonis (voir Bonis payés).
— des Dépenses, 531, 534, 1656, 1664.
— des Prêts, 225.
— du Droit de prisée, 707.
— par anticipation, 1653
Payeurs des Commissionnaires, 1580, 1600, 1621.
— des Engagements, 224, 228, 235, 240, 1627.
— du Boni, 410, 1246, 1357, 1604, 1616, 1630.
Peausseries, 495.
Pendules (voir Nantissements).
Pensions de retraite des Employés, 144, 149, 645, 708, 954, 957, 1640, 1641, 1665, 1702, 1703.
— des veuves et orphelins, 155, 957.
— éteintes, 712.
— liquidées, 147, 157, 955.
— militaires (voir Services militaires).
— pour infirmités ou accidents graves, 148, 151.
Perception des Capitaux, Intérêts et Droits, 257, 277, 310, 322.
Permissions des Employés (voir Absences).
Personnel auxiliaire (voir Attributions, Traitements).
— de la Caisse, 451.
— de l'Administration, 21, 24, 29, 34, 40, 46, 54, 57, 58, 65, 67, 71, 73, 77, 81, 86, 90, 91, 92, 93, 94, 102, 118, 149, 935, 939, 948, 954, 1694.
Personnel des Bureaux auxiliaires, 1283.
— des Magasins, 856.
— pour l'appréciation, 130, 132, 134, 138, 140.
Perte à la vente (voir Déficit d'adjudication, Nantissements vendus à perte).
— de gages (voir Nantissements perdus ou avariés, remboursés).
— de titres (voir Reconnaissances, Récépissés et Bulletins perdus).
Petite série (voir Numéros de la petite série).
Petit magasin, 854, 1323, 1379.
Pièces justificatives (voir Justifications).
Pierres détachées, 249, 1486.
Piqûres de vers, voir Lainages détériorés).
Placements à la Caisse, 491, 494, 501, 508, 513.
— au Trésor, 537, 1643.
— des gages (voir Entrée des nantissements).
— temporaires, 471, 561, 562, 623, 679.
Plaintes (voir Déclarations).
Plans (voir Devis, Travaux).
Pointage (voir Récolement).
Police des salles de vente, 357, 379.
Portatif (voir Registre du Mobilier).
Portefeuilles des Bureaux auxiliaires, 1415.
Portraits retirés, 387.
Postes militaires (voir Consignes).
Poursuites (voir Injonctions, Infractions).
Pourvois (voir Injonctions).
Pouvoir des Commissionnaires, 1434.
— des créanciers, 646.
— général, 221, 438, 549.
— pour engager, 221, 1394, 1477.
— pour opposition, 1148, 1164, 1394.
Précautions de sûreté (voir Mesures de sûreté, Rondes, Surveillance).

Prélèvements sur bonis prescrits, 402, 429, 432.
Préposés au Comptoir. 504, 513, 516, 525, 529, 533.
— aux Oppositions, 1143, 1147, 1151, 1154, 1164, 1186, 1195, 1197.
— chez un Commissionn. suspendu, 1452.
Prescriptions des Oppositions, 1152.
— diverses, 561, 562, 702.
— quinquennales, 614, 617, 627, 631, 703.
— trentenaires, 427, 614, 617, 628, 631, 847, 1189, 1190, 1552, 1555.
— triennales des bonis, 175, 342, 400, 402, 428, 1189, 1552, 1727, 1728.
Président du Conseil de Surveillance, 16.
Prestation de serment du Caissier, 68, 550, 1681.
— des Commissionnaires 1427, 1681.
— du Chef des magasins et des Agents-comptables, 83, 90, 1681.
Prêts acceptés, 185.
— augmentés, 985, 992.
— de 500 francs et au-dessus, 212, 265, 272, 853, 857, 1103, 1417, 1558, 1560.
— de 1000 francs et au-dessus, 137, 336, 788, 820, 832, 840, 853, 857, 866, 985, 1639.
— diminués, 307, 338, 985, 990, 1517.
— payés, 185, 225, 1308.
— refusés, 189, 1303.
— requis, 191, 201, 985.
— sur reconnaissances, 6, 1706, 1708.
— suspendus, 72, 185, 207, 228, 426, 470, 624, 628, 686, 688, 1069, 1071, 1108, 1210, 1236, 1309, 1375, 1583, 1613.
Preuves d'identité et de domicile (voir Domicile, Justifications).
Prise en charge (voir Remise du Service).
Privilèges (voir Contributions, Droit de timbre, Monopole).

Procès-verbaux d'adjudications, 686.
— de Débets ou de Déficits, 822, 838.
— de Clôture des registres, 63, 440, 543, 551, 606, 742, 1130, 1452, 1718, 1749.
— de Destruction des bons, 500.
— d'élection, 133.
— de réception des travaux et fournitures, 128, 1013, 1041.
— de récolement des gages, 76, 89, 783, 834.
— de récolement du Mobilier, 1027.
— de remise du Service, 434, 551, 821, 832, 1283, 1285.
— des séances du Conseil, 18.
— de Vente, 363, 372, 376, 397, 399, 447, 775, 1215.
— de vérification de Caisse, 75, 89, 140, 785, 975.
— du 31 décembre, 63, 440, 543, 551, 742.
Procuration (voir Pouvoir).
Produits des Ventes (voir Liquidation).
Produits et Revenus du Mont-de-Piété, 475, 561, 713, 715, 723, 725, 728, 761, 1647, 1649, 1660, 1686.
Promotions (voir Nominations).
Propriétés (voir Immeubles).
Prorogation de la Vente (voir Sursis).
Provision aux Pensionnaires, 164.
Publications, 1006.

Q

Qualité des Commissionnaires, 1423, 1740, 1744, 1745, 1746, 1747, 1749, 1750, 1752.
Quatre chiffres (voir Nantissements).
Quittances à souches, 75, 520, 540.
— de cautionnements, 473, 1691.
— de la Caisse, 446, 460, 1691.

R

Radiations (voir Nominations).
Rapports au Préfet de police, 72, 1113, 1585.
— de prêts suspendus, 232 234, 1584, 1588.
— du Médecin, 117, 951.
— sur les absences, 39, 949.
Réadmissions, 154.
Réappréciation (voir Appréciation nouvelle).
Récapitulation des avances, 72, 1137.
— des bonis, 608.
— des débets, 390.
— des dégagements, 72, 74, 274, 276, 454, 767, 769, 841, 1243, 1333, 1593, 1623, 1625, 1627.
— des dégagements gratuits, 302, 608.
— des engagements, 72, 74, 239, 454, 608, 765, 768, 1135, 1238, 1314, 1582, 1622, 1625, 1627.
— des entrées et sorties, 839.
— des gages présentés par les Commissionnaires, 1568.
— des opérations d'acomptes 347, 770, 773.
— des pièces justificatives, 347, 551, 555.
— des placements, 481, 508, 517.
— des quatre chiffres, 820.
— des recettes et dépenses, 462, 466, 1264.
— des renouvellements, 72, 74, 324, 454, 608, 767, 769, 841, 1243, 1354, 1598, 1623, 1625, 1627.
— des ventes et bonis, 72, 74, 383, 404, 413, 608, 841, 1362, 1628.
Récépissés de Cautionnements en espèces, 473.
— de Cautionnements en valeurs, 473.
— de fournitures, 1029.
Récépissés provisoires adirés, 1515, 1546.
— de dégagements, 1499, 1618.

Récépissés provisoires d'engagements, 1472, 1496, 1534, 1751.
— de payement de bonis, 1529.
— déposés, 976, 1186, 1473, 1556.
— de renouvellements, 1512.
— refusés, 1473.
— trouvés, 1187, 1403.
Réception des gages, 185, 188, 253, 874, 879, 882, 1266, 1384.
— des travaux, 128, 1013.
Recettes accidentelles, 561, 1661.
— avant l'ouverture de l'exercice, 1666.
— effectives, 530, 533, 713, 715.
— extraordinaires, 479, 561, 713, 715, 723, 726.
— hors budget, 561.
— ordinaires, 561, 713, 723, 726.
Receveurs des acomptes, 344, 349, 351.
— des dégagements, 258, 273, 277, 285, 293, 889, 1243, 1327, 1333, 1373, 1591, 1627.
— des finances, 5, 1670.
— des renouvellements, 312, 321, 324, 327, 1243, 1348, 1597, 1627.
Recherches demandées, 72, 1078, 1197, 1393, 1408, 1561.
— des étoffes, 1096.
— des montres, 1092.
— des objets signalés, 72, 1078, 1094, 1095, 1097.
— diverses, 1097, 1114.
— infructueuses, 1410.
Réclamations, 66, 80, 825, 897, 1197, 1199, 1239, 1257, 1292, 1490.
Récolement des fournitures de bureau, 1045.
— des gages, 746, 783, 831, 1128.
— des prêts de 1000 fr. et au-dessus, 832.
— des titres chez les Commissionnaires, 1128.

RÉPERTOIRE ALPHABÉTIQUE 673

Récolement des titres en dépôt, 1188.
— des titres rentrés, 89, 413, 428, 747, 749, 779, 788, 790, 812, 911, 1247.
— du Mobilier, 91, 1026.

Reconnaissances adirées, 401, 788, 1139, 1166, 1393, 1562.
— adirées par les Commissionnaires, 1174, 1544.
— d'engagements, 181, 186, 199, 227, 447, 1306, 1487, 1576, 1754.
— déposées, 72, 106, 976, 1154, 1157, 1162, 1182, 1186, 1192, 1256, 1312, 1398, 1403, 1407, 1419, 1519, 1605.
— de renouvellements, 308, 317, 319, 1417, 1487, 1514, 1600.
— détériorées, 1172.
— détruites (voir Adirées).
— erronées, 267, 316, 788, 801.
— falsifiées, 267, 316, 796.
— fautées, 202, 242, 319, 1037.
— incomplètes, 267, 316, 319.
— numérotées, 241.
— oblitérées, 238, 333, 408, 424, 427, 796, 1175, 1190, 1192.
— perdues (voir Adirées).
— rectifiées, 801.
— rentrées, 802, 812, 911, 1417, 1595.
— retrouvées, 1164, 1175.
— saisies, 1542.
— surchargées, 201.
— trouvées, 1144, 1150, 1187, 1395, 1403, 1407.

Reconnaissancier (voir Attributions).
Reconstructions (voir Immeubles).
Recours contre l'Administration, 1677, 1716, 1717, 1718, 1719, 1720, 1721.
— contre les Commissionnaires, 1740, 1741, 1742, 1750, 1751.

Recours contre les Emprunteurs, 1441.
Recouvrement des débets et déficits, 47, 56, 444, 822, 831, 838, 1640, 1683.
Rectifications d'écritures, 274, 284, 292, 324, 326, 376, 425, 567.
— des Reconnaissances, 801.
Reçus délivrés par les Receveurs, 279, 320.
Redressement d'écritures 99, 292, 332, 334, 425, 430, 1247, 1331, 1353.
— des erreurs, 72, 96, 201, 281, 292, 788, 794, 1183, 1200.
Réduction des prêts (voir Prêts diminués).
Références des justifications, 647.
Refoulement des gages, 876.
Registres à souche des Recettes, 460.
— auxiliaires, 565, 576, 591, 607, 612, 621, 624, 633, 764.
— auxiliaires des Magasins, 842, 1249, 1267.
— de la Caisse, 459, 462, 526, 607, 609, 762, 1461.
— de Contrôle, 1248.
— de Correspondance, 961, 973.
— de Détail, 463, 566, 633, 1673.
— de l'appréciation, 192.
— de l'ordonnancement, 653.
— d'entrée et de sortie des nantissements, 607, 768, 772, 776, 781.
— d'envoi de pièces, 1004.
— des absences, 953.
— des acomptes, 347, 350, 607, 611.
— des archives, 93, 1003.
— des bons adirés, 471, 520, 607, 621, 676.
— des bons de rectification, 794.
— des bons de retrait, 931.
— des bons de sortie, 907, 910, 986, 988, 999.
— des cautionnements, 472, 607, 612, 635, 666.
— des Commissionnaires,

43

1458, 1471, 1498, 1510, 1529.

Registres des débets, 389.
— des déclarations, 1079.
— des Dégagements, 257, 269, 273, 1326, 1415, 1417, 1458, 1498.
— des demandes de fonds, 224.
— des demandes d'emploi, 939.
— des dépôts aux Greffes, 999, 1211.
— des dépôts divers, 469, 607, 624, 685, 1252.
— des dépôts en garantie, 607, 621, 675.
— des Engagements, 203, 226, 239, 447, 1305, 1415, 1417, 1471, 1578.
— des fonds demandés, 1372.
— des fournitures de bureaux, 1043.
— des gages mis en adjudication, 924.
— des gages vendus 926.
— des Imprimés, 1034.
— des Liquidations, 1133, 1217.
— des Mandats, 652, 1251.
— des Nantissements à réclamer, 817, 846, 1190.
— des Nantissements en recherche, 848.
— des Nantissements inconnus, 818, 844, 846.
— des Nantissements livrés au dépôt des ventes, 924.
— des Nantissements perdus, 782.
— des oppositions, 870, 1143.
— des oppositions de la Caisse, 443.
— des papiers livrés à l'impression, 1044.
— des payements de bonis, 410, 1529, 1604, 1610.
— des pensions, 607, 632, 708, 711.
— des placements temporaires, 471, 607, 621, 623, 679, 681.

Registres des prêts de 500 fr. et au-dessus, 1103.
— des prêts suspendus, 228, 233, 470, 607, 628, 690, 1109, 1252, 1589.
— des procès-verbaux des séances du Conseil, 18, 65.
— des quatre chiffres, 820, 868.
— des recherches demandées, 1408.
— des redevables, 475, 478.
— des remboursements, 1161, 1191.
— des renouvellements, 304, 317, 321, 324, 1346, 1415, 1417, 1458, 1510.
— des stagiaires, 1426.
— des sursis, 849, 981.
— des timbres mobiles, 449.
— des titres de perception, 475, 477.
— des titres en dépôt, 1186, 1192.
— des titres non rentrés, 814.
— des ventes, 391.
— des ventes requises, 1121.
— d'Inspection, 1075.
— du Boni, 405, 409, 416, 422, 424, 428, 1358, 1458, 1529, 1604, 1610.
— du Contrôle de la Caisse, 481, 487.
— du Contrôle des Emprunts, 481, 483.
— du Mobilier, 1026, 1028.
— du Mouvement des fonds empruntés, 607, 610, 764.
— du Mouvement des papiers, 1044.
— du Redressement des erreurs, 1204.

Registres matricules des déposants d'acomptes, 343, 349.
— des Pensionnaires, 708.
— du Boni, 402, 416, 428, 430, 1246, 1356, 1603, 1608, 1610, 1614, 1616.
— du Personnel, 93, 944, 946, 955.

RÉPERTOIRE ALPHABÉTIQUE

Règlement des mémoires, 124.
— du budget, 739, 1645.
— intérieur, 20, 66, 1719, 1720, 1721, 1725, 1726, 1735, 1738.

Régularisation des prêts suspendus, 230, 233, 691, 1110, 1210, 1236, 1311, 1586.

Réintégration des Employés, 154.
— des nantissements, 909, 987, 1000, 1215, 1259.

Relevés de Caisse, 1264.
— des absents, 950.
— des acomptes, 351.
— des articles vendus, 396.
— des avances, 1136, 1488.
— des bonis de prêts suspendus, 426.
— des bonis rapportés, 1122, 1551.
— des bons émis, 512.
— des bons remboursés, 518.
— des certificats de vente, 396, 912.
— des compensations, 1541, 1614.
— des dégagements, 276, 456, 894, 1593, 1623.
— des demandes de bonis, 1520, 1530.
— des demandes de dégagements, 1334, 1502, 1508.
— des demandes de renouvellements, 1513.
— des échantillons, 1095, 1418.
— des emprunteurs interdits, 1106.
— des engagements, 241, 455, 1135, 1415, 1417, 1469, 1488, 1565, 1622.
— des erreurs et déficits, 792, 1125, 1374, 1400, 1405, 1420.
— des initiales et chiffres, 1097.
— des justifications non produites, 815, 838.
— des nantissements à engager, 482, 1480, 1566, 1570.
— des nantissements à vendre, 923.
— des nantissements non mentionnés, 815.

Relevés des nantissements vendus, 396, 925.
— des numéros des montres, 1091, 1415, 1417.
— des objets à rechercher, 1098.
— des opérations journalières, 454, 1417, 1469.
— des opérations par Commissionnaires, 1453, 1488, 1627.
— des oppositions aux dégagements, 906.
— des oppositions aux traitements, 443.
— des prêts de 500 francs et au-dessus, 212, 1417.
— des pièces à fournir par les Bureaux auxiliaires, 1417.
— des reconnaissances à déposer, 1520, 1524, 1530.
— des renouvellements, 325, 458, 1598, 1623.
— des sursis, 849, 982.
— des titres à liquider, 1219.

Reliures livrées à l'Administration, 1040.
— mises en adjudication, 1007, 1046.

Remboursements après annulations d'opérations, 1159, 1161, 1191, 1193.
— de fonds provenant d'erreurs, 795, 1127, 1182, 1204, 1399, 1448.
— des bonis rapportés, 1124, 1555.
— des bons de Caisse, 492, 514, 520, 530, 562, 1730, 1733.
— des Cautionnements, 51, 53, 74, 673, 1447.
— des dépôts, 1175, 1545.
— des placements au Trésor, 538.

Remise de Service, 434, 821.
— en état des lieux, 1023.

Remplacement des Commissionnaires, 1428, 1431.
— des employés absents, 70, 952, 1285.

Rendeurs (voir Attributions).

Rengagements après dégagements, 1503, 1517.
— de literie et lainages, 339, 1274.

Rengagements par diminution de prêt, 338, 1517.
— par renouvellements, 1352.
Renouvellements annulés, 1190.
— après oppositions, 872, 1152, 1197.
— à régulariser, 1186, 1190.
— de grande série, 886, 1344.
— de petite série, 309, 886.
— des placements, 513.
— étrangers, 1352.
— par Commissionnaires, 1510, 1596.
— par correspondance, 316, 965, 971.
— pour ordre, 260, 836.
Renseignements à donner à la justice, 72, 1224, 1413, 1444.
— sur les opérations, 129.
Rentes de la fondation Deluard, 168.
— du fonds de retraite, 144.
— sur l'Etat ou sur particuliers, 478, 557, 561, 1647, 1650, 1651, 1659.
Réparations de gages, 662.
— d'immeubles, 120, 562, 701, 1007, 1657.
— du Mobilier, 1015.
Répartition des Bureaux, 13.
Repas (voir Heures des repas).
Répertoires d'entrée des gages, 874, 879, 882, 883, 1322, 1415, 1417.
— des archives, 1003.
— des emprunteurs, 1318, 1391, 1476.
— des engagements et renouvellements, 72, 1115, 1391, 1462.
— des nantissements livrés à la vente, 924.
— des oppositions, 1185.
— des placements, 512.
— des prêts de 500 francs et au-dessus, 1103.
Répondants (voir Cautions).
Requis (voir Prêts requis).
Réquisitions de vente, 72, 89, 173, 814, 1119, 1219.
— judiciaires, 1211, 1224, 1414, 1444.

Responsabilité de l'Administration, 176, 1716.
— des Agents-comptables, 47, 54, 90, 1260, 1631, 1682.
— des Chefs de Bureaux auxiliaires, 47, 54, 1285.
— des Commissaires-priseurs, 140, 247, 399, 1289, 1639, 1739.
— des Commissionnaires, 393, 983, 1174, 1441, 1493, 1537, 1578, 1717, 1719, 1740, 1741, 1742, 1750, 1751.
— des Comptables et Sous-comptables, 47, 54, 1682, 1755.
— des Employés en général, 47, 54, 56, 1183, 1206.
— des Facteurs, 1388.
— du Caissier, 47, 54, 69, 433, 435, 438, 444, 822, 1260, 1632, 1682.
— du Chef des Magasins, 47, 54, 84, 659, 751, 827, 832, 837, 908, 1286, 1682.
— du Préposé aux oppositions, 1197.
— en cas d'absence, 102.
— en cas d'avaries, 1317, 1338, 1722.
— en cas de perte de gages, 176, 1722.
— en cas d'indiscrétion, 105.
Ressources et Revenus (voir Produits et Revenus).
Restes à payer, 733, 1645.
— à recouvrer, 733, 1645.
Restitutions (voir Revendications).
Résultats des recherches, 1083, 1101, 1412, 1561.
Retenues disciplinaires, 40, 146, 535, 694.
— sur les indemnités, 29, 699.
— pour cause d'absence, 146, 438, 694.
— pour retraites, 144, 146, 535, 624, 697.
Rétribution (voir Appointements, Honoraires, Indemnités).
Rétrogradation des Employés (voir Révocation).

RÉPERTOIRE ALPHABÉTIQUE

Réunions du Conseil de Surveillance, 18.
Revendications de gages, 1089, 1094, 1096, 1102, 1112, 1144, 1170, 1196, 1206, 1257, 1680, 1716, 1741, 1751.
— de titres, 1497.
Revenus (voir Produits et Revenus).
Reviseurs (voir Attributions, Honoraires).
Revision des Cautionnements, 51.
— des Jugements (voir Injonctions et Poursuites).
— des mémoires, 127.
Révocation des Commissionnaires, 1448, 1451, 1752.
— des Employés, 24, 40, 153.
Rôles d'abatage, 808, 901.
— d'avis de vente, 804, 807, 873.
— de revision, 809, 816, 902.
— de vente, 89, 99, 174, 352, 405, 788, 804, 920, 1247.
— de ventes requises, 811, 1121.
— exécutoires, 89, 352, 774, 788, 804, 1247.
Rondes de sûreté, 453, 862, 1059, 1067, 1266.

S

Sacs cadenassés, 893, 1378, 1381, 1416.
Sacs de monnaie incomplets, 1372.
Saisies (voir Nantissements saisis).
Saisies-arrêts (voir Nantissements saisis, Oppositions).
Salaire des hommes de peine (voir Traitements).
Salles de délivrance, 895.
Sapeurs-pompiers (voir Consignes).
Séances du Conseil de Surveillance, 18.
Secours aux Employés, 162, 562, 645.
— aux retraités, 162, 645.
— aux veuves, 162, 645, 706.
— pour frais d'inhumation, 165, 645.
Secret des Engagements, 45, 105, 1224, 1444.

Secrétaire du Conseil de Surveillance, 17, 66.
Secrétaire général (voir Attributions).
Secrétariat général (voir Services).
Serment (voir Prestation de serment).
Service de la Caisse, 433.
— de la Comptabilité, 563.
— de la Liquidation du boni, 34, 394, 1601.
— de la Vérification, 34, 99, 332, 787.
— de l'Emprunt, 20, 95, 488, 561, 562.
— de l'Inspection, 34, 71, 96, 1068.
— des Bureaux auxiliaires, 1280.
— des Commissionnaires, 1423.
— des Dégagements, 34, 255, 1240, 1272, 1280, 1325, 1594.
— des dimanches et fêtes, 35, 69, 86, 90, 97, 100, 110, 184, 256, 311, 789, 1272, 1293, 1299, 1467, 1507, 1534, 1618.
— des Engagements, 34, 170, 184, 1231, 1272, 1280, 1301, 1564, 1716.
— des Magasins, 34, 81, 100, 821, 852, 1266, 1619.
— des Oppositions, 1139.
— des Renouvellements 34, 141, 303, 830, 1240, 1280, 1344, 1596, 1640.
— des ventes, 34, 352, 900, 911, 1244.
— du Contrôle, 760.
— du Dépôt des Ventes, 919.
— du Matériel, 34, 936, 938, 1007.
— du Secrétariat général, 34, 36, 935.
— médical, 116.
Services civils antérieurs, 149, 944, 956.
— militaires, 149, 152, 1702, 1703.
Siège de l'Administration, 11.
Signatures des Emprunteurs, 205, 214, 219, 1460, 1716.
Situation de Caisse, 454, 461, 526, 605, 1249, 1314, 1333, 1355, 1361, 1368, 1417.

Situation des débets, 929, 1249.
— des Gages déposés aux Greffes, 1000, 1216.
— des Imprimés, 79.
— des Magasins, 82, 603, 780, 820, 840, 843, 1249, 1279.
— des quatre chiffres, 868, 1249.
Solvabilité des Cautions, 1167.
Sommiers (voir Registres).
Sortie des Nantissements par bons représentatifs, 907, 1266.
— par Dégagements, 749, 752, 881, 887, 892, 1266, 1381.
— par Dégagements gratuits, 300.
— par Renouvellements, 749, 752, 883, 891, 1266.
Soumissions pour adjudications, 121, 686, 1007, 1014.
Sous-caissiers (voir Agents-comptables).
Sous-chefs (voir Attributions).
Sous-inspecteurs (voir Attributions).
Statistique des opérations, 66, 1135.
Subventions, 480, 561.
Succursales du Mont-de-Piété, 10, 12, 1225, 1229.
Suppression d'emploi, 152, 160.
— des Bureaux auxiliaires, 1281.
Sursis à la vente, 61, 87, 183, 398, 432, 809, 849, 855, 978, 984, 1150, 1195, 1437, 1515, 1607.
Surveillance des Magasins, 81, 860, 1266.
— des opérations, 71, 1068, 1229, 1283, 1438, 1558.
— des Travaux, 91, 107, 120.
Suspension des Commissionnaires, 561, 1446, 1448, 1451.
— des Employés, 40.
— des Prêts (voir Prêts suspendus).

T

Tableaux (voir Relevés).
Tarif des Cautionnements, 1692.
— des Commissions, 1435, 1438.
— des Intérêts et Droits, 264, 314.
Tarif des Pensions militaires, 1703.
Taux de l'intérêt (voir Intérêts et Intérêts et Droits).
Taxe de 3 p. 100 sur le revenu, 495, 1700, 1714.
Tenue des écritures (voir Ecritures).
Timbre des pièces justificatives, 638, 1646.
— mobiles, 446, 449, 1691.
— pour Cautionnements, 473, 1646.
— pour intérêts de Cautionnements, 473, 1646.
Titre des objets d'or ou d'argent, 359.
Titres (voir Bons de Caisse, Récépissés, Reconnaissances).
Trafic des reconnaissances et nantissements, 45, 106, 412, 1429, 1708, 1710, 1715.
Traitements et Gages du personnel, 21, 535, 562, 645, 694, 1370, 1419.
— frappés d'opposition, 443.
— soumis aux retenues, 146, 536, 697.
Transactions (voir Actions judiciaires).
Transport des fonds, 1372.
— des gages, 893, 921, 1007, 1076, 1378, 1381, 1416.
— des portefeuilles, 1415.
Transpositions de gages, 1183, 1200, 1203.
— de reconnaissances, 335, 425, 1182, 1200, 1203.
— d'exercices, 293, 800.
Travaux dans les Magasins, 1065.
— d'appropriation, 20, 120, 1009, 1014, 1022, 1657.
— d'entretien, 20, 91, 120, 1007, 1014, 1687.
— extraordinaires, 30.
— neufs, 20, 120, 1007, 1657.
Trésor public, 462, 1643.

U

Uniformes (voir Habillement).
Unité de Caisse (voir Caisse unique).
Usure habituelle, 1706, 1709, 1710, 1711.

V

Vacations (voir Appréciation et Ventes).
Ventes à folle enchère, 362, 389.
— à réméré, 1706, 1710.
— de nantissements, 64, 85, 92, 135, 139, 174, 327, 352, 371, 804, 819, 829, 846, 900, 919, 1119, 1219, 1244, 1739.
— de nantissements retrouvés, 829.
— des objets inconnus, 819, 846.
— de vieux matériaux, 561, 702, 705, 1054.
— refusées, 382.
— requises, 72, 173, 398, 811, 1119, 1219.
Vérificateurs (voir Attributions, Honoraires).
Vérification de l'appréciation, 136, 189, 1291.
— des Caisses, 5, 70, 71, 75, 89, 97, 440, 526, 785, 975, 1072, 1230, 1376.
— des gages, 246, 364, 377, 907, 920, 1336.
— des Inspecteurs généraux des Finances, 5.
Vérification des Magasins, 76, 89, 783, 1265.
— des mémoires, 124.
— des perceptions, 99, 790, 1247.
— des prêts suspendus, 1071.
— des titres, 1487.
Versements d'acomptes, 340, 343.
— des prêts suspendus, 688, 1236, 1310.
— des recettes, 282, 323.
— du produit des Ventes, 391, 927.
Vestiaire, 32, 864.
Veuves et orphelins (voir Pensions, Secours, Legs Deluard).
Vice-président du Conseil de Surveillance, 16.
Vieux papiers et registres de l'Administration, 1054, 1087.
— des Commissionnaires, 1056, 1458.
Virements d'écritures, 736.
Visas de l'Ordonnateur, 649.
— des Chefs de Services, 268, 316, 409.
— du Dépôt des Ventes, 266, 315, 850, 934, 982.
— du Magasin, 266, 315.

ERRATA : Les numéros de renvoi du RÉPERTOIRE ALPHABÉTIQUE relatifs au Titre X, *Annexes*, doivent être diminués d'une unité à partir de 1701 : 1701 du Répertoire correspond à 1700 du texte, etc., jusqu'au n° 1754.

COULOMMIERS. — Typog. P. BRODARD et GALLOIS.

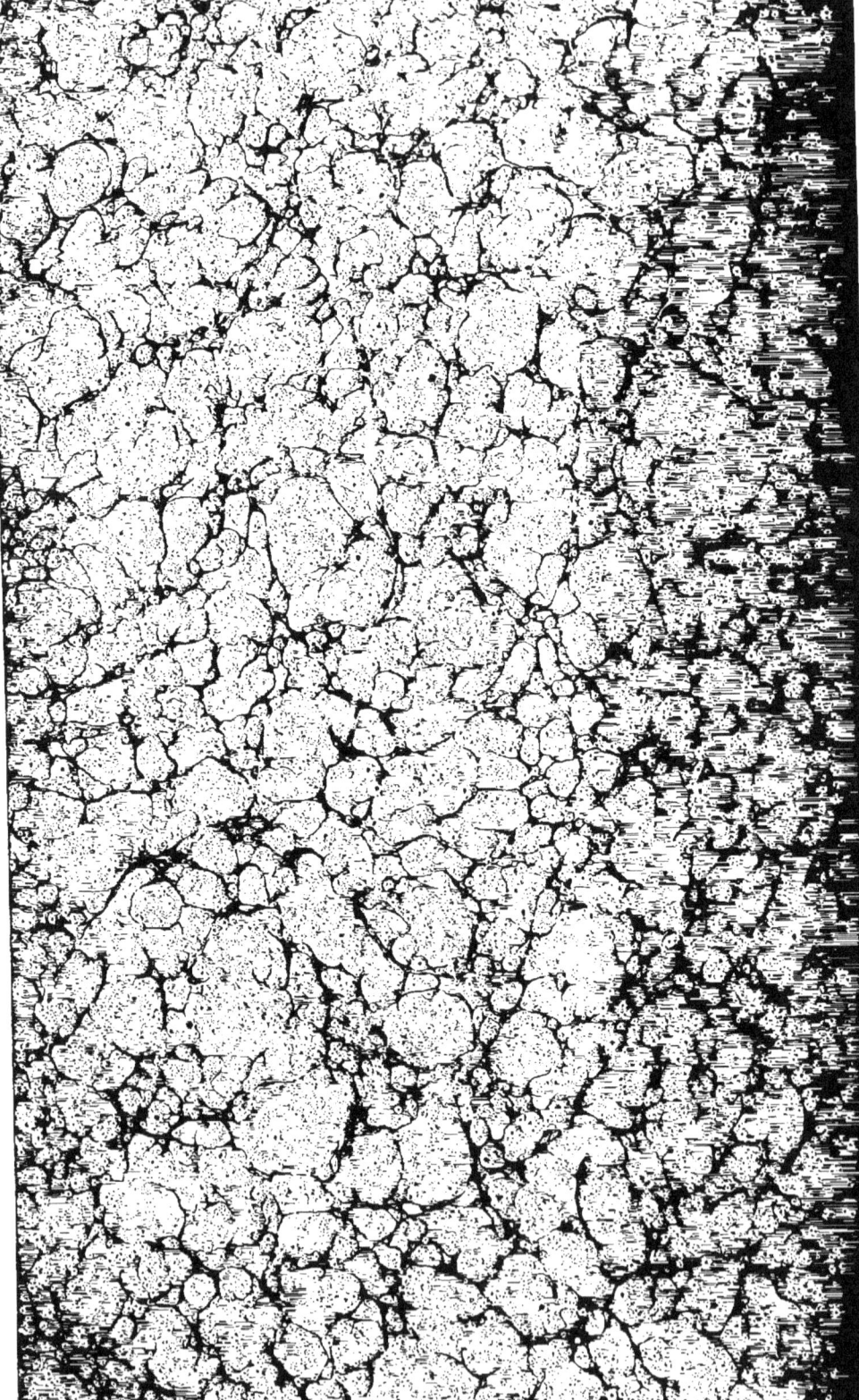